Michael Imhof

Krankheit und Zeit

Dr.med.habil. Michael Imhof

- Langjährige Tätigkeit an der chirurgischen Universitätsklinik Würzburg
- Habilitation über das Thema: „Entzündliche Darmerkrankungen und neue Wege der chirurgischen Therapie"
- Zahlreiche wissenschaftliche Publikationen im Bereich der Grundlagenforschung und der angewandten chirurgischen Therapie
- Umfangreiche Vortragstätigkeit im In- und Ausland
- Publikationen und Vorträge über Fehlerkultur im Krankenhaus sowie ethische und philosophische Grundfragen der Medizin
- Seit ca. 20 Jahren freiberuflich tätig als wissenschaftlicher Berater und Gutachter

Michael Imhof

Krankheit und Zeit

Eine Philosophie der Medizin

PABST SCIENCE PUBLISHERS · Lengerich

Kontakt:
Dr. med. habil. Michael Imhof
Auf der Schanz 96
97076 Würzburg
mail@dr-imhof.de

Bibliografische Information der Deutschen Nationalbibliothek
Die Deutsche Nationalbibliothek verzeichnet diese Publikation in der Deutschen Nationalbibliografie; detaillierte bibliografische Daten sind im Internet über <http://dnb.ddb.de> abrufbar.

Geschützte Warennamen (Warenzeichen) werden nicht besonders kenntlich gemacht. Aus dem Fehlen eines solchen Hinweises kann also nicht geschlossen werden, dass es sich um einen freien Warennamen handelt.
Das Werk, einschließlich aller seiner Teile, ist urheberrechtlich geschützt. Jede Verwertung außerhalb der engen Grenzen des Urheberrechtsgesetzes ist ohne Zustimmung des Verlages unzulässig und strafbar. Das gilt insbesondere für Vervielfältigungen, Übersetzungen, Mikroverfilmungen und die Einspeicherung und Verarbeitung in elektronischen Systemen.

© 2018 Pabst Science Publishers, 49525 Lengerich
    Formatierung: Armin Vahrenhorst

Titelmotiv: Michael Imhof: „Voice of Destination". Leinwand, 170 x 200 cm, Acryl

Druck: booksfactory.de

Print: ISBN 978-3-95853-366-0
eBook: ISBN 978-3-95853-367-7 (www.ciando.com)

Inhaltsverzeichnis

Vorwort
Krankheit und Zeit – eine Naturphilosophie der Medizin
Prof. Dr. med. Jürgen Hescheler 8

**1   Naturwissenschaftliche Grundlagen der Medizin – Bemerkungen zu
      den Begriffen Entropie und Ordnung in Physik, Biologie und Medizin** 13

1.1 Zum Entropiebegriff im Geltungsbereich der Physik 13
1.2 Stellenwert der Entropie in lebenden Systemen 16
1.3 Entropie und Selbstorganisation 17
1.4 Bedeutung des Entropiebegriffes für die Medizin 21

2   Systeme des Lebens existieren am Rande des Chaos 26

2.1 Attraktoren im Zentrum von Gesundheit und Krankheit 31
2.2 Attraktoren und innere Uhren im Organismus 34
2.3 Von mathematischen Modellen zu einem vertieften Verständnis der Dynamik
     von Krankheiten 40
2.4 Komplexe Regelsysteme im Organismus 41

**3   Der Informationsbegriff als Zentralmetapher in Physik,
      Biologie und Medizin** 51

3.1 Einführung und allgemeine Anmerkungen 51
3.2 Naturphilosophische Bemerkungen zur Struktur des Informationsbegriffes ... 56
3.3 Zur Bedeutung des Komplementaritätsprinzips in Biologie und Medizin ... 69
3.4 Information und der Maxwellsche Dämon in der Medizin 71
3.5 Vom Molekül zu den informatorischen Netzwerken der Zelle 73
3.6 Intrazelluläre Kommunikationswege 76
3.7 Informationstransfer über membranständige Rezeptorproteine 77
3.8 Intrazelluläre Signalkaskaden 77

**4   Integritätserhaltende Systeme:
      Das Entstehen von Krankheiten unter dem Aspekt der Information** .. 79

4.1 Einführung: Ordnung als grundlegendes Prinzip des Lebens 79
4.2 Neoplasie und Gene 80

4.3	Klonales Evolutionsmodell	82
4.4	Modell der Tumorstammzelle	82
4.5	Kontroll- und Regulationsmechanismen durch Onkogene und Tumorsuppressorgene	85
4.6	Entstehung und Wachstum eines Tumors erfolgen in sequentiellen Schritten	90
4.7	Chaotische Musterbildungen in der Evolution eines Tumors	92
4.8	Krebs ist primär eine Systemerkrankung	94
4.9	Ausgewählte bösartige Tumore und ihre molekularen Grundlagen	96
4.10	Zur Rolle von Umweltfaktoren in der Entstehung von Neoplasien	99
4.11	Bemerkungen zum molekularen Ablauf der chemischen Karzinogenese	100
4.12	Invasion und Metastasierung	102
4.13	Tumoren und Chaotische Dynamik, Turbulenzen und Nichtgleichgewichtszustände	103
4.14	Fraktale Oberflächengeometrie von benignen und malignen Neoplasien	108

5 Entzündungssystem als informatorisches autoregulatorisches Netzwerk . . 115

5.1	Allgemeine Darstellung	115
5.2	Autoregulative Netzwerke von Zellen und Mediatoren	119
5.3	Infektion als erregerbedingte Entzündung	125

6 Immunsystem selbst organisatorisches Modell 127

6.1	Einleitende Bemerkungen über Aufbau und Funktion	127
6.2	Rezeptoren als Software für das molekulare Erkennen in der Immunologie	131
6.3	Grenzloses Erkennungsvermögen der Antikörper	133
6.4	Bemerkungen zur Familie der Antikörper	135
6.5	Immunsystem als zelluläres und molekulares Gedächtnis	136
6.6	T-Zellen und Signaltransduktion	138
6.7	T-Zellrezeptoren und das Komplexe im Einfachen	139
6.8	Das Komplementsystem als Multikaskadensystem innerhalb des Immunsystems	141
6.9	Systemtheoretische Aspekte des Komplementsystems	144
6.10	Immunsystem außer Kontrolle	147
6.11	Zusammenfassende Betrachtung des Immunsystems	152

7 Kollektive katalytische Netzwerke in ausgewählten Krankheitsbildern . . . 154

7.1	Akute Appendizitis (akute „Blinddarmentzündung")	154
7.2	Akute Peritonitis	156

8 (K)eine Bedeutung der Quantenphysik für die Medizin der Zukunft? 162

9	**Krankheit im Kontext des Lebendigen**	183
9.1	Leben als unverstandene Andersartigkeit	183
9.2	Grenzen des Reduktionismus in Biologie und Medizin	190
9.3	Die gleichermaßen reduktionistische und holistische Natur der Medizin	196
9.4	Zu Emergenz und Teleonomie in Biologie und Medizin	199
9.5	Krankheit und Emergenz	206
10	**Welt als Information: Versuch einer objektiven Semantik der Krankheit**	210
10.1	Der Schichtenaufbau der Welt	210
10.2	Über Fehler zur Entwicklung	211
10.3	Krankheiten zwischen Linearität und Nichtlinearität	217
10.4	Vom Informationsbegriff zu einer Semantik von Krankheit im evolutiven Kontext	219
10.5	Zur Semantik von Krankheit im evolutiven Kontext	222
10.6	Krankheit und Medizin im Zentrum der Kulturgeschichte der Menschheit	231
11	**Krankheit und Zeit**	235
11.1	Fraktale Zeitstrukturen der Krankheit	235
11.2	Krankheit als Form möglichen Wissens	240
11.3	Lebenszeit	242
11.4	Medizin und Tod	247
12	**Krankheit: Von der Information zur Sprache**	250
12.1	Krankheit und semantische Information	250
12.2	Krankheiten als Symbol und Sprache	254
12.3	Das Taschentuch	261
13	**Welt- und Menschenbild der Medizin im 21. Jahrhundert**	263
13.1	Verlust an Gewissheit im naturwissenschaftlichen Weltbild	263
13.2	Naturwissenschaft und moderne Medizin	267
13.3	Wertewandel und Nihilismus der Moderne	268
13.4	Neues im Entstehen begriffenes naturwissenschaftliches Weltbild und seine Auswirkungen auf die Medizin	274
13.5	Moderne Medizin auf der Suche nach sich selbst	283
13.6	Spiritualität und die Medizin des 21. Jahrhunderts?	287
Literatur		295

Vorwort
Krankheit und Zeit – eine Naturphilosophie der Medizin

Warum werden wir krank? Wann und wodurch werden wir krank? Was sind Krankheiten? Können wir Krankheiten vorhersagen? Können wir Krankheiten vermeiden bzw. besiegen? Fragen, die – auf den zweiten Blick – denselben Kern berühren, werden von der modernen Physik gestellt: Verstehen wir mit E=mc² (Relativitätstheorie) und E=hv (Quantentheorie), „was die Welt im Innersten zusammenhält?" Lassen sich das Universum, Galaxie, Sonnensystem, Planeten bis schließlich belebte Materie, unser Organismus und Krankheiten durch physikalische Gesetze beschreiben?

Unser Bauchgefühl sagt nein. Begriffe wie Liebe, Achtung, Wohlwollen, Respekt, Kommunikation, Gedankenaustausch lassen sich schwerlich durch physikalische Formeln fassen. Und schauen wir in die Bibel, stoßen wir wieder auf Gesetze – in Form der 10 Gebote. Diese Urform unserer heutigen Justiz regelt das Leben untereinander, erleichtert die Kommunikation unter den Menschen. Wo ist die Übergang von physikalischen Gesetzen, die nie missachtet, und den vom Menschen gemachten Gesetzen, die sehr wohl missachtet werden können? Wie sieht es mit den Reflexen, also stereotypisch auftretenden Reaktionen unseres Körpers, aus? Werden die physiologischen Gesetze, die unseren Körper beschreiben, durch Krankheit (Pathophysiologie) außer Kraft gesetzt? Was ist also der Unterschied zwischen unbelebter Materie, die durch physikalische Gesetze vollständig und allumfassend beschrieben werden kann, und belebter Materie, die aus unbelebter Materie hervorgeht und daher auch der Physik unterworfen ist, aber offensichtlich mehr „Freiheitsgrade" besitzt?

An dieser Stelle ist ein Zitat von Richard Feynman angebracht „Was wir nicht herstellen können, verstehen wir nicht". Davon abgeleitet könnten wir das Leben nicht verstehen, weil wir es nicht herstellen können.

Offensichtlich fehlt uns bei biologisch/medizinischen Phänomena ein Großteil der Beschreibbarkeit. Wenn es um Komplexität geht, also Systeme, die viele Freiheitsgrade besitzen, und damit sehr viele Zustände einnehmen können, versagt offensichtlich unser mathematisch/physikalisches Beschreibungssystem. Nicht ganz! Resultierend aus der Thermodynamik, die ja zur Zeit der ersten Dampfmaschinen entstand, wurden in der Physik der Wärmelehre die Begriffe „Enthalpie" und „Entropie" geprägt, die aber – wie wir heute wissen – weit über die Beschreibung von Dampfmaschinen und Wärmekonvektoren hinausgehen. Kombiniert mit moderneren Begriffen aus der Informationstheorie weisen uns diese Begriffe in die Welt der Komplexität, Freiheitsgrade und Kommunikation.

Ein weiterer Zugang zur Welt der Komplexität entstammt der Astrophysik, wo wir schon bei einfachen Systemen den Übergang von physikalischer Beschreibbarkeit in die Welt des Chaos sehen. Während sich das Bewegungsverhalten von zwei Körpern, also etwa zwei Planeten, durch Gravitations- und Zentrifugalgesetze klassisch exakt beschreiben lässt, gelingt dies schon nicht mehr für drei Körper. Das Dreikörperproblem zeigt, dass die physikalischen Gesetze zu einer Nichtbeschreibbarkeit führen und den Weg ins Chaos weisen. Auf einer anderen Ebene weist die Quantenphysik in die Welt des Chaos, des Unvorhergesehenen. Die Heisenberg'sche Unschärferelation ist die Aussage der Quantenphysik, dass zwei komplementäre Eigenschaften eines Teilchens nicht gleichzeitig beliebig genau bestimmbar sind.

Probleme mit der exakten Beschreibbarkeit, der Reproduzierbarkeit und der Zeitreversibilität hatten die Biologen und Mediziner schon immer. Biologische, belebte Materie lässt sich nicht so einfach durch die Physik beschreiben – Simulationsmodelle von biologischen Systemen versagen regelmäßig. Aber wir sehen dennoch, dass unser Körper durch ein hohes Maß an Regelmäßigkeit und Struktur gekennzeichnet ist. So hat die Medizin beginnend in den Jahren der Aufklärung gelernt, unsere Organe nicht nur zu beschreiben (Anatomie), sondern auch funktionell zu analysieren. Die Physiologie, die sich insbesondere dieser Beschreibung der funktionellen Eigenschaften und Regelmäßigkeiten unseres gesunden Organismus widmet, führte dann quasi automatisch zur Pathophysiologie, der Beschreibung der Dysfunktion des kranken Organismus. Aber erfasst sie dadurch den gesamten Menschen? Die heute wieder propagierte ganzheitliche Medizin? Die Liebe, die Achtung, das Wohlwollen, der Respekt, die Kommunikation zwischen den Menschen und insbesondere auch zwischen dem Arzt und seinem Patienten?

Hier setzt das vorliegende Buch „Krankheit und Zeit" an. Beginnend mit den physikalischen Begriffen Entropie und Enthalpie geht es sehr systematisch hin bis zur Komplexität unseres Körpers. Krankheiten können dann beschrieben werden als Übergänge vom geordneten System des gesunden Organismus zum ungeordneten System des kranken Organismus. Hier liegt ein hohes Potential der Beschreibbarkeit und des Verständnisses moderner biologischer medizinischer Vorgänge.

Als Mediziner, Forscher und Stammzellexperte möchte ich noch ein weiteres Beispiel hinzufügen: Die Entstehung von uns selbst. Wir entwickeln uns alle aus einer befruchteten Eizelle, die unter dem Mikroskop relativ unscheinbar wirkt. Keine speziellen Funktionen, keine Kontraktion, keine Signalverarbeitung und wenig Metabolismus. Aber dennoch teilt sich die Eizelle zum Zweizellstadium, danach zum Vierzellstadium und so weiter. Ab etwa 100 Zellen gibt es dann eine erste Spezialisierung – die äußeren Zellen, die Trophoblasten bewegen Wasser und Ionen ins Innere des Zellgebildes, wodurch dieses sich wie ein Fußball aufbläht – es entsteht eine Kugel, die Blastozyste mit einer äußeren Zellhaut, den Trophoblasten und den inneren Zellen, die wir als innere Zellmasse bezeichnen. Genau diese Zellen stellen die embryonalen Stammzellen dar, aus denen sich unser gesamter Körper, insgesamt 10^{14} Zellen, formt, von der Zehennagel produzierenden Zelle bis hin zur Kopfhaar produzierenden Zelle, von der Herzzelle bis zur Gehirnzelle – wir gehen davon aus, dass wir aus ca. 250 verschiedenen Zelltypen bestehen.

Es gleicht immer noch einem Wunder, wenn wir als Stammzellforscher unter dem Mikroskop beobachten können, wie die embryonalen Stammzellen, die pluripotenten Alleskönner Zellen, die aber noch nichts sind, sich in eine schlagende Herzmuskelzelle entwickeln. Offensichtlich hat dieser Differenzierungsprozess, der startend von der embryonalen Stammzelle über die Keimblattzellen (Endoderm, Ektoderm und Mesoderm), Progenitor-, Precursorzellen bis hin zur organtypischen Zelle vonstatten geht, sehr viel mit gespeicherter Information (DNA[1]), Kommunikation und Signalverarbeitung zu tun. Wir sind gerade erst dabei, diese Prozesse der Differenzierung zu verstehen, die DNA Organisation zu entschlüsseln. Biologie, insbesondere die Entwicklungsbiologie, hat also viel mit Musterbildung zu tun.

Musterbildung in biologischen Systemen entspricht jedoch nicht der „einfachen" Geometrie aus unserem Schulunterricht. Hier muss der Begriff der fraktalen Struktur eingebracht werden, einer Struktur, die sich im Kleinen immer wieder wiederholt – das Apfelmännchen. Diese Geometrie, die sich aus der Chaostheorie ableitet, zeigt uns auch den Weg des Attraktors auf, der einen dynamischen Vorgang in ein bestimmtes Muster bringt. Gesundheit und Krankheit können somit als physiologischer und pathologischer Attraktor aufgefasst werden. An dieser Stelle darf der Begriff des Regelkreises nicht fehlen. Rückkoppelung bewirkt, dass biologische Signalwege sich selbst beeinflussen und damit eine unglaubliche Vielfalt und Komplexität erreichen können. Wie wir heute wissen, wahrscheinlich eines der grundlegenden Geheimnisse der Zellen, mit deren Hilfe sie die vielfältigen Aufgaben innerhalb des Organismus und in Response zu den diversen Umweltbedingungen erfüllen können.

In der Medizin nennen wir diese Eigenschaft eines jeden Organismus, zu einer stabilen Größe zu werden und diese konstant zu halten, *Homöostase*. Homöostase, verbunden mit Störeinflüssen auf der Ebene der DNA, mikroRNA, nicht kodierenden RNA und der auf Eiweißen basierenden zellulären Signalverarbeitung und Kommunikation, könnte die Grundlage der Evolution aller Organismen bilden. Der DNA-Computer oder allgemeiner auch Biocomputer wurde bereits demonstriert. Er basiert in Analogie zur biologischen Informationsverarbeitung auf der Verwendung von DNA oder RNA als Speicher- und Verarbeitungsmedium. Dies zeigt, wie eng die Biologie auf Information basiert – Biologie und damit auch Medizin spiegelt sich in der Informationstheorie, Strukturaufbau und Musterbildung und funktionellen Regelkreissystemen wider. Wenn man die Expression von Genen während der Entwicklung von Stammzellen anschaut, so erhält man das interessante Ergebnis, dass Differenzierung von Zellen immer mit Aufhören der Proliferation und Aktivierung des Apoptose Proteinen einhergeht. Entwicklung von Leben beinhaltet daher auch gleichermaßen den Zelltod. Erhöhung der Proliferation führt zum Tumor!

Jeder Mensch ist ein Individuum und kein Mensch identisch zu einem anderen. Genauso verhält es sich mit den Krankheiten. Jede Krankheit ist so verschieden wie der Mensch, der sie bekommt. Leider wird auf diese Feststellung viel zu wenig geachtet. In der personalisierten Medizin versucht man, diesen Unterschieden gerecht zu werden. Der Biocomputer in uns selbst, in jeder einzelnen Zelle unseres Körpers und auch in der durch Krankheit veränderten Zelle, funktioniert anders. Heute begreifen wir erst langsam diese Komplexität des Lebens, die nicht nur durch ein unterschiedliches Genom, sondern auch durch die Umwelt, die in Form der „aufgesetzten Genetik", der Epigenetik ,die Erbinformation individuell modifiziert und uns somit prägt, nicht nur in unseren Lebenseigenschaften, sondern auch in Form von Krankheiten.

Ernst Haeckel (1834 - 1919) prägte den Satz „Die Ontogenese ist die Rekapitulation der Phylogenese", die Embryonalentwicklung rekapituliert die Stammesentwicklung

---

[1] Erbsubstanz Desoxyribonukleinsäure (DNA) oder Ribonukleinsäure (RNA)

(Evolution). Über allem steht der Begriff der Potenz, der Fähigkeit sich zu entwickeln, sowohl in Form der evolutionären Entwicklung der verschiedenen Labensformen, als auch der individuellen Entwicklung. Totipotenz, Pluripotenz und Multipotenz sind auch die zentralen Begriffe der Stammzellforschung. Sie bezeichnen hier das Vermögen der verschiedenen Arten von Stammzellen sich in einen ganzen Organismus (Totipotenz), sich in die etwa 250 verschiedenen Zelltypen (Pluripotenz) oder nur noch in einige wenige Organtypische Zellen (Multipotenz) zu differenzieren. Heute wissen wir, dass diese unterschiedlichen Formen der zellulären Potenz eng mit der Epigenetik zusammenhängen, also dem Grad der Methylierungen der DNA und der Proteine, die die DNA organisieren (Histone). Kürzlich wurde von Shin'ya Yamanaka in Japan gezeigt, dass der Prozess der Differenzierung, der mit einer zunehmenden Epigenetik verbunden ist, auch wieder umgekehrt werden kann, in Form der Reprogrammierung. Für seine Entdeckung, dass 4 Transkriptionsfaktoren, oct4, c-myc, sox2 und klf4 in der Lage sind, eine ausdifferenzierte Zelle wieder in den ursprünglichen pluripotenten Zustand zurückzusetzen, erhielt Yamanaka im Jahre 2012 den Nobelpreis für Physiologie/Medizin. Ist dies der Jungbrunnen der Menschheit? Aus der Stammzellforschung heraus entwickelt sich momentan ein grandioses großes neues Wissen, das unsere Sicht auf Medizin und Krankheiten erweitert. Zu Recht wird von einer Revolution der Medizin gesprochen. Und der therapeutische Ansatz der Stammzellforschung, die regenerative Medizin, wird in Form von Stammzelltransplantationen zukünftig Krankheiten heilen können, die bis dato als unheilbar galten.

Dabei ist es eine Herausforderung unseres Denkens, ähnlich wie beim Verständnis relativistischer und quantentheoretischer Physik, in die zellbiologische molekulare Konstruktionswelt einzutauchen. Wir müssen uns lösen vom Ingenieurdenken, eine Maschine zu konstruieren und sie dann mit dem günstigsten Produktionsverfahren aufzubauen. Nicht so in der Biologie. Hier herrscht das Prinzip der Redundanz, also des vielfachen Aufbaus von ähnlichen Wegen. Es ist nicht die Sensitivität entscheidend – einzelne Moleküle haben eine extrem hohe Sensitivität – nein, es ist die Spezifität und Selektivität, die hier gefragt sind. Dies zeigt sich besonders gut an Hand von Signalkaskaden, Enzymketten, die hintereinander bzw. netzartig ineinandergreifen und so Informationen vom Rezeptor zum Zellkern oder anderen Effektoren tragen. Dies funktioniert nur in einer räumlichen und zeitlichen Anordnung der Eiweiße, der Signalträger. *Jeder einzelne Schritt der Enzymkaskade öffnet kataloge Fächer von Wirkungen, aber auch von möglichen Nebenwirkungen, die sich teilweise antagonisieren, verstärken oder regulieren.* Dazu kommt die Koppelung von Signalkaskaden mit elektrischen Phänomenen über die Ionenkanäle, die in der Zellmembran eingebaut sind und enorm komplexe elektrische Muster erzeugen können, ohne die wir nicht denken könnten – und auch z.B. nicht über dieses Buch „Krankheit und Zeit" reflektieren könnten. Zeit ist hierbei ein ganz entscheidender Faktor. Alle zellulären Signalverarbeitungen laufen in der Zeit mit einer bestimmten Kinetik. Anders als physikalische Prozesse sind sie nicht umkehrbar, sondern laufen nur in eine Richtung – genau deshalb werden wir alt, können unser Leben nicht umkehren und werden krank.

Dieses Buch gibt einen exzellenten Einblick in die modernen Erkenntnisse der Medizinischen Forschung und Systematik der Krankheiten. Tumorentstehung, Entzündungsreaktion, Immunologie etc. Denn trotz der heutzutage überwältigenden Flut an Detailinformationen hat der Autor die Details und neuesten Erkenntnisse gut verständlich dargestellt. Dabei wird der Bezug zur Physik der Informationsverarbeitung herausgestellt. Erst dadurch bekommen die Krankheiten, die aus den biologischen Systemen resultieren, einen tieferen Sinn und werden erstmals verständlich und erklärbar. So wie die Physiker die allumfassende Theorie ToE Theory of Everything suchen, versucht dieses Buch eine Theorie der physiologischen Prozesse bis hin zur Pathophysiologie – eine Naturphilosophie der Medizin. Erst durch die übergeordneten Aspekte werden Krankheitsprozesse als Abweichung von den physiologischen Attraktoren bis zum Ungeordneten verständlich. Tagtäglich erscheinen hunderte neuer Publikation in den entsprechenden wissenschaftlichen Zeitschriften mit neuen Messergebnissen und selbst der Spezialist und Wissenschaftler ist oft verzweifelt wegen der unüberschaubaren Vielfalt und Datenexplosion. Unser Wissen wächst exponentiell. Was fehlt, sind Autoren, die sich grundsätzliche Gedanken machen über die größeren Zusammenhänge und wie verschiedne Wissenschaftsbereiche wie Physik, Mathematik, Medizin und Philosophie zusammengesehen werden können und wie sie voneinander profitieren könnten. Genau dies ist im vorliegenden Buch geschehen und gut gelungen.

Mit einem solch guten Rüstzeug bereitet es dem Leser Freude, auch selbst über die Komplexität des Lebens zu philosophieren, und vielleicht sogar zu neuen Erkenntnissen zu kommen. Jedenfalls können wir unseren Körper dadurch viel besser verstehen und hoffentlich auch Krankheiten vermeiden. Dieses Buch untersucht im kaleidoskopischen Blick den Körper in seiner Physiologie und Pathophysiologie. Dabei taucht es ein in die Welt der modernen Physik, Informationstheorie, Chaostheorie, Biochemie, Genetik, Molekularbiologie, Medizin bis hin zu metaphysischen Gedanken, der Philosophie, Theologie und Kulturgeschichte. Man erkennt daran, dass unser Körper, der sich in Milliarden Jahren der Evolution entwickelt und gebildet hat, nicht mit einer einfachen Theorie beschreibbar ist. Und das ist auch beim Verständnis von Krankheiten wichtig. Ich würde mir wünschen, dass solche Gedanken Einzug ins Medizinstudium und in die Fortbildungen halten könnten und würde jedem Studenten und Arzt, aber auch jedem medizinischem Laien, der an seinem Körper interessiert ist, empfehlen, dieses Buch zu lesen.

Viel Freude und Erkenntnisgewinn bei der Lektüre dieses anregenden Buchs, das uns auf neue Weise einen Zugang zur theoretischen Erklärung von Krankheit eröffnet.

Prof. Dr. med. Jürgen Hescheler

1 Naturwissenschaftliche Grundlagen der Medizin
Bemerkungen zu den Begriffen Entropie und Ordnung in Physik, Biologie und Medizin

1.1 Zum Entropiebegriff im Geltungsbereich der Physik

Der Begriff Entropie ist ein Fundamentalbegriff der Physik. Sie ist in jeder Substanz enthalten und ist mit dem Ordnungsgrad von Systemen korreliert. Dieser dunkle Begriff ist vor allem von der stochastischen Theorie und von der deterministischen Dynamik ausgehend interpretiert worden. Ilya Prigogine, einer der Pioniere auf dem Gebiet der irreversiblen Thermodynamik, leitete einen Vortrag im Jahre 1989 mit dem Titel „What is Entropy?" mit der Feststellung ein: „A very strange concept"[1]. Nach Ruelle ist die Entropie ein Maß für die Menge an Zufall in einem System. Entropie wird erzeugt, kann aber nicht vernichtet werden. Nach dem zweiten Hauptsatz der Thermodynamik nimmt die Entropie in einem abgeschlossenen System zu. Cramer brachte es so auf den Punkt: „Der zweite Hauptsatz der Thermodynamik kann kurz und trivial so formuliert werden: „Es geht bergab"[2].

Energieübergänge gehorchen dem zweiten Hauptsatz der Thermodynamik. Dieser Hauptsatz wurde im 19. Jahrhundert im Zusammenhang mit der Entwicklung von Dampfmaschinen formuliert. Nach dem ersten Hauptsatz der Thermodynamik sind die verschiedenen Energieformen ineinander umwandelbar. Diese Energieäquivalenzen sind jedoch nur theoretisch ineinander umwandelbar, denn nach dem zweiten Hauptsatz ist eine Umwandlung von Wärmeenergie in mechanische Energie ohne Energieverluste nicht möglich. Der deutsche Physiker Clausius wies darauf hin, dass es Prozesse gibt, bei denen die Energie zwar erhalten bleibt (Erfüllung des ersten Hauptsatzes), deren Umkehr aber unmöglich ist. Es war auch Clausius, der den Begriff der Entropie einführte. Er kam zu dem Ergebnis, dass die Entropie durch irreversible Vorgänge erzeugt werde, dass sie nur zunehmende positive Werte annehmen könne und nur in einem Grenzfall bei einem reversiblen Prozess unverändert bleiben würde.

Isolierte Systeme entwickeln sich spontan in Richtung auf ihr thermodynamisches Gleichgewicht, das so als Zustand maximaler Entropie definiert ist:

$$dS/dt = P \text{ (Entropieproduktion)} = 0$$

Die Entropie ist also auch ein Maß für den Energieverlust eines Systems. Gleichzeitig ist sie ein Maß für die Irreversibilität von Prozessen: Jeder zukünftige makroskopische

Zustand eines isolierten Systems kann nur gleiche oder höhere Entropie aufweisen, jeder vergangene nur gleiche oder niedrigere als der gegenwärtige Zustand. Eine Umkehrung dieser Zustandsänderung ist nicht möglich. Da Energieflüsse in der Zeit gerichtet sind, stellt die Entropie damit auch ein Zeitmaß, ein Maß für den Ablauf der Zeit dar.

Alle irreversiblen Prozesse erzeugen also Entropie. Ludwig Boltzmann interpretierte die unvermeidliche Entropiezunahme als Ausdruck einer fortschreitenden Desorganisation und als Entwicklung auf einen wahrscheinlicheren Zustand einer höheren Unordnung hin.

Davon ausgehend wurde die Vermutung aufgestellt, dass die Expansion des Universums eine Begründung für die irreversible Zeit liefern könnte. Harrison leitete aus dem Verhältnis der Zahl der Photonen zu der Zahl der Baryonen im Kosmos ein Maß für die Entropie der Welt ab[3]. Schätzungen zufolge kommen im Universum auf jedes Baryon, d.h. auf die Grundbausteine der Materie, d.h. Protonen, Neutronen usw. 10^8 bis 10^9 Photonen. Der Kosmos besteht also zum größten Teil aus Licht. Aus diesem Verhältnis von 1 Baryon zu 10^8 bzw. 10^9 Photonen und angesichts der Tatsache, dass die wenigen Baryonen immer zudem noch weiter zerstrahlen, wurde die Schlussfolgerung gezogen, dass das Universum näherer Zukunft den Wärmetod sterben müsse, weil ja schon der größte Teil der Entropie erzeugt sei. In der mechanistischen Sichtweise des 19.und des beginnenden 20.Jahrhunderts herrschte die Vorstellung von der Welt als einem großen Maschinenwerk vor und so kann es nicht verwundern, dass eine düstere Utopie von einem unentrinnbaren Wärmetod des Universums immer tiefer in das Bewusstsein der Menschen eindrang und auch entscheidend die Kunst um die Jahrhundertwende beeinflusste. Hierzu schrieb Harrison fast 100 Jahre später: „Wenn vor einigen Jahrzehnten Wissenschaftler über das Universum diskutierten, sagten sie mit verhaltener Stimme den schließlichen Wärmetod des Universum voraus und malten sich aus, wie alles welken und sterben und die Entropie unerbittlich ansteigen und ihre endgültige Höhe erreichen würde ..."[4].

Noch ist es aber nicht so weit.

Für stabile thermodynamische Systeme gilt das Prinzip der minimalen Entropiebildung. Die Dynamik dieser Systeme ist durch eine weitgehende Linearität gekennzeichnet und deren Zustand befindet sich nahe an einem Gleichgewichtszustand und wird deshalb als stabil bezeichnet. Die Systeme des Lebens befinden sich dagegen in einem Nichtgleichgewichtszustand und die in ihnen ablaufenden Prozesse sind irreversibel und nichtlinear. Die Zeitstruktur in der Newtonschen Physik ist eine reversible und alle Vorgänge im Geltungsbereich dieser Physik sind umkehrbar. Nach Newton verharrt ein nicht beschleunigter Körper im Zustand einer gleichförmigen Bewegung. Dies war eine jedoch idealisierte Annahme von Newton, denn in Wirklichkeit unterliegen ja alle Körper entweder einer Beschleunigung oder sie werden abgebremst. Zudem bewegen sie sich nicht reibungsfrei. Nur ein ideales, d.h. reibungsfrei schwingendes Pendel setzt seine Bewegung in alle Ewigkeit fort.

Im fortschreitenden 20. Jahrhundert stieg der Begriff der Entropie zu einem „Indikator der Entwicklung" (Prigogine) oder auch zu einem „Zeitpfeil" (Eddington) auf. Für alle isolierten Systeme stellt die Zukunft die Richtung der zunehmenden Entropie dar[5].

Mittlerweile hat der Entropiebegriff auch außerhalb der Physik und vor allem in der Technik, der Informationstheorie, der Biologie breite Anwendung gefunden.

Ludwig Boltzmann und andere verliehen der Entropie einen statistischen Sinn und interpretierten die irreversible Entropiezunahme als Ausdruck einer wachsenden molekularen Unordnung. Denn isolierte Systeme würden sich spontan in Richtung auf Zustände wachsender Wahrscheinlichkeit entwickeln und das thermodynamische Gleichgewicht stellt ja einen Zustand der größten Wahrscheinlichkeit dar.

Ein Zusammenhang zwischen Entropie S und der thermodynamischen Wahrscheinlichkeit W wurde von Boltzmann so hergeleitet:

$$S = k_B \times \ln W$$

Die thermodynamische Wahrscheinlichkeit entspricht in diesem Ansatz der Anzahl der Mikrozustände, die zum gleichen makroskopischen Zustand gehören. Durch die Boltzmannkonstante k_B ist die Entropie mit der Energie und Temperatur verbunden[6].

Entropie ist damit ein Maß für die Wahrscheinlichkeit eines Zustandes: Ist ein Makrozustand durch viele Mikrozustände realisiert, so ist demzufolge die Entropie hoch. Bei wenigen Mikrozuständen zeigt die Entropie dagegen einen niedrigeren Wert. Der Begriff der Entropie hat also mit dem Begriff der Wahrscheinlichkeit eines Zustandes zu tun. Entropiezunahme bedeutet den Übergang eines Systems vom weniger wahrscheinlichen Zustand zu einem wahrscheinlicheren Zustand.

Hohe Entropie ist damit wahrscheinlich und ein Zustand von niedriger Entropie ist unwahrscheinlich.

In der Weiterentwicklung des Wahrscheinlichkeitsbegriffes entspricht die Entropie der Anzahl der Fragen, die mit einem „Ja" bzw. „Nein" beantwortet werden müssen, um den Zustand eines Systems beschreiben zu können.

Damit ist der Begriff der Entropie auch mit dem Begriff der Information verknüpft. Ob beide Termini letztendlich das Gleiche ausdrücken, ist nach wie vor nicht beantwortet. Entropie entspricht der Anzahl von Bits. Denn die Wahrscheinlichkeit, ein System in einem bestimmten Zustand vorzufinden, hängt mit der Anzahl der vorhandenen Möglichkeiten zusammen.

Beim Würfelspiel bietet ein einzelner Wurf sechs mögliche Ergebnisse, zwei Würfel bieten schon 36 Möglichkeiten und so fort. Entropie entspricht dem Logarithmus der Anzahl von Möglichkeiten und die Anzahl der Bits entspricht dem Logarithmus der Anzahl der möglichen Zustände.

Die Entropie ist das Gegenstück zur Energie.

Die Entropie ist 0, wenn wir alles über ein System wissen. Die Entropie ist maximal, wenn wir nichts über das System wissen.

Die Entropie misst demzufolge unser Unwissen über das Verhalten der Moleküle in einem System. In idealen und vollkommen nach außen abgeschlossenen Systemen geht keine Information verloren und es wird auch keine Information verworfen. Das Verhalten des Systems ist damit reversibel. Soweit wir wissen, sind alle fundamentalen Gesetze der Physik, einschließlich der Elektromechanik reversibel. Woher kommt dann aber die Irreversibilität? Das irreversible Verhalten hat seinen Grund darin, dass Ordnung in Unordnung übergeht. In offenen Systemen muss zwangsläufig Information an die Umwelt verloren gehen. Das Verhalten von offenen Systemen ist aus diesen Gründen nicht reversibel. Physiker sprechen auch davon, dass das Phasenvolumen dieser Systeme abnehmen kann.

Möglicherweise ist daraus ein Hinweis auf die teleologische bzw. teleonomische Ausrichtung der Welt abzuleiten.

In einem mit einem Gas gefüllten und vollständig abgeschlossenen Behälter ist die Bewegung der Moleküle gleich wahrscheinlich, d.h. das Gas befindet sich in einem annähernd homogenen Zustand. Homogene Zustände sind Zustände hoher Entropie. Das Maximum an Entropie entspricht dem Zustand geringster Strukturiertheit und höchster Unordnung[7]. Die Ordnung der Gasmoleküle entspricht dem durchschnittlichen Verhalten einer riesigen Anzahl von Molekülen. Jede mögliche Anordnung der Gasmoleküle ist gleich wahrscheinlich. Die statistische Mechanik beschreibt das durchschnittliche Verhalten der Moleküle. Das geordnete Verhalten des Gases als Ganzes ist im Bereich eines Mittelwertes eingepegelt, wobei dieses Verhalten nicht dem Verhalten eines einzelnen Moleküls entspricht. Die Energie des Gesamtsystems bleibt aber immer gleich. Der Makrozustand des Systems entspricht dem Prozentsatz der zu diesem Makrozustand gehörenden Mikrozustände. Ordnungsstrukturen in diesem System können sich nur dann stabilisieren, wenn die Möglichkeiten der Moleküle, sich zu bewegen oder miteinander in Wechselwirkung zu treten, auf irgendeine Weise eingeschränkt werden. Der Aufbau von Ordnung ist somit nur in thermodynamisch offenen Systemen möglich. Mit dem Verlust von Freiheitsgraden der Bewegung und Wechselwirkung in thermodynamisch offenen Systemen geht ein Verlust an Informationen an die Umgebung einher. Thermodynamisch offene Systeme müssen also offen für den Austausch von Materie und Energie mit der Umgebung sein. Derartige energieverbrauchende, thermodynamisch offene Systeme wurden von Prigogine als dissipative Systeme bezeichnet. Sie stellen eine notwendige Voraussetzung für den Aufbau von Ordnung in komplexen biologischen Systemen dar.

1.2 Stellenwert der Entropie in lebenden Systemen

Lebendige Systeme sind, wie eingangs gesagt, thermodynamisch offen für den Austausch von Materie und Energie – auf diese Weise gewährleisten sie eine niedrige Entropie in ihrem Inneren durch den Export von Entropie in die Umgebung. Auf diese Weise schaffen sie in ihrem Inneren die Voraussetzung für die Etablierung von Ordnung, wobei sie an anderer Stelle, d.h. außerhalb die Unordnung erhöhen. Die Systeme des Lebens entsprechen Systemen von hohem Ordnungsgrad, niedriger Entropie und hoher potenzieller Energie, ein Zustand, der unter dauernder Energieaufnahme aufrecht erhalten werden muss.

Der notwendige Entropieexport beruht nach Ebeling[8] auf drei Mechanismen:
1. Wärmeabgabe.
2. Stoffaustausch mit der Umgebung.
3. Stoffumwandlung im Inneren.

Dass jeder Organismus Wärme an die Umgebung abgibt, ist für dessen Überleben von großer Bedeutung, weil sich der Organismus durch Wärmeabgabe eines Teiles seiner überschüssigen Energie entledigt. Man hat beispielsweise herausgefunden, dass im Verlaufe der Entwicklung eines Kükens aus einem Ei beispielsweise eine Wärmeenergie von ca. 80 kJ und damit eine entsprechend große Entropie an die Umgebung abgegeben wird[9]. Eine Amöbe nimmt Stoffe höherer Ordnung auf, sie verdaut sie und verwendet sie dazu, ihre Organisation aufrecht zu erhalten. Dafür gibt sie Wärme an die Umgebung ab, d.h. sie verbreitet ungeordnete Energie. Der Planet Erde nimmt Energie aus dem Sonnenlicht für den Energiestoffwechsel der Pflanzen auf und strahlt dafür Wärme in den Weltraum ab. Das System Erde nimmt von der Sonne einen Wärmestrom von 10^{17} W auf, dessen Temperatur 5800 K beträgt. Die Erde strahlt nach außen etwa die gleiche Wärmemenge von 10^{17} W wieder ab, wobei die Temperatur dann nur noch 260 K beträgt. Dieser Wert entspricht der Wärmestrahlung des Planeten Erde. Der Grundmechanismus, demzufolge sich unsere Erde von Entropie befreit, besteht physikalisch gesehen in der Aufnahme von Hochtemperaturphotonen und der Abgabe von Niedertemperaturphotonen. Unser Planet gibt im Mittel pro Sekunde 4×10^{14} Entropieeinheiten (Watt Kelvin) als Entropieexport an die Hintergrundstrahlung ab[10]. Die Erde exportiert also Entropie in den Weltraum hinein. Dieser planetarische Stoffwechselmechanismus ist eine grundlegende Voraussetzung für die Selbstorganisation.

Die komplexen Musterbildungen in den Prozessen der Ontogene, die bei einer gering strukturierten befruchten Eizelle ihren Ausgang nehmen und sich schließlich zu strukturell hochdifferenzierten Lebewesen entwickeln, stehen dem zweiten Hauptsatz der Thermodynamik mit der Zunahme der Entropie entgegen. Aber Boltzmann äußerte schon frühzeitig die Vermutung, dass der Entropiesatz bei lebenden Systemen durchbrochen sein könnte.

Carl Friedrich von Weizsäcker zog überhaupt in Zweifel, dass das Entropiewachstum notwendigerweise einen Strukturabbau bedeuten müsse. Gestaltentwicklung sei sogar eine direkte Konsequenz des zweiten Hauptsatzes[11].

Heute neigt man in Anlehnung an Prigogine der Ansicht zu, dass beim Aufbau von Formen in einem lebenden System nur ein Summand der Entropie abnimmt, dass diese Abnahme durch die Zunahme anderer Summanden schließlich überkompensiert würde, so dass auch hier in der Bilanz die Entropie zunähme.
Nach Prigogine kann die Entropieänderung beliebiger Systeme unterteilt werden in:
- Entropieproduktion d_iS im Inneren eines Systems im Gefolge der dort ablaufenden irreversiblen Prozesse und
- in den Entropiefluss d_eS über die Grenzen des Systems in die Umgebung hinein oder aus ihm heraus nach folgender Formel: $S = d_iS + d_eS$.

Bei reversiblen Prozessen ist $d_is = 0$. Bei irreversiblen Prozessen ist $d_iS > 0$.

Für lebende Systeme ist also zusammenfassend festzuhalten, dass die in diesen Systemen im Gefolge der irreversibel ablaufenden Prozesse zunehmende Entropie durch einen Abtransport an die Umgebung wieder kompensiert wird.

1.3 Entropie und Selbstorganisation

Das Paradoxon „Carnot oder Darwin"[12] konnte erst dann einer Lösung näher gebracht werden, als man begann, das Verhalten von Systemen weitab vom Gleichgewicht in ihrem Verhalten zu studieren, d.h. in einem Zustand, wo keine linearen Beziehungen zwischen den allgemeinen Flüssen und Kräften bestehen. Ilya Prigogine konnte in seinen Studien über die Thermodynamik irreversibler Prozesse so ungemein eindrucksvoll zeigen, dass sich Systeme auch unter gleichgewichtsfernen Bedingungen zu stationären Nichtgleichgewichtszuständen mit einem annähernd linearen Verhalten entwickeln können[13]. Zur Aufrechterhaltung dieses Zustandes bedarf es aber einer dauernden Energiezufuhr. Bei einer weiteren Entfernung vom Gleichgewichtszustand, beispielsweise im Gefolge von Änderungen der Randbedingungen des Systems werden anschließend solche Zustände erreicht, bei denen Irreversibilität auftritt. Unter den herrschenden Bedingungen von Nichtlinearität sind Instabilitäten möglich, die in die spontane Bildung von neuen räumlichen, zeitlichen oder raumzeitlichen Mustern und Strukturen einmünden können. Biologische Systeme bilden also neue Formen bei überkritischer Distanz zum Gleichgewichtszustand unter Zuführung von hochwertiger Energie aus. Systeme, die Übergänge in solche Zustände durchlaufen, werden als selbstorganisierende Systeme bezeichnet.

Beispiele für Selbstorganisation sind in den Bereichen der Chemie, der Physik, der Astronomie und in allen lebenden Systemen zu finden. Der Begriff Selbstorganisation stammt von Ebeling und ist so definiert: „Unter Selbstorganisation verstehen wir einen irreversiblen Prozess, der durch das kooperative Wirken von Teilsystemen zu komplexeren Strukturen des Gesamtsystems führt. Die Selbstorganisation ist der Elementarprozess der Evolution, die als unbegrenzte Folge selbstorganisatorischer Prozesse verstanden werden kann. In diesem Sinne handelt es sich bei den Prozessen auf der Erde und im Kosmos in der Regel um Evolutionsprozesse, die nur im Zusammenhang mit ihrer Geschichte, d.h. der gesamten Kette verursachender Selbstorganisationsprozesse, verstanden werden können. Prozesse der Selbstorganisation entwickeln sich nicht selten aus kinetischen Übergängen, die mit steigender Abweichung vom Gleichgewicht bei bestimmten kritischen Parameterwerten auftreten können.

Nach Ebeling basiert die Theorie der Selbstorganisation auf den folgenden vier Theoriegebäuden[14]:
1. Die Thermodynamik irreversibler Prozesse. Sie beschreibt die globalen und lokalen Bilanzen von Energie, von Entropie, des Impulses und der Stoffmengen.
2. Die nichtlineare Dynamik der Ordnungsparameter, die sich mit der Lösung von nichtlinearen Differentialgleichungen für die charakteristischen Größen der Prozesse befasst.
3. Die stochastische Theorie, die mit makroskopischen Ordnungsparametern arbeitet, diese jedoch als fluktuierende Größen betrachtet und sich mit der Existenz einer Wahrscheinlichkeitsverteilung und einer Gleichung für diese Größe beschäftigt.
4. Die statistische Theorie, die mit Wahrscheinlichkeitsverteilungen für den mikroskopischen Zustand des Systems arbeitet.

Eine grundlegende thermodynamische Voraussetzung für Selbstorganisation besteht, wie oben beschrieben, im Entropieexport. Nur solche Prozesse, die sich von der im Inneren durch irreversible Prozesse erzeugten Entropie befreien können, sind potentiell zur Selbstorganisation in der Lage.

Die Eigenschaft der Selbstorganisation ist bislang jedenfalls noch ausschließlich aus physikalischen Parametern heraus zu erklären, obwohl sie ja ein physikalisches Attribut der Materie darstellt. Wir kennen eine ganze Reihe von physikalischen Systemen, die über die Eigenschaft verfügen, unter bestimmten Bedingungen spontan spezifische räumliche und zeitliche Muster auszubilden. Hierzu ist ein gewisses Maß an globaler

Kooperation erforderlich. Ein einfaches Beispiel für Selbstorganisation im anorganischen Bereich stellen die Phasenübergänge beim Übergang einer Flüssigkeit in einen Festkörper oder ein Gas dar. Dies ist dann der Fall, wenn Wasser zu Eis gefriert.

Ein Ferromagnet ist funktionell aus einer großen Anzahl von weitgehend geordneten mikroskopischen Magneten aufgebaut, die in ihrer Ausrichtung nur wenige Freiheitsgrade besitzen. In diesem Zustand ist das Metall magnetisch. Wird das Eisen erhitzt, so werden diese Mini-Magnete durch die Wärmebewegung in alle Richtungen durcheinander gewirbelt. Damit heben sie sich in ihrer Magnetisierungswirkung gegenseitig auf. Nach der Abkühlung gewinnt das Metall seine Magnetisierungseigenschaften wieder zurück. Ein anderes Beispiel für Selbstorganisation im anorganischen Bereich ist das Phänomen der Supraleitungsfähigkeit von Metallen in der Nähe des absoluten Nullpunktes. In diesem Niedrigtemperaturbereich können Stoffe den elektrischen Widerstand verlieren. Dadurch werden sie supraleitend. Wie wir alle wissen, entsteht Strom aus dem Fluss von Elektronen. Unter Temperaturen in der Nähe des absoluten Nullpunktes gleiten die fließenden Elektronen in einen kooperativen Zustand einer großräumigen Organisation über. Die Elektronen verhalten sich jetzt wie ein einziges Elektron und sie bewegen sich in der Form eines hoch organisierten Quantenwellenmusters. Ähnliche solcher großräumiger Organisationsmuster können auch bei flüssigem Helium beobachtet werden.

Bekannte Beispiele für spontan entstehende dissipative Strukturen im anorganischen Bereich stellen die Bènardsche Instabilität sowie die Belusoff-Zhabotinsky-Reaktion dar. Bei der Bènardschen Stabilität führen die Wärmebewegungen innerhalb einer Flüssigkeit zu spontan auftretenden rollenartigen Mustern: Wird eine homogene Flüssigkeitsschicht von unten erhitzt, so entstehen, wenn ein kritischer Wert überschritten wird, die typischen hexagonalen Konvektionsrollen im Gefolge eines Wärmeaustausches zwischen den heißeren Flüssigkeitsschichten im Bereich der Unterseite und den kühleren weiter oben. Diese typischen Konvektionsströme sind die Folge von kohärenten Bewegungsmustern von Abermillionen von Molekülen.

Derartige Selbstorganisationsphänomene in Flüssigkeiten sind nur möglich, weil Energie von außen in das System in Form von Wärmeenergie eingebracht wurde. Die von außen zugeführte Wärmeenergie führt in diesen genannten Beispielen nicht, wie man eigentlich erwarten könnte, zu einer noch heftigeren Mobilität der Flüssigkeitsmoleküle und damit zu einer Erhöhung der Unordnung, sondern im Gegenteil zur spontanen Bildung von Ordnungsstrukturen.

Ein chemisches Beispiel für spontane Selbstorganisationen auf dem Gebiet der Chemie stellt die Belusoff-Zhabotinsky-Reaktion, d.h. die Oxidation einer organischen Säure (Malonsäure) mit Kaliumbromat in Gegenwart eines Katalysators dar. Diese Reaktion verläuft diskontinuierlich. Dabei treten spontan typische Muster, beispielsweise Spiralwellen, auf. Das Interessante an dieser Reaktion besteht darin, dass anfänglich homogene Zustände durch spontan auftretende raumzeitliche Muster mit einer eindeutigen Fernordnung abgelöst werden.

Derartige Übergänge in eine komplexere Phase sind von Symmetriebrechungen begleitet: Wasser, das man aus einem Glas trinkt, weist eine Rotationssymmetrie auf. Stellt man das Glas im Winter vor das Fenster, so gefriert das Wasser natürlich: Dabei bilden sich Eiskristalle und die Rotationssymmetrie ist verloren gegangen, weil die Kristallflächen jetzt eine bevorzugte Richtung im Raum definieren. Weil Symmetrien im Allgemeinen bei niedriger Temperatur gebrochen werden und weil das Universum sich aus einem sehr heißen Anfangszustand immer weiter abkühlt, so verläuft im Übrigen die Geschichte des Universums über eine Abfolge von Symmetriebrechungen.

Selbstorganisation kann also in gleichgewichtsfernen Systemen auf allen Stufen der Realität auftreten. Man kann sagen, dass Selbstorganisation zu komplexeren räumlichen, zeitlichen oder raumzeitlichen Formen führt. Selbstorganisatorische Systeme sind offen für ihre Umgebung. Das Neue entsteht spontan. Es ist theoretisch erklärbar, es ist jedoch nicht im Einzelnen genau vorhersehbar.

Dem mit der Prophezeiung des zweiten Hauptsatzes vorausgesagten langsamen Wärmetod des Universums könnte also der Gegenentwurf eines Universums gegenüber gestellt werden, das auf allen Stufen kreativ immer neue Ordnungen schaffen könnte. Selbstorganisation repräsentiert also ein grundlegendes physikalisches Prinzip. Materie verfügt also grundsätzlich über die Eigenschaft der Selbstorganisation auf allen ihren Stufen. Damit ist aber bei weitem noch nicht die Frage beantwortet: Warum gibt es Selbstorganisation und warum gibt es Leben? Die Beantwortung dieser Fragen nach dem Warum fällt nicht in den originären Bereich der Naturwissenschaft. Diese inhärente Eigenschaft der Materie mildert den Gegensatz zwischen „toter" und „lebender" Materie zumindest ein Stück weit ab. Die Vermutung könne sich aufdrängen, dass der Materie eine Art von einem fernwirkenden Potential inhärent sein könnte, das sich einer ausschließlich physikalischen Deutung entziehen würde. F. Cramer weist der Materie a priori eine Idee ihrer Selbstorganisation zu, eine Idee zur Entfaltung ihrer Baupläne und er äußerte die Vermutung, dass die Idee eines menschlichen Bewusstseins schon beim Urknall als Möglichkeit vorhanden gewesen könnte[15].

Nach Platon existieren die Ideen außerhalb der Materie, sie benötigten die Materie, um sich manifestieren zu können, und Aristoteles, der sich mit dem starren Materiebegriff eines Demokrit auseinandersetzte, hatte den Begriff der „Entelechie" formuliert. Der Physiker Erich Jantsch fasste seine Gedanken über die Selbstorganisation so zusammen[16]: „Die einseitige Anwendung des darwinistischen Prinzips natürlicher Auslese führt auch heute noch oft zur Vorstellung einer „blinden" Evolution, die jeden möglichen Unsinn produziert und über Bewältigung der Umwelt und Wettbewerb das Lebensfähige herausfindet ... intuitive Versuche, die Grundprinzipien der Selbstorganisation, wie sie für chemische und präbiotische Evolution gelten, auch auf höhere Stufen der Evolution anzuwenden, haben zu erstaunlich realistischen Beschreibungen der Dynamik ökologischer, soziobiologischer und soziokultureller Phänomene geführt. ... Dieses neue Wissensbild, das sich in erster Linie an Modellen des Lebens, nicht an mechanischen Modellen orientiert, bringt Wandel nicht nur in der Wissenschaft mit sich. Es ist thematisch und in der Art der Erkenntnis mit jenen anderen Ereignissen verbunden, die zu Beginn unseres Jahrhunderts eine Metafluktuation signalisiert haben. Die Grundthemen sind überall dieselben. Sie lassen sich in Begriffen wie Selbstbestimmung, Selbstorganisation und Selbsterneuerung zusammenfassen, in der Erkenntnis einer systemhaften Verbundenheit aller natürlichen Dynamik über Raum und Zeit, im logischen Primat von Prozessen über Strukturen, in der Rolle von Fluktuationen, die das Gesetz der Masse aufheben und dem Einzelnen und seinem schöpferischen Einfall eine Chance geben, in der Offenheit und Kreativität einer Evolution schließlich, die weder in ihren entstehenden und vergehenden Strukturen, noch im Endeffekt vorherbestimmt ist. Die Wissenschaft ist im Begriff, diese Prinzipien als allgemeine Gesetze einer natürlichen Dynamik zu erkennen. Auf den Menschen und seine Systeme des Lebens angewandt, sind sie damit

Ausdruck eines im tiefsten Sinne natürlichen Lebens. Die dualistische Aufspaltung in Natur und Kultur wird damit aufgehoben. Im Ausgreifen, in der Selbstüberschreitung natürlicher Prozesse liegt eine Freude, die die Freude des Lebens ist. In ihrer Verbundenheit mit anderen Prozessen innerhalb einer umfassenden Evolution liegt der Sinn, der der Sinn des Lebens ist".

Unsere Welt ist eine Nichtgleichgewichtswelt. Das Universum ist in seinem Wesenskern evolutiv. Dieses evolutive Konzept tritt nicht nur auf der Ebene der biologischen Systeme in Erscheinung, es durchdringt auch die physikalische Welt auf allen Organisationsebenen. Dieses Prinzip ist demzufolge auch auf allen Organisationsstufen unseres Körpers gegenwärtig: angefangen bei den Netzwerken der Proteine im Zellinneren, den dynamischen DNA-Strukturen, über die zellulären Verbände und die großen physiologischen integritätserhaltenden Systeme und von dort in die Netzwerke zwischen Körper, Seele und Geist hinein. Dieses Prinzip spielt zudem eine wichtige Rolle in der Entstehung, im Verlauf und sogar in der Behandlung von Krankheiten. Es reflektiert ein universal wirksames Prinzip in Gesundheit und Krankheit gleichermaßen.

1.4 Bedeutung des Entropiebegriffes für die Medizin

Ausgehend von einer thermodynamischen Betrachtungsweise stellen Geschwulstkrankheiten in den frühen Stadien zunächst noch stationäre und im weiteren Verlauf nichtstationäre, chaotische Nichtgleichgewichtssysteme dar. Typisch für maligne Tumoren ist ein erhöhter Zellumsatz im Vergleich zu den Zellumsatzraten des umgebenden Wirtsgewebes: Maligne Zellen durchlaufen schneller ihre Zellzyklusprozesse, sie teilen sich schneller und im Gefolge einer zunehmenden genetischen Instabilität bilden sie beschleunigt neue Zellklone aus. Auf der anderen Seite stirbt, bedingt durch eine defizitäre Versorgung des Tumorgewebes mit Blut- und Nährstoffen, eine beträchtliche Anzahl von Tumorzellen ab. Einer solchermaßen beschleunigten Dynamik der Zellumsatzraten ist eine Erhöhung der Entropie d_iS im Inneren des Nichtgleichgewichtssystems einer beschleunigt wachsenden bösartigen Geschwulst zu unterstellen. Bösartige und schnell wachsende Geschwülste haben die Tendenz, sich von einem eingangs bestehenden, noch annähernd stationären Nichtgleichgewichtszustand weiter zu entfernen. Typische morphologische Merkmale eines bösartigen Tumors sind eine geringere Ausdifferenzierung und weniger mannigfaltige Strukturierung im Vergleich zu den höher differenzierten Merkmalskarten von normalem, gesundem Gewebe.

Unter dem Mikroskop sieht der Pathologe am Tumorgewebe oft Inseln von weitgehend differenzierten und geordneten Zellverbänden, die sich mit Arealen von hochgradig ungeordneten Zellverbänden ablösen können. Demzufolge müssen solche beschriebenen Tumorzellverbände eine höhere d_iS aufweisen als das umliegende Gewebe. Damit ist ihnen auch eine geringere potenzielle Energie zu unterstellen. Und last but not least besteht somit ein Entropiegefälle zwischen Tumor und der Umgebung: Je schneller ein Tumor wächst, umso größer muss der Entropieexport vom Tumor in das umliegende Gewebe ausfallen.

Schnell wachsende und besonders bösartige Tumoren exportieren somit Unordnung in die Umgebung. In grober Näherung ist zu unterstellen: Je schneller ein Tumor wächst, umso mehr Entropie muss er in die Umgebung exportieren.

Den laufend produzierten Überschuss an Entropie, der Export von Unordnung in die Umgebung erfordert vom Organismus ein hohes Maß an Kompensationsfähigkeit, deren Kapazität an Grenzen gelangen kann. Über die Boltzmann-Konstante ist die Entropie mit der Temperatur und Energie verbunden. Ein Tumor entzieht thermodynamisch betrachtet dem Organismus laufend Energie und somit ein wachsendes Potential für Differenzierung und Diversifikation. In den Anfangsstadien eines Tumors ist noch ein geringer, limitierter Entropieexport nach außen zu unterstellen. In den späteren fortgeschrittenen Stadien und zumal im Stadium einer diffusen Metastasierung wird schließlich das ganze System des Organismus in die außer Kontrolle geratene Entropiebalance einbezogen. Bösartige Tumoren benötigen sehr viel Energie und exportieren im Gegenzug dafür Entropie, d.h. Unordnung in den Organismus hinein. Ein Teil der vom Tumor erzeugten Entropie wird als Wärme nach außen abgegeben. Nicht selten können bei Tumorpatienten subfebril erhöhte Temperaturen gemessen werden.

Viele Patienten berichten dem Arzt, dass ganz am Anfang ihrer Erkrankung ein allgemeines Unwohlsein, ein undefinierbares Krankheitsgefühl bestanden hätte: „Ich fühlte, dass mit mir etwas nicht in Ordnung war", ist ein häufiger Satz, den Krebspatienten so oder so ähnlich ihrem Arzt als frühe Anzeichen ihrer Tumorerkrankung schildern. In den meisten onkologischen Lehrbüchern findet sich der Hinweis, derartige, von den Patienten geschilderte und durchaus als vage zu bezeichnende Symptome ernst zu nehmen, weil sie mögliche Hinweiszeichen auf eine sich manifestierende Tumorerkrankung sein können. Im frühen Stadium einer Tumorerkrankung können also schon systemische Aspekte einer solchen Erkrankung auffällig werden, was nachdenkenswert erscheinen mag. Tumore, Krankheiten ganz allgemein, sind keine lokalen Phänomene.

Ob und inwieweit solche Betrachtungen von Krankheiten, speziell von Tumorkrankheiten, neue Perspektiven eröffnen könnten, sei einmal dahingestellt. Lohnenswert erscheint die Gegenüberstellung von zwei verschiedenen Systemen im Organismus aber allemal: Auf der einen Seite ein schnell wachsender Tumor mitsamt seiner Bilanz von Entropie und Energie und einem sich daraus ergebenden Export von Unordnung. Auf der anderen Seite das zunächst noch stationäre Nichtgleichgewichtssystem des Organismus, das im Verlaufe einer Tumorerkrankung durch den Entropieexport aus dem Inneren des Tumors immer mehr belastet und in der Sprechweise der Synergetik geradezu versklavt wird, bis der Organismus schließlich im Endstadium der Erkrankung in die Nähe eines thermodynamischen Gleichgewichtszustandes kommen könnte, das ein Weiterleben nicht mehr gewährleisten kann.

1.4.1 Entropie und banaler grippaler Infekt

Ein gesunder Organismus befindet sich näherungsweise in einem stationären Nichtgleichgewichtszustand, d.h. einem Zustand mit einer konstanten Entropieproduktion und einem gleichermaßen konstanten Entropiefluss nach außen. Die entropieerzeugenden irreversiblen Prozesse im Organismus schaffen, wie wir gesehen haben, auf der einen Seite Ordnung, um auf der anderen Seite ein Plus an Unordnung zu exportieren.

Auch in gleichgewichtsfernen Systemen können sich stabile Dauerzustände etablieren. Befinden sich diese Systeme in einem stabilen Zustand, so gilt für sie das Prinzip der minimalen Entropieproduktion[17]. Bei einer Entfernung vom Gleichgewichtszustand, beispielsweise im Gefolge von Änderungen der Randbedingungen, treten irreversible Prozesse mehr und mehr in den Vordergrund, welche durch eine zunehmende Nichtlinearität gekennzeichnet sind. In der Folge sind zunehmende Instabilitäten des Systems zu beobachten: Mit zunehmender Entfernung vom Gleichgewichtszustand zeigt das System heftige Fluktuationen.

Aus den Phasen einer immer höheren Instabilität heraus kann das System als Ganzes in neue stationäre Zustände einschwenken, die durch neue Musterbildungen gekennzeichnet sind. Solche Verzweigungspunkte, von denen aus nichtlineare Systeme neue Zustände einnehmen, werden auch als Bifurkationspunkte bezeichnet.

Auch Krankheiten können von solchen Verzweigungspunkten aus ihren Ausgang nehmen, nämlich dann, wenn sich der Organismus von seinem stationären Nichtgleichgewichtszustand entfernt, der ja durch eine geringe Entropieproduktion gekennzeichnet ist. Der Zustand einer minimalen Entropieproduktion kann demzufolge als „Gesundheit" bezeichnet werden. In diesem Zustand hoher Ordnung schweigen die Organe (Gadamer).

Jetzt soll ein Patient einen banalen Infekt erleiden, nehmen wir ein harmloses Grippevirus einmal an. Der Patient fühlt sich nicht sehr krank, nur etwas müde und matt: Sein Organismus hat sich wenig vom ursprünglichen stationären Nichtgleichgewichtszustand einer minimalen Entropieproduktion entfernt: Mit einer paar Aspirintabletten, vielleicht noch mit einem Hustensaft und ausgestattet mit einem stattlichen Vorrat an Papiertaschentüchern geht er wie gewohnt in sein Büro und erledigt seine wichtigsten Termine so gut als möglich. Er kommt am Abend oder am Nachmittag möglicherweise etwas früher als gewöhnlich nach Hause, wo er, mit einem Brustwickel ausgestattet, sich vorzeitig ins Bett zurückzieht und am nächsten Morgen schon in deutlich besserer Kondition wieder aufwacht. Nach drei oder vier Tagen ist er wieder völlig genesen: Die Krankheit ist ohne erkennbare Spuren verschwunden, was bedeutet: Sein Organismus ist wieder in seinen vorherigen stationären Nichtgleichgewichtszustand eingeschwenkt. Seinen Nachbar dagegen hat eine richtige Grippe erwischt: Er hat hohes Fieber, er hustet unaufhörlich, die Zunge ist dick belegt, die Gaumenmandeln sind massiv angeschwollen und bei jedem Atemzug verspürt er Stiche in der Brust. Er fühlt sich so krank, dass er sein Bett nicht verlassen kann. Seine Sekretärin muss alle Termine, darunter auch die recht wichtigen, absagen. Der Hausarzt muss kommen. Er hört die Brust ab und meint schließlich, dass sich gerade eine beginnende Lungenentzündung festsetzen wolle und er verschreibt unter anderem auch ein erprobtes Antibiotikum. Es mag eine ganze Woche gedauert haben, bis der Mann das Bett wenigstens für kurze Zeit verlassen konnte. Bis er sich wieder richtig fit und voll belastbar fühlt, mag es vielleicht zwei Wochen gedauert haben. Dieser junge, körperlich fitte und sportlich aktive Mann hatte also eine richtige Grippe durchgestanden. Sein Organismus benötigte anschließend fast vier Wochen, um wieder den vorherigen stationären Nichtgleichgewichtszustand einzunehmen. Die Krankheit hatte deutlich längere Zeit in Anspruch genommen als bei seinem Nachbarn, denn es war zu heftigen Fieberschüben gekommen, eine Lungenentzündung hatte ihm schwer zugesetzt, das System seines Organismus hatte somit die Krankheit schließlich folgenlos überstanden.

Einen anderen Mitarbeiter der Firma hatte es aber noch weitaus übler erwischt: Seine zunächst ganz harmlos erscheinende Grippe hatte einen sehr schweren Verlauf angenommen. Eine anfänglich scheinbar banale Virusgrippe war durch eine zusätzliche bakterielle Infektion durch gefährliche antibiotikaresistente Keime erheblich kompliziert worden. Eine erste Antibiotikatherapie stellte sich als wirkungslos heraus. Eine Kombinationsbehandlung mit anderen wirksameren Antibiotika kam anschließend zum Einsatz. Dieser Patient machte eine schwere bakterielle Lungenentzündung mit einer Sepsis durch. Die im Blut zirkulierenden Keime setzten sich unglücklicherweise an den Herzklappen fest und führten dort zu einer bakteriellen Endokarditis. Drei Wochen lang musste der Patient auf der Intensivstation behandelt werden. Hier gelang es zwar, die Sepsis schließlich zu beherrschen. Es stellte sich jedoch heraus, dass eine von seinen Herzklappen durch die zirkulierenden Bakterien schwer geschädigt und insuffizient geworden worden war. Als Folge dieser defekten Herzklappe leidet der Patient unter einer schweren Herzinsuffizienz: So fällt es ihm mittlerweile sehr schwer, nur die zehn Treppenstufen zu seiner Wohnung hinaufzusteigen. Ein Ersatz seiner defekten Herzklappe in einer Herzchirurgischen Klinik steht in Kürze an. Nach seiner Erkrankung hat dieser Patient den ursprünglichen stationären Nichtgleichgewichtszustand mit minimaler Entropieproduktion nicht mehr erreichen können. Vielmehr hat sein Organismus einen neuen stationären Nichtgleichgewichtszustand eingenommen, der sich vom vorherigen durch ein weitaus höheres Entropieniveau unterscheidet. Es handelt sich nicht länger um den vorherigen, annähernd stabilen Nichtgleichgewichtszustand minimaler Entropieproduktion. Vielmehr ist dieser durch einen Zustand höherer Entropie und eines erniedrigten Ordnungsgrades abgelöst worden.

Aus der Sicht der Chaostheorie, auf die wir später genauer eingehen wollen, könnte man sagen, dass nach der Erkrankung seine Zustandstrajektorien auf das Zentrum eines neuen Attraktors eingeschwenkt sind.

Nehmen wir jetzt noch folgenden worst case-Fall an: Ein Bekannter soll einige Jahre zuvor eine Herz- oder Lebertransplantation erhalten haben. Der Patient fühlt sich nach der Transplantation gut, er geht seinem Beruf nach und ist sportlich aktiv. Gegen eine mögliche Transplantatabstoßung ist eine Dauerbehandlung mit Immunsuppressiva erforderlich. Diese Medikamente haben eine Schwächung seines Immunsystems zur Folge. Auch dieser Mann wurde ein Opfer der Grippeepidemie. Möglicherweise in Folge seines geschwächten Immunsystems erleidet dieser Patient eine besonders schwere bakterielle Infektion, die schließlich zu einer lebensbedrohlichen Sepsis führt. Der Patient wird unter Einsatz aller ärztlichen Kunst fünf Wochen auf der Intensivstation behandelt. Angesichts eines Lungenversagens muss der Patient maschinell beatmet werden. Hinzu kommt ein akutes Nierenversagen, das eine Nierenersatztherapie erforderlich macht. Nachdem sich der klinische Zustand zunächst zu bessern scheint, entwickelt sich eine rasch progrediente Insuffizienz seines transplantierten Herzens und der Patient verstirbt nach Ablauf von sechs Wochen im Zustand eines nicht mehr beherrschbaren Mehrorganversagens. Der Organismus dieses Patienten hatte sich vor dieser Grippeerkrankung auch in einem stationären Nichtgleichgewichtszustand befunden. Als Folge der Transplantation und erforderlichen immunsuppressiven Dauertherapie hatte sich sein Organismus jedoch in einem Zustand höherer Entropie und niedrigerer Ordnung befunden. Schon vor dieser katastrophalen Grippeerkrankung war der Patient allgemein anfällig für Infektionen gewesen. Aus diesem Grunde waren nicht wenige Antibiotikabehandlungen nötig. Sein Zustand war schon vorher durch zum Teil heftige und länger dauernde Fluktuationen um seinen Nichtgleichgewichtszustand herum geprägt gewesen. Sein System hatte sich zwar unter deutlich gleichgewichtsfernen Bedingungen auf einen quasistationären Dauerzustand eingependelt, dieser Dauerzustand war jedoch durch Änderungen von Randbedingungen mit vermehrten Fluktuationen des Systems gekennzeichnet gewesen. Im Ablauf immer gehäufter aufgetretener und immer schwerer verlaufener Infektionen hatte sich sein System immer weiter weg vom ursprünglichen Gleichgewichtszustand entfernt. Im Gefolge der gehäuften Antibiotikabehandlungen waren zusätzlich auch noch erhebliche Störungen des Verdauungssystems hinzugekommen mit häufigen Durchfällen und mit einer ganzen Anzahl von weiteren Störungen und sekundären Erkrankungen. Nach der letzten und katastrophalen Infektion geriet das gesamte System aus der Balance: Das System war nicht länger resistent gegen immer stärkere Fluktuationen, die Entropieproduktion stieg exponentiell an und eine Komplikation führte zur nächsten und brachte schließlich das System in eine immer größere Entfernung zu seinem ursprünglichen stationären Zustand, von wo aus eine Rückkehr in den vorherigen Zustand nicht mehr möglich war: Das System war irreversibel unterwegs in Richtung auf einen anderen Zustand von niedrigerer Ordnung. Im Verlauf der finalen Erkrankung versagten schließlich lebenswichtige Systeme und stellten in immer schnellerer Folge ihre Funktionen ein. Hierbei wirkte der Ausfall eines Systems beschleunigend und irreversibel auf den Ausfall weiterer Systeme. Unter dem Befund eines progredienten Organversagens entwickelte sich der Zustand in Richtung einer maximal ansteigenden Entropie. Physikalisch gesehen, starb dieser Mensch einen Wärmetod in einem thermodynamischen Gleichgewichtszustand. Auf der Ebene der Chaostheorie starb dieser Mensch als Folge einer Vereinigung seiner Zustandstrajektorien auf das Zentrum eines neuen seltsamen chaotischen Attraktors hin. Auf der Ebene der Informationstheorie starb dieser Mensch, weil die informatorischen Netzwerke auf der Ebene der Zellen, der Organe und des gesamten Organismus keine semantischen Kontexte mehr übermitteln konnten.

Auf der Ebene des Menschen starb mit diesem Mann ein Familienvater, der eine Frau mit zwei kleinen Kindern fassungslos zurückließ.

2 Systeme des Lebens existieren am Rande des Chaos

Das Wort *Chaos* stammt aus dem Griechischen und bezeichnet dort das Offene, das Klaffende oder auch die Leere. Diese Leere, das Nichts ist nach vielen Schöpfungsmythologien der Urgrund des Werdens, aus dem schließlich das Geordnete hervorging. In den antiken Kosmogonien, bei den Vorsokratikern, in der Mystik des Ostens und nicht zuletzt auch in der biblischen Schöpfungsgeschichte ist die Wüste, die unendliche Leere über grenzenlosen Wassern, der Urgrund allen Werdens. Chaos und Kosmos, das Ungeformte und das zu einer idealen Form Abgeschlossene stehen also in einem komplementären ontologischen Kontext zueinander. Das Prinzip der Komplementarität reflektiert ein universales Prinzip: Es bezeichnet grundlegende Phänomene im Quantenbereich, beispielsweise in Form der Welle-Teilchen-Komplementarität, es taucht in biologischen Systemen an verschiedenen Stellen auf, beispielsweise in der KL-Komplementarität komplexer Moleküle, an der Schlüssel-Schloss-Komplementarität zwischen Antigen und Antikörper oder zwischen Zellrezeptor und Antigen, ja es reflektiert das Beziehungsgefüge von Gesundheit und Krankheit im Kontext des Organismus in seiner Ganzheit. Chaos ist ein ungeheuer vielschichtiges und für die Realität grundlegendes Phänomen. Schelling sah im Chaos eine „metaphysische Einheit von Potenzen"[18].

Wenn Ordnungen zerfallen, entsteht Chaos. Komplexe evolvierende Systeme durchschreiten bei Phasenübergängen chaotische Zustände, die sich anschließend wieder zu neuen Ordnungsstrukturen stabilisieren können. Chaos und Ordnung stehen somit in biologischen Systemen in einem engen, komplementären inneren Zusammenhang. So können Gesundheit und Krankheit als zeitlich differente funktionelle Erscheinungsform einer gleichen grundlegenden Dynamik aufgefasst werden. Phasen chaotischer Übergänge sind für alle Krankheiten kennzeichnend, wie noch eingehender gezeigt werden soll. Die zeitlichen Modellierungen von chaotischen Übergängen verleihen den verschiedenen Krankheiten ihre spezifischen Signaturen. So sind für eine Reihe von Infektionskrankheiten, besonders im Kindesalter, fieberhafte und oft krisenhafte Verläufe typisch. Intervalle von Fieberschüben von drei bzw. vier Tagen sind typisch für Verläufe von Malariaerkrankungen. Kinder, die eine Infektionskrankheit überwunden haben, sind anschließend lebenslang immun gegen die auslösenden Erreger: Aus der überwundenen chaotisch verlaufenen Fieberkrise heraus hat sich eine lebenslange Immunität als neue Ordnungsstruktur etabliert. Beides hatte die Krankheit zu bieten: Eine chaotisch-krisenhafte Fieberepisode und ein sich daraus erschließender lebenslanger Schutz.

Die Krankheitsprozesse sind hinsichtlich Schweregrad und Dauer für den Betroffenen aus prinzipiellen Gründen nicht genau vorhersehbar. Es sind in der Medizin nur statistisch begründete Wahrscheinlichkeitsaussagen möglich.

Kinderkrankheiten sind oft von heftigem Fieber begleitet, das, so schnell es kam, häufig so schnell auch wieder abklingt. Die Kinder erholen sich in der Regel schnell. Bei einigen wenigen Kindern kann sich der Krankheitsverlauf aber durchaus bedrohlicher gestalten und mit schweren Komplikationen behaftet sein, beispielsweise dann, wenn eine fiebrige Kinderkrankheit durch eine Meningitis kompliziert worden ist. Auch mit den Ressourcen der modernen Medizin kann eine bakterielle Meningitis in einen dramatischen Verlauf mit schweren neurologischen Folgeschäden, ja bis zu einem tödlichen Ausgang einmünden. Trotz aller Bemühungen bleiben einige der betroffenen Kinder lebenslang behindert.

Wie alle Prozesse in lebenden Systemen sind Krankheitsverläufe nicht deterministisch und die Dynamik lebender Systeme ist durch nichtlineare Differentialgleichungen gekennzeichnet:

Die Bewegungsgleichungen im Geltungsbereich der klassischen Newtonschen Physik sind zeitumkehrbar: +t = -t. In der klassischen Physik hat die Zeit eine reversible Form. Die Anzahl der in einem reversiblen Prozess gebildeten Informationen entspricht genau der Anzahl der verloren gegangenen Informationen: Die Gesamtmenge an Informationen bleibt in einem reversiblen Prozess immer gleich.

Die Bewegungen der Objekte im Geltungsbereich der klassischen Physik folgen einem linearen Ablauf. Linearität bedeutet, dass die Veränderung einer Einflussgröße in einem System zu einer fixen Größenänderung der Systemeigenschaften analog einer einfachen Gleichung führt:

$$y=x+1.$$

Diese Gleichung entspricht einer Geraden in einem kartesischen Koordinatensystem.

Besteht dagegen eine Beziehung zwischen zwei Variablen entsprechend: $y=x^2$ oder $y=x^3$, dann sprechen wir von einer nichtlinearen Funktion. Eine derartige Funktion entspricht in einem kartesischen Koordinatensystem nicht mehr einer Geraden. Nichtlineare Funktionen nehmen die Formen von Parabeln an oder von noch komplizierteren Kurven.

Grundlagen der mathematischen Modellierung von nichtlinearen Prozessen wurden durch den französischen Physiker Henri Poincaré schon im Jahre 1892 geschaffen[19]. Poincaré hatte sich unter anderem mit der Frage nach der Stabilität unseres Sonnensystems beschäftigt. Die Newtonsche Physik hatte bis dahin die Bewegung von zwei um sich kreisenden Planeten durch das Kraftgesetz erklärt, wonach die Schwerkraft mit dem umgekehrten Abstandsquadrat abnehmen muss. Diese Gleichungen waren für die Bahnen von zwei Körpern auch zutreffend, beispielsweise für den Umlauf der Erde um die Sonne. Für jedes idealisierte Zwei-Körper-System sind die Bahnen stabil und folgen auch exakt Newtons Gleichungen.

Es stellte sich jedoch heraus, dass die Newtonschen Gleichungen unlösbar für die Berechnung der Bahnen von drei Körpern waren, wenn beispielsweise die Kraftwirkung der Sonne auf das Erde-Mond-System berechnet werden sollte. Solche mathematischen Ansätze waren nur dann lösbar, wenn Verfahren von schrittweisen Näherungen unter Aufsummierung von Korrekturtermen hilfsweise eingesetzt wurden. Poincaré machte die Entdeckung, dass schon nach winzigsten Störungen einige Planetenbahnen ein unvorhersehbares, d.h. ein chaotisches Verhalten zeigten. Im Jahre 1963 griff der amerikanische Meteorologe E. N. Lorenz, welcher sich mit mathematischen Wettermodellen beschäftigte, auf die mathematischen Grundzüge der Poincaré'schen Ansätze zurück. Lorenz unternahm Versuche von mathematischen Modellen der Wettervorhersage unter Zuhilfenahme von nichtlinearen Gleichungen. Seinen Berechnungen legte er Gleichungen zugrunde, die auf sechs Stellen nach dem Komma begrenzt waren. Wurden diese

Gleichungen nur geringfügig, d.h. auf drei Stellen nach dem Komma abgerundet, so lieferten seine Computer zum Teil gänzlich unterschiedliche Vorhersagen, obwohl es sich doch augenscheinlich nur um ganz geringe Änderungen der Zahlenfolge gehandelt hatte! Die klassische Physik war zu diesem Zeitpunkt noch stillschweigend davon ausgegangen, dass so geringfügige Veränderungen problemlos extrapoliert werden könnten, ohne die Schlussergebnisse entscheidend zu verändern. Lorenz gelangte schließlich zu der Erkenntnis, dass die fortschreitende Iteration (Wiederholung) von gleichen Schrittfolgen in nichtlinearen Prozessen am Ende dieser Schrittfolgen zu einer exponentiellen Vergrößerung von scheinbar minimalen Änderungen führen konnte[20]. Eine Erklärung für dieses Verhalten liegt in der Sensibilität von komplexen Systemen gegenüber kleinsten Veränderungen der Ausgangsbedingungen. Der nach ihm benannte Lorenz-Attraktor zeigt eine für die Wettervorhersage charakteristische Schmetterlingsform: Dabei durchlaufen entsprechenden Systemzustände im Fortgang der Zeit charakteristische Schleifenmuster. Das System eines Attraktors ist global stabil, jedoch lokal nicht exakt vorhersehbar, ganz so, wie ja auch das lokale Wetter nicht völlig exakt vorhersehbar ist.

Ähnlichen chaotischen Bewegungsmustern folgen beispielsweise die Bahnkurven von zwei reibungsfrei gekoppelten und frei schwingenden Pendeln: Wenn beide Pendel unter einer dosierten Energiezufuhr in einem konstanten Verhältnis zueinander schwingen, so folgt die Bahnkurve des Doppelpendels zunächst einem periodischen Schwingungsmodus. Wird das Pendel aber noch stärker angestoßen, so stellen sich schließlich völlig chaotische und nicht vorhersehbare Schwingungsmuster ein.

Im deterministischen Chaos hat der Satz „Ähnliche Ursachen erzeugen ähnliche Wirkungen" damit nur eine eingeschränkte Gültigkeit.

In der Medizin handelt es sich um Multiparameter-Systeme, die noch weitaus komplexer als das System des Doppelpendels sind. In die Ursache und in den Verlauf einer Erkrankung wirken immer mehrere auslösende und auch hemmende Faktoren hinein. Dies hat zur Folge, dass der Ausgangszustand einer Erkrankung und ihr Verlauf prinzipiell nicht exakt bestimmbar sein können. Eine exakte Vorhersage für den Verlauf einer Krankheit wäre theoretisch nur dann möglich, wenn der Ausgangszustand mit exakter Genauigkeit bekannt wäre. In den Verlauf einer Krankheit spielen zudem nicht nur krankheitsspezifische Faktoren hinein, sondern zudem noch eine Vielzahl an individuellen potentiell mitwirkenden Faktoren, beispielsweise mögliche Vor- und Begleiterkrankungen, Funktion, Status, Fitness des Immunsystems, psychische, ja sogar soziale Faktoren sowie die Biographie eines Menschen in ihrer Gesamtheit.

Nichtlineare, rückgekoppelte Prozesse sind also potentiell chaotisch und reagieren ausgesprochen sensibel auf Veränderungen der Ausgangsbedingungen. Lorenz soll in diesem Zusammenhang von einem Schmetterlingseffekt gesprochen haben, der immer wieder zitiert wird: Schon der Flügelschlag eines Schmetterlings könne eine vollständige Änderung von einer Großwetterlage herbeiführen.

Dagegen hatte der französische Physiker La Place vorher die These aufgestellt, dass die Wissenschaft eines Tages imstande sein könnte, mit einer einzigen mathematischen Gleichung das gesamte Schicksal des Universums vorhersagen zu können, wenn sie dessen Anfangspunkt genau genug erforscht hätte. Eine solche strenge und radikale reduktionistische Weltsicht hat sich mittlerweile selbst widerlegt. Sie ist die Weltsicht eines Automechanikers.

Lebensprozesse verlaufen unstetig und in Rückkopplungsschleifen. Die Kurven und Linien lebendiger Strukturen sind durch fraktale Formen gekennzeichnet. Sowohl Newton als auch Leibniz kannten schon vorher Kurven, die zwar stetig, jedoch nicht differenzierbar waren. 1890 gelang Peano die Darstellung einer ungemein komplexen Kurve, welche die Fläche eines Papierblattes einnahm und somit Flächencharakter aufwies. Mandelbrot beschäftigte sich ca. 70 Jahre später mit der Messproblematik und er untersuchte das Komplexitätsmaß derartiger Kurvenverläufe. Die bekannteste Darstellung eines Kurvenverlaufes von einem komplexen System ist die nach ihm benannte Mandelbrot-Figur mit den sie umgebenden und von ihr kontrollierten Julia-Mengen. Die Mandelbrot-Figur gleicht der Gestalt eines Apfelmännchens und wird deshalb oft als „Apfelmännchen" bezeichnet. In den Bereichen der chaotischen Ränder dieser Mandelbrot-Figur mit ihren fraktalen Dimensionen kommen bei immer höherer Auflösung auch immer feinere Abbildungen von Julia-Mengen zur Darstellung. Im Mandelbrot-Prozess, d.h. dem Übergang von Ordnung ins Chaos, tritt die so genannte „Feigenbaum-Zahl" ... $\Delta = 4,669201$ ... als eine Konstante in Erscheinung. Diese irrationale Zahl entspricht einer Universalkonstante, welche bei allen sprunghaften Übergängen in der Natur auftreten soll. Es ist deshalb zwingend zu unterstellen, dass diese „Feigenbaumzahl" auch in der Medizin und dort vor allem bei sprunghaften Krankheitsverläufen eine Rolle spielen müsste.

Die fraktalen Linien und geometrischen Objekte, die besonders in den Übergangsbereichen zwischen Ordnung und Chaos auftreten, sind von beeindruckendem ästhetischem Reiz – scheint sich in ihnen doch eine große und möglicherweise grundlegende ästhetische Kategorie hinter diesen fraktalen Dimensionen zu offenbaren.[21]

Das Prinzip der Nichtlinearität ist für biologische Systeme und somit auch in vielen und für die Medizin relevanten Systemen von grundlegender Bedeutsamkeit.

Im Verlauf von nichtlinearen Prozessen ist eine Zeitumkehr, wie in der klassischen Physik, nicht mehr möglich. Dies bedeutet auf einer allgemeineren Stufe ausgedrückt, dass die Menge an Informationen zu Beginn eines Prozesses nicht der Menge an Informationen an dessen Ende entspricht. Vielmehr werden im Verlauf der Prozesse immer neue Informationen gebildet. Es ist kennzeichnend für die komplexen Systeme des Lebens, dass sie in der Lage sind, neue und vorher nicht absehbare Eigenschaften entwickeln zu können, die sich aus den Eigenschaften der Systemkomponenten heraus nicht erklären lassen: Komplexe biologische Systeme können somit emergent neue Eigenschaften herausbilden. Das Phänomen der Emergenz, das viele Facetten aufweist, spielt, wie wir noch zeigen werden, nicht zuletzt auch im Verlauf und in der Behandlung von Krankheiten eine wichtige Rolle.

Beim Versuch der Erklärung des Phänomens der Emergenz scheint der radikale Reduktionismus an seine Grenzen gelangt zu sein, weil er die Entstehung von Neuem aus seinen Teilen nicht erklären kann. Emergenz ist ein holistisches Phänomen und bezieht sich auf das System als Ganzes und nicht auf dessen Teile.

Krankheitsverläufe entwickeln sich typischerweise nichtlinear in ihrem zeitlichen Fortgang. In ihren raumzeitlichen Musterbildungen ist die Zeitsymmetrie zwischen Vergangenheit und Zukunft gebrochen. Im Ablauf der meisten Krankheiten können oft nahezu zeitsymmetrische bzw. quasiperiodische neben chaotischen Mustern beobachtet werden. Rekurrierende Fieberepisoden im Verlauf von schwereren Infektionskrankheiten zeigen unter wechselndem Antibiotikaregimen nicht selten quasiperiodische Muster:

Ein Patient mit einer bekannten chronischen Lungenerkrankung erleidet eine Lungenentzündung. Er wird dem bakteriologisch ermittelten Erregerspektrum entsprechend antibiotisch behandelt. Unter diesem Regime gelingt es, die Infektionserreger zunächst unter Kontrolle zu bringen: Das eingangs hohe Fieber fällt ab und die stark erhöhten laborchemischen Entzündungsmarker sind stetig rückläufig. Der Patient scheint von seiner schweren Erkrankung zu genesen. Die Angehörigen am Krankenbett sind voller Hoffnung und die Ärzte sind zuversichtlich. Aber einige der Bakterien haben die Antibiotikatherapie überlebt und sind resistent geworden. Diese resistenten Erreger vermehren sich jetzt aufs Neue und rasend schnell. Das Fieber und die Entzündungsmarker steigen erneut an. Der Patient erleidet einen Rückschlag, er atmet schwer, ringt nach Luft, jeder Atemzug schmerzt. Die Sauerstoffsättigung im Blut sinkt als Zeichen seiner insuffizienten Atmung ab. Die Ärzte entscheiden, dass der Patient künstlich beatmet werden muss. Die Erkrankung ist in einen weiteren Fieberzyklus eingeschwenkt. Man versucht eine andere Antibiotikakombination. Darunter gelingt es auch zunächst einmal, das hohe Fieber und die wieder stark erhöhten Entzündungszeichen zum Abklingen zu bringen. Der Patient konnte erfolgreich von der Beatmungsmaschine entwöhnt werden. Aber wiederum haben einige Bakterien die Antibiotika-Kanonade überlebt und sind resistent geworden und ein nächster Fieberzyklus steht an und muss durchschritten werden. Solche geschilderten Verläufe sind auf den Intensivstationen als fast alltäglich zu bezeichnen. Dieser Patient ist durch seine wiederholt aufflackernde Lungenentzündung mittlerweile erheblich geschwächt, sein Immunsystem ist schwer in Mitleidenschaft gezogen. Gelingt es in diesem Stadium der Erkrankung nicht, mit einer noch potenteren und wirksameren Antibiotikakombination die verbleibenden bakteriellen Erreger jetzt endgültig auszuschalten, so besteht in diesem zeitlich weit fortgeschrittenen Stadium der Krankheit und nach mehreren Perioden von hohen Fieberattacken die Gefahr, dass das System als Ganzes einen abrupten und endgültigen Umschlag in eine chaotische Phase nehmen könnte und so in den Zustand eines irreversibel voranschreitenden Multiorganversagens einmünden könnte. Der Organismus des Patienten war im Verlauf der Infektionskrankheit unter den Fieberattacken und wiederholten Antibiotikatherapien immer höheren fluktuierenden Ausschlägen um seinen Nichtgleichgewichtszustand ausgesetzt gewesen. Die rekurrierend und quasiperiodisch aufflammenden Rezidive seiner Infektionskrankheiten waren schließlich in einen Übergangszustand eingeschwenkt, welcher die Richtung in einen irreversiblen Organausfall und schließlich das Ende des Patienten markiert hatte.

Nichtlineare Krankheitsprozesse können zeitweise eine erstaunliche innere und äußere Stabilität aufweisen:

Chronische Erkrankungen aus dem Gebiet des rheumatischen Formenkreises können monate- oder manchmal sogar jahrelang ohne nachweisbare Veränderungen ihres Zustandes auf einem weitgehend stabilen Niveau ohne akute Krankheitsepisoden persistieren. Andere Verlaufsformen von chronischen Erkrankungen können quasi-zyklische Verläufe aufweisen und nur einen oder zwei Schübe dieser Erkrankung pro Jahr präsentieren. Danach klingen die Krankheitssymptome rasch wieder ab und ohne merkliche Schäden, beispielsweise an den Gelenken, zurückzulassen. Manche Patienten müssen nur in einem akuten Schub einer solchen Erkrankung Medikamente einnehmen und nach Abklingen der entzündlichen Erscheinungen sind sie nahezu beschwerdefrei und belastbar. Wir kennen aber auch andere Krankheitsbilder aus diesem Formenkreis, die nach einem ersten oder zweiten Schub auf dem Niveau eines dauerhaften Steady State und ohne weitere akute Schübe verharren. Wieder andere Erkrankungen gehen nach einem ersten Schub in die Form einer kontinuierlich fortschreitenden bzw. chronisch-aggressiven Verlaufsform über, wie wir sie von bestimmten Erkrankungen aus dem Formenkreis der chronischen Hepatitis her kennen. Krankheiten können durch Episoden von annähernd linearen, stetigen und reversiblen und damit eher glatten Verlaufsformen gekennzeichnet sein, sie können aus einer solchen relativ stabilen Situation mit linearen oder quasizyklischen und oft über Jahre anhaltenden Verläufen ganz abrupt in Phasenübergänge mit irreversiblen Änderungen ihrer Verlaufsrichtungen eintreten. Diese Phasenübergänge mit einer irreversiblen Richtungsänderung werden auch als Bifurkationen bezeichnet. Im Verlauf der meisten Krankheitsbilder wirken krankeitsintrinsische, d.h. krankheitsspezifische und extrinsische Faktoren, wie zum Beispiel der Immunstatus, Vor- und Begleiterkrankungen, aber auch eine von außen eingeleitete wirksame Therapie zusammen.

Meist handelt es sich also um Mischformen, wo quasi-lineare Verläufe sich mit einer unstetigen Nichtlinearität ablösen. Wie alle nichtlinearen Systeme sind auch Krankheiten durch eine intrinsische Instabilität gegenüber oft schon geringfügigen Variationen der Ausgangsbedingungen geprägt.

2.1 Attraktoren im Zentrum von Gesundheit und Krankheit

Die Bahnkurven im Geltungsbereich der Newtonschen Physik folgen stetigen Verläufen. Typisch für eine nichtlineare Dynamik sind abrupte Richtungsänderungen, Zufallsbewegungen und eine hohe Empfindlichkeit der Systeme gegenüber Veränderungen der Ausgangsbedingungen. Die Dynamik dieser komplexen Systeme ist Inhalt der Chaostheorie, die sich zu einem der fruchtbarsten Zweige der modernen Naturwissenschaften entwickelt hat. Es steht zu erwarten dass sie auch in der zukünftigen Medizin eine bedeutende Rolle spielen wird. In den Geltungsbereich der Chaostheorie fallen neben den Wetterbeobachtungen zahlreiche moderne Disziplinen, angefangen bei den Stoßwellen von Überschallflugzeugen zu den oft chaotischen Aktienmärkten und von der chaotischen Rhythmik des Herzschlages und der elektrischen Gehirnaktivität über die physiologischen Blutdruckschwankungen bis zur rhythmischen Metabolik der hormonellen Systeme bis zu den globalen Systemen der zahlreichen Steuerungs- und Regelkreise in unserem Organismus.

Die unterschiedlichen Strömungsmuster von schnell fließendem Wasser haben die Künstler zu allen Zeiten inspiriert. Auch das Genie Leonardo da Vinci hatte sich intensiv mit den Fließeigenschaften des Wassers beschäftigt. Es gelangen ihm faszinierende und naturgetreue Darstellungen von Turbulenzen und Wirbelbildungen im fließenden Wasser. Eine seiner Zeichnungen empfindet die turbulente Dynamik in einem Sturzbach mit einer Skizzierung von annähernd geometrisch gruppierten Wirbelmustern ungemein eindrucksvoll nach. Leonardo gelingt in seinen Skizzen die Darstellung und bildnerische Präsentation einer erhabenen inneren Kraft und Schönheit des Chaos, das zu seiner Zeit ja nur intuitiv-künstlerisch geahnt aber lange noch nicht mathematisch modelliert werden konnte. Turbulenz ist eine typische Eigenschaft des Chaos. Die Phänomene der Turbulenz sind für viele Gebiete der Wissenschaft, angefangen bei der Astronomie, Luftfahrt und Meteorologie bis hin zur Medizin von großer Bedeutung. Moderate Turbulenzen sind physiologischerweise in den peripheren Blutgefäßen oder im Bereich der Herzklappen bei jedem gesunden Menschen nachweisbar, starke und strömungsrelevante Turbulenzen im Bereich der Herzklappen können dagegen Hinweiszeichen auf insuffiziente Herzklappen oder auf arteriosklerotische Gefäßverengungen sein.

Auch bei den Turbulenzen geht es um das rechte Maß.

Stationäre Turbulenzen werden auch als Attraktoren bezeichnet.

Das Auftreten von Turbulenzen im fließenden Wasser hängt in erster Linie von dessen Fließeigenschaften, bzw. der Flussgeschwindigkeit des Wassers ab. Wenn Bäche und Flüsse im Sommer einen niedrigen Wasserstand zeigen, dann ist die Wasseroberfläche glatt. Als Kinder ließen wir Kieselsteine über die Wasseroberfläche springen und wer die meisten Sprünge für sich verbuchen konnte, hatte gewonnen. Oft bastelten wir kleine Schiffe aus Papier und legten sie auf das Wasser, wo sie von der trägen und gleichförmigen Strömung mitgenommen wurden. Nach einem heftigen Regenguss fließt das Wasser schneller ab, die Strömungsgeschwindigkeit nimmt zu und erste Strudelbildungen sind zu beobachten. Die Fließgeschwindigkeit ist jetzt nicht mehr uniform und stetig, vielmehr bilden sich an den Uferrändern erste Verwirbelungen und würde man jetzt ein Schiffchen ins Wasser setzen, so würde es unterschiedlich schnell davon treiben, je nachdem, ob es sich in der Strömungsmitte oder eher in Ufernähe befindet. Gelangte es in einen solchen Strudel, so würde es sich möglicherweise so lange im Kreis drehen, bis das Papier durchnässt ist und es schließlich an der gleichen Stelle versinkt. Die Wasserteilchen im Fluss weisen also von Ort zu Ort unterschiedliche Geschwindigkeiten und unterschiedliche Muster von Fließgeschwindigkeiten auf. Teilweise fließt das Wasser stetig und glatt ab und an anderer Stelle wird ein Gegenstand auf der Oberfläche hin- und hergeschubst. Die verschiedenen Wege, die Bewegungslinien unseres Schiffchens auf der Wasseroberfläche könnten durch Punkte auf einer Karte vermerkt oder in einem gedachten Raum markiert werden. Mathematiker bezeichnen einen solchen Raum als Zustandsraum. Im Falle von langsamen und nahezu gleichförmigen Strömungsverhältnissen würden die für den Weg des Schiffchens markierten Orte annähernd auf einer Gerade liegen. Bei immer schnelleren und bei reißenden Strömungsverhältnissen würden wir dagegen abrupte Bewegungsänderungen und teilweise bizarre Kurvenverläufe erhalten.

Die Strömung in einem Bach oder in einem Fluss ist in Wirklichkeit niemals ganz gleichförmig und glatt. Oft liegen Steine, Äste oder Baumstämme im Weg und führen zu Wirbeln und Turbulenzen. Wir beobachten, dass diese Wirbelbildungen im Umfeld eines Hindernisses eindrucksvolle und erstaunlich stabile ringförmige Strukturen modellieren können. Solche Wirbelbildungen, auch Attraktoren genannt, entsprechen spontan entstehenden dynamischen Mustern an Ordnung innerhalb der nichtlinearen Dynamik des fließenden Wassers. Die verschiedenen Zustände, die ein dynamisches System durchläuft, modellieren Bahnkurven, die auch als Trajektorien bezeichnet werden. Die mannigfaltigen Bewegungsformen der Wasserteilchen werden also auf spezifischen Trajektorien abgebildet. Würde sich ein Wasserteilchen im Bereich einer Turbulenz mit einem Wirbel befinden, so würde seine Trajektorie in annähernd zirkuläre, jedoch nie ganz gleiche Bahnkurven einschwenken.

Die Trajektorien der einzelnen Wasserteilchen schwenken also auf einen Attraktor zu, d.h. auf eine relativ stabile Bewegungsform innerhalb eines dynamischen Systems.

Attraktoren als mathematische Objekte repräsentieren spezifische Regionen im Phasenraum, auf welche die Trajektorien (Bahnen) der Systemprozesse hin konvergieren. Sie können die Form eines Punktes aufweisen, sie können aber auch komplexe geometrische Formen bilden, beispielsweise periodische Schleifenmuster. Diese werden als Grenzzyklen bezeichnet. Sie können aber noch weitaus komplexere mathematische Gebilde modellieren, so zum Beispiel einen Torus. Attraktoren können komplexe fraktale Geometrien aufweisen.

Mathematisch gesehen umfasst ein Attraktor eine endliche Menge an Zuständen, die ein System durchlaufen kann. Dabei werden in der Realität aber nie exakt gleiche, sondern immer nur ähnliche Zustände durchlaufen: Satelliten kehren auf ihrer Umlaufbahn um die Erde niemals exakt genau an ihren Ausgangspunkt zurück, sondern sie weichen immer um einen mehr oder weniger großen Betrag davon ab. Die Bahnkurven der Satelliten folgen somit keiner exakten Kreisbahn in einer exakten Periodizität, sie treffen nach einem Erdumlauf nicht mehr genau an ihrem Ausgangspunkt ein, sie nähern sich diesem vielmehr nur unter mehr oder weniger großen Abweichungen an. Ein solches Verhalten wird als Ergodizität bezeichnet. Würde man beispielsweise einen gedachten Schnitt durch einen exakt deterministischen Kreisprozess führen, so würde man immer nur einen Schnittpunkt treffen, da sich ja alle Punkte des Prozesses auf dieser einen und idealen Kreislinie befinden. Unter einem Attraktor werden dagegen die sich ständig verändernden Werte aus nichtlinearen Prozessen zusammengefasst. In quasi-periodischen Prozessen, wie zum Beispiel beim Umlauf eines Satelliten um die Erde, erhält man eine große Menge an verschiedenen Schnittpunkten, im Extremfall bei unendlich vielen quasiperiodischen Durchläufen auch eine unendliche Menge an Schnittpunkten. Bei quasi-periodischen Prozessen käme somit ein ganzes Netzwerk an Schnittflächen zur Darstellung, wollte man sie in einem Phasenraum abbilden. Derartige Gitternetzwerke, die auch homoklines Gewirr genannt werden, veranlassten Poincare einmal zu der Aussage: „Die Dinge sind so bizarr, dass ich es nicht ertrage, weiter darüber nachzudenken".

Zirkuläre oder auch annähernd zirkuläre, d.h. quasizirkuläre Prozesse werden als Grenzzyklen bezeichnet. Ein Beispiel für einen Grenzzyklus sind die Pendelbewegungen eines mechanischen Uhrwerkes: Nähert sich das Pendel dem höchsten Punkt seiner Schwungbahn, so verlangsamt es seine Geschwindigkeit immer mehr und kommt an diesem höchsten Punkt kurzzeitig zur Ruhe. Von diesem Ruhepunkt aus schlägt es anschließend den Weg in die Gegenrichtung ein, es gewinnt wieder an Geschwindigkeit, bis es mit Höchstgeschwindigkeit den tiefsten Punkt seiner Bahn erreicht, um anschließend wieder unter nachlassender Geschwindigkeit dem höchsten Punkt auf der Gegenseite zuzustreben. In einer idealen Newtonschen Welt würde das Pendel für ewige Zeiten so weiter schwingen. Das Pendel bewegt sich also zwischen Geschwindigkeitsextremen hin und her, wobei die Geschwindigkeit an den beiden höchsten Punkten, die am weitesten von seiner Mittellage entfernt sind, gegen Null geht. Das Hin- und Herschwingen des Pendels kann unter idealen Bedingungen im Vakuum und ohne Reibungsverluste als komplette Kreisform in einem Zustandsraum abgebildet werden. Versetzt man dem Pendel einen zusätzlichen Impuls durch einen kräftigen Stoß, so erhöht es entsprechend seine Geschwindigkeit, das Pendel schlägt weiter aus und der Durchmesser seiner Kreisform nimmt zu. Unter realistischen Bedingungen ist aber der Luftwiderstand mit einzuberechnen. D.h., das Pendel schlägt gegen den Luftwiderstand aus und verliert dabei an Energie. Mit der Zeit werden dann seine Ausschläge immer kleiner, die Geschwindigkeit verlangsamt sich. Im realen Zustandsraum beschreibt das Pendel aufgrund dieser kontinuierlichen Energieverluste also eine spiralförmige Bewegung nach innen, bis das Pendel schließlich in einem Mittelpunkt mit dem Impuls und der Auslenkung Null zur Ruhe kommen muss. Dieser Mittelpunkt, auf welchen das Pendel zustrebt, wird von den Mathematikern Attraktor genannt. Attraktoren üben also quasi eine Art von Anziehungskraft auf dynamische Systeme aus. In einer vom Uhrmacher exakt eingestellten mechanischen Uhr erhält das Pendel in regelmäßigen Abständen einen Stoß und damit eine Energiezufuhr. Diese Energiezufuhr ist zeitlich exakt auf die Schwingungsmodi abgestimmt. D.h. die Uhr geht mit der Zeit nicht langsamer und muss nicht nachgestellt werden. Die Uhr gibt somit immer genau die Zeit an.

Wir haben gesehen, dass ein fast reibungsfrei schwingendes Pendel eine für alle Durchläufe nahezu gleichförmige Kreisbewegung beschreibt. Die Pendelbewegung folgt einem dynamisch stabilen Grenzzyklus.

Grenzzyklen kommen an vielen Stellen in der Natur vor. Ein eindrucksvolles Beispiel für einen solchen Grenzzyklus liefern die Populationsuntersuchungen von Raub- und Beutetieren: Ein Landwirt züchtet beispielsweise in einem Teich Karpfen für das Weihnachtsfest. Leider hat der Landwirt einen böswilligen Nachbarn, der klammheimlich in der Nacht seinem Fischbesatz im Teich einige Hechte zusetzt. Für die Hechte ist der Karpfenteich ein Tischlein deck dich und bei dem großen Angebot an Karpfen vermehren sie sich prächtig. Schließlich explodiert ihre Population geradezu. Irgendwann kommt, was kommen muss, denn der Hechte werden immer mehr und der Karpfen entsprechend weniger. Die Hechte finden nicht mehr genügend Beutetiere, sie müssen den Gürtel enger schnallen, die Lust an der Lust nimmt ab und damit geht auch ihre Vermehrung zurück, weil ihre Nahrungsquelle zu versiegen droht. Die Karpfen haben das Schlimmste überstanden und sie vermehren sich rasch. Damit steigt aber wieder das Nahrungsangebot für die Hechte und deren Zahl nimmt zu und das Spiel beginnt von neuem. So bildet sich ein Schwingungsmodus zwischen Raubtier und Beute, ähnlich einem Pendelausschlag. Von Jahr zu Jahr erreichen periodisch einmal die Karpfen und einmal die Hechte ihre höchsten Populationsziffern. Man weiß aus Untersuchungen, dass sich die Anzahl der Hechte und Karpfen immer wieder an ihren ursprünglichen Grenzzyklus annähern. Auch wenn eine Krankheit die Karpfen nahezu ausrotten sollte, so wird sich die Population unter verbesserten Bedingungen spiralförmig in den ursprünglichen Grenzzyklus annähern. Solche Systeme sind in ihrer inhärenten Dynamik somit bemerkenswert stabil.

Grenzzyklen, d.h. periodische bzw. quasiperiodische Prozesse spielen in unserem Organismus an vielen Stellen die Rolle eines Taktgebers für zahlreiche Stoffwechselprozesse. Ihre Schwingungsmodi können Gesundheit und Krankheit anzeigen, worauf wir näher eingehen werden.

2.2 Attraktoren und innere Uhren im Organismus

In der Chronobiologie spielen Grenzzyklen eine wichtige Rolle. Eine Vielzahl der biologischen und damit auch medizinisch relevanten Funktionen im Organismus unterliegt rhythmischen Schwankungen. So ordnen wir unseren Tagesablauf nach einer circadianen Rhythmik ein, wobei sich Wachheit (2/3) und Schlaf (1/3) abwechseln. Schlafstörungen machen auf Dauer krank.

Der Menstruationszyklus der Frauen umfasst ca. 28 Tage.

Zirkadiane Rhythmen sind ubiquitär vorhanden und kommen in jeder Zelle, bei Einzellern, bei Pflanzen und im gesamten Tierreich vor. Eine ihrer wesentlichen Funktionen besteht in der Anpassung an einen Hell-Dunkel-Rhythmus. In komplexen Organen müssen diese zellulären Uhrwerke miteinander koordiniert werden, d.h. deren periodische Umläufe müssen auf einen gemeinsamen Grenzzyklus, auf eine übergeordnete zirkadiane „Masterclock" hin koordiniert werden. In den letzten Jahren sind Serien von aufsehenerregenden Publikationen erschienen, welche sich dem Thema der biologischen Uhren widmeten und den Genen, welche die Rhythmik bzw. die Periodizität dieser Uhren steuern.

Grundlegend und überlebenswichtig für die Integrität des Organismus sind die in exakter Aufeinanderfolge geordneten Zellteilungsprozesse, die einer annähernd 24-Stunden-Rhythmik folgen: Während der Mitose wird die DNA auf die Tochter-Chromatiden aufgeteilt. Der Zellzyklus umfasst vier verschiedene Phasen: Bei kontinuierlicher Proliferation treten Zellen nach der Zellteilung in die Interphase ein, die aus der G1-Phase (Gap-1), der S-Phase (S = Synthese) und der G2-Phase bestehen. Die G1-Phase ist durch das Zellwachstum und die Synthese von Proteinen und Nukleotiden charakterisiert, die als Bausteine für die DNA-Verdoppelung benötigt werden. In der S-Phase wird die DNA repliziert, RNA und Proteine werden synthetisiert und in der anschließenden G2-Phase werden wiederum RNA und Proteine synthetisiert. Bei einer schnell wachsenden Tierzelle dauert ein Zellzyklus ungefähr 24 Stunden, wobei auf die G1-Phase 5-12 Stunden, auf die S-Phase 6-8 Stunden und auf die G2-Phase ca. 3-4 Stunden und auf die Mitose 0,5 bis 1 Stunde entfallen. Zellen verfügen über die Fähigkeit, den Zellzyklus vorübergehend oder auch dauerhaft verlassen zu können und in die G0-Ruhephase einzutreten. Diese Eigenschaft kennen wir von den sich nicht mehr teilenden Nerven- oder Muskelzellen. Der Entzug von Wachstumsfaktoren oder Nährstoffen kann gleichfalls dazu führen, dass Zellen in die G0-Phase eintreten. Normalerweise findet während der gesamten Interphase eine kontinuierliche Protein- und RNA-Synthese statt. Diese kontinuierlichen Wachstumsprozesse der Zelle werden nur während der M-Phase (Mitose-Phase) kurzzeitig unterbrochen[22]. In einer normalen Zellpopulation nehmen nicht 100% der Zellen an der Proliferation teil. So verharrt ein Teil der Zellen in der G0-Phase, bis sie schließlich absterben oder aber entsprechend später in die Proliferation eintreten. Derjenige Anteil der Zellen, die tatsächlich proliferieren, wird als Wachstumsfraktion, „growth fraction" bezeichnet. Man muss auch wissen, dass die Zellen nur auf bestimmte Signale hin aus der G0- Phase in den Zellzyklus eintreten.

Die physiologischen Zellteilungsvorgänge sind für die Integrität des Individuums von vitaler Bedeutung und von höchster Sensibilität. Es versteht sich von selbst, dass jeder einzelne Schritt von einer Phase in die andere nur unter strengster Kontrolle erfolgen darf. Der Eintritt in die nächste Phase wird erst freigegeben, wenn die vorausgegangene Phase einem intensiven Controlling unterzogen und ordnungsgemäß abgeschlossen wurde. Bei Fehlermeldungen wird der Zellzyklus angehalten, um der Zelle Zeit zu geben, mögliche DNA-Schäden zu reparieren oder den Zellzyklus ganz abzubrechen und in den programmierten Zelltod (Apoptose) einzutreten. Ein weiterer Kontrollpunkt befindet sich am Ende der Mitose und überprüft abschließend den ordnungsgemäßen Teilungsvorgang. Die Entscheidung, einen Kontrollpunkt zu passieren oder die Teilungsvorgänge an einem solchen Kontrollpunkt zu stoppen, wird von externen Wachstumsfaktoren und einem inneren Uhrwerk der Zelle reguliert. Die Funktion dieses internen Uhrwerkes wird von so genannten Cyclinen und den cyclin-abhängigen Kinasen („Cyclin Dependent Kinases, CDK") reguliert. Diese CDKs sind Prozessoren vergleichbar, die extrazelluläre und intrazelluläre Signale koordinieren, die somit den ungestörten Durchlauf durch die verschiedenen Zellteilungsetappen garantieren. Die Aktivität der CDKs wird durch die Phosphorylierung reguliert und ihre katalytische Einheit wird nur dann aktiv, wenn sie mit regulatorischen Untereinheiten, den Cyclinen assoziiert sind. Der Name Cyklin weist auf die periodische Aktivität dieser Proteine hin. Denn die Cykline werden nur periodisch im Rahmen der Zellzyklusmechanismen aktiv. Externe Signale können zudem regulierend auf dieses Uhrwerk einwirken[23].

Eine der Eigenschaften von Tumorzellen besteht darin, dass sich ihre Zellteilungsprozesse der Regulation durch äußere Signale oder durch ihre inneren Uhrwerke mehr oder weniger entzogen haben.

Wir wissen auch, dass zirkadiane Rhythmen genetisch determiniert sind. Solche „Uhrengene" wurden beispielsweise bei der Fruchtfliege (Drosophila melanogaster), dem Goldhamster, der Maus und anderen Tieren nachgewiesen[24]. Beim Menschen wurden Uhrengene (hPer1, hBmal1) in der Haut und der Schleimhaut nachgewiesen, die rhythmisch exprimiert werden. Damit wird deutlich, dass jede Zelle über derartige „Uhrengene" verfügt, wobei die Hauptuhr, die Masterclock, im zentralen Nervensystem am Boden des dritten Ventrikels lokalisiert sein soll[25]. Als biologische Zeitgeber, die von Tag und Nacht unabhängig sind, wurden spezielle Kerngebiete im vorderen Hypothalamus (Nucleus paraventricularis, Nucleus suprachiasmaticus) vermutet. Desynchronisationsexperimente sprechen sogar für noch weitere von solchen Zeitgebern, die unter bestimmten pathologischen Bedingungen auch einmal entkoppeln können. Aschoff sprach von einer „Mutteruhr, von mehreren Tochteruhren und angekoppelten schwingungsfähigen Untereinheiten"[26]. Wir wissen beispielsweise auch, dass Melatonin (N-acetyl-5-Hydroxytryptamin) Funktionen eines „Zeithormons" aufweist. Denn wir wissen ja, dass es eine wesentliche Rolle bei der Zeitverschiebung und bei Anpassungsproblemen nach Interkontinentalflügen und bei Schichtarbeit spielt. Schlafstörungen sind typische Störungen des circadianen Rhythmus. Der Attraktor der circadianen Rhythmik erfährt durch pathologisches Schlafverhalten entsprechende Deformierungen. Man hat herausgefunden, dass bei depressiven Patienten häufig das Zeiterleben tiefgreifend gestört sein kann. Der Blutdruck unterliegt gleichfalls einer circadianen Rhythmik und fällt gewöhnlich in der Nacht ab. Es kann nicht verwundern, dass Infarkte in den Morgenstunden doppelt so häufig auftreten wie im restlichen Tagesverlauf.

Einer der jüngeren Zweige dieser Forschungsrichtung ist die Chronopharmakologie, die sich mit dem Verhalten eines Arzneistoffes im Körper unter dem Aspekt der zeitlichen Strukturierung des Organismus beschäftigt und daraus Folgerungen für die Darreichungsform von Pharmaka zieht: Das richtige Arzneimittel muss nicht nur in der richtigen Dosis, sondern auch zur richtigen Zeit verabreicht werden, um eine optimale Wirkung entfalten zu können. Schon vor mehr als 300 Jahren war bekannt, dass Asthmanfälle bevorzugt nachts auftreten. Für diese nächtlichen Asthmaanfälle sind komplexe Interaktionen von verschiedenen zirkadianen Rhythmen aus hormonellen, biochemischen und zellulären Funktionen verantwortlich.

Grundlegende biologische Rhythmen steuern auch den Atemrhythmus, den Herzschlag, den Wechsel zwischen verschiedenen Schlafstadien, rhythmische Modellierungen der Hirnstromwellenkurven, aber auch periodische Generierungs- und Steuerungsprozesse im Bereich des blutbildenden, des Hormon- und Immunsystems. Die Ordnungsstrukturen des menschlichen Körpers werden von komplexen Netzwerken aus rhythmischen und periodischen Mustern organisiert.

Es konnte auch der Beleg erbracht werden, dass nur einige wenige Zehntausende von sich rhythmisch entladenen Nervenzellen im oben genannten Kerngebiet (Nucleus = Kern) des Nucleus suprachiasmaticus, der auch als „Masterclock" bezeichnet wird, die Funktion eines koordinierten Schrittmachers mit einer Periodendauer von ungefähr 24 Stunden übernahmen. Von dort aus werden die Signale über das vegetative Nervensystem bzw. über das Hormonsystem an die peripheren Organe weitergeleitet. Aus der Peripherie erreichen im Gegenzug rückwirkende Signale das zentrale Nervensystem, wo diese eintreffenden Botschaften, beispielsweise Botschaften über eine Nahrungsaufnahme, verarbeitet werden.

Im Zentrum von molekularbiologischen Taktgebern stehen vier Gene und die von ihnen enkodierten Proteine, nämlich:
- Per 1 („period"),
- Tim („timeless"),
- Clock („circadian locomotor output cyclus kaput") und
- Bmal1 ("brain and muscle").

Die von diesen Genen gebildeten Proteinprodukte haben entweder einen hemmenden oder aktivierenden Einfluss auf die Funktionen von anderen Genen. Die synchronisierte Aktivität einer vergleichsweise geringen Anzahl von Nervenzellen ist also in der Lage, ein derart komplexes Zusammenspiel von neuronalen, humoralen und zellulären Verbänden im Organismus zu einem konzertanten und bis in die kleinsten Kontrapunkte abgestimmten Ganzen zu verbinden[27].

Unter den zirkadianen Rhythmen im Bereich der Hormonsysteme sind die auf der Hypophysen-Nebennierenrinden-Achse gebildeten Hormone Cortisol und ACTH mittlerweile am besten untersucht worden. Von der Hypophyse (Hirnanhangsdrüse) wird das Hormon ACTH gebildet, das die Nebennierenrinde zur Produktion des Stresshormons Cortisol anregt. Typisch für das zirkadiane Cortisolprofil sind maximal hohe Konzentrationen am Morgen zur Zeit des Weckens sowie minimale Konzentrationen in der ersten Nachthälfte gegen 24 Uhr. Dabei können die Konzentrationen dieses Hormons im Laufe des Tages um den Faktor 10 schwanken. Die im Ablauf von 24 Stunden gemessenen Konzentrationen von Cortisol zeigen von Tag zu Tag nur geringe Abweichungen in ihren ermittelten Werten und sie folgen periodischen Mustern, die mathematisch gesehen, einen annähernd ringförmigen Grenzzyklus aufbauen. Ein solcher Grenzzyklus-Attraktor ist erstaunlich stabil und gegen Störungen nur gering anfällig. Wir kennen es ja alle: Diejenigen von uns, die täglich um 06.00 Uhr oder 07.00 Uhr aufstehen und zur Arbeit gehen, wachen die ersten Tage im Urlaub auch genau zu diesen Zeiten auf und vielen fällt es schwer, nach dem Aufwachen noch einmal einzuschlafen. Erst nach einigen Tagen gewöhnt sich der Körper an die neuen Bedingungen und der Urlaub beginnt erst jetzt richtig.

Die zirkadiane Rhythmik des beschriebenen Stresssystems kann zusätzlich auch durch Umweltfaktoren, wie Licht, Schlaf oder durch unterschiedliche Nahrungsaufnahmen moduliert und verändert werden. Man weiß, dass die Einnahme einer Mahlzeit zu einem raschen Cortisolanstieg führt. Dieser essensbedingte Cortisolanstieg ist aber auch von der Tageszeit abhängig. So führt ein gegen Mittag eingenommenes Steak zu einem anderen Anstieg der Cortisolwerte als wenn ein gleichgroßes Steak am Abend eingenommen wurde.

Auch die Dauer und die Intensität des nächtlichen Schlafes zeigen modulierende Einwirkungen auf den Hormonstatus: Ein Schlafentzug während der Nacht führt beispielsweise zu einer Erhöhung der Cortisolwerte am Folgetag. Der Licht-Dunkel-Zyklus übt über das in der Epiphyse (Zirbeldrüse) gebildete Hormon Melatonin einen modulierenden Einfluss auf die Cortisol-Produktion aus. Nicht zuletzt üben auch psychische Faktoren einen erheblichen Einfluss auf die Hypophysen-Nebennierenrinden-Achse aus: Gesunde Personen, die wissen, dass sie am folgenden Morgen früh aufstehen müssen, zeigen einen steilen Anstieg der ACTH- und Cortisol-Werte in den letzten Stunden vor dem Aufwachen, weil ihre Masterclock vorzeitig alarmiert ist.

Die Grenzzyklen der zirkadianen Rhythmik sind also einerseits erstaunlich stabil und andererseits aber auch durchaus anpassungsfähig an veränderte Umweltbedingungen, was ein typisches Merkmal für die hohe Anpassungsfähigkeit von komplexen biologischen Systemen ist.

Persistierende oder wiederholte Verzerrungen physiologischer Attraktoren bzw. Grenzzyklen können schwere metabolische Störungen zur Folge haben: Man weiß beispielsweise, dass Störungen der zirkadianen Rhythmik im Bereich der Hypophysen-Nebennierenachse an der Entwicklung eines so genannten metabolischen Syndroms beteiligt sein können. Unter diesem Syndrom werden unter anderem eine Fettleber sowie weitere Stoffwechselpathologien verstanden. Eine Folge dieses metabolischen Syndroms ist auch die Entwicklung einer Insulinresistenz, also einer Vorstufe zum Diabetes mellitus. Man kann daraus ersehen, auf welche oft unheilvolle Weise Störungen im Bereich der zirkadianen Rhythmik von Botenstoffen, beispielsweise von Stresshormonen zu schwerwiegenden metabolischen Erkrankungen führen[28]. Was gleichermaßen nachdenklich machen muss, sind deutliche wissenschaftliche Hinweise darauf, dass eine störungsfreie zirkadiane Rhythmik für die kognitiven Fähigkeiten von großer Bedeutung sein kann[29].

Das Hormon Thyreotropin (TSH) als die wichtigste funktionelle Regelgröße der Schilddrüse, wird im Hypophysenvorderlappen gebildet und regt die Schilddrüse zur Bildung der Schilddrüsehormone T3 und T4 an. Die Sekretion von TSH wird durch ein weiteres Hormon aus dem Hypothalamus, TRH (Thyreotropin releasing hormone) stimuliert und durch Dopamin gehemmt. Die Produktion von Hormonen erfolgt in der Regel über Kaskaden und über das Zusammenspiel von aktivierenden und hemmenden Faktoren. TSH wird in einer ausgeprägten zirkadianen Rhythmik sezerniert und steigt in den Abendstunden gegen 20.00 Uhr steil an, um zwischen Mitternacht und 04.00 Uhr morgens ein Maximum zu erreichen. Danach kommt es zu einem kontinuierlichen Abfall, bis in den Nachtmittagsstunden ein Minimum erreicht ist. Seine zirkadiane Rhythmik ist durch eine pulsatile Sekretion mit einer mittleren Pulsfrequenz von ca. zwei Stunden gekennzeichnet. Während des abendlichen Anstieges nimmt die pulskodierte TSH-Sekretion zu und formt so die Basis des zirkadianen Anstiegs.

Akuter Schlafentzug führt zu deutlich höheren nächtlichen Spiegeln; körperliche Belastungen, eine katabole Stoffwechsellage, auch ein mehrtägiges Fasten können die zirkadianen Rhythmen von TSH nahezu vollständig aufheben[30].

Den Ärzten sind zirkadiane Schwankungen des Glucosestoffwechsels seit vielen Jahren bekannt. In den Fokus der Aufmerksamkeit gerückt ist das so genannte Dawn (Dämmerungs-)Phänomen, das durch eine pathologische Verminderung der Insulinsensitivität in den frühen Morgenstunden gekennzeichnet ist. Dieses Phänomen ist bei Stoffwechselgesunden nicht nachweisbar: Bei Gesunden finden sich in den frühen Morgenstunden eine maximale Glucosetoleranz und Insulinsensitivität, welche in den folgenden Stunden wieder kontinuierlich absinkt. Hierbei sollen tageszeitliche Schwankungen der zirkulierenden Konzentrationen von Cortisol und Wachstumshormonen eine wesentliche Rolle spielen, die als Insulin-Gegenregulatoren wirken.

Erwartungsgemäß zeigt die Insulinsekretion in den Inselzellen der Bauchspeicheldrüse (Pankreas) eine zirkadiane Rhythmik mit einem deutlichen morgendlichen Peak. Die Hormonsysteme Insulin auf der einen Seite und Cortisol sowie das Wachstumshormon auf der anderen Seite wirken somit antagonistisch auf die zirkadiane Rhythmik der Blutzuckerwerte ein. In Wirklichkeit sind die Verhältnisse aber noch weitaus komplexer, weil eine Vielzahl weiterer Effektoren mit zu berücksichtigen wäre.

Auch die Aktivität des Immunsystems wird durch verschiedene zirkadiane Rhythmen und Grenzzyklen moduliert: So unterliegt die Konzentration von weißen Blutkörperchen (Granulozyten) tageszeitlichen Schwankungen.

Neuere Forschungen sprechen dafür, dass auch psychische Erkrankungen mit einer gestörten Tag-Nacht-Rhythmik zusammenhängen können: Den Psychiatern ist seit langem bekannt, dass bei depressiven Patienten die Tag-Nacht-Rhythmik nachhaltig gestört sein kann. Bei vielen depressiven Patienten sind die Stimmungsschwankungen in den Morgenstunden mit Antriebslosigkeit, Müdigkeit, Appetitlosigkeit am ausgeprägtesten („Morgentief"). Diese Erkenntnisse sind für die Kliniker wichtig, weil sie die Grundlagen für chronotherapeutische Behandlungsmethoden liefern, die über die Schiene rhythmusvermittelnder Systeme zur Depressionsbehandlung eingesetzt werden können.

Was gezeigt werden sollte, ist das komplexe Zusammenspiel von verschiedenen Hormonen und hormonellen Systemen, die teilweise agonistisch, teilweise antagonistisch zusammenwirken. Dieses Zusammenspiel verleiht den Systemen ein hohen Maß an dynamischer Stabilität auf der einen Seite und ein Höchstmaß an Reaktionsfähigkeit auf Veränderungen auf der anderen Seite. Die zirkadiane Rhythmik der einzelnen Hormone modelliert einen eigenen und spezifischen Grenzzyklus, bzw. die typische Form eines Attraktors. In der unmessbar großen Zahl der überall im Stoffwechsel wirksamen Hormone wirken zahllose Attraktoren aufeinander ein und durchdringen sich gegenseitig. Daraus entstehen komplexe Attraktorengebilde, ja ganze Attraktorlandschaften, welche das modellieren, was man gemeinhin als Gesundheit oder Krankheit bezeichnet.

Der Herzschlag ist der bekannteste Biorhythmus überhaupt. Er steht als Archetypus für das Leben selbst. In rhythmischer Abfolge zwischen Systole (Kontraktion des Herzmuskels) und Diastole (Erschlaffung und Rückstrom des venösen Blutes aus der Peripherie zum Herzen), wird das Blut durch das System des Kreislaufes gepumpt. Abermillionen von Herzmuskelzellen müssen zeitlich und räumlich exakt miteinander koordiniert sein, um ein suffizientes Kreislaufsystem zu gewährleisten. Die Koordination der

Herzmuskelzellen erfolgt durch elektrische Signalgeber in einem hierarchisch gegliederten System von neuronalen Schrittmachereinheiten. Von dort werden die Signale an die Herzmuskelzellen weitergeleitet. Der im rechten Vorhofbereich an der Einmündungsstelle der oberen Hohlvene gelegene so genannte Sinusknoten hat die Funktion eines primären Schrittmacherzentrums inne. Dieser Knoten ist aus spezialisierten Herzmuskelzellen aufgebaut, welche über die Fähigkeit zur spontanen Depolarisation verfügen und die sich selbst elektrisch erregen können. Dies geschieht im Ruhezustand beim Erwachsenen ca. 60-80-mal pro Minute. Bei gut Trainierten kann man auch Ruhepulse unter 50/min., ja sogar unter 40/min. registrieren. Eine besondere Eigenschaft des Sinusknotens besteht in der umgehenden Repolarisation nach der Depolarisation, was durch spezielle HCN Kanäle (**H**yperpolarisation activated **C**yclic **N**ucleotide gates) in der Zellmembran ermöglicht wird. Von hier aus breitet sich die elektrische Erregung über die Muskulatur des Vorhofes aus und gelangt zu einem weiteren Schrittmacherzentrum, nämlich dem zwischen rechtem Vorhof und rechter Herzkammer gelegenen AV-Knoten. Fällt der Sinusknoten aus, so übernimmt der AV-Knoten als sekundärer Schrittmacher die Schrittmacherfunktion mit einer Eigenfrequenz von ca. 40-50/min. Vom AV-Knoten gelangt der Strom über spezielle Leitungsbahnen, den so genannten Purkinje-Fasern in die Muskulatur der Herzkammern. Ist auch die Funktion des AV-Knotens gestört, so stellt sich schließlich ein Kammerrhythmus von ca. 25-40 Schlägen/min. ein[31]. Bei einer Störung der Erregungsausbreitung ist es also immer die Struktur mit der nächsthöheren Eigenfrequenz, welche als heterotopes Automatiezentrum dann die Schrittmacherfunktionen übernimmt.

Jedes dieser hierarchisch gegliederten Schrittmacherzentren erzeugt quasiperiodische elektrische Signale in der Form von Grenzzyklen. Diese Attraktoren sind an weitere Attraktoren gekoppelt, sodass ein dynamisches komplexes System aus einem Netzwerk von sich durchdringenden Attraktorenmustern entsteht. Dieses aus Attraktoren unterschiedlicher Periodizität gegliederte System garantiert die über Jahrzehnte anhaltende funktionelle Integrität und eine unfassbare Anpassungsfähigkeit an wechselnde Belastungen des Herzens – vom ruhigen Mittagsschlaf auf dem Sofa bis zum Ultramarathonlauf. Dabei zeigen die Sinuskurven der ca. 60-80 elektrischen Erregungen pro Minute nie eine exakt gleiche Frequenz, es sind immer die bekannten quasi-periodischen Schwingungs- und Kontraktionsmuster, welche dynamisch stabile und dennoch reagible Systemzustände am Rande des Chaos aufrechterhalten. Insofern sind die am Hals oder am Handgelenk tastbaren Pulsschläge niemals stereotyp gleich. Stereotypisch immer gleich tastbare Pulswellen können vielmehr auf eine Erkrankung des Herzkreislaufsystems hinweisen.

2.3 Von mathematischen Modellen zu einem vertieften Verständnis der Dynamik von Krankheiten

Wir hatten die Rolle von Grenzzyklen, spezifischen Formen von Attraktoren, in den zirkadianen Rhythmen verschiedener Systeme im Organismus darzustellen versucht. Grenzzyklen, d. h. Attraktoren, spielen überall dort eine wesentliche Rolle, wo es um die Aufrechterhaltung von dynamischen und an unterschiedliche Anforderungen anpassungsfähige Nichtgleichgewichtszustände geht.

Auf einer dynamischen systemischen Betrachtungsweise durchdringen sich in den funktionellen Netzwerken sowohl des gesunden als auch des kranken Organismus unzählige Attraktoren unterschiedlichster Muster. Aus dem Zusammenwirken dieser mannigfaltigen dynamischen Muster entstehen komplexe mathematische Gebilde, ja ganze Attraktorlandschaften. Diese weisen von Mensch zu Mensch zwar ähnliche, jedoch individuell unterschiedliche Formen und Musterbildungen auf. Man könnte sich den Organismus als ein ungeheuer komplexes Gebilde aus zahllosen ineinander einwirkenden Attraktoren, dynamischen Musterbildungen, vorstellen. Diese Muster ändern von Augenblick zu Augenblick ihre Formen und dennoch repräsentieren sie in ihrer Gesamtheit die unverwechselbare Identität eines Individuums. Die Attraktoren wirken auf allen Ebenen und Stufen des Organismus zusammen, angefangen bei den Netzwerken der Proteine in den Zellen über die Organe bis zum Zusammenwirken dieser Organe und Systeme im Organismus als Ganzes. Ein gesunder Organismus ist auf die Stabilität und Flexibilität seiner fluktuierenden Gleichgewichtszustände gegründet und dies auf allen Ebenen, von den Organen bis hinunter auf die molekularen Netzwerke der Proteine und Gene. Diese Gleichgewichtszustände müssen einerseits robust und stabil gegen störende Einflüsse von außen und gleichzeitig funktionell anpassungsfähig gegenüber veränderten Bedingungen sein.

Wir hatten zu zeigen versucht, dass die verschiedenen Zustände, die ein System im Fortgang der Zeit einnehmen kann, Punkt für Punkt auf Trajektorien abgebildet werden können. In quasi-periodischen Systemen laufen diese Trajektorien in die Nähe ihres Ausgangspunktes zurück und bilden so quasi-zyklische Schleifen.

Wir kennen eine ganze Reihe von solchen quasi-zyklisch verlaufenden Krankheitsbildern. Einige davon hatten wir genannt. Krankheitsbilder werden im klinischen Alltag nach ihren genetischen, molekularbiologischen oder zellulären Pathologien unterteilt. Nach der Virchow'schen Zellularpathologie nehmen Krankheiten auf der Ebene der Zelle ihren Ausgang und nicht mehr in einem fehlerhaften Mischungsverhältnis der Körpersäfte. Krankheiten, Krankheitsverläufe sind aber nicht nur durch ihre zellulären oder molekularbiologischen Abnormitäten gekennzeichnet, vielmehr markiert die Dynamik ihres Verlaufes ein zusätzliches und intrinsisches Merkmal von Krankheiten. So wie in den technischen Disziplinen der Naturwissenschaft oder speziell in der Wetterkunde eine Vielzahl unterschiedlicher Muster von Attraktoren mathematisch modelliert wird, so könnten sich eingehendere Versuche von mathematischen Modellierungen der verschiedenen Krankheitsbilder für die Medizin als fruchtbar erweisen. Denn derartige Modelle beinhalten ja ein direktes, bildhaftes Sichtbarmachen der Dynamik eines Krankheitsprozesses. Damit könnte möglicherweise das Verständnis von Krankheiten vertieft werden.

2.4 Komplexe Regelsysteme im Organismus

2.4.1 Bemerkungen zum Kreislaufsystem als komplexem Regelsystem

Das Zusammenspiel der funktionellen Komponenten des Kreislaufsystems wird durch komplexe Regelsysteme gewährleistet: Die Funktionsprinzipien des Kreislaufsystems und das Zusammenspiel von Herzschlag mit dem peripheren Gefäßsystem unter der

Einwirkung von nervalen und hormonellen Effektoren wird in einem ausgezeichnet fachkundigen und wissenschaftlich erschöpfend ausgearbeiteten Lehrbuch der Physiologie von Pape et al. unter reicher Bebilderung besprochen. Es ist auch für einen viele Jahre als Kliniker tätigen Arzt sehr erbauend, ein derartig faktenreich und dennoch flüssig geschriebenes Fachbuch in den Händen zu halten.[32] Das Herz befördert in Ruhe zwischen 2,8 und 4,2 Liter pro Minute durch den großen Kreislauf zwischen linker Herzkammer und rechtem Vorhof. Die gleiche Menge an Blut durchströmt den kleinen Kreislauf zwischen rechter Herzkammer und linkem Vorhof. Das Blutgefäßsystem umfasst ein Blutvolumen von ca. 5 Liter. In der Diastole, d.h. der Erschlaffungsphase, entnimmt das Herz ca. 70-80 ml aus den herznahen Venen und pumpt es mit jeder Systole, d.h. mit jedem Herzschlag wieder in die Arterien, wobei der Druck in den Arterien auf über 100 mmHg ansteigt. Dieser hohe Druck ist Folge der geringen Dehnbarkeit der Arterienwände und des hohen Strömungswiderstandes in den peripheren Abschnitten des Gefäßsystems. Über die kaliberschwächsten Gefäße im Bereich des peripheren Austauschsystems, nämlich die Kapillaren, welche die Gewebe mit Sauerstoff und Nährstoffen speisen, gelangt das verbrauchte Blut schließlich in das venöse System. Auf dieser kapillären Austauschebene verzweigt und verästelt sich der Gefäßbaum und vervielfacht seine Oberfläche bis zu 1.000 qm! Diese für den Austausch der Nährstoffe ungemein wichtige Fläche ist 500-mal größer als die Körperoberfläche. Für die Strömungsverhältnisse des Blutes im Gefäßsystem gilt das Ohmsche Gesetz der Physik, wonach das vom Herzen ausgeworfene Blut infolge der Druckdifferenz zwischen dem arteriellen und venösen System durch den Widerstand des peripheren Gefäßsystems abfließt. Danach nimmt das Stromzeitvolumen mit der Druckdifferenz zwischen dem arteriellen und venösen System zu und mit dem Strömungswiderstand ab. Die kurzfristige Regulation des arteriellen Blutdruckes erfolgt über Kreislaufreflexe, die neuronal getriggert werden und dem Prinzip der negativen Rückkopplung folgen. Dabei spielen Barorezeptoren, nervale Druckaufnehmer, eine wichtige Rolle.

Diese Barorezeptoren sitzen im Bereich des so genannten Carotissinus, d.h. an der Teilungsstelle der großen Halsschlagader und nahe am Aortenbogen, wobei deren freie Nervenendigungen in den Schichten der Gefäßwände liegen und somit durch den Dehnungszustand der Gefäße aktiviert werden können. Sie sind also direkt am arteriellen Hochdrucksystem lokalisiert und sie wirken hemmend auf das sympathische vegetative Nervensystem ein. In diesen Dehnungsrezeptoren werden die wichtigsten physiologischen Größen der Herzfunktion, wie zum Beispiel Herzfrequenz, Schlagkraft des Herzens sowie der mittlere arterielle Druck registriert, kodiert und an das zentrale Nervensystem weitergeleitet. Ein akuter Blutverlust hat beispielsweise einen Abfall des Blutdruckes zur Folge. Dieser Blutdruckabfall wird von den genannten Barorezeptoren registriert und über mehrere Verschaltungsrelais in das Gehirn weitergeleitet. Von dort erfolgt reflektorisch eine Aktivierung des peripheren Sympatikustonus, der eine Erhöhung von Frequenz und Schlagvolumen des Herzens und eine Erhöhung des peripheren Widerstandes zur Folge hat. Dieser Reflexbogen ermöglicht eine schnelle und kontrollierte Gegenregulation bei einem kurzfristigen Abfall des Blutdrucks[33]. Bei dauerhaften Veränderungen des Blutdrucks, zum Beispiel bei einer Hypertonie, adaptieren sich die Barorezeptoren an das neue Blutdruckniveau. Das System justiert also seine Regelgrößen neu ein. Das System adaptiert sich in der Sprache der Synergetik auf diese Weise an neue Ordnungs- und Kontrollparameter. Änderungen von Regelgrößen, Änderung von Kontroll- und Ordnungsparametern können Krankheit, im besprochenen Fall eine Hypertonie, d.h. einen dauerhaften Bluthochdruck, zur Folge haben.

An der Blutdruckregulation sind weitere Systeme beteiligt, auf die an dieser Stelle nicht weiter eingegangen werden kann, beispielsweise spielen die Nierenfunktion, der Salz- und Wasserhaushalt und darüber hinaus noch eine Vielzahl von weiteren hormonellen Faktoren eine wichtige Rolle.

2.4.2 Homöostase und die Rolle von Rückkopplungsmechanismen in komplexen geregelten Systemen des Organismus

Unter dem Begriff „Homöostase" wird die Aufrechterhaltung eines stabilen inneren Milieus im Körper verstanden. Die Homöostase wird durch komplexe physiologische Kontroll- und Regelsysteme aufrecht erhalten, die auf der Basis von Antwort- und Rückkopplungsschleifen funktionieren.
Ein Regelsystem besteht in seiner einfachsten Form aus drei Komponenten:
1. Eingangssignal
2. Regler (Controller)
3. Ausgangssignal

Der Controller ist so programmiert, dass er Signale empfangen, verarbeiten und beantworten kann. In der Sprache der Synergetik überwacht ein solches Regelsystem die regulierten Variablen oder Regelgrößen, die nach Hermann Haken als Ordnungs- und Kontrollparameter bezeichnet werden[34]. Physiologische Regelsysteme im Organismus sind jedoch weitaus komplexer aufgebaut als die genannten drei Komponenten eines einfachen Regelsystems: Das Eingangssignal ist hier der Wert einer Regelgröße, der von einem Sensor oder Rezeptor registriert wird. Wenn der Istwert der Regelgröße zu weit vom Sollwert entfernt ist oder wenn er sich aus dem erlaubten Bereich herausbewegt, so wird der Sensor aktiviert, welcher ein Signal an den Regler sendet. Im Regler werden die eintreffenden Daten verarbeitet und hinsichtlich ihrer Bedeutung ausgewertet. Anschließend wird ein entsprechendes Antwortsignal ausgesendet. Dieses Signal verändert physiologische Vorgänge mit dem Ziel, die Regelgröße wieder auf die erlaubten Werte im Bereich des Sollwertes einzustellen. Als Controller oder als ein Zentrum der Datenverwertung dienen normalerweise Nervenzellen, aber auch endokrine Zellen, d.h. Zellen des Immunsystems.

Walter Cannon, einer der Väter der amerikanischen Physiologie, beobachtete in den 1920er Jahren des letzten Jahrhunderts, dass das gleiche chemische Signal in verschiedenen Geweben unterschiedliche Wirkungen hervorrufen konnte und er kam zu der Erkenntnis, dass „homöostatische Agenzien in einem Bereich des Körpers antagonistische Effekte aufweisen können, während sie in einem anderen Bereich kooperativ wirken"[35].

Rückkopplung bedeutet, dass das Ergebnis einer Ereigniskette mit kausal verknüpften Wirkungen wieder an seinen Ausgangspunkt rückübermittelt und dort eingespeist wird oder einfacher ausgedrückt, dass die Steuerung eines Systems durch Rückmeldungen über den aktuellen Zustand moduliert wird. Die Vorteile dieser Art der Regelung liegen darin, dass unerwartete Störgrößen bei der Regelung mitberücksichtigt werden können. Sie liegen zum anderen auch darin begründet, dass die Komponenten der Steuerung durchaus etwas ungenauer arbeiten können, ohne dass der Sollwert (zumindest im Mittel) verfehlt wird.

Geregelt werden im Organismus nicht nur einfache Größen, beispielsweise der Blutdruck, der pH-Wert der Zelle, die Glukosekonzentration oder auch andere Stoffwechselparameter im Blut oder auch die Muskellänge. Strengen Regelmechanismen unterliegen vor allem auch komplexe Prozesse, wie Schwangerschaft, Befruchtung, das Wachstum eines Embryos oder Fetus, die Organdifferenzierung, die Nahrungsaufnahme und die Verdauung und nicht zuletzt die Aufnahme und Verarbeitung von Sinnesreizen sowie die motorische Aktivität der Muskulatur insgesamt. Regelprozesse können, wie bei einer gezielten Bewegung, nur Millisekunden dauern, sie können sich aber auch, wie beispielsweise beim Wachstum, über viele Jahre hinziehen. Rückkopplungsschleifen können aktivierend oder hemmend auf eine Ereigniskette einwirken.

Wie erfolgreich ein System seinen Zustand der Homöostase aufrecht erhält, hängt in erster Linie von der Empfindlichkeit des Systems ab. Im Prozess einer negativen Rückkopplung hält der Regler den Istwert möglichst nahe am Sollwert. Wenn Störgrößen aber immer wieder für Abweichungen sorgen, so können dadurch negative Nachregelungen in die Gegenrichtung ausgelöst werden, so dass wellenförmige Schwankungen des Istwertes um den Sollwert zu beobachten sind. Treten Störgrößen plötzlich und abrupt auf, so können als Antwort darauf die Abweichungen besonders heftig ausfallen. In einem stabilen System ebben sie jedoch alsbald wieder ab.

Negative Rückkopplungsschleifen wirken homöostatisch, d.h. sie unterstützen das System, sie stabilisieren die regulierten Variablen und sie halten die Homöostase aufrecht.

In der Onkologie, speziell im Bereich der Zellkinetik von malignen Zellverbänden sind derartige hemmende und stabilisierende Rückkopplungsschleifen durch den Wegfall der so genannten Kontaktinhibition außer Kraft gesetzt. Die Folge daraus ist, dass es zu einem immer schnelleren und chaotischeren Wachstums- und Zellteilungsverhalten dieser entarteten Zellen kommt.

Positive Rückkopplungsschleifen wirken dagegen nicht homöostatisch. Denn ihre Antwort verstärkt noch den ursprünglichen Reiz. Dies hat zur Folge, dass sich der Wert der regulierten Variablen noch weiter vom Sollwert entfernt. Dadurch wird ein Regelkreis ausgelöst, in welchem die Reflexantwort immer größer wird und das System schließlich völlig aus der Kontrolle geraten kann. Bei einem in der Biologie und Medizin eher seltenen positiven Rückkopplungsmechanismus haben wir es also mit Mechanismen der Selbstverstärkung zu tun. Ein Beispiel für eine solche positive Rückkopplung und Selbstverstärkung stellt die Depolarisation einer Nerven- oder Muskelzelle dar. Hierbei wird die Permeabilität der Zellmembran für Na^+-Ionen erhöht. Der dadurch erhöhte Na^+-Einstrom depolarisiert die Membran immer weiter.

Wir kennen den Patellarsehnenreflex als allen geläufiges Beispiel für einen einfachen Rückkopplungsmechanismus: Mit seinem Reflexhammer schlägt der Arzt auf die unterhalb der Kniescheibe liegende Patellarsehne ein und löst damit einen Dehnungsreiz aus. Dieser Dehnungsreiz führt zu einer Verlängerung von Sehne und Muskel. Dieses Signal wird über sensible Nervenleitbahnen zum Rückenmark geleitet, dem die Funktion eines Reglers zukommt. Von dort wird über motorische Nervenleitbahnen ein Ausgangssignal in die Peripherie, d.h. an den Quadrizepsmuskel geleitet, der in Sekundenbruchteilen mit einer Muskelkontraktion antwortet.

Auf allen Ebenen des Organismus sind also Rückkopplungsmechanismen wirksam: Von der Ebene der Gene und Proteine, der Ebene der Zelle über die Organe bis zum kompletten Organismus. Das beschleunigte Wachstumsverhalten eines bösartigen Tumors kann so gesehen als Folge von insuffizienten Rückkopplungsschleifen verstanden werden. Rückkopplungsprozesse spielen auch bei der Transkription von Informationen auf der DNA eine wichtige Rolle, wobei die im Verlaufe des Ablesemechanismus gebildeten Proteine hemmend oder auch aktivierend auf die DNA rückwirken können.

Störungen innerhalb der Regelsysteme sind oft Ursachen von Krankheiten:

Erhöhte morgendliche Nüchternblutzuckerwerte deuten auf eine fehlerhafte Regulation des Zuckerstoffwechsels hin. Nach einer kohlenhydratreichen Mahlzeit steigt der Blutzuckerspiegel physiologisch an und sendet ein Signal an die insulinproduzierenden Zellen der Bauchspeicheldrüse. In den Regler-Zellen der Bauchspeicheldrüse werden die aktuellen Blutzuckerwerte registriert und mit dem aktuellen Zustand des Stoffwechsels abgeglichen. Als Ergebnis dieser Bewertung wird ein Signal zur Ausschüttung des Hormons Insulin ausgesandt. Unter physiologischen Bedingungen sind die ausgeschütteten Insulinmengen ziemlich genau auf die Glukosekonzentrationen im peripheren Bild abgestimmt. Insulin fördert die Aufnahme von Glukose in die Muskelzellen. Daran schließt sich die kaskadenförmige Verstoffwechselung der Glukosemoleküle an. Diese werden unter Gewinnung von energiereichen Phosphaten ATP (Adenosintriphosphat) zu CO_2 und Wasser abgebaut. Adenosintriphosphat, ATP, ist ein zentraler Energielieferant der Zelle.

Ein Gegenspieler des Insulins ist das Hormon Glucagon. Beide Moleküle oszillieren in einem eigenen Zyklus in der Zelle je nach Energiebedarf: Sinkt der Glukosespiegel im peripheren Blut zu stark ab, so schüttet die Bauchspeicheldrüse das antagonistisch zu Insulin wirkende Hormon Glucagon aus, welches für eine Erhöhung des Blutzuckerspiegels sorgt. Dieses Hormon ist für die ausreichende Versorgung der Zellen mit Zucker verantwortlich. So stimuliert es die Freisetzung von Zuckermolekülen aus den Glucogenspeichern der Zellen. Die antagonistisch zueinander wirkenden Hormone Insulin und Glucagon stellen also in Rückkopplungsschleifen sicher, dass die Konzentration von Glukose im peripheren Blut sich immer in einem möglichst physiologischen Bereich bewegt. In Wirklichkeit sind die Verhältnisse aber noch weitaus komplexer, da eine Vielzahl von weiteren Faktoren an der Regulierung des Blutzuckerspiegels beteiligt ist:

Beim so genannten juvenilen Diabetes Typ 1 fehlt das Hormon Insulin und muss deshalb durch Insulinspritzen zugeführt werden. Beim Diabetes Typ 2 ist in den frühen Stadien noch genügend Insulin vorhanden. Hier besteht eine Insulinresistenz, d.h. das Insulin kann nicht an den Insulinrezeptoren der Zellen andocken und von dort die Signale zur Aufnahme von Zuckermolekülen aus dem Blut in die Zellen weiterleiten. Bei der Insulinresistenz, einer Vorstufe zum Diabetes, ist also ein wichtiger Regelkreis gestört: An das Eingangssignal „erhöhte Blutzuckerwerte" müsste sich physiologischerweise ein Ausgangssignal „vermehrte Aufnahme von Glukose in die Muskelzelle" anschließen, was in diesen Fällen jedoch unterbleibt. Damit ist der Weg in eine manifeste Diabeteserkrankung vorgebahnt, wenn die Insulinresistenz anhält.

Der erste Schritt im Regelmechanismus besteht also immer in der Aktivierung eines Rezeptors. Als Rezeptoren fungieren oft komplexe Proteine auf der Zellmembran oder auch innerhalb der Zelle. Beispielsweise registrieren die Chemorezeptoren den pH-Wert. Osmorezeptoren registrieren die Osmolarität. Zu nennen wären als Temperaturfühler die Thermorezeptoren oder auch die Bararezeptoren als Druckfühler. Wichtig sind die Propriorezeptoren, welche die relative Position des Körpers oder von Körperteilen im Raum registrieren. Schließlich wären auch die Mechanorezeptoren für Schmerzeinwirkungen, für Schwingungen oder auch für Berührungen zu nennen. Alle diese sensorischen Rezeptoren sind auf einen bestimmten Schwellenwert hin programmiert. Damit ist eine minimale Reizstärke gemeint, die überschritten werden muss, um einen Reflex oder eine Reizantwort auszulösen.

2.4.3 Das Säure-Basengleichgewicht als Beispiel eines geregelten Systems

Entscheidend für die globale Balance des Organismus ist die Aufrechterhaltung eines genau justierten Säuren-Basengleichgewichtes. Dieses Gleichgewicht muss sich in sehr engen Grenzen bewegen, weil die meisten biochemischen Prozesse des Lebens, wie die Kinetik der Enzyme oder die Signalketten für die intra- und extrazelluläre Kommunikation, nur in einem exakt justierten pH-Bereich ablaufen können. Im Chemismus des Säuren-Basenhaushaltes spielt das Proton H^+ eine wichtige Rolle, obwohl es das Kation mit der niedrigsten Konzentration in der extrazellulären Flüssigkeit ist. Säuren können H^+-Ionen abgeben. Basen nehmen H^+-Ionen auf. Der pH-Wert gibt die Stärke einer Säure bzw. Base an und entspricht dem negativen dekadischen Logarithmus der Protonenkonzentration. Beim Gesunden liegt der pH-Wert im arteriellen Blut bei 7,40 mit einer engen physiologischen Schwankungsbreite von ± 0,03 bis ± 0,05 Einheiten. Der pH-Wert des arteriellen Plasmas liegt somit zwischen 7,37 und 7,45. Bei einem niedrigeren Wert spricht man von einer Azidose, bei einem höheren Wert von einer Alkalose. Als physiologische Puffer fungiert der Bicarbonat- und Phosphatpuffer.

Im Stoffwechsel kommen sowohl starke als auch schwache Säuren vor: HCL (Salzsäure) als starke Säure wird im Magen gebildet. $H2SO4$ entsteht bei der Oxidation der SH-Gruppen der Aminosäuren Cystein und Methionin. Zu den schwachen Säuren zählen beispielsweise die bei der Verstoffwechselung von Zucker anfallende Brenztraubensäure und die bei der Fettverbrennung anfallenden Fettsäuren. Starke Basen fehlen im Stoffwechsel normalerweise. Zu den wichtigsten Basen gehören Bicarbonat und Ammoniak, welche ein H^+-Ion binden können. Auch einige negativ geladene Proteine (Albumin, Hämoglobin) können Protonen aufnehmen. Sie zählen deshalb zu den schwachen Basen. Protonen in sehr niedrigen Konzentrationen entfalten sowohl innerhalb als auch außerhalb der Zelle wichtige Einflüsse auf Enzyme, Rezeptoren und auf die Jonenkanäle in den Zellwänden: Eine chemische Reaktion von Jonen mit Aminosäuren führt beispielsweise zu einer Veränderung der elektrischen Ladung und konsekutiv zu einer Veränderung der elektrostatischen Anziehung einzelner Proteinabschnitte. Dies führt wiederum zu einer Veränderung der Form und damit auch der Funktion des gesamten Moleküls.

Ähnliche und durchaus vergleichbare Prozesse finden an den Ionenkanälen der Zellwände statt: Glukose (Zucker) wird im so genannten Citratzyklus unter Energiegewinnung in Form von energiereichen Phosphaten zu Brenztraubensäure abgebaut. Bei ungenügender Sauerstoffzufuhr, zum Beispiel unter einer starken Muskelbelastung beim Sport, kann diese Brenztraubensäure nicht mehr vollständig verbraucht werden und es entsteht Milchsäure, welche in H^+-Ionen und Lactat-Ionen dissoziiert. Als Folge darauf stellt sich eine intrazelluläre Azidose ein. Im Gegenzug versucht die Zelle, die anfallenden H^+-Ionen und die Laktat-Ionen der Milchsäure an den Extrazellulärraum abzugeben. Auf dem Blutweg erreichen diese Laktat- und H^+-Ionen schließlich Leber und Herz, welche die Milchsäure aufnehmen und weiter verstoffwechseln. Diese Stoffwechselprozesse zeigen, wie das Gesamtsystem des Organismus sein Säure-Basengleichgewicht in engen Bereichen aufrecht zu halten versucht. Das System ist dann in Balance, wenn sich Bildung von Milchsäure in der Muskulatur und deren Abbau in Leber und Herz die Waage halten. Sportmediziner messen deshalb bei Sportlern wiederholt die unter einer Dauerbelastung anfallenden Milchsäurekonzentration im Blut, um auf diese Weise den Trainingszustand feststellen zu können, d.h. bis zu welcher Belastungsgrenze sich die Bildung und Abbau von Milchsäure die Waage halten.

Als weiteres Beispiel für die Homöostase des Säure-Basenhaushaltes sei die Regelung eines Schrittmacherenzyms im Ablauf der aeroben Glycolyse genannt: Der erste Schritt in dieser aeroben Glycolyse, d.h. der Verstoffwechselung von Glukosemolekülen unter Sauerstoffzufuhr, wird durch das Schlüsselenzym Phosphofruktokinase eingeleitet. Die Schrittmacherfunktion dieses Enzyms wird bei einem Anstieg der H^+-Ionen gehemmt, was wiederum eine verminderte Bildung von Säuren im Stoffwechsel zur Folge hat. Der Zuckerstoffwechsel ist also eng mit dem Säure-Basenhaushalt verbunden.

Pro Tag entstehen im Stoffwechsel aus der Oxidation von Kohlenhydraten, Fetten und Proteinen ca. 15 mol CO_2. Über CO_2-empfindliche Chemorezeptoren wird unsere Atmung so gesteuert, dass das aus dem Stoffwechsel anfallende CO_2 beim Ausatmen quantitativ abgeatmet wird. Auf diese Weise wird somit der Säure-Basenhaushalt nicht belastet[36].

Beim Asthma bronchiale sind die peripheren Äste des Bronchialsystems spastisch engestellt. Das Abatmen von CO_2 kann auf diese Weise behindert sein. Als Folge steigt der Partialdruck des im Blut gelösten CO_2 an, aus dem sich H^+-Ionen unter Säurebildung herauslösen. Der Kliniker spricht in dieser Situation von einer respiratorischen (atmungsbedingten) Azidose. Auch andere Erkrankungen können zu einer respiratorischen Azidose führen, beispielsweise die COPD (chronisch-obstruktive Lungenerkrankung), die Mukoviszidose und eine Vielzahl an weiteren Erkrankungen. Andererseits können Angst oder Aufregungen über die Ausschüttung von Stresshormonen zu einer Hyperventilation führen: Durch den stressbedingt beschleunigten und vertieften Atmungsvorgang wird mehr CO_2 abgeatmet, als im Stoffwechsel anfällt. Der pH-Wert steigt im Gefolge an. Reflektorisch werden Blutgefäße im Gehirn engestellt, dadurch wird die Hirndurchblutung vermindert. Dies kann Schwindelanfälle oder Ohnmachtsanfälle auslösen. Ein probates Mittel besteht deshalb darin, die Betroffenen in eine geschlossene Tüte atmen zu lassen. Dabei atmen sie ihr überschießend abgeatmetes CO_2 wieder ein und prompt senkt sich der pH-Wert wieder, die Hirngefäße sind jetzt nicht mehr engestellt und die Betroffenen sind wieder klar bei Bewusstsein.

Die Ursachen von nicht respiratorischen (atmungsbedingten) Azidosen bestehen entweder in einer verminderten Ausscheidung von Säuren über die Nieren oder in einem stoffwechselbedingt vermehrten Anfall von Säureäquivalenten. Beide Ursachenstränge deuten in der Regel auf eine bedrohliche Erkrankung hin: Unter einer Laktatazidose versteht der Kliniker beispielsweise den Anstieg der Milchsäure im Blut. Milchsäure entsteht, wie oben beschrieben, im Rahmen einer aeroben Glykolyse. Im Gefolge der

Milchsäureanreicherung sinkt der pH-Wert im Blut. Damit wird der nächste Regelmechanismus initiiert: Mit seinen Puffersystemen versucht der Organismus, diese Azidose wieder in den Neutralbereich anzuheben. Damit sinkt aber der Gehalt an Basen im Blut ab, was der Kliniker als Basendefizit oder als negativen Basenüberschuss bezeichnet.

Eine der am häufigsten auftretenden Form einer Azidose stellt die so genannte Ketoazidose des Diabetikers dar, die genauso aber auch im Hungerzustand auftreten kann: Hierbei fallen vermehrt Ketonkörper, wie Acetessigsäure und Beta-Hydroxybuttersäure im Blut, an. Beide Säuren führen zu einer Verarmung des Standardpuffers Bicarbonat HCO_3^-. Auch im Verlaufe einer Niereninsuffizienz kann die Ausscheidung von Säuren vermindert sein, was den Zustand eines akuten Nierenversagens mit einer lebensbedrohlichen Azidose zusätzlich kompliziert. Sinkt der arterielle pH-Wert in den sauren Bereich ab, so führt dies kompensatorisch zu einer Beschleunigung der Atmung, um so die Konzentration von CO_2 im Blut zu verringern. Wie schon gezeigt wurde, wird durch die verstärkte Atemarbeit ein Plus an CO_2 abgeatmet. In den Blutgasanalysen wird in dieser Situation ein Abfall des CO_2-Partialdruckes im Blut festgestellt. Auf der anderen Seite dämpft ein abfallender CO_2-Partialdruck im Blut wiederum gegenläufig den Atemantrieb. Somit stehen in dieser kritischen Situation zwei regulative Kompensationsmechanismen in gegenseitiger Konkurrenz zueinander: Ein typisches gegenregulatorisches Verhalten innerhalb von lebenden Systemen.

2.4.4 Temperaturregulation

Ähnlich bedeutend für eine physiologische Homöostase sind der Wärmehaushalt und die Temperaturregulation:

Die Körpertemperatur befindet sich dann in einem konstanten Zustand, wenn Wärmebildung und Wärmeabgabe im Gleichgewicht sind. Die Wärmebildung ist eine Funktion des Energieumsatzes, d.h. desjenigen Energieumsatzes, der zur Aufrechterhaltung der körperlichen Grundfunktionen benötigt wird, d.h. für die Atemmechanik, für die Herzleistung oder für die Muskeltätigkeit und alle anderen energieverbrauchenden Prozesse. Der Ruheumsatz beträgt bei einer gesunden Person ca. 80 W (1W=1J/s=3600 J/h=3,6kJ/h). Der wichtigste Ort des Wärmeaustausches mit der Umgebung ist die Haut, zugleich erfolgt eine quantitative Wärmeabgabe über die Lunge bzw. die Atemluft. Die Aufrechterhaltung einer physiologischen Körpertemperatur erfolgt in einem sensibel geregelten System: So sammeln die Temperaturmessfühler, die Thermosensoren im Körperkern und an der Oberfläche die Eingangsgrößen und gleichen sie mit dem Sollwert ab. Die Abweichungen der registrierten Temperaturdaten vom Sollwert werden über Nervenverbindungen zu einem im Inneren des Gehirns, d.h. im so genannten Hypothalamus, lokalisierten Reglersystem weitergeleitet, dort verarbeitet und kodiert. Von hier werden Steuersignale über Nervenimpulse an die Peripherie generiert, um so in negativen Rückkopplungsschleifen den ermittelten Störgrößen entgegenzuwirken. Diese Nervenimpulse, ausgehend von den zentralen Schaltstellen in die Peripherie, führen zu einer Aktivierung der Schweißdrüsen zur Wärmeabgabe durch Verdunstung. In der Kälte führen sie zu einer Kontraktion von Hautgefäßen, um so die Wärmeabgabe über die Haut zu drosseln. Die Hautdurchblutung kann je nach Bedarf in einem Bereich von 0,5 bis 10-fach reguliert werden. Eine aktive Wärmebildung erfolgt vor allem auch über Kontraktionen der Skelettmuskulatur, was wir alle als Kältezittern kennen. Mit diesem Mechanismus wird die Stoffwechselleistung kurzfristig bis auf das Fünffache des Grundumsatzes gesteigert.

Ein progredienter Abfall der Körpertemperatur führt über die schrittweise Drosselung von wichtigen Körperfunktionen unbehandelt schließlich zum Tod. Auf der anderen Seite haben die Ärzte gelernt, dass eine unter Narkose künstlich herbeigeführte Hypothermie (Absenkung der Körpertemperatur) die Toleranz des Gehirns gegenüber einem möglichen intraoperativen Sauerstoffmangel erhöhen kann. In dieser Situation einer intraoperativen Hypothermie sind mittlerweile vorher undenkbare operative Eingriffe mit einer entsprechend länger dauernden Unterbrechung der kompletten Hirndurchblutung möglich geworden!

Die autonome Regulation der Körpertemperatur repräsentiert somit einen fundamentalen und lebenswichtigen Aspekt der Aufrechterhaltung der Homöostase des Körpers.

Nicht zuletzt ist auch die Reaktionsgeschwindigkeit der meisten chemischen Reaktionen im Körper temperaturabhängig, die der so genannten Reaktionsgeschwindigkeit-Temperatur-Regel bzw. dem vant'Hoffschen Gesetz folgen.

Die Körperkerntemperatur im Bereich des Gehirns oder den inneren Organen kann beispielsweise bei Verschütteten im Schnee durchaus über längere Zeiträume konstant aufrecht erhalten werden, während sich die Temperatur auf der Körperschale fortschreitend der Umgebungstemperatur angleicht. Die Veränderungen der Körperschalentemperatur sind Folge veränderter bzw. minimierter Durchblutungsverhältnisse. Die Kerntemperatur unseres Körpers liegt zwischen 36,3 und 37,1° morgens. Auch sie unterliegt zirkadianen Schwankungen und ist abends ca. 0,5-0,7° höher als am Morgen. Die Schwankungen der Körpertemperatur sind somit dem Hell-Dunkel-Rhythmus angepasst. Bei starker körperlicher Belastung kann die Temperatur auf 40° ansteigen und bei Kälteexposition auf 35° absinken, zum Beispiel beim Schwimmen im kalten Wasser. Bei einer Kerntemperatur von 38-40° sprechen wir von Fieber, zwischen 36 und 38° von Normothermie. In einem Bereich zwischen 40-44° versagt die Thermoregulation. Hitzschlag und Krämpfe treten auf. Über 44° denaturieren die Eiweißmoleküle in der Zelle. In einem Bereich zwischen 33-36° tritt das typische Kältezittern auf, kompensatorisch werden unter Aufbrauch der Energieressourcen die Stoffwechselprozesse gesteigert. In einem Bereich zwischen 30-33° verlangsamen sich die Stoffwechselprozesse. Es kommt zu Eintrübungen des Bewusstseins und zu einer Atemdepression. Sinkt die Kerntemperatur noch weiter ab, so tritt der Organismus in das Stadium der tiefen Hypothermie mit einem Versagen der Thermoregulation ein: Es treten jetzt schwere Herzrhythmusstörungen bis zum Kammerflimmern auf. In einem Bereich zwischen 20-27° kommt es zu einer extremen Bradykardie (Verlangsamung des Herzschlages), die Pupillen sind lichtstarr und reagieren nicht mehr auf Lichtreize, der Mensch ist „scheintot". Unter 20° tritt eine komplette Asystolie auf[37].

In der im Hypothalamus gelegenen zentralen Schaltstelle für die Wärmeregulation werden nicht nur Thermosignale verarbeitet, vielmehr laufen in diesem Relais noch eine ganze Anzahl von weiteren Informationen über andere Regelsysteme des Organismus zusammen, beispielsweise Informationen über den Wasserhaushalt des Organismus. Diese aus anderen Funktionskreisläufen einlaufenden Signale werden als zusätzlicher Input mitverarbeitet. In der Zentralstelle des Hypothalamus sind somit gleich mehrere

Regelkreise miteinander vernetzt, die sich gegenseitig durchdringen und gegenseitig modulieren – eines der Grundprinzipien eines staunenswerten Regelsystems, die typisch für das komplexe Systeme des Lebens als Ganzes ist.

Die hier in Knappheit und exemplarisch dargestellten Regelmechanismen können von den verschiedensten systemtheoretischen Zugängen aus beleuchtet werden: Beispielsweise aus der kybernetischen Perspektive oder von einem synergetischen Zugang aus, vor allem aber auf der Ebene der Nichtlinearität und Chaosdynamik lebender Systeme. Der Blickwinkel der Biologie und der Medizin auf die Phänomene der lebenden Systeme in Gesundheit und Krankheit hat sich verändert. Vor allem die Medizin muss an einer Wende ihres Denkens ankommen. Ihr Blick muss von der Statik in die Dynamik übergehen. Die Medizin betrachtet genau genommen, chemische Wellen, chemische und physikalische Uhren, chaotische Wirbel und Attraktorenmuster sowie deren Verformungen zu den jeweils spezifischen Krankheitsmustern.

3 Der Informationsbegriff als Zentralmetapher in Physik, Biologie und Medizin

3.1 Einführung und allgemeine Anmerkungen

Berühmt und vielfach zitiert wurde der auf den ersten Blick tautologisch anmutende Satz von Norbert Wiener: Information ist Information, weder Materie noch Energie[38]. In der umgangssprachlichen Bedeutung hat der Informationsbegriff die Bedeutung einer bestimmten Art von faktischem Wissen. Nicht umsonst heißt es ja: „Sich Informationen beschaffen". Der Informationsbegriff ist zu einem gemeinsamen Grundbegriff der modernen Wissenschaften geworden, angefangen bei der Physik über die Biologie, zu der Sprachwissenschaft zur Psychologie, zu vielen anderen Disziplinen und nicht zuletzt auch in der Medizin. Das, was man unter Information versteht, wird in der Literatur mit zum Teil unterschiedlichen Inhalten und Bezügen gebraucht und wird oft mit dem Begriff einer Nachricht, eines Signals oder sogar fälschlicherweise mit dem Begriff „Wissen" gleichgesetzt. Die Universalität des Informtionsbegriffes könnte die mit ihm in Zusammenhang stehende Begriffsverwirrung erklären. Information selbst ist weder materiell noch energetisch. Sie bedarf zu ihrer Übermittlung eines materiellen Trägers, den Nachrichten. Nachrichten und Informationen sind somit nicht das gleiche, obwohl beide Begriffe oft synonym verwendet werden. Die Träger der Informationen werden oft auch als Signale bezeichnet. Signale sind physikalische Größen wie zum Beispiel Licht- oder Schallwellen. Signale können auch chemische Substanzen sein, beispielsweise die Nukleinsäuren.

Signale sind durch drei so genannte Dimensionen charakterisiert[39]:
1. Die syntaktische Dimension: Ein Signal ist etwas. Es hat eine Struktur.
2. Die semantische Dimension: Ein Signal hat eine Bedeutung.
3. Die pragmatische Dimension: Ein Signal besitzt einen Zweck bzw. Wert.

Der Informationsbegriff im Kontext der Sprache umfasst die Ebenen der Syntax, der Pragmatik und der Semantik.

Die Syntax untersucht die Relationen der Zeichen einer Sprache untereinander - dies ohne Bezug auf das, was von den Zeichen dargestellt wird. Sie bezieht sich nämlich auf die reine Anordnung der Zeichen und nicht auf die Grammatik, die ja eine gewisse Verknüpfung mit der Bedeutung voraussetzt. Die Semantik untersucht nur die Relationen zwischen den Zeichen und dem, was sie bezeichnen wollen und dies ohne Bezug auf den Benutzer oder auf die Geschichte des Zeichensystems. Alles, was von Syntax und Semantik nicht abgedeckt wird, ist Gegenstand der Pragmatik.

Im Bereich der Semantik stellen Modellbildung und Objektivierung wichtige Größen dar. Die Semantik ist verifizierbar: Denn die in ihr präsentierten Bedeutungsinhalte können empirisch an der Realität überprüft werden.

In den Signalen liegen die Informationen in latenter Form vor, bis sie von einem Empfänger aufgenommen, in ihrer Bedeutung erkannt und in entsprechende Reaktionen umgesetzt worden sind. Signale sind somit eine Art einer materiellen Verkörperung potentieller Information, jedoch nicht die Information selber. Carl Friedrich von Weizsäcker brachte es in großer gedanklicher Schärfe auf jene oft zitierte Kurzformel: „Information ist nur, was verstanden wird"[40].

Eine informationstragende Nachricht kann aufgrund ihres Wesens nicht vorhergesagt werden. Sie wird aus einer Menge möglicher Nachrichten als Antwort auf ein Ereignis ausgewählt. Sucht man ein Maß für die Information, so erscheint es auf den ersten Blick einleuchtend zu sein, eine Beziehung der Information mit dem Auswahlbereich herzustellen: Je größer der Vorrat an Nachrichten ist, aus der wir die jeweilige Information herauswählen können, desto größer muss auch die Menge an – unerwarteter – Informationen sein, die wir durch Auswahl einer Nachricht übermitteln. Ein logarithmisches Maß für die Information wurde von Hartley 1928 vorgeschlagen[41]. Der kleinstmögliche Vorrat an Nachrichten ist zwei (zum Beispiel Ja/nein) und es hat sich als nützlich herausgestellt, eine binäre Ziffer als Einheitsnachricht anzusetzen.

In Abgrenzung von dem eher intuitiv gebrauchten Begriff „Information" weist der Begriff des statistischen Informationsgehaltes bzw. der Begriff einer Entscheidungsinformation eher auf die statistische Deutung des Informationsbegriffes hin. Als „statistischen Informationsgehalt" einer Nachricht bezeichnet man die Mindestanzahl der Elementarentscheidungen, die zur Erkennung (Identifizierung) aller Zeichen einer Nachricht nötig sind. Der Begriff der Entscheidungsinformation fragt nicht nach der semantischen Bedeutung einer Nachricht oder nach einem damit verfolgten Zweck, sondern er bezieht sich ausschließlich auf statistische Aussagen. Der Begriff des statistischen Informationsgehaltes bezieht sich auf folgende elementare Forderungen:
1. Die Gesamtinformation einer Zeichenkette ergibt sich aus der Summe der Einzelinformationen.
2. Je seltener ein Zeichen auftritt, umso größer ist sein Informationsgehalt.
3. Der Informationsgehalt eines mit Sicherheit auftretenden Zeichens geht gegen Null.

Die echte Information aus einer Quelle ist der nicht vorhersehbare Teil, somit der Überraschungsgehalt einer Zeichenfolge. In einem derartigen Beziehungsgefüge präsentieren sich Information und Entropie in einem engen inneren Zusammenhang: Leben bedeutet die Fähigkeit, Unordnung in Ordnung umzuwandeln. Für das Wort Ordnung hat E. Schrödinger[42] das Wort „Negentropie" eingeführt. Hierzu führte Schrödinger aber aus: „ Übrigens ist die „negative Entropie" gar nicht meine Erfindung. Sie ist nämlich der Begriff, um den sich Boltzmanns unabhängige Erörterung drehte"[43]. Leben wandelt also Entropie in Negentropie um. Das syntaktische Maß der Information ist die Entropie der Information.

Informationstheoretisch gilt die Gleichung: Information ist Information vermindert um die Redundanz.

N. Wiener sprach von der Informationsmenge als „amount of information". Claude E. Shannon war ein Schüler Wieners und führte den Begriff der Entropie der Informationsquelle und der Kapazität des Kanals ein. Den Begriff der Entropie übernahm Shannon aus der Physik sehr bewusst unter Nennung des H-Theorems von Boltzmann. Da die Shannon-Entropie Wahrscheinlichkeitsaussagen beinhaltet, entspricht sie der Informationsentropie, wobei zwischen beiden Größen folgende Beziehung hergeleitet werden kann:

$$H = -K \Sigma_i p_i ln p_i$$

Die Informationsentropie nach Shannon ist eng mit dem Wahrscheinlichkeitsbegriff wie auch die Boltzmann'sche Entropie verknüpft:

$$S = -k_B \Sigma_i p_i ln p_i$$

Die Informationsentropie bezieht sich auch auf die Wahrscheinlichkeitsverteilung von Ordnungsparametern in einem thermodynamischen System.

Der Begriff der Wahrscheinlichkeit weist seinem Sinne nach auf ein möglicherweise in der Zukunft eintretendes Ereignis und ist somit auf der anderen Seite mit der Zeitlichkeit der Zeit verknüpft.

Der Informationsbegriff kann weder qualitativ noch quantitativ voll transparent gemacht werden. Die Rolle der Information bei der Bildung und Beschreibung von Strukturen ist außerordentlich vielschichtig. Es ist sehr schwer, den Zusammenhang herzustellen zwischen strukturbestimmender Information und der „Entropie" der Ordnungszustände. Das einzige auf einem theoretischen Fundament aufgebaute quantitative Maß in der Informationstechnik scheint der syntaktische Ansatz nach Shannon zu sein. Hier bezieht sich das Maß der Information definitionsgemäß nur auf die Auftrittswahrscheinlichkeit einer Nachricht.
Diese Definition hat nichts mit Semantik zu tun:

Shannon: Boltzmann:
$I = Id\ 1/W$ $S = k \times ln\ W$
ΔI ~ $-\Delta S$ [44]
I = Auftrittswahrscheinlichkeit der Nachricht
S = Entropie (Thermodynamik)
W = Wahrscheinlichkeit des Systemzustandes[4]

Ein Vergleich der Shannonschen Informationsgröße mit der Boltzmann'schen-Definition der Entropie liefert also eine Brücke zwischen einer physikalischen und einer informatorischen Größe: Die Informationsmenge zur Beschreibung eines Systemzustandes ist umso größer, je kleiner dessen Entropie ist. Davon ausgehend behandelt die Informationstheorie die Informationsmenge als Auftrittswahrscheinlichkeit eines Ereignisses oder einer Nachricht und den sich daraus ergebenden Informationsfluss. Immer schließt sich aber auch in allen Publikationen an dieser Stelle ein mehr oder weniger resignierendes Zitat an, dass diese Theorie nicht zur Erfassung von semantischen oder pragmatischen Aspekten geeignet ist. In der Shannonschen Informationstheorie ist, wie Shannon und Weaver ausdrücklich betonen, der semantische Aspekt der Kommunikation irrelevant[46]. Information darf hier nicht mit „Bedeutung" gleichgesetzt werden[47]. Damit weicht der Shannon'sche Informationsbegriff weit vom umgangssprachlichen Begriff für

Information ab, für den Information immer eine Information „über etwas" bedeutet. Würde man beispielsweise den Shannon'schen Informationsbegriff auf das Gebiet der Nukleinsäuren übertragen, so würde das bedeuten: Von völlig unterschiedlichen Gensequenzen aufgebaute, aber gleich lange Nukleinsäurestränge würden die gleiche Informationsmenge aufweisen, unabhängig von ihren semantischen Bedeutungen.

Computerprogramme, die als Folgen von Befehlswörtern in Ketten von Speicherzellen untergebracht sind, sind von Anfang an in einer Maschinensprache konzipiert. Befehle und Daten sind hier binär verschlüsselt. Einer ähnlichen Art der Codierung bedienen sich auch biologische Systeme in den Netzwerken von kommunizierenden Nervenzellen. Kennzeichnend für die Maschinensprache der Computerprogramme ist aber deren Monotonie. In unserer natürlichen Sprache ist zum Vergleich in bis zu 75% Redundanz versteckt und sie enthält nur zu 25% Information. Information und Redundanz scheinen in einer Art von spielerischem Zusammenhang zu stehen. Ein Teil der Redundanz dient der Störsicherheit bei der Übertragung. Ein anderer Teil dient der Orientierung und der Verarbeitungshilfe. Damit baut sich die Satzform einfacher aus ihren Bestandteilen Satzgegenstand, Satzaussage und Ergänzungen auf. Auf eine ganz und gar spielerische Weise erschafft die Sprache somit gewaltige semantische Landschaften mit Hilfe von Redundanz.

Dagegen ist der Computer als eine Maschine zu bezeichnen, die aus ihrer logischen Struktur heraus ausschließlich auf syntaktischer Ebene arbeitet. Alle Informationsverarbeitungsmethoden sind rein syntaktischer Natur. Die Computersemantik beschränkt sich auf die Exekution von Maschinenbefehlen, aber es fehlen die begleitenden Bildvorstellungen sowie mögliche Kontrollfunktionen eines Bewusstseins[48]. Jede Zeichenkette eines Computers führt aber immer implizit eine Semantik mit sich – eine Semantik, die sich bei der Betrachtung der Zeichenkette durch den Menschen einstellt oder einstellen kann. Der Computer führt zweierlei Informationen mit sich: Einmal die Information, auf die er selbst Zugriff hat. Damit ist diejenige Information gemeint, die er mit seinen logischen Vorschriften sachgerecht bearbeiten kann. Er trägt noch eine weitere Information mit einer über das Vordergründige hinausreichenden Semantik mit sich, auf die er keinen Zugriff hat[49].

Eines der markantesten Beispiele für die Beziehung zwischen einem formalen Modell und seiner rechten Benutzung wurde in der Philosophie von Ludwig Wittgenstein herausgearbeitet. Im „Tractatus" wurde ein syntaktisches Verfahren entwickelt, um so die Welt der Tatsachen in eine einzige allgemeine Form überführen zu können. Wittgenstein erkannte jedoch sehr schnell die Begrenztheit seines Verfahrens. Er führte anstelle eines umfassenden Modells die Fülle der relativen Modelle ein und er erklärte in seiner Philosophie II davon ausgehend, dass die Bedeutung eines Wortes von seinem „Sprachspiel" abhängen würde, in welchem es gebraucht würde. Information ist als solche also nicht messbar. Sie ist nur immer relativ im Hinblick auf ihr „Sprachspiel", im Hinblick auf ihren Gebrauch, messbar[50].

Ein Computer ist seiner Arbeitsweise nach eine perfekte Syntaxmaschine mit drei Stufen einer inhärenten Semantik:
1. Einer inhärenten Semantik der Schaltprozesse zur Addition, zum Drucken, zum Zeichnen und anderes mehr.
2. Der formalen Semantik der entworfenen Modelle bzw. der formal definierten Strukturen und

3. mit einer Wolke der mitreisenden allgemeinen Semantik, die dem Computer unzugänglich bleibt.

Eine lesenswerte Definition des Informationsbegriffes und über die verschiedenen Zugangsmodi ist im anschaulich gegliederten und detailliert abgefassten Werk über den Informationsbegriff in Wissenschaft und Technik von Folberth und Hackl nachzulesen. Dort wird Information als ein „Jenseits der Programmierung" bezeichnet[51]. Die Information des Computers besteht aus Wahrheitswerten, aus Zahlen, aus Befehlen. Bei dieser Art von Information und Verarbeitung stellen sich keine Bedeutungsprobleme. Dagegen hat die Information aber nicht eine Dimension wie Material oder Energie. Die Information ist auch etwas dynamisches, sie ist von Verarbeitungsvorgängen abhängig, die außerhalb von ihr liegen und an deren Anfang und Ende der menschliche Geist beteiligt ist. Sie ist ein Phänomen höherer Ordnung als formale Logik, Mathematik und Naturwissenschaft. Das ist nicht das Ergebnis der Philosophie, sondern das Ergebnis der Wissenschaft, die sich mit den Grundlagen der Informationsverarbeitung beschäftigt: Der Informationsverarbeitungstechnik.

Daran schließt ein durchaus bemerkenswerter Satz an: „Es ist daher ebenso legal wie zweckmäßig, den Informationsbegriff vom Computer aus zu betrachten, zu definieren, zu versuchen und von ihm aus das Transzendente der Information zu erkennen, aus der Reduktion auszubrechen, die zu der wirklichen Welt immer wieder in Widersprüche gerät"[52].

Die Information lässt sich ihrer Transzendenz nicht berauben.

Das erklärt, warum Information in ihrem Wesen nach unmessbar ist, und warum die Informationswissenschaft eigentlich eine Geisteswissenschaft ist: „Weil hinter jedem Wort eine unbegrenzte Komplikation lauern kann, eine segensreiche oder eine katastrophale"[53].

Wir können steuern, was auf Papier oder Bildschirm steht, wir können immer bessere formale Modelle entwerfen, wir können aber nicht steuern, was sich der Lesende denkt, wir können nicht vorhersehen, wie sich die reale Welt am formalen Modell vorbeientwickeln wird. D.h. der Verlässlichkeit der Syntax steht das Risiko der Semantik und Pragmatik gegenüber.

Der Informationsbegriff bringt nach C. von Weizsäcker die beiden Gegenpole der Materie, nämlich Form und Bewusstsein, wieder ins Spiel. Information ist nach v. Weizsäcker als Maß der Menge von Form zu bezeichnen.

Information ist durch die Wahrscheinlichkeit des Eintretens eines Ereignisses nach der Gleichung $I = \log_2 W$ definiert.

Ein Ereignis bringt demgemäß umso mehr Information, je unwahrscheinlicher es ist. Es wäre aber nach v. Weizsäcker ganz irrig, daraus zu schließen, Information sei ausschließlich ein Bewusstseinsinhalt, da ja Wahrscheinlichkeit etwas Subjektives, nämlich eine Mutmaßung ist. Jeder gedachte Begriff ist nach v. Weizsäcker etwas Subjektives und damit auch der Begriff der Materie oder eines Dings. Jeder Begriff ist sogleich „objektiv", sofern er „wahr" sei. In diesem Sinne ist nach v. Weizsäcker auch der Begriff der Wahrscheinlichkeit ein objektiver wahrer Begriff, sofern es möglich ist, Wahrscheinlichkeitsurteile empirisch zu überprüfen[54].

Die Information eines Ereignisses könne auch definiert werden als die Anzahl von völlig unentschiedenen einfachen Alternativen, die durch das Eintreten des Ereignisses entschieden werden. Als quantitatives Maß der Menge an Form eines Gegenstandes schlägt v. Weizsäcker die Anzahl von einfachen Alternativen vor, die entschieden werden müssen, um seine Form zu beschreiben. In diesem Sinne misst die Information nach v. Weizsäcker in der Tat auch die Form. Dass Information ihrem Wesen aber subjektbezogen ist, wird von v. Weizsäcker so hergeleitet: „Sie (die Information) lässt sich aber gleichzeitig ... nicht ohne Bezug auf ein Bewusstsein definieren und zwar in dem Sinn, in dem dies nicht von jedem Begriff gilt. Auch der objektive Wahrscheinlichkeitsbegriff ist nämlich subjektbezogen ..."[55]. Die Begriffe „Information" und „Wahrscheinlichkeit" müssen sowohl subjektiv als auch objektiv erstanden werden, denn es ist ihr begrifflicher Sinn, „Wissen zu quantifizieren" und „Wissen ist stets Wissen, das jemand von etwas hat"[56].

Ich versuche, mich dem Informationsbegriff von diesen physikalischen und informationstheoretischen Zugängen aus zu nähern, weil der Begriff der Information eine zentrale Bedeutung für die Medizin – und dies auf allen ihren Ebenen – aufweist.

Brillouin, 1951[57], Demers, 1944[58]; Wiener, 1948[59] und andere setzen Information kurzerhand mit Wissen gleich und Entropie mit Nichtwissen. So schreibt Wiener in diesem Zusammenhang: „Gerade wie der Informationsgehalt eines Systems ein Maß des Grades der Ordnung ist, ist die Entropie eines Systems ein Maß des Grades an Unordnung; und das eine ist einfach das Negative des anderen". Diese Beziehung ist für die medizinisch relevanten Systemanalysen wegweisend.

3.2 Naturphilosophische Bemerkungen zur Struktur des Informationsbegriffes

In Anlehnung an Carl Friedrich v. Weizsäcker, A. Zeilinger und weitere moderne Naturwissenschaftler ist Information schlechthin der Urstoff des Universums.

Information ist Antwort auf Fragen, die wir stellen. Die Bedeutung des „Bit" liegt in der Charakterisierung von Aussagen, ob sie wahr oder falsch sind.

Umgangssprachlich entspricht Information grob der Bedeutung einer Nachricht.

Im technischen Gebrauch bezeichnet Information Symbole, mit denen eine Nachricht übermittelt wird, unabhängig davon, für was sie stehen. Nach von Weizsäcker ist Information „Form". Seine Bedeutung leitet sich vom lateinischen Wort „informare" ab und bedeutet „formen", „im Geist gestalten", „sich vorstellen" und von da aus bedeutet „informatio" eine „Vorstellung", ein „Begriff", ein „Abbild". Information ist somit etwas wie das Einbringen von Form in die Materie oder auch der Materie in die Form[60].

Nach Aristoteles ist die Form die Summe aller wesentlichen Eigenschaften eines Dings.

Nach Platon ist jedes Ding eine Kopie eines abstrakten Ideals. Form entspricht „eidos" = Idee = Bild = Ideal.

Nach Platon ist jedes Ding eine unvollständige Kopie eines perfekten abstrakten Ideals, einer Form, einer Ur-Form.

Jedes Pferd ist eine Kopie der „Form-der-Pferdartigkeit", was gleichbedeutend ist mit einem Begriff wie „Pferd der Pferde", oder einem Begriff wie „ideales Pferd", einem Pferd also, das keine materiellen Eigenschaften besitzt. Nach Platon sind diese Formen in unserem Verstand existent. Deshalb können wir die Welt überhaupt verstehen.

Formen sind also Abstraktionen. Synonyme für Form sind Begriffe wie zum Beispiel Konfiguration, Struktur, Ordnung, Organisation und anderes mehr.

Was kommt in diesen Begriffen aber zum Ausdruck? Es wird zum Ausdruck gebracht, dass Form Beziehung ist. Die Form einer mathematischen Gleichung ist durch eine „bedeutungstragende" Beziehung zwischen den Parametern innerhalb der Gleichung gegeben. Form bezieht sich also auf die Beziehung zwischen den Teilen eines mathematischen, physikalischen oder biologischen Systems.

Information misst demnach die Menge der Beziehungen von Form, die in einem Gegenstand enthalten ist[61].

Bezogen auf die Medizin wäre hier die „Form einer Krankheit" durch die Mannigfaltigkeit der Beziehungen und Wechselwirkungen zwischen genetischen, zellulären und organbezogenen Parametern definiert.

In den physikalischen Theorien sind nur in eingeschränkter Weise Informationen über die Natur enthalten. Sie erlauben zwar konkrete Vorhersagen über den Ausgang von Experimenten. Direkte Wege einer Vermittlung zwischen der Natur und ihrer theoretischen Beschreibung existieren nicht: So können auf der Ebene der Elementarteilchen Informationen über die Natur nicht sinnvoll isoliert werden, sondern nur aus dem Gesamtzusammenhang heraus verstanden werden.

Diese für den Bereich der Physik geltende grundlegende Erkenntnis weist eine ähnlich große Bedeutung für die Medizin auf.

Das Ziel der theoretischen Naturbeschreibung besteht darin, durch mathematische Verknüpfungen von Messgrößen zu Vorhersagen von Messergebnissen zu kommen. Die Physik, eigentlich alle Naturwissenschaft, fragt ausschließlich nach dem Ergebnis von Messakten, nicht jedoch nach dem Wesen, dem Sinn, oder nach einer Wirklichkeit, die diesen Messgrößen zugrunde liegen könnte.

Dem großen Umsturz des modernen physikalischen Weltbildes ging die Einsicht voraus, dass das Erkennen der Grenzen möglicher Informationen über die Natur bisweilen die tiefsten Einsichten zu vermitteln vermag.

Diese Erkenntnisse leiten sich aus der Relativitätstheorie und der Quantenmechanik zu Beginn des 20. Jahrhunderts ab.

Eine der großen Leistungen von Einstein bestand unter anderem darin, dass er sich nicht scheute, die zu seiner Zeit gültigen Zeitbegriffe zu hinterfragen. Grundlagen der bis dahin gültigen mechanischen Weltbeschreibung waren Newtons Vorstellungen von einer „absoluten wahren und mathematischen Zeit" in Kombination mit der Vorstellung eines absoluten Raumes[62]. Einstein warf die Frage auf, wie eine absolute Zeit überhaupt gemessen werden könnte bzw. ob und wie wir grundsätzlich Informationen über eine solche absolute Zeit erhalten könnten. Seine Antwort darauf war revolutionär: Denn seiner Erkenntnis nach war es unmöglich, in relativ zueinander bewegten Bezugssystemen Gleichzeitigkeit festzustellen, d.h. die Uhren beider Systeme zu synchronisieren. Danach hat es überhaupt keinen Sinn von einer absoluten Zeit zu sprechen. Was aber grundsätzlich unmessbar bleiben muss, kann nicht sinnvoll zur Beschreibung der Wirklichkeit durch Messgrößen verwendet werden. Eine Folge daraus war die Erkenntnis der Zeitdilatation bei schnell bewegten Teilchen.

In der zweiten wissenschaftlichen Revolution des 20. Jahrhundert lieferte die Quantenmechanik eine neue Einstellung zur Information auf dem Gebiet der Physik: Die Unschärferelation besagt in aller Kürze, dass es prinzipiell unmöglich ist, gleichzeitig

Informationen über Ort und Impuls eines Teilchens mit beliebiger Genauigkeit zu erhalten. Wesentlich hierfür ist, dass diese Unmöglichkeit exakter Information nicht in der technischen Begrenztheit der Messgeräte liegt, sondern in der Natur selbst begründet ist. Davon abgeleitet ist es prinzipiell unsinnig, von „Bahnen" von Elektronen um den Zellkern zu sprechen. Die quantenmechanische Beschreibung der Elektronenzustände war gezwungen, auf klassisch-mechanische Vorstellungen zu verzichten. Durch diesen Verzicht war sie aber im Gegenzug in die Lage versetzt worden, eine gewaltige Reihe von physikalischen Phänomenen einer einheitlichen Erklärung zuführen zu können.

Die so genannte exakte Wissenschaft der Physik kann somit keine verbindliche Deutung der Welt liefern. Im Gegenteil ist sie selbst deutungsbedürftig. Die Wissenschaft kann die Sinnfrage nicht klären, sie eröffnet aber dennoch wichtige Zugänge zur Welt. Damit ist sie indirekt behilflich in der Suche nach einem vertieften Verständnis der Welt, weil sie verborgene und implizite Ordnungsstrukturen in dieser Welt aufzuzeigen vermag. Daraus erschließt sich das Staunen darüber, dass der menschliche Geist diese Ordnungen und die aufgrund ihrer Einfachheit schönen Gesetze zu begreifen imstande ist. Mittlerweile ist die Wissenschaft zu der Erkenntnis prinzipieller Grenzen ihres Erkenntnisvermögens angelangt. Es muss erstaunen, dass diese Grenzen sich durch die Anwendung wissenschaftlichen Denkens auf die eigenen Voraussetzungen aufzeigten. Physik ist eine Theorie eines möglichen Wissens von der Wirklichkeit. Wissen ist begrenzt und kann Wirklichkeit nicht beliebig genau erfassen. Voraussetzungen für Wissen sind Beobachtungen und Messungen.

Jede Messung geht aber aus physikalischen Einwirkungen auf den beobachteten Gegenstand hervor und sie beeinflusst damit auf unvorhersehbare Weise das Messergebnis[63]. Die moderne Physik verzichtet somit auf den fundamentalen Ebenen der materiellen Welt einerseits auf Anschaulichkeit, sie erkennt die prinzipiellen Grenzen ihrer Messbarkeit und Berechenbarkeit, sie gewinnt aber auf der anderen Seite dadurch eine hohe naturphilosophische Offenheit und erkenntnistheoretische Klarheit.

3.2.1 Zum Informationsbegriff in lebenden Systemen

Biologische Systeme sind vollständig informationsgesteuert und zeichnen sich durch ein hohes Maß an Ordnung und Planmäßigkeit aus. Die wissenschaftlichen Probleme und Fragen, die sich im Zusammenhang mit der Entstehung des Lebens stellen, sind gleichbedeutend mit dem Problem der Entstehung biologischer Information. Teile der modernen Wissenschaft verweisen darauf, dass eine kohärente physikalisch-chemische Theorie der Lebensentstehung und der Entstehung semantischer biologischer Information geglückt und mittlerweile sogar etabliert sei, deren wesentliche Aussagen einer experimentellen Überprüfung standhalten würden[64].

In der modernen Biologie stellt sich die Frage nach dem semantischen Aspekt der Information mit besonderem Nachdruck, d.h. ob überhaupt und inwieweit Aspekte von Sinn und Bedeutung auf empirischer Basis objektiviert werden könnten.

Nach Darwin stellt die funktionale Anpassung eines Lebewesens an seine Umwelt ein entscheidendes Kriterium für sein Überleben nach dem Prinzip des „Survival of the fittest" dar. Dieses Darwinsche Anpassungskriterium soll demnach auf mannigfaltige Art die Plan- und Zweckmäßigkeit lebender Systeme widerspiegeln[65], wobei das Kriterium

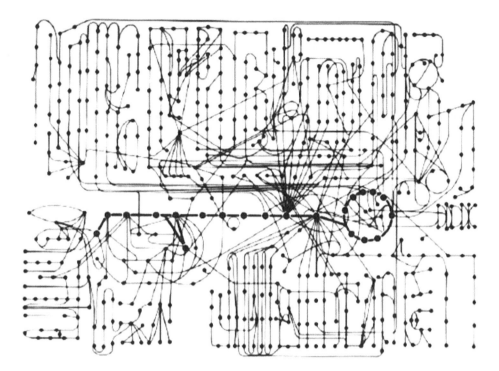

Abb. 1: Die wichtigsten Stoffwechselwege der Zelle. Jeder Punkt stellt eine biochemische Reaktion dar, jede Linie die Wechselwirkung mit einer anderen Reaktion. (Bild aus: Alberts et al.: Lehrbuch der molekularen Zellbiologie, 3. Aufl.)

der Planmäßigkeit bis auf die Ebene der Molekülverbände der Zellen und ihrer zweckmäßig organisierten dynamischen Strukturen hinunterreichen sollte. Ungemein eindrucksvolle Beispiele hierfür liefern die komplexen molekularbiologischen bzw. biochemischen Stoffwechselkreisläufe in den Zellen (s. Abb. 1).

Die komplexen Verbände der intrazellulären Netzwerke funktionieren einerseits nach vorgefertigten Plänen, was entfernt an die hochgetakteten Arbeitsabläufe in den Produktionshallen von Großfabriken erinnern könnte, sie organisieren sich aber auch über ein kollektives Zusammenwirken der Systemkomponenten. Blaupausen für wesentliche Arbeitsschritte der Stoffwechselprozesse sind auf der DNA gespeichert. Im Zellkern ist die genetische Information in einem kommafreien Code festgelegt, d.h. zwischen den Code-Wörtern gibt es keine Pausenzeichen (wie beim Morse-Code). Die DNA ist ein Makromolekül, das durch kleinere Moleküleinheiten zusammengesetzt wird. Ihre Bausteine, die Nukleotide, könnten vereinfacht dargestellt als eine Art von Schriftsymbolen einer Sprache bezeichnet werden. Das „Alphabet" dieser genetischen „Molekularsprache" besteht aus vier verschiedenen Symbolen, nämlich A (Adenosintriphosphat), T (Thymidinphosphat), G (Guanosinphosphat) und C (Cytidinphosphat).

Alle Code-Wörter, d.h. die Codons, bestehen aus drei Symbolen und bilden somit ein Triplett aus Nukleotiden. Kommafreie Codes sind einerseits besonders sparsam hinsichtlich der benötigten Zeichenzahl. Sie sind jedoch störanfällig: Wenn sich beispielsweise am Beginn oder in der Mitte einer Wortfolge nur eine einzige Verschiebung einschleicht, so kann sich daraus im Ganzen gesehen ein informationstechnischer Nonsens entwickeln.

Der genetische Umkodierungsformalismus von der DNA zum Protein wird als „universell" bezeichnet, weil er für Viren, Bakterien und auch für den Menschen gleichermaßen grundlegend ist.

Die in der Buchstabenfolge der DNA verschlüsselte Information lässt sich leicht in die Sprache der Informationstheorie übertragen: Die Nukleinsäuren werden aus vier Grundbausteinen aufgebaut. Damit würde man in einem binären Codesystem jeweils zwei Code-Einheiten benötigen, um einen Buchstaben zu verschlüsseln, so zum Beispiel: A = 00, T = 11, G = 01, C = 10 usw.

Die Frage nach dem Ursprung biologischer Information ist gleichbedeutend mit der Frage nach dem Ursprung dieser Sequenzen auf der DNA, die ja einer spezifischen Auswahl aus einer unübersehbaren Fülle alternativer Sequenzen entsprechen.

Eine Theorie der Entstehung des Lebens muss also geradezu zwangsläufig – auch – eine Theorie der Entstehung von semantischer Information sein. Aus informationstheoretischen Erwägungen heraus ist eine Zufallshypothese nicht beweisbar. Aber auch eine sogenannte Vitalismushypothese eines vorgegebenen Plans ist auf der anderen Seite zumindest nicht widerlegbar. Die empirischen Grundlagenwissenschaften in ihrer traditionellen Form schließen Phänomene der Semantik aus ihrem intendierten Anwendungsbereich aus. Dies wurde auf eine recht drastische Ausdrucksweise von M. Polanyi einmal so zum Ausdruck gebracht: „All objects conveying information are irreducible to the terms of physiscs and chemistry"[66].

3.2.2 Semantische Information in Biologie und Medizin

Lebewesen sind irreduzierbare Strukturen, deren vollständige naturwissenschaftliche Erklärungen die Physik und Chemie – zumindest in ihrer traditionellen Form – transzendieren. In diesem Sinne hat sich Polanyi zum Problem der biologischen Informationsentstehung geäußert[67]. Die Kenntnisse von Polanyi erscheinen insofern bemerkenswert, weil sie in pragmatischer Weise die erkenntnistheoretischen Schwierigkeiten einer ausschließlich auf physikalisch-chemischer Ebene stattfindender Erklärungsversuche der Entstehung des Lebens aufzeigen. In seinen Überlegungen spielt das Prinzip der „Kontrolle der Naturgesetze durch systemspezifische Randbedingungen eine wichtige Rolle, was er am Beispiel eines „Maschinen-Lebewesens" anschaulich und griffig zu verdeutlichen suchte:[68].

Nach Polanyi existieren für eine Maschine zwei Beschreibungsweisen: Einmal die materielle Ebene der Maschinenteile bzw. der Komponenten, die vollständig durch die Gesetze der Physik und Chemie erklärbar sind. Zum anderen eine übergeordnete Ebene der Randbedingungen. Auf dieser Ebene der Randbedingungen wird die Konstruktion der Maschine bestimmt.

Das Konstruktionsprinzip und mithin die Arbeitsweise einer Maschine folgt nach Polanyi technologischen Kriterien, die ihrerseits irreduzibel sind, d.h. nicht durch die Gesetze der Physik erklärbar sind. Ausschließlich mit den Mitteln der Physik und Chemie könne man das Wesen einer Maschine weder erklären noch beschreiben. Es ist demgemäß noch nicht einmal möglich, eine Maschine als Maschine identifizieren.

Diese Schlussfolgerungen überträgt Polanyi auf lebende Systeme und er gelangt auf diesem Wege zu der Schlussfolgerung, dass komplexe lebende Systeme irreduziblen Wirkungsprinzipien unterliegen, die unabhängig von den physikalisch-chemischen Gesetzmäßigkeiten existieren. Zwar lege die Theorie des molekulargenetischen Determinismus die Nukleotidsequenz auf der DNS und somit die Information für den Aufbau des Organismus fest, aber die Abfolge der Nukleotide ist gerade nicht aus den physikalisch-chemischen Gesetzen ableitbar. Denn jede der unzählig vielen kombinatorisch möglichen Sequenzalternativen muss den Naturgesetzen zufolge dieselbe a priori-Wahrscheinlichkeit aufweisen. Die Auswahl der Nukleotidsequenzen, die eine biologisch sinnvolle Information tragen, ist demzufolge ausschließlich mit den Gesetzen von Physik und Chemie nicht erklärbar. Vielmehr stellt die jeweilige spezifische Nukleotidsequenz der Erbmoleküle nach Polanyi eine irreduzible Randbedingung dar.

An dieser Stelle stoßen wir auf den Kern des Problems: Denn alles, was nach Darwin im Bereich biologischer Strukturen planmäßig sei, würde eine ganz spezifische Funktion im Hinblick auf die Aufrechterhaltung und Fortentwicklung von Ordnungsstrukturen erfüllen. Damit, so Polanyi, ist der biologischen Informationserzeugung eine definitive Bedeutung, d.h. eine Semantik, beizumessen und somit müsse eine Theorie des Lebens zwangsläufig eine Theorie der Entstehung semantischer Information sein.

Diese Schlussfolgerung gilt in analoger Weise auch für die Medizin: Eine Theorie der Medizin muss eine Theorie der semantischen Information im Zustand von Gesundheit und vor allem im Zustand der Krankheit sein: Angefangen bei deren Ursprung und Erzeugung, deren Registrierung und Verarbeitung sowie deren Umsetzung in neue Ordnungsstrukturen, deren krankheitsbedingten Verlusten auf allen Ebenen des Organismus: Angefangen bei der genetischen Information im Zellkern, über die intrazellulären molekularen Netzwerke und über die zellulären und somatischen Netzwerke hinaus bis zu den somatisch-seelisch-geistigen Ordnungsstrukturen des Menschen.

Daraus leiten sich zusammenfassend folgende Fragenkataloge für die Medizin ab:
1. Wie entstehen Informationen in der Krankheit?
2. Auf welche Weise werden Informationen im Ablauf von Krankheiten vernichtet?
3. Auf welche Weise und mit welchen Bedeutungsgehalten könnte semantische Information in der Krankheit entstehen?
4. Wird überhaupt, und wenn ja, wie wird semantische Information in der Krankheit vernichtet?
5. Wie entsteht semantische Information im Verlaufe von Heilungsprozessen?
6. In welche übergreifenden Kontexte könnten semantische Informationsprozesse in der Krankheit möglicherweise eingegliedert werden?
7. Heilung als Generierung von semantischer Information.
8. Medizin als Theorie der Information in der Krankheit.
9. Medizin als Theorie der Randbedingungen atypischer Systemzustände im Organismus.

Wie alle anderen biologischen Systeme laufen auch Krankheiten nach Mustern und sie laufen auch „planmäßig" ab. Sie sind wie alle biologischen Systeme informationsgesteuert.

Die dabei wirksamen Prozesse, die zu akuten oder chronischen, zu gut- oder bösartigen Erkrankungen führen, werden von krankheitsspezifischen und für jeden Einzelfall unterschiedlichen Randbedingungen aus gesteuert. Derartige potentielle Randbedingungen sollten weitaus mehr als bisher in den Fokus der wissenschaftlichen Medizin vordringen. Wenn Physiker, Biologen und Molekularbiologen immer nachdrücklicher die Frage nach der Semantik auf den tiefsten Stufen der physikalischen Realität, auf der Ebene der biologisch bedeutsamen Makromoleküle bzw. der biologischen Systeme überhaupt aufwerfen, so muss die Frage der Semantik von Krankheiten endlich in das Zentrum der betrachtenden und reflektierenden Medizin gelangen. Diese Fragen sind von grundsätzlichem Charakter für das Selbstverständnis einer modernen Medizin.

In den Curricula der universitären Ausbildungsgänge der angehenden Ärzte finden Fragen nach der Semantik von Krankheiten und Medizin überhaupt keinen Raum, ganz zu schweigen von den meist vor wohlfeiler Ethik triefenden Einführungsreferaten auf medizinischen Kongressen, die zu Beginn des ersten wissenschaftlichen Vortrages meist schon vergessen sind. Ethische Einführungsreferate als eine Art von Corporate Design, wie man sie heutzutage oft über den Eingangsportalen großer Krankenhäuser findet: „Dem Menschen verpflichtet". Mein Gott!

Wir haben gesehen, dass die Bedeutung einer Nachricht aus der Beziehung, d.h. aus der Beziehung von Informationen und aus der Beziehung von Symbolen hervorgeht.

Veränderungen innerhalb der Sequenzfolge dieser Nukleotiden können zu Krankheiten führen.

Veränderungen der Bedeutung führen zu Krankheiten.

Die veränderte Bedeutung wird registriert und in veränderte Proteine mit veränderten Bedeutungen innerhalb der Beziehungsgefüge von intrazellulären Netzwerken umgesetzt. Eine einzige veränderte Proteinstruktur kann eine tödliche Krankheit zur Folge haben.

Leben beruht auf fortgesetzten Prozessen der Generierung, Wahrnehmung und Umsetzung von Bedeutungen.

Krankheit als Folge von Bedeutungsänderungen.

Viele Stoffwechselprozesse innerhalb der Zelle folgen einem kreisförmigen Verlauf, sie finden statt auf der Ebene einer zirkulären Zeit und sie werden aus diesen Gründen auch als Zyklen bezeichnet. Ein Beispiel ist der Zitronensäurezyklus. Prozesse mit einer zyklischen inneren Zeitstruktur, haben systemerhaltende Funktion. Neue Informationen und mit ihnen neue Bedeutungen werden im Ablauf dieser zyklischen Prozesse nicht gebildet.

Im Verlaufe von nichtlinearen Prozessen entstehen dagegen laufend neue Informationen. Neue Bedeutungen kommen hinzu. Allen Wachstumsprozessen liegen nichtlineare Zeitstrukturen zugrunde, sie sind Prozesse, in deren Ablauf neue Informationen und neue Bedeutungen geschaffen, aber auch Informationen vernichtet werden. Jede Stunde, und jeder Augenblick im Leben eines Menschen, schaffen neue Bedeutungen. Jede Lebensdekade entfaltet ihre eigenen Muster an Bedeutungen. Jeder Mensch trägt neue Bedeutungen in die Welt hinein. Evolution ist im Ganzen gesehen ein Prozess der Schaffung von neuen Bedeutungen.

Krankheiten können neue Informationen generieren und neue Bedeutungen schaffen.

Ein idealtypisches Leben ohne jedwede Einschränkungen und insbesondere ohne Krankheiten verliefe stetig, homogen-linear und nach zirkulären Zeitstrukturen ab. Aus der Perspektive der Informationstheorie heraus betrachtet, würde ein solches Leben in gleichförmigen Schleifen immer wieder in sich zurücklaufen. Je nach den jeweils durchlaufenen Lebensabschnitten würden immer nur gleiche Informationen generiert und wieder vernichtet werden. Ein solches Leben wäre durch eine Art einer Newtonschen Zeitstruktur geprägt – es wäre gleichförmig und bedeutungsarm. Die Generierung von Informationen und die Umsetzung dieser Informationen in Bedeutungen fänden quasi entlang einer uniformen mathematischen Reihe von immer gleichen Sequenzen statt.

Die moderne und fast ausschließlich reduktionistisch agierende Medizin blendet mögliche semantische Inhalte von Krankheiten auf allen Betrachtungsebenen aus. Sie fragt nicht nach sich selbst und sie hinterfragt sich nicht. Dies macht ihr Drama aus. Zu allen Zeiten und in allen Kulturen wurde in der Medizin immer auch die Frage nach dem „Wozu"? aufgeworfen und vor dem jeweils bestehenden philosophisch-religiösen bzw. soziokulturellen Hintergrund zu beantworten versucht. Angesichts des sich in der Medizin immer schneller wandelnden wissenschaftlich-technischen Hintergrundes stellen sich heute schon und in absehbarer Zukunft noch mehr die Fragen nach der Semantik in größer werdender Schärfe. Die derzeit möglichen und in naher Zukunft in ihren Auswirkungen auf das Menschenbild kaum absehbaren Zugriffsmöglichkeiten von Gentechnik, Molekularbiologie und Biophysik sowie weiteren Disziplinen auf das Wesen des Menschen werden zwangsläufig immer nachdrücklicher die Frage nach einem semantischen Grundgefüge aufwerfen, vor dem sich die Medizin selbst verstehen will und von dem aus sie zu handeln bereit ist.

Die Lebenswirklichkeit der Menschen ist auf Semantik ausgerichtet. Menschen sorgen sich um ihre Gesundheit. Sie lesen Gesundheitsbücher, sie sammeln Informationen über Gesundheit und Krankheit. Sie wollen, dass sich die Lebensprozesse auf der biologischen Basis ihrer Organe und ihres gesamten Körpers störungsfrei, d.h. „plan -mäßig" vollziehen. Die Menschen sind um ihr Wohlergehen besorgt. Ich unterstelle, dass es nur ganz wenige Menschen sein dürften, die sich in keiner Weise um ihre Gesundheit sorgen, außer es handelt sich um pathologisch veranlagte oder um seelisch-geistig erkrankte Menschen. Nein, es ist schon so, dass für den Menschen seine eigene Identität, sein Fortkommen, eine möglichst ungebrochene zeitliche Kontinuität seiner Existenz, ganz im Fokus seiner Aufmerksamkeit, seiner Sorge steht.

Dies entspricht einem planvollen, informationsgesteuerten Verhalten im Darwinschen Sinne.

Die Menschen suchen nach Kontinuität von einem festen Standpunkt aus und reflektieren von diesem Standpunkt aus über die Welt. Sie erstellen Modelle über die Welt, sie bilden Theorien und reflektieren diese Theorien und Modelle wieder auf sich selbst zurück.

Die Menschen suchen Heimat und Horizonte, sie suchen nach Sinntexturen in ihrem Leben und versuchen solche Sinntexturen in den Ablauf ihres Lebens hinein zu entwerfen. Fragen nach grundlegenden Sinntexturen des Lebens stellen sich in besonderer Schärfe im Zustand einer schweren Erkrankung. Menschen sind lebenslang auf der Suche nach dem Sinn. Der Mensch sucht nach Semantik innen und außen.

3.2.3 Zur Bedeutung des Informationsbegriffes im Kontext der Evolution

Wie schon kurz angedeutet, bietet auch die klassische Philosophie mögliche Zugänge zum Informationsbegriff. Der altgriechische Ursprung des Informationsbegriffes ist auf dem Platon'schen-Aristotelischen Eidosbegriff begründet, der später seine Fortführung im scholastischen Informationsbegriff eines Thomas von Aquin fand. Während in der klassischen Philosophie der Informationsbegriff in der Seinslehre begründet war, so liegt in der modernen Philosophie das Schwergewicht auf der Erkenntnislehre. Erkenntnis aus Information heraus hat Teil an der realen Welt, wobei die Information an einen materiellen Träger gebunden ist. Information ist also von dieser Perspektive aus kein abstrakter Begriff aus einer Ideenwelt.

In seiner Grundbedeutung bezieht sich der Informationsbegriff sowohl auf die Struktur des Gegenstandes der Erkenntnis als auch auf das Erkenntnissubjekt selbst. Der Informationsbegriff hat also in der Philosophie mehrere Bedeutungsebenen, die untrennbar miteinander verwoben sind. Denn im Erkenntnisprozess sind das Subjekt und der Gegenstand der Erkenntnis nicht zu trennen. Sie gehen vielmehr über das Bindeglied der Information eine Verbindung ein. Es ist die Form, die innere Struktur, die man von einem Gegenstand nach klassischer Auffassung wissen kann und die man als begriffliche Erkenntnis einem anderen mitteilen kann[69]. Die schärfste Fassung des Sprechens über einen Gegenstand ist die exakte Wissenschaft. Nach antiker Lehre kann man von einem Gegenstand nur die Form im Sinne der inneren Struktur wissen und es ist die Form, die man als begriffliche Erkenntnis jemandem mitteilen kann. Wenn aber die innere Form eines Gegenstandes die potentielle Information für ein Erkenntnissubjekt ist, so kann das nur bedeuten, dass es Informationen ohne einen Beobachter nicht geben kann. In der so genannten „Kopenhagener Deutung" der in der Quantenmechanik empirisch gewonnenen Beobachtungsergebnisse kommt dem Beobachter eine entscheidende Rolle zu. Als eine der Konsequenzen aus dieser „Kopenhagener Deutung" haben moderne Quantenphysiker in einer scharfen Betonung des Subjektivismus sogar die Frage aufgeworfen, ob es überhaupt eine Welt, eine Realität ohne Beobachter gibt. Nach Wittgenstein ist die Welt „alles, das der Fall ist" (Tractatus logico-philosophicus, erster Hauptsatz).

Die Information tritt nur dann als aktuelle Information auf, wenn die Struktur eines Objektes von diesem Objekt abgelöst werden kann und als bloße Form, ohne Materie vom Erkenntnissubjekt aufgenommen werden kann[70]. Hierzu schreibt Aristoteles: „Der Stein ist nicht in der Seele, sondern nur seine Form"[71]. Prozesse des Beobachtens vollziehen sich ständig. Eine Voraussetzung hierfür besteht darin, dass sich die Welt in ihrer zeitlichen Form nicht verändert. Die Form ist ja konstant in der Seele. Dazu müssen die Strukturen der Gegenstände aber gleich bleiben und ihre Bewegungen müssen streng deterministischen Gesetzen folgen.

Die regelmäßigen Platon'schen Körper und die Bewegungsgesetze der klassischen Mechanik waren sichtbarer Ausdruck dieser aristotelischen Weltauffassung. Ein Beispiel hierzu ist der Massenpunkt in der klassischen Mechanik: Der Zustand des Massenpunktes ist durch seinen Ort und seine Geschwindigkeit jederzeit genau festgelegt. Die Information über den Massenpunkt bezieht sich somit immer auf eine bestimmte Zeit. Während seiner Bahn um einen Mittelpunkt produziert der Massenpunkt ständig neue Informationen. Handelt es sich um eine streng deterministische Welt, dann ist für einen

Beobachter die neue Information eine Konsequenz aus der alten. Einem alleswissenden La Place'schen Geist liegen Vergangenheit und Zukunft vor Augen, wenn er nur die Ausgangsbedingungen kennt. Ein solcher Geist kann aus Prinzip aber keine neuen Informationen mehr hervorbringen, weil sich ja alles aus dem alten ergibt – und dies weder im subjektiven, noch im objektiven Sinne.

In einer streng deterministischen Welt kann es aus diesen Gründen dann auch keine neuen Informationen geben. Informationen entstehen nur neu in einer Welt, in welcher nicht von vornherein die Ereignisse determiniert sind. Neue Informationen entstehen nur in einer Welt immer potentiell neuer Alternativen. Die Welt der modernen Naturwissenschaft hat sich aus dem Albtraum eines mechanischen Newton'schen und eines deterministischen Weltbildes nach La Place gelöst und befreit.

Das neue Weltbild, ausgehend von der Entwicklung der Thermodynamik im 19. Jahrhundert, hat sich auch vom alten platonisch-aristotelischen Eidosbegriff als einer objektiven und unveränderlicher Wesensform gelöst. Der Begriff des Gegenstandes als einer festen und beharrenden Substanz hat sich mehr und mehr aufgelöst. Heute ist der Satz von Heraklit zur Zentralmetapher geworden: „Panta rhei", alles fließt. Gegenstände sind somit nicht dauerhaft in ihrer Form beständig.

Gegenstände sind „Zu-stände". Gegenstände sind andauernde Ereignisse[72]. In einer nicht deterministischen Welt liefern nur solche Ereignisse Informationen, die zwischen den Alternativen möglicher Zustände entscheiden. Diese Informationen sind neu, weil sie sich nicht auf einen vorherigen Zustand beziehen. Sie sind objektive Informationen, weil sie sich auf keinen zeitlichen Bezugsrahmen beziehen.

Auch im Bereich der anorganischen Natur entstehen dort objektive Informationen, wo sich Strukturen verändern.

Die Information erschließt sich somit aus der zeitlichen Änderung von Parametern. Information erschließt sich nicht aus einer unveränderlichen inneren Struktur, dem Eidos, sondern aus der Dynamik der zeitlichen Abfolge von Zuständen bzw. Ereignissen.

In Systemen, die sich im Gleichgewichtszustand befinden, kondensiert oder erstarrt die Information.

In offenen Systemen, die sich in einem dynamischen Nichtgleichgewichtszustand befinden, nimmt die Information zu.

Darin liegt die Semantik dissipativer Systeme und insbesondere der komplexen dissipativen Systeme im Bereich der Systeme des Lebens begründet. Evolution ist das, was der Fall ist, nämlich ein kosmischer informationserzeugender und informationsverdichtender Prozess, in dem die Komplexität des Gesamtsystems durch die Variabilität der Komponenten und durch die ansteigende Vielzahl ihrer Verknüpfungen unablässig erhöht wird, was auch als „kooperative Dichte" bezeichnet wird. Die Zeit ist, wie M. Eigen sagt, in die materielle Komplexität der Wirklichkeit eingeflochten und ist keine subjektive Anschauungsform[73].

Evolution ist somit die äußere Gestalt eines universalen Informationsprozesses, in welchem ständig neu entstehende Informationen zugleich auch bewertet werden. Auf anorganischer Ebene wird das Entstehen von Information durch das mehr oder weniger zufällige Zusammenwirken von gleichzeitig zueinander passenden Ereignissen erklärbar.

Auf organischer Ebene ist Informationsbildung nicht mehr durch das mehr oder weniger zufällige Zusammenwirken von Zuständen erklärbar. Auf organischer Ebene folgen die Prozesse vielmehr einem Plan. Informationen entstehen nicht auf der Grundlage zufälliger Strukturdifferenzen, sondern auf der Grundlage eines planvollen Zusammenwirkens. Dies setzt aber eine Bewertung von Informationen voraus. Die Bewertung von Information geht der planvollen Informationsgenerierung auf der Ebene komplexer organischer Systeme voraus. Auf dieser Ebene der organischen Systeme ist das Prinzip einer pragmatischen Bewertung von Information verwirklicht. Pragmatische Bewertungen stellen die Grundlage von Strukturbildung dar, sie sind Voraussetzung für die dynamischen Formwechsel innerhalb lebender Systeme.

Diese Feststellung gilt gleichermaßen auch auf der universalen Ebene der Evolution: Aus pragmatischen Bewertungsprozessen heraus leiten sich Mutation, Selektion und Rekombination ab.

Bewertungsprozesse spielen auf der Ebene der Gene eine maßgebliche Rolle: Die dort gespeicherte Information ist ja nicht als unveränderliches Eidos festgelegt, vielmehr unterliegt auch die DNA dauernden Bewertungen hinsichtlich der angepassten Steuerung und Optimierung des Zellstoffwechsels, der Proliferation von Zellen oder auch hinsichtlich einer optimalen Anpassung an veränderte Umweltbedingungen.

Im evolutionären Ablauf wird neu gebildete Information laufend pragmatisch bewertet. Auf diese Weise wird die Grundlage für die unübersehbar vielfältigen Formenwechsel geschaffen. Im genetischen Informationsprozess erfolgt der Formwechsel über Generationen hin. Die artspezifischen Strukturen unterliegen also einem dauernden Wandel. Sie entsprechen einer Art von stationären Zuständen im dynamischen Fluss von Informationsprozessen. Aus dieser informatorischen Dynamik heraus erklären sich die Mechanismen von Mutation, Selektion und Rekombination.

Die Ebene der genetischen Systeme wird überformt durch ein weiteres Informationssystem, das nicht an einen Permanentspeicher gebunden ist: Auf dieser Systemebene könnte Information zur Kognition transformieren. Auf der Ebene der Kognition soll Information zu einer von den materiellen Strukturen abgelösten Information werden. Hier wird nichts Materielles und auch nichts Energetisches übertragen. Es wird auch nichts Raumzeitliches übertragen. Übertragen würden „Gedanken der Schöpfung", wie es Carl Ernst von Baer bezeichnet hatte[74]. Auf dieser Ebene würde Information zu einer trägerfreien trägerinvarianten Information, die der überindividuellen Kommunikation dient.

Information ist im Bereich von Physik, Chemie, Biologie und Medizin ein systemrelevanter Begriff, denn Information als solche gibt es nirgendwo. Sie ist immer bezogen auf ein System. Deshalb ist der Informationsbegriff immer definitorisch zu präzisieren im Hinblick auf das System, auf das er sich bezieht. Daraus ergibt sich nach Oeser[75] eine Stufenstruktur von Systemen.

1. Auf der thermodynamischen Ebene ist Information eine Strukturdifferenz zwischen molekularen Ordnungszuständen und hat deshalb seine Beziehung zum physikalischen Begriff der Entropie.
2. Auf der organischen Ebene bezieht sich der Begriff der Information auf das artspezifische genetische System der Population sowie auf das System des Menschen in seiner ontogenetischen Entwicklung.
3. Davon abzugrenzen ist „die mentale Information", die im ZNS zwar ein Äquivalent hat, aber von diesem als freie Information ablösbar ist. Denn das bewusste Erkenntnissubjekt hat keine direkte Erfahrung vom materiellen Träger des Gehirns, es weiß

nicht, was im Gehirn vorgeht. Kant stellte fest, dass das Bewusstsein bzw. das Erkenntnissubjekt sich als Zuschauer betrachten kann, „der die Natur machen lassen muss, indem er die Gehirnnerven und -fasern nicht kennt, noch sich auf Handhabung derselben in seiner Absicht versteht". Eine solche freie, an keinen Träger gebundene Information, bedeutet Trägerinvarianz – sie kann auch außerhalb des sie erzeugenden Systems und im Unterschied zur genetischen Information existieren. Eine solche Art von Information hat aber Symbolcharakter, wie ihn die Semiotik herausgestellt hat.

Die genetische Information verfügt über eine „verobjektivierte Semantik" und Pragmatik, worauf C. F. von Weizsäcker hingewiesen hat[76].

Denn die Proteinerzeugungsmaschinerie „versteht" die auf den materiellen Träger einer DNA-Sequenz kodierte Information und setzt sie in Proteine um und erzeugt so neue Informationen.

Die genetische Information verfügt über Symbol- und Zeichencharakter. Dieser Symbol- und Zeichencharakter der Information tritt auf allen Ebenen der Wirklichkeit auf und nicht erst auf der Ebene menschlicher Erkenntnis und Kommunikation. Auf der Ebene der Kommunikation ist der Symbol- und Zeichencharakter von Information besonders deutlich[77].

3.2.4 Informationsflüsse in der Medizin

Für die Ebene des Menschen ist eine evolutive Beschleunigung und Verdichtung des universellen Informationsprozesses kennzeichnend. Auf dieser Ebene bedeutet Informationsgenerierung zugleich auch Begriffsbildung. Die Voraussetzungen für die Nachrichtenübertragungen bei lebenden Organismen sind dadurch gewährleistet, dass der lebende Organismus die Fähigkeit zur aktiven Selbstinstruktion über seine Umwelt erworben hat. Beim Menschen ist diese Fähigkeit zur aktiven Selbstinstruktion qualitativ besonders hoch ausgebildet. Der Mensch repräsentiert die Umwelt in sich. In der Kommunikation wird die Selbstinstruktion des Menschen kontrolliert. Das Alltagsleben des Menschen besteht aus einer sozialen Konstruktion der Wirklichkeit durch das andauernde Rattern einer Art von Konversationsmaschine, die dem Menschen dauernd seine subjektive Wirklichkeit garantiert, modifiziert und konstruiert.

Alle wissenschaftliche Erkenntnis ist eine verobjektivierte, systemgebundene Ordnungsstruktur.

Diese Ordnungsstrukturen etablieren ein logisch weitgehend geschlossenes und relativ widerspruchsfreies Begriffs- bzw. Aussagesystem.

Ordnungsstrukturen innerhalb der Wissenschaft beziehen sich auf die Prozesse der Gewinnung, Erweiterung und Veränderung der Erkenntnis. Der wissenschaftliche Informationsprozess ist ein transsubjektiver, verobjektivierter Prozess. Auch diesem Prozess liegt ein trägervariantes systematisiertes Wissensgebiet zugrunde[78]. Das Subjekt ist ausgestattet mit einem Wahrnehmungsapparat und mit Bewusstsein. Das Objekt ist eine passive Quelle. Der Gegenstand sendet keine Signale aus. Informationen kommen nur durch den selektiven Zugriff des Subjekts auf den Gegenstand zustande.

Wie können in diesem Zusammenhang Begriffe definiert werden? Begriffe können als strukturelle Informationsverdichtungen definiert werden. Sie besagen, dass die Ordnung der Begriffswelt tatsächlich in einem gewissen Maße die Ordnung der Realität selbst wiedergibt, indem die diskreten Elementarinformationen im Erkenntnisapparat gegenseitig verrechnet werden. Kommunikation stellt einen Informationsfluss mit zwei Instanzen dar, d.h. eine bilaterale Beziehung, wo Sender und Empfänger ausgetauscht werden können.

Das Medium der Wissenschaft steht seinem Wesen nach dem zweiten Hauptsatz der Thermodynamik entgegen: Denn die Wissenschaft generiert Information und Bedeutung in geradezu kosmischen Dimensionen als Gegenstück zur Entropie.

Wissenschaft schafft Ordnung.

Die Generierung empirischen Wissens in der Medizin auf der Basis kontrollierter Studien oder im Experiment etabliert ein verobjektiviertes Informationssystem innerhalb des wissenschaftlichen Informationssystems. Dessen Besonderheit ist in der Multidisziplinarität des medizinischen Wissensgebietes begründet, das aus zahlreichen informatorischen Zuflüssen aus anderen wissenschaftlichen Disziplinen gespeist wird, angefangen bei der Physik und Chemie über die Biochemie hin zu denjenigen Disziplinen, die eher dem Stoffgebiet der Biologie zuzuordnen wären, beispielsweise der Gentechnik, der Molekularbiologie und weiteren Fachdisziplinen aus der naturwissenschaftlichen Ebene. Darüber hinaus erhält die wissenschaftliche Medizin Zuflüsse aus den gesellschaftswissenschaftlichen und philosophischen Fachgebieten. Die Medizin ist durch mehrere grundlegende Eigenheiten geprägt, die sie von den anderen Wissenschaften unterscheidet:

1. Ihr Betrachtungsgegenstand ist die Krankheit, d.h. die Medizin betrachtet dynamische Systemzustände des Organismus, die
   a) mit einem Verlust, einer Vernichtung/Verdampfung von Information
   b) mit dem Aufbau atypischer struktureller Informationsverdichtungen
   c) mit dem dynamischen Wechselspiel von atypischen und physiologischen Informationsverdichtungen
   einhergehen.
   Der Erkenntnisgewinn in diesem Zusammenhang ist intersubjektiv objektiv.
2. Die Medizin betrachtet die Auswirkungen von pathologischen Informationsverdichtungen auf den Organismus als Ganzem und dies unter Einbeziehung der psychomentalen Strukturen in intersubjektiven Prozessen. Diese haben grundlegende Bedeutung für die Medizin als Ganzes und in ganz besonderem Maße für etliche Teilgebiete der Medizin, beispielsweise Neurologie, Psychiatrie und Psychosomatik. Auf dieser Ebene speist sich der Erkenntnisgewinn aus dem dynamischen, bilateralen Informationsfluss der Kommunikation.

In dieser für die Medizin grundlegenden kommunikativen Ebene findet eine nachhaltige Informationsverdichtung statt, die durch Begriffsbildungen, eine reiche Sprachsymbolik und durch besondere semantische Verdichtungen gekennzeichnet ist.

Es mag auf den ersten Blick merkwürdig erscheinen, dass sich die Medizin mit solchen Informationsflüssen beschäftigt, die zunächst einmal mit einer Erhöhung der Entropie im physikalisch-thermodynamischen Sinne einhergehen. Daraus resultiert für das Gesamtsystem der menschlichen Evolution ein gewaltiger Zuwachs an Informationen, an neuen Bedeutungen und last but not least an neuen Ordnungen – und dies sowohl im allgemeinen biologischen als auch im individuellen und darüber hinaus im gesamten kulturellen Raum der Menschen.

3.3 Zur Bedeutung des Komplementaritätsprinzips in Biologie und Medizin

Atome und Moleküle entfalten ihre Bedeutung in der auf gegenseitiger Erkennung beruhenden Wechselwirkung. Atome und Moleküle haben die Tendenz, unter Wechselwirkungen energetisch möglichst günstige Zustände einzunehmen.

Ein zentrales Merkmal dieser biochemischen bzw. molekularbiologischen Prozesse beruht auf der Spezifität und der molekularen Komplementarität. Die Spezifität beruht auf dem Prinzip der Stereokomplementarität, d.h. der räumlichen Passung zwischen den Reaktionspartnern. Das Design eines Moleküls, d.h. die in seiner Struktur gespeicherte Information, muss zum Design des Reaktionspartners passen. Diese räumliche Komplementarität wurde von Emil Fischer (1894) als „Schlüssel-Schlossprinzip" (engl. „lock and key hypothesis") bezeichnet, ein Begriff, der sich bis heute erhalten hat, aber zwischenzeitlich eher durch den Begriff der „molekularen Erkennung" abgelöst wurde. Diesem Prinzip liegt die molekulare Komplementarität von Reaktionspartnern, beispielsweise einer Antigen-Antikörperreaktion durch das Knüpfen noch nicht-kovalenten Bindungen zugrunde. Erkennende und erkennbare Moleküle müssen komplementäre Strukturen aufweisen, die sich in Größe, Form und Oberflächenbeschaffenheit entsprechen. Ein neuer Zweig der Chemie beschäftigt sich mit den nicht-kovalenter Bindungen, die in der Biochemie und Molekularbiologie mittlerweile eine wesentliche Rolle spielen. Diese Art von Chemie wird als „supramolekulare" Chemie bezeichnet, eine Chemie jenseits der Moleküle, die sich mit den Informationsaspekten im Zusammenhang mit chemischen Bindungen beschäftigt und die deshalb auch als „molekulare Informatik"[79] bezeichnet wird.

Erkennen setzt also Komplementarität voraus. Was nicht komplementär ist, kann nicht erkannt werden.

Die Weiterentwicklung des Schlüssel-Schloss-Modells stellt die „induced fit"-Hypothese dar, derzufolge die Substratbindungsstelle erst im Augenblick der Bindung ausgebildet würde. Demnach sei die Oberflächengeometrie der Reaktionspartner a priori noch nicht determiniert. Das kontrollierte Zusammenspiel der Makromoleküle im Stoffwechsel beruht darauf, dass diese ihre Bindungspartner sehr genau erkennen müssen und sie nicht mit chemisch-ähnlichen Substratmolekülen verwechseln dürfen. Ein eindrucksvolles Beispiel für die Spezifität liefert das menschliche Immunsystem: Es reagiert auf Antigene bereits bei Konzentrationen von 10^{-12} mol/l im Blutplasma. Dieses enthält sehr viele Proteinmoleküle in einer Gesamtkonzentration von ca. 1 mM. Daher ist das Immunsystem in der Lage, ein „falsches" Molekül unter einer Milliarde von „richtigen" zu erkennen. Dem entspricht, dass das Immunsystem die Anwesenheit von ca. drei Menschen mit besonderen Eigenschaften innerhalb der Weltbevölkerung auf Anhieb erkennen kann. Bei vielen Bindungsprozessen, beispielsweise der Bindung der Hexokinase an die Glucose im Ablauf des Zitronensäurezyklus, finden subtile Konformationsänderungen an den Kontaktoberflächen statt, die in vielen Fällen die gesamte Konformation der

Partner verändern können. Enzyme werden auch als Biokatalysatoren bezeichnet, weil sie die Geschwindigkeit von chemischen Reaktionen um das 10^6 bis 10^{12}-fache steigern können. Ein Enzym-Inhibitor-Komplex und nicht permanente Komplexe weisen die höchste Komplementarität auf, während temporäre Komplexe nur zeitlich begrenzt miteinander verbunden sind und oft eine Vielzahl von Liganden binden können.

Der Begriff der Komplementarität ist auf allen Ebenen der lebenden Systeme nachweisbar. Die Spezifität der Reaktionen ist von der Bindungsaffinität, d.h. der Gleichgewichtskonstante einer Bindung abhängig. Der erste Hauptsatz der Thermodynamik liefert mit der Energiebilanz eine Rahmenbedingung für chemische Reaktionen.

Chemische Reaktionen laufen dann spontan ab, wenn die Entropie zunimmt und die Enthalpie abnimmt. Dies entspricht der asymmetrischen Struktur der Zeit. Nach der Theorie des Übergangszustandes wird ein sehr kurzlebiger Verband zwischen den Reaktionspartnern gebildet, der so genannte Übergangszustand, aus dem im zweiten Schritt durch Zerfall die Reaktionsprodukte hervorgehen. Bei der Bildung eines Komplexes zwischen den Reaktionspartnern erfolgt eine Umwandlung der chemischen Energie der Partner im Gefolge ihrer thermischen Bewegung in die potentielle Energie des Komplexes. Die Differenz zwischen potentieller Energie des aktivierten Komplexes und der potentiellen Energie der Reaktanten (Summe der inneren Energien) wird als Aktivierungsenergie (freie Aktivierungsenergie) bezeichnet. Dieser Übergangszustand wird nach 10^{-13} und 10^{-14}s wieder verlassen und beim Zerfall des Komplexes wird seine potentielle Energie wieder frei. Bei der Anwendung des zweiten Hauptsatzes auf offene Systeme muss die Entropieänderung des Systems und die der offenen Umgebung betrachtet werden. In der so genannten Gibbs-Helmholtz-Gleichung wird mit der freien Enthalpie (G) eine thermodynamische Zustandsgröße eingeführt, die bei gleicher Temperatur und bei gleichem Druck eines Systems die stattfindenden Veränderungen so beschreibt:

$$\Delta G = \Delta H - T \times \Delta S$$

ΔG bezeichnet die Reaktionsenthalpie, T die absolute Temperatur und ΔS die Änderung des Systems (Reaktionsentropie). Im deutschen Sprachraum wird die Gibbs-Energie als freie Enthalpie bezeichnet. Gebräuchlich sind auch Begriffe wie die Gibb'sche freie Energie oder auch das Gibb-Potential.

Bei freiwillig ablaufenden Systemen ist die Änderung der freien Enthalpie negativ, was als exergone Reaktion bezeichnet wird. Nimmt ΔG einen positiven Wert an, so liegt eine nicht-freiwillige, d.h. endergone Reaktion vor. Die freie Enthalpie bzw. die freie Energie spielen in der Thermodynamik die gleiche Rolle wie in der Mechanik, sie entsprechen thermodynamischen Potentialen und das chemische Potential kann aus dem thermodynamischen Potential abgeleitet werden. Die Bindungsaffinitäten sind also durch die freien Enthalpien der Bindung bestimmt. Diese liegen für spezifische Bindungen in biologischen Molekülen im Bereich von ca. 17 kJ/mol bis ca. 70 kJ/mol. Im Vergleich dazu sind kovalente Bindungen wesentlich stärker. So beträgt die freie Enthalpie für die Einfachbindung zwischen Kohlenstoffatomen 350 kJ/mol. Spezifische Bindungen, beispielsweise Wasserstoffbrückenbindungen, sind also 10-100-mal schwächer als kovalente Bindungen. Sie weisen dafür aber eine ungleich höhere Spezifität auf.

3.4 Information und der Maxwellsche Dämon in der Medizin

Wie wir zu zeigen versuchten, ist eine Nachricht aus informationstragenden Zeichen aufgebaut, die einen unterschiedlichen Informationsgehalt mit sich tragen, weil sie ja mit unterschiedlicher Häufigkeit auftreten. Aus diesen Gründen führte man den Begriff des „mittleren Informationsgehaltes" oder der Entropie H einer Nachricht ein. Die Entropie ist in diesem Zusammenhang durch den Mittelwert der mit den Auftrittswahrscheinlichkeiten gewichteten Informationsgehalte der Zeichen gegeben. Die Bezeichnung Entropie wurde wegen der formalen und in gewisser Weise auch inhaltlichen Ähnlichkeit mit dem zweiten Hauptsatz der Thermodynamik gewählt, weil die Thermodynamik ebenfalls im Grunde eine Theorie mit statistischem Charakter ist.

Interessant ist in diesem Zusammenhang ein Gedankenexperiment, das der Physiker J. C. Maxwell 1871 veröffentlichte und das als „Maxwellscher Dämon" nicht nur für die Physik Berühmtheit erlangte[80]:

Im Zentrum des Experimentes war die Frage zu beantworten, ob und inwieweit ein mikroskopisch kleines Wesen, d.h. ein kleiner Dämon („Maxwells Dämon") auf molekularer Ebene den zweiten Hauptsatz der Thermodynamik vielleicht doch umgehen könnte. Der zweite Hauptsatz verbietet es ja, dass Wärme von einem kühleren zu einem wärmeren Bereich fließt, ohne dass Arbeit geleistet wird und ohne dass Energie zugeführt wird. Darin liegt der Grund für die Unmöglichkeit eines Perpetuum mobile. Maxwell stellte sich zwei gasgefüllte und durch ein Ventil verbundene Behälter vor, wobei beide zunächst die gleiche Temperatur aufweisen sollten. Wir wissen, dass die Temperatur eines Gases in der statistischen Bewegung der Moleküle begründet ist. Da sich die Temperatur durch die statistische Bewegung beschreiben lässt, so könnte der Dämon ja auf die Idee kommen, das Ventil zu bedienen und die Moleküle, deren Geschwindigkeit oberhalb des Mittelwertes des Gases liegen, von einem Behälter in den anderen wechseln zu lassen und dies ohne, dass hierbei Energie aufgebracht werden müsste. Der Dämon müsste nur das Ventil bedienen. Ein Gefäß würde sich also von selbst durch Abkühlung des anderen aufwärmen. Der Dämon müsste dazu nur eine Messung der Teilchengeschwindigkeit durchführen. Diese Messung könnte ohne Energieaufwand von einem Automaten durchgeführt werden, der die hierbei gewonnene binäre Information zudem nur für kurze Zeit speichern müsste. Somit müsste es also ohne Energieaufwand möglich sein, dass sich ein Gefäß von selbst aufwärmen könnte.

Der Physiker Leo Szilard löste 1929 das Rätsel, indem er zeigte, dass durch den Messprozess und die Speicherung des Ja/Nein-Ergebnisses ein Mindestbetrag an physikalischer Entropie S_{min} produziert wird, der mindestens so groß ist wie die dem Wärmebad entzogene Entropie. Dafür berechnete er folgenden Wert: $S_{min} = k \times \ln(2)$.

K = Boltzmann-Konstante.

Der minimalen Informationseinheit eines Ja/Nein-Messergebnisses entspricht also eine minimale physikalische Entropie, ohne dass diese Größen identisch sein müssen. Mit dieser Berechnung wurde, wie oben schon vermerkt, erstmals ein Zusammenhang zwischen physikalischer Entropie und der Informationsentropie hergestellt. Später gelang es Ch. Bennet, den mit dem Löschen von Information verbundenen Mindestbetrag an physikalischer Energie und den dazu benötigten Energieaufwand zu bestimmen.

Seine Schlussfolgerungen könnten auch für die Medizin von nicht zu unterschätzender Bedeutung sein:

Eine intensive Beobachtung eines Krankheitsprozesses ist demnach nicht möglich, ohne dass es darunter nicht zu Auswirkungen auf die Krankheit bzw. auf den Patienten käme, auch wenn es sich dabei nur um Minimalbeiträge handelt, die unter Alltagsbedingungen vernachlässigbar sein mögen.

In der Vorstellungswelt der allermeisten ausschließlich reduktionistisch denkenden Ärzte und auch in meiner Vorstellungswelt hatten derartige Überlegungen keinen Platz, weil sie als unsinnig abgetan werden. Denn es ist die Überzeugung vorherrschend, dass eine klinische Untersuchung, Beobachtungen eines Patienten, Messungen jedweder Art keinerlei Auswirkungen auf den Organismus des Patienten und damit auf seine Krankheit haben könnten. Natürlich ist jedem Arzt und jedem Patienten klar, dass Röntgenaufnahmen oder CT-Aufnahmen statistisch ermittelbare (negative) Auswirkungen durch das Eindringen von energiereichen Strahlen in die Zellen und damit auch auf die DNA haben. Jede CT-Aufnahme, jede Röntgenaufnahme erhöht statistisch gesehen die Gefahr von Mutationen. Das weiß jeder Arzt und das sollte auch die Mehrheit der Bevölkerung wissen. Eine Binsenweisheit. Die Untersuchungen von Szilard im Jahre 1929 weisen aber auf, dass mit jeder Messung, im Prinzip mit jeder Beobachtung ein Beitrag X an physikalischer Entropie in den Organismus eingebracht wird. Messen, d.h. Gewinn an Information durch Messung, führt dort zu Veränderungen, wo gemessen wird. Solche Veränderungen mögen, wie im Falle des Maxwellschen Dämons, zunächst einmal ausschließlich auf mikroskopischer Ebene eine Bedeutung aufweisen. Aber lassen wir de Maxwellschen Dämon jetzt einmal in einem modernen Krankenhaus agieren, wo unablässig Informationen gewonnen werden, wo nahezu über 24 Stunden an einem lebenden Organismus im Nichtgleichgewichtszustand einer schweren und rasch fortschreitenden Erkrankung Messvorgänge stattfinden. Stellen wir uns beispielsweise einen Patienten vor, der im Zustand einer unklaren Erkrankung in ein Krankenhaus eingeliefert wurde. Der Patient soll für eine gewisse Zeit kontinuierlich beobachtet werden, dies bedeutet über 24 Stunden, bei Tag und Nacht. Der Patient ist an mehrere Monitore angeschlossen, welche kontinuierlich den Blutdruck, die Herzfrequenz und die Sauerstoffsättigung messen. Die gesamte diagnostische Palette der modernen Medizin kommt zur Anwendung: Angefangen bei den zahlreichen, d.h. mehrfachen klinischen intensiven körperlichen Untersuchungen durch Ärzte verschiedener Fachrichtungen, über täglich wiederholte Blutuntersuchungen, über wiederholte Ultraschalluntersuchungen, über etliche Röntgennativuntersuchungen bis hin zu CT- und MRT-Untersuchungen. Der im Gefolge dieser unablässigen Untersuchungen produzierte Betrag an physikalischer Entropie könnte möglicherweise das Niveau des mikroskopischen Bereiches überschreiten und in den makroskopischen, d.h. messbaren Bereich vordringen. Es braucht nicht betont zu werden, dass ein solches umfangreiches diagnostisches Procedere im Interesse der Gesundheit des Patienten erforderlich und angezeigt ist. Aber vielleicht sollte man sich als Arzt doch einmal vergegenwärtigen, dass alle diese vielen Untersuchungen keineswegs in einem Niemandsland an Energie bzw. Entropie stattfinden. Könnte es also gänzlich unsinnig sein, die Frage aufzuwerfen, ob die Massierung von derartig umfangreichen Untersuchungen bei Patienten, die sich in einem ausgesprochen kritischen Zustand befinden, möglicherweise doch auf makroskopischer Ebene messbare Spuren hinsichtlich Entropie und Ordnung hinterlassen könnten?

Ich behaupte nicht, dass durch intensive Beobachtung und durch vielfach wiederholte Messungen jeder beliebige Krankheitsverlauf Veränderungen erfahren würde. Ich gebe nur zu bedenken, dass zwischen Ereignissen und Wirkungen – nicht nur im quantenphysikalischen Bereich – sondern auch im Bereich chaotischer nichtlinearer Systeme, die sich weitab vom thermodynamischen Gleichgewicht befinden – und mit solchen Systemen hat die Medizin zu tun – keine strengen kausal-deterministischen Beziehungen bestehen. Diese Systeme sind durch eine hohe Sensibilität gegenüber kleinen Veränderungen der Ausgangsbedingungen gekennzeichnet. Dies hat nichts mit irgendwelchen Geistheilungen zu tun. Das Verhalten von biologischen Systemen unterliegt nicht kausal-deterministischen Gesetzen, so dass das Verhalten dieser Systeme im Einzelnen nicht genau vorhersehbar ist. Diese Feststellungen gelten umso mehr für Systeme im Zustand einer Erkrankung. Ausgehend von diesem Standpunkt aus gebe ich zu bedenken, dass kritische Krankheitssituationen im Gefolge von zusätzlichen nicht-invasiven diagnostischen Maßnahmen vollkommen überraschende Wendungen nehmen könnten. Kritische Krankheitsverläufe sind durch Instabilität und hohe Fluktuationen begleitet und befinden sich weitab von einem ursprünglichen Gleichgewichtszustand. In derart extremen Situationen könnte intensives Beobachten und Messen zum Zweck des Informationsgewinns ein zusätzliches und dem statistischen Nachweis entzogenes Moment zu einer abrupten Veränderung des Krankheitsverlaufes darstellen. Es mag sich hierbei um außerordentlich diskrete Vorgänge im mikroskopischen Bereich auf Teilchenebene oder im makroskopischen Bereich im Zusammenhang mit chaotischen Prozessen handeln, die durch hohe Sensibilität gegenüber den Veränderungen der Ausgangsbedingungen gekennzeichnet sind. Ohne den Schmetterlingsvergleich von Lorenz bezüglich der Wettervorhersage bemühen zu wollen, ist festzustellen, dass der Erkenntnisgewinn in der Medizin auf statistischen Analysen einer großen Anzahl von Vorgängen und Ereignissen bzw. Nachrichten in den Krankheitsverläufen einer entsprechend großen Anzahl von Patienten beruht. Die Menge der dabei gebildeten Informationen bzw. Nachrichten bauen große Nachrichtenräume auf, in denen die Bedeutung eines auffälligen, sich weit außerhalb der statistischen Mittelwerte verhaltenen Einzelereignisses oder eines individuellen Verlaufes zunächst keine Beachtung finden mag.

Möglicherweise könnten also einige ausgesprochen ungewöhnliche Krankheitsverläufe, an die sich jeder Arzt zeit seines Lebens immer wieder erinnert, auf solche diskreten Auslöser zurückzuführen sein. Solche Verläufe werden irgendwann mehr oder weniger achselzuckend unter dem Stichwort „Erfahrung" abgebucht.

3.5 Vom Molekül zu den informatorischen Netzwerken der Zelle

3.5.1 Moleküle als Träger der Information

Von den 94 Elementen der Erdkruste sind ca. 40 in der lebenden Materie enthalten. Die Hauptelemente bauen die organischen Verbindungen auf. Die biologischen Makromoleküle, d.h. die Nukleinsäuren, Proteine, Polysaccharide und andere sind Polymere aus wenigen relativ einfach aufgebauten Bausteinen. Zu deren Aufbau werden Enzyme als Katalysatoren benötigt. Molekulare Ordnung entsteht durch Wechselwirkungen zwischen geometrisch geeigneten Molekülpositionen. Dieses Ordnungsprinzip gilt allgemein für Strukturbildungen im physikalisch-chemischen Bereich. So beträgt beispielsweise im Wassermolekül die Länge zwischen zwei Kohlenstoffatomen 0,15 nm und der

Durchmesser eines Wassermoleküls 0,4 nm. Kleinere organische Moleküle, beispielsweise Glucose oder kurze Aminosäuren, sind weniger als 1 nm lang. Biologische Makromoleküle weisen dagegen einen Durchmesser von mehreren Nanometern auf. Das in den Erythrozyten vorkommende Hämoglobin hat einen Durchmesser von 6,4 nm. Ein Erythrozyt (rotes Blutkörperchen) hat einen Durchmesser von 7-8 µm, eine Eukaryotenzelle (kernhaltige Zelle) von 10-50 µm. Die Zeitbereiche, in denen biologische Vorgänge ablaufen, können sehr verschieden sein. Die meisten enzymkatalysierten Reaktionen laufen innerhalb von Millisekunden ab. Noch weitaus schneller laufen die Konformationsänderungen von Molekülen ab, nämlich in einem Bereich von Nano- bis Mikrosekunden. Wasserstoffbindungen können sich zwischen geladenen und ungeladenen polaren Gruppen bilden. Der Dipol-Charakter des Wassers ermöglicht die Ausbildung von Wasserstoff-Bindungen zwischen den Wassermolekülen und anderen polaren Verbindungen. Die Wasserlöslichkeit von Verbindungen wird wesentlich bestimmt durch deren Fähigkeit, mit den Wassermolekülen Wasserstoffbindungen einzugehen. Zu solchen hydrophilen Verbindungen gehören zum Beispiel ionische Verbindungen (Salz, Säuren, Basen). Hydrophobe (lipophile Verbindungen) besitzen keine geladenen oder polaren Gruppen. Sie sind apolar und können keine Wasserstoffbindungen eingehen. H2O-Moleküle bilden deshalb um solche hydrophoben Moleküle eine käfigartige Struktur aus, die durch Wasserstoffbindungen zwischen den Wassermolekülen selbst zusammengehalten wird. Eine solche Käfigstruktur entspricht einem Zustand höherer Ordnung und damit von niedrigerer Entropie und ist damit energetisch günstig. Die geringe Wasserlöslichkeit von hydrophoben Verbindungen ist damit auf die Abnahme der Entropie der Wasserstruktur zurückzuführen.

3.5.2 Erkennen auf molekularer Basis

Auf der Ebene der molekularen Systeme in Biologie und Medizin sind die Einzelkomponenten von eher untergeordneter Bedeutung. Moleküle gewinnen ihre Bedeutung in den Wechselwirkungen mit anderen Molekülen. Dem Prozess der Wechselwirkung geht das Erkennen auf molekularer Basis voraus. Hierbei spielen strukturelle und funktionelle Merkmale der Moleküle und die aus ihnen zusammengesetzten funktionellen Verbände eine grundlegende Rolle.

Erkennen auf molekularer Basis beruht auf der Komplementarität zwischen den beteiligten Partnern. Das Erkennen, d.h. das gegenseitige Abtasten der Molekülpartner hinsichtlich möglicher struktureller Gemeinsamkeiten erfolgt bei den meisten biochemischen Reaktionen in Bruchteilen von Sekunden. Um in eine chemische Reaktion eintreten zu können, müssen beide Partner komplementäre Strukturen hinsichtlich Größe, Form und Oberflächenbeschaffenheit aufweisen. Die Größe eines Moleküls wird durch die Anzahl seiner Atome und die Form eines Moleküls wird wiederum durch die spezifische Anordnung der Atome bestimmt, wobei jede spezifische Form einem bestimmten Energieminimum entspricht. Die Biophysik hat den Begriff der Komplementarität als Grundprinzip globaler Strukturbildung und Wechselwirkung und vor allem auch als Grundprinzip der molekularen Informationsverarbeitung geprägt. Dieses Grundprinzip reicht weit über den molekularen Bereich hinaus und setzt sich fort bis zum Prinzip der Komplementarität von Krankheit und Heilung. Für den Bereich der Biologie und Medizin ist vor allem die Konformations-/Ladungskomplementarität, kurz als KL-Komplementarität abgekürzt, maßgeblich.

Die Konformations-Komplementarität ist dadurch verwirklicht, dass beispielsweise das Molekül A eine bestimmte räumliche Ausbuchtung aufweist. Für diese Ausbuchtung weist eine eher rundliche Anordnung des Reaktionspartners B eine Passung auf. Diese Art der Passung entspricht einem Schlüssel-Schloss-Mechanismus.

Die Ladungs-Komplementarität ist dadurch gegeben, dass beide Moleküle komplementär geladene Endpositionen aufweisen. Die daraus resultierende elektrostatische Kraftwirkung fördert die Ankopplung. Es liegt anschließend eine neue Konfiguration vor, die durch eine starke Reduktion der Feldenergie ausgezeichnet ist[81]. Das Erkennen, das Abtasten auf molekularer Ebene geht also aus der Komplementarität von biochemischen und biophysikalischen Markern zwischen den beteiligten Partnern hervor. Was nicht komplementär ist, wird nicht erkannt. Erkennende und erkennbare Moleküle sind begrifflich äquivalent[82]. Ein Antikörper kann nur dann ein – als fremd erkanntes – Antigen erkennen und zerstören, wenn es komplementäre Strukturen zu den Erkennungsstrukturen des Antigens auf seiner Oberfläche besitzt. Für ein Erkennen ist in der Biologie aber oft nicht ein einziger Kontakt zwischen den Molekülen entscheidend. Vielmehr sind es oft ganze Kataloge von möglichen Kontakten.

Im Vorgang gegenseitigen Erkennens von Komplementarität spielen neben der räumlichen Komplementarität vor allem die Wasserstoffbrückenbindungen eine wichtige Rolle. Mit nur 3-7 kcal/mol verfügen sie zwar nur über schwache Bindungskräfte im Vergleich zu den kovalenten Bindungen mit über 100 kcal/mol, sie ermöglichen aber beim Nichterkennen ein rasches Lösen der Partner voneinander. Zudem spielen elektrostatische Wechselwirkungen zwischen unterschiedlichen Ladungen zudem eine wichtige Rolle. In diesem Zusammenhang wären beispielsweise die Wechselwirkungen zwischen den positiv geladenen Gruppen in den Aminosäuren Lysin-Arginin und den negativ geladenen Gruppen in den Aminosäuren Asparaginsäure, Glutaminsäure und den Phosphatgruppen von Nukleinsäuren zu nennen. Der Energiegewinn derartiger Bindungen liegt bei immerhin 7-10 kcal/mol. Die schwachen Wechselwirkungen spielen in der Biologie eine große Rolle, weil im Ablauf der Erkennungsprozesse oft nicht nur ein einziger Kontakt zwischen den Partnermolekülen entscheidend ist, vielmehr stehen Kataloge von möglichen Kontakten zur Auswahl.

Das Prinzip der Komplementarität kommt in den zahllosen miteinander wechselwirkenden Signalketten im Inneren der Zelle, in den Organen und darüber hinaus im gesamten Organismus zum tragen. Dieses Prinzip verwirklicht sich auch im Bereich der neuronalen Informationsübertragung und ist auf der Ebene der synaptischen Impulsübertragungen wirksam. Das Gesamtsystem der Medizin beruht auf mehr oder weniger komplementären Wechselwirkungen zwischen komplexen Systemen. Die raumzeitlichen Musterbildungen, die sich aus dieser Komplementarität erschließen lassen, reichen vom Mikrokosmos der Zelle bis zum Handeln des Arztes am Krankenbett und im OP.

Typische Musterbeispiele eines komplementären Zusammenwirkens sind die spezifischen Passungen zwischen Antigen und Antikörper, die Wechselwirkungen von Enzymen und Hormonen mit ihren jeweiligen Rezeptoren. So verfügt ein Antikörper beispielsweise über zwei Bindungsenden in den „Armen" und über einen „Fuß". Wie wir noch weiter unten sehen werden, sind Antikörper Proteinkomplexe, die symmetrisch aus Einzelketten aufgebaut sind, welche über kovalente Bindungen miteinander verknüpft sind. Das Molekül weist zwei spezifische Bindungsendigungen zur Neutralisierung eines schädigenden Antigens auf. An die Fußenden docken Verbindungsproteine von speziellen Abwehrzellen an, welche eingedrungene Fremdzellen im Rahmen einer solchen antikörpervermittelten Immunabwehr unschädlich machen können.

Hormone docken an die komplementären Rezeptorstrukturen ihrer Zielzellen an, beispielsweise an spezielle Drüsenzellen. Sie sind in der Lage, über elektrostatische Wechselwirkungen die Konformation der benachbarten Membranproteine zu verändern und so Signalketten vom Rezeptor zu den genetischen Schaltregionen auf der DNA zu aktivieren. Von der DNA aus werden anschließend Signale zur Produktion eines bestimmten Proteins ausgesendet. Wie wir schon weiter oben in der Besprechung der Regelkreise dargelegt hatten, wird die Konzentration von Proteinen, Hormonen oder anderen stoffwechselaktiven Molekülen im peripheren Blut von den Drüsen mithilfe der KL-Komplementarität fortlaufend abgefragt. Über Rückkopplungsschleifen erfolgen fortlaufende Einjustierungen.

Genaugenommen funktionieren die biologischen informationsverarbeitenden Systeme auf der Basis von KL-Komplementarität.

Komplementarität bedeutet in diesem Zusammenhang, dass Sender und Empfänger über das gleiche Repertoire möglicher Nachrichten verfügen müssen. Die Kataloge möglicher Signale und Nachrichten müssen komplementär zueinander sein: Mit dem Zugfahrplan der Deutschen Bahn kann man keine Bundesliganachrichten übermitteln. Sie müssen „dieselbe Sprache" sprechen.

3.6 Intrazelluläre Kommunikationswege

Signalstoffe gelangen über eine größere Distanz („kanal") zum Empfänger und lösen eine Antwort aus. Der Kommunikationstransfer zwischen den Zellen findet meist auf chemischem Weg über Signalstoffe statt, zu denen Proteine, Aminosäuren, Nukleotide, Steroide, Retinoide, Fettsäurederivate, aber auch gelöste Gase wie NO (Stickstoffmonoxid) und Kohlenmonoxid (CO) gehören. Die Signalstoffe gehen nicht-kovalente Bindungen mit komplementären Rezeptormolekülen ein, die dadurch in ihren Eigenschaften verändert werden. So enthält das menschliche Genom 1.500 Gene, die für solche Rezeptorproteine kodieren.

Signalstoffe wirken nicht informativ, sondern induktiv. Die auf ihnen befindliche Information liegt zunächst noch latent, potentiell, vor und wird erst im Augenblick der Bindung an den Rezeptor „effektiv", d.h. dann, wenn ein entsprechend komplementärer Empfänger gefunden ist, welcher die Information „erkennen", interpretieren und in eine Antwort umsetzen kann. Im Prozess der Erkennung wird also potentielle Information zu aktueller Information[83]. Die ausgelöste Antwort wird einzig vom Empfänger bestimmt. Signalstoffe übermitteln keine Botschaften aus einem Repertoire von unterschiedlich wahren Nachrichten. Signalstoffe funktionieren auf dieser Ebene nur in der Auswahl von Zuständen „Signal anwesend" und „Signal nicht anwesend". Signalmoleküle fungieren somit als Auslöser einer bestimmten Reaktion in der Empfängerzelle. Sie funktionieren nach dem Prinzip eines elektrischen Schalters[84].

Oft werden Signalstoffe von der produzierenden Zelle nicht an das Blut oder die Umgebung abgegeben, sondern nur an deren Oberflächen präsentiert. Ein solcher Signaltransfer findet beispielsweise bei einem direkten Kontakt zwischen Zellen im Rahmen der Immunabwehr statt.

3.7 Informationstransfer über membranständige Rezeptorproteine

Bei Eukaryonten wird die Signaltransduktion über Rezeptoren in einem komplexen Vorgang geleistet. Unter den membranständigen Rezeptoren können je nach der Art der Signalübertragung drei Klassen[85] unterschieden werden:
1. G-Protein-gekoppelte Rezeptoren.
2. Enzym-gekoppelte Rezeptoren.
3. Ionenkanal-gekoppelte Rezeptoren.

Beim Menschen sind weniger als 800 G-Protein-gekoppelte Rezeptoren bekannt. Die Hälfte von ihnen ist für den Geruchsinn von Bedeutung. Manche Rezeptoren sind auch spezialisiert auf den Empfang von Lichtreizen und Geschmackstoffen. G-protein-gekoppelte Rezeptoren bestehen aus einer einzigen Polypeptidkette, welche die Plasmamembran siebenfach in Form von transmembranen α-Helices mit 22 bis 24 Aminosäuren durchspannt[8]. Ein Ende dieses Rezeptormoleküls (N-terminales Ende) befindet sich auf der Außenseite und das andere (C-terminales Ende) auf der Innenseite der Membran. Viele dieser Rezeptoren haben für den Geruchsinn Bedeutung, manche empfangen auch Geschmacksstoffe und Lichtreize. Enzym-gekoppelte Rezeptoren sind meist Proteinkinasen, welche energiereiche Phosphate auf Proteine übertragen und somit aktivierend wirken können. Unter diesen enzym-gekoppelten Rezeptoren sind die Rezeptor-Tyrosinkinasen mit am häufigsten vertreten[87].

Die Ionenkanal-gekoppelten Rezeptoren sind Teil eines Ionenkanals, der bei Bindung eines Liganden, z.B. eines Neurotransmitters eine Konformationsänderung erfährt. Durch diesen Mechanismus kommt es zu einer kurzfristigen Öffnung des Kanals.

3.8 Intrazelluläre Signalkaskaden

Die Antwort einer Zelle auf ein von außen eintreffendes Signal hängt davon ab, wie die Zelle das Signal hinsichtlich seiner Bedeutung „interpretiert". Die Bindung eines Liganden über einen Rezeptor führt meist zur Bildung eines kleinen sekundären Botenstoffes (second messenger), der die Signalkaskade fortführt. Die sekundären Botenstoffe reichern sich in der Zelle an und fungieren dort als intrazelluläre Mediatoren, welche zwischen den Rezeptoren der Zellmembran und den spezifischen Antworten innerhalb der Zelle vermitteln[88]. Das Ende der Signalkaskade markiert ein verändertes Verhalten.

Man kennt vier intrazelluläre sekundäre Botenstoffe, die in komplexer Weise voneinander abhängen und die wichtige Signalfunktion im Wachstum und Stoffwechsel innehaben:
1. Zyklische Nukleotide (zyklisches Adenosinmonophosphat)
2. Inositol-1,4,5-Triphosphat
3. Diacylglycerin
4. Calcium

Das zyklische AMP (cAMP) ist als sekundärer Botenstoff von zentraler Bedeutung, über den eine Vielzahl zellulärer Ereignisse gesteuert werden. In diesem Zusammenhang wäre die Aktivität von cAMP-abhängigen Proteinkinasen zu nennen, von solchen Enzymen also, welche energiereiche Phosphate auf Substratproteine übertragen mit der Folge, dass die biologische Aktivität dieser Proteine entweder erhöht oder auch vermindert wird. Durch eine Proteinphosphatase kann deren biologische Aktivität wieder in ihren ursprünglichen Zustand zurückversetzt werden. Diese genannten und antagonistisch wirkenden Proteine verhalten sich wie molekulare Schalter, die je nach Bedarf an- und abgeschaltet werden können.

Generell im Stoffwechsel aber auch in der Onkologie spielt die sogenannte Ras-Signalkaskade, die von Rezeptor-Tyrosinkinasen (RTK) ausgeht, eine wichtige Rolle: Bei der Bindung eines Liganden an die Rezeptor-Tyrosinkinase wird ein G-Protein, das so genannte Ras-Protein aktiviert. Dieses ist an der Innenseite der Membran verankert. Die Komplexität der Informationsnetze in der Zelle scheint keine Grenzen zu kennen. Eine einzige Ligandenbindung kann eine Vielzahl von Wirkungen innerhalb der Zelle auslösen. Der gleiche Ligand kann an unterschiedlichen Zelltypen, ja sogar an der Zielzelle selbst, unterschiedliche Wirkungen erzielen, je nachdem an welchen Rezeptor er sich gebunden hat. Auf der anderen Seite können chemisch verschiedene Signalstoffe gleiche Reaktionsmuster induzieren. Die verschiedenen Signalkaskaden sind untereinander eng vernetzt und verfügen über die Fähigkeit, ihre Aktivität auf jeder beliebigen Stufe regulieren zu können. Durch temporäre Zusammenschlüsse von Signalproteinen zu Signalkomplexen wird eine höhere Geschwindigkeit und Effektivität erzielt und der Weg zu größerer Komplexität geebnet. In der Vermittlung bzw. Weitergabe und Registrierung von Signalen spielen Rückkopplungsschleifen aus der nichtlinearen Dynamik eine wichtige Rolle: Positive Rückkopplungsschleifen verstärken die Antwort auf ein Signal. Negative Rückkopplungsschleifen führen zur Abschwächung der Antwort auf ein Signal, was aber den Vorteil einer Verminderung der Störanfälligkeit des Systems zur Folge hat.

Nichtlinearität ist grundlegendes Prinzip des Lebens auf all seinen funktionellen Ebenen. Das Leben ist auf jeder Stufe und in jeder Hinsicht selbstorganisatorisch wirksam und unendlich kreativ.

4 Integritätserhaltende Systeme: Das Entstehen von Krankheiten unter dem Aspekt der Information

4.1 Einführung: Ordnung als grundlegendes Prinzip des Lebens

Der hohe Ordnungsgrad lebender Systeme ist extrem unwahrscheinlich. Zu den einfachsten Lebewesen gehören die Bakterien. Von diesen sind das Darmbakterium Escherichia coli, sein Verhalten, seine Bausteine auf der DNA und seine Beziehungen zum Wirtsorganismus am besten untersucht worden.

Es wurden in der Vergangenheit verschiedentlich Versuche unternommen, nach der Wahrscheinlichkeitstheorie zu errechnen, wieviele zufällige Versuche nötig wären, damit daraus ein so „einfaches" Lebewesen entstehen könnte. Dabei wurden geradezu astronomisch hohe Zufallsraten ermittelt, nämlich $10^{2,4 \text{Millionen}}$ Zufälle, die erforderlich wären, damit ein solches einfaches Lebewesen spontan entstehen könnte. Es sollte deshalb als eher gänzlich unwahrscheinlich erscheinen, dass der Bauplan für dieses Lebewesen zufällig entstanden sein sollte.

Erwin Schrödinger[89] formulierte in seinem Buch „Was ist Leben?" die zwei Grundprinzipien des Lebens.

1. Ordnung aus Ordnung:
   Schrödinger ging der Frage nach, wie Organismen die Information von einer Generation zur nächsten weitergeben können und wie biologische Organismen dem thermischen Zerfall entgegenwirken könnten. Obwohl zu dieser Zeit Gene und Nukleinsäuren als Träger der genetischen Information noch unbekannt waren, vermutete Schrödinger in genialer Intuition von seinem physikalischen Zugang aus einen „aperiodischen Kristall", welcher unter der Bildung von aperiodischen Festkörpern als Träger eines Miniaturcodes Ordnung aus Ordnung schaffen könnte. Diese Erklärung ist aber für die Entstehung des Lebens noch nicht hinreichend.
2. Ordnung aus Unordnung:
   Organismen schaffen innere Ordnung, indem sie in der Umgebung Unordnung schaffen, ein Vorgang, den er als „Negative Entropie" oder als „Negentropie" bezeichnete.

Damit ist aber noch nicht die Frage nach denjenigen Mechanismen geklärt, wie es die Zellen zustande bringen, überhaupt Ordnungsstrukturen aufzubauen und Unordnung in die Umgebung zu exportieren. Worin besteht die Ordnung in lebenden Systemen, was macht das Wesen von Ordnung in den Systemen des Lebens aus?

Resultiert Ordnung aus dem Bindungsverhalten der einzelnen Moleküle oder entsteht Ordnung aus einer kollektiven Dynamik der Systeme heraus? Für den Bestand und die Entwicklung von Leben ist die Etablierung einer stabilen kollektiven Dynamik erforderlich. Ordnung lässt sich nicht als Verhalten im statistischen Durchschnitt erklären.

Die Ordnung in lebenden Systemen ist kein statistisches Phänomen, das einen Zeitpunkt markieren würde, ab welchem alles in seiner vorgesehenen Ordnung erstarren und quasi kristallisieren würde. In der Natur sind Geburt und Leben eins. Tiere können nicht existieren, wenn sie nicht andere töten. Bakterien und Pilze auf Pflanzen können nicht existieren, wenn sie nicht die molekularen Strukturen der Blätter zerstören würden. In der Natur existieren Grundmuster von Bauplänen, die immer weiter variiert oder auch verworfen werden.

Die Organisation lebender Systeme wird durch den Energie- und Informationsaustausch mit der Umgebung nicht verändert, obwohl sich die Strukturen des Systems ununterbrochen erneuern. Die funktionelle Organisation lässt sich auch nicht durch Zerteilen und erneutes Zusammenfügen von Einzelteilen erklären.

Ein Hauptkennzeichen lebender Systeme ist die Emergenz, d.h. das spontane Entstehen von geordneten Strukturen, das sich nicht aus der vollen Kenntnis der Systembestandteile bzw. aus den Eigenschaften der Einzelteile heraus erklären lässt. Der Ordnungsbegriff ist somit ein Schlüsselbegriff zum Verständnis lebender Systeme. Leben ist dynamisches Entstehen von Ordnung, das immer auch von der Zerstörung von Ordnung, vom drohenden oder tatsächlichen Übergang in das Chaos begleitet ist.

Leben ist immer auch Zerfall.

Hierin liegt der Wesenskern der Medizin begründet.

Gegenstand der Medizin ist der Zerfall von Ordnung. Ihr Ziel besteht in der Wiederherstellung von Ordnung.

4.2 Neoplasie und Gene

Neoplasie heißt wörtlich: „Neubildung". Die Begriffe Neoplasie (Neubildung) und Tumor (Anschwellung) werden oft synonym verwendet. Zu verstehen ist darunter eine abnorme Vergrößerung von Gewebe, welche durch autonome, unkontrollierte und progressive Zellteilungsmechanismen ausgelöst wurde. Mit der Bezeichnung „Krebs" ist die bildliche Darstellung eines malignen Tumors intendiert.

Die Entwicklung eines bösartigen Tumors läuft in vier Schritten ab:
1. Der neoplastischen Veränderung einer Ursprungszelle
2. Der Proliferation mit dem Wachstum der transformierten Zellen
3. Der lokalen Invasion
4. Der Fernmetastasierung

Für die Entwicklung und den Erhalt der Integrität eines Organismus ist der Erhalt der genomischen Stabilität eine grundlegende Voraussetzung. Die Integrität der genetischen Information muss streng gegenüber schädlichen inneren und äußeren Einwirkungen gewahrt bleiben. Zudem muss gewährleistet sein, dass bei der Zellteilung die genetische Information fehlerlos von der Mutterzelle auf die Tochterzelle übertragen wird.

Wird ein genomischer Schaden nicht erkannt und gelingt es nicht, eine Zelle mit einem identifizierten genomischen Schaden rechtzeitig aus den Teilungszyklen auszuschalten, so wird diese fehlerhafte Information bei jeder Zellteilung wirksam, d.h. der Fehler wird auf die nächste Zellgeneration übertragen. Eine Folge besteht in einer zunehmenden genetischen Instabilität. Die Integrität des Genoms der Zelle wird durch komplexe Regulations- und Reparationsmechanismen aufrechterhalten, die sich so von einem informationstheoretischen Zugang aufschlüsseln lassen: Es wird eine fehlerhafte Information auf der DNA durch einen Sensor erkannt. Aus der zunächst noch potentiellen Information wird eine aktuelle fehlerhafte Information, welche von den Sensoren wahrgenommen wird. Einige wenige Vertreter aus dieser Gruppe werden wir weiter unten kennenlernen. Diese Sensoren aktivieren Signalwege, die in die Richtung der nachgeschalteten Kontrollstationen des Zellteilungszyklus und damit in die Richtung der Reparatur- oder auch Apoptosemechanismen weisen.

Wird also ein genomischer Defekt registriert, so werden drei unterschiedliche integritätserhaltende Systeme aktiviert bzw. in einen Alarmzustand versetzt. Dies unterstreicht die vitale Bedeutung der Erhaltung der Stabilität des Genoms. Im Verlaufe der Teilungszyklen einer Zelle sind mehrere Kontrollstellen, Checkpoints, aktiv. Hier werden die Prozesse der Zellteilung kontrolliert und sie können an diesen Checkpoints gestoppt werden. Auf diese Weise wird die Weitergabe einer fehlerhaften genetischen Information rechtzeitig verhindert. Ein Fehler, so er noch rechtzeitig erkannt wird, wird durch zelleigene spezifische Reparaturenzyme repariert. Im Falle eines drohenden Totalschadens wird die Zelle im Rahmen des Apoptosemechanismus zerstört.

Wir wissen, dass zwischen dem Auslöser und ersten klinisch fassbaren Symptomen einer Tumorerkrankung Jahre, ja Jahrzehnte, vergehen können. Die Entwicklung eines bösartigen Tumors beinhaltet in der Regel einen mehrstufigen Prozess. Wir wissen aus den Erkenntnissen, die wir aus den umfangreichen Vorsorgeuntersuchungen gewonnen haben, dass der Manifestation eines bösartigen Tumors oft Etappen von gutartigen Vorstufen vorausgehen können. Dem Zervixkarzinom der Frau gehen derartige „dysplastische" Vorstufen oft um Jahre voraus. Unter dem Begriff „Dysplasie" versteht man – noch – gutartige Veränderungen verschiedener Schweregrade. Es liegt in diesen Fällen aber schon eine deutlich sichtbare Architekturstörung vor, die der Pathologe mit Hilfe eines Katalogs von Kriterien als noch gutartig oder schon als bösartig klassifiziert. Im weiteren Verlauf kann sich ein noch lokal begrenztes Carcinoma in situ entwickeln, also ein frühes Karzinom, das noch nicht in die tieferen Wandschichten der Zervix bzw. des Gebärmutterhalses infiltriert ist. Der nächste Schritt würde dann dem Übergang in ein manifestes, d.h. lokal infiltrierendes und metastasierendes Karzinom entsprechen.

In vergleichbarer Weise sind bei den kolorektalen Karzinomen, d.h. bei den bösartigen Tumoren des Dickdarms und Mastdarms, gutartige Vorstufen, nämlich die sog. Schleimhautadenome, bekannt und umfangreich untersucht, die sich über den Verlauf der Jahre zu einem manifesten Karzinom entwickeln können. Die beste Prävention besteht also in der rechtzeitigen endoskopischen Abtragung dieser Polypen, bevor sie maligne entarten. Dies könnte den Stellenwert von regelmäßigen Vorsorgeuntersuchungen in diesem Bereich unterstreichen.

Der etappenweise Übergang von einer gesunden Zelle in eine maligne Zelle wird als maligne Transformation bezeichnet: Gesunde Zellen sind außerhalb des Organismus nur begrenzt lebensfähig. Sie teilen sich in vitro nur wenige Male und sterben anschließend ab. Maligne Zellen sind dagegen in der Zellkultur potentiell unbegrenzt teilbar. Diese Zellen befinden sich im Zustand eines merkwürdigen Zwischenlebens: Sie führen den Tod mit sich, während sie selbst immortalisiert scheinen und somit außerhalb des natürlichen Kreislaufs zwischen Leben und Tod stehen. Sie kreisen in einer Art von Newtonschen Zeitschleifen einer ewigen Wiederkehr. In ihnen kreisen potentiell bis in alle

Ewigkeit die Zeiger der Weltuhr, ohne jemals eine einzige Sekunde einer verrinnenden Lebenszeit anzuzeigen. Die Zeit scheint auf ewig in sich zurückzulaufen. Sie sind unbewegte zeitlose Beweger des Lebens in seinen irreversiblen Stillstand hinein.

Tumorzellen weisen spezifische Eigenheiten auf, die sie grundsätzlich vom Verhalten normaler Zellen unterscheiden[90]:
1. Keine oder allenfalls geringe organspezifische Funktion.
2. Unabhängigkeit von externen Wachstumssignalen.
3. Unempfindlichkeit gegenüber Signalen, die das Zellwachstum hemmen oder den Zelltod (Apoptose) fördern.
4. Potentiell unbegrenzte Wachstumspotentiale bei ausreichenden Ressourcen von Sauerstoff und Nährstoffen.
5. (Teil-)Resistenz gegen einen programmierten Zelltod.
6. Bildung von neuen Blutgefäßen (Angiogenese) zur eigenen Versorgung mit Nährstoffen.
7. Invasion in benachbartes Gewebe.
8. Metastasierung.

Für die Entstehung und Entwicklung eines malignen Tumors ist das Zusammenwirken von multiplen Faktoren und Ereignisketten von Bedeutung, deren grundlegende Prozesse auf der Generierung, Vermehrung, Bearbeitung und Weitergabe von atypischen, fehlerhaften Informationen beruhen. Die meisten Erklärungen der Entwicklungsdynamik von bösartigen Tumoren im langjährigen Verlauf finden auf der Basis von zwei Modellen statt, nämlich dem klonalen Evolutionsmodell und dem Modell der Tumorstammzelle.

4.3 Klonales Evolutionsmodell

Dieses Modell, das von Nowell[87] entwickelt wurde, lehnt sich an die Evolutionstheorie von Darwin an. Nach der stochastischen Konzeption dieses Modells erwirbt eine Körperzelle im Gefolge von zufälligen Veränderungen seines Genoms einen Wachstums- und Überlebensvorteil gegenüber seinen Nachbarzellen. Auf diese Weise entsteht ein Zellklon identischer Zellen, der im weiteren Verlauf expandiert, soweit es die Kontrollmechanismen des Wirtes zulassen. Im weiteren Verlauf wird eine Zelle dieses Klons durch ein weiteres Ereignis getroffen; daraus entsteht ein weiterer Wachstumsvorteil. Diese Sequenz wiederholt sich so lange, bis sich ein manifester Tumor entwickelt hat, der sich peu a peu den Kontrollmechanismen des Wirtes entzieht. Als Ursprungs- bzw. Ausgangszelle im Prozess einer solchen klonalen Evolution kann auch eine Stammzelle in Betracht kommen, die von einem Ereignis getroffen wird und sich somit als somatische (soma = Körper) Stammzelle zur Ursprungszelle eines Tumors wandeln kann.

4.4 Modell der Tumorstammzelle

Nach dem Modell der Tumorstammzellen wird die Entwicklung eines Tumors durch eine geringe Anzahl von Zellen unterhalten. Wir wissen heute, dass die meisten bösartigen Tumoren monoklonalen Ursprungs sind, d.h. sie entwickeln sich aus einer einzigen transformierten Ursprungszelle[91]. Gewebestammzellen des Erwachsenen teilen sich asymmetrisch, d.h. nur eine der beiden entstehenden Tochterzellen bleibt als Stammzelle erhalten. Solche Gewebestammzellen können sich zu unterschiedlichen Zelllinien weiter differenzieren. Sie werden deshalb als pluripotente Stammzellen bezeichnet[92]. Die Vorstufen der diversen Zellen des peripheren Blutes entstehen aus pluripotenten Stammzellen. So werden zunächst lymphatische oder myeloische (Myelon = Mark, Knochenmark) Progenitor (Vorläufer-)zellen gebildet, die sich anschließend in die verschiedenen Differenzierungslinien aufspalten können. Die Stammzellhypothese geht davon aus, dass in einem Tumor verschiedene Klassen von Tumorzellen vorkommen, die sich in den Potentialen der Selbsterneuerung, Proliferation und Differenzierung durchaus unterscheiden. Für diese Hypothese sprechen beispielsweise experimentelle Befunde, die zeigen konnten, dass nach der Transplantation von Tumorzellen auf Mäuse ohne funktionsfähiges Immunsystem nur eine geringe Anzahl der Tumorzellen zu einem Tumor heranwuchsen. Innerhalb dieser Tumorverbände ließen sich solche Zellen isolieren, welche über die Fähigkeit verfügten, sich selbst erneuern und asymmetrisch teilen zu können. Dies wurde als Beleg für die tumorinitiierende Fähigkeit von Tumorstammzellen[93] angesehen. Nach der Theorie der Tumorstammzelle sind also überhaupt nur einige wenige Tumorzellen in der Lage, zu einem Tumor auszuwachsen. Inzwischen wurden solche Zellen u. a. aus Mammakarzinomen und Glioblastomen (hirneigene Tumoren) isoliert[94].

Am Anfang steht die Mutation auf der Ebene der Gene: Veränderungen des Genoms sind die Hauptursachen von Krebs.

Ursachen für den Übergang von einer Normal- auf eine Tumorzelle sind zufallsbedingte oder auch primär vorliegende Abnormitäten des Genoms, die als Mutationen bezeichnet werden. Unter Mutationen werden dauerhafte Veränderungen im Bereich der Nukleotidsequenzen auf der DNA verstanden. Die mutagenen Veränderungen können die biochemische Struktur der Nukleotide selbst oder auch ihre Reihenfolge auf der DNA betreffen. Unter einer Punktmutation versteht man den Austausch von einer Base gegen eine andere. Den Verlust einer Base bezeichnet man als Deletion. Transitionen, Transversionen stellen weitere Beispiele für Mutationen dar. Unter einer Duplikation versteht man die Verdopplung eines Gens oder von kodierenden Sequenzen. Der zusätzliche Einbau einer Base wird als Insertion und als Amplifikation werden multiple Kopien eines Gens hintereinander verstanden.

Bei der Analyse von Mutationen muss grundsätzlich unterschieden werden, ob es sich um Veränderungen in einer befruchteten Eizelle (Zygote) und damit um Veränderungen im Bereich der Keimbahn handelt, oder ob die Mutationen erst nach dem Zygotenstadium in einer Körperzelle auftreten, was als somatische Mutation bezeichnet wird. Viele Mutationen entstehen spontan, d. h. wir können keine äußeren Ursachen nachweisen. Die DNA kann beispielsweise durch Sauerstoffradikale geschädigt werden, die massenhaft in jeder gesunden Zelle und unter physiologischen Verhältnissen anfallen und die durch spezielle Enzymsysteme unschädlich gemacht werden. Man nimmt an, dass Sauerstoffradikale eine der bedeutendsten intrinsischen Ursachen für Mutationen im Bereich der DNA darstellen, wobei mehr als 100 verschiedene oxidative Schädigungsmöglichkeiten der DNA beschrieben sind.

Mittlerweile sind viele chemische und physikalische Karzinogene bekannt. Derzeit sind mehr als 700 Einzelsubstanzen mit karzinogener und mutagener Wirkung gelistet, darunter Basenanaloga, polyzyklische Kohlenwasserstoffe wie Benzpyren, aber auch metallorganische Verbindungen wie das Zytostatikum Cisplatin und andere mehr. Aus umfangreichen epidemiologischen Untersuchungen ist der Effekt von Tabakkonsum als chemisches und die UV-Strahlung als physikalisches Kanzerogen belegt. Radioaktive Substanzen, die Alpha-Strahlen aussenden, weisen ein großes kanzerogenes Potential auf – beispielsweise Plutonium. Ionisierende Strahlen können Biomoleküle nicht nur direkt, sondern auch über den Radiolysemechanismus von Wasser schädigen. Unter den biologischen Kanzerogenen konnte mittlerweile eine große Anzahl von Viren identifiziert werden. Schätzungsweise 20% aller weltweiten Krebsfälle werden durch Infektionen bzw. durch biologische Kanzerogene verursacht[95]. Biologische Karzinogene umfassen mutagene Viren, darunter auch die HPV-Viren, die ein transformiertes Gen stabil in das Genom eines Wirtes integrieren und auf diese Weise bei Frauen ein Zervixkarzinom auslösen können.

Die Veränderungen können die biochemische Struktur der Nukleotide selbst oder ihrer Reihenfolge auf der DNA betreffen.

Beispiele für erbliche Tumoren sind das hereditäre Mamma- und Ovarialkarzinom sowie eine spezielle Form des Dickdarmkarzinoms, das durch massenhafte Polypenbildung (gutartige Wucherung der Schleimhaut mit Entartungstendenz) im Bereich der Schleimhaut ausgezeichnet ist. Diese Polypen bzw. Adenome zeigen eine hohe Neigung zur Entartung auf.

Die DNA ist durch eine staunenswert konstante Zusammensetzung der Basensequenz gekennzeichnet. Im Hinblick auf den Austausch einzelner Basen liegt die Fehlerrate nur bei einem einzigen Basenaustausch pro 10^9 Basen pro Zellgeneration[96].

Die Zahl proliferationsfähiger Zellen im Organismus beträgt ca. 10^{12} Zellen und eine Mutationsrate von annähernd 10^{-12} pro 70 Jahre ist als ausgesprochen gering anzusehen. Gemessen an diesen Zahlen ist das Auftreten eines Neoplasmas eigentlich erstaunlich gering! Diese Zahlen besagen auch, dass in einem mittelgroßen Protein mit ca. 400 Aminosäuren aufgrund eines Zufalls im Ablauf von 200.000 Jahren nur eine einzige Aminosäure ausgetauscht würde! Nach thermodynamischen Gesichtspunkten wäre dagegen eine ungleich größere Anzahl von Mutationen zu erwarten. Einer der Gründe für diese außergewöhnliche Konstanz der DNA liegt darin, dass auftretende Mutationen schnell und effektiv beseitigt werden. Wegen dieser außerordentlich konstanten und sicheren Fähigkeit zur Speicherung von Informationen könnte die DNA in Zukunft die klassischen Silicium-Informationsspeicher in den Computern ablösen.

In der DNA ist das für den Aufbau der Materie universal gültige Grundprinzip der Konstanz von Substanz und Form überwältigend verwirklicht.

Die Konstanz der Form wird vor allem auch durch die Komplementarität der Einzelstränge der DNA gewährleistet: So kann eine strukturell im Gefolge einer Mutation veränderte Base ohne Informationsverlust entfernt werden, weil ja auf dem komplementären Strang die ursprüngliche Information noch vorhanden ist.

Diese Konstanz der Form der DNA wird durch das Grundprinzip der oben besprochenen KL-Komplementarität gewährleistet. Angesichts dieser hohen Konstanz der Informationsspeicherung auf der DNA wurde auch bezweifelt, dass zufällige Mutationen allein Krebs auslösen könnten.

4.5 Kontroll- und Regulationsmechanismen durch Onkogene und Tumorsuppressorgene

Für den Erhalt der Integrität eines Organismus stellt der Erhalt der genomischen Stabilität eine vitale Vorausbedingung dar. Die Integrität der genetischen Information muss jederzeit sicher gegenüber schädlichen inneren und äußeren Einwirkungen gewahrt bleiben.

Nach morphologischen (Morphe = Gestalt) Kriterien besteht ein Tumor aus Zellverbänden, die keine Kontaktinhibition zeigen. In einer Zellkultur mit normalen Zellen wirken beispielsweise die Zellen regulierend auf das Wachstum von Nachbarzellen ein, um so ein überschießendes und regelloses Wachstumsverhalten zu verhindern. In der Kultur haften die Zellen an einem festen Substrat an, beispielweise an den Oberflächen der Kulturbehälter. Kommt es bei der flächenhaften Ausbreitung der Zellen zu gegenseitigen Berührungen, so wird das weitere Annähern an andere Zellen gehemmt: Die Zellen stellen physiologischerweise ihr Wachstum ein, sobald eine Zelle allseitigen Kontakt zu anderen Zellen aufgenommen hat.

Das Phänomen von wechselseitigen hemmenden Einwirkungen zwischen den Zellen eines Verbandes wird als Kontaktinhibition bezeichnet. Maligne Zellen haben diese Fähigkeit mehr oder weniger verloren. Sie neigen zu einem unkontrollierten Wachstum, sie respektieren keine biologischen Membranen, sie wachsen vielmehr invasiv durch Basalmembranen hindurch. Sie zeigen nicht nur eine erhöhte Teilungsaktivität, sondern verfügen auch über die Fähigkeit zur Migration und können so in entfernten Organen Metastasen setzen. Ja, sie können sich selbst unter ungünstigen äußeren Bedingungen, d.h. unter Hypoxie (Sauerstoffknappheit), Acidität (Übersäuerung) nicht nur überleben, sondern unter diesen ungünstigen Bedingungen sogar noch proliferieren.

Die molekulare Onkologie hat sich deshalb zum Ziel gesetzt, jene für die Tumorentstehung (Tumorigenese) und die Tumorprogression verantwortlichen Gene zu identifizieren, deren Zusammenwirken mit anderen Genen und Proteinen zu erforschen und aus den hierbei gewonnenen Erkenntnissen therapeutische Strategien abzuleiten.

Kennzeichnend für das Verhalten maligner Tumoren sind Fehlregulationen von bestimmten Genen, welche den klinischen Verlauf einer Tumorerkrankung und damit auch die therapeutischen Ansatzpunkte maßgeblich dominieren. Onkogene wirken wachstumsfördernd, während Tumorsuppressorgene das Wachstum von Tumoren hemmen.

Die Entstehung und das Wachstum von bösartigen Tumoren stehen somit im Zusammenhang mit der Generierung von abnormen Informationen auf der Ebene der Gene und mit daraus resultierenden fehlgeleiteten Signalwegen auf zellulärer Ebene.

Der Begriff für „proto" ist in der Medizin gleichbedeutend mit „Vorläufer". Das bedeutet, dass Protoonkogene durch Punktmutationen, Deletionen, Translokationen zu Onkogenen aktiviert werden können, wodurch Signalwege zu einer gesteigerten Aktivität von wachstumsfördernden Impulsen geöffnet werden.

Gene von normalen Zellen (Proto-onkogene) können onkogene Eigenschaften durch Mutation und durch virale Transduktion erwerben, so dass sie sich in Onkogene umwandeln. Die Produkte dieser Gene werden entsprechend Onkoproteine bzw. Antionkoproteine genannt. Tumorzellen proliferieren weitgehend unkontrolliert und somit autonom, weil sie proliferationsfördernde Onkogene aktivieren und vor allem die Wirksamkeit von hemmenden Onkogenen, also von Tumorsuppressorgenen unterdrückt werden. Meist werden im Rahmen einer Tumorigenese beide Wege beschritten.

Die für maligne Zellen charakteristische Wachstumsautonomie stellt ein typisches Beispiel für positive Rückkopplungsmechanismen dar. Proliferierende Zellen aktivieren molekulare Taktgeber, welche ihr Wachstum immer weiter beschleunigen. Das beschleunigte Tumorwachstum kann auf verschiedenen Wegen erfolgen:

Zum einen kann ein Onkogen die Bildung eines Wachstumsfaktors kodieren, welcher die Mitoserate steigert, womit Zellteilung und Wachstum der Tumorzellen stimuliert werden. Zum anderen kann das Onkogen auch einen defekten Rezeptor für Wachstumsfaktoren kodieren, welcher die Zelle zu einem kontinuierlichen Wachstum anregen kann. Ein einziges Onkogen kann für eine größere Anzahl von Rezeptoren kodieren, an denen dann eine entsprechend große Anzahl an Wachstumsfaktoren andocken kann. Unter dem Strich erreichen immer mehr Wachstumssignale eine Zelle, die somit unter einer Art von Dauerbeschuss durch Wachstumsfaktoren steht und so zu immer mehr Wachstum angeregt wird. Last but not least kann ein Onkogen defekte Signalübermittler kodieren, welche aufgrund des Defektes der physiologischen Kontrolle durch hemmende Regulatoren entzogen sind. Auch in diesem Falle sind unkontrollierte und andauernde Wachstumssignale die Folge. Entweder werden also von der Quelle des Signalgebers, d.h. vom Sender aus, fehlerhafte Signale ausgesendet oder primär fehlerfrei ausgesandte Signale werden auf dem Übertragungsweg quasi verzerrt mit der Folge, dass der Empfänger fehlerhaft verzerrte Signale registriert. Schließlich kann auch die Software des Empfängers Schaden genommen haben, so dass die eintreffenden Signale fehlerhaft vom Empfänger interpretiert werden. Alle diese Fehlerkonstellationen münden in eine gemeinsame programmatische Endstrecke ein, welche stereotyp Befehle zu noch mehr Wachstum aussendet.

Krebs ist Folge von fehlerhaft generierten, übertragenen und registrierten Informationen.

Für das autonome Tumorwachstum sind also auf der einen Seite eine unkontrolliert hohe Anzahl von ausgeschütteten Wachstumsfaktoren und auf der anderen Seite defizitäre Rezeptorfunktionen verantwortlich.

Das normalerweise streng regulierte Zellwachstum gerät so aus mehreren Richtungen zunehmend aus der Balance. Es scheint in der Tat so zu sein, als ob zwei Züge ungebremst aufeinander zurasen würden. Bei beiden Zügen sind die Weichen falsch gestellt worden.

Onkogene können, wie gesagt, proliferationsfördernde Faktoren kodieren. Sie besitzen aber auch die Fähigkeit, deregulierend auf die Funktion von Genen einzuwirken, die Wachstumsfaktoren kodieren, wobei die Aktivität dieser Gene normalerweise durch physiologische Rückkopplungsschleifen reguliert ist. Folge ist die Generierung einer unphysiologisch hohen Anzahl an Wachstumsfaktoren. In der Regel handelt es sich um mehrere Systeme, die in gegenseitiger Regulation miteinander vernetzt sind. Hier ist das Prinzip der gegenseitigen Regulierung aus der Balance geraten.

Es lohnt jede Mühe, in diesem Zusammenhang einen etwas genaueren Blick auf einige wenige Details zu werfen, weil dabei zwangsläufig ein Eindruck entstehen muss von der schier grenzenlosen Komplexität, ja der Erhabenheit der Lebensprozesse, die sich sogar im Zustand in ihrer Versehrtheit und Verletztheit durch einen Tumor offenbaren: Onkogene wurden schon lange vor der Entschlüsselung des gesamten menschlichen

Genoms bei der Erforschung von bestimmten Tumorviren, nämlich des so genannten Rous-Sarkom-Virus entdeckt, einem Virus, das bestimmte bösartige Tumoren, Sarkome, auslösen kann. Dieses Virus verfügt über einen bestimmten Genlocus, genannt src, der dem Virus die Fähigkeit verleiht, in einem befallenen Wirtsorganismus die maligne Transformation zu induzieren, d.h. Zellen zur Entartung anzuregen. Man fand heraus, dass dieses virale Onkogen src (v-src, v wie „virus") homolog (gleichartig) zu einem normal in der Zelle vorkommenden Gen (c-src) ist. Dieses normalerweise in der Zelle vorkommende Gen entspricht einer für das Zellwachstum essentiellen Tyrosin-Kinase, die infolgedessen als Proto-Onkogen bezeichnet wird. Kinasen sind Enzyme, die energiereiche Phosphate übertragen. Proto-Onkogene treten auf allen Ebenen der zellulären Regulations- und Schaltstellen auf, d.h. angefangen bei den Vertretern der Wachstumsfaktoren (z.B. Fibroblast Growth Factor, FGF, Epidermal Growth Factor, EGF, Vascular Endothelial growth factor, VEGF und andere), über deren Rezeptoren (z.B. EGFR, epidermaler Wachstumsfaktorrezeptor), über nachgeschaltete G-Proteine (z. B. Ras) bis hin zu den Transskriptionsfaktoren (z. B. c-Fos, c-Jun, c-Myc).

Die Rezeptor-Tyrosinkinasen regen über ihre enzymatische Aktivität intrazelluläre Signalwege zur Zellteilung, Zelldifferenzierung sowie der Zellmigration an.

Schematisch vereinfacht dargestellt, soll sich beispielsweise ein Wachstumsfaktor (z. B. epidermal growth factor, EGF) an seinen Membranrezeptor binden. Dieser transmembranale Rezeptor verfügt über eine außenseitige Domäne zur Bindung von EGF und im Zellinneren über eine Tyrosin-spezifische Proteinkinase. Die Bindung des Wachstumsfaktors EGF von außen an seinen Rezeptor hat eine Konformationsänderung zur Folge, die wiederum eine Aktivierung der Tyrosinkinase im Inneren der Zellmembran auslöst. Kinasen sind, wie schon vermerkt, Enzyme, welche Proteine phosphorylieren und auf diese Weise deren Funktionszustand modulieren können. Wahrscheinlich werden durch solche phosphorylierten Proteine Signale zur Zellteilung an den Zellkern gesendet. Auf der anderen Seite kann der Rezeptor selbst im Sinne einer Autophosphorylierung als Substrat einer solchen Tyrosinkinase fungieren. Unter der Aktivität dieser Tyrosinkinase sind innerhalb weniger Minuten metabolische Veränderungen im Zellinneren nachweisbar, beispielsweise die Erhöhung von intrazellulären Ca^{++}-Ionen durch Freisetzung aus ihren internen Speichern oder durch den Einstrom aus dem Extrazellulärraum. Nach zehn Minuten ist eine erhöhte Aktivität von mehreren Onkogenen nachweisbar, beispielsweise von c-Myc-Onkogen oder des Fos-Onkogens. Alle diese Veränderungen deuten auf eine erhöhte Mitoseaktivität hin[97]. Es sind mehr als 20 solcher Proto-Onkogene bekannt, die für Proteinkinasen kodieren, welche die Übertragung von Phosphatgruppen auf bestimmte Zielproteine katalysieren. Phosphatgruppen können durch spezifische Kinasen an die Threonin-Serin- oder Tyrosinreste eines Proteins geführt werden. Die meisten Proto-Onkogene phosphorylieren ausschließlich Tyrosinreste. Aus diesen Gründen kommt den genannten Thyrosin-Kinasen so große Bedeutung zu[98].

Wachstumsfaktoren greifen beschleunigend in die Zellteilungsprozesse ein. Sie bewirken, dass Zellen, die sich im Ruhezustand befinden, in die Teilungsphase, Mitose genannt, eintreten.

Die Zellteilung erfolgt in strengstens regulierten und kontrollierten aufeinanderfolgenden Syntheseschritten und folgt einem inneren Uhrwerk, das durch so genannte

Cycline bzw. cyclinabhängige Kinasen gesteuert wird. Einige der hierbei stattfindenden Prozessschritte wurden weiter oben im Kapitel „Chronobiologie" kurz besprochen.

Der Zellzyklus umfasst, wie gleichfalls weiter oben dargestellt, vier verschiedene Phasen: Bei kontinuierlicher Proliferation treten Zellen nach der Zellteilung, in die Interphase ein, die aus der G1-Phase (G von gap-1), der S-Phase (S für Synthese) und der G2-Phase besteht. Die Überführung der Zelle in die G1-Phase erfolgt durch so genannte Kompetenzfaktoren. Zur Gruppe dieser Kompetenzfaktoren zählt beispielsweise der Wachstumsfaktor EGF (epidermaler Wachstumsfaktor). Die G1-Phase ist durch Zellwachstum und Synthese von Proteinen und Nukleotiden charakterisiert, die für die Verdopplung der DNA benötigt werden. Der Durchtritt durch die G1-Phase erfordert aus diesen Gründen die kontinuierliche Stimulation durch Wachstumsfaktoren über den Ablauf von mehreren Stunden, ansonsten fällt die Zelle wieder in die G0-Phase zurück.

In der Interphase, d.h. zwischen den Zellteilungen, läuft eine Zellwachstumsphase ab, in der nicht nur die Zellmasse, sondern auch die Anzahl der Zellorganellen verdoppelt wird. In der S-Phase wird die DNA repliziert, RNA und Proteine werden synthetisiert und in der anschließenden G2-Phase werden weiterhin RNA und Proteine synthetisiert. Normalerweise findet während der gesamten Interphase eine kontinuierliche Protein- und RNA-Synthese statt. Dieser kontinuierliche Wachstumsprozess der Zelle wird nur während der M-Phase (Mitose-Phase) kurzzeitig unterbrochen[99]. Die Mitose-Phase wird traditionell noch einmal in fünf Phasen untergliedert, worauf an dieser Stelle nicht eingegangen werden kann.

Der fehlerfreie Ablauf dieser Zellteilungsvorgänge ist für die Integrität des Individuums von vitaler Bedeutung und von allergrößter Sensibilität, wobei jeder Eintritt in die nächste Phase des Zellzyklus nur unter strengster Kontrolle erfolgen darf. Der Eintritt in die nächste Phase wird immer erst dann frei gegeben, wenn die vorausgegangene Phase einem genauen Controlling unterzogen und ordnungsgemäß abgeschlossen wurde. Durch das genaue Controlling des Zellzyklus wird verhindert, dass die nächste Zyklusphase begonnen wird, bevor die vorhergehende abgeschlossen wurde. Es hätte katastrophale Folgen, wenn beispielsweise die Mitose eingeleitet würde, obwohl die DNA-Synthese vorher noch nicht vollständig abgeschlossen worden war. Jede Zelle verfügt deshalb über Kontrollpunkte, so genannte Checkpoints, Restrictionpoints, an denen der Fortschritt des Zellzyklus auf Vollständigkeit und auf mögliche Fehler überprüft wird. Ein solcher Checkpoint findet sich beispielsweise in der späten G1-Phase vor dem Übertritt in die S-Phase. Hier wird überprüft, ob eine ausreichende Zellgröße erreicht ist, ob keine DNA-Schäden vorliegen, ob ausreichend Substrat für die Nukleinsäuresynthese vorliegt. Ein weiterer Checkpoint befindet sich am Ende der G2-Phase. Hier wird überprüft, ob die DNA erfolgreich und komplett repliziert wurde. Bei Fehlermeldungen wird der Zellzyklus angehalten, um der Zelle Zeit zu geben, mögliche DNA-Schäden zu reparieren oder den Zellzyklus ganz abzubrechen und in den programmierten Zelltod (Apoptose) einzutreten. Ein dritter Kontrollpunkt befindet sich am Ende der Mitose und überprüft den ordnungsgemäßen Teilungsvorgang.

Die Entscheidung, einen Kontrollpunkt zu passieren, wird von den externen Wachstumsfaktoren und einem inneren Uhrwerk der Zelle bestimmt. Dieses Uhrwerk besteht aus den uns bekannten Cyclinen und den so genannten cyclinabhängigen Kinasen. Externe Signale können regulierend auf dieses Uhrwerk einwirken. Tumorzellen sind

4.5 · Kontroll- und Regulationsmechanismen durch Onkogene und Tumorsuppressorgene

dadurch charakterisiert, dass ihr inneres Uhrwerk mehr oder weniger der Regulation durch solche äußeren Signale entzogen ist.

Aus experimentellen Untersuchungen weiß man auch, dass der Zyklus in solchen Zellen, die durch UV- oder Röntgenstrahlen geschädigt wurden, so lange unterbrochen bleibt, bis die Reparaturen durch Reparaturenzyme abgeschlossen sind. Unvollständig replizierte, d.h. unvollständig verdoppelte DNA, verhindert den Beginn der eigentlichen Teilungsphase. Auf diese Weise kann garantiert werden, dass pro Zyklus die gesamte DNA repliziert wird und zwar nur einmal und das vollständig.

Im Verlauf aller Zellzyklusphasen sind selbstregulierende Mechanismen wirksam. So wird jede DNA-Sequenz, wenn sie repliziert ist, so markiert, dass eine nochmalige Replikation am gleichen Zyklus verhindert wird. Dieser Regulationsmechanismus wird als Doppelreplikationssperre bezeichnet. Diese Sperre ist offensichtlich bei der Bildung von Riesenchromosomen außer Kraft gesetzt, die ja für Fliegen typisch sind.

Die verschiedenen Stadien der beschriebenen Zellzyklusmaschinerie von Replikation, Kernteilung oder der Teilung des Zytoplasmas (Cytokinese) werden von komplexen Kontrollsystemen auf verschiedenen Ebenen überwacht. Bei der Regulierung spielt bei den meisten Spezies eine kleine Gruppe von Cyclin-abhängigen Proteinkinasen eine zentrale Rolle, die nur in Verbindung mit einem regulatorischen Protein aktiv sind, nämlich dem Cyclin. Der Name Cyclin weist auf die periodische Aktivität dieser Proteine hin. Und so treten Cycline nur periodisch im Rahmen des Zellzyklus in Aktion. Wie wir oben schon festgestellt hatten, entspricht das Aktivitätsschema dieser Cycline einem Grenzzyklusattraktor.

Aufgabe von Kinasen ist die Phosphorylierung, d.h. die Übertragung von energiehaltigen Phosphatgruppen auf andere Enzyme, wobei deren Aktivität je nach ihrem Phosphorylierungszustand angeschaltet oder abgeschaltet sein kann. Die Proteinkinasen kontrollieren also wichtige Schlüsselprozesse der DNA-Replikation und der Mitose, indem sie Phosphatgruppen auf Proteine übertragen, von denen einige dadurch aktiviert und andere inhibiert werden: Ein einziger enzymatischer Prozess kann also divergierende Wirkungen zur Folge haben. Die Natur fährt nie auf einem Gleis. Sie ist nicht streng nach einer einzigen Richtung hin ausgerichtet. Sie behält sich immer mehrere Möglichkeiten offen. Jede Ursache eröffnet ein ganzes Feld an möglichen Folgewirkungen. Letztlich entscheidet der Zustand des Systems als Ganzes, in welche Richtung der Zug schließlich abfährt. Ähnlich verhält es sich auch mit den Cyclinen bzw. ihren Kinasen: Die mehrfach genannten Cyclin-abhängigen Kinasen kontrollieren wichtige Checkpoints in der Kreisbahn des Zellzyklus, wobei sie selbst wiederum in ihrem Aktivitätszustand in regulatorischen Rückkopplungsschleifen von Cyclin kontrolliert werden.

Dies sollte als ein anschauliches Beispiel für die breite Fächerung von rückgekoppelten und selbstregulatorischen Mechanismen auf den verschiedenen Ebenen dienen: Controller werden durch weitere Controller kontrolliert. Aus dieser Darstellung lässt sich ableiten, welche komplexen Regelkreise bei der Entwicklung eines bösartigen Tumors unterbrochen bzw. außer Kraft gesetzt sind und es lässt sich besser verstehen, warum ein Karzinom derartig verheerende Sekundärwirkungen auf einen Organismus aufweisen kann.

Mit dieser stenogrammartigen Kurzdarstellung der Funktionsweise von Onkogenen kann allerdings nur ein ganz vereinfachter Eindruck vom komplexen Zusammenspiel einer Vielzahl von Wachstumsfaktoren und Genen in der Entstehungsgeschichte eines Tumors vermittelt werden.

Die Tumorsuppressorgene hemmen dagegen das Wachstum von Zellen, welche Schäden auf den Chromosomen bzw. Aberrationen in den Basensequenzen der DNA aufweisen. Sind die Schäden nicht mehr reparabel, so lösen sie die Apoptose, d.h. den programmierten Zelltod aus.

Dieses kurz besprochene Gebiet ist schier unüberschaubar groß, die Anzahl an alljährlich erscheinenden Publikationen ist selbst für den versierten Wissenschaftler kaum oder gar nicht zu übersehen.

4.6 Entstehung und Wachstum eines Tumors erfolgen in sequentiellen Schritten

Maligne Tumore sind, wie wir gesehen haben, in den meisten Fällen klonalen Ursprungs. Nach der von Nowell[100] entwickelten Theorie der klonalen Evolution von Tumoren erwirbt eine einzelne Zelle durch eine Mutation einen geringfügigen Wachstumsvorteil. Nach der Expansion dieses Zellklons kommt es in einer dieser Zellen zu einer weiteren Mutation, was dieser Zelle einen zusätzlichen Wachstumsvorteil verschafft. Nach weiteren Runden von Mutation und Expansion ist die Entwicklungsrichtung in einen manifesten malignen Tumor irreversibel eingeschlagen. Das Modell des klonalen Ursprungs von Tumoren über mehrere Mutationsschritte ist in der Entwicklung von kolorektalen Tumoren mittlerweile gut verstanden. Auf dem Weg über die schrittweise Entartung von zunächst gutartigen adenomatösen Vorstufen entwickelt sich schließlich ein Karzinom, wobei die verschiedenen Stadien dieser sequentiell voranschreitenden Entartungsprozesse durch spezifische hintereinander geschaltete Genmutationen markiert sind. Dieses Multistep-Modell der kolorektalen Karzinogenese wurde zuerst von Fearon und Vogelstein 1990 vorgeschlagen[101]. Die meisten kolorektalen (Dickdarm-)karzinome entstehen aus benignen Vorstufen, nämlich den Adenomen. Deren Entartungsprozesse hin zu manifesten Karzinomen finden etappenweise statt, wobei den verschiedenen Stadien und Unterstadien auf der Ebene der Zell-Morphologie entsprechende genetische Aberrationen auf molekularer Ebene klar zugeordnet werden können: Mit den Erkenntnissen von Fearon und Vogelstein lassen sich die einzelnen Schritte der Tumorigenese, d.h. die Progression von der normalen Dickdarmschleimhaut über das Stadium der Hyperplasie (Vergrößerung von Gewebe durch vermehrte Zellteilung) über die verschiedenen Stadien der Adenomformen bis zum Karzinom mit und ohne Metastasen genau verfolgen und damit auch viel besser verstehen:

Nehmen wir das Beispiel von tubulären Adenomen Stadium I, die kleiner als 1 cm und von niedrigem Dysplasiegrad sind. In den frühen Phasen der Tumorentstehung herrscht im histologischen Bild eine Art Regenerationszustand der Schleimhaut vor. Dieser Zustand ist durch Hyperproliferation, d.h. ein im Vergleich zu Normalgewebe überschießendes Wachstum von Schleimhautzellen gekennzeichnet. Diese Zellen tragen in diesem Stadium noch keine abnormen morphologischen Stigmata. Man weiß, dass an diesem hyperproliferativen Zustand ein bestimmtes Gen auf Chromosom g21 beteiligt ist, das als MCC (mutated colon carcinoma) bezeichnet wird. Dieses MSS-Gen weist bei Patienten mit kolorektalen Tumoren Punktmutationen und Deletionen auf. Bei der familiären adenomatösen Polyposis (FAP), einer angeborenen Erkrankung des Darmes, kann die Dickdarmschleimhaut von Hunderten von Schleimhautadenomen überwuchert sein, die eine beträchtliche Entartungstendenz zu einem manifesten Karzinom aufweisen. Eine Heilung ist nur möglich, wenn jene Adenome regelmäßig endoskopisch kontrolliert und abgetragen werden. Nicht selten muss bei den Betroffenen der Dickdarm komplett entfernt werden. Sowohl bei dieser angeborenen Erkrankung als auch beim sporadischen Dickdarmkarzinom sind genetische Veränderungen auf Chromosom 5q21 nachweisbar. Eine Keimbahnmutation dieses Gens konnte jedoch nicht bei Patienten mit FAP nachgewiesen werden. Zudem haben weitere Untersuchungen später zeigen können, dass ein benachbartes und strukturell sehr ähnliches Gen, nämlich das DP-2.5-Gen, das eigentlich für die FAP verantwortliche Gen ist.

Eine Chromosomenbande wie q21 enthält ca. 5-10 Millionen Basen und damit potentiell 100 Gene[102]. Das Auftreten von Adenomen ist auch oft von einer Hypomethylierung in bestimmten DNA-Abschnitten begleitet. Derartige Hypomethylierungen konnten bei Adenomen in den frühesten Stadien der malignen Transformation beobachtet werden. Der Hypomethylierung geht die genetische Instabilität parallel.

Im weiteren Verlauf der Tumorigenese können Mutationen in einem weiteren Gen identifiziert werden, nämlich k-ras-Mutationen auf Chromosom 12p. Bis zu 10% der Kolonadenome mit einer Größe von weniger als 1 cm und mehr als die Hälfte der Adenome von einer Größe von mehr als 2 cm sowie die Hälfte aller Karzinome weist k-ras-Mutationen auf.

In noch späteren Stadien und im weiteren Verlauf kommt es zum Verlust bestimmter Regionen im Bereich von Chromosom 17. Das Ausmaß dieser Verluste und Veränderungen stehen in Korrelation zur Größe des Adenoms und seiner feingeweblichen Differenzierung. Denn feingeweblich handelt es sich jetzt um deutlich geringer differenzierte Adenome mit einem entsprechend ansteigenden Dysplasiegrad (Grad I-III). Der Begriff Dysplasie kommt aus dem Griechischen, wobei „dys" mit unserem Wort „miss" und „plasein" mit „formen, bilden" gleichzusetzen ist. Der Begriff „Dysplasie" bedeutet also sichtbare strukturelle Missbildungen bzw. Veränderungen. Es gilt die Faustregel: Je höher der Dysplasiegrad, umso größer ist die Gefahr der Entartung zu einem manifesten Karzinom. Dysplastische Veränderungen sind bei ca. 25% der Adenome und in 75% der Karzinome zu beobachten. Diese morphologischen Veränderungen finden ihr Pendant in strukturellen Veränderungen auf einer speziellen Region des Chromosoms 17, nämlich im Bereich der Region p12-13. Diese Region enthält das Anti-Onkogen p53. Dieses p53 Anti-Onkogen ist das am häufigsten mutierte Anti-Onkogen in menschlichen Tumoren. Eine Schädigung von p53 hat einen Wachstumsvorteil einer Tumorzelle zur Folge. Dieses Anti-Onkogen wurde aus diesen Gründen auch als „Wächter" des Genoms bezeichnet. Es spielt eine ungemein wichtige Rolle nicht nur in der Onkologie, sondern auch im Bereich der integritätserhaltenden Systeme des Immunsystems und des Entzündungssystems. Mutationen auf Chromosom 17 haben also nicht nur einen Funktionsverlust eines zentralen Hemmers des Tumorwachstums, sondern eines wichtigen Signalgebers in allen großen integritätserhaltenden Systemen zur Folge. Ein Ausfall von p53 hat zur Folge, dass die wachstumsfördernden und wachstumshemmenden Impulse aus ihrer Balance geraten. Die Adenomzelle, die schon zuvor durch einen Schaden auf Chromosom 5 stigmatisiert worden war, ist jetzt mit zusätzlichen Wachstumsstimuli belastet, so dass eine autodynamische Beschleunigung der Prozesse einer neoplastischen Entartung immer mehr Fahrt aufnimmt.

Es sollte gezeigt werden, dass die neoplastische Evolution mit einer numerischen Zunahme der Veränderungen und Ereignisse auf der DNA korreliert ist. Je höher die Zahl der Mutationen ansteigt, umso stärker und unkontrollierter treten Wachstumsstimuli in den Vordergrund. Die Folge ist eine sich autodynamisch beschleunigende Steigerung der neoplastischen Umformungsprozesse. Die Beschleunigung des Wachstums ist von einer Minderung der Differenzierung begleitet: Je ausgeprägter die Veränderungen auf der DNA kulminieren, umso weniger differenziert präsentieren sich die feingeweblichen Muster der Geweberverbände unter dem Mikroskop. Entsprechend niedriger ist dann auch der Ordnungsgrad der Gewebe.

Die sequentielle Anhäufung von genetischen Veränderungen steuert also die Prozesse der positiven Rückkopplungsmechanismen, welche eine Beschleunigung des Wachstumsverhaltens unter der Ausprägung von immer maligneren Eigenschaften vorantreiben.

Molekularbiologische Untersuchungen dieser Art sind beileibe keine nutzlose Liebhaberei von detailversessenen Wissenschaftlern. Es hat sich vielmehr erwiesen, dass ein besseres Verständnis dieser Abnormitäten auf molekularer Ebene eine hohe prognostische Bedeutung und therapeutische Relevanz in der klinischen Umsetzung zur Folge hat: Diese Forschungen sind eindrucksvolle Belege für die Macht der Wissenschaft.

Alle Verluste auf Chromosom 17p und der Nachweis von Mutationen von p53 gelten zudem als ein Indiz für ein erhöhtes Metastasierungsrisiko. Ras-Onkogen-Mutationen können auch in Stuhlproben von Patienten mit kolorektalen Karzinomen nachgewiesen werden.

Eine Mutation von p53 ist also eine Art von Warnsignal, ein Symbol für eine drohende Lebermetastasierung. In der Chiffre einer unsichtbaren chemischen Verbindung ist die Botschaft einer bevorstehenden Lebenskatastrophe enthalten.

Die beschriebenen Prozesse führen über ein fehlreguliertes Wachstum in Kombination mit einer zunehmenden genetischen Instabilität schließlich zur Entwicklung eines bösartigen Tumors.

Dieses fehlregulierte Wachstum ist jedoch nicht per se ursächlich für die Ausprägung von weiteren Eigenschaften eines bösartigen Tumors, beispielsweise für das invasive Verhalten eines Tumors. Für solche Verhaltensweisen zeichnen wieder andere Faktoren und genetische Abnormitäten verantwortlich. In den Prozessen der Invasion und Metastasierung spielen beispielsweise solche Proteine und Enzyme eine Rolle, welche die Anhaftung von Tumorzellen an Gewebebestandteile des Wirts fördern, die in der Lage sind, Barrieren durch Proteolyse (Spaltung von Eiweiß) zu durchbrechen. Zudem spielen auch solche Mechanismen eine Rolle, welche die Fortbewegung (Migration) von Tumorzellen fördert.

4.7 Chaotische Musterbildungen in der Evolution eines Tumors

Von der systemtheoretischen Betrachtungsweise aus kann die geschilderte Multistep-Evolution einer Tumorigenese als nichtlinear voranschreitender, chaotischer Prozess bezeichnet werden: Ganz zu Beginn mag es eine geringe, kurzzeitig einwirkende Dosis einer UV-Bestrahlung an einem Strand gewesen sein, selbst ein einzelnes Strahlungsquant kann ausreichen, allererste und diskrete strukturelle Veränderungen im Bereich eines einzigen Basen-Moleküls auf der DNA zu verursachen. Solche Primärereignisse finden auf der Ebene und im Geltungsbereich der Quantenmechanik statt. In den medizinischen Fachpublikationen kursiert immer wieder die Behauptung, dass die für den Bereich der Medizin grundlegenden Prozesse ausschließlich auf der Ebene der großen Moleküle und somit außerhalb des quantenmechanischen Bereiches stattfinden würden und dass somit in der Evolution, der Betrachtung und Heilung von Krankheiten, quantenphysikalische Gesichtspunkte keine Rolle spielen könnten. Eine solche Position ist mittlerweile zu hinterfragen, ohne dass man in den Dunstkreis von Quantenheilungen oder Geistheilung gelangen könnte. Das Thema befindet sich noch weitgehend im wissenschaftlichen Neuland der Medizin. Primärereignisse im submikroskopischen, d.h. atomaren Geltungsbereich der Quantenmechanik können zu Abnormitäten in den Bindungen von Molekülen auf der Domäne eines Gens führen. Vermeintlich nur winzige und vernachlässigbare Störungen, nur minimale Veränderungen der Ausgangsbedingungen, können sekundär zu Lesefehlern führen, die sekundär zu einer lebensvernichtenden Fehlerlawine anschwellen.

Primär fehlerhafte Informationen können Selbstverstärkungsmechanismen in Gang setzen und zusätzlich noch auf andere Gene Fehler verursachend einwirken. Weiter oben wurden die ersten und quasi noch punktförmig begrenzten hyperplastischen Schleimhautproliferationen am Anfang der Tumorigenese beschrieben. Auf dieser Ebene sind die Veränderungen noch reversibel. Die in diesem Stadium ablaufenden Prozesse sind noch zeitsymmetrisch und leiten später im Gefolge von weiteren genetischen Abnormitäten in ein irreversibles Stadium über. So genannte Bifurkationspunkte markieren den Übergang vom Stadium der Zeitsymmetrie und Reversibilität in das Stadium der Irreversibilität. Die Veränderungen sind jetzt permanent vorhanden und zeigen die Tendenz zu weiteren Abnormitäten und Irregularitäten. Weitere und zusätzliche Gendefekte entstehen, was die Folge hat, dass sich die proliferative Dynamik weiter beschleunigt: Ein größeres Adenom mit einem höheren Dysplasiegrad ist entstanden. Dieses Adenom ist aber immer noch verhältnismäßig hoch differenziert und für den Pathologen vom äußeren morphologischen Aspekt her – noch – gutartig. Im Gefolge der sich verstärkenden genetischen Instabilität beschleunigt sich der hyperproliferative Prozess durch die Wirkung von positiven Rückkopplungsschleifen weiter, so dass das feingewebliche Bild unter dem Mikroskop jetzt die Muster einer geringeren Differenzierung und Ordnung im Verbund mit stärkeren dysplastischen Veränderungen aufzeigt. Morphologisch dominieren zunehmend die sich immer deutlicher markierenden Anzeichen von Verlusten an struktureller Ordnung in den Gewebeverbänden.

Die Übergänge zwischen den einzelnen histologischen Stufen entsprechen den besagten Bifurkationen. Von diesen Bifurkationspunkten aus ist keine Rückkehr zu den vorherigen, noch eher gutartigen Stufen mehr möglich. Immer mehr setzt sich eine verstärkte tumorassoziierte Wachstumsdynamik durch, die sich immer weiter von der ehemaligen physiologischen Wachstumskinetik des Ursprungsgewebes fortentwickelt. Die zunehmende genetische Instabilität, die stufenweise Anhäufung von Mutationen mit einer zunehmenden Imbalance der Aktivität von Onkogenen und Tumorsuppressorgenen und die dadurch verursachte Imbalance von wachstums- und proliferationsfördernden Enzymen und Rezeptoren auf molekularer Ebene, entwirft morphologisch, d.h.

unter dem Mikroskop die Merkmale von Verlusten an Differenzierung und Ordnung. Auf der nächsthöheren Ebene der Organe und des Organismus gewinnen immer mehr Aspekte des Tumorganzen als System im System des Organismus an Bedeutung. In diesem Stadium erkennt der Radiologe im MRT die unregelmäßig begrenzte und möglicherweise in die Umgebung infiltrierte Geschwulst und der Chirurg tastet den Tumor hinsichtlich seiner Beziehungen zu Nachbarorganen oder Gefäßen ab. Mehr und mehr gewinnen die sich mit dem Tumorwachstum auf der Ebene der Organe, ja des gesamten Organismus etablierenden Netzwerke an Bedeutung.

4.8 Krebs ist primär eine Systemerkrankung

Wie gezeigt, entwickelt sich die Karzinogenese in mehrstufigen Prozessschritten, die durch die sequentielle Anhäufung von somatischen Mutationen in einer Zelle gekennzeichnet ist. Dieser Anhäufung von Mutationen bzw. genetischen Abnormitäten gehen Veränderungen der äußeren Form parallel. Diese neuen genetischen Muster versetzen die Zelle in die Lage zu unkontrollierten Wachstums- und Teilungsverhalten und verleihen ihr die Fähigkeit, in benachbartes Gewebe eindringen zu können. Der Focus der onkologischen Wissenschaft war bisher auf die entartete Zelle, ihre molekularen Marker und auf die Signaltransduktionskaskaden innerhalb dieser Zelle ausgerichtet. Damit wurden weitreichende Erkenntnisse über die molekularen Ursachen maligner Erkrankungen gewonnen, die zur Definition der bedeutendsten Kennzeichen von Krebs, nämlich der berühmten „hallmarks of cancer", führten[103]. Aus der ausschließlich auf die isolierte Krebszelle gerichteten Betrachtungsweise sind zwar gewaltige Mengen an Informationen bezüglich der formalen Pathogenese zu gewinnen – für ein noch vertieftes Verständnis des Verhaltens eines bösartigen Tumors rücken jedoch zunehmend auch die Beziehungsstrukturen zwischen dem Tumor und dem Stromagewebe, d.h. dem umgebende Binde- und Stützgewebe, welches Blutgefäße, Lymphgefäße und Nerven enthält, in den Fokus der Wissenschaft. Tumorzellen sind keine isolierten, für sich existierenden Identitäten. Bestimmt man beispielsweise die Wachstumskinetik eines bösartigen Tumors, so bestehen erhebliche Unterschiede zwischen den in vivo bzw. den in vitro ermittelten Proliferationsraten. Eine Tumorzelle allein wäre ohne die unterstützende Wirkung eines Tumorstromas kaum fähig, ihr progressives Wachstum aufrecht zu erhalten oder gar noch zu beschleunigen. Tumorzellen suchen sich vielmehr Verbündete und rekrutieren zu diesem Zweck normale, gesunde Zellen aus dem Entzündungssystem oder sie gewinnen die Kontrolle über Zellen, beispielsweise Endothelzellen, welche über die Fähigkeit verfügen, neue Blutgefäße bilden können. Ohne das Verständnis der komplexen Interaktionen eines Tumors mit seiner Umgebung, ja dem gesamten Organismus, sind weder die biologischen Grundlagen noch das Verhalten eines Tumors im klinischen Raum hinreichend zu erklären. Wir wissen heute, dass der Evolution eines Tumors eine Evolution des Stromas parallel geht[104]. Die Signale zwischen Tumorzelle und Stromazelle finden über Zell-Interaktionen statt[105]. Das Tumorstroma zeigt eindeutige Auswirkungen auf den Verlauf von Krebserkrankungen. Bemühungen zu einem vertieften Verständnis des Zusammenspiels der Signal- und Netzwerke zwischen Tumor und dem Stroma des Wirtes stellen ein modernes und vielversprechendes Gebiet in der Krebsforschung dar. Im Zentrum dieser neuen Forschungsrichtungen stehen Untersuchungen der informatorischen Netzwerke zwischen Tumor und Wirt, die spezifischen Kommunikationswege zwischen Tumor und Mikroenvironement. In diesem Kontext ist die Aktivität von Proteinasen und speziellen Aktivatoren von Interesse, welche die Grundsubstanz und die Membranen des umgebenden Stromas aufzulösen vermögen. Ein besseres Verständnis der molekularen und zellbiologischen Interaktionen eines Tumors mit dem Stroma könnte somit ein vielversprechendes Potential für die Entwicklung von neuen und zielgerichteten Therapien darstellen. Den Hauptanteil aller bösartigen soliden Tumoren (ca. 90%) stellen die Karzinome dar, die nicht ausschließlich aus malignen Zellen bestehen, sondern auch aus einem variablen Anteil an Stroma-Zellen, so zum Beispiels den Zellen des Immunsystems, den Zellen des Binde- und Stützgewebes, d.h. der Fibroblasten oder auch aus den muskelfaserbildenden Myofibroblasten. Hinzuzurechnen wäre die aus komplexen Makromolekülen aufgebaute Grundsubstanz, Matrix genannt. Hinzu kommt eine ganze Reihe weiterer Enzyme, welche mit einer Vielzahl von Proteinen interagieren sowie die große Zahl von Wachstumsfaktoren und Mediatoren aus dem Entzündungssystem, beispielsweise die Zytokine. Das Tumorstroma verfügt über das Potential praktisch aller Aspekte der Tumorentwicklung, der Tumorprogression und damit auch der therapeutischen Ansprechbarkeit. Zwischen einem Tumor, seiner Matrix und den Stromazellen existieren vielschichtige Signalwege. So gestaltet sich die Versorgung eines Tumors mit den für seine Ernährung dringend benötigten Blutgefäßen zunächst einmal richtiggehend chaotisch, wobei die gebildeten Gefäßwände löchrig und durchlässig sind. Dadurch sickern ständig Flüssigkeit und Gerinnungsfaktoren aus dem Blutstrom in das Tumorgewebe ein[106]. Manche Tumorzellen sezernieren auch einen speziellen Wachstumsfaktor 8 („platelet-derived growth factor"), der Fibroblasten aktiviert und zur Teilung anregt. Fibroblasten stellen den Hauptbestandteil des Bindegewebes dar und spielen eine wichtige Rolle bei der Synthese der Grundsubstanz. In der Tumor-Stroma-Interaktion übernehmen sie eine Hauptrolle. So produzieren sie in großer Anzahl einen Wachstumsfaktor, der die Bildung von Blutgefäßen anregt. Sie produzieren dabei weitaus mehr an Wachstumsfaktoren als die Tumorzellen selbst. Es wurde die Vermutung geäußert, dass diese Fibroblasten ein intrinsisches Programm abwickeln würden, das von den Tumorzellen aktiviert worden sei. Es scheint jedoch wahrscheinlicher zu sein, dass hier Prozesse analog zu der physiologischen Wundheilung ablaufen. Im Verlaufe einer Wundheilung werden nämlich in großer Anzahl Fibroblasten gebildet, die nach Abschluss der Wundheilung durch Apoptosemechanismen wieder eliminiert werden. Möglicherweise könnten Tumorzellen dagegen permanente Stimuli für die Bildung von Fibroblasten aussenden. Aus diesen Gründen wurde das Karzinom mit einer Wunde gleichgesetzt, die niemals heilt[10].

Der so genannte Tumor-Nekrose-Faktor α (TNF- α) ist ein potenter Mediator im Entzündungssystem. Vor vielen Jahren wurde im Tierexperiment die Beobachtung gewonnen, dass dieser Faktor Nekrosen im Tumorgewebe induzieren konnte. Dies nährte die Hoffnung, dass damit eine Substanz zur Zerstörung der Tumoren gefunden worden sein könnte[108]. Diese Erwartungen blieben allerdings aufgrund der massiven Toxizität von systemisch angewandtem TNF bislang auf weite Strecken unerfüllt[109]. Dieser Botenstoff wird von diversen Zelltypen produziert, so zum Beispiel von Makrophagen (Fresszellen), T-Lymphozyten, Granulozyten, natürlichen Killerzellen und neben weiteren auch von Nervenzellen und er zeigt deshalb ein breites Wirkungsspektrum. In der Rheumatherapie sind seit vielen Jahren Hemmer dieses Tumornekrosefaktors im klinischen Einsatz, die aufgrund ihrer antientzündlichen Wirkung zwischenzeitlich eine enorme Bedeutung erlangt haben. Dieser Botenstoff wird gleichermaßen auch von Krebszellen gebildet. So wurden bei Patienten mit prognostisch ungünstigen Tumoren erhöhte Konzentrationen von TNF im Blut gefunden. Bei einigen Tumortypen verdichteten sich die Hinweise, dass TNF fördernd auf das Tumorwachstum, auf Invasivität und die Metastasierung einwirken könnte[110]. Diese und weitere Befunde sprechen nachdrücklich für enge Zusammenhänge zwischen Entzündung und Tumorproliferation. Tumor-Fibroblasten weisen zudem ein spezielles proinflammatorisches Genexpressionsprofil auf und locken große Fresszellen aus dem Entzündungs- und Immunsystem an. Diese induzieren die Bildung weiterer Entzündungsmediatoren (Interleukine)[111].

Die im Rahmen des Tumorwachstums aktivierten Fibroblasten beginnen sich zu teilen und Kollagen, Bindegewebsfasern, zu synthetisieren. Ein Teil dieser Zellen differenziert sich weiter zu Zwischenzellen zwischen glatten Muskelzellen und Fibroblasten aus, nämlich den Myofibroblasten, die auch bei Wundheilungsprozessen eine wichtige Rolle spielen.

Eine gängige Hypothese besagt auch, dass die aktivierten Stromakomponenten ununterbrochen Signale an die Tumorzellen aussenden könnten, welche auf diesen Dauerbeschuss von Signalen mit Proliferation, Migration, Wanderung, Invasion, reagieren. In positiven Rückkopplungsschleifen würden wiederum Signalketten von der Tumorzelle an diese Stromazellen zurückgesendet. Im Beziehungsgefüge mit seiner Umwelt etabliert ein Tumor einen intrinsischen Dynamo, einen Schwungkreis, aus dessen innerer Dynamik heraus sich die Proliferationsdynamik immer weiter beschleunigt. Tumoren scheinen in der Tat eine Art von malignen Organen zu sein, deren Komplexität dem Aufbau eines gesunden Organs durchaus ähnlich ist.

Das Verhalten eines Tumors ist somit nicht ausschließlich aus dem Verhalten der einzelnen Tumorzellen und auch nicht aus dem Zusammenwirken der Tumorzellen miteinander hinreichend zu erklären. Vielmehr wird das Verhalten eines Tumors ganz wesentlich durch das Zusammenwirken mit seiner Umgebung bestimmt. Tumorzellen sind somit in unterschiedliche Systeme von Netzwerken eingebunden. Sie erhalten aus den unterschiedlichsten Systemen Informationen. Maligne Tumoren sind orchestrierte Organisationen, sie proliferieren nach einer Partitur, sie folgen dem Taktstock von Proliferation, Invasion und Metastasierung eines dunklen Dirigenten und sie orchestrieren sich im Übrigen selbst. Das, was sie vortragen, sind komplexe Klanggebilde.

4.9   Ausgewählte bösartige Tumore und ihre molekularen Grundlagen

Einige Tumorgene zeigen Abnormitäten schon in der Keimbahn. In derartigen Fällen spricht man von einer angeborenen Disposition für eine später mögliche Tumorerkrankung. Mittlerweile ist eine nahezu unüberschaubare Anzahl von unterschiedlichen Mutationen bekannt und man geht davon aus, dass es kein Karzinom gibt, dessen Mutationsspektrum mit einem anderen Karzinom exakt übereinstimmen würde. Es wurde gesagt, dass Tumorgene an der Entstehung von Krebs beteiligt sind, es gibt aber kein Gen, das alleine und ganz ohne die Mitwirkung von anderen Genen Krebs verursachen würde. Krebs entsteht also aus einem Zusammenwirken von Tumorgenen und weiteren Faktoren heraus. Die große Mehrzahl der Tumorgene kodiert Proteine, die dementsprechend als Tumorproteine bezeichnet werden. Manche Tumorgene kodieren auch RNA-Moleküle.

Die meisten Leukämien, aber auch andere bösartige Erkrankungen des Lymphsystems, weisen spezifische genetische Abnormitäten auf, so zum Beispiel den Verlust von Genen oder Genteilen, was als Deletion bezeichnet wird. Gene können auch von einem Chromosom auf ein anderes übertragen werden, was als Translokation bezeichnet wird. Zuerst entdeckt wurde das bei chronisch-myeloischen Leukämien häufig nachweisbare Philadelphia-Chromosom (Ph1), das auf der Translokation meist von Chromosom 22 auf Chromosom 9 beruht. Als Folge dieser Translokation erscheint Chromosom 22 leicht verkürzt. Das Gen auf Chromosom 9 kodiert für eine Tyrosinkinase, die, wie wir weiter oben schon gesehen haben, eine zentrale Rolle in der zellulären Wachstumsregulation spielt. Im Gefolge der Translokation entsteht ein neues Fusionsgen auf Chromosom 9, das eine permanente Aktivierung dieser Tyrosinkinase initiiert. Diese Dauerstimulation führt zu einer vermehrten Bildung von weißen Blutkörperchen im Knochenmark. Darunter werden auch viele unreife Vorläuferzellen dieser weißen Blutkörperchen in das periphere Blut ausgeschüttet. Die beschriebenen genetischen Veränderungen sind in über 90% bei einer chronisch-myeloischen Leukämie CML nachweisbar. Das Ph1-Chromosom stellt somit einen zuverlässigen Marker dieser Krankheit dar. Die wenigen Fälle dieser Erkrankung, wo dieses Ph1-Chromosom fehlt, neigen zur Therapieresistenz und haben eine schlechte Prognose[112].

Auf der molekularen Ebene führen abnorme Veränderungen eines molekularen Signalgebers auf dem Chromosom 9 somit zur Aussendung eines fehlerhaften Signals an einen membranständigen Controller, in diesem Fall an eine Tyrosinkinase. Dies hat auf der makroskopischen Ebene der Organe die Manifestation einer oftmals tödlichen Erkrankung zur Folge. Aus der Perspektive einer synergetischen Betrachtungsweise heraus wurde der in Gestalt des Enzyms Tyrosinkinase physiologisch agierende Ordnungsparameter „kontrollierte Zellproliferation" durch einen neuen und fehlerhaften Kontrollparameter „Daueraktivierung der Tyrosinkinase" ersetzt bzw. versklavt. Das regulierte System von Kontroll- und Ordnungsparameter ist vollständig aus der Balance und in einen neuen Systemzustand eingeschwenkt. Der Zustandsvektor des vorher in physiologischen Grenzen arbeitenden Systems der Blutbildung im Knochenmark ist verzerrt. Das Knochenmark schüttet in großer Anzahl unreife und funktionell minderwertige Zellen des weißen Blutzellsystems in das periphere Blut aus, während gleichzeitig die Synthese von roten Blutkörperchen vermindert ist. Immer mehr geraten weitere für die Integrität des Organismus lebenswichtige Systeme aus der Balance, beispielsweise das lymphatische Abwehrsystem, das System der Blutgerinnung und weitere Systeme. Werden diese Prozesse durch eine aggressive Chemotherapie, ggf. kombiniert mit einer Stammzelltransplantation, nicht gestoppt, so führt diese Erkrankung unweigerlich zum Tode.

Der Ausgangspunkt dieser schweren und bedrohlichen Erkrankung liegt somit in einer fehlerhaften Information auf der Ebene der Gene, in einer fehlerhaften Signalgebung, oder unkorrekterweise umgangssprachlich ausgedrückt, in einem falschen „Befehlswort" auf der DNA. Dieses falsche „Wort", diese falsche Ansage, dieser Programmierungsfehler an einer für das Textverständnis entscheidenden Stelle führte zu einer semantischen Verzerrung von größeren Textpassagen, mit deren Programmatik ein Weiterleben nicht gewährleistet werden konnte. In diesem Zusammenhang wäre

„Heilung" durch Chemotherapie und Stammzelltransplantation als ein „Löschen" und neues Überschreiben dieser Textfehler zu verstehen. Nachdem die Enthemmung der Aktivität der Tyrosinkinase als eine der Ursache für die massenhafte Proliferation von weißen Blutkörperchen gesichert werden konnte, sind mittlerweile Antikörper im klinischen Einsatz, die spezifisch gegen diese enthemmte Tyrosinkinase gerichtet sind: Der Antikörper „Imatinib" bindet sich an das aktive Zentrum des Enzyms, wodurch die Proliferation der Leukämiezellen gebremst und ihre Apoptose induziert wird. Die Therapie mit Tyrosinkinaseninhibitoren gehört heute zum Standardrepertoire der CML.

„Therapie", „Heilung" als Renormierungsprozess eines aus der Kontrolle geratenen Kontrollparameters aus synergetischer Sicht.

Therapie als Wiederherstellung der Balance zwischen Proliferation und Apoptose aus kybernetischer Sicht.

Therapie als Remodellierung von Trajektorien in Richtung auf ihren ursprünglichen physiologischen Attraktor aus chaosdynamischer Sichtweise.

Bei bestimmten Lymphomtypen, nämlich dem Burkitt-Lymphom, ist für die neoplastischen Zellen eine Translokation zwischen Chromosom 8 und 14 typisch, weniger häufig zwischen Chromosom 8 und2 oder 22.

Bei einem sehr bösartigen Tumortyp im Kindesalter, nämlich dem Wilms-Tumor, einem embryonalen und schnell wachsenden Mischtumor der Nieren mit einem Häufigkeitsgipfel zwischen dem zweiten und dritten Lebensjahr und dem Retinoblastom, einem bösartigen Tumor der Netzhaut, wurden Chromosomenanomalien mit Verlusten von Genen auf Chromosom 11 bzw. 13 nachgewiesen. Die Entwicklung dieser bösartigen Tumoren steht möglicherweise auch mit dem Verlust von Tumorsuppressorgenen in Verbindung.

Aus der voranschreitenden Erkenntnis von molekularen Schlüsselmechanismen von hereditären (erblichen) Tumoren können mittlerweile wirksame biologisch-rationale Therapiestrategien abgeleitet werden und darüber hinaus auch die Grundlagen für die Möglichkeiten einer prädiktiven Diagnostik verbreitert werden. Dennoch ist die Kenntnis der grundlegenden molekularen Mechanismen bei den verschiedenen Tumoren noch weithin bruchstückhaft. Noch schwieriger stellt sich die Aufgabe dar, aus dem gewonnenen Wissen therapeutische Strategien abzuleiten, die in Zukunft spezifisch auf die individuellen Patienten abgestimmt sein sollen. Auch der Nachweis von tumorauslösenden Viren, wie etwa dem HPV-Virus (Human Papilloma Virus), könnte in Zukunft über weitere Impfstrategien neue therapeutische als auch präventive Optionen eröffnen.

Die Medizin befindet sich derzeit in einer Phase der intensiven Entwicklung von vielen solcher biologisch-rationalen Therapeutika und es steht durchaus zu erwarten, dass daraus weitere und noch eindrucksvollere Prognoseverbesserungen resultieren werden.

Rezeptoren für Wachstumsfaktoren finden sich oft und in großer Zahl auf den Membranen von Tumorzellen. Einer dieser Wachstumsfaktoren wird – wie oben schon angesprochen – auch epidermaler Wachstumsfaktor genannt. Als Epidermis wird die obere Schicht der Haut bezeichnet. Ein Rezeptorprotein für diesen Wachstumsfaktor, wiederum eine Tyrosinkinase, ist auf der Zellmembran lokalisiert und wird deshalb als „Epidermal Growth Factor Receptor" (EGFR) bezeichnet. Eine Überexpression dieses Rezeptoreiweißes ist in vielen Tumoren nachgewiesen worden und liegt bei 33-50% aller soliden Tumoren in fehlregulierter Form vor, d.h. in vermehrter Anzahl ausgebildet oder auch in permanent aktiver Form. Dieser fehlregulierte Rezeptor ist beispielsweise bei Lungen-Harnblasen-Brustdrüsentumoren sowie in Tumoren der Mundschleimhaut nachweisbar. Dieser Rezeptor hat die Funktion eines Proto-Onkogens. Eine Hemmung dieses Rezeptors versucht man sich therapeutisch zunutze durch die Entwicklung von verschiedenen Inhibitoren zu machen oder durch Versuche, die über diesen fehlregulierten Rezeptor vermittelnden Signalwege zu löschen.

Eine große molekularbiologische Ähnlichkeit zu diesem Rezeptor weist ein bei Mammakarzinomen maßgeblicher Rezeptor auf, nämlich der HER2-Rezeptor. Dieser Rezeptor ist in Tumorzellen für die Dominanz von Signalwegen verantwortlich, die in normalen Zellen eher eine untergeordnete Rolle spielen, beispielsweise Signalwege für die Motilität, d.h. für die Wanderung von Zellen. Bei ca. 55.000 Patienten wird jedes Jahr ein Mammakarzinom diagnostiziert. Bei 15-20% dieser Fälle findet man eine familiäre Häufung. In ca. 20-25% der Patientinnen muss davon ausgegangen werden, dass eine Keimbahnmutation in einer Genfamilie vorliegt, nämlich den BRCA1- und dem BRCA2-Genen. In diesen betroffenen Familien besteht eine hohe Prädisposition für Brustkrebs aber auch für Eierstockkrebs (Ovarialkarzinom). In der Mehrzahl, d.h. in bis zu 40%, handelt es sich um Mutationen des BRCA1-Gens und in bis zu 30% um Mutationen des BRCA2-Gens. Diesen genannten Genen kommen wichtige Funktionen im Erhalten der genomischen Stabilität zu. So ist BRCA1 an der DNA-Reparatur und an den Checkpoints des Zellzyklus maßgeblich beteiligt. BRCA1 interagiert mit weiteren, an den Checkpoints kontrollierenden Wächtern, beispielsweise mit p53 und noch anderen Inhibitoren. Ein Funktionsverlust dieser Gene lässt Zellen mit einer genomischen Instabilität überleben, was zur Transformation und zur Entwicklung von maligne entarteten Zellen führen kann.

Eine Gruppe von vererbten Karzinomen bzw. deren Vorstufen, werden als „chromosomale oder DNA-Instabilitätssyndrome" bezeichnet. Es handelt sich hierbei um Krankheitsbilder mit einem hohen Entartungsrisiko aufgrund von defekten DNA-Reparaturmechanismen. Daraus ergibt sich eine erhöhte Anfälligkeit, allgemein an einem Krebsleiden zu erkranken. Zu dieser Gruppe zählt beispielsweise das Xeroderma pigmentosum, eine Hautkrankheit, die mit einer großen Anfälligkeit für sonnenlicht-induzierte Melanome einhergeht, oder die Basaliome oder die Plattenepithelkarzinome der Haut.

Der Anteil der Vererbung an der Gesamtmenge menschlicher Neoplasien dürfte kaum genau zu beziffern sein. Schätzungen gehen von ca. 5% rein genetisch bedingter Neoplasien aus[113]. Der Rest der Tumoren müsste dann durch Umweltfaktoren in Kombination mit genetisch bedingten Prädispositionen oder durch spontane Mutationen hervorgerufen werden.

4.10 Zur Rolle von Umweltfaktoren in der Entstehung von Neoplasien

Man weiß, dass für das definitive Auslösen von vielen Neoplasien ein zusätzliches Einwirken von Umweltfaktoren erforderlich ist. Chronische regenerative Umbauvorgänge der Leber mit einem erhöhten proliferativen Zellumsatz nach einer Hepatitis oder im Gefolge eines chronischen Alkoholabusus mit Übergang in eine Leberzirrhose stellen präneoplastische Zustände mit einem erhöhten Entartungsrisiko dar. Ca. 80% der hepatozellulären Karzinome (Leberzellkarzinom) entstehen auf dem Boden einer zirrhotisch umgebauten Leber. Bronchialkarzinome entwickeln sich oft auf dem Boden von chronisch-entzündlichen Schleimhautveränderungen im Bereich des chronisch entzündlichen Bronchialsystems der Raucher. Eine unüberschaubare Anzahl von aus der Umwelt einwirkenden Faktoren, wie Strahlenenergie, chemische Schadstoffe oder Viren sind in der Lage, Zellen zur malignen Transformation anzuregen. Nach einer Studie der WHO dürften sogar in über 70% der Malignome Umweltfaktoren zumindest mitbeteiligt sein, davon in 90% körperfremde Chemikalien. Der Pilz Aspergillus flavus, der sich häufig auf verunreinigten Lebensmitteln nachweisen lässt, produziert das Gift Aflatoxin, das leberschädlich ist und im Tierversuch Lebertumoren erzeugen kann. Nitrosamine sind potente Karzinogene und erzeugen im Tierversuch schon in geringen Dosen bösartige Tumoren, vor allem im Bereich der Speiseröhre und der Leber. Zu den bekanntesten Umweltgiften zählen die polyzyklischen aromatischen Kohlenwasserstoffe aus fossilen Brennstoffen, aber auch Bestandteile von Mirkoorganismen und Pflanzen. Arbeiter, die langjährig Teerdämpfen, Chromstaub und Nickel ausgesetzt sind, erkranken überdurchschnittlich häufiger an Lungenkrebs als andere Personen. Längerdauernde Asbestexposition kann gehäuft zu Pleuramesotheliomen führen. Aromatische Amine, wie Anilin, erhöhen die Inzidenz von Harnblasenkarzinomen. Diese Reihe der Umweltfaktoren könnte ad libidum fortgesetzt werden.

4.11 Bemerkungen zum molekularen Ablauf der chemischen Karzinogenese

Der Ablauf der chemischen Karzinogenese erfolgt etappenweise in mehreren Schritten. Im ersten Schritt muss ein Kontakt des Karzinogens mit der Zelle in genügend hoher Dosis erfolgen. Im Verlauf der Karzinogenese wandeln sich die Pro-Karzinogene in ihre ultimative Karzinogenität um. Diese Prozesse der Umwandlung finden oft in mehreren Schritten vom Prokarzinogen zum eigentlichen Karzinogen statt. Die ultimativen Karzinogene sind alle elektrophil, d.h. ihnen fehlen Elektronen; damit sind sie hoch reaktiv und sie verhalten sich aggressiv gegen Strukturen der Zielzellen. Sie sind in der Lage, sich direkt, d.h. ohne Zwischenschaltung von Enzymen an die DNA oder die RNA oder auch an zelluläre Proteine anzuheften. Diese Prozesse haben oftmals eine schwere Zellschädigung oder sogar den Untergang der betroffenen Zelle zur Folge. Zu der Familie von solchen direkt wirkenden chemischen Karzinogene zählen die alkylierenden Substanzen, darunter fallen auch einige in der Krebsbehandlung eingesetzte Chemotherapeutika, beispielsweise das Cyclophosphamid. Zur Bekämpfung von Krebs werden also hoch aggressive chemische Karzinogene eingesetzt. Krebsbehandlung ist eine Chimäre.

Zu denjenigen Karzinogenen, die über schrittweise metabolische Umwandlungen aus Prokarzinogenen entstehen, zählen die schon weiter oben genanten polyzyklischen Kohlenwasserstoffe. Der karzinogene Wirkungsgrad dieser Substanzen, beispielsweise von 1,2 Benzanthrazen, von 1,2 Benzypren, von Dibenzyran und anderen, hängt nicht allein von der toxischen Reaktionsfähigkeit der elektrophilen Derivate, sondern auch vom Ausmaß ihrer metabolischen Aktivierung bzw. Inaktivierung ab. Im Zellkern, daneben auch in weiteren Kompartimenten der Zelle können Enzymsysteme nachgewiesen werden, welche in der Lage sind, die meisten gängigen Karzinogene zu metabolisieren. Hierunter zählen die Zytochrom P-450-abhängigen Monooxygenasen, welche eine ganz maßgebliche Rolle an der oxidativen Entgiftung von Chemikalien spielen. Im Verlauf dieser oxidativen Entgiftungsprozesse können sich andererseits aber Zwischenprodukte von hoher kanzerogener Potenz anhäufen. In diesem Zusammenhang fand man beispielsweise heraus, dass einige Schlafmittel aus der Barbituratreihe (Phenobarbital) eine aktivierende Wirkung auf diese Enzymsysteme aufzeigen und somit zumindest im Tierversuch begünstigend auf die Tumorbildung einwirken können.

Karzinogene können sich also direkt oder indirekt über ihre Derivate an die DNA der Zelle heften, den genetischen Code verändern und auf diesem mutagenen Weg die maligne Transformation einläuten, wenn diese abnormen Veränderungen auf der DNA nicht durch die zellulären Reparatursysteme korrigiert werden konnten. Nach der Transformation einer normalen Zelle in eine neoplastische Zelle kann eine solche transformierte Zelle unter Umständen noch lange Zeit und ohne wesentliche Proliferationsaktivität als so genannte „schlafende Tumorzelle" („dormant tumor cell") verharren. Der Übergang in ein makroskopisch erkennbares Neoplasma wird schließlich durch eine Vielzahl von Faktoren gehemmt oder gefördert. Eine aktivierende Promotionswirkung kommt dabei chronischen Wunden mit der in ihnen erhöhten Proliferationsaktivität zu. Diese Prozesse spielen in der Entwicklung eines Magenkarzinoms aus einem chronischen Magenulcus eine Rolle. In Tierversuchen konnte auch der Nachweis erbracht werden, dass wiederholte Wundsetzungen die karzinogene Wirkung von polyzyklischen Kohlenwasserstoffen auf die Haut von Mäusen erhöhte.

Eine mutagene Wirkung von ionisierenden Strahlen ist für die Zellen aller Lebewesen nachgewiesen. Die Einwirkung von ionisierenden Strahlen hat eine Anhäufung von Strangbrüchen auf der DNA zur Folge, die der Organismus zu überbrücken versucht. Unter dem Elektronenmikroskop findet man als Folge dieser Reparaturversuche oft bizarre Muster von abnorm wieder vereinigten Strangfragmenten. Man hat errechnet, dass innerhalb eines bestimmten Dosisbereiches die Anzahl der einfachen Chromosomenbrüche annähernd linear mit der Strahlendosis ansteigt. Schwerere Schäden mit entsprechend komplexeren, d.h. zwei Chromosomenbrüchen oder mehr, nehmen mit dem Quadrat der Strahlendosis zu. Es ist zudem keine untere Schwellendosis bekannt, unter der keine mutagene Wirkung von Bestrahlungen mehr vorkommen könnte. Dabei lassen sich schon erste Chromosomenaberrationen schon wenige Stunden bis Tage nach einer Bestrahlung nachweisen. Nach Erreichen eines Maximums nimmt ihre Zahl mit der Zeit aber wieder ab.

Nachdem einmal der Nachweis gelungen war, dass Geflügelleukämien durch zellfreie Extrakte und mit der Isolierung eines RNA-Tumorvirus aus einem Hühnersarkom (Rous 1911) übertragen werden konnten, ist zwischenzeitlich der Nachweis der karzinogenen Rolle von Viren in einer ganzen Reihe von bösartigen Tumoren gelungen. Beim Menschen ist nicht nur aus ethischen Gründen die Virusätiologie von Karzinomen nur schwer schlüssig nachzuweisen: Denn gesundheitsgefährdende Experimente am Menschen sind grundsätzlich abzulehnen und zudem zeigen onkogene Viren eine ausgeprägte Spezifität. Aus neoplastischen Geweben lassen sich ganze Kolonien von verschiedensten Viren isolieren, wobei deren Rolle in der Entwicklung des Tumors oft nicht geklärt werden kann. Man unterscheidet onkogene DNA-Viren von RNA-Viren. Zahlreiche weitere potentielle kanzerogene Faktoren wären anzuführen, beispielsweise Hormone und andere.

4.12 Invasion und Metastasierung

Voraussetzung für Invasion und Metastasierung ist die Zerstörung der natürlichen Barrieren, d.h. Zell- und Gefäßwände. Bösartige Tumore respektieren keine Grenzen der Gewebekompartimente. Zeichen eines invasiven Verhaltens stellen zuverlässige Indizien für Malignität dar. Am Vorgang von Invasion und Metastasierung sind vor allem Proteine beteiligt, welche die Anhaftung der Tumorzelle an zelluläre und extrazelluläre Matrixbestandteile zu fördern vermögen oder auch Proteine, welche die Proteolyse (Spaltung von Eiweißen) im Bereich der Wirtsbarrieren stimulieren. Unter dem Mikroskop sind oft schon wenige Stunden nach dem Kontakt von Tumorzellen mit einer biologischen Membran an dieser Stelle strukturelle Auflösungsmechanismen zu beobachten. In diesem Bereich ist eine hohe Aktivität von eiweißauflösenden Enzymen, d.h. Proteinasen nachweisbar[114].

Darüber hinaus muss die Fähigkeit der Wanderung von Tumorzellen durch die Membran hindurch und die Koloniebildung gefördert werden.

Die bei diesen Prozessen wirksamen Enzyme sind auch im physiologischen Zustand aktiv. Ihre potentiell selbstzerstörerische Wirksamkeit ist unter Normalbedingungen jedoch durch andere, antagonistisch wirkende, Proteine, ausbalanciert bzw. neutralisiert.

Den Prozessen von Invasion und Metastasierung liegen also aus der Balance geratene Gleichgewichtszustände von sich gegenseitig regulierenden und kontrollierenden Systemen zugrunde. Dies hat zur Folge, dass das aus dem Gleichgewicht geratene System beginnt, sich selbst zu zerstören. Auch die Prozesse von Invasivität und Metastasierung finden etappenweise und in Kaskaden von miteinander vernetzten sequentiellen Schritten statt, die auch mit einer Vielzahl von Wechselwirkungen zwischen den Tumorzellen und dem Wirtsorganismus einhergehen. So muss eine Tumorzelle die Fähigkeit erwerben, in das örtliche Stroma der Umgebung einzudringen, dort Anschluss an das ortsständige Gefäßsystem zu erreichen, um auf diesem Blutweg in ein entferntes Zielorgan gelangen zu können. Dort muss das Gefäßsystem aber wieder verlassen werden. Erneut müssen also die Gefäßwände durchbrochen werden und im Zielgebiet wird schließlich eine Tochterkolonie aus Tumorzellen aufgebaut. Damit eine metastatische Kolonie heranwachsen kann, muss für eine ausreichende Gefäßversorgung für den Transport von Nährstoffen zu der Tochterkolonie gesorgt werden. Über den Weg der neu gebildeten Gefäße können sich die Tumorzellen wieder Zutritt in die Zirkulation verschaffen, um an einem anderen Ort wieder andere Metastasen zu setzen. Diese Prozesse stellen Beispiele für eine positive Rückkopplungsmechanismus dar: Metastatische Zellen sorgen für die Neubildung von Blutgefäßen, um so eigene Vehikel zu bauen, mit denen sie an anderen Orten neue Metastasen bilden können. Nur ein sehr kleiner Prozentsatz der Tumorzellen, d.h. weniger als 0,1% der zirkulierenden Tumorzellen ist überhaupt imstande, metastatische Kolonien zu bilden. Metastasierende Tumorzellen missachten also die soziale Ordnung von Kompartimenten und Grenzen innerhalb von Geweben und dringen in andere Gewebeverbände ein.

4.13 Tumoren und Chaotische Dynamik, Turbulenzen und Nichtgleichgewichtszustände

Wir hatten weiter oben dargestellt, dass bei einer schnell wachsenden Zelle ein Zellzyklus ca. 24 Stunden dauert. Dabei entfallen auf die G1-Phase 6-12 Stunden, auf die S-Phase 6-8 Stunden, die G2-Phase 3-4 Stunden und auf die Mitose 0,5 bis 1 Stunde. Ausdifferenzierte Zellen können den Zellzyklus verlassen, in die so genannte G0-Phase eintreten und sich anschließend nicht weiter teilen, beispielsweise die Nervenzellen und Muskelzellen. Diese einzelnen Phasen des Zellzyklus sind exakt aufeinander abgestimmt und die entsprechenden Etappen des Zellzyklus werden an Kontrollpunkten (Checkpoints/Restriction points) überwacht, ob beispielsweise eine ausreichende Zellgröße erreicht ist, ob ausreichende Substrate für die Bildung von Nukleinsäuren vorhanden sind, ob möglicherweise DNA-Schäden vorliegen, oder ob die DNA erfolgreich und fehlerfrei repliziert wurde. Auf molekularer Basis ist unter physiologischen Bedingungen somit ein stringentes Fehler- und Komplikationsmanagement etabliert. Die Kontrollpunkte funktionieren somit als Controller in einem straffen rückgekoppelten Regelsystem. Das System von Zellerneuerung und Zellverlust funktioniert bedarfsgerecht und ist in Balance.

In der klinischen Praxis ist die Frage durchaus von Bedeutung, wie groß der Zeitraum vom Beginn des Tumorwachstums bis zum klinischen Nachweis zu bemessen ist. Unter der Vorstellung, dass es sich um eine monoklonal transformierte Zelle mit einem Ursprungsdurchmesser von 10 µm handelt, so müsste diese Ursprungszelle mindestens 30 Verdopplungszyklen durchlaufen haben, um ein Gewicht von 1 g, entsprechend 10^9 Zellen zu erreichen. 1 g Tumormasse entspricht in etwa der kleinsten, klinisch nachweisbaren Gewebemasse. Von diesem Stadium von 1 g Tumormasse ausgehend sind 10 weitere Verdopplungszyklen erforderlich, um einen ca. 1 kg schweren Tumor, bestehend aus jetzt 10^{13} Zellen zu entwickeln. Solche Schätzungen sind grobe Schätzungen und sie setzen beispielsweise voraus, dass der sich entwickelnde Tumor seine Proliferations- und Teilungsaktivität im Verlaufe der Zeit unverändert beibehält und dass alle Zellen am Leben bleiben. Diese beiden Punkte beziehen sich aber auf Voraussetzung, die in Wirklichkeit so nicht umgesetzt werden. Denn mit zunehmendem Tumorwachstum ist die Dynamik der Proliferationskinetik rückläufig und zudem weisen schneller wachsende Tumoren oft mehr oder weniger große Nekrosebezirke auf. Ein Neoplasma entspricht somit keineswegs in allen Punkten einem gänzlich ungebremst arbeitenden Dynamo. Zum Zeitpunkt der Diagnosestellung hat ein bösartiger Tumor die längste Zeit seines Lebens schon hinter sich.

Der Zellzyklus neoplastischer Zellen kann ebenso wie der Zellzyklus normaler Körperzellen in verschiedene Stadien eingeteilt werden. Obwohl man im Allgemeinen annehmen möchte, dass sich neoplastische Zellen schneller teilen würden als normale Zellen, so weisen zellkinetische Untersuchungen eher auf das Gegenteil dessen hin. So wurden in Untersuchungen verschiedener akuter Leukämien und solider Neoplasmen DNA-Syntheseraten von ca. 20 Stunden und für den gesamten Zellzyklus eine Dauer von immerhin rund 60 Stunden ermittelt[115]. Man darf daraus schließen, dass das Tumorwachstum im Allgemeinen nicht mit einer zeitlichen Verkürzung des Zellzyklus einhergeht[116]. Der Anteil der neoplastischen Zellen im proliferativen Pool wird als Wachstumsfraktion (growth fraction) bezeichnet. Er beträgt ca. 2-8% für viele solide Neoplasmen und ist damit weitaus kleiner als beispielsweise im gesunden Darmtrakt ein Anteil von ca. 16% proliferativer Darmepithelien (Schleimhautzellen, welche die Innenseite des Magen-Darm-Traktes auskleiden). Nur bei sehr rasch wachsenden Neoplasmen liegt der proliferative Anteil mit ca. 20% deutlich höher – beispielsweise bei hochgradig malignen Lymphomen und Leukämien. Bei Tumoren in der präklinischen Phase wurden gleichfalls sehr hohe Wachstumsfraktionen von bis zu 30% ermittelt. Die Mehrheit der Zellen eines Neoplasmas gehört also normalerweise nicht dem proliferativen Pool an. Die progressive Größenzunahme von Neoplasmen ist vielmehr durch das Ungleichgewicht zwischen Zellproduktion und Zellverlust erklärt.

Bei den Neoplasmen ist also das Gleichgewicht zwischen Zellvermehrung und Zellverlust gestört. Man geht also davon aus, das 70-90% der proliferierenden Zellen aus dem Proliferationspool ausscheiden, weil sie mittlerweile in die G0-Phase eingetreten sind. Wichtig für die klinische Praxis ist der Sachverhalt, dass der proliferierende Anteil eines Tumors in der Wachstumsfraktion in hohem Maße mit der Ansprechbarkeit auf Chemotherapeutika korreliert ist. Denn die meisten Chemotherapeutika wirken ja auf solche Tumorzellen ein, die sich in der Phase der DNA-Synthesephase (S-Phase) befinden. Ein langsam wachsender Tumor mit einer Wachstumsfraktion von nur 5% ist aus diesen Gründen weniger sensibel gegen Chemotherapeutika, als ein schnell wachsender extrem bösartiger Tumor mit einer entsprechend hohen Wachstumsfraktion. Oft schmelzen derartige Tumoren unter der Therapie von Chemotherapeutika buchstäblich beim Zusehen zusammen. Der Anteil von Mitosefiguren unter dem Mikroskop kann also auch als ein indirekter Hinweis auf die Wachstumsgeschwindigkeit angesehen werden.

Obwohl die meisten menschlichen Tumoren monoklonalen Ursprungs sind, d.h. sich von einer transformierten Zelle herleiten, so ist für die meisten Tumoren zum Zeitpunkt ihrer klinischen Manifestation eine beträchtliche morphologische und molekularbiologische Heterogenität kennzeichnend: So kommen unter dem Mikroskop oft Zellverbände mit höherem Differenzierungsgrad neben anderen Zellverbänden zur Darstellung, die weitaus geringere Differenzierungsmerkmale aufweisen. Die Form und Größen der Zellkerne in den verschiedenen Zellgruppen weichen oft stark voneinander ab. Untergruppen können identifiziert werden, die sich in Bezug auf ihr invasives Verhalten, in Bezug auf ihr Ansprechen auf Hormone, Zytostatika, oder auch in Bezug auf ihre Metastasierungsfähigkeit zum Teil ganz erheblich unterscheiden. Die Ursache für diese morphologische und funktionelle Heterogenität liegt in der zunehmenden genetischen Instabilität, die sich mit fortschreitendem Tumorwachstum immer weiter verstesigt. Das Schicksal der innerhalb eines Tumorverbandes gebildeten Subklone steht unter einem hohen Selektionsdruck des Wirtsorganismus und speziell seiner Immunabwehr. Höher differenzierte und besser erkennbare Zellen werden durch das Immunsystem des Wirtes eliminiert, während auf diese Weise andere Tumorzellen mit einem geringeren Differenzierungsgrad und geringem Bedarf an Sauerstoff und Nährstoffen einen Wachstumsvorteil erreichen können. Während des Tumorwachstums werden die Zellverbände immer mehr durch solche Subklone geprägt sein, die unter dem evolutionären Selektionsdruck des Immunsystems bessere Merkmale hinsichtlich Überleben, Wachstum, Invasion und Metastasierung herausgebildet haben. Wir wissen, dass ein Tumor zum Zeitpunkt seiner klinischen Entdeckung schon ca. 30 oder mehr Teilungsschritte durchlaufen hat. Aufgrund der sich immer weiter verfestigenden Heterogenität und genetischen Instabilität, muss gesetzmäßig die Wahrscheinlichkeit größer werden, dass sich begleitend zu dem fortschreitenden Tumorwachstum immer aggressivere Subklone durchsetzen werden, die eine dementsprechend höhere Wachstumsrate, ein erhöhtes metastatisches Potential und nicht zuletzt auch eine höhere Resistenz gegenüber Medikamenten und Zytostatika aufweisen[117].

Aus diesen Gründen ist es verständlich, dass in den späten Stadien des sich autodynamisch beschleunigenden Tumorwachstums und insbesondere in den Stadien der Metastasierung wieder ein eher exponentielles Tumorwachstum zu beobachten ist. Erreicht ein Tumor ein solches spätes Stadium, so gilt er in der Regel als nicht mehr kurabel. Denn ein exponentielles Wachstum ist mit einem weitgehenden Kontrollverlust gleichzusetzen; diese Faustregel gilt im Übrigen nicht nur für die Onkologie, sondern für die meisten biologischen Systeme überhaupt. Eine exponentiell beschleunigte Inflation, eine exponentiell beschleunigte Finanzkrise ist kaum noch zu stoppen.

Folgendes Beispiel kann eine ungefähre Vorstellung von der exponentiellen Proliferationsdynamik tumoröser Prozesse in ihrem Spätstadium vermitteln: Ein erstes Reiskorn soll auf das Anfangsfeld eines Schachbrettes gelegt werden und die Anzahl der Körner soll sich von Feld zu Feld verdoppeln. Am Schluss kommt eine solche Menge an Reiskörnern heraus, mit der sich die gesamte Oberfläche der Erde bedecken lassen könnte. Legt man dieses Beispiel einem wachsenden hochmalignen Tumor in seinem Endstadium eines völligen Kontrollverlustes zugrunde, so muss verständlich erscheinen, dass hier jede Ressource kapitulieren muss[118].

Die zunehmende genetische Instabilität im Verlaufe eines Tumorwachstums durch die sequentielle Anhäufung von Mutationen, hat speziell in den Spätstadien des Tumorgeschehens aufgrund positiver Rückkopplungsmechanismen ein beschleunigtes Tumorwachstum zur Folge, das durchaus fast einen exponentiellen Verlauf aufzeigen kann. Die sich zunehmend einstellende morphologische und dynamische Heterogenität führt auch dazu, dass unterschiedliche Subklone und unterschiedliche Areale in den Tumorgeweben auch unterschiedlich schnell wachsen: Die Wachstumsdynamik der Geschwulst ist weiter annähernd linear und homogen. Wie die verschiedenen Wirbelbildungen an schnell fließenden Gewässern scheiden sich Bezirke und Gewebeverbände mit einer annähernd normalen von Bezirken mit einer stark beschleunigten Proliferationskinetik immer voneinander ab – wie Wirbel in einem Gewässer. Das eingangs eher homogene Wachstumsmuster des Tumors splittert sich auf in Bezirke unterschiedlichster proliferativer Muster.

Die Heterogenität auf molekularer Ebene korreliert mit der zunehmenden Heterogenität und Zersplitterung der dynamischen Musterbildungen von Wachstums- und Zellteilungskinetik innerhalb einer Tumorentität. Die Dynamik des Systems „Tumor" wird zunehmend chaotisch und mündet schließlich im Stadium der Metastasierung in den chaotischen Endzustand einer alles dominierenden Turbulenz ein. Schon Leonardo da Vinci hatte sich mit den Fließeigenschaften des Wassers beschäftigt und verschiedene Formen von Turbulenzen, d.h. dynamisch stabile Gebilde, Attraktoren im fließenden Wasser gezeichnet. Attraktoren stellen eine andere Bezeichnung für stationäre Turbulenzen dar. Mit steigender Fließgeschwindigkeit nehmen die Wirbel in Flüssigkeiten an Größe und Dynamik zu, neue Wirbel sondern sich ab. In Anlehnung an diese bildhaften Darstellungen sind ähnliche Chaotische Musterbildungen auf den verschiedenen Ebenen eines wachsenden bösartigen Tumors nachzuweisen:
1. Die Präsentation und die Entwicklung der genetischen Instabilität erfolgt nicht linear. Sie entwickelt sich vielmehr in der Form einer nichtlinearen Dynamik, angefan-

gen bei der ersten Mutation und von hier in Richtung auf eine mit zunehmender Anzahl mutagener Ereignisse immer größer werdenden genetischen Instabilität.
2. Das Wachstums- und Teilungsverhalten proliferierender Zellverbände folgt chaotischen Musterbildungen: Ausgehend von einer am Anfang bzw. in den frühen präklinischen Stadien beschleunigten Proliferationkinetik mit einem Übergang in eine verlangsamte proliferative Musterbildungen im klinischen Stadium; von hier aus folgt der Umschlag in oftmals exponentielle Proliferationsmuster in den Spätstadien des Tumors, speziell im Stadium der präfinalen Metastasierung.

In den Skizzen von Leonardo da Vinci werden Wirbel in Wirbeln dargestellt. Die größeren Wirbel teilen sich in kleinere und diese wiederum in immer kleinere Wirbel auf. Solche fortschreitenden Verzweigungsprozesse werden als Bifurkationen bezeichnet. Ähnliche Verzweigungsprozesse, vergleichbare Ablösungen von metastatischen Sekundär- und Tertiärwirbeln offenbaren sich bei genauerem Hinsehen oft auch in der klinischen Realität von Tumorerkrankungen. Die fortschreitenden irregulären Musterbildungen auf der Ebene der genetischen Instabilität und somit auf molekularer Basis korrelieren mit ihren Pendants auf der Ebene der nach Dynamik und Form ungemein heterogenen Zellverbände. Diese zelluläre Ebene eines chaotischen Durcheinanders wirft ihre chaotischen Schattenmuster in das gesamte klinische Erscheinungsbild eines bösartigen Tumors hinein. Jede neue und zusätzliche Mutation bildet neue dynamische Wirbelmuster im Wachstumsstrom eines entarteten Tumors aus. Wie beschrieben bilden die hochgradig heterogenen neoplastischen Zellverbände innerhalb der Organisation eines bösartigen Tumors zum Teil erhebliche unterschiedliche Muster aus – dies gilt sowohl für die feingewebliche Differenzierung als auch für die Wachstums- und Teilungsdynamik. Proliferative Areale von Tumorzellen wechseln sich mit mehr oder weniger ausgedehnten großen nekrotischen Zonen ab, weil die Neubildung von Tumorgefäßen mit dem energetischen Bedarf des wachsenden Tumors nicht Schritt halten konnte.

Sowohl die Strömungsmuster der Wasserteilchen in den Skizzen von Leonardo da Vinci als auch die raumzeitlichen Muster schnellwachsender Tumoren sind auf Trajektorien abbildbar, die im Phasenraum eines wachsenden Tumors dynamische Muster entwerfen, wobei die quasiperiodischen Bewegungsmuster der sich unterschiedlich beschleunigenden Zellzyklusprozesse bildlich gesprochen in Wirbeln und mathematisch gesprochen in Grenzzyklen einmünden, welche schließlich bizarre teilweise lineare und teilweise nichtlineare zeitliche Bewegungsmuster bis hin zu seltsamen Attraktorengebilden der Wachstumsdynamik bösartiger Tumoren modellieren können. Jede neue Mutation hat die Generation spezifischer Subklone zur Folge, die ihren eigenen quasiperiodischen Proliferationszyklen folgen und ihre spezifischen Grenzzyklen modellieren, die sich wiederum mit den Grenzzyklen anderer Subklone überlagern. Daraus entstehen schließlich komplexe Attraktorengebilde, torusähnliche Gebilde, ja eine ganze für jede Tumorerkrankung spezifische Flussdynamik, die sich aus der Vielzahl an Attraktoren speist. Jeder individuelle Tumor in einem Individuum folgt in seiner Entwicklung einer ausschließlich für ihn spezifischen Dynamik, die ihn von allen anderen Tumorspezialitäten in allen anderen Menschen unterscheidet. Jeder individuelle Verlauf eines bösartigen Tumors baut auch einen für jedes Individuum typischen komplexen Attraktor auf, in den die Informationen über den gesamten Verlauf einer Krebserkrankung eingehen: Von der ersten Mutation im Bereich eines Methylrestes einer Nukleotidbase über die sich daran anschließenden Mutationen in das klinische Stadium eines Tumors hinein und von hier übertretend in das Stadium der Invasion in Nachbarorgane. In die mathematischen Modellierungen der unterschiedlichen dynamischen Muster einer Krebserkrankung sind im Prinzip alle Informationen des Tumorgeschehens hineinverschlüsselt eingetragen. Damit sind diese mathematischen Muster informationstragende Signale. Sie sind Zeichen und dies nicht nur in syntaktischer Hinsicht, sondern darüber hinaus auch in pragmatischer und semantischer Hinsicht: In den mathematischen Modellen von Grenzzyklen bis hin zu den komplexen seltsamen Attraktoren eines Tumorgeschehens ist das Schicksal eines Menschen chiffriert und semantisch verschlüsselt.

Ärzte sollten wieder ein Gefühl, eine intuitive Fähigkeit lernen, Krankheiten aus ihren inneren Dynamiken heraus zu verstehen. Vielleicht könnte es in fernerer Zukunft möglich sein, für jeden Tumor mehr oder weniger typische Musterbildungen darzustellen. Die Vorstellung im Kopf des Arztes von dynamischen Trajektorien, die sich im Verlaufe einer Tumorerkrankung in rasanter Schnelle auf das Zentrum eines Attraktors zubewegen, könnte dem Arzt vielleicht einen Mehrwert an Krankheitsverständnis ermöglichen, weit mehr als ein Laborwert und mehr als ein statisch-fixiertes MRT-Bild. Alles zusammen sollte in der Medizin der Zukunft seinen Platz finden.

Zurück zu den Zeichnungen vom Leonardo da Vinci: Nimmt die Strömungsgeschwindigkeit des Wassers und in unserem Bild die Proliferationskinetik der Tumorzellen im Stadium der Metastasierung noch weiter zu, so bewegen sich die Wasserteilchen nicht weiter geordnet auf eine geometrisch annähernd regelmäßige Oberfläche eines Attraktors. Vielmehr verliert der Attraktor, wie ein zunächst gleichförmiger Strudel im Wasser, zunehmend seine regelmäßige Oberflächengeometrie und ufert in eine grenzenlose Detailliertheit aus: Er wird zum Fraktal. Er schlägt in einen seltsamen Attraktor um, der eine unendliche Region im Phasenraum einnimmt. In analoger Weise verlieren massiv in die Umgebung eindringende Karzinome eine zunächst noch annähernd regelmäßige geometrische Konfiguration. In fortgeschrittenen Stadien wird das Karzinom selbst zum Fraktal. Sein diffuses Wachstums-, Invasions- und Metastasierungsverhalten entwickelt immer mehr Freiheitsgrade, so dass sich Wirbel in Wirbel bilden und absondern, so dass das räumlich-dynamische Vorstellungsvermögen sowohl eines Wissenschaftlers als auch des Arztes überschritten wird.

Die Skizzen von da Vinci, wie sich Wirbel in Wirbel bilden, beschreiben in künstlerischer Sicht das Prinzip, wie sich chaotische Systeme – und dazu gehört ein rasch wachsender Tumor – am Rande der Turbulenz auf immer kleineren Skalen sich selbst ähnlich bleiben. Der Übergang von Ordnung in die Modi von Attraktoren und der Umschlag in das Chaos verweisen auf tiefere innere Zusammenhänge dieser dynamischen Systeme. Sie sind trotz ihrer todbringenden Dynamik ein Hinweis auf eine allem zugrundeliegende Einheit und dies selbst in der Situation eines lebensbedrohlichen Tumors. Denn Turbulenzen können nur entstehen, weil alle Teilchen miteinander zusammenhängen, weil jede Trajektorie eines einzelnen Teilchens mit den Bewegungsbahnen der anderen Teilchen korreliert ist. Die mathematischen Funktionen einer Turbulenz lassen sich nicht weiter differenzieren, weil sie in ihrer Detailliertheit zum Grenzenlosen tendiert. Die Bewegungsmuster eines Wasserteilchens um die fraktale Oberfläche eines seltsamen Attraktors werden zunehmend bizarr und in ähnlicher Weise gestalten sich auch die raumzeitlichen, molekulargenetischen und immunhistopathologischen Muster in einem Tumor zunehmend bizarr. In einem turbulenten Wasserverlauf springen die Wasserteilchen hierhin und dorthin, zwei zunächst benachbarte Teilchen sind im nächsten Augenblick weit voneinander entfernt. Hierbei handelt es sich um grundsätzliche Diskontinuitäten, Sprungpunkte in den Bahnkurven (Trajektorien) der Wasserteilchen. Sprunghafte Diskontinuitäten sind auch in den raumzeitlichen Mustern von schnellwachsenden Karzinomen zu erkennen. Der schrittweise, bisweilen abrupte Übergang von einer Bewegungsform in eine andere, wurde von Hopf mathematisch modelliert: Zwischen den einzelnen Bewegungsformen, d.h. von der schrittweisen Vergrößerung der Fließgeschwindigkeit zum Auftreten erster Wirbelbildungen sind abrupte Fluktuationen und später Phasenübergänge zu beobachten, welche anzeigen, dass das System hochgradig instabil wird. Diese Situation wird als Hopf-Instabilität bezeichnet. Es treten jetzt Bifurkationen auf und bisweilen erreicht das System eine neue Stufe einer dynamischen Stabilität und Ordnung. Bei einem Tumor tritt dagegen das Gegenteil ein: Das System schwenkt in seinen Phasenübergängen von Etappe zu Etappe und von Phasenübergang zu Phasenübergang immer mehr auf Stufen einer geringeren Ordnung und Stabilität ein.

Chaos kann kreativ, lebensstiftend und gleichermaßen auch lebensvernichtend sein. Im Falle des Karzinoms mit seinen dunklen turbulenten Abgründen präsentiert es die Fratze eines Fraktals der Vernichtung.

4.14 Fraktale Oberflächengeometrie von benignen und malignen Neoplasien

Wie besprochen, besteht Tumorgewebe aus zwei Komponenten: Dem Stroma, d.h. dem Stütz- und Bindegewebe mit den Blutgefäßen und dem eigentlichen Parenchym, d.h. den für jede Krebsart typischen Zellverbänden. Gutartige und bösartige Neoplasien sind in der Regel anhand morphologischer Kriterien unterscheidbar. Die morphologischen Kriterien beziehen sich auf die Mitosefiguren, den Differenzierungsgrad oder auf ein mögliches lokal invasives Verhalten.

Die feingewebliche Beurteilung des Differenzierungsgrades, das so genannte „grading", lässt Rückschlüsse zu, wie stark sich die Tumorzellen in ihren strukturellen Merkmalen unter dem Mikroskop von normalen Zellen unterscheiden, in welchem Maße sie den normalen und ausgereiften Zellen des Muttergewebes noch gleichen oder ob morphologisch keine Zuordnung zu einem Muttergewebe mehr möglich ist. Mit dem Grading werden bösartige Tumoren in vier Stadien eingeteilt, d.h. vom Stadium I bis IV. Im ungünstigen Stadium spricht man von Anaplasie. Die entdifferenzierten, d.h. anaplastischen, Zellen von bösartigen Tumoren erscheinen unter dem Mikroskop oft nur als gleichförmig aufgebaute Zellverbände mit atypischen Strukturmerkmalen. Ihr feingewebliches Bild präsentiert sich also als merkmalsarm, primitiv und funktionell nur gering differenziert. Die Zellen eines Leiomyoms, d.h. einer gutartigen Geschwulst der glatten Muskulatur des Verdauungstraktes, sind einer normalen glatten Muskelzelle täuschend ähnlich und unter dem Mikroskop oft nur schwer von gesundem Gewebe zu unterscheiden. Eine sichere Unterscheidung ist mit immunhistochemischen Spezialfärbungen möglich.

Maligne Geschwülste zeigen als sichtbaren Ausdruck ihrer genetischen Heterogenität mikroskopisch oft ein breites Spektrum unterschiedlicher Differenzierungsgrade, die von noch relativ hochdifferenzierten bis zu undifferenzierten Zellverbänden reichen können. Mangelnde Differenzierbarkeit, oder gar eine Anaplasie, gilt als Kriterium für eine schwere Malignität. Anaplasie bedeutet wörtlich „Rückwärtsbildung". Diese Rückentwicklungstendenz entspricht einer Umkehr des entwicklungsgeschichtlichen Zeitpfeils mit einer Umkehr der Differenzierungsrichtung von einer höher differenzierten Ebene zurück auf eine niedrigere Stufe.

Ein typisches Merkmal eines verminderten Differenzierungsgrades ist die oft nachweisbare Kernpleomorphie (Vielgestaltigkeit) von Tumorzellen, wobei die unterschiedlichen Formen der Zellkerne oft ganz erheblich nach Größe und Form variieren können. Oft sind auch die Zellkörper selbst von unterschiedlicher Größe und Gestalt. Im elektronenoptischen Bild kommt oft ein erhöhter DNA-Gehalt der Tumorzellen zur Darstellung und oft ist Chromosomenmasse in den Zellkernen nicht selten grobschollig aufgelockert. Auch das Größenverhältnis zwischen Zellkern und Zellmatrix ist bei Tumorzellen oft verändert: Normalerweise stehen Zellkern und Zellgröße in einem Verhältnis von 1:4 bis 1:6, während das so genannte Kern-Zytoplasmaverhältnis bei Tumorzellen sich bis zu einem Verhältnis von 1:1 verschieben kann. Bei einer besonders bösartigen Form des Magenkrebses, nämlich dem Siegelringzellkarzinom, ist der Zellleib der Tumorzellen fast zur Gänze mit einer amorphen Zellmasse aus Fetten und Eiweiß angefüllt. Hierbei werden der Zellkern und die übrigen Zellorganellen ganz an den Rand der Tumorzelle gedrückt, was den Zellkernen ihre charakteristische Siegelringform verleiht. Im Blutausstrich von Leukämiezellen dominieren oft primitive unreife Vorläuferzellen, welche die Fähigkeit zur definitiven Ausreifung verloren haben. Maligne Zellverbände bieten oft strukturelle chaotische Muster ohne klaren architektonischen Durchbau. Neben ausdifferenzierten, organspezifischen Zellverbänden trifft man an anderer Stelle immer wieder auf völlig unreife Zellverbände, welche ihre ursprüngliche Funktion verloren haben: Bei Sarkomen, also vom Skelettmuskel ausgehenden bösartigen Tumoren, sind unter dem Mikroskop zwar oft in Massen Myofibrillen (kontraktile Elemente) nachweisbar, die aber die Fähigkeit zur Kontraktion verloren haben.

Undifferenzierte Neoplasien zeigen unter dem Mikroskop oft eine gesteigerte Teilungsaktivität mit einer vergleichsweise großen Anzahl von Mitosefiguren. Wie wir weiter oben dargestellt hatten, gilt dies als Kriterium einer erhöhten proliferativen Aktivität. Ein solches Merkmal einer hohen mitotischen Aktivität stellt aber für sich allein genommen noch keinen Beleg für Malignität dar. Denn auch viele Spezies aus normalem Gewebe sind durch eine hohe proliferative Umsatzrate gekennzeichnet, beispielsweise die Zellen des Knochenmarkes oder die Schleimhautzellen im Verdauungstrakt. Weiße Blutkörperchen im Umfeld einer Entzündung oder einer Wunde weisen gleichfalls eine hohe proliferative Aktivität auf. Im Gegensatz dazu sind für bösartige Geschwülste oft bizarre oder atypische Mitosefiguren mit drei- oder mehrpoligen Spindelapparaten mit enorm großen oder auch enorm kleinen Spindeln oft kennzeichnend.

Bei wenig differenzierten Tumoren sind unter dem Mikroskop oft sogenannte Tumor-Riesenzellen nachzuweisen, die manchmal zwei oder sogar noch mehr Kerne enthalten können. Wie schon besprochen, sind maligne Gewebeverbände durch atypische und regellos angeordnete Zellhaufen mit ausgedehnten Nekrosezonen ausgezeichnet.

Diese Merkmale und Kennzeichen können bei bösartigen Tumoren in unterschiedlicher Zusammensetzung vorkommen. Es ist immer der Katalog von Merkmalen, der die Einteilung zwischen gut- und bösartig schließlich definiert.

Die Entscheidung zwischen Benignität und Malignität ist manchmal nur schwer zu treffen, da Grauzonen und Übergänge existieren. Manchmal ist es erst der gesamte klinische Verlauf ex post, dessen abschließende Bewertung ergibt, ob es sich wirklich um einen bösartigen Tumor gehandelt hatte.

Eine verminderte funktionelle Differenzierung von Tumorzellen ist begleitet von einer verminderten morphologischen Differenzierung. Dennoch verfügen Zellen von hoch differenzierten Schilddrüsenkarzinomen oft noch wie vorher über die Fähigkeit zur Bildung von Schilddrüsenhormonen. Im Gefolge eines fortschreitenden Differenzierungsverlustes werden beispielsweise für den Stoffwechsel wichtige Enzyme nicht mehr kodiert – ja ganze Enzymsysteme und Stoffwechselzyklen können aus ihren ursprünglichen molekularbiologischen Netzwerken verschwinden. Auf der anderen Seite können undifferenzierte anaplastische Zellverbände eine große morphologische Homogenität mit einem uniformen Gewebemuster aufweisen. Unter dem Mikroskop herrscht dann ein auffallend homogenes Zellmuster, das homogener erscheint als die typischen Zellmuster der gesunden Ursprungszellen – ein Phänomen, das als „biochemische Konvergenz" bezeichnet wird.

Wieder andere bösartige Zellen sind durch das Auftreten von neuen Eigenschaften geprägt: So entwickeln manche Malignomzellen die Fähigkeit zur Bildung spezieller Hormone oder zur Bildung von fetalen Antigenen, welche normalerweise in den ausgereiften Zellen des erwachsenen Organismus nicht mehr vorkommen. Besonders bösartige Formen des Lungenkrebses, des so genannten kleinzelligen Bronchialkarzinoms, können im Rahmen so genannter „paraneoplastischer Syndrome" Mediatoren oder Hormone wie Insulin, Glucagon, Nebennierenrindenhormone und andere mit entsprechenden klinischen Krankheitsmustern bilden. Die Ursache dieser Syndrome liegt in der genetischen Instabilität, wobei im Rahmen gehäufter mutagener Ereignisse abnorme DNA-Sequenzen gebildet werden. Diese neuen Sequenzen kodieren die Hormone. Auf der anderen Seite werden nach der Embryonalentwicklung ausgeschaltete Gene wieder reaktiviert.

Viele bösartige Geschwülste zeigen im fortgeschrittenen Stadium ein beschleunigtes und bisweilen exponentielles Größenwachstum.

Makroskopisch sind benigne und maligne Tumoren in ihrem Wachstumsverhalten in der Regel gut zu unterscheiden: Benigne Tumoren wachsen normalerweise nur verdrängend, sie bleiben auf den Ort ihrer Entstehung beschränkt und zeigen keine Invasion in das Nachbargewebe bzw. eine Metastasierung. Da sie langsam wachsen, sind sie oft von einem Saum an einhüllendem Bindegewebe umgeben. Dagegen ist das Wachstum von malignen Geschwülsten durch Zerstörung und Invasion des umliegenden Gewebes gekennzeichnet. Bösartige Geschwülste sind vom Nachbargewebe oft kaum noch abgrenzbar, sie bilden oft keine bindegewebige Kapsel aus. Anatomische Grenzen werden nicht respektiert, was die komplette chirurgische Entfernung dieser Tumoren oft sehr erschwert bzw. technisch sogar unmöglich machen kann, insbesondere dann, wenn ein Tumoreinbruch in Blut- oder Lymphgefäße stattgefunden hatte.

Die Begrenzungen der Strukturen lebender Strukturen folgen in aller Regel nicht ein-zwei-dreidimensionalen Begrenzungslinien. Sie sind vielmehr fraktal konfiguriert. Gutartige Geschwülste, wie beispielsweise die genannten Adenome im Verdauungstrakt, zeigen annähernd „glatte" Oberflächenstrukturen. Diese Schleimhautwucherungen sind gegen die Umgebung gut abgrenzbar und aus diesen Gründen endoskopisch und chirurgisch leicht zu entfernen, indem sie beispielsweise mit der elektrischen Schlinge eines Endoskops oder direkt chirurgisch abgetragen werden können. Ein kennzeichnendes Merkmal für eine maligne Entartung stellt unter dem Mikroskop eine diffuse Infiltration des umgebenden Gewebes mit Einbuchtungen und irregulären Vorsprüngen dar. Solche Begrenzungslinien des Tumors kommen unter dem Mikroskop weitaus komplexer, unregelmäßiger und ungeordneter zur Darstellung als die gut zu differenzierenden Begrenzungslinien ihrer gutartigen Vorstufen. Sie müssen deshalb unter Beachtung eines entsprechend großen Sicherheitsabstandes, d.h. unter Mitnahme eines Saumes von gesundem Gewebe, entfernt werden. Die Begrenzungslinien der entarteten Adenome sind hoch fraktal. Liegt die fraktale Dimension einer oberflächlichen Begrenzungslinie nahe bei eins, so ist sie noch annähernd glatt und weist nur wenige Oberflächendetails auf. Je weiter diese Zahl aber über der eins liegt, umso unregelmäßiger und chaotischer ist ihre Oberflächengeometrie ausgestaltet. In grober Näherung ist festzustellen: Je komplexer die Oberflächengeometrie einer Geschwulst, umso größer ist die Wahrscheinlichkeit für Malignität. Gutartige und bösartige Geschwülste werden in grober Vereinfachung nach ihrem Ursprungsgewebe klassifiziert. Bei Lipomen handelt es sich demnach um gutartige Geschwülste, die vom Fettgewebe ausgehen, gutartige Fibrome haben ihren Ausgang vom Bindegewebe, gutartige Leiomyome gehen von glatten Muskelzellen und gutartige Rhabdomyome leiten sich von quer gestreiftem Skelettmuskelgewebe ab. Zwischen Malignität und Benignität sind oft fließende Übergänge zu beobachten: Bei den Adenomen des Magen-Darm-Traktes unterscheiden wir tubuläre, villöse und tubulovillöse Adenome. Die Entartungswahrscheinlichkeit eines tubulären (drüsenbildenden) Adenoms liegt bei ca. 5%, bei villösen (von „villi"-Zotten) dagegen bei bis zu 30%.

Dieses unterschiedliche Malignitätspotential eines Adenoms spiegelt sich also morphologisch in deren fraktalen Oberflächengeometrie wieder. Denn im Gegensatz zu den tubulär, d.h. im Bild von regelmäßigen Drüsenschläuchen wachsenden Adenomen, zeigen die ehr zur malignen Entartung neigenden villösen Adenome eher zottelig gestaltete Oberflächenstrukturen mit einer entsprechend höheren fraktalen Oberflächengeometrie.

Der Begriff eindimensional oder zweidimensional oder dreidimensional ist mit der klassischen euklidischen Geometrie verknüpft. Alle Kurven in der belebten Natur zeigen jedoch eine mehr oder weniger fraktale Form. Schon Newton und Leibniz wussten, dass es Kurven gibt, die zwar stetig, aber nicht differenzierbar sind. 1890 konstruierte Peano eine raumfüllende Kurve, die so komplex war, dass sie die Ebene eines Blatt Papiers ausfüllte. Mandelbrot beschäftigte sich später mit der Messproblematik solcher komplexer Kurven und dem Maß ihres Komplexitätsgrades: Eine Mandelbrot-Menge und die sie umgebende Julia-Menge entstehen nach einer nichtlinearen rückgekoppelten Gleichung folgender Form:

$$\underline{X}_{n+1} = X_n^2 + C, \text{ wobei C eine Konstante darstellt.}$$

Diese Gleichung stellt die mathematische Grundlage für das in vielen einschlägigen Abhandlungen zitierte „Apfelmännchen" dar mit seinen hochfraktalen Dimensionen an den chaotischen Rändern dieser Figur. Im Mandelbrot-Prozess, dem Übergang von Ordnung ins Chaos entspricht die so genannte „Feigenbaumzahl" $\Delta = 4,669201$ einer Konstanten, die als irrationale Zahl eine der Universalkonstanten repräsentiert und die interessanterweise bei allen sprunghaften Übergängen in der Natur auftritt.

In der Biologie, im Bereich der Strukturen lebender Systeme und demgemäß auch in der Medizin tritt an Stelle des ganzzahligen Dimensionsbegriffes und an Stelle des Messens in quantitativen Maßzahlen das eher qualitative Messen in effektiven fraktalen Dimensionen in den Vordergrund.

Wir haben gesehen, dass der Differenzierungs- und damit der Ordnungsgrad einer Tumorzelle in grober Vereinfachung in einer negativen Korrelation zur Malignität stehen: Je bösartiger das Verhalten einer Tumorzelle, umso geringer ihr Differenzierungsgrad, umso geringer ihr Ordnungsgrad. In der morphologischen Betrachtungsweise von biologischen Strukturen werden oft die Begriffe von Selbstähnlichkeit und von fraktalen Dimensionen verwendet. Eine Beschreibung der Realität von komplexen chaotischen Systemen kommt nicht mit den klassischen ganzzahligen Dimensionen aus, vielmehr muss auf gebrochenzahlige Dimensionen zurückgegriffen werden.

Immer dort, wo Chaos auftritt, werden die Dimensionen fraktal. Verfeinert man natürliche bzw. biologische Kurven unter Wahrung der Selbstähnlichkeit immer weiter, so nimmt eine zunächst annähernd eindimensionale Kurve immer mehr Flächencharakter an.

Als Beispiel könnte in diesem Zusammenhang die so genannte „Koch-Kurve" genannt werden: Die Oberfläche einer Küstenlinie könnte in ununterbrochenen Schrittfolgen immer weiter in selbstähnliche Fragmente zerlegt werden, je genauer und detaillierter die Begrenzungslinien untersucht werden. Die vom Flugzeug aus gesehen annähernd gerade Küstenlinie einer Ferieninsel stellt sich aus 10 km Höhe noch relativ glatt und stetig mit einem schnurgeraden Strandverlauf dar – je näher sich das Flugzeug aber dem Flughafen der Insel und der Küste nähert, um so unsteter und zerklüfteter tritt die Küstenlinie in Erscheinung. Vielleicht zeigen sich mehr oder weniger große Buchten, die romantische Einsamkeit versprechen. Jetzt nähert sich das Flugzeug immer weiter dem Boden und immer komplexer stellt sich die Küstenlinie dar und ihre Umrisse fallen immer bizarrer aus. Werden die Beobachtungsmaßstäbe noch kleiner gewählt, so gestalten sich die Begrenzungslinien schließlich noch komplexer noch zackiger und bizarrer, bis sie Flächencharakter annehmen.

Die kosmische Evolution und gleichermaßen auch die biologische Evolution schreiten über Symmetriebrüche und Bifurkationen fort. Biologische Systeme evolvieren über Bifurkationen und der Entwicklung zu einer höheren Differenzierung geht eine Zunahme der Informationen in evolvierenden biologischen Systemen parallel. Tumorzellen im Stadium einer fortgeschrittenen Proliferation und nach dem Durchlauf von etlichen Teilungszyklen weisen funktionelle Defizite auf, weil Informationen für hochdifferenzierte Enzyme, ja ganze Enzymsysteme für die Aufrechterhaltung von Ordnung hochspezialisierter Netzwerke nicht mehr kodiert werden. Die Informationen für diese spezialisierten Strukturen und Funktionen sind im Gefolge von Deletionen, von Translokationen und weiteren genetischen Abnormitäten verlustig gegangen. Diesem Verlust an genetischer Diversität und Heterogenität geht das histologische Bild einer defizitären morphologischen Differenzierung parallel: Der Ordnungsgrad von Tumorgewebe und Tumorzellen ist gegenüber dem Wirtsgewebe vermindert. Tumorzellen haben Informationen an die Umgebung verloren.

Auf der anderen Seite verfügen Tumorzellen über eine potentiell unendliche Teilungsfähigkeit. Der Verlust an Informationen auf der einen Seite geht eine potentiell unendliche Teilungsfähigkeit entlang von quasi zyklischen Zeitschleifen parallel. Der Fortgang der Zeit in Tumorzellen gestaltet sich somit in der Form von quasi zyklischen Zeitbahnen, in denen keine neuen Informationen gebildet werden, sondern immer mehr Informationen verloren werden, bis schließlich die Trajektorien des Systems quasi in ein schwarzes Loch hineinstürzen. Maligne Tumoren sind durch Verluste an Differenzierung und Information gekennzeichnet. Dem steht eine höhere fraktale Oberflächengeometrie von Malignomen gegenüber. Es wurde versucht, diese Beziehung in der nachfolgenden grob schematischen Skizze darzustellen.

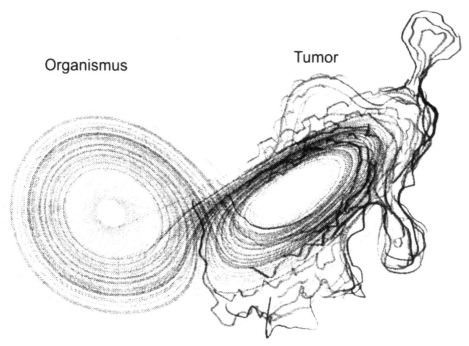

Abb. 2: Entwicklung eines Karzinoms in einem Organismus – grob schematisch als Attraktorgebilde dargestellt. Zu beachten: Fraktale Oberflächengeometrie des wachsenden malignen Tumors.

Wenn man die Substanz, das Wesen eines Tumors, durch die Anzahl der Informationen in seinem Inneren definiert und als Form die geometrische Form seiner Oberflächenbegrenzungen, so besteht bei einem Tumor ein quantitativ unterschiedliches Verhältnis zwischen Form und Substanz im Vergleich zum gesunden Gewebe: Bei einem Tumor stehen in qualitativer Betrachtungsweise Form und Substanz in einem eher reziproken Verhältnis, wobei der Quotient aus beiden Parametern möglicherweise in Korrelation zum Grade der Malignität stehen könnte. Es mutet merkwürdig an, dass die Oberflächengeometrie bei vielen Tumoren und insbesondere bei metastasierten Tumoren sich hochkomplex darstellt, während die inneren Ordnungszustände, die Menge von wertvollen Informationen immer weiter verkleinert werden. Diese skizzierten Beziehungen gelten nicht für alle Tumoren. So kennen wir semimaligne Tumoren, die zwar infiltrierend in die Umgebung eindringen und dabei hochfraktale Oberflächenstrukturen ausbilden, die andererseits jedoch nicht Metastasen setzen. Sie zeigen lokale maligne Eigenschaften. Andere extrem bösartige Tumoren, wie bestimmte Typen von Sarkomen, können durchaus noch die Gewebekompartimente respektieren, während sie schon multiple Fernmetastasen gesetzt haben.

Die Größenzunahme eines bösartigen Tumors, die Invasion und schließlich die Metastasierung folgen keiner linearen Zeitachse, sondern sie verlaufen vielmehr nichtlinear und sprunghaft. Ihr individueller Verlauf ist nicht vorhersehbar.

Bösartige Geschwülste, Krankheiten allgemein sind durch abnorme innere Zeitstrukturen gekennzeichnet. Eine evolutive Konzeption vom Einfachen zum höher Komplexen ist bei bösartigen Geschwülsten massiv verzerrt.

Versuche einer zeitlichen Modellierung der dynamischen Prozesse von Krankheitsbildern weisen eine bestechende Ähnlichkeit zu anderen chaotischen Systemen auf, beispielsweise zu den Modellierungen von Wetterphänomenen, den Modellberechnungen von Ebbe und Flut oder auch den Darstellungen der Populationsdynamik im Tierreich von Fischen, Fliegen, Feldhasen, aber auch von Menschen. Biologische lebende Systeme sind im Grenzbereich von Chaos und regelmäßigen Musterbildungen angesiedelt. Das macht ihre Attraktivität und Schönheit verständlich. In den Krankheiten verlassen diese Systeme ihre im Grenzbereich von Chaos und Ordnung fluktuierenden Systemzustände immer weiter ausschließlich in Richtung Chaos.

Wir haben gesehen, dass hinter dem Schleier der meisten Lebensprozesse das Chaos hervorlächelt, angefangen bei den chaotischen Grundmustern eines gesunden Herzschlags, über die komplex verkoppelten Netzwerke der Stoffwechselprozesse bis zur Vielzahl an bösartigen Erkrankungen: Krebs als ein chaotischer Endzustand. Dem Chaos im physiologischen Zustand der Systeme des Körpers ist nicht mit ausschließlich reduktionistischen Ansätzen beizukommen, noch weniger im Zustand einer Krankheit. Chaos kann nicht als bloße Abwesenheit von Ordnung beschrieben werden. Als Chaos ist vielmehr eine aus einer an das Unendliche grenzenden Anzahl an Informationen aufgebaute Ordnung in höchster Komplexität zu verstehen. Im Chaos bildet sich auch das Unendliche ab.

5 Entzündungssystem als informatorisches autoregulatorisches Netzwerk

5.1 Allgemeine Darstellung

Die Fähigkeit des Organismus zu Entzündungsreaktionen entspricht einem uralten phylogenetischen und ontogenetischen Prinzip der Erhaltung der Integrität eines Lebewesens.

Der Begriff „Entzündung" („inflammatio") wird definiert als eine in sequentiellen Schritten ablaufende stereotype Reaktion des Gewebes auf eine lokale Schädigung durch mechanische, chemische, thermische, elektrische Noxen. Die Entzündung entspricht einem Adaptationsprozess des Organismus, um seine Individualität gegenüber Fremd(mikro)organismen zu bewahren. Wird eine Entzündung von eingedrungenen Erregern verursacht, so sprechen wir von einer Infektion. Auch Geschwülste können Entzündungsprozesse in Gang setzen und unterhalten.

Nach ihren zeitlichen Verläufen unterscheidet man akute von chronischen Entzündungen. Bei den akuten Formen herrscht das Bild einer exsudativen (exsudare = herausschwitzen) Reaktion vor, dagegen sind chronische Entzündungen eher durch die Bildung von Granulationsgewebe aber auch durch eher unspezifische Entzündungsabläufe geprägt. Das Ziel der Entzündungsreaktion besteht also darin, die physiologische Integrität zu bewahren bzw. wieder herzustellen. Dies geschieht im ersten Schritt durch die Beseitigung oder Neutralisierung der einwirkenden Noxen (Noxe = alles was schädigen kann). Das Ausmaß, die Heftigkeit und Dauer der Entzündungsvorgänge stehen nicht in einer einfachen Korrelation zur Schädlichkeit eines Agens. Vielmehr spielen in diese Abläufe weitere Systeme hinein, an erster Stelle das Immunsystem als wichtigstes integritätserhaltendes System. So wird es verständlich, dass an sich harmlose Substanzen durchaus zu schweren entzündungsbedingten Sekundärschädigungen des Organismus beitragen können.

Aus den Anfängen der abendländischen Medizin, nämlich von Cornelius Celsus (30 v. Chr. bis 38 n. Chr.) und von Galen (130-200 n. Chr.) stammt das zusammenfassende Konzept der so genannten vier Kardinalsymptome einer Entzündung, die heutzutage jedem Medizinstudenten geläufig sein müssen.

1. Rubor: Rötung. Ein Zusammenhang von Rötung und Entzündung war schon im Mittelalter bekannt. Dort wurde ein Karbunkel (Hautabszess) als carbunculus, d.h. kleiner Kohlenherd, bezeichnet[119].
2. Tumor: Anschwellung, Geschwulst. Der Zusammenhang zwischen Entzündung und Schwellung ist bereits aus mesopotamischen Keilschriften als „naphu" (= aufblasen) bekannt und wurde im Griechischen als „Oidäma" (Ödem = Geschwulst) bezeichnet[120].

3. Calor: Überwärmung. Auf ägyptischen Hieroglyphen wird dieses Entzündungssymptom als „seref" (= Kohlenkessel) und in mesopotamischen Keilschriften als „phlox" (= Flamme) bezeichnet[121].
4. Dolor: Schmerz. Durch Virchow wurde noch ein weiteres Kardinalsymptom hinzugefügt, nämlich die functio laesa, d.h. die Funktionseinschränkung.

Diese Kardinalsymptome sind vielen von uns aus eigener Erfahrung bekannt. Sie sind typisch für ein akutes Furunkel oder auch für einen Insektenstich.

In den auf weite Strecken standardisiert und uniform ablaufenden pathobiochemischen, molekularbiologischen und zellulären Prozessen einer akuten Entzündung spielen das lokale Gefäß- und Bindegewebe einschließlich der Entzündungszellen und der Entzündungsmediatoren eine wesentliche Rolle.

Eine Übersicht vermittelt die nachfolgende Abbildung:

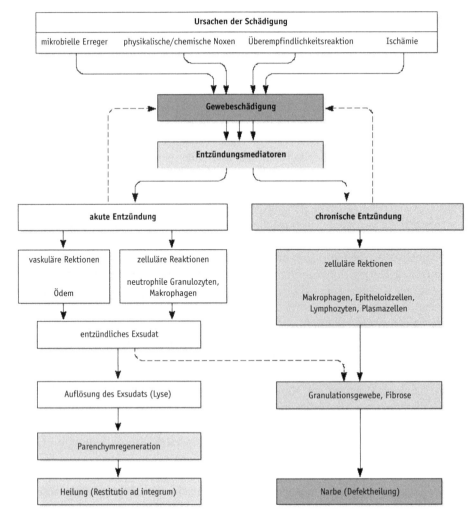

Abb. 3

Der pathobiochemische „Sinn" einer exsudativen Entzündungsreaktion im akuten Stadium ist darin zu vermuten, im Gefolge einer lokalen Steigerung der Gefäßpermeabilität so viel Flüssigkeit als möglich in dem betroffenen Gebiet auszuschwitzen (= Exsudation), um so Verdünnungseffekte hervorzurufen und über diese Verdünnungseffekte die Pathogenität der auslösenden Noxe zu vermindern. Ob eine Entzündung lokal begrenzt bleibt, ob sie systemische Auswirkungen ausbildet, ob sie in ein chronisches Stadium übergeht bzw. ob sie möglicherweise den gesamten Organismus schließlich in Mitleidenschaft zieht, hängt neben der Pathogenität der auslösenden Noxe auch vom Status des Immunsystems ab.

Entzündungen können nach ihrem zeitlichen bzw. klinischen Verlauf, nach der Art ihrer Manifestation und Ausbreitung, nach ihren Ursachen, aber auch nach morphologischen Kriterien eingeteilt werden. Das Entzündungssystem ist als wichtiger protektiver Mechanismus relativ früh in der Evolution entstanden und es stellt, neben anderen wichtigen integritätserhaltenden Systemen, wie dem Immunsystem oder dem Gerinnungssystem, ein machtvolles integritätserhaltendes System dar.

Einzellige Lebewesen, beispielsweise die Amöben, verfügen über die Fähigkeit zu einem der phylogenetisch ältesten Prinzipien der Selbsterhaltung, nämlich der Phagozytose, d.h. der Aufnahme von Teilchen in die Zelle und deren Abbau im Zellinneren. Mehrzellige Organismen ohne Blutkreislauf, wie zum Beispiel bestimmte Wurmarten, verfügen über spezialisierte Zellen, die sie für die Abwehr von Fremdmaterial besonders befähigen. Mit der Entwicklung eines Herz-Kreislauf-Systems im Verlaufe der Evolution wurde es möglich, Abwehrzellen über die Blutbahn in großer Zahl direkt an den Ort einer Schädigung transportieren zu können. Ohne ein wirksames Entzündungssystem kann also ein Individuum auf Dauer nicht überleben. Angeborene Defekte dieses Systems sind in vielen Fällen mit einem Langzeitüberleben nicht vereinbar. Viele der betroffenen Kinder sterben, schon alsbald nach der Geburt oder in der frühen Kindheit. Bei dem schweren Krankheitsbild der so genannten „Agranulozytose" fehlen beispielsweise die für die Abtötung und Verdauung von Erregern verantwortlichen weißen Blutkörperchen, d.h. die Granulozyten. Die betroffenen Kinder sterben meist schon in jungen Jahren.

An den komplexen Abläufen der Entzündungsprozesse sind neben den Entzündungszellen eine Vielzahl von Mediatorsystemen beteiligt, welche eng miteinander verflochtene Netzwerke etablieren.

Neben der Ausschaltung der einwirkenden Noxen besteht das Ziel der Entzündung im nächsten Schritt in der Reparatur des eingetretenen Schadens. Eine akute Entzündung ist selbstlimitierend und endet, sobald die Ursache eliminiert oder neutralisiert ist.

Der besseren Übersicht halber und zum besseren Verständnis der ungemein komplexen Prozesse in einem Entzündungsgeschehen werden im ersten Schritt nur wenige ausgewählte und grundlegende Prozesse angesprochen. Von diesen werden wiederum typische Reaktionsmuster exemplarisch ausgewählt und weiter unten in der Betrachtung der eher systemtheoretischen Aspekte des Entzündungssystems noch etwas genauer besprochen.

In den allerersten Phasen einer akuten Entzündung werden entweder durch mikrobielle, d.h. bakterielle Produkte („pathogen-associated pattern") oder aber auch durch endogen freigesetzte Faktoren („damage-associated patterns") bestimmte Rezeptoren auf den Zellen des angeborenen Immunsystems aktiviert, die als „Toll-like"-Rezeptoren

(TLR) bezeichnet werden. Über diese Rezeptoren werden Signalwege aktiviert, die zur Freisetzung von proinflammatorischen Mediatoren (inflammatio = Entzündung) führen. Darunter fallen die Zytokine (Interleukine, IL) oder der Tumor-Nekrose-Faktor (TNF), die Chemokine, vasoaktive (gefäßerweiternde) Amine und Eicosanoide.

Lokal am Ort der Entzündung bildet sich ein entzündliches Infiltrat aus weißen Blutkörperchen (Leukozyten) und aus Plasmaproteinen. Es werden Sauerstoffspezies („reactive oxygen species, ROS), Proteinasen und Elastasen in den Leukozyten gebildet, die aggressiv sind und aufgrund ihrer Toxizität eingedrungenen Bakterien chemisch zerstören.

Die geschilderten Reaktionen laufen weitgehend uniform ab, wobei freigesetzte toxische Mediatoren nicht unterscheiden zwischen den Strukturen des Wirtes und der Erreger. Damit sind Kollateralschäden unausweichlich[122].

Unmittelbar nach Beseitigung bzw. Neutralisierung der Auslöser der Entzündungsreaktion werden die Prozesse der Reparation initiiert.

Hierbei finden komplexe autoregulative Mechanismen statt, die vor allem unter der Kontrolle von negativen Rückkopplungsschleifen ablaufen: Im Verlaufe der Entzündungskaskaden werden zahlreiche Botenstoffe gebildet, so die Zytokine mit einer antiinflammatorischen Funktion, welche hemmende Signale an die Promotoren der Entzündungsprozesse senden und die gleichzeitig die Aktivierung von regulatorischen Zellen unterstützen[123].

Im Normalfall ist der Entzündungsprozess durchgehend und relativ streng reguliert. Die akute Entzündung folgt also einer autoregulativen Dynamik, die sich selbst beendet[124]. Jedoch kann sich eine Entzündungsreaktion durch Ausfall der Regulatoren verselbständigen und sogar in einen septischen Schock einmünden. Die dynamische Entwicklung solcher Prozesse ist in dieser kritischen Situation durch die Wirkung von positiven Rückkopplungsfaktoren gekennzeichnet, wie sie in analoger Weise auch für die maligne Progression typisch sind.

Eine akute Entzündung kann folgenlos ausheilen, dann bleibt kein Gewebeschaden zurück. Ein solches Ergebnis wird von den Ärzten als restitutio ad integrum bezeichnet. Ist eine vollständige Wiederherstellung des Status ante nicht mehr möglich, so wird von einer Defektheilung gesprochen.

Die chronische Entzündung wird meist durch proliferative Prozesse unterhalten, in deren Verlauf neues Stützgewebe gebildet wird. Sie wird meist durch persistierende Erreger, oft auch durch Selbstantigene, unterhalten. Typisch für die chronische Entzündung sind auch Veränderungen der zellulären Immunantwort und typisch ist unter dem Mikroskop ein Nebeneinander von Gewebezerstörung und Gewebeheilung. Irreparable Gewebeschäden sind regelhaft die Folge[125]. Oft ist auch das umliegende Gewebe mit Entzündungszellen chronisch infiltriert. Chronische Entzündungen heilen also im günstigsten Fall unter Narbenbildungen aus.

Sind die sich selbst regulierenden Prozesse („resolution of inflammation") gestört, so erfährt das ursprünglich integritätserhaltende System einen Umschlag in das Gegenteil: Die chronische Entzündung evolviert zu einem schadenauslösenden Subsystem im Organismus, das bestehende Ordnungen zerstört und die Entropie steigert. Chronischentzündliche Erkrankungen sind in diesem Stadium durch persistierend erhöhte Konzentrationen von proinflammatorischen Botenstoffen und aktivierten Entzündungszellen, sowohl lokal am Ort der Schädigung als auch im systemischen Verbund, gekennzeichnet. Chronische Entzündungsprozesse können in einem Zustand geringer Aktivität verharren, der nur durch geringe klinische Symptome und weitgehend fehlende systemische Entzündungszeichen gekennzeichnet ist. Die Entzündungsprozesse sistieren oder schreiten nur langsam und symptomarm voran. Zu diesen Gruppen zählen beispielsweise einige Vertreter aus dem Formenkreis der chronisch-entzündlichen Darmerkrankungen.

Den genannten vier bzw. fünf Kardinalsymptomen der akuten Entzündung liegen vereinfacht folgende pathopyhsiologischen Mechanismen zugrunde:
1. Mirkozirkulationsstörung in der Gefäßperipherie
2. Permeabilitätsstörung in der Gefäßperipherie
3. Transmigration von Leukozyten aus den Gefäßen in das Entzündungsgebiet

Die Rötung im Entzündungsgebiet kommt durch eine Veränderung des Blutstromes mit einer Verstärkung der Durchblutung zustande. Die Ödembildung ist Folge einer erhöhten Permeabilität der Gefäße mit dem konsekutiven Austritt von Flüssigkeit, von Proteinen und Blutzellen in das betroffene Areal. Die Überwärmung und die Schmerzen sind Folge der Invasion von Abwehrzellen und der Freisetzung von Mediatoren aus diesen Abwehrzellen. Die Leukozyten, d.h. die weißen Blutkörperchen, sind auf die Aufnahme und die Zerstörung von Mikroben, Bakterien und deren oft toxischen Abbauprodukte und für die Aufnahme von Immunkomplexen spezialisiert. Sie verfügen über aggressive Enzymsysteme und über Mediatorensysteme sowie Sauerstoffradikale, welche Bakterien, Viren und deren Abbauprodukte lysieren, d.h. zersetzen können.

5.2 Autoregulative Netzwerke von Zellen und Mediatoren

In der ersten Phase der Entzündung sind unter dem Mikroskop, unabhängig vom Auslösefaktor, zeitlich genau aufeinander abgestimmte Veränderungen der Gewebedurchblutung und der Mirkozirkulation zu erkennen. Diese sequenziellen Stereotypien werden als Dreifachreaktion bezeichnet:

Die allererste Phase der Entzündung wird eingeleitet durch eine Verlangsamung des Blutstroms, verursacht durch eine Kontraktion der Arteriolen. Typisch ist in diesem allerersten Stadium deshalb die auffallende Blässe des betroffenen Hautgebietes. Diese Blässe im Gefolge einer Engstellung (Vasokonstruktion) der Gefäße dauert nur wenige Sekunden, sie kann je nach Reizstärke, beispielsweise nach einer Verbrennung, auch einmal mehrere Minuten andauern.

Die zweite Phase der Mikrozirkulationsstörung setzt wenige Minuten nach der ersten Phase ein. Nach Lösung der Kontraktion der Arteriolen kommt es zu einer Vermehrung der Durchblutung mit einer Beschleunigung des Blutstroms in der Endstrombahn, d.h. in jenen Bereichen der peripheren Strombahn, wo die arteriellen Gefäße über das Kapillarnetz in das venöse System übergehen. Für diese Phase der Durchblutungssteigerung sind die Überwärmung und Rötung des betroffenen Gebietes kennzeichnend. Als beteiligte gefäßerweiternde Faktoren gelten unter anderem Histamin, Vertreter des Kininsystems, aber auch erhöhte Konzentrationen von Kohlensäure, daneben ein erniedrigter pH-Wert, sich ansammelnde Milchsäure und etliche weitere Faktoren.

Schon wenige Minuten später kommt es unter dem Einfluss von Entzündungsmediatoren, d.h. Histamin, Serotonin, Prostaglandinen, Kininen oder dem so genannten plättchenaktivierenden Faktor (PAF) zu einer Erweiterung der kleinkalibrigen Arterien in der Gefäßperipherie, nämlich den Arteriolen und den Kapillaren. Daraus resultiert eine bis auf das Zehnfache gesteigerte Durchblutung. Eine tiefrote Verfärbung (Rubor) und Erwärmung (Calor) sind typische äußere Zeichen dieses Entzündungsstadiums.

Werfen wir an dieser Stelle den Blick auf die schier überwältigende funktionelle Breite, Diversität, Vielgestaltigkeit und Komplexität von einem einzigen dieser Entzündungsmediatoren. Nehmen wir den plättchenaktivierenden Faktor PAF: Dieser Faktor, chemisch ein komplexes Phospholipid, lockt spezielle weiße Blutkörperchen, die neutrophilen Granulozyten, in das Entzündungsgebiet. Ein Vorgang, der als Chemotaxis bezeichnet wird. Die Chemotaxis hat eine Steigerung der Motilität der weißen Blutkörperchen und deren Aggregation zur Folge und sorgt zudem noch dafür, dass die im Inneren dieser Abwehrzellen sicher verwahrten aggressiven und bakterienzerstörenden Oxidantien freigesetzt werden, darunter diverse Radikale, Halogene und Proteinasen und noch weitere Enzyme. Dieser Faktor wirkt zudem aktivierend auf die Familie der Arachidonsäuren, wichtige Mediatoren im Entzündungssystem. Damit noch lange nicht genug: So wirkt PAF auf die großen Fresszellen aus der Gruppe der weißen Blutkörperchen chemotaktisch ein, d.h. auf die Monozyten und Makrophagen, er lockt diese Fresszellen in das Entzündungsgebiet und er fördert zudem die Ausdifferenzierung dieser Zellen. Bei andern Vertretern aus der Reihe der weißen Blutkörperchen, nämlich den eosinophilen Granulozyten, die vor allem bei allergischen Reaktionen eine wichtige Rolle spielen, induziert dieser Faktor die Bildung eines wichtigen Entzündungsmediators aus der Familie der Leukotriene, nämlich von Leukotrien C4. Nicht zuletzt wird auch die Aggregation von Blutplättchen, d.h. den Thrombozyten gefördert und die Freisetzung einer ganzen Anzahl von weiteren Mediatoren aus diesen Thrombozyten induziert. Dieser Faktor bewirkt zudem an den Endothelzellen, d.h. an den Innenschichtzellen im Bereich der Gefäßwände, eine Kontraktion. Er fördert die Anhaftung von neutrophilen Granulozyten an diesen Zellen in einem ersten Schritt der Transmigration dieser Abwehrzellen aus dem Inneren der Blutgefäße heraus, die anschließend durch diese Lücken zwischen den kontrahierten Endothelzellen hindurchwandern und sich von dort in das Entzündungsgebiet hinein begeben. Ohne eine Kontraktion der Endothelzellen könnten die weißen Blutkörperchen nicht in das Entzündungsgebiet gelangen.

Gezeigt werden sollte an diesem Beispiel die eindrucksvolle und gewaltige Breite des funktionellen Spektrums von einem einzigen Mediator, gezeigt werden soll dessen funktionelle Diversität und seine weitreichenden Verästelungen und Verknüpfungen mit anderen zellulären und Mediatorsystemen, die sowohl seriell als auch parallel miteinander verschaltet sind: Ein einziges Mediatormolekül induziert die Aktivierung weiterer Mediatorsysteme, wobei die Wirkungsschleifen zwischen den Mediatoren und zwischen den Systemen von Mediatoren sowohl in aktivierenden als auch hemmenden Rückkopplungsschleifen je nach Bedarf und je nach Systemzustand fluktuieren. Jeder Mediator ist Signalgeber in zahlreiche Richtungen gleichzeitig, zu anderen Mediatoren, zu anderen Mediatorsystemen und er ist gleichzeitig Adressat und Controller einer Vielzahl von Signalen, die bei ihm aus allen Richtungen eintreffen. Zu zeigen war, wie die Aktivität eines einzigen Akteurs durch die integrierte Aktivität des Netzwerkes als Ganzes gesteuert, kontrolliert und nach allen möglichen Richtungen hin abgestimmt wird. Das Entzündungssystem arbeitet – wie auch das Immunsystem, oder wie dessen zahlreiche Untersysteme – nach der Funktionsweise von gleichzeitig seriell und parallel geschalteten Netzwerken. Die Signale, die bei den Mediatoren eintreffen, die dort verarbeitet und weitergeleitet werden, sind Signale, die aus einer internen Organisation heraus entstehen, an die Mediatoren weitergeleitet und verarbeitet werden und von dort im Zirkelschluss wieder an das Netzwerk, d.h. an die interne Organisation zurückgeleitet werden. Es handelt sich um ein sich selbst organisierendes Ineinandergreifen einer Unzahl von Mediatoren in ihren räumlichen und zeitlichen Ordnungen im Wirkungsgefüge von informationell geschlossenen Systemen: Der Granulozyt, die Abwehrzelle, muss vom Gefäßinneren in das Entzündungsgebiet auswandern. Neutrophile Granulozyten können nicht schwimmen. Da sie nur kriechen können, sind sie mit einem leistungsstarken Zytoskelett ausgerüstet. Der neutrophile Granulozyt benötigt Werkzeuge, um an den Endothelzellen anhaften zu können. Zu diesem Zweck ist er an seiner Oberfläche mit Adhäsionsmolekülen ausgestattet. Hierin ist die teleonome, wenn nicht teleologe Ausrichtung dieser Systeme nicht zu verkennen.

Adhäsionsmoleküle sind transmembranöse Glycoproteine, die auf der Zellmembran von nahezu allen Körperzellen vorkommen. Sie kommen nur zeitlich begrenzt auf der Oberfläche von Zellen vor. Das Vorhandensein oder das Fehlen von Adhäsionsmolekülen kann die Fähigkeit von malignen Tumoren, unkontrolliert zu wachsen, lokal zu invadieren, zu destruieren und zu metastasieren, entscheidend beeinflussen.

Die durch Adhäsionsmoleküle vermittelten Kontakte zwischen den Zellen lösen wiederum verschiedene Aktionen aus[126]:
1. Die Aktivierung intrazellulärer Botenstoffe für die Expression verschiedener Gene.
2. Veränderungen von Proteinen des Zellskeletts mit dem Ziel, Zellbewegungen zu ermöglichen.

Fünf wichtige Familien von Adhäsionsmolekülen sind bekannt, darunter die Integrine, die immunglobulinähnliche Superfamilie, Selektine, Cadherine und Weitere. Integrine können beispielsweise die Umordnung von Proteinen des Zytoskelets, d.h. eine Änderung der Form einer Zelle, bewirken. Diese Änderung der Form stellt eine der Voraussetzungen für die Migrationsfähigkeit dieser Zellen dar. Nach einem Gewebetrauma wandern, wie beschrieben, neutrophile Granulozyten und Monozyten in die Zone des Gewebeschadens ein. Diese Migration wird in ihrer ersten Phase durch Selektine und in der zweiten Phase durch Integrine vermittelt. Lectine befinden sich auf der Oberfläche von Bakterien und sind bei der Neutralisation von Bakterien durch Leukozyten von Bedeutung. Die Familie der Lectine führt bei Viren und Bakterien Bindungs-, Kommunikations- und Signalfunktion aus. Im gesamten Tierreich ist die staunenswerte Struktur- und Funktionsvielfalt dieser phylogenetisch alten Proteine kaum überschaubar. Auch der menschliche Organismus verfügt über ein breites Spektrum an Vertretern aus dieser Proteinfamilie. Nicht zuletzt spielen Adhäsionsmoleküle bei der Metastasierung von malignen Tumoren eine wichtige Rolle: Man hat herausgefunden, dass eine Reduktion des Adhäsionsmoleküls E-Cadherin auf der Oberfläche von malignen Tumoren das Metastasierungsrisiko erheblich steigert[127]. Adhäsionsmoleküle spielen somit nicht nur im Entzündungssystem, sondern auch im System der Tumorproliferation eine wichtige Rolle: Alle Systeme sind vernetzt.

Die Komplexität biologischer Prozesse ist schier grenzenlos. Die ablaufenden Prozesse sind nicht auf das Verhalten von singulären Komponenten reduzierbar. Hier erreicht der ontologische Reduktionismus ein ums andere Mal seine Grenzen.

Mittels Computerprogrammen könnte man versuchen, die Funktionsweise derartiger Netzwerke mathematisch zu modellieren – herauskommen würden möglicherweise komplexe seltsame Attraktorengebilde – die, so wage ich zu prognostizieren – von einer atemberaubenden Schönheit wären mit schier ins Unendliche ausgreifenden fraktalen Oberflächen, die sich bei genauerer Betrachtung in einer an das Grenzenlose reichenden Komplexität und Feinheit verlieren dürften.

Nachdem wir uns mit allgemeinen Betrachtungen in der schier unübersehbaren – fraktalen- Komplexität dieser Systeme fast verloren haben, was kein Wunder wäre, kehren wir zum Ausgangspunkt der hyperämischen Phase der Entzündung zurück:

Diese genannte Phase der frühen Hyperämie mit einer gesteigerten Durchblutung, mit entsprechenden Gefäßveränderungen und der geschilderten Wirkung einiger Mediatoren dauert nur wenige Minuten bis weniger als eine Stunde.

Die nächste Phase der Gefäßveränderungen ist gekennzeichnet durch eine erneute Steigerung der Gefäßpermeabilität und durch eine Verlangsamung der Strömungsgeschwindigkeit des Blutes: Rote Blutkörperchen verklumpen aufgrund der verlangsamten Flussgeschwindigkeit des Blutes, sie aggregieren zu geldrollenartigen Formationen und verklumpen schließlich unter dem Mikroskop zu zylinderförmigen Gebilden in den kleinsten Gefäßen der Endstrombahn, was als roter „Sludge" (Schlamm, Bodensatz) bezeichnet wird. Dieser Sludge aktiviert wiederum die Endothelzellen. Diese präsentieren auf ihrer Oberfläche vermehrt Adhäsionsmoleküle vom Typ E-Selektine und sie geben den plättchenaktivierenden Faktor ab, so dass die Blutplättchen immer mehr verklumpen – ein Vorgang, der als Thrombozytenaggregation bezeichnet wird. Diese Aggregation von Blutplättchen hat eine Thrombenbildung (Gerinnselbildung) zur Folge. Mit diesen Gerinnseln sollen die im Gefolge der Mediatoreinwirkung entstandenen Lecks im Bereich der Gefäßwand abgedichtet werden. Der von der Endothelzelle freigesetzte plättchenaktivierende Faktor hat einen eher gegenläufigen Effekt zur Folge, weil er die Anheftung der Leukozyten und die Kontraktion der Endothelzellen fördert und damit die Bildung von Poren in der Gefäßwand fördert: Mechanismen der Gefäßabdichtung konkurrieren in einem fluktuierenden Untersystem mit Mechanismen der Permeabilitätssteigerung. Im feingeweblichen Bild herrscht das Bild einer Stase (Stillstand) der Blutsäule vor, wobei die Kapillaren aufgeweitet und prall mit roten Blutkörperchen angefüllt sind. Die Leukozyten, die festen Kontakt mit den Adhäsionsmolekülen auf den Endothelzellen besitzen, verlieren ihre ursprüngliche Kugelform und nehmen jetzt eher eine Form an, die an ein Spiegelei erinnern könnte. Gleichzeitig bilden sie füßchenartige Fortsätze aus, die als Pseudopodien bezeichnet werden und sie quetschen sich mit diesen Pseudopodien durch die Lücken zwischen den Endothelzellen hindurch. Dabei sondern sie ein spezifisches Enzym ab, nämlich eine Metalloproteinase, welche die Fähigkeit zur Auflösung der Basalmembranen der Gefäße besitzt. Gesteuert von chemotaktischen Faktoren, wandern die Leukozyten durch die Gefäßwand hindurch und winden sich amöbenartig in das Entzündungsgebiet hinein. Weil die endothelialen Zellverbände im Rahmen der Anheftung der Leukozyten aufgelockert wurden, kann es in der peripheren Strombahn schon in der Frühphase der Entzündung zu einem Verlust der Barrierefunktion dieser wichtigen endothelialen Verbände kommen. Durch diese Leckagen der

Gefäßwände hindurch können große Mengen von Blutplasma in das Gewebe austreten – eine lebensbedrohliche Komplikation, die von Klinikern auf den Intensivstationen als „capillary leak-syndrome" bezeichnet wird[128]. Im Gefolge solcher Permeabilitätssteigerungen treten Ödeme bzw. Exsudate auf. Im Entzündungsgebiet werden jetzt die Zelltrümmer, Makromoleküle und andere Abbaustoffe freigesetzt, die den osmotischen Druck erhöhen und somit zusätzliche Ansammlung von Flüssigkeit im Gewebe fördern. Die Ödembildung nimmt also im Sinne einer positiven Rückkopplung immer weiter zu, der Druck im Gewebe steigt weiter an. Dies kann schließlich dazu führen, dass unter der zunehmenden Druckwirkung kleinste Gefäße mechanisch verschlossen werden. Oft sind unter dem Mikroskop in dieser Phase erste ischämische (Ischämie = Durchblutungsmangel) Schädigungsmuster zu beobachten. Im Gefolge des Blutstaus in der terminalen Strombahn kommt es zu Thrombenbildungen mit thrombotischen Gefäßverschlüssen. Zudem kann es zum Austritt von Blut aus den gestauten Gefäßen in das Gewebe kommen mit typischen punktförmigen (petechialen) Einblutungen.

Im Verlaufe einer akuten Entzündung steigt der Lymphfluss oft um das 10- bis 20-fache an und auch die Konzentrationen von Proteinen in der Lymphflüssigkeit können um das Fünffache zunehmen. Die aus dem Entzündungsgebiet abfließende Lymphe enthält hohe Konzentrationen von Entzündungsmediatoren, von Enzymen, von proteinspaltenden Fermenten, zum Teil aber auch Abbauprodukte aus dem Gewebe und toxische Zelltrümmer und nicht selten auch Mikroorganismen: Das Entzündungsgebiet wird also vermehrt durchspült, mit Antikörpern und anderen Serumkomponenten versorgt und schädliches Material wird abtransportiert. Der Entzündungsprozess kann sich schließlich entlang der Lymphabflusswege weiter ausbreiten und zu einer Lymphangitis führen, was gut als sichtbare Striemen oft auf der Haut zu erkennen ist. Oft sind auch die regionalen Lymphknoten schmerzhaft angeschwollen.

Die Leukozyten sind für die Aufnahme und den Abbau von Bakterien, von Immunkomplexen und von Bestandteilen von zugrunde gegangenen Zellen wichtig. Sie produzieren aus diesen Gründen aggressive Enzyme, welche Proteine (Proteinasen), Kollagen (Kollagenasen), elastische Fasern (Elastasen) und viele weitere biologische Strukturen abbauen, d.h. lysieren können. Werden diese so genannten lysosomalen Enzyme aus den Leukozyten freigesetzt, so werden nicht nur eingedrungene Bakterien zerstört und Zell- und Membranbestandteile nekrotischer Zellen aufgelöst. Diese aggressiven Enzyme können auf die gesunden Zell- und Membranstrukturen des Wirtsgewebes übergreifen und dort mehr oder weniger ausgeprägte Kollateralschäden induzieren. Im Gefolge einer fortgesetzten Freisetzung von Mediatoren, von Enzymen und toxischen Sauerstoffradikalen kann das Entzündungsgeschehen schließlich zusätzlich verlängert werden, was sekundäre Gewebeschäden zusätzlich noch zu verschlimmern vermag.

Wie zu zeigen war, fluktuieren unter physiologischen Bedingungen die Entzündungsprozesse zwischen der dringend erforderlichen möglichst raschen Neutralisation der Noxen auf der einen Seite und einer damit einhergehenden unvermeidlichen Mitschädigung des umliegenden Gewebes. Hierbei müssen die Ausschläge der Fluktuationen in einem für das System tolerablen Bereich liegen. Viele Zellen und Bakterien setzen bei ihrem Zerfall chemotaktisches Material frei.

Die gezielte Einwanderung von Abwehrzellen in einen Entzündungsherd erfordert ein beträchtliches Orientierungsvermögen und Erkennungsvermögen und nicht zuletzt eine wirksame Fortbewegung. Die einzelnen Schritte des Entzündungsgeschehens erfolgen etappenweise, wobei es auch zu Überlagerungen der einzelnen Phasen kommen kann. Im Entzündungsgebiet wechseln sich auch die verschiedenen Vertreter aus der Reihe der Abwehrzellen ab und übernehmen.

In den ersten Stunden sind die so genannten neutrophilen Granulozyten unterwegs, weiße Blutkörperchen mit einer kurzen Lebensdauer von 24 bis 48 Stunden. Sie werden anschließend durch Monozyten ersetzt, welche im Gewebe länger überleben. Diese Zellen werden durch chemotaktische Lockstoffe, beispielsweise Bakterienprodukte oder Entzündungsmediatoren in Richtung auf den Entzündungsfokus geleitet. Die Bakterien und Toxine werden in das Zellinnere aufgenommen, dort von einer Membran umschlossen und anschließend abgebaut, wobei wiederum Sauerstoffradikale, Wasserstoffperoxid und bestimmte Proteine, wie Lysozym und noch andere Faktoren eine wichtige Rolle spielen.

Diese Prozesse der Erregerabwehr benötigen große Mengen an Energie. Die aggressiven Enzyme und Radikale im Inneren der weißen Blutkörperchen können durchaus auch einmal zur Unzeit freigesetzt werden und unkontrolliert ins Gewebe gelangen und dort massive Zerstörungen anrichten.

Es gibt keine lineare Beziehung zwischen Krankheitsauslöser und dem, was mit „Heilung" bezeichnet wird. Krankheiten etablieren vielmehr multidimensionale Netzwerke, in denen unterschiedliche funktionelle Ebenen miteinander verknüpft sind. Die Medizin ist oft erfolgreich, wenn sie solche systemrelevanten Knotenpunkte innerhalb dieser komplexen Netzwerke zu identifizieren vermag, um dort spezifisch ansetzen zu können.

Bislang haben wir uns fast ausschließlich mit den akuten entzündlichen Prozessen beschäftigt, die durch typische Gefäßveränderungen und den Austritt von Plasmabestandteilen und Zellen aus den Blutgefäßen in das Entzündungsgebiet gekennzeichnet sind.

Diese ersten Stadien werden als exsudatives Stadium bezeichnet. Daran schließt sich das Stadium der Proliferation an.

Der Begriff „Proliferation" bezeichnet eine Vermehrung der Zellteilungshäufigkeit im entzündeten Gewebe. In Wirklichkeit gehen beide Stadien, d.h. das exsudative und das proliferative Stadium aber Hand in Hand. Die Bildung von Kapillargefäßen oder von Bindegewebszellen, die Bildung von kollagenbildenden Fibroblasten, sind typische Prozesse in dieser zweiten proliferativen Phase. In der Regel setzen proliferative Vorgänge schon wenige Stunden nach einem Entzündungsreiz ein. Typisch für dieses Stadium ist erwartungsgemäß eine verstärkte Teilungsaktivität der Zellen, die oft noch nach Wochen, ja noch nach Monaten nach einer Entzündung, beobachtet werden kann. Bei einer großen Zahl der exsudativen Entzündungen wird ja ortsständiges Gewebe zerstört. Die Reparation dieser Schäden kann entweder zur vollständigen Wiederherstellung des Gewebeverbandes führen, was als restitutio ad integrum bezeichnet wird. Oder aber die Entzündung heilt unter Bildung von Ersatzgewebe aus, was man als Defektheilung bezeichnet. Die Beseitigung der Noxen und damit die Ursache der Entzündung und des Gewebeschadens haben einen Abfall der Entzündungsmediatoren im Gewebe und im Blut zur Folge, die Gefäßfunktionen haben sich nach und nach wieder normalisiert, das entzündliche Exsudat wurde durch freigesetzte Enzyme aufgelöst und das verflüssigte Exsudat wird schließlich über Lymphbahnen und teilweise auch über die Blutbahn abtransportiert. Zelltrümmer werden in Fresszellen (Makrophagen) aufgenommen und anschließend verdaut. Mit der Auflösung des entzündlichen Exsudates beginnt die Regeneration durch den Neuaufbau der ortsständigen Zellen. Idealerweise entsteht ein morphologisches und vollwertiges Ersatzgewebe.

Dieses Gewebe hat dann seinen ursprünglichen Ordnungszustand wieder erreicht. An die Stelle der im Verlaufe der ersten und akut einsetzenden Entzündungskaskaden vernichteten bzw. in die Umgebung verdampften Informationen wurden schließlich Informationen von gleicher Menge gebildet. Der Status post entspricht dann exakt dem Status ante.

Das System hat seinen ursprünglichen funktionell geordneten Zustand wieder erreicht. Kann das Exsudat nicht vollständig abgebaut und kann der Status ante nicht mehr hergestellt werden, erfolgt die Heilung über den Weg der Reparation mit Bildung eines Ersatzgewebes. Nekrosen werden durch kollagenes Bindegewebe ersetzt, das makroskopisch durch seine grau-weißliche Farbe gekennzeichnet ist. Dieses Ersatzgewebe ist funktionell weniger differenziert als das Ursprungsgewebe. Das ehemalige Entzündungsareal erreicht nicht mehr den hohen Differenzierungs- und Ordnungsgrad wie vorher. Aus thermodynamischer Sicht sind Ordnung und Information irreversibel verloren gegangen.

Manchmal ist der Organismus nicht in der Lage, den Entzündungsauslöser, beispielsweise ein spezielles Bakterium oder einen Fremdkörper, auszuschalten; auch wenn wiederholt gleiche Entzündungsreize gesetzt werden, so kann die Entzündung in ein chronisches Stadium eintreten. Bei der chronischen Tuberkulose, aber auch bestimmten Formen der Lepra oder beim HI-Virus hat der Organismus große Mühe, die Erreger abzutöten bzw. zu neutralisieren. Zudem kann der Organismus auf wiederholt einwirkende Noxen aus der Umwelt mit einer Überempfindlichkeit reagieren, wie wir sie beim Asthma bronchiale beschrieben haben. Bei der Silikose, einer Berufskrankheit, gelangten wiederholt Quarzkristalle in die Atemwege und sie führen entlang der Lymphbahnen im Lungengewebe zu granulomatösen Veränderungen. Ausgeprägte Vernarbungen von immer größeren Teilen des Lungengewebes stellen sich ein. Damit wird die funktionelle Kapazität des Lungengewebes peu a peu verschlechtert, ersichtlich an der abnehmenden Lungenfunktion.

Ein solchermaßen chronifizierter Entzündungsprozess kann niemals ohne bleibende Defekte ausheilen: In der Leber stellt die Entwicklung einer Leberzirrhose im Verlauf einer chronischen Hepatitis oder durch jahrelange toxische Einwirkung durch Alkohol oder durch andere Gifte eine typische Komplikation dar. Diese Krankheit ist durch den fortschreitenden bindegewebigen Umbau des Organs mit einer zunehmenden Einschränkung der Funktion der Leber als zentraler Clearingstation im Stoffwechsel gekennzeichnet.

5.3 Infektion als erregerbedingte Entzündung

Durch Bakterien, Viren, Pilze ausgelöste Entzündungen zeigen ähnliche Abläufe wie sie für die nicht erregerbedingten Entzündungen typisch sind. Bestimmte Bakterienstämme setzen während ihres Wachstums Gifte frei, die als Exotoxine bezeichnet werden. Hierbei handelt es sich um toxische lösliche Proteine, welche über die Fähigkeit verfügen, die Membranen von Körperzellen zu schädigen oder störend auf intrazelluläre Signalkaskaden einzuwirken.

Als bakterielle Endotoxine werden Fragmente aus der Zellmembran bestimmter (gramnegativer) Bakterien bezeichnet. Ihrer Struktur nach handelt es sich um Lipopolysaccharide. Diese bakteriellen Endotoxine verursachen oftmals hohes Fieber, sie können septisch-toxische Schockzustände und auch lebensbedrohliche Blutgerinnungsstörungen mit multiplen Thrombenbildungen in der Gefäßperipherie hervorrufen. Die Systeme der Entzündung der Blutgerinnung sind durch ein Netzwerk von eng geknüpften Maschen verbunden: Heparin, ein allseits bekanntes gerinnungshemmendes und in der klinischen Routine vielfach angewendetes Medikament, hemmt beispielsweise die Bildung eines starken Entzündungsmediators, nämlich des Bradykinins.

Der Hageman-Faktor, ein wichtiger Faktor aus der Gerinnungskaskade aktiviert einerseits die Blutgerinnung, gleichzeitig auch die Auflösung von Gerinnungsthromben. Neben weiteren Funktionen greift dieser Faktor zudem aktivierend in die Mediatorsysteme der Entzündungskaskaden ein. Im Gefolge dieser Aktivierungsschritte werden sowohl Gerinnungsfaktoren wie Faktor XII a und Plasmin gebildet, gleichermaßen aber auch Entzündungsmediatoren wie das Kallikrein.

Faktor XII a und Plasmin können im Sinne einer positiven Rückkopplung wiederum die Aktivierung dieses Hageman-Faktors verstärken. Dies kann enthemmte Entzündungsreize auslösen, die über die genannten Selbstverstärkungsmechanismen dramatische Krankheitsbilder induzieren.

Bakterielle Toxine können zudem zu einer Aktivierung des Komplementsystems führen, einem weiteren System, das vor allem im Immunsystem eine Schlüsselfunktion einnimmt und dort etwas eingehender besprochen werden soll:

Dieses System besteht kurz gesagt aus 20 Proteinkomponenten, die kaskadenförmig bzw. in serieller Schaltung miteinander vernetzt sind. Dieses System ist zusammen mit dem Immunsystem an der Abwehr von mikrobiellen Keimen maßgeblich beteiligt und es vermittelt darüber hinaus eine ganze Reihe weiterer biologischer Reaktionen. Eine Aktivierung des Komplementsystems hat beispielsweise eine Steigerung der Gefäßpermeabilität zur Folge, es stimuliert die Chemotaxis, es beordert Abwehrzellen in das Entzündungs-Infektionsgebiet hinein und vor allem verfügt es über die Fähigkeit zur Auflösung von Mikroorganismen. Die Aktivierungsschritte dieses Systems erfolgen auf dem so genannten „klassischen Weg", der die Bildung von kaskadenförmig hintereinander geschalteten Immunkomplexen beinhaltet. Am Ende dieser Kaskaden entsteht der so genannte Membranangriffskomplex mit der Auflösung von eingedrungenen Bakterien. Auf einem Nebenschlussweg kann alternativ die Aktivierung des Komplementsystems durch toxische Zellbestandteile von Bakterien, d.h. durch Endotoxine, erfolgen. Das Gift der Kobra wirkt beispielsweise auf die Komponente C3 des Immunsystems. Die verschiedenen Zwischenstufen des Komplementsystems können wiederum durch Zwischenprodukte aus dem Gerinnungssystem aktiviert werden, womit ein weiteres Mal die enge dynamische Verflechtung dieser Systeme gezeigt werden soll. Es gehört zu den Erfolgsgeheimnissen biologischer Systeme, dass durch das Zusammenwirken von Mediatoren aus unterschiedlichen Systemen eine um das Vielfache gesteigerte funktionelle Variabilität und Effektivität erreicht wird.

6 Immunsystem selbst organisatorisches Modell

6.1 Einleitende Bemerkungen über Aufbau und Funktion

„Immunis" kommt ursprünglich aus dem Lateinischen und heißt dort „frei von Leistungen, Abgaben und Pflichten" zu sein. Pflichten hat das Immunsystem mehr als genug und seine Leistungen sind atemberaubend. Die Fähigkeit des Körpers, sich vor Viren, Bakterien und anderen Krankheitserregern zu schützen, wird als Immunität bezeichnet. Es steht als zentrales integritätserhaltendes System im Drehpunkt eines balancierten Ausgleichs zwischen Organismus und Umwelt. Seine Leistungsmerkmale sind ein schnell lernendes Gedächtnis und seine überragende Spezifität. Beide Merkmale zusammen erlauben dem Körper zwischen „Selbst" und „Nicht-Selbst" zu unterscheiden.

Das Immunsystem erfüllt im Wesentlichen drei Hauptaufgaben:

1. Schutz des Körpers vor eindringenden Pathogenen (pathos = Leiden), also Krankheitserregern wie Bakterien, Viren, Pilze, einzellige Protozoen, aber auch Parasiten wie Hakenwürmer oder Bandwürmer. Prinzipiell kann jedes von außen einwirkende Molekül oder jede körperfremde Zelle eine Immunantwort auslösen, so zum Beispiel Chemikalien, Pollen, Fremdkörper aller Art.
2. Beseitigung von abgestorbenen oder geschädigten Zellen.
3. Erkennen und Entfernen von abnormen Zellen. Entartete Zellen entstehen andauernd im Organismus. Sie werden jedoch vom Immunsystem rechtzeitig erkannt und zerstört, bevor sie außer Kontrolle geraten.
4. Das Immunsystem bietet nicht nur einen Schutz nach außen, sondern bewahrt den Körper auch vor bedrohlichen körpereigenen inneren Pathogenen. Das Immunsystem nimmt somit Verzerrungen der körpereigenen, intrinsischen Netzwerke wahr und balanciert sie wieder aus.

Dem Menschen ist das Immunsystem sein höchst Eigenes, vergleichbar Privates wie sein Gehirn. Es entspricht einer individuellen Signatur des Menschen.

Angesichts der Vielzahl und Komplexität seiner Funktionen kann es nicht wundern, dass auch Fehlprogrammierungen vorkommen können. Diese Fehlfunktionen können in drei Kategorien untergliedert werden: Überreaktion, falsche Immunantwort, keine Immunantwort.

Wenn das Immunsystem die eigenen Körperzellen angreift, spricht man von einer Autoimmunkrankheit. Ein Beispiel einer solchen Autoimmunkrankheit ist der Diabetes-Typ I. Bei dieser Krankheit werden von Immunzellen solche Proteine gebildet, welche die insulinproduzierenden Beta-Zellen der Bauchspeicheldrüse angreifen und sukzessive zerstören.

Allergien sind typische Beispiele für Überreaktionen. Hierbei fällt die Immunantwort auf ein Antigen überproportional heftig aus.

Immunschwächekrankheiten entstehen, wenn die einzelnen Komponenten des Immunsystems defizitär arbeiten. Erworbene Immunschwächekrankheiten treten meist im Gefolge von Infektionen auf, wie zum Beispiel AIDS durch eine Infektion mit HIV (human immunodefiency virus) hervorgerufen wird. Erworbene Immunschwächekrankheiten können auch eine Folge von Chemo- und Strahlentherapien sein.

Daneben ist eine große Anzahl von angeborenen Immunschwächekrankheiten bekannt. Bei der schweren kombinierten Immunschwächekrankheit SCID (severe combined immunodefency) können die betroffenen Babys nur unter keimfreien Bedingungen überleben.

Die Haut ist das größte Organ des Körpers und sie ist nicht nur eine physikalische Barriere, sondern vor allem eine immunologische Barriere, die von einem Mikroorganismus überhaupt erst einmal überwunden werden muss, um in den Körper eindringen zu können. Auf jedem cm² der Haut findet man 10^3 Bakterien, in jedem Milliliter Speichel sind 10^9 Bakterien. Auf der Haut befinden sich besonders viele Lymphozyten und antigenpräsentierende Zellen[129]. Auch die Schleimhaut des Magen-Darm-Traktes, die Mukosa (lat. Mucus = Schleim) und die Schleimhäute der Atemwege bilden eine Barriere zwischen Umwelt und dem Körperinneren. Sie sind gleichfalls mit Lymphozyten und antigenpräsentierenden Zellen besiedelt.

Die immunologische Abwehr stützt sich auf zwei Systeme, nämlich auf das angeborene unspezifische, und das im Laufe des Lebens erworbene spezifische System wie in der Abbildung 4 dargestellt.

Die Mechanismen der angeborenen Immunität sind die ersten aktiven Reaktionen, die nach einer Infektion in Gang gesetzt werden. Sie dienen dazu, die Verbreitung eines Erregers einzudämmen und auf diese Weise Zeit zu gewinnen, bis die spezifischen Abwehrmaßnahmen der erworbenen Immunität wirksam werden können. Der Begriff der „erworbenen Immunität" leitet sich davon ab, dass nach einer Infektion nicht sofort eine Reaktion erfolgt, sondern dass erst ein spezifischer Maßnahmenkatalog aufgestellt werden muss.

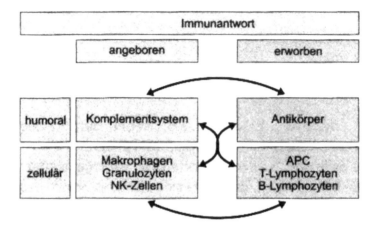

Abb. 4: Interaktion zwischen humoralen (erworbenen) und zellulären (angeborenen) Bestandteilen des Immunsystems. NK: Natürliche Killerzellen. APC: Antigenpräsentierende Zelle. (Aus: A. Vollmar, Th. Dingermann: Immunologie. WVG Stuttgart (2005) S. 4)

Bereits Ilja Iljitsch Metschnikow, ein russischer Biologe (1845-1916), beobachtete in lebenden transparenten Wasserflöhen Fresszellen, welche Infektionserreger verschlangen und verdauten. Er nannte solche Zellen Makrophagen („große Fresser"). Für die Entdeckung der Phagozytose[130], als einem wesentlichen Abwehrprozess wurde ihm 1908 der Nobelpreis verliehen[131]. Vorläufer der Makrophagen sind die Monozyten, die sich nur kurze Zeit im Blut aufhalten, bevor sie in die Gewebe einwandern und dort zu Makrophagen ausdifferenzieren. Die polymorphkernigen Leukozyten werden nach ihrer gelappten Kernstruktur so genannt und werden oft als Granulozyten bezeichnet, weil sie unter dem Mikroskop in ihrem Zellleib sehr viele Granula („Körner") tragen. Nach ihrem Anfärbeverhalten kann man drei Typen dieser Granulozyten unterscheiden, nämlich neutrophile, basophile und eosinophile Granulozyten. Im Rahmen einer Infektion oder einer Entzündung werden diese Zellen vermehrt im Knochenmark gebildet und in großer Zahl von dort in den Entzündungsort dirigiert. Neutrophile Granulozyten nehmen dort die Infektionserreger in intrazelluläre Vesikel (Säckchen) auf, wo sie durch aggressive Enzyme, durch Sauerstoffradikale etc. abgetötet und anschließend verdaut werden. Basophile Granulozyten entfalten ihre Wirkung durch Sekretion von toxischen Substanzen und die eosinophilen Granulozyten spielen bei allergischen Reaktionen und bei der Abwehr von großen Parasiten eine wesentliche Rolle.

Die Zellleiber der Mastzellen sind mit elektronendichten Granula gefüllt. Diese Granula enthalten aggressive Inhaltsstoffe, die sie entleeren, wenn sie in Kontakt mit Erregern gekommen sind. Sie senden zudem Botenstoffe aus, mit denen sie andere Abwehrzellen anlocken. Die sogenannten Dentritischen Zellen wandern als unreife Zellen aus dem Blut in die Gewebe ein und bilden dort zahlreiche Verästelungen aus, von denen sie ihren Namen haben (dendritic cells, DCs). Im Bereich der Haut werden sie als Langerhans-Zellen bezeichnet. Dort bilden sie mit ihren Fortsätzen ein dichtes Netzwerk in der Epidermis. Werden sie aktiviert, so wandern sie mit dem Lymphstrom in die Lymphknoten und präsentieren dort den Lymphozyten die Fremdkörper, welche sie im Gewebe aufgenommen haben.

Die natürlichen Killerzellen sind eine Gruppe von Lymphozyten, die darauf spezialisiert sind, infizierte Zellen, Tumorzellen und durch Antikörper markierte Zellen zu erkennen.

Eine schematische Übersicht über die zellulären Akteure des Immunsystems ist aus der nachfolgenden Abbildung 5 zu entnehmen.

Die Prozesse der Phagozytose und der Cytotoxizität werden unterstützt durch eine ganze Reihe von humoralen, d.h. löslichen, Faktoren, so zum Beispiel durch die sogenannte Akute-Phase-Proteine, Botenstoffe aus der Reihe der Cytokine und die Proteine aus der Komplementkaskade, die wir uns weiter unten noch etwas genauer ansehen werden.

Die zellulären Akteure des adaptiven, d.h. des erworbenen Immunsystems sind die B- und T-Lymphozyten mit ihren klonal verteilten Rezeptoren für alle möglichen Antigene. Diese Rezeptoren sind von Individuum zu Individuum unterschiedlich. Ein Klon bezeichnet ja die Nachkommenschaft einer einzigen Zelle. Diese klonalen Muster von Rezeptoren bilden die molekulare Grundlage für die außerordentlich große Spezifität der Unterscheidungsfähigkeit des adaptiven Immunsystems. Das Immunsystem besteht aus 10^6 Lymphozyten und bis zu 10^{20} Antikörpern. Die B-Zellen haben ihren Namen von einem lymphatischen Organ bei Vögeln, der so genannten Bursa Fabricius. Beim Men-

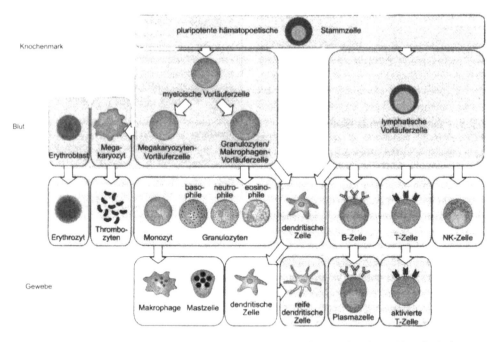

Abb. 5: Aus pluripotenten Stammzellen des Knochenmarkes entstehen myeloische und lymphatische Vorläuferzellen, aus denen sich Lymphozyten und verschiedene myeloische Zellen entwickeln, die das zelluläre Arsenal des Immunsystems darstellen. (Aus: A.Vollmar, Th. Dingermann. Immunologie. WVG Stuttgart (2005) S. 5)

schen reifen sie im Knochenmark heran. Ihre Rezeptoren sind Immunglobuline bzw. Antikörper, die zunächst in der Membran verankert sind. Werden die Zellen aktiviert, so differenzieren sie sich weiter zu Plasmazellen aus. Diese Zellen sind in der Lage, große Mengen an Antikörpern zu bilden und in löslicher Form abzugeben. Pro Sekunde kann eine solche Plasmazelle bis zu 2000 Antikörpermoleküle produzieren[132].

T-Zell-Lymphozyten reifen im Thymus heran. In ihrer Gruppe können zwei Zelltypen unterschieden werden, nämlich die zytotoxischen T-Zellen und die T-Helferzellen. Über ihre T-Zellrezeptoren erkennen diese Zellen passgenau ihre komplementären Antigene. T-Helferzellen optimieren die Immunantwort, indem sie zum Beispiel die B-Zellen zur Antikörperproduktion aktivieren und den Makrophagen, d.h. den Fresszellen, dabei behilflich sind, aufgenommene Mikroorganismen abzutöten. Regulatorische T-Helferzellen wirken entgegengesetzt und supprimieren die Immunantwort.

Die Hauptakteure des spezifischen Immunsystems sind also die T- und B-Lymphozyten.

Der Begriff „Lymphozyten" leitet sich von dem lateinischen Wort „lympha" für „Fluss-/Quellwassser" ab. Diese Zellen sind in der Lage, über spezifische Bindungsstellen und Rezeptoren nahezu jede Fremdsubstanz (Antigen) zu erkennen[133].

Ein einzelner Lymphozyt erkennt und bindet dabei nur an ein ganz bestimmtes Antigen. Diese Bindung, dieses Erkennen auf molekularer Basis, das weiter oben besprochen wurde, hat die Teilung und Proliferation (Vermehrung) eines spezifischen Lymphozytentypus zur Folge. So entstehen große Mengen an Lymphozyten mit gleicher Spezifität für ein ganz bestimmtes Antigen. Dies gilt sowohl für B-Lymphozyten (B von Knochenmark, bone marrow) als auch für die T-Lymphozyten (T vom Thymus).

Die von den B-Lymphozyten gebildeten Antikörper sind durch die gleiche Spezifität für ein ganz bestimmtes Antigen ausgezeichnet wie die ursprüngliche B-Zelle. Die T-Zellen nehmen vor allem Koordinationsaufgaben wahr, hier vor allem die T-Helferzellen. Andere T-Zellen sind an der Erkennung[134] und Zerstörung von Tumorzellen und virusinfizierten Zellen beteiligt und werden demgemäß als zytotoxische (zellzerstörende) T-Zellen bezeichnet. Ein Teil der durch Antigene stimulierten Lymphozyten wandelt sich in Gedächtniszellen um. Diese verlassen das Blut und wandern in die Organe und Gewebe aus.

Diese Gedächtniszellen stellen die Basis für die Immunität dar. Bei einem erneuten Kontakt des Körpers mit einem bekannten Antigen kann so eine schnellere und noch stärkere Reaktion als beim Erstkontakt erfolgen.

Eine besondere Rolle bei der Erkennung von Fremdsubstanzen durch die T-Zellen spielt eine Gruppe von spezifischen körpereigenen Gewebeantigenen, die als Haupt-Histokompatibilitäts-Antigene (MHC-Antigene nach „major histocompatibility complex") bezeichnet werden.

Diese wichtigen Antigene werden auf der DNA von einem Genkomplex kodiert, der als Haupt-Histokompatibilitäts-Komplex bezeichnet wurde. Dieser Komplex kommt bei allen Wirbeltieren vor und seine biologische Funktion besteht darin, den T-Zellen Antigene anzubieten[135]. Man hat herausgefunden, dass T-Zellen nur dann auf Antigene reagieren können, wenn diese an körpereigene MHC-Moleküle gebunden sind. Unterschieden werden zwei Klassen von diesen MHC-Molekülen, nämlich MHC-I und MHC-II-Moleküle. Die MHC-I-Klasse kommt auf der Oberfläche von allen kernhaltigen Zellen vor, die der MHC-II-Klasse kommen nur auf bestimmten Zellen des Immunsystems vor[136]. Dabei wollen wir es einstweilen belassen, um uns nicht in der grenzlosen Weite des auch für Spezialisten kaum überschaubaren Gebietes der Immunologie zu verlieren.

Die Systeme der angeborenen und erworbenen Immunität sind eng miteinander verknüpft, wobei die Akteure des angeborenen und erworbenen Immunsystems Hand in Hand und eng zusammenarbeiten: So sind die phagozytierenden Zellen der angeborenen Immunität wie auch die Makrophagen oder die dendritischen Zellen[137] unerlässlich für die Aktivierung der Effektorzellen der erworbenen Immunität. Und umgekehrt können Antigene viel leichter phagozytiert werden, wenn sie durch Antikörper vorher markiert, d.h. besetzt, worden waren.

6.2 Rezeptoren als Software für das molekulare Erkennen in der Immunologie

Das Erkennen und Verstehen in der Immunologie wird über Rezeptoren vermittelt. Wir hatten weiter oben schon festgestellt, dass eine ganz erstaunliche Eigenschaft des Immunsystems darin besteht, zwischen eigenen und fremden Zellen unterscheiden zu können. Die fehlende Immunreaktion gegen die eigenen Körperzellen wird als Selbsttoleranz bezeichnet. Für das gegenseitige Erkennen wurden im Verlaufe der Evolution Erkennungsstrukturen entwickelt, die als Rezeptoren bezeichnet werden. Im Rendevouz-Manöver der Rezeptoren zwischen „Selbst und Selbst" bzw. „Selbst und Nicht-Selbst" spielt die auf den komplementären molekularbiologischen Markerstrukturen der Reaktionspartner beruhende KL-Komplementarität eine dominierende Rolle. Wie schon mehrfach vermerkt, spiegelt die KL-Komplementarität ein universales Prinzip wieder.

Rezeptoren kommen zellgebunden aber auch löslich vor.

Wichtige Rezeptoren im Wirkungsbereich der angeborenen Immunität wie auch der erworbenen Immunität sind die so genanten „Toll-like-Rezeptoren" (TLRs) sowie die „NOD-like Rezeptoren" (NLRs). Diese Sorte von Mustererkennungsrezeptoren besitzt eine Schlüsselstellung für die Regulation der Immunität.

Die TLRs können ein breites Spektrum von Erregern erkennen, weil sie sich spezifisch an solche Strukturen dieser Erreger zu binden vermögen, die sich im Laufe der Evolution nicht oder kaum verändert haben. Derartige Strukturen werden als konservierte Strukturen bezeichnet, weil sie art- und speziesübergreifend identisch sind. Hierbei handelt es sich unter anderem um bestimmte Zuckerstrukturen auf der Oberfläche von Bakterien, die über den Ablauf der Evolution für viele Spezies konstant geblieben sind und die im ersten Schritt der angeborenen Abwehr von den Toll-like-Rezeptoren erkannt werden können. Hier zeigt sich einer der Vorteile des angeborenen Immunsystems, dessen Effektivität und Streubreite gegen eine möglichst große Anzahl verschiedener Pathogene gerichtet ist.

Die konservierten Erkennungsstrukturen der Erreger werden auch als pathogenassoziierte mikrobielle Muster (PAMP, pathogen-associated microbial patterns) bezeichnet. Solche Markerstrukturen befinden sich nur auf den Pathogenen und nicht auf den Wirtszellen. Dies macht die Unterscheidung zwischen „eigen" und „fremd" möglich. Dazu zählen beispielsweise bestimmte Formen von Lipopolysacchariden. Aus dieser Gruppe der Lipopolysaccharide waren im Kapitel „Entzündung" die Endotoxine vorgestellt worden, die im septischen Schockgeschehen eine wichtige Rolle spielen, des Weiteren zählen dazu die Peptidoglycane, bakterielle Lipoproteine, und auch die DNA/RNA von Bakterien bzw. Viren. Die an diese Strukturen bindenden Rezeptoren werden Mustererkennungsrezeptoren (PRR, pattern recognition receptors) genannt[138]. Toll-like-Rezeptoren wurden erstmals in der Fruchtfliege Drosophila identifiziert und bis heute sind mehr als zehn unterschiedliche TLRs in Säugetieren isoliert worden. Die Bindung dieser Rezeptoren an ihre Liganden führt zu einem breiten Spektrum an Effektormechanismen mit dem Ziel der Beseitigung der Erreger. So wird die Ausschüttung von Entzündungsmediatoren gestartet, von Zytokinen, von antimikrobiellen Peptiden, von Sauerstoff- und Stickstoffradikalen. Außerdem werden Phagozyten angelockt[139]. Toll-like-Rezeptoren sind somit wichtige Signalvermittler innerhalb der angeborenen Immunantwort. Deren Aktivierung setzt eine Signalkette zur DNA mit der Induktion einer ganzen Reihe von Genen in Gang, deren Genprodukte wichtige Aufgaben sowohl in der angeborenen als auch der erworbenen Immunantwort übernehmen.

Die NOD-like Rezeptoren liegen im Zellinneren vor und verfügen ebenfalls über ein breites Aktionsspektrum gegen mikrobielle Keime. Ihnen scheint eine besondere Schlüsselfunktion für die Erkennung von bakteriellem Peptidoglycan (NOD1 und NOD2) und von bakteriellen Toxinen zuzukommen.

Die Mustererkennungsrezeptoren sind keimbahnkodiert und sie wechseln somit ihre Spezifität nicht. Für einen Rezeptor kodiert ein Gen, d.h. ihre Erkennungsmuster bleiben über den Ablauf der Evolution hinweg immer gleich. Deshalb sind sie nicht in der

Lage, neue und unerwartete Antigene zu erkennen, zu binden und der Phagozytose zuzuführen. Das Immunsystem muss aber garantieren, dass es ein Abwehrmolekül gegen jede denkbare Fremdstruktur zu bilden vermag. Es muss alles Fremde erkennen, wenn es überleben will, ohne dass es sich gegen die körpereigenen Strukturen richtet. Dem Immunsystem ist deswegen eine potentiell selbstzerstörerische Fähigkeit implizit. Diese potentielle selbstzerstörerische Fähigkeit des Immunsystems wird durch strenge Regelkreise in Schach gehalten.

Die Evolution hat eine große Anzahl von Rezeptortypen entwickelt, welche ein hochspezifisches Erkennen einer unüberschaubaren Anzahl von Antigenen ermöglichen; dies betrifft sowohl aktuell vorhandene aber zudem auch noch zukünftig mögliche Antigene. Der Aufwand, den das Immunsystem betreibt, ist unbedingt staunenswert.

6.3 Grenzenloses Erkennungsvermögen der Antikörper

Antikörper, auch als Immunglobuline bezeichnet, kommen auf der Membran von B-Lymphozyten als Transmembranrezeptoren vor. Sie werden dort als B-Zell-Rezeptoren bezeichnet und im Rahmen der Immunantwort werden sie in gewaltigen Mengen als lösliche Rezeptoren sezerniert. Im Prinzip ist ein Antikörpermolekül aus vier Polypeptidketten aufgebaut, die Y-förmig miteinander verbunden sind. Die beiden Seiten des Y sind identisch aus einer schweren (H-)Kette (H für heavy) und einer leichten Kette (L-)Kette (L wie light) aufgebaut. Jeweils eine leichte Kette ist an einer schweren Kette befestigt und die beiden Arme des Y, die als Fab-Regionen bezeichnet werden, enthalten die spezifischen antigenbindenden Regionen (s. Abb. 6).

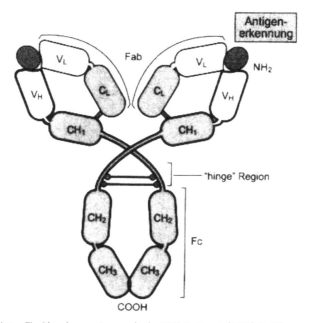

Abb. 6: (Aus: A. Vollmar, Th. Dingelmann. Immunologie. WVG Stuttgart (2005) S. 41)

Sowohl im Bereich der schweren als auch der leichten Ketten lassen sich zwei Regionen abgrenzen. Die eine Region ist für alle Antikörper mehr oder weniger gleich und wird deshalb als C-Region (C für constant) bezeichnet. Die andere Region ist dagegen hoch variabel (V-Region, V von variabel). Diese besitzt bei jeder individuellen Antikörperkette eine andere Struktur. Die Besonderheit der V-Strukturen liegt in ihrer Funktion als Erkennungsstrukturen. Hier finden die Kontakte mit dem Antigen statt, das Abtasten einer Fremdstruktur und die Einleitung einer auf die registrierten strukturellen Merkmale abgestimmten Antwort, die schließlich zur Zerstörung der als fremd erkannten Struktur führt. In jeder variablen Region sind zusätzlich noch drei hypervariable Aminosäurenbereiche abgrenzbar, die sich in ihrer Sequenz stark unterscheiden. Die hypervariablen Bereiche der schweren und der leichten Ketten lagern sich zusammen und sie bilden so die Antigenbindungsstelle des Antikörpers, wobei die Struktur der Antigenbindungsstelle des Antikörpers wiederum komplementär zu den Antigenstrukturen ist[140]. Im Anschluss an die variablen Bereiche folgen die in ihrer Aminosäuresequenz nicht variablen bzw. konstanten Antikörperdomänen.

Antikörper machen Antigene auf drei unterschiedliche Arten für das Immunsystem erkennbar:
1. Sie wirken als Opsonine, d.h. sie ummanteln und markieren eingedrungene Antigene und sie kennzeichnen diese für die Abwehrzellen als körperfremde Objekte.
2. Sie lassen Antigene verklumpen und erleichtern so die Phagozytose.
3. Sie inaktivieren bakterielle Toxine.

Darüber hinaus verstärken Antikörper die Entzündungsprozesse, indem sie u.a. das Komplementsystem aktivieren.

Antikörper binden zuerst an das Antigen und anschließend an einen Rezeptor auf den Immunzellen. Diese jetzt mit einem Antigen verbundenen Antikörper docken anschließend mit ihren Fc-Regionen an den Membranrezeptoren von Fresszellen an: Das Antigen ist damit markiert und für die Immunzelle erkennbar geworden. Jetzt kann das markierte Antigen in das Zellinnere aufgenommen und dort zerstört werden.

Die dargestellte Funktionsweise der Antikörper könnte man sich als eine Art Universalschlüssel vorstellen: Jeder Antikörper ist spezifisch auf ein ganz bestimmtes Antigen ausgerichtet. Abermillionen von verschiedenen Antigenen sind Abermillionen von spezifischen Antikörpern zugeordnet. Demgemäß müssten die Immunzellen theoretisch gegen diese Abermillionen verschiedener Antigene passgenaue Rezeptoren vorhalten. Die geniale Funktionsweise der Natur besteht darin, dass Immunzellen, die mit nur einem einzigen Rezeptortyp ausgestattet sind, trotzdem durch jedes denkbare Antigen aktiviert werden können: Mit seiner konstanten Fc-Region ist der Antikörper an den konstant gleichen Rezeptor der Immunzellen gebunden. An seinen hoch spezifischen Fab-Regionen kann dagegen jedes denkbare Antigen angekoppelt werden. Antikörper funktionieren also in der Tat nach einer Art von Universalschlüssel, der den Zugang zu allen Schließzylindern einer gigantischen Schließanlage ermöglichen kann.

Jeder Mensch ist mit seinem Immunsystem in der Lage, auf potentiell alle aus der Umwelt einwirkende Pathogene eine Antwort zu finden. Karl Landsteiner war im 20. Jahrhundert über alle Maßen erstaunt, als er die Entdeckung machte, dass er bei Tieren spezifische Antikörperantworten gegen Anilinfarbstoffe auslösen konnte. Das Erstaunliche daran war, dass diese Farbstoffe zu diesem Zeitpunkt erst ganz neu von der chemischen Industrie synthetisiert worden und somit neu in die Welt gekommen waren. Dies mutet umso erstaunlicher an, da die Funktion bzw. die Antigenspezifität eines Antikörpers jetzt durch eine genetisch programmierte Aminosäure-Sequenz vorgegeben ist. Nach dem klassischen Dogma fließt die Information von der DNA zum Protein. Hier scheint es umgekehrt zu sein[141].

6.4 Bemerkungen zur Familie der Antikörper

1898 entwickelte Adolph von Behring (1854-1917) ein Antiserum gegen den Diphtherie-Erreger und fand dabei heraus, dass nach der Immunisierung von Tieren mit abgetöteten Diphtherie-Bazillen im Blut der Tiere solche Substanzen vorhanden waren, die den Erreger und sein Toxin neutralisieren konnten. Diese Substanzen nannte er Antitoxine. Dafür erhielt der 1901 den Nobelpreis für Medizin. Paul Ehrlich (1854-1915) entwickelte aufbauend auf den Arbeiten von Behring eine „Seitenkettentheorie", mit der er die Wirkung des Antitoxins zu erklären versuchte. Er vermutete, dass bestimmte Körperzellen Rezeptormoleküle oder Seitenketten auf ihrer Oberfläche besitzen, die sich mit bestimmten Strukturen der Toxine verbinden würden. Wenn diese Zellen den Kontakt mit dem Toxin überstehen würden, so würden sie anschließend Seitenketten in großer Anzahl produzieren. Diese Seitenketten werden heute als Antikörper bezeichnet. Es sollte aber noch bis zum Jahre 1958 dauern, als Rodney R. Porter und Gerald M. Edelman aus dem Urin von Lymphompatienten genügend Antikörper isolieren konnten, um sie einer chemischen Analyse zuführen zu können. Erst 1969 konnte die Primärsequenz eines Antikörpers vollständig entschlüsselt werden[142]. Ein Antigen kann mehrere verschiedene Epitope besitzen. Dies macht es verständlich, dass eine Immunreaktion meist gegen eine Vielzahl dieser Epitope gerichtet ist. Die passende komplementäre Struktur von Epitop und Antigenbindungsstelle stellt eine grundlegende Voraussetzung für eine starke Bindung zwischen Antigen und Antikörper dar. Hier begegnet uns wieder ein Beispiel für die universale Geltung des Komplementaritätsprinzips als entropiesenkendes Grundprinzip in der dynamischen Vernetzung von biologischen Signalträgern.

Als Bindungskräfte zwischen Antigen und Antikörpern wirken Wasserstoffbrücken, komplementäre elektrische Ladungen und van der Waals-Kräfte zusammen. Mit diesem chemischen Instrumentarium können Antikörper sich an chemisch ganz unterschiedliche Substanzklassen binden, beispielsweise an Proteine, Kohlenhydrate, Lipide, Nukleinsäuren, ja sogar an Kunststoffe. Dabei bleibt die Antikörperbindung immer hoch spezifisch und mit extremer Feinheit auf die Erkennungsstrukturen der Antigene ausgerichtet.

Unter den leichten Ketten unterscheidet man zwei Typen, nämlich κ- und λ-Ketten und unter den schweren Ketten fünf Typen, nämlich μ, δ, γ, α und ε. Demzufolge lassen sich Antikörper bzw. Immunglobuline in fünf Klassen einteilen, nämlich IgM, IgD, IgG, IgA und IgE. Alle Antikörperklassen können sowohl membranständig als auch als Teil des B-Zellrezeptors vorkommen sowie von den B-Zellen nach deren Aktivierung als lösliche Antikörper sezerniert werden.

Alle nativen B-Zellen, d.h. solche, die noch keinen Antigenkontakt hatten, tragen IgM als B-Zellrezeptor an ihrer Oberfläche. IgM ist deshalb das erste Molekül, das im Verlaufe einer Immunreaktion sezerniert wird. Allein aufgrund seiner Größe von ca. 1.000 kD verlässt es die Blutbahn nicht. Jedes dieser Moleküle hat 10-12 identische Bindungsstellen für Antigene, von denen fünf gleichzeitig genutzt werden können[143]. Das Molekül ist sehr effektiv in der Komplementaktivierung, wobei nur eine einzige Bindung dieses Moleküls an ein Antigen genügt, um eine ganze Kaskade an Reaktionen in Gang zu setzen.

Mengenmäßig ist IgG die dominante Immunklasse im Serum und macht ca. 75% der Serumimmunglobuline aus. Innerhalb dieser Klasse werden vier Subklassen unterschieden. Mit einer vergleichsweise geringen Größe von 150 kD kann es leicht die Blutbahn verlassen und sich im Gewebe anreichern. Es hat mit ca. drei Wochen die längste Halbwertszeit und ist deshalb in der klinischen Anwendung besonders gut für die Substitutionstherapie bei einem Antikörpermangelsyndrom geeignet. Es ist zudem der einzige Antikörper, der von der Mutter über die Plazenta in den kindlichen Kreislauf übertreten kann und der so das Kind in den ersten Wochen vor Infektionen zu schützen vermag. Seine Funktion besteht in der Neutralisierung von Toxinen, indem es die Bindung von Toxinen an seine Zielstruktur blockiert und damit eine Toxineinwirkung auf den Organismus verhindert.

IgA hat eine molekulare Masse von 400 kD und kommt an den Oberflächen des Organismus an den Schleimhäuten der Atemwege und des Genitaltraktes etc. vor.

IgE kommt nur in sehr geringen Mengen im Serum vor. Es ist meist an einen spezifischen Rezeptor auf den Mastzellen gebunden, auch eosinophile Granulozyten exprimieren diesen Rezeptor nach Aktivierung. Der Antikörper spielt eine Rolle bei der Abwehr von multizellulären Parasiten und Würmern und ist verantwortlich für die allergischen Reaktionen vom Soforttyp (Heuschnupfen, allergisches Asthma, Insektengiftallergie, Lebensmittelallergien etc.).

6.5   Immunsystem als zelluläres und molekulares Gedächtnis

Lymphozyten unterscheiden sich durch ihre Membranrezeptoren voneinander, die jedem Lymphozyten seine Spezifität für einen bestimmten Liganden verleihen. Wenn also einem Lymphozyten die Aufgabe zukommt, einen speziellen Krankheitserreger zu bekämpfen, so müssen in kürzester Frist Abermillionen von Lymphozyten bereit gestellt sein, um die Abermillionen von eingedrungenen Krankheitserregern wirksam bekämpfen können. Bei der Geburt eines Menschen wird jeder Klon von Lymphozyten durch einige wenige Zellen repräsentiert, die als native Lymphozyten bezeichnet werden. Nach einem ersten Kontakt mit einem Antigen wird dieser Zellklon zur raschen Teilung angeregt, so dass in kurzer Zeit Millionen von spezifischen Lymphozyten zur Verfügung stehen, die als Plasmazellen die Produktion spezifischer Antikörper übernehmen. Dieser Mechanismus wird als klonale Expansion bezeichnet. Die genannten Plasmazellen produzieren Antikörper in unvorstellbaren Mengen, wahrscheinlich bis zu 2.000 Moleküle pro Sekunde[144].

Die Oberfläche eines B-Lymphozyten, einer Plasmazelle, ist von mindestens 100.000 Antikörpermolekülen bedeckt, deren Fc-Enden in der Membran dieser Zellen verankert sind, während die Fab-Enden frei bleiben für die Bindung an extrazelluläre Antigene, Viren oder bakterielle Toxine. Die Antikörper der Plasmazellen bilden somit die humorale Immunität, also die löslichen Antikörper des Blutplasmas. Nachdem die Eindringlinge im Ablauf dieser primären Immunreaktion beseitigt sind, bleiben einige Gedächtniszellen des Klons zurück, um auf die nächste Konfrontation mit dem gleichen Erreger zu warten. Deshalb erfolgt die sekundäre Immunantwort nach einer zweiten Konfrontation mit dem gleichen Erreger weitaus schneller als beim ersten Mal, weil die Lymphozyten ein molekulares Gedächtnis nach der ersten Konfrontation in sich tragen.

Es verhält sich auch nicht so, dass ein Antikörper von einem bestimmten einzigen Gen kodiert würde. Das wäre für den Organismus viel zu aufwändig. Antikörper sind Proteine, die von Genen kodiert werden. Das Immunsystem muss 10^6 bis 10^8 unterschiedliche Antikörper-Bindungsstellen bereitstellen. Das menschliche Genom besitzt aber noch nicht einmal 10^5, d.h. deutlich weniger als 30.000 Gene. Wie kann es also sein, dass so wenige Gene für eine derart riesige Anzahl von möglichen Antikörpern kodieren können? Diese Aufgabe wird vom Immunsystem genial gelöst: Zum einen bilden die schweren und leichten Ketten gemeinsam die Erkennungsstruktur eines Antikörpers. Durch die Kombination von väterlichen und mütterlichen Gensegmenten zu einer funktionellen variablen Antikörperdomäne sowie der Zusammenlagerung beider variabler Domänen von schwerer und leichter Kette für die Ausbildung der Antikörper-Bindungsstelle und angesichts der Tatsache, dass es zwei Gencluster für die leichte Kette gibt, können bereits ca. $2,6 \times 10^6$ unterschiedliche Antikörperspezifitäten erzeugt werden[145]. Verschiedene Kombinationen dieser beiden Elemente erhöhen die Variabilität der verschiedenen Antikörperspezifitäten ganz gewaltig. Wie wir gesehen haben, bilden zwei V-Regionen, nämlich die H- und die L-Kette, gemeinsam die Erkennungsstruktur. Verschiedene Kombinationen dieser Elemente können demnach zu Antikörpern von unterschiedlicher Spezifität führen. Aus je 10.000 V-Regionen könnten zumindest theoretisch 10.000 x 10.000, d.h. 10^8 unterschiedliche Antikörper hervorgehen. Es muss schon als genialer Trick der Natur erscheinen, dass die V-Regionen einer Antikörperkette nicht von einem einzelnen Gen kodiert werden, sondern von zwei bis drei separaten Gen-Segmenten. Daraus multipliziert sich die Vielzahl an kombinatorischen Möglichkeiten weiter. Unter Ausnutzung aller möglichen Kombinationen dieser Gensegmente und der freien Kombinierbarkeit von H- und L-Ketten, ist eine Anzahl von 10^8 Erkennungsstrukturen beim Menschen somit keineswegs utopisch. Während der B-Zellentwicklung im Knochenmark lagern sich unterschiedliche Gensequenzen zusammen und bilden den kodierenden Bereich für die variablen Regionen der leichten bzw. der schweren Antikörperkette. Da die Zusammenlagerung zufällig erfolgt, können durch diese Kombinatorik viele unterschiedliche variable Regionen erzeugt werden.

Die Erkennungsstrukturen entstehen zunächst rein zufällig und ohne Gegenwart eines Antigens. Das Immunsystem stellt diese Strukturen somit in kleinsten Mengen und erst einmal auf Vorrat bereit. Kommt es dann zum Kontakt eines Antigens, so induziert dieses Antigen die massenhafte Bildung der auf ihn passenden Erkennungsstrukturen und läutet damit seinen eigenen Untergang ein.

B-Lymphozyten von Antikörpern sind somit extrem spezifisch und verfügen über eine schier grenzenlose Vielfalt. Der Feinheit ihres Erkennungsvermögens sind praktisch keine Grenzen gesetzt. Sie können „alles" erkennen[146]. Es ist also das Antigen, der Fremdstoff, der die Selektion bestimmt. Ca. 1/10 des menschlichen Immunsystems bildet sich zudem täglich neu.

Das Immunsystem ist kein System im engeren Sinne, es ist vielmehr ein Prozess, eine informative Dynamik, die sich in jedem Augenblick neu erschafft und neu erkennt.

6.6 T-Zellen und Signaltransduktion

Antikörper wirken nur gegen extrazelluläre Pathogene. Ist ein Pathogen erst einmal in die Wirtszelle eingedrungen, so kann es durch das humorale Immunsystem[147] nicht mehr erkannt und bekämpft werden. Die Verteidigung gegen Pathogene, die schon in das Zellinnere eingedrungen sind, ist Aufgabe der T-Lymphozyten, die somit eine zellvermittelte Immunität organisieren. Die T-Zellrezeptoren bestehen aus zwei Ketten mit jeweils einer konstanten und einer variablen Ig-Domäne. Beide Ketten sind in der Membran der T-Zellen verankert und kommen auch nur in membrangebundener Form vor. Wie weiter oben schon skizziert, binden bei diesem Prozess T-Zellen an solche Zellen, die fremde Antigenfragmente an ihrer Oberfläche tragen. Mit ihren Rezeptoren, den T-Zellrezeptoren, binden sie an solche Zellen, die über ihre MHC-Moleküle (Haupthistokompatibilitätskomplex, major histocompatibility complex) Antigene präsentieren. T-Zellrezeptoren sind also keine Antikörper wie die Rezeptoren der B-Zellen, obwohl beide Rezeptortypen eng miteinander verwandt sind. T-Zellen können auch nicht wie B-Zellen an freie Antigene binden. Sie können stattdessen nur Komplexe aus MHC-Molekülen und Antigenen auf der Oberfläche einer Zielzelle bilden[148]. Da es eine nahezu unbegrenzte Anzahl von möglichen Antigenen gibt, muss der T-Zellrezeptor mindestens genauso variabel sein wie das theoretische Repertoire auf den B-Zellen, das auf ca. 10^{15} unterschiedliche Spezifitäten geschätzt wird[149]! Denn ebenso wie die B-Zelle besitzt die T-Zelle Rezeptoren immer nur von einer Spezifität.

Das Immunsystem muss erlernen, was „Selbst" und „Nicht-Selbst" ist. Dieser Vorgang wird hauptsächlich auf der Ebene der T-Zellen geleistet. Diese machen ca. die Hälfte der Lymphozytenpopulation aus. Die schon genannten Erkennungsstrukturen dieser Zellen kennt man erst seit 1983. Sie gleichen molekularbiologisch den Antikörpern bis auf zwei wichtige Unterschiede: T-Zellrezeptoren werden nie als lösliche Moleküle in Körperflüssigkeiten abgegeben und sie bleiben immer an der T-Zelle gebunden. T-Zellen erkennen den „Fremd-Stoff" ausschließlich nur dann, wenn er an eine Körperzelle gebunden ist, die dieser T-Lymphozyt dann als „Selbst" zu akzeptieren gelernt hat. Das heißt: Die Voraussetzung, um das „Fremd" zu erkennen, liegt im Erkennen des „Selbst". Man ist versucht, dieses fundamentale Prinzip auch auf den Menschen selbst, in die Anthropologie hinein anzuwenden und dieses Prinzip in verschiedenen philosophischen Strömungen, beispielsweise in der Existentialphilosophie wieder zu finden.

Für das Erkennen und die Unterscheidung von „Selbst" und von „Nicht-Selbst" sind also Strukturen auf der Zelloberfläche von entscheidender Bedeutung, die als Haupt-Gewebe-Verträglichkeits-Antigene (MHC-Antigene von „major histocompatibility complex antigens") des eigenen Körpers bezeichnet werden. Diese spielen vor allem in der Transplantations- und Transfusionsmedizin eine wesentliche Rolle und signalisieren: Diese Zelle ist „Selbst" und diese Zelle ist „Nicht-Selbst". Die MHC-I- und II-Proteine sind Peptidrezeptoren, die dem Immunsystem antigene Strukturen kenntlich machen. Sie besitzen einen sehr hohen Polymorphismus und jeder Mensch besitzt eine eigene Ausstattung von diesen Klasse I- und Klasse II-Peptidrezeptoren und somit ein individuelles Immunsystem: Ein Problem, das die Transplantationschirurgie von ihren Anfängen an begleitet. Im Falle einer Infektion tastet eine Abwehrzelle aus der T-Zellreihe, eine cytotoxische T-Zelle mit ihren T-Zell-Rezeptoren fortwährend diese selbst-MHC-Moleküle von anderen Körperzellen ab und erkennt diese als „Selbst" oder nicht. Wird eine solche Körperzelle aber von einem Virus befallen, so erscheinen jetzt auf einmal fremde Virus-Proteine auf dieser Zelloberfläche und sie assoziieren mit den Selbst-MHC-Molekülen. Diese Veränderungen werden aber durch den spezifischen cytotoxischen Lymphozyten erkannt, der jetzt diese virusbefallene Zelle als fremd erkennt und zerstört. Bei diesem Prozess werden die cytotoxischen T-Zellen durch so genannte T-Helferzellen unterstützt. Diese Zellen reifen im Rhythmus heran und lernen dort in einem mehrstufigen Prozess. T-Helferzellen werden somit zur Aktivierung der anderen Zellen des Immunsystems benötigt. Diese Aktivierung erfolgt wiederum über die Ausschüttung von speziellen Botenstoffen, welche als Interleukine, Lymphokine bzw. Zytokine und andere bezeichnet werden.

6.7 T-Zellrezeptoren und das Komplexe im Einfachen

T-Zellen sind prädestiniert zur Erkennung von Proteinantigenen. Dabei sind sie, wie oben vermerkt, angewiesen auf die Kooperation mit antigenpräsentierenden Zellen. T-Zellrezeptoren erkennen mit ihrem Rezeptor nur aufbereitete antigene Bruchstücke von Peptiden, die ihnen präsentiert werden. Auf den Oberflächenmembranen der Immunzellen trifft von außen eine Vielzahl von Informationen ein, die an die Proteine im Inneren der Zelle oder an den Zellkern weitergeleitet werden müssen. Die Zellen haben Mechanismen entwickelt, um diese von außen massenhaft eintreffenden Informationen zu komprimieren: Durch das Prinzip von Parallelverschaltungen können einzelne Rezeptoren gleich mehrere Signalwege aktivieren. Die aus verschiedenen Richtungen eintreffenden Signale konvergieren auf diesen Rezeptoren, wo sie sich synergistisch verstärken, im Bedarfsfall aber auch gegenseitig abschwächen können. Die Rezeptoren verfügen über die Fähigkeit, sich zu synapsenähnlichen Formationen zusammenzuschließen und so immunologische Synapsen zu bilden. Bevor eine T-Zelle mit ihrem Rezeptor eine Bindung zu einem Antigen eingeht, sind ihre Rezeptoren zunächst noch über die ganze Oberfläche der Zelle verstreut. Die spezifische Bindung eines Antigens an einen Rezeptor hat jedoch eine Umgruppierung dieser Rezeptoren und Liganden zu einer immunologischen Synapse zur Folge. Im Zentrum einer solchen Synapse sind diejenigen Moleküle lokalisiert, die für die Aktivierung der Zelle notwendig sind. Diese Gruppierung wird als zentrales Aktivierungscluster bezeichnet. Im Umfeld dieser zentralen Gruppe ist das periphere Aktivitätscluster gruppiert, das den Kontakt zwischen der T-Zelle und der antigenpräsentierenden Zelle mit Hilfe von Adhäsionsmolekülen verstärkt.

Die Anbindung eines Antigens an einen Rezeptor hat eine Konformationsänderung dieses Rezeptors und rezeptorassoziierte Signalmoleküle im Inneren der Zelle zur Folge.

Die Änderung der Konformation eines Rezeptors im Gefolge einer Ligandenbildung wird als informationstragendes Signal an rezeptorassoziierte Signalmoleküle weitergeleitet. Bei diesen rezeptorassoziierten Molekülen handelt es sich meistens um Enzyme, die aktiviert werden und die ihrerseits weitere Enzyme im Zellinneren aktivieren. Wie wir schon besprochen hatten, wird die Signalübertragung durch Übertragung von energiereichen Phosphatresten von Enzym zu Enzym geleistet, beispielsweise durch Phosphorylierung bzw. De-Phosphorylierung an den Aminosäurenresten Serin-Thyrosin- oder Threoninresten dieser Enzyme. Der Signaltransport kann aber auch über enzymatische Spaltungen erfolgen. Nach etlichen kaskadenförmigen Aktivierungsschritten erreichen diese Veränderungen schließlich die Transskriptionsfaktoren, welche durch Poren in der Membran in den Zellkern hinein gelangen. Dort binden sie spezifische DNA-Sequenzmotive auf den Genen und fördern oder hemmen auf diesem Wege deren Transkription. Die verschiedenen Promotorregionen auf den Genen sind durch eine große Vielfalt an Bindungsmöglichkeiten für Transkriptionsfaktoren ausgezeichnet, so dass dort die Informationen gebündelt, gewichtet und entsprechend interpretiert werden können. Nur wenn an diesen Stellen synchron passende Transkriptionsfaktoren eintreffen und andocken, wird die Maschinerie der Transkription und der RNA-Bildung angeworfen. Der Informationstransport vom Antigen-Antikörper-Kontakt bis schließlich zu den zuständigen Genen im Zellkern erfolgt aber nicht linear, sondern nichtlinear über diverse Parallelverschaltungen und er durchläuft auf seinem Weg positive und negative Rückkopplungsschleifen. Die im Verlaufe eines einzigen Antigen-Antikörper-Kontaktes erzeugten Signale werden nicht 1:1, sondern quasi als geöffnete Signalfächer an multiple Relaisstationen weitergegeben, mit anderen eintreffenden Signalen vernetzt und schließlich zu einem abschließenden Bit, zu einem terminalen Befehl aufgearbeitet. Dieser terminale Befehl betätigt schließlich den Einschaltknopf für die RNA-Matrize des Antikörpers. Signaltransduktion in der Immunologie, ja auf allen Ebenen der Zelle und in allen Bereichen des Lebens ist ein Thema von größter Variationsbreite, weitaus umfassender als die gewaltigste Fuge von Bach.

Im Gefolge der Bindung eines einzigen Antigens, zum Beispiel eines winzigen Farbstoffmoleküls an eine einzige Immunzelle wird ein komplexes Räderwerk an multipel miteinander verflochtenen Signalketten in Gang gesetzt, das jeden Controller am Förderband einer Autofabrik erblassen lassen könnte. Das Signal einer einfachen Bindung wächst zu einem lawinengleichen Netzwerk von Signalen und Informationen heran, das schließlich wieder auf ein einziges Signal für oder gegen die Produktion eines Antikörpers hin konvergiert.

Eine solche, sich aus Einfachstem heraus entfaltende Komplexität ist ehrfurchtgebietend und gleichermaßen ehrfurchtgebietend ist jener Schwingkreis vom Einfachen zum Komplexen und von dort wieder zurück, wobei höchste Komplexität schließlich wieder zum Einfachsten, nämlich zu einem einfachsten Bit konvergiert.

Ein immunologisches Universum in einer Nussschale.

Das Komplexe im Einfachen als vielleicht *das* Grundprinzip des Lebendigen!

Das Immunsystem arbeitet also mit hochwirksamen und tödlichen Keulen, die sich auch einmal gegen den eigenen Körper, beispielsweise im Gefolge von Autoimmunerkrankungen, richten können. Wie verheerend es sich auswirken kann, wenn sich ein fehlprogrammiertes Immunsystem einmal gegen den eigenen Körper richtet, wird dann klar, wenn man sich das Arsenal von Waffen dieses hochwirksamen Systems vor Augen hält.

6.8 Das Komplementsystem als Multikaskadensystem innerhalb des Immunsystems

Das Komplementsystem (komplementieren = ergänzen und verstärken) besteht aus mehr als 30 Serumproteinen, die kaskadenförmig aktiviert werden. Die Aktivierung dieses Systems hat eine Kette von sequentiellen proteolytischen Spaltungsprozessen zur Folge unter der Bildung von zahlreichen Effektormolekülen, die in unterschiedlicher Wirkungsweise zur Eliminierung von Krankheitserregern beitragen (s. Abb. 7).

Der kaskadenförmige Aktivierungsmodus führt zu einer Amplifikation der Wirkungseffekte, wobei aus einer anfänglich limitierten Anzahl von aktivierten Komplementmolekülen schließlich eine sehr große Anzahl von Effektormolekülen resultiert. Die enzymatische Komplementkaskade ähnelt ihrem systematischen Aufbau nach somit

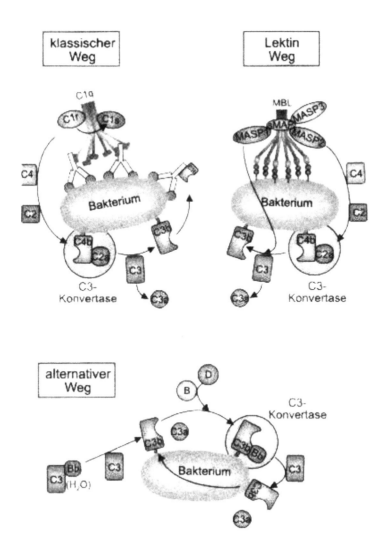

Abb. 7: (Aus: A. Vollmar, Th.Dingermann. Immunologie. WVG Stuttgart (2005) S. 14)

anderen Enzymkaskaden, beispielsweise der Atmungskette auf den Mitochondrien oder der Gerinnungskaskade. Das Komplementsystem repräsentiert einen eminent wichtigen Bestandteil der Immunität des Menschen, denn es spielt eine Schlüsselrolle in der frühen Abwehr gegen bakterielle Mikroorganismen, Viren und Parasiten. Es wirkt aber auch verstärkend in die erworbene Immunantwort hinein und hat somit die Funktion eines Bindegliedes zwischen dem angeborenen und erworbenen Immunsystem inne. Der Begriff „Komplement" erklärt seinen Namen von der Fähigkeit her, die Antikörper in ihrer Funktion zu unterstützen, d.h. deren antimikrobielle Aktivität zu „komplementieren".

Eingedrungene Bakterien oder auch virusinfizierte körpereigene Zellen werden auf unterschiedliche Weise durch das Komplementsystem bekämpft:

Zum einen durch eine direkte zytotoxische, d.h. zellzerstörende Aktivität des Komplementsystems: Die dabei ablaufende Komplementkaskade endet schließlich mit der Bildung eines terminalen Angriffskomplexes gegen die Membran von Pathogenen (Membrane Attack Complex, MAC). Dieser Komplex besteht aus einer Gruppe von fettlöslichen Proteinen, die sich in die Zellwand einbauen, dort Poren bilden und über Osmosemechanismen die Zellen schließlich zum Platzen anschwellen lassen. Die Komponenten des Komplementsystems spielen aber auch eine wichtige Rolle in der Erkennung, Prozessierung, Größenregulierung und Beseitigung von Immunkomplexen („Clearance") oder der Markierung (Obsonisierung) und Beseitigung von zellulären Bestandteilen. Spezielle Zwischenprodukte, die im Gefolge von proteolytischen Spaltprozessen in der Komplementkaskade entstehen (beispielsweise Anaphylatoxine) können chemotaktisch auf Zellen des Immunsystems einwirken, d.h. sie locken diese Zellen an. Anaphylatoxine sorgen für ein integriertes Zusammenspiel zwischen dem Komplementsystem und der erworbenen zellulären Immunantwort, die durch die B-Zellen und T-Zellen geleistet wird. Die Aktivierung der Kaskaden kann schematisch auf drei Wegen erfolgen:
- Dem klassischen Weg.
- Dem Lektin-Weg und
- dem alternativen Weg.

Alle Wege leiten über Enzymkaskaden schließlich zu einer gemeinsamen Endstrecke über, nämlich einer C3-Konvertase, dem schon genannten Membranangriffskomplex (C5b-9), welcher die finale Schädigung der Zielzelle vollbringt.

Die ersten Hinweise auf ein Komplementsystem wurden schon um 1890 durch Jules Bordet am Pasteur-Institut in Paris gesammelt, der schon seinerzeit zeigen konnte, dass ein Antiserum gegen den Cholera-Erreger (Vibrio cholerae) zu einer Lyse (Zerstörung) der Bakterien führte. Aus seinen Experimenten zog er die Schlussfolgerung, dass es im Serum hitzelabile Faktoren geben müsse, die antikörperabhängig zu einer Lyse des Cholera-Erregers führten. Für diese Entdeckung erhielt er 1919 den Nobelpreis. Paul Ehrlich bezeichnete diese Faktoren als Komplement, weil sie die Aufgabe von Antikörpern zum Ende bringen würden[150]. Der Name dieses Systems ist irgendwie merkwürdig und je mehr man über dieses System forschte, umso komplexer präsentierte es sich auch. Für uns Studenten war es in der Examenssituation ein furchterregendes Monster an Komplexität, das uns den Angstschweiß auf die Stirn trieb.

Die Nomenklatur der einzelnen Effektorkomponenten, z.B. von C1-C9 ist historisch bedingt, wobei die Nummerierung aber nicht immer dem zeitlichen Nacheinander ihrer

Entdeckung entspricht: Der Buchstabe „C" gilt für alle Komponenten des klassischen Komplementweges und des membranangreifenden Komplexes. Die nativen Komponenten sind durchnummeriert, wie C1, C2 ..., allerdings in der Reihenfolge ihrer Entdeckung, was das Ganze noch unübersichtlicher macht. So lautet also jetzt die Reihenfolge korrekt: C1, C4, C2, C3, C5, C6, C7, C8, C9. Die einzelnen Komplementfaktoren dieser Kaskade werden mit Großbuchstaben und Zahlen bezeichnet, z. B. C2 oder C3. Nach der proteolytischen Spaltung durch die genannten Proteasen verbleiben Protein-Spaltprodukte, die selbst wieder Proteasen sind, d.h. selbst über eine eiweißspaltende Funktion verfügen, übrig. Diese neu entstandenen Proteasen, die nach dem Spaltungsvorgang zurückbleiben, werden dann mit dem Kleinbuchstaben „a" oder „b2 bezeichnet, z.B. C3B. Das Fragment „b" ist das größere Fragment von beiden. Es ist ein proteinspaltendes Enzym, eine Serinprotease. Das kleinere Fragment „a" ist ein löslicher Mediator. Somit hieß also eine unserer Gleichungen: C4 = C4b (Serinprotease) + C4a (Mediator).

Es gibt prinzipiell drei verschiedene Aktivierungswege des Komplementsystems, die fünf verschiedene Wirkungsweisen entfalten können, nämlich Opsonierung, Zelllyse, Zellaktivierung, Chemotaxis, Entzündung und Veränderung der Gefäßpermeabilität.

Am klassischen Aktivierungsweg sind neun Proteine (Glykoproteine) beteiligt, die in der Leber und in kleinerem Umfang auch in Lymphknoten, Makrophagen und Fibroblasten gebildet und anschließend in die Blutbahn entlassen werden. Im Verlaufe des klassischen Weges wird die so genannte „C3-Konvertase des klassischen Weges" gebildet.

Dieser klassische Weg wird durch Antikörper ausgelöst, die an Antigene gebunden sind. Um das Komplementsystem zu aktivieren, reicht prinzipiell ein einziges IgM-Molekül aus. Die Bindung eines IgM-Moleküls an sein Antigen hat eine Konformationsänderung des Moleküls zur Folge. Im Rahmen dieser Konformationsänderung ist es dann möglich, dass die konstante Fc-Domäne des Antikörpers für die Bindung des ersten Komplementfaktors, nämlich C1, zugänglich wird. Der Faktor C1 ist das erste Komplementprotein des klassischen Weges. Der C1-Faktor kann sich an die kleineren IgG-Antikörper aber nur dann binden, wenn mindestens zwei IgG-Moleküle in einem bestimmten Abstand auf der Oberfläche des Antigens gebunden sind. C1 erinnert sterisch an die Form eines Tulpenstraußes: Dieser Faktor besteht aus sechs Untereinheiten „q" (Kollektion), aus zwei Untereinheiten „s" und zwei Untereinheiten „r" ($C1_q 6r_2 s_2$). Die Köpfe der „q" Untereinheiten binden an die Fc-Anteile der am Antigen gebundenen Antikörper, was zu einer Konformationsänderung dieser „q"-Einheiten führt. Diese Konformationsänderung hat wiederum eine Aktivierung der Untereinheiten „r" zur Folge, die im aktiven Zustand eine Serinproteasenaktivität aufweisen. Anschließend kommt es zur Spaltung und Aktivierung von der Untereinheit „s". Auch diese besitzen im aktivierten Zustand eine Serinproteasenaktivität.

C1q besitzt mehrere Bindungsdomänen für an Antigene gebundene Antikörper, nämlich IgG und IgM. C1s und C1r sind Serinproteasen mit Starterfunktion: Nach ihrer Aktivierung durch Bindungen an einen Antikörper katalysiert die Serinprotease C1s die beiden Startreaktionen des klassischen Weges, nämlich eine Spaltung von C2 in C2a und C2b und eine weitere Spaltung von C4 in C4a und C4b. C2a und C4b lagern sich zu einem C4b2a-Proteinkomplex zusammen, der eine zentrale Funktion in der Umwandlung der Proteine einnimmt und deswegen als C3-Konvertase (konvertere = umwandeln) des „klassischen Weges bezeichnet wird[151].

Am Schluss der Reaktionskaskade ist schließlich ein Komplex entstanden, der in der Lage ist, in die Membran eines Pathogens einzudringen und dessen Zerstörung einlzueiten: Dieser Komplex entspricht einer ionendurchlässigen Pore, die von etlichen C9-Einheiten gebildet wird und durch deren Zentrum Wassermoleküle und Ionen diffundieren können. Im Inneren der Bakterienzelle entwickelt sich durch Osmosemechanismen ein erhöhter osmotischer Druck, der immer mehr Wassermoleküle an sich zieht. Das Bakterium schwillt infolgedessen immer weiter an und muss schließlich platzen (Lyse).

Auf diesem grob skizzierten klassischen Weg werden mit Hilfe des Komplementsystems also Antigene in einen besser verdaulichen Zustand überführt, so dass sie schneller durch Fresszellen aufgenommen und dort abgebaut werden können. Dieser klassische Weg erfolgt in mehreren Stufen, wobei der gesamte Durchlauf am Ende das Bakterium lysiert. Es würde zu weit führen, die einzelnen Stufen dieser komplexen Abläufe, die gegenseitigen enzymatischen Aktivierungen , die spezifischen Bindungsmechanismen an die Oberflächenmarker von Bakterien mitsamt der Bildung eines finalen Membran-Attacke-Komplexes genauer zu schildern. Wichtig erscheint mir nur die Feststellung, dass im so genannten klassischen Weg der Komplementaktivierung die angeborene mit der erworbenen adaptiven Immunität verbunden wird.

Der zweite Weg der Aktivierung wird durch die Bindung des mannose-bindenden Lektins (MBL) an Mikroben gestartet und deshalb „Lektinweg" genannt.

Der alternative Weg ist antikörperabhängig und kann spontan durch Bestandteile von Mikroben im Blut initiiert werden. Er ist im Vergleich zum klassischen Weg als der phylogenetisch ältere Weg der Komplementaktivierung zu betrachten. Er ist in seinen Grundzügen schon bei vielen niedrigen Wirbeltieren und Nicht-Vertebraten realisiert. Er wird durch eine spontane Hydrolyse einer Thioesterbindung im Faktor C3 ausgelöst. Ein so im Plasma entstandenes C3-Spaltprodukt, nämlich C3B, bindet an die Oberfläche von Mikroben und löst von dort aus die Kaskade aus.

6.9 Systemtheoretische Aspekte des Komplementsystems

Das Komplementsystem entspricht seiner Funktionsweise nach einem Multikaskadensystem. Hierbei spaltet ein Enzym ein anderes, bis schließlich der finale Angriff auf die Zellmembran eines Krankheitserregers erfolgt. Im Ablauf der Spaltungsprozesse werden zahlreiche Effektoren gebildet, die die verschiedensten Aufgaben im Bereich der Abwehr übernehmen, die beispielsweise Fresszellen heranlocken, weiße Blutkörperchen aktivieren, sich mit Antikörpern verbinden und deren Wirksamkeit auf diese Weise verbessern; andere Spaltprodukte wirken auf gleich mehrere Stufen des Entzündungssystems bzw. auf die Netzwerke der Mediatoren ein. Ein einziger Effektor eröffnet somit eine große Palette möglicher Wirkungen, die weit in die Bereiche von komplementären Systemen hineinwirken, beispielsweise in das Entzündungssystem, das Kininsystem, das Gerinnungssystem und weitere Systeme. Jeder einzelne Schritt der Enzymkaskade öffnet also kataloge Fächer von Wirkungen, aber auch von möglichen Nebenwirkungen, die sich teilweise antagonisieren, verstärken oder regulieren.

Und last but not least: Das Komplementsystem funktioniert auf drei unterschiedlichen Wegen, die allesamt zu einer gemeinsamen Endstrecke, nämlich dem Membranangriffskomplex zustreben. Zwischen diesen Pathways der Untersysteme des Komplementsystems bestehen wiederum innige Verbindungswege zum Blutgerinnungssystem: Beide Systeme können durch gemeinsame Aktivatoren gestartet werden, z.B. durch Endotoxinwirkung oder auch durch Antigen-Antikörperkomplexe. Aktivierte Komplementfaktoren können beispielsweise die Freisetzung von Thrombozyten initiieren, die ihrerseits wiederum die Blutgerinnung beschleunigen können. Vor allem im Zustand einer Sepsis kommt es zur gleichzeitigen Aktivierung des Komplementsystems und des Gerinnungssystems.

Aktivierungen von solchen integritätserhaltenden Kaskadensystemen können in der klinischen Praxis mit einem lebensbedrohlichen Multiorganversagen korreliert sein: Beide Systeme sind über einen wichtigen Inhibitor verbunden, nämlich dem so genannten C1-Inhibitor. Dieses Protein ist einer der wichtigsten Inhibitoren des klassischen Aktivierungsweges des Komplementsystems und des Gerinnungssystems. Im Komplementsystem hemmt dieser Inhibitor C1s und C1r, im Gerinnungssystem wird der Faktor XIa durch diesen gehemmt. Dieser C1-Inhibitor ist im Zustand einer Sepsis aber im Gefolge einer hohen proteolytischen Aktivität inaktiviert. Als Folge der Inaktivierung dieses zentralen Inhibitorproteins kann auf der anderen Seite eine massive Aktivierung des Komplementsystems eintreten: Die Komplementkaskade setzt multiple Mediatoren frei, die schließlich in einen irreversiblen Schock und in ein Mehrorganversagen einmünden können. Im Tierexperiment konnte man in den frühen Stadien einer Sepsis mit der Infusion von C1-Inhibitor die Mortalität bei diesen Versuchstieren verbessern.

Aus Sicht der Gefäßmedizin ist das Komplementsystem auch an der Bildung von entzündungsbedingten thrombotischen Auflagerungen an den Gefäßinnenwänden und damit an der Entwicklung der Arteriosklerose wesentlich mitbeteiligt.

Das etwas genauer besprochene System ist in seinen funktionellen Wirkungen, Modi und Quervernetzungen also durchaus mehrdeutig, intrinsisch antagonistisch-selbstregulativ und multifunktional. Die Wirkungsmöglichkeiten eines einzigen Effektors verteilen sich quasi in ein weit verzweigtes Geäst eines großen Wirkungsbaumes hinein.

Das Komplementsystem funktioniert nach dem Prinzip parallel verschalteter Netzwerke. Diese parallel verschalteten Netzwerke etablieren Zustände höherer dynamischer Ordnung: Sie evolvieren zu einem geordneten und durch zahlreiche Regulationsmechanismen etablierten Regime nahe am Phasenübergang, um so die komplexen Aufgaben bedarfsgerecht bewältigen zu können. Das Komplementsystem ist ein klassisches Beispiel eines kollektiven autokatalytischen Systems. Stuart Kauffman hatte herausgefunden, dass mit der Vielfalt der Moleküle in einem System auch das Verhältnis von Reaktionen zu Molekülen zunimmt. Daher wird in fast allen Systemen mit zunehmender Molekülvielfalt der beteiligten Polymere ab einem bestimmten Punkt nahezu jedes dieser Polymere mindestens eine Reaktion katalysieren. Dieser Punkt wird im Zustand einer kritischen Diversität erreicht. Ab diesem Punkt kristallisiert das gesamte komplexe System zu einem riesigen Verbund aus zusammenhängenden katalysierten Reaktionen[152]. Wenn die Polymere, die als Katalysatoren wirken, selbst Produkte katalysierter Reaktionen sind, so evolvieren solche Systeme zu funktionell hoch geordneten Netzwerken, die auf einer kollektiven autokatalytischen Dynamik basieren. Auf einer solchen kollektiven autokatalytischen Dynamik basiert die Funktion des Komplementsystems, des in seinen Funktionen schematisch dargestellten Immunsystems und im Prinzip von den meisten integritätserhaltenden Systemen.

Inhärente Merkmale derartiger kollektiver autokatalytischer Verbände sind Emergenz und Holismus. Katalytische Enzymverbände etablieren somit eine emergente kollektive Dynamik, die in Signalkaskaden auf das Verhalten der einzelnen Teile, d.h. auf die katalysierenden Enzyme zurückwirkt. Auf dem Weg entlang der Enzymkaskaden werden im aktivierten Komplementsystem die Eingangssignale in Richtung auf den terminalen Membranangriffskomplex auf den verschiedenen Stufen verstärkt (amplifiziert) und mit regulierend und kontrollierend einwirkenden Signalen, z.B. durch die zahlreichen Inhibitorproteine integriert, was als „Crosstalk" bezeichnet wird. Die beschriebenen Enzym-Interaktionen, mit denen sich der medizinische Laie sicher schwer tut, sind Muster von typischen Signaltransportketten auf molekularer Ebene, wobei einzelne Signalproteine andere und immer weitere Signalproteine aktivieren. Es war das Ziel, diese ungemein komplexe Diversität in der Weitergabe der Signale bzw. der Informationen aufzuzeigen und damit repräsentative grundlegende Mechanismen der Weitergabe von Informationen auf der Basis lebender Systeme freizulegen und insbesondere ansatzweise zu versuchen, komplexe Schritte der Regulation und Verstärkung unter gleichzeitiger Kontrolle semantisch korrekter Informationen zu skizzieren. Die beschriebenen Fähigkeiten dieser Systeme bezüglich Diversität und Ökonomie in der Generierung und Weitergabe von Informationen sind staunenswert und ubiquitär vorhanden: So kann ein Rhodopsinmolekül auf der Netzhaut des Auges durch ein einziges Photon aktiviert werden und dennoch bis zu 2000 weitere Moleküle (Transducinmoleküle) aktivieren.

In einer Komplementkaskade sind mehr als 30 enzymatische Katalysatoren nach dem Prinzip von rückgekoppelten Steuerungselementen hintereinandergeschaltet. Hier wird der eine Schritt im katalytischen Ablauf vom nächsten kontrolliert. Diese kaskadenförmige Aktivierung im Kontext von multiplen gegenseitigen Regulierungsmechanismen hat schließlich eine wesentliche Erhöhung der Präzision in der Dynamik des gesamten Systems zur Folge, wobei durch Steuerungs- und Regulierungsmechanismen auf allen Stufen zusätzlich die Fehleranfälligkeit des Gesamtsystems maximal minimiert wird.

Die im Ablauf der Komplementkaskaden aktivierten proinflammatorischen, d.h. entzündungsauslösenden und lytischen Komponenten können nur unter strengsten physiologischen Kontrollen wirksam sein, um körpereigene Zellen vor der Lyse zu schützen bzw. um eine ziellose inflammatorische Antwort zu verhindern. Deshalb wird die Komplementkaskade auf verschiedenen Ebenen inhibitorisch kontrolliert, beispielsweise durch einen inhibitorischen, d.h. hemmenden Faktor C1 in den frühen Phasen der Systemaktivierung. Diesen Faktor hatten wir schon weiter oben am Rande besprochen. Als weitere kontrollierende Faktoren wären beispielsweise Faktor I, C4bP, Faktor H und noch andere zu nennen. Fehler kann sich dieses System definitiv nicht leisten, in welchem hochreaktive und potentiell extrem aggressive Enzymsysteme zu einem auf kleinste Veränderungen hochsensibel reagierenden kollektiven Verband zusammenwirken.

Materie im Gleichgewicht ist einförmig und unspezifisch.

Materie im Nichtgleichgewicht ist sensibel und hochspezifisch. Sie bildet in der Abstimmung mit der Umgebung selbstorganisatorische Fähigkeiten aus.

6.10 Immunsystem außer Kontrolle

Fehler im Erkennen des „Selbst" bzw. des „Fremd" führen zu unterschiedlichen Formen von Autoimmunerkrankungen.

Reaktionen des Immunsystems gegen das „Selbst" können tödlich verlaufen. Beispiele für Immunerkrankungen sind u.a. die Multiple Sklerose, die Myasthenia gravis, bestimmte Formen der hämolytischen Anämie, der Lupus erythematodes, bestimmte Formen des juvenilen Diabetes sowie die rheumatoide Arthritis. Bei der Myasthenia gravis blockiert beispielsweise das Immunsystem die Reizübertragung von Nervenenden auf die Muskulatur. Die Muskelfasern werden nicht angeregt und verkümmern infolgedessen. Schließlich werden auch die überlebenden Muskelsysteme der Atmung und des Herzens mitbetroffen. Autoimmunreaktionen können sich auch gegen die insulinproduzierenden Zellen der Bauchspeicheldrüse richten und dort zu einem Diabetes im Jugendalter führen.

Das Immunsystem ist wie das Gehirn bei der Geburt noch nicht ausgereift. Seine Entwicklung hängt von Außenreizen ab. Es macht nach der Geburt eine Evolution des Erkennens und Anpassens durch. Es ist ein hochkomplexes Netzwerk aus Einzelzellen und Molekülen, das die Umwelt zu erkennen und zu deuten vermag. Es nimmt die Signale der Welt in uns auf, interpretiert sie und verwandelt sie in interne Signale und schafft so die Grundlagen der Möglichkeit unserer Existenz in dieser Welt.

Pathogene Immunreaktionen sind die Folgen von fehlerhaften Interpretationen bzw. Fehlverarbeitungen von Signalen. Dieses Moment von fehlerhaft interpretierten bzw. fehlerhaft bearbeiteten Signalen ist pathognomonisch für die Überempfindlichkeitsreaktionen, Allergien und für die große Anzahl der verschiedenen Formen der Autoimmunkrankheiten von der Multiplen Sklerose, über Morbus Basedow bis zu bestimmten Formen des Diabetes Mellitus.

Antigenkontakte führen nicht immer zu einer produktiven Immunantwort, sondern können sich in ihr Gegenteil umkehren, den eigenen Körper angreifen und gewebeschädigende Reaktionen in Gang setzen. Viele Immunkrankheiten werden durch innere, autologe oder homologe Antigene ausgelöst. Transfusionsreaktionen oder die Transplantatabstoßung können als Beispiel für Immunreaktionen genannt werden, die im Gefolge von Reaktionen gegen homologe Antigene verursacht werden.

Die Überempfindlichkeitsreaktionen, auf die wir im Nachfolgenden etwas näher eingehen wollen, werden entsprechend ihrer grundlegenden Immunmechanismen in vier Typen eingeteilt:

1. Pathognomonisch für Krankheiten vom Typ I sind Immunreaktionen, deren klinischer Verlauf vor allem durch die Freisetzung von vasoaktiven und spasmogenen Mediatoren gekennzeichnet ist. Hierzu zählen die besprochenen Mediatoren, die beispielsweise einen direkten kontrahierenden Effekt auf die glatte Muskulatur der Gefäße oder der Bronchien ausüben. Ein typisches Beispiel einer solchen Reaktion ist der schon weiter oben skizzierte akute Asthmaanfall.
2. Reaktionen vom Typ II beruhen auf einer direkten toxischen Einwirkung von zirkulierenden Antikörpern auf Antigene auf der Oberfläche von Zellen. Dieser Antigen-Antikörperkontakt führt zur direkten Zerstörung der betroffenen Zellen, die anschließend der Phagozytose zugeführt werden können.

3. Die Immunreaktionen vom Typ III werden als Immunkomplexkrankheiten bezeichnet. Der Verlauf dieser Krankheitsbilder wird geprägt durch die Bildung von Antigen-Antikörper-Komplexen, wobei in den meisten Fällen das Komplementsystem zusätzlich mitbeteiligt ist.
4. Störungen vom Typ IV werden durch sensibilisierte T-Lymphozyten hervorgerufen. Hierbei handelt es sich somit um zellulär vermittelte Immunreaktionen mit zytotoxischen, d.h. gewebeschädigenden Folgen.

Die Anaphylaxie ist ein klassisches Beispiel einer Immunreaktion vom Typ I. Man versteht darunter eine rasch einsetzende Immunreaktion, die sich in einem sensibilisierten Organismus innerhalb von Minuten nach der Bindung eines Antigens an IgE-Antikörper entwickelt, die auf der Oberfläche von Mastzellen oder basophilen Granulozyten lokalisiert sind. Sehr schnell, d.h. schon innerhalb von wenigen Minuten, kann es zu einem Schockzustand kommen. Hierbei stimuliert ein Antigen, z. B. Katzenhaare, die B-Lymphozyten. Die als Reaktion auf den Antigen-Kontakt gebildeten IgE-Antikörper besitzen eine hohe Affinität zu speziellen Fc-Rezeptoren an der Oberfläche von Mastzellen und von basophilen Granulozyten. Die Struktur des Antigens ist schon im Gedächtnis des Immunsystems verankert, weil in der Vergangenheit schon mehrere Kontakte mit sensibilisierenden Katzenhaaren stattgefunden hatten. Der aktuelle Kontakt dieser Mastzellen mit dem Antigen führt dazu, dass Kaskaden von Mediatoren aktiviert werden. Eine Hauptrolle spielt hierbei das Histamin, das in den Granula (Körner) der Mastzellen gespeichert ist und im Zustand der Anaphylaxie in Massen ausgeschüttet wird.

Bei der Immunreaktion vom Typ I sind wichtige Player in unterschiedlichen Systemen und auch unterschiedlichen Ebenen miteinander vernetzt, d.h. nicht nur das Immunsystem, sondern auch das Entzündungssystem und das Gerinnungssystem. Der anaphylaktische Prozess läuft über Kaskaden ab, deren Reaktionspartner von verschiedenen Systemen und von verschiedenen Richtungen her zusammenwirken und in positiven, d. h. aktivierenden Rückkopplungsschleifen miteinander in Korrelation stehen. Entsprechend dramatisch stellt sich das klinische Bild und der oft dramatische Zustand der Betroffenen dar: Es besteht ein generalisierter Juckreiz, Hautötungen, Atemnot, Heiserkeit und ein Kreislaufversagen.

Bei der Reaktion vom Typ II handelt es sich um eine von Antikörpern vermittelte Immunreaktion, die gegen spezifische Antigene auf der Oberfläche von Zellen gerichtet ist. Die mit den Antikörpern beladenen Zielzellen werden zerstört. Die Bindung der Antikörper an die Oberflächenantigene löst in diesem Reaktionsablauf eine Komplementaktivierung aus, an deren Ende der terminale Membranangriffskomplex mit der Zerstörung der Zielzellen gebildet wird. Dieser Typus einer Immunreaktion ist ursächlich für die Krisen bei Transfusionszwischenfällen, bei denen es zu einer Reaktion von Antikörpern des Empfängers gegen inkompatible Blutspenderzellen kommt. Dieser Reaktionstypus II kann gegen Blutzellen gerichtet sein, an deren Ende es zu einer lebensbedrohlichen Lyse dieser Blutzellen mit einer Verarmung (Zytopenie) an Blutzellen kommen kann. Bei den verschiedenen chronischen Formen von Autoimmunzytopenien (Verarmung an Blutzellen), beispielsweise der hämolytischen Anämie, der Agranulozytose und Thrombozytopenie sind persistierende Immunreaktionen gegen körpereigene Blutzellen gerichtet, die persistierend geschädigt und schließlich immer schneller zerstört werden, so dass die Verluste an Zellen im peripheren Blut durch das Knochenmark nicht mehr ausgeglichen werden können.

Die Überempfindlichkeitsreaktionen vom Typ III werden durch Antigen-Antikörperkomplexe ausgelöst, die zu Gewebeschäden im Gefolge einer Aktivierung von Mediatoren und Komplement führen. Die Komplexbildung zwischen Antigen und Antikörper findet nicht an der Zelloberfläche, sondern im zirkulierenden Blut statt. Sie spielt bei verschiedenen Nierenerkrankungen, beispielsweise der Glomerulonephritis, eine wichtige Rolle. Diese Krankheit ist gekennzeichnet durch die Ablagerung von Immunkomplexen an den Basalmembranen der Filtergefäße der Niere, wo sie progrediente Zerstörungsprozesse vorantreiben. Die fortschreitende Erkrankung mündet schließlich in das Stadium einer Niereninsuffizienz ein. Auch hierbei spielt eine begleitende Komplementaktivierung mit der Freisetzung von entzündungsfördernden Faktoren eine wichtige Rolle. Zirkulierende Immunkomplexe stehen in der Regel am Anfang einer ganzen Kette von toxischen Einwirkungen auf das Gewebe:

Werden sie zu spät diagnostiziert, so etablieren sie Netzwerke aus Entzündungszellen, aus Entzündungsmediatoren, aus Radikalen, aus proteolytischen Enzymen und einer Vielzahl an weiteren Botenstoffen. So werden aus chemotaktisch angelockten weißen Blutkörperchen, den neutrophilen Granulozyten, in großen Mengen aggressive lysosomale Enzyme freigesetzt. Diesen Enzymen fällt unter physiologischen Bedingungen die Aufgabe zu, Bakterien aufzulösen und Toxine zu neutralisieren. Unter den pathologischen Bedingungen von zirkulierenden Immunkomplexen werden jetzt die Strukturen des gesunden Gewebes angegriffen, die Lipoproteingerüste der Zellmembranen werden lysiert und die kollagenen und elastischen Verstrebungen der Zellskelette werden zerstört. Mit bloßem Auge sichtbar und noch besser unter dem Mikroskop erkennbar sind zunehmende Nekrosen des Gewebes, die weiter voranschreiten und zu schwärzlichen Nekrosen der Zehen- und Fingerkuppen und zum Organausfall führen können.

Derart schwere Kollateralschäden an den Geweben können zu fortschreitenden Nekrosebildungen führen, d.h. Zellen im Bereich der inneren Organe sterben ab oder die Kuppen von Fingern und Zehen gehen zugrunde. Ein solcher Teufelskreis kann schließlich zum Totalverlust einer Extremität und zum Mehrorganversagen führen. In diesem sich autodynamisch selbstverstärkenden Teufelskreis spielt noch ein weiteres wichtiges System eine oft noch zusätzlich negativ verstärkende Rolle, nämlich das zur Unzeit aktivierte Gerinnungssystem: Die Aktivierung der Gerinnungskaskade durch die Immunkomplexe, speziell des Hageman-Faktors, führt zur Bildung von multiplen Gerinnungsthromben in der Gefäßperipherie, wobei der Effekt noch zusätzlich unheilvoll verstärkt sein kann durch eine gleichzeitige Aktivierung und Aggregation von Thrombozyten (Blutplättchen). Dies führt zu einer fortschreitenden Verlegung der peripheren Strombahn mit einer daraus resultierenden Ischämie, d.h. einer mangelnden Sauerstoffversorgung der peripheren Gewebe mit der Ausbildung von Nekrosezonen. Gewebeschäden in der Peripherie können in dieser Situation auf zweierlei Arten eingeleitet werden: Einmal durch die direkte Einwirkung von aggressiven lysosomalen Enzymen, d.h. proteinspaltenden Proteasen, Kollagenasen, welche die Kollagengerüste im Zellskelett auflösen, und weitere strukturauflösende Enzymsysteme. Auf der anderen Seite über die überschießende Aktivierung des Gerinnungssystems, die schließlich zu Gefäßverschlüssen in der Peripherie mit einer nachfolgenden prekären Sauerstoffversorgung der Gewebe führt. Nicht zuletzt wird eine Vielzahl an Botenstoffen des Entzündungssystems aktiviert. Verschiedene Systeme wirken somit in einer selbstverstärkenden autokatalytische Dynamik zusammen: In diesen autokatalytischen Netzwerken entstehen immer mehr und neue Knoten und immer engere Maschen. Das immer dichter geknüpfte Netzwerk definiert schließlich die Prognose dieser schweren Erkrankungen. Mit der rasch anwachsenden Anzahl an Verbindungen, Knoten, innerhalb der sich etablierenden Netzwerke wurde die Schwelle zu einer kritischen Diversität überschritten. Damit entwickelte sich ein typisches autokatalytisches Netzwerk nach Stuart Kauffman mit der Etablierung eigener systeminterner Ordnungsstrukturen, das sich schließlich als katastrophal chaotisches System in komplexen Schadenslawinen über den Organismus als Ganzes ausbreitet und einen Zustand markiert, der mit dem Leben nicht weiter vereinbar ist[153].

Je dichter die sich aus unterschiedlichen Subsystemen heraus etablierenden Netzwerke zusammenwirken, je dichter die Knoten geknüpft sind, je höher die Vielfalt der beteiligten Mediatoren anwächst, umso steiler ist der Anstieg der Reaktionen und umso schneller entwickelt sich das System zu einem einzigen kollektiven autokatalytischen Netzwerk. Der Eintritt in das Stadium der kollektiven Autokatalyse auf der Ebene der Polymere markiert makroskopisch, d. h. am Krankenbett, das rasant voranschreitende und womöglich irreversible Krankheitsgeschehen. Es ist somit die Komplexität und die Dynamik der Vernetzungen von Mediatoren, Polymeren und Zellen, welche das klinische Erscheinungsbild eines Patienten definieren.

Die geometrische Form solcher komplexen dynamischen Netzwerke ist hoch fraktal und die solchen dramatischen Immunreaktionen zugrundeliegenden verschiedenen Systemzustände folgen Trajektorien, die in Richtung auf einen Attraktor konvergieren. Dabei verlieren die Systeme Informationen. Denn wenn Trajektorien einmal konvergiert sind, besitzt das System ja keine Informationen mehr über den Weg, den die Trajektorien genommen haben. Würde man versuchen, die grob skizzierten Verläufe in mathematische Modelle von Attraktoren umzusetzen, so wäre die Flussdynamik eines solchen Krankheitsablaufes durch die Bildung von zunächst kleinen und im weiteren Verlauf von immer größeren und immer mehr an Zustandszyklen, Attraktoren, gekennzeichnet. Einwirkungen, Störungen von außen können die Zustandszyklen der Systeme in die Einzugsbereiche von anderen Attraktoren verschieben. Erste anfängliche Zustandszyklen würden in den früheren Stadien einer solchen Erkrankung durch die im Blut zirkulierenden Immunkomplexe etabliert werden. Die nachfolgende Phase wäre geprägt durch die anfängliche und schließlich zunehmende Ablagerung von Immunkomplexen an den verschiedenen Organen, beispielsweise in den Nierenglomerula, an den Basalmembranen der Nierengefäße, später in der Haut, in den Gelenken, an den Herzinnenwänden sowie an den kleinen Blutgefäßen – d. h. an zahlreichen Stellen im Körper. An den betroffenen Strukturen und Organen sind anfänglich nur geringe, klinisch noch weitgehend stumme und kaum nachweisbare strukturelle und funktionelle Störungen zu erkennen. Schließlich sind klinisch erste Defekte an den Strukturen und Organen nachweisbar. Die sich an immer zahlreicheren Orten manifestierenden funktionellen Störungen formieren sich zu krankheitsbedingten Zustandszyklen. Immer mehr Störungen breiten sich aus, immer wirkungsvollere Störungen werden manifest, wobei die hinzukommenden Störungen die Systeme in die Einzugsbereiche von anderen Attraktoren mit immer größeren Einzugsbereichen einmünden lassen. Überall an den Organen stellen sich im weiteren Verlauf immer gravierendere strukturelle und funktionelle Veränderungen ein, die im Gesamtkontext gesehen, als neue aufgetretene, quasi stationäre Verwirbelungen, als Attraktoren sich innerhalb der Gesamtdynamik des funktionellen Zusammenwirkens auf der Ebene der Organe präsentieren und schließlich über diese lokale Ebene der Organe hinaus den Organismus als Ganzes in Mitleidenschaft einbeziehen. An den Nieren ist es im Gefolge der Ablagerungen von Immunkomplexen an den Basalmembranen der Glomerula zu Undichtigkeiten und Leckagen gekommen. Die Basalmembranen sind durchlässig für Proteine und Zellen. Im Urin können jetzt Eiweiße und Blutzellen, meist Erythrozyten, nachgewiesen werden. Anfangs können diese Erythrozyten im Urin nur unter dem Mikroskop nachgewiesen werden. Bei fortschreitender Erkrankung fällt aber schon makroskopisch eine sichtbare rötliche Urinverfärbung ins Auge. Eine solche Urinverfärbung gilt als sichtbares Zeichen dafür, dass eine vergleichsweise größere Anzahl an roten Blutkörperchen aus dem filtrierten Blut in den Urin übergetreten sein muss. Im Verlauf verschlechtert sich die Nierenfunktion rasch voranschreitend, bis sie unbehandelt in die terminale Niereninsuffizienz einmündet. Auch in den anderen Organen kommt es zu ähnlichen Verwirbelungen mit quasiperiodischen Mustern an Zerstörung und Reparation, an den verschiedenen Organen und Geweben etablieren sich Muster von kollektiven Ordnungen, Attraktoren werden modelliert, die an Größe und Bedeutung in Bezug auf die Dynamik des Ganzen zunehmend systemrelevant werden und schließlich dem Gesamtsystem des Organismus ihre Eigendynamik aufzwingen.

Auf immer mehr Ebenen und in immer mehr Kompartimenten des Organismus etablieren sich spontane Muster in den Netzwerken der Moleküle und Zellen, Trajektorien konvergieren auf Attraktoren, so werden beispielsweise das Komplementsystem und das Gerinnungssystem aktiviert und die Aktivitäten der verschiedenen Systeme verstärken sich. Schließlich schlägt das aktivierte Gerinnungssystem in einen autokatalytischen Verband um, an dessen Ende eine diffuse Thrombenbildung in der Gefäßperipherie mit einem völligen Aufbrauch von Gerinnungsfaktoren stehen kann. Ähnliche dynamische Musterbildungen mit der Etablierung von Attraktoren finden auch auf molekularer Ebene statt: Das aktivierte und sich selbst beschleunigende Komplementsystem etabliert eigene Attraktorengebilde innerhalb seiner Kaskadensysteme. Weitere Systeme und Untersysteme des Entzündungssystems, des Gerinnungssystems werden aktiviert und verstärken sich autokatalytisch. Immer mehr Attraktoren entstehen auf molekularer Basis und schließlich verbinden sich diese Attraktoren, wie in einem chaotischen Flusssystem, zu einem für das Krankheitssystem typischen seltsamen Attraktor, auf dessen Zentrum hin die Trajektorien der Krankheitszustände schließlich einmünden.

Diese beschriebenen strukturellen Veränderungen an den Geweben können unter einer rechtzeitig eingeleiteten und wirksamen, d.h. in diesem Falle, immunsuppressiven Therapie, durchaus weitgehend behoben werden. Ein solcher günstiger Fall wäre dann zu unterstellen, wenn es sich um eine einmalige Konfrontation mit einem Antigen gehandelt hatte, die schnell erkannt und rasch behandelt werden konnte. Unter einer wiederholten Exposition mit dem gleichen Antigen kann die Krankheit allerdings in eine chronische Verlaufsform mit Etablierung eines zeitlich stabilen Attraktors einmünden. Man weiß, dass ein chronischer Überschuss an Antigenen zur chronischen Form einer Immunkomplexkrankheit führen kann. Wir kennen eine große Anzahl von derartigen Immunkomplexkrankheiten, beispielsweise der disseminierte Lupus erythematodes, aber auch verschiedene Formen der rheumatoiden Arthritis, der Polyarthritis nodosa, der membranösen Glomerulonephritis, und viele andere mehr.

Die Typ IV- Überempfindlichkeit wird durch spezifische sensibilisierte T-Lymphozyten ausgelöst.

Bei diesem Reaktionstyp handelt es sich um eine häufige Immunantwort gegen zahlreiche intrazelluläre Mikroorganismen, so gegen das Tuberkulose-Bazillus, Mycobacterium tuberculosis, darüber hinaus auch gegen viele Viren, Pilze, Parasiten etc. In diese Gruppe fällt auch die Überempfindlichkeit vom Spättyp. Ein Beispiel hierfür ist die Tuberkulinreaktion, die durch die intrakutane Injektion von Tuberkulin, einer Protein-Lipopolysaccharid-Komponente von Tuberkulose-Mykobakterien ausgelöst wird. Ein bereits sensibilisierter Organismus reagiert innerhalb von 8-12 Stunden mit einer Rötung und Verhärtung an der Injektionsstelle. Die Reaktion erreicht innerhalb von 72 Stunden ihren Höhepunkt.

Diese Überempfindlichkeitsreaktionen vom verzögerten Typ werden durch spezifisch sensibilisierte T-Lymphozyten ausgelöst, die im Gefolge eines Erstkontaktes mit dem Antigen schon gebildet worden waren.

6.11 Zusammenfassende Betrachtung des Immunsystems

Die dargestellten Funktionsweisen des angeborenen und adaptiven Immunsystems, die klonale Expansion von Antikörpern auf einen Kontakt mit einem Antigen hin, die vielfältigen Vernetzungen des Immunsystems mit anderen Systemen, darunter dem Gerinnungssystem, dem Entzündungssystem, aber auch mit dem Zentralen Nervensystem, zeigen auf, dass das Immunsystem ein Paradebeispiel für ein komplexes parallel verschaltetes adaptives System ist. In der Natur sind Ökosysteme nicht zuletzt auch unsere Gehirne, Beispiele für solche komplexen Systeme, die ihre eigenen dynamischen Ordnungen etablieren. Die Funktion des Gesamtsystems geht aus dem Zusammenwirken von unzähligen Einzelreaktionen, aus gegenseitigen Hemmungs- oder Aktivierungsprozessen hervor. Daher wird man eine echte Steuerzentrale des Immunsystems vergebens suchen. Es existiert kein Master-Antikörper oder ein Master-T-Zelllymphozyt, der alle Signale aufnehmen und in einen einzigen Steuerungsbefehl umsetzen könnte.

Die Einzigartigkeit dieses unendlich komplexen Systems besteht vielmehr im kohärenten Verhalten der unzähligen Partner und der Vielfalt unterschiedlicher miteinander vernetzter Systeme. Jeder dieser Einzelakteure, jedes dieser Subsysteme dient als Basis für die Etablierung einer weiteren Ebene.

Komplexe adaptierende Systeme sind reagible lernende Systeme. Unser Gehirn ist in hohem Maße plastisch und wird durch ständiges Lernen auch ständig neu umgebaut. Ähnlich verhält es sich auch mit dem Immunsystem, das ja in dauernder Kommunikation mit der Umgebung steht und seine Funktion ständig mit den Signalen und Informationen, die aus der Umwelt eintreffen, abgleichen muss.

Am Beispiel der klonalen Expansion im Rahmen der Antikörper-Produktion kann sehr gut gezeigt werden, dass das Immunsystem imstande sein muss, ständig die Zukunft zu antizipieren: Für jedes denkbare potentielle Antigen wird eine entsprechende Matrize auf der Oberfläche eines B-Lymphozyten vorgehalten und in der Situation einer Bindung erhält diese Matrize schließlich eine genaue antigenspezifische Signatur, die im Bedarfsfalle schnellstens zur massenhaften Produktion von Antikörpern oder von Abwehrzellen führt. Jeder B- und jeder T-Lymphozyt erzeugt somit ein internes Modell und eine interne Repräsentation der Welt. Diese Repräsentationen werden jeweils durch neu hinzukommende Erfahrungen ständig neu verändert, ergänzt und auch neu aufgebaut. Das Immunsystem ist ein lernendes, adaptierendes, evolvierendes System. Es kreiert neue Weltmodelle und stimmt diese mit den von außen eintreffenden antigenen und nichtantigenen Signalen ab. Dadurch, dass es für zukünftig potentiell mögliche Kontakte mit einem spezifischen Antigen einen passenden B-Lymphozyten vorhalten kann, ist es in der Lage, auch potentielle zukünftige Signale vorweg zu nehmen und sich schon in der Gegenwart darauf einzurichten. Das Immunsystem macht somit Vorhersagen über die Möglichkeit zukünftiger Informationen. Die Modelle, nach denen das Immunsystem seine Funktionen abstimmt, sind weitaus mehr als passive Anleitungen und Reaktionen. Das System schafft sich selbst ständig neue Möglichkeiten. Es ist niemals in einem Ruhezustand oder Gleichgewichtszustand, es ist immer auf dem Sprung, es befindet sich immer in einer Phase des Übergangs zu einer neuen spontanen dynamischen Ordnung. Wir wissen mittlerweile eine gehörige Menge darüber, wie das System auf seine Umgebung reagiert und wie es sich anpasst. Was Adaptation und Emergenz im Zusammenhang mit dem Immunsystem bedeutet, wissen wir allerdings noch nicht sehr genau. Das System des Immunsystems ist niemals fixiert. Komplexe Systeme sind spontan, chaotisch und sie bilden autokatalytisch Ordnungsstrukturen heraus, wobei die ihnen inhärente Dynamik von dem, was wir umgangssprachlich als Chaos verstehen, weit entfernt ist.

Das sind also die 1-2 kg unseres Körpergewichtes, die 1012 Lymphozyten und die 1020 Antikörpermoleküle, das Immunsystem. Nur das Nervensystem ist noch komplexer[154].

7 Kollektive katalytische Netzwerke in ausgewählten Krankheitsbildern

7.1 Akute Appendizitis (akute „Blinddarmentzündung")

Ein in der Allgemeinchirurgie mit am häufigsten durchgeführter Eingriff stellt die Appendektomie dar, d.h. die Entfernung des „Blinddarms".

Bereits 1886 beschrieb Reginald Fitz detailliert den Verlauf der akuten Appendizitis in ihren einzelnen Stadien bis zur Perforation, dem „Blinddarmdurchbruch" und ausgehend von einem Abszess im Bauchraum zur Ausbildung einer eitrigen Bauchfellentzündung (Peritonitis). Seinerzeit empfahl Fitz die Appendektomie, d.h. die Entfernung des Wurmfortsatzes zur rechten Zeit. Mit der Entwicklung der Chirurgie in der zweiten Hälfte des 19. Jahrhunderts konnte dieses vorher oft tödlich verlaufende Leiden mit immer weniger Komplikationen beherrscht werden. Was landläufig als „Ursache" der akuten Appendizitis bezeichnet wird, entspricht in der Regel einem multifaktoriellen Geschehen, in welchem verschiedene pathogenetische Faktoren zusammenwirken:

Ganz am Anfang in der Entstehungsgeschichte dieser Erkrankung spielt ein Verschluss des Appendixlumens durch eingedickten Kot, unverdauliche Essensreste aber auch durch Fremdkörper, beispielsweise Kirschkerne oder Würmer und nicht zuletzt auch Lageanomalien des Wurmfortsatzes, Narben sowie Vergrößerungen der Lymphfollikel eine mitursächliche Rolle. Durch die Impaktierung von Kot oder durch Fremdkörper kommt es zu einer Verschluss- bzw. Stauungsproblematik in der Lichtung des Wurmfortsatzes. Diese Entleerungsstörungen haben im Wesentlichen folgende Auswirkungen:

Die Stase von Faeces im Lumen, bzw. in der Lichtung der Appendix beeinträchtigt zunehmend durch mechanische Kompressionswirkung die Blutversorgung der Schleimhaut. Diese Kompromittierung der Durchblutung durch den mechanischen Verschluss von Gefäßen hat Nekrosen im Bereich des inneren Schleimhautüberzuges zur Folge. Damit ist eine Eintrittspforte für Erreger aus dem Inneren des Darmes entstanden. Denn durch den Wegfall der Schutzfunktion der Schleimhautbarriere dringen massenhaft im Kot vorhandene Darmbakterien in die Schichten der Darmwand ein. Diese vorher harmlosen und nützlichen Darmbakterien vermehren sich und setzen eine Kaskade an pathogenen Wirkungen in Gang. Das ursprünglich, d.h. im Zustand der Gesundheit, vorhandene Gleichgewicht zwischen der physiologischen Darmflora im Inneren der Appendixlichtung und der Schutzbarriere in der Darmwand ist gestört. Damit wurde der Startknopf für den Ablauf eines u. U. lebensbedrohlichen Entzündungsgeschehens gedrückt. Erste Entzündungszellen wandern in den Bereich der geschädigten Schleimhautbarriere ein, während Entzündungsmediatoren freigesetzt werden. Diese Mediatoren, darunter unter anderem Histamin, haben eine Weitstellung der Gefäße und eine Erhöhung der Gefäßpermeabilität zur Folge: In der Außenansicht ist für dieses noch frühe Stadium eine vermehrte Gefäßzeichnung auf der Oberfläche des Wurmfortsatzes kennzeichnend. Parallel dazu ist das Gerinnungssystem aktiviert worden und im Gefolge dieser Aktivierung des Gerinnungssystems werden erste Fibrinfäden auf der Oberfläche der Darmwand ausgeschwitzt. In diesem Stadium ist die Entzündung/Infektion noch reversibel und kann durchaus noch folgenlos abklingen. Aktivierte Entzündungszellen können die Entzündung in diesem Stadium noch begrenzen und eindämmen. Schreitet dagegen der Entzündungsprozess weiter voran, so verlagert sich das in immer größeren Ausschlägen fluktuierende Gleichgewicht zwischen Invasion und Abwehr weiter in Richtung auf einen Phasenübergang. Die Invasion von Bakterien und Abwehrzellen in die Darmwand der Appendix nimmt zu, unter dem Mikroskop ist die Darmwand von Bakterien und Entzündungszellen durchsetzt. Die Wand der Appendix ist durch das sich entwickelnde Ödem aufgequollen und verdickt. Dies hat einen Druckanstieg innerhalb der Darmwand zur Folge. Der Druckanstieg führt wiederum zu einer mechanischen Drosselung der Durchblutung. Damit nehmen die schon bestehenden ischämischen Erosionen im Bereich der Darmwand an Umfang zu: Ein sich autodynamisch verstärkender Entzündungsprozess nimmt immer mehr Fahrt auf. Immer mehr Mediatoren werden gebildet und treten miteinander in Kontakt. Mit der Vielfalt der miteinander reagierenden Mediatoren und Zellen nimmt auch das Verhältnis von Reaktionen zu den Mediatoren und Zellen zu. Das System entwickelt sich in Richtung auf eine kritische Diversität aus zusammenhängenden katalysierten Reaktionen, wobei die katalysierenden Mediatoren oft selbst Produkte aus katalysierten Reaktionen sind: Das System wird zunehmend kollektiv autokatalytisch, in dessen Ablauf die Wand der Appendix zunehmend phlegmonös (diffus-eitrig) durchsetzt ist. In diesem Krankheitsstadium ist der Entzündungsprozess aber noch auf die Appendix beschränkt, klinisch besteht kein hohes, allenfalls mäßiges Fieber. Die Patienten klagen über Schmerzen im Bauchraum, die je nach Lage der Appendix meist in den rechten Unterbauch projiziert werden. Die Schmerzen werden durch die Reizung von feinsten Schmerzfasern innerhalb der Darmwand und auf dem Bauchfellüberzug der Appendix verursacht. Reflektorisch versucht der Körper die entzündete Region ruhig zu stellen: Die Bauchmuskulatur im rechten Unterbauch ist jetzt kontrahiert, verhärtet und stark druckempfindlich. Schon beim vorsichtigen Betasten empfindet der Patient starke Schmerzen. Mit Fortschreiten der Entzündung nehmen auf dem Wurmfortsatz die Fibrinbeläge weiter zu. Diese Fäden aus Blutgerinnsel stellen einen idealen Nährboden für Bakterien dar. Damit bilden sich jetzt dicke Beläge aus Fibrin, Bakterien und Leukozyten. In der Darmwand selbst sind Mikroabszesse nachweisbar, die im weiteren Verlauf zunehmend konfluieren. Nach außen greift die Entzündung schon auf den angrenzenden Bauchfellüberzug über: Der Prozess weitet sich auf den rechten Unterbauch und, wenn spätestens jetzt die Operationsindikation nicht gestellt wird, auch auf den gesamten Bauchraum aus. Innerhalb der Darmwand schreiten die Nekrosen fort. Das Entzündungsgeschehen bricht schließlich durch die Darmwand hindurch: Es entsteht ein Abszess im Umfeld der perforierten Appendix, der in der Fachsprache als perityphlitischer Abszess bezeichnet wird. Unter einem Abszess versteht der Mediziner ein lokales Infektionsgeschehen, das gegen die freie Bauchhöhle noch durch eine Abszessmembran abgegrenzt ist. Perforiert schließlich ein solcher Abszess in die freie Bauchhöhle, so entwickelt sich daraus das lebensbedrohliche Bild einer zunächst lokalisierten und später diffusen eitrigen Bauchfellentzündung.

Von einer systemischen Betrachtungsweise aus gesehen entwickelt sich das Krankheitsbild einer akuten Blinddarmentzündung zunächst mit einer Verschiebung des fluktuierenden Gleichgewichts zwischen Aggression und Protektion. Die systemerhaltenden Trajektorien im physiologischen Zustand konvergieren auf das Zentrum von stabilen Attraktoren zu. Systemerhaltende Trajektorien wären beispielsweise durch das System eines physiologischen Durchblutungszustandes der Appendix oder das physiologische System einer intakten Schleimhautbarriere, oder auch physiologische Druckverhältnisse innerhalb der Darmwand des Wurmfortsatzes, eine physiologische Clearance-Funktion von Kot und Bakterien innerhalb der Lichtung der Appendix und anderes mehr. Diese Trajektorien entsprechen den jeweiligen dynamischen Systemzuständen, die durch hohe Konvergenz in Richtung auf einen stabilen Attraktor gekennzeichnet sind. Das fortschreitende Entzündungsgeschehen ist zunehmend geprägt durch das Auftreten abnormer Trajektorien, durch abnorme Zustände der Untersysteme, beispielsweise in Gestalt eines ungehemmten Bakterienwachstums oder der progredienten Druckzunahme im Inneren und in der Wand der Appendix, oder von progredienten Schleimhautischämien mit progredienten Erosionen im Schleimhautüberzug. Diese Trajektorien konvergieren auf neue Systemzustände mit anderen Attraktoren zu. Es kommt zu Überlagerungen auf den unterschiedlichen Ebenen und schließlich löst sich das System als Ganzes aus seinem vorherigen Gleichgewichtszustand heraus und nähert sich der Grenze zum Phasenübergang. Wird dieses Stadium schließlich durchschritten, so ist der Prozess irreversibel geworden. Die entzündlichen Prozesse verselbständigen sich immer weiter und die Krankheit tritt in das Stadium einer kollektiven Autokatalyse ein. In der Regel können diese Prozesse durch die Operation, d.h. durch die Beseitigung des Infektionsherdes, d.h. der Entfernung des erkrankten Wurmfortsatzes gestoppt werden.

7.2 Akute Peritonitis

Bricht der Abszess im Gefolge einer akuten Appendizitis in die freie Bauchhöhle hinein, so geht das vorher noch lokale Entzündungsgeschehen in ein generalisiertes Geschehen über und es entwickelt sich das Bild einer eitrigen Peritonitis (Bauchfellentzündung). Das Peritoneum (Bauchfell) kleidet grob schematisch die Bauchhöhle und damit einen Großteil der Baucheingeweide aus. Seine Fläche entspricht mit ca. 1,6 qm in etwa der Hautoberfläche. Es stellt einen potenten biologischen Schutz der Eingeweide dar. Der Peritonealraum kommuniziert eng mit dem Blut- und Lymphgefäßsystem und besitzt eine gewaltige Resorptionskraft zur Elimination von Flüssigkeit, Erregern und Toxinen aus dem Bauchraum. Man unterscheidet primäre und sekundäre Peritonitiden, bakterielle, virale und chemische Ursachen. Histologisch (feingeweblich) besteht die Oberfläche des Peritoneums aus einer einschichtig angeordneten Zellschicht, den Mesothelzellen mit schmalen Zellkörpern, zwischen denen Öffnungen (Stomata) nachweisbar sind. Diese Stomata ermöglichen eine Verbindung vom Bauchraum innerhalb der in der Mesoschicht liegenden Lymphgefäße. Durch diese interzellulären Spalten können die Toxine und Keime aus der Bauchhöhle rasch via Lymphgefäße zu den regionalen Lymphabwehrstationen abtransportiert und dort neutralisiert werden.

Die Peritonitis stellt ein weiteres Beispiel eines Multikaskadensystems dar: Das erste Stadium der Peritonitis ist gekennzeichnet durch die Invasion von Keimen und deren Wechselwirkungsprozessen mit dem lokalen und dem systemischen Abwehrsystem.

Die Antwort des Körpers besteht zunächst im Auslösen einer lokalen Entzündungsreaktion. Im Rahmen dieser initialen Wechselwirkungskaskade transformieren sich die Mesothelzellen zu Phagozyten, d. h. zu Fresszellen um: Bei diesem Prozess löst sich eine solche Zelle aus ihrem Verband, sie nimmt eine eher runde Form an und ihre Oberfläche vergrößert sich. Der Änderung dieser äußeren Form entspricht eine Änderung ihrer Eigenschaften: Denn die vorher noch stationär in einen Verband eingegliederte Zelle entwickelt die Fähigkeit der Lokomotion (Beweglichkeit). Im Gefolge der Transformation dieser Mesothelzellen zu Fresszellen vergrößern sich die Interzellularspalten, d.h. die beschriebenen Stomata. An Umfang zunehmende Räume und Spalten entstehen, in denen anfallender Zelldetritus (Zelltrümmer), Toxine und Bakterien schnell und wirksam über die Lymphgefäße abtransportiert werden können. Nachdem die Mesothelzellen zu Fresszellen umprogrammiert wurden, beginnen sie, Bakterien zu phagozytieren. Wie oben beschrieben, beinhaltet der Begriff der Phagozytose die Aufnahme von Pathogenen in den Zellleib unter Energieverbrauch mit einem Abbau des Materials durch spezifische Enzymsysteme, den so genannten lysosomalen Enzymen. Die Prozesse der Phagozytose können durch spezifische Antikörper optimiert werden, was als Opsonierung bezeichnet wird. Hierbei heften sich die Antikörper an die Membranen der Bakterien und verbessern so deren Aufnahme in das Zellinnere der Fresszellen.

In den Frühstadien der Entzündung werden die unter der Mesothelschicht liegenden Gefäße durch die Wirkung von Aminen, insbesondere Histamin, erweitert und deren Permeabilität erhöht: Im Gefolge dieser Permeabilitätssteigerung treten Eiweiße und Flüssigkeit in das Peritoneum aus: Das Peritoneum schwillt massiv ödematös an. Im Verlaufe einer Bauchfellentzündung können auf diese Weise gewaltige Mengen an Eiweißen und Flüssigkeit aus dem Kreislauf heraus in diesen rapide anschwellenden peritonealen Schichten versickern. Die daraus resultierenden Verluste an Flüssigkeit können mehrere Liter betragen und einen Volumenmangelschock auslösen.

Zur Verdeutlichung in diesem Zusammenhang ein paar Zahlen: Wenn das Peritoneum nur um 1 mm anschwillt, so bedeutet dies bei einer Oberfläche von 1,6 qm eine interne Volumenzunahme von über 1 Liter an Flüssigkeit. Im Verlaufe einer Peritonitis kann das Peritoneum aber 10 mm und mehr anschwellen. Gewaltige Flüssigkeitsmengen von vielen Litern können somit aus dem Blutkreislauf austreten und im Peritonealraum verschwinden.

Ist also in einem noch frühen Stadium der Peritonitis die mesotheliale Oberfläche geschädigt, so haften daran Bakterien und weiße Blutkörperchen an. Bakterien, die an dieser beschädigten Oberfläche anhaften, können schon nach kurzer Zeit nicht mehr abgelöst werden. Diese Bakterien setzen Endotoxine frei.

Diese Polypeptide wirken stark antigen bzw. immunogen und sind allesamt hoch toxisch. Sie werden aus Lipopolysaccharid-Protein-Komplexen (LPF) aus der Bakterienzellwand freigesetzt. Ihre Struktur setzt sich aus einer äußeren Zuckerstruktur (O-Antigen), einem Kernpolysaccharid (Core) und einer Fettstruktur, dem Lipid A, zusammen. Eine Injektion von Endotoxinen erzeugt im Prinzip ähnliche Wirkungen wie die direkte Injektion von lebenden Keimen, nämlich Fieber, eine Mobilisierung von weißen Blutkörperchen, eine Erhöhung der Kapillarpermeabilität, eine Aktivierung des Immunsystems durch Stimulation der T-Lymphozyten und des Komplementsystems sowie eine Vielzahl weiterer Prozesse. Zwischen einem Organversagen und dem Endotoxinspiegel im Blut besteht oft eine enge Korrelation.

Die Endotoxine führen zu einer Mobilisierung des Komplementsystems, speziell der Faktoren C_{3a} und C_{5a}, was wiederum einen entscheidenden Schritt am Anfang einer verheerenden Schadenslawine markiert: Die Freisetzung dieser Faktoren führt wiederum zur Akkumulation von weiteren Granulozyten mit dem Ziel der Zerstörung der Bakterien. So werden lysosomale Enzyme, Sauerstoffradikale und Stickstoffmonoxid in großem Umfange freigesetzt. Die überschießende Freisetzung dieser aggressiven Substanzen hat ihrerseits eine direkte Schädigung des peritonealen Überzugs auf der Darmwand zur Folge. Gleichermaßen überschießend freigesetzte Sauerstoffradikale aktivieren eine Vielzahl weiterer Mediatoren der Entzündungskaskade, so von Arachidonsäuren, aus denen Prostaglandine, Leukotriene sowie weitere aggressive und kurzlebige Zwischenprodukte gebildet werden. Im gleichen Zuge erfolgt die Peroxidation von Lipiden der Zellmembranen. Die unter diesen geschädigten Membranen zum Vorschein kommenden Gefäße werden mit einbezogen, so dass noch mehr Eiweiße und Flüssigkeit aus den Gefäßen aus und in das Gewebe übertreten. Schon frühzeitig wurde das Gerinnungssystem aktiviert. Aus den Leukozyten werden noch mehr aggressive Fermente und Sauerstoffradikale freigesetzt. Das feingewebliche Bild einer Peritonitis ist jetzt bestimmt durch eine massenhafte Invasion ganzer Armeen von weißen Blutkörperchen. Im Operationssaal ist der Chirurg nach Eröffnung des Bauchraumes mit den dicken, eitrigen Belägen auf dem Peritoneum konfrontiert, die aus vitalen und abgestorbenen Leukozyten und Fibrin-Eiweißgerinnseln und Bakterien bestehen. Alle Organe des Bauchraumes, zuvorderst die Darmkonvolute, sind fortschreitend von dicken Fibrin- und Eiterbelägen eingemauert. Die innerhalb der Fibringerinnsel verbliebenen Bakterien können von den weißen Blutkörperchen nicht erreicht und abgetötet werden. Immer neue weiße Blutkörperchen werden indes angelockt. Sie sterben schließlich ab und setzen dabei bakterizide und gewebstoxische Inhaltsstoffe frei: Das primär lokale Ereignis schaukelt sich immer weiter zu einem systemischen Geschehen auf. Die Autokatalyse dominiert mehr und mehr, verselbständigt sich und erfasst immer weitere Systeme. Sie wird zu *dem* Kontrollparameter des Systems als Ganzes und steigt in einer zirkulären Kausalität einem dominierenden emergenten Netzwerk auf: Die Ursache der Autokatalyse ist jetzt quasi die Autokatalyse selbst.

Als Folge der entzündungsbedingten Aktivierung des Gerinnungssystems tritt schon relativ früh in den feinen Gefäßen der Endstrombahn der Befund einer Stase des Blutstroms in den Vordergrund. Diese Stase wird kompliziert durch das Auftreten von Mikrothromben in den feinen Kapillargefäßen der Endstrombahn. Daraus entwickelt sich der Zustand einer Hypoxie, d.h. einer Sauerstoffminderversorgung der Baucheingeweide. Angesichts der hohen Zellumsatzrate der Darmschleimhaut unter physiologischen Bedingungen ist der Darm besonders sensibel gegenüber Situationen einer Sauerstoffverarmung. Die Hypoxie führt zudem zu einer Gewebsazidose (Übersäuerung) mit der Ansammlung von Milchsäure, die als Stoffwechselprodukt aus einem unvollständigen Glucoseabbau in größerem Umfang anfällt. Ein Mangelzustand an energiereichen Phosphaten ist die Folge. Es entwickelt sich peau á peau ein Missverhältnis zwischen dem Angebot an energiereichen Phosphaten, die ja dringend für die energieverbrauchenden Prozesse der Infektionsabwehr benötigt werden, und einem hohen Bedarf andererseits. Der Organismus gleitet mehr und mehr in einen massiven Stresszustand hinein und schüttet Stresshormone, d.h. Katecholamine, in großer Menge aus. Katecholamine führen zu einer Steigerung der Stoffwechselprozesse, wobei Mengen an Zuckermolekülen aus ihrer Speicherform, dem Glykogen, freigesetzt werden. Konsekutiv steigt der Blutzuckerspiegel an. Schon nach verhältnismäßig kurzer Zeit ist diese körpereigene Energieproduktion aufgrund des hohen Energiebedarfs erschöpft. Zusätzlich tritt eine stressbedingte Verwertungsstörung der Glucose in den Vordergrund: Unter physiologischen Bedingungen sorgt Insulin dafür, dass Zuckermoleküle aus dem Blut in die Zellen gepumpt werden. Insulin senkt deshalb den Zuckerspiegel im Blut und aktiviert den Glucosemetabolismus. Die in dieser Stresssituation massenhaft freigesetzten Stresshormone wirken jedoch als Insulinantagonisten und hemmen darüber hinaus noch die Insulinfreisetzung aus dem Pankreas, so dass der Organismus zunehmend in eine Mangelzustand an energiereichen Äquivalenten abgleitet.

Im fortgeschrittenen Stadium einer Bauchfellentzündung tritt der Patient in den Zustand einer Sepsis über. Darunter wird Ganzkörperantwort auf eine Infektion, auf eine Entzündung oder auf eine sonstige Noxe verstanden. In den Ablauf einer Sepsis sind alle integritätserhaltenden Systeme eingeschlossen, so das Entzündungssystem, das Immunsystem, das blutbildende System, die neuroendokrinen Systeme. Freigesetzte Toxine von Bakterien, Endo- und Exotoxine, sind typische Promotoren des Sepsissyndroms.

Das Verhalten des Systems als Ganzes wird also zunehmend durch ein unheilvolles Zusammenwirken einer größer werdenden Anzahl von autokatalytischen Zyklen definiert, wobei immer neue autokatalytische Untersysteme entstehen. So hat die überschießende Aktivierung des Gerinnungssystems eine diffuse Gerinnselbildung in der peripheren Gefäßstrombahn zur Folge mit fortschreitenden Ischämiebezirken. Eine solche überschießende Gerinnselbildung wird als DIC-Syndrom, d.h. als diffuse intravasale Koagulopathie, bezeichnet. Diese Koagulopathie hat wiederum negative Sekundäreffekte in mehrfacher Hinsicht zur Folge. So führt der rasante Verbrauch von Gerinnungsfaktoren schließlich zu einer Erschöpfung des Gerinnungssystems mit einer diffusen Blutungsneigung. Gleichzeitig ist das fibrinolytische System aktiviert, dessen Aufgabe in der Auflösung von Blutgerinnseln besteht. Zwei aus der Balance geratene proteolytische Systeme innerhalb der Gerinnung sind beteiligt, einmal das Thrombinsystem als gerinnselbildendes System und andererseits das Plasminsystem als gerinnselauflösendes System. Beide stehen auch in Konkurrenz um den gleichen Inhibitor, nämlich das Antithrombin III (AT III). Die überschießende Bildung der einen Proteinase bindet AT III und hemmt seinen Konkurrenten.

Die zunehmend diffuse Schädigung von biologischen Membranen lässt die Konzentration von zirkulären Endotoxinen im Blut immer weiter ansteigen, was als Endotoxinämie bezeichnet wird. Die Clearance-Kapazität, der Organismus, das so genannte retikuloendotheliale System in Leber, Milz, Lunge und der Lymphknoten sind zunehmend überlastet und erschöpft. Mit dem zeitlichen Fortgang dieser Prozesse treten zunehmend generalisierte Organschäden in den Vordergrund: Immer mehr Endotoxine, Zytokine, Proteinasen führen zu einer Ganzkörperentzündung (whole body inflammation). Pathogenetisch bedeutsam in dieser Ganzkörperantwort sind die unter anderem durch den Tumornekrosefaktor α und Interleukin-I induzierten hämodynamischen Veränderungen im Bereich der Mikrozirkulation. Auch der Tumornekrosefaktor α bewirkt eine Aktivierung von Gerinnung und Fibrolyse und steuert die Freisetzung von weiteren Entzündungsmediatoren. Aktiviertes IL-1 zeichnet für das hohe Fieber in diesem Stadium mitverantwortlich. Zunehmend gleitet der Organismus in den Zustand eines septischen

Schockgeschehens: Der systemische Blutdruck ist niedrig und die Herzfrequenz ist erhöht. Das Sauerstoffangebot an die peripheren Gefäße ist prekär vermindert. Die Sauerstoffaufnahme in die Zellen ist gestört, die sauerstoffabhängige Stoffwechselwegegenerierung von energiereichen Phosphaten bricht zusammen, so zum Beispiel der Krebszyklus. Die Folge ist die Anreicherung von Milchsäure im Gewebe und eine generalisierte Übersäuerung der Gewebe. In diesem übersäuerten Milieu werden die Generierung von Sauerstoffradikalen sowie die Aktivierung von aggressiven lysosomalen Entzündungssystemen weiter angeheizt. Damit erhalten die Schwingkreise innerhalb der autokatalytischen Netzwerke eine weitere Dynamisierung:

Im Gefolge der diffusen Kapillarschädigungen entwickelt sich in der Regel ein akutes Lungenversagen ARDS (Adult Respiratory Distress Syndrome), das durch die diffuse Kapillarschädigungen mit dem Austritt von Blut und Flüssigkeit ins Lungengewebe verursacht ist. Die Patienten müssen kontrolliert beatmet werden. Ähnliche Prozesse führen zu Ausfällen in den anderen lebenswichtigen Organen der Niere und der Leber: Die Patienten gleiten zunehmend in den Zustand einer endogenen Vergiftung über. Die defizitäre Entgiftungsfunktion der Leber hat wiederum eine Erhöhung der Endotoxinkonzentration im Blut zur Folge, wodurch eine weitere autokatalytische Schleife eröffnet wird. Der Patient ist mittlerweile tief bewusstlos, sein Kreislauf bricht im Gefolge der massiven Flüssigkeitsverluste und im Gefolge eines septischen Herzversagens zusammen. Der Prozess einer akuten Appendizitis von der Perforation zur lokalen und später diffusen Peritonitis mit Sepsis ist gekennzeichnet durch das Entstehen von immer neuen parallel und seriell verschalteten katalytischen Zyklen, die, vergleichbar mit den in einem Flusslauf entstehenden Wirbeln sich schließlich zu einem großen kollektiven autokatalytischen Verband organisieren, in welchem auf emergente Weise neue pathophysiologische und molekularpathologische Ordnungsstrukturen entstehen, welche die physiologischen Ordnungsstrukturen des vormals gesunden Organismus zunehmend dominieren und in Richtung eines nicht mehr mit dem Weiterleben zu vereinbarendem Nichtgleichgewichtszustandes verschieben.

Eine grobe Synopsis dieser Abläufe sollte in der folgenden Abbildung 8 skizziert werden.

7.2 · Akute Peritonitis

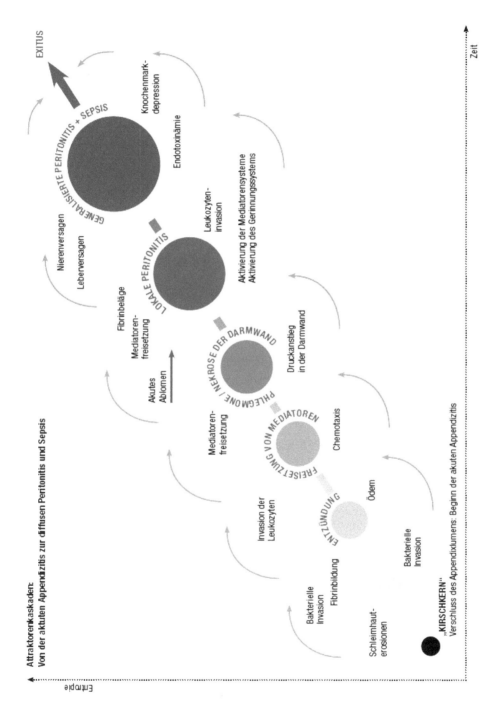

Abb: 8

8 (K)eine Bedeutung der Quantenphysik für die Medizin der Zukunft?

Ich wage es nicht zu prognostizieren, ob mit der gerade im Entstehen begriffenen neuen wissenschaftlichen Disziplin der Quantenbiologie eine neue Ära in der Erforschung von Lebensprozessen auf der Ebene der Atome und Elementarteilchen eingeleitet wird. Auf den ersten Blick spielen sich Lebensprozesse und Quantenphänomene auf gänzlich unterschiedlichen Größenskalen ab. Eine Reihe von Experimenten können möglicherweise erste Hinweise darauf liefern, dass im Bereich makroskopischer Dimensionen, d.h. im Bereich der dynamischen Muster lebender Systeme, Quanteneffekte eine Rolle spielen. Diese Entwicklung hat eine lange Vorgeschichte:

Im Jahre 1900 löste Max Planck das Rätsel der Schwarzkörperstrahlung. Mithilfe der bis dato geltenden Wellentheorie konnte man nicht den Mechanismus genau erklären, wie heiße Objekte ihre Energie abstrahlen. Dieses Jahr 1900 wird als die Geburtsstunde der Quantenphysik bezeichnet. Planck kam bei seinen Forschungen zu dem Ergebnis, dass sich die Materie in den Wänden von heißen Körpern in definierten, bestimmten Schwingungszuständen befindet. Die von diesen Körpern abgegebene Strahlung würde nicht, wie vorher von der klassischen Strahlungstheorie angenommen, kontinuierlich, sondern in Form von abgegrenzten, d.h. gequantelten Energiepaketen emittiert. Er prägte davon ausgehend den Begriff des „Quants". Seine Ergebnisse demonstrierte er am 14.12.1900 auf einem Symposion der Deutschen Physikalischen Gesellschaft. Seine Theorie sollte eine radikale Abkehr von der bislang geltenden Strahlungstheorie bedeuten. Fünf Jahre später erweiterte Albert Einstein diese Theorie auf alle elektromagnetischen Strahlungen und formulierte seine Theorie des „photoelektrischen Effektes", wonach Photonen, d.h. die Lichtquanten, in der Lage seien, Elektronen aus der Materie herausschlagen zu können. Für diese Arbeit erhielt er 1921 den Nobelpreis. Im später von Niels Bohr etablierten Atommodell nehmen die Elektronen auf ihrer „Bahn" um den positiv geladenen Atomkern nur ganz bestimmte, d.h. „quantisierte" Positionen auf Energieniveau ein[155]. Subatomare Objekte besitzen sowohl Wellen- als auch Teilcheneigenschaften mit einem engen Zusammenhang zwischen Frequenz und Energie. Werner Heisenberg, der die berühmte Unschärferelation formulierte, gelangte zu der Erkenntnis, dass keine Aussage darüber möglich ist, wo sich ein Teilchen auf seiner Umlaufbahn befindet, wenn es nicht gemessen wurde. Heisenberg vertrat darüber hinaus die inzwischen allgemein akzeptierte Ansicht, dass das Elektron selbst keine festgelegte Position im Raum einnimmt, sondern als Funktion über den Raum verteilt, quasi „verschmiert" ist. Er konnte mathematisch schlüssig belegen, dass es unmöglich ist, in einem einzigen Experiment mit gleicher Genauigkeit den Ort und Impuls eines Teilchens festzustellen. Für seine im Jahre 1927 formulierte Unschärferelation erhielt er den Nobelpreis. 1926 stellte Erwin Schrödinger die nach ihm benannte Gleichung vor. Diese beschreibt das

Verhalten eines Teilchens als Welle, die sich im Atom ausbreitet. Seine Version der Atomtheorie wurde die Grundlage der Wellenmechanik. Nach dieser Theorie entwickeln sich im unbeobachteten Zustand Wellen im Fortgang der Zeit und kollabieren im Augenblick der Beobachtung zu definierten, raumzeitlich abgrenzbaren Teilchen.

In der makroskopischen Welt der Alltagsgegenstände der Autos, der Fernseher und Telefone sind die Objekte nach ihrem Ort und Impuls, d.h. ihrer Geschwindigkeit, durch wenige Maßzahlen genau definiert. In unserer makroskopischen Welt gelten die Gesetze der Newton'schen Mechanik. Im Quantenbereich gilt dagegen die Schrödinger-Gleichung. Deren Lösung entspricht einer mathematischen Größe, die als Wellenfunktion bezeichnet wird. Diese Funktion gibt nicht an, wo sich ein Elementarteilchen, beispielsweise ein Elektron, zu einem bestimmten Zeitpunkt befindet, sondern sie liefert Zahlengruppen, welche die Wahrscheinlichkeit für mögliche Aufenthaltsorte des Teilchen beschreiben, wenn wir einen Messvorgang durchführen.

Der Akt der Beobachtung, die Messung, ist seit den Tagen der so genannten Kopenhagener Deutung um die Begründer der Quantenphysik um Niels Bohr, Werner Heisenberg und weiteren bis zum heutigen Tag ein Rätsel geblieben. Unbeobachtet liegen die Objekte im Quantenbereich in seltsamen Verschränkungszuständen vor. Quantenteilchen können über große Entfernungen miteinander korreliert sein, was Einstein als „spukhafte Fernwirkung" bezeichnete. Sie sind in der Lage, Energiebarrieren, die weit über dem eigenen Energieniveau liegen, zu durchtunneln. Sobald Quantenteilchen beobachtet werden, verlieren sie aber diese seltsamen Eigenschaften und sie verhalten sich dann wie klassische Objekte in unserer Umgebung mit zuverlässig vorhersagbaren Eigenschaften. Eine der Bedeutungen und Schlussfolgerungen des Messvorgangs könnte darin liegen, dass dieser eine Grenze zwischen Quantenwelt und klassischer Welt markieren könnte.

Bei diesen zitierten Quantenwahrscheinlichkeiten handelt es sich nicht um unser defizitäres Wissen, sondern sie reflektieren auf diesen extrem kleinen Skalen eine grundlegende Eigenschaft einer uns prinzipiell verborgenen Quantenrealität. Und dennoch hat ihr mathematischer Formalismus die Kernstücke einer überaus großen Zahl an technischen Fortschritten ab der zweiten Hälfte des 20. Jahrhundert geliefert. So wurde die Quantenphysik beispielsweise die Grundlage der Chemie, der Materialwissenschaften, der Elektronik und vielen weiteren Anwendungsgebieten. Ohne die grundlegenden Erkenntnisse, wie sich beispielsweise Elektronen durch Materie bewegen, gäbe es keine Halbleiter und ohne Halbleiter gäbe es keine moderne Elektronik, der Siliziumtransistor wäre nicht entwickelt worden und später der Mikrochip. Ohne Kenntnisse der Quantentheorie gäbe es keine Laser, keine CDs, keine Satellitennavigation und auch keine MRT-Scanner und keine Elektronenmikroskope in der Medizin. Die Quantentheorie schafft die Grundlage für ein Drittel des BIP in den Industrieländern und das mit steigender Tendenz[156].

Einer der Begründer der Biophysik des 20. Jahrhunderts war Max Delbrück (1906-1981), ein deutsch-amerikanischer Genetiker, Biophysiker und Nobelpreisträger, der den Weg von der Physik zur Biologie ging. Er gilt als einer der Wegbereiter der modernen Molekularbiologie. Er führte zusammen mit Salvatore Luria 1943 die ersten exakten genetischen Experimente an Bakterien durch und er konnte experimentell belegen, dass Bakterien gegen ihre Feinde, die Bakteriophagen, durch Mutation resistent werden können. Max Delbrück propagierte zusammen mit Erwin Schrödinger die These, dass die genetische Information in Makromolekülen im Zellkern gespeichert würde. Schrödinger konnte in seinem epochal bedeutsamen Buch „What is Life?" schlüssig belegen, dass die außerordentlich hohe Genauigkeit der Vererbung sich nicht allein mit klassischen Gesetzen erklären ließe. Er stellte zehn Jahre vor Watson und Crick, also lange bevor man die Struktur eines Gens aufgeklärt hatte, die These auf, dass Gene eine Art von „aperiodischem Kristall" seien, in welchem die Informationen gespeichert seien.

Schrödinger hatte insofern Recht, als in der Tat der DNA-Code aus sich wiederholenden Strukturen, nämlich den DNA-Basen besteht und diese Strukturen sind aperiodisch in dem Sinne, dass es sich bei jeder Wiederholungseinheit um eine von vier Basen handelt. Schrödinger stellte zudem die These auf, dass Gene quantenmechanische Gebilde seien. Aber aperiodische Kristalle codieren Informationen nicht zwangsläufig auf Quantenebene. So sind fotografische Platten mit Silbersalzkristallen belegt, in denen ausschließlich die Informationen über die fotografierten Bilder gespeichert sind.

Richard Feynman wird der Satz zugesprochen: „Was wir nicht herstellen können, verstehen wir nicht".

Davon abgeleitet könnten wir das Leben nicht verstehen, weil wir es nicht herstellen können. Ein bemerkenswerter Gedanke.

Schrödinger war vom Prozess der Vererbung geradezu fasziniert. Man wusste damals schon, dass Gene von einer Generation zur anderen weitergegeben werden. Es war aber unbekannt, woraus Gene eigentlich bestehen und nach welchen Prinzipien sie funktionieren. Schrödinger war auch von der Frage umgetrieben, was den Genen ihr hohes Maß an Genauigkeit der Weitergabe der Information verleihen könnte. Die Frage war für ihn als Physiker von so großer Brisanz, weil ihm klar war, dass die exakten Gesetze der klassischen Physik und Chemie und damit auch die Gesetze der Thermodynamik in Wirklichkeit statistische Gesetze waren. Denn sie beschreiben ja das Verhalten einer sehr großen Anzahl an interagierenden Teilchen im Durchschnitt. Dagegen lässt sich das Verhalten eines individuellen Atoms in einem Gas nicht vorhersagen. Schrödinger kam zu der Schlussfolgerung, dass die für große Teilchenzahlen geltenden Gesetze der klassischen Physik und der Thermodynamik für Systeme aus kleinen Teilchenzahlen nicht gelten können. Die Gesetze der klassischen Physik beruhen auf dem Prinzip der „Durchschnittswerte großer Zahlen" oder der „Ordnung aus Unordnung". Im Bereich lebender Systeme formulierte er das Prinzip „Ordnung aus Ordnung" als das grundlegende Gesetz der Vererbung und er stellte darüber hinaus die Hypothese auf, dass die Quantentheorie auch auf Lebewesen anwendbar sein müsse.

Somit könnte man Schrödinger als einen der ersten Quantenbiologen bezeichnen.

Zu den herausragenden Gründervätern der Quantenbiologie ist auch Pascual Jordan hinzuzuzählen, der in Hannover geboren wurde und in Göttingen bei Max Born studierte, mit dem er 1925 einen bahnbrechenden Aufsatz zur Quantenmechanik veröffentlichte. Später ging er nach Kopenhagen und arbeitete dort mit Niels Bohr zusammen. Es stellte sich immer wieder für ihn die Frage, ob und wie die Biologie und die Quantenmechanik zusammenhängen könnten. Im Jahre 1932 erschien ein erster Fachartikel über die Quantenbiologie von Jordan in „Die Naturwissenschaften" mit dem Titel: „Die Quantenmechanik und die Grundprobleme der Biologie und Psychologie"[157].

Im Jahre 1944 veröffentlichte der zwischenzeitlich nach Irland emigrierte Erwin Schrödinger sein Buch mit der berühmten Frage: „What is Life?"

Dieses Buch wirft Fragen auf und formuliert Thesen, die auch heute noch für die Quantenbiologie von wegweisender Bedeutung sind. Wie schon weiter oben vermerkt, stellt nach Schrödinger die Grundlage der Vererbung das Prinzip „Ordnung aus Ordnung" dar. Schrödinger ging sogar so weit, dass er die Behauptung aufstellte, dass Lebewesen Quantenphänomene seien

Schon damals als auch heute noch besteht eine große Skepsis gegenüber der Wirksamkeit von Quantenphänomenen in lebenden Systemen. Man ist der Überzeugung, dass die heiklen Quantenzustände in ihrer engen „verschmutzten" molekularen Umgebung einfach „weggespült" würden.

Aber sowohl Jordan als auch Schrödinger vertraten die Ansicht, dass es geradezu typisch für lebende Systeme sei, dass eine relativ kleine Zahl von hoch geordneten Teilchen – beispielsweise ein Gen – einen ganzen Organismus entscheidend beeinflussen könnte. Dieses Prinzip war von Jordan als „Verstärkerwirkung" und von Schrödinger als „Ordnung aus Ordnung" bezeichnet worden[158].

Dieses Prinzip könnte – zwar in anderer biophysikalischer bzw. molekularbiologischer Ausdrucksweise – auch modernen systembiologischen, kybernetischen, oder synergetischen Organisationsstrukturen lebender Systeme zugrunde liegen:

Ersetzt man beispielsweise die Begriffe von „Teilchen" aus der Physik und Chemie durch Begriffe wie „Ordnungsparameter", „Kontrollparameter" in der Synergetik oder durch Begriffe von „Ist- und Sollgrößen" in der Kybernetik, so fällt eine geradezu frappierende Komplementarität der Begriffsinhalte ins Auge.

Das von Jordan formulierte Prinzip der Verstärkerwirkung könnte zudem sein begriffliches Pendant in den weiter oben vielfach beschriebenen positiven und negativen Rückkopplungsschleifen in der nichtlinearen Dynamik von lebenden Systemen finden. Das Verhalten von selbstorganisatorischen Systemen des Lebens fernab vom thermodynamischen Gleichgewicht ist nachgerade nicht auf der Basis von „Durchschnittswerten großer Zahlen" erklärbar, sondern eher ausgehend von der Basis von rückgekoppelten Verstärkerwirkungen bzw. auch durch ein hemmendes Zusammenwirken von Promotoren innerhalb der komplexen nichtlinearen Prozesse in lebenden Systemen. Enzyme, Mediatoren, die wir bei der Betrachtung der wichtigsten integritätserhaltenden Systeme in Gesundheit und Krankheit kennengelernt haben, stellen typische Beispiele für derartige „Verstärkerprozesse" dar, die nach dem Schrödinger-Prinzip „Ordnung aus Ordnung" ausgerichtet sind.

Die kernspintomographische Untersuchungsmethode in der Medizin ist angewandte Quantenmechanik. Sie ist ein bildgebendes Verfahren, bei dem die Achsen von rotierenden Wasserstoffatomen im Körper eines Patienten mit einem starken Magneten in eine spezifische Richtung ausgerichtet werden. Diese Atome setzt man dann einem Puls von Radiowellen aus, der die gleichmäßig angeordneten Atomkerne in einen besonderen Zustand einer Quantensuperposition zwingt. Dieser Superpositionszustand führt dazu, dass die Atomkerne sich in beide Richtungen gleichzeitig drehen. Wenn die Atomkerne in den ursprünglichen Zustand zurückkehren, geben sie die aufgenommene Energie wieder ab, die im MRT-Scanner aufgenommen und als Bild registriert wird.

Warum sollte es also keine Quantenphänomene in der Biologie und Medizin geben, wenn es sie im Inneren der Sonne, in Elektronenmikroskopen oder in MRT-Scannern gibt?

Man muss nicht als Arzt Quantenphysik studiert haben, um einen MRT-Scanner bedienen und vor allem die von ihm gelieferten Bilder auswerten zu können. Man muss auch nicht Quantenphysik studiert haben, um einen Transistor in einen Computer einbauen oder ein Navigationsgerät bedienen zu können. Wir leben in der makroskopischen Welt der Durchschnittswerte großer Zahlen. Darauf bauen die klassische Physik, die klassische Chemie, die klassische Biologie und nicht zuletzt auch die klassische Medizin auf.

Möglicherweise liegt man heute mit der Prognose doch nicht völlig falsch, dass die Medizin heute am Anfang einer Revolution steht, die von der Quantenmechanik über die Quantenbiologie zu einem neuen Medizinparadigma führen könnte. Es wäre unschicklich, dieses noch ungeborene Kind beispielsweise mit der Bezeichnung „Medizin nichttrivialer Quanteneffekte" oder ähnlichem, zu versehen. Begriffe wie „Quantenmedizin", „Quantenheilung" oder ähnliches sind durch Esoteriker und Scharlatane aller Art völlig obsolet und noch steht es in den Sternen, ob ein solcher medizinischer Neubürger überhaupt das Licht der Welt erblicken wird.

Wie in der modernen Biologie, so wird man nach meiner festen Überzeugung auch in der modernen Medizin nach empirisch möglicherweise nur unter einem gewaltigen technischen Aufwand nachweisbaren Quanteneffekten in der Entstehung, im Verlauf und in der Behandlung von Krankheiten suchen. Sowohl die Biologie als auch die Medizin beschäftigen sich mit Phänomenen auf den subzellulären Ebenen der Proteine, der Gene, der Mediatoren, der Ionen und der Radikale und mit ihren Wechselbeziehungen im atomaren Bereich. Natürlich hat die Quantenmechanik in der Medizin und dort auf den kleinen Maßstäben der Molekularbiologie keine messbare Bedeutung. Aber die DNA, die Proteine etc. bestehen aus Atomen, aus Protonen, aus Elektronen und Elementarteilchen. Quantenprozesse haben beispielsweise dort eine Bedeutung, wo Radikale entstehen und wo diese eine Vielzahl an biochemischen Reaktionen beeinflussen. Quantenprozesse spielen auch bei Umgruppierungen von Atomen innerhalb der großen Moleküle eine Rolle. Diese auf atomarer und subatomarer Ebene stattfindenden Ereignisse könnten möglicherweise dann registrierbare Spuren in der klassischen Welt hinterlassen, wenn beispielsweise Atome oder Moleküle durch energiereiche Photonen aus der DNA ausgeschlagen werden. Bestrahlung durch Lichtquanten kann Punktmutationen verursachen und damit zu fehlerhaften Informationsgenerierungen auf der makroskopischen Ebene führen, d.h. zu speziellen genetisch bedingten Krankheiten. Damit ist aber noch nicht die Wirksamkeit von Quantenphänomenen im makroskopischen Bereich belegt. Auch Peter Atkins, ein Chemiker aus Oxford, beschäftigte sich mit der Wirkung von Magnetfeldern auf chemische Reaktionen und er war der Überzeugung, dass dies ein Tummelplatz für Scharlatane sei.

Vielleicht waren es die Rotkehlchen, die möglicherweise eine über lange Zeit verschlossene Türe geöffnet haben. Und diese Geschichte geht so:

Es stellte seit vielen Jahren ein ungelöstes Rätsel der Biologie dar, wie sich Vögel im Magnetfeld der Erde orientieren. Einige der grundlegenden Mechanismen, mit deren Hilfe Vögel das Erdmagnetfeld wahrnehmen, wurden von der Arbeitsgruppe um das Ehepaar Wiltschko aufgeklärt. Das Ornithologenpaar aus Frankfurt konnte bei Rotkehlchen nachweisen, dass der Magnetsinn dieser Vögel nicht wie ein normaler Kompass funktioniert. Vielmehr funktioniert er nach dem Prinzip eines Neigungskompasses, wie sie in einem bahnbrechenden Artikel im Jahre 1976 nachweisen konnten. Wie die Vögel das Magnetfeld der Erde wahrnehmen, ist nur quantenmechanisch zu erklären[159].

Bislang geltende Erklärungsansätze gehen in die Richtung, dass jedes eintreffende Photon aus dem einfallenden Licht auf die Netzhaut der Vögel ein Paar an freien Radikalen mit jeweils einem ungepaarten Elektron erzeugen würde. Jedes dieser ungepaarten Elektronen verfügt über einen speziellen Spin, der sich nach dem Magnetfeld der Erde ausrichtet. Im Normalfall sind die Elektronen auf den Atomorbitalen paarweise angeordnet. Radikale weisen dagegen freie Elektronen auf der äußeren Elektronenhülle auf. Nach dem Pauli'schen Ausschließungsprinzip können sich zwei Elektronen nicht im gleichen Quantenzustand befinden. Paarweise angeordnete Elektronen weisen deshalb einen entgegengesetzten Spin auf, d.h. sie rotieren in entgegengesetzter Richtung, so dass sich ihr Gesamtspin zu Null neutralisiert. Freie Elektronen haben dagegen keinen Partner, sie haben einen negativen Spin, der ihnen eine magnetische Eigenschaft verleiht. Sie können sich demnach in einem Magnetfeld ausrichten. Bezüglich des Magnetsinns der Vögel wurde deshalb die These aufgestellt, dass Elektronen in Paaren von freien Radikalen in einem Prozess, der als schnelle Triplettreaktion bezeichnet wird, in einen Verschränkungszustand eintreten könnten. In diesem Verschränkungszustand könnten beide Elektronen extrem sensibel auf die Richtung eines äußeren Magnetfeldes reagieren. Bei solchen Verschränkungszuständen handelt es sich um eine Form von Kohärenz, bei der die Orientierung der Spins der beiden Elektronen miteinander korreliert bleibt. Der Zustand einer quantenmechanischen Korrelation wird auch über weite Entfernungen aufrecht erhalten, was von Einstein als „spukhafte Fernwirkung" bezeichnet worden war.

Der Gedanke, dass Quantenverschränkungen bei gewöhnlichen chemischen Reaktionen eine Rolle spielen könnten, galt lange Zeit als exotisch. Ein eleganter experimenteller Nachweis von Verschränkungen gelang dem Physiker Aslan Aspect 1982 in Paris. Das Team um Aspect erzeugte Paare von Photonen mit verschränkten Polarisationszuständen, wobei beide Partner bei der Messung immer entgegengesetzt Polarisationsrichtungen aufwiesen. Diese Experimente wurden in der Zwischenzeit etliche Male wiederholt und selbst, wenn die Teilchen über Hunderte von Kilometern voneinander entfernt waren, verharrten sie auch über solche weiten Entfernungen in einem Verschränkungszustand, und bei Messungen wiesen die jeweils ermittelten Polarisationsrichtungen immer in die entgegen gesetzten Richtungen. Eine solche rätselhafte Verschränkung stellt nach mittlerweile gefestigter wissenschaftlicher Überzeugung die Grundlage des Magnetsinns der Vögel dar.

1988 entdeckte man in den Augen von Taufliegen einen Lichtrezeptor, nämlich Cryptochrom, ein Protein, das Radikalenpaare erzeugen kann. In einem Artikel aus dem Jahre 2000 schlug die Arbeitsgruppe um Klaus Schulten und Thorsten Ritz das Protein Cryptochrom als einen möglichen Kandidaten für den chemischen Kompass der Vögel vor. Man postulierte, dass der Magnetsinn auf der Bildung eines Radikalenpaars in diesem Molekül beruhen würde[160]. Im Jahre 2004 fanden Wissenschaftler in den Augen von Rotkehlchen dreierlei Cryptochrommoleküle und im Jahre 2013 wies die Arbeitsgruppe um Wiltschko nach, dass das Molekül Cryptochrom Licht mit den gleichen Frequenzen absorbiert, die auch für den Magnetsinn wichtig sind.

Der chemische Kompass soll also auf der Entstehung von Radikalenpaaren basieren, die in den Zustand einer Superposition von Singulett- und Triplettzuständen eintreten.

Dabei müsste, so lautet jedenfalls die Vorstellung, das verschränkte Elektronenpaar in jeder Sekunde viele Millionen Mal zwischen einem Singulett- und einem Triplettzustand hin- und herschwingen[161].

In diesem Zustand könnte dann das System mit einem oszillierenden Magnetfeld durch Resonanz in Wechselwirkung treten. Der chemische Kompass beruht demnach also auf einem heiklen Gleichgewicht zwischen einem Singulett- und Triplett-Zustand. Tritt das System mit einem Magnetfeld in Resonanz, so wird dem System Energie zugeführt und der Kompass des Radikalenpaars soll eine entsprechende Störung erfahren[162]. Für das Rotkehlchen bedeutet dies: Je nachdem, wie der Vogel zum Erdmagnetfeld blickt, werden unterschiedliche Substanzen in seiner Netzhaut freigesetzt, die ihm als Richtungsinformationen dienen könnten. In der Tat reagiert das aus der Spin-Chemie bekannte Radikalenpaar Pyrin-Dimethylanilin empfindlicher auf das Magnetfeld, wenn eine quantenmechanische Verschränkung vorliegt.

Diese Befunde sind aber nicht gänzlich unumstritten und sie bleiben in mancher Hinsicht, vor allem im Hinblick auf die Dekohärenz, rätselhaft. Denn die Quantenkohärenz ist kurzlebig und geht schnell im Rauschen der Umgebung verloren. Die Kohärenz liegt auf einer Zeitskala von Millisekunden, die Dekohärenz liegt dagegen im Bereich von 10^{-20} Sekunden. Außer in der Nähe des absoluten Nullpunktes befinden sich Quantenobjekte in dauernden Schwingungszuständen und treten im Gefolge ihrer thermischen Schwingungen in Kontakt mit umgebenden Atomen und Molekülen. Diese Kontakte können als Messvorgang interpretiert werden und müssten somit augenblicklich zur Dekohärenz führen, worauf die Arbeitsgruppe um Dieter Zeh von der Universität Heidelberg im Jahre 1970 hingewiesen hatte[163]. Zeh kam zu dem Ergebnis, dass es der Prozess der Dekohärenz ist, der die Erscheinungen der klassischen Welt begründet. Im makroskopischen Bereich könnten die Objekte deshalb isoliert betrachtet werden. Die Struktur makroskopischer Objekte wird durch Streuung mit der Umgebung und durch das Abfließen von Informationen in die Umgebung hinreichend fixiert. Auf der Ebene der Atome und Elementarteilchen ist dagegen der Einfluss der Umgebung weitaus geringer. Die Objekte auf dieser Ebene verhalten sich deshalb nicht klassisch. Ob und wie sich Objekte verhalten, ist also eher eine quantitative Frage.

Die Arbeitsgruppe um Anton Zeilinger aus Wien hat in ihren Interferenzexperimenten mit so genannten Fullerenen den allmählichen Verlust der Interferenzfähigkeit durch Dekohärenz bei sukzessiver Erwärmung der Fullerenmoleküle beobachtet: Die bei der Erhitzung emittierten Photonen, die in diesem Fall einer Umgebung entsprechen, tragen demnach Informationen über die Superpositionszustände auf eine irreversible Weise weg und leiten damit den Verlust der Interferenzfähigkeit ein.

Aus diesen Gründen müssen Quantensysteme, beispielsweise auch die Quantencomputer der Zukunft, strengstens von der Umgebung isoliert werden. Dies hat zur Folge, dass unter gewaltigem technischem Aufwand ein Vakuum in der Nähe des absoluten Nullpunktes erzeugt werden muss. Schon aus diesen Überlegungen heraus ist es naheliegend, dass Quantenphänomene in unserer Alltagsrealität nicht beobachtet werden können und im Bereich biologischer Systeme, wenn überhaupt, allenfalls nur unter ganz besonderen Voraussetzungen. In diesem Zusammenhang stellt sich auch die Frage, wie lange diese extrem kurzlebigen freien Radikale in einem Verschränkungszustand verbleiben könnten, so dass eine biologische Wirkung auf makroskopischer Ebene registriert werden könnte? Die Arbeitsgruppe um Vlatko Vedral von der University of

Oxford, England, stellte hierzu quantentheoretische Berechnungen auf und man kam bei Raumtemperatur auf Basis des Radikalenpaarmodels auf eine Zeitspanne von immerhin ca. 100 Millisekunden, in denen ein solcher Zustand der Verschränkung und Superposition aufrecht erhalten werden könnte[164]. Damit würde die Natur die modernsten Quantenlabore in den Schatten stellen.

Bisher sprechen also durchaus gewichtige, aus empirischer Beobachtung gewonnene Daten dafür, dass der Magnetkompass bei Vögeln in der Tat auf quantenmechanischen Verschränkungen beruhen könnte.

Nichttriviale Quanteneffekte werden auch in den Prozessen der Photosynthese der Pflanzen vermutet: Seit gut 3 Milliarden Jahren wandeln Pflanzen, Algen und einige Bakterienstämme das Sonnenlicht in chemische Energie um. Hierbei treffen die Photonen des Lichtes auf Chromophoren, Antennenpigmente bzw. lichtempfindliche Moleküle, von denen das Chlorophyll den bekanntesten Vertreter darstellt. Dieses Molekül besteht aus einem zweidimensionalen schwanzähnlichen Aufbau aus Kohlenstoff-Sauerstoff- und Wasserstoffatomen und einem Kopfbereich aus fünfeckig angeordneten Atomgruppen mit einem zentralen Magnesiumatom. Dieses ist von vier Stickstoffatomen umschlossen. Das äußerste Elektron auf der Hülle des Magnesiumatoms steht mit dem Atomverband in einer nur lockeren, schwachen Verbindung. Trifft also ein energiereiches Photon das Magnesiumatom, so wird besagtes Elektron aus der Atomhülle herausgeschlagen. Es hinterlässt dort eine „Elektronenlücke", die schematisch einem positiv geladenen Loch entspricht. Es ist durch Lichteinwirkung somit eine Art Batterie entstanden, ein Zweiersystem, das aus dem positiv geladenen Loch und dem entwichenen negativ geladenen Elektron besteht. Ein solches System wird in der Fachsprache als Exciton bezeichnet. Excitone sind hochgradig instabile Gebilde: Denn zwischen dem negativ geladenen Elektron und dem positiven Loch wirken elektrostatische Anziehungskräfte. Wenn die Pflanze sich die in der Batterie des Exciton-Systems gespeicherte Sonnenenergie nutzbar machen will, so muss die Energie auf schnellstem Wege in ein Reaktionszentrum transportiert werden, in welchem dann die Ladungstrennung stattfindet. Um dies zu erreichen, muss die Energie in Sprüngen von Antennenmolekül zu Antennenmolekül innerhalb der dicht an dicht stehenden Chlorophyllmoleküle weiter transportiert werden. Bei einer solchen Energieübertragung wird immer das Magnesiumatom im Zentrum des nächst benachbarten Chlorophyllmoleküls angeregt, bis schließlich der Energietransfer das finale Reaktionszentrum erreicht, wo dann die Umwandlung von CO_2 in Zuckermoleküle erfolgt. Wie ist es vorstellbar, dass diese Energiesprünge auch ihr „richtiges" Reaktionszentrum finden? Man glaubte zunächst, dass die Energie des Excitons auf zufälligen Pfaden sich durch den Chlorophyllwald bewegen würde, bis sie schließlich das Reaktionszentrum erreicht. Dies entspräche allerdings einem wenig effizienten Mechanismus angesichts der Tatsache, dass nahezu jedes Energiepaket, das aus dem Sonnenlicht aufgenommen wird, auch ein Reaktionszentrum erreicht. Der Energietransfer von Antennenmolekül zu Antennenmolekül kann somit nicht zufällig erfolgen, sondern muss vielmehr quantenmechanisch nach dem Prinzip von kohärenten Quantenwellen erfolgen. Demnach schlägt das Exciton auf seinem „Weg" zum Reaktionszentrum nicht eine bestimmte Route ein, sondern als Quantenphänomen verfügt es ja über eine Wellennatur und kann somit im umgangssprachlichen Sinn „verschiedenen Wegen gleichzeitig folgen". Anzumerken ist in diesem Zusammenhang, dass es sich hierbei begrifflich nicht um „Wege" in unserem Alltagsverständnis handelt, sondern eher um

Phänomene, die man im mathematischen Formalismus eher als über den Raum verteilte Aufenthaltswahrscheinlichkeiten bezeichnen muss. Ein solches Verhalten der Excitone wurde auch als „Quantenschwebung" bezeichnet, weil sich die verschiedenen möglichen Wege ähnlich wie die Töne einer nicht genau gestimmten Gitarrenseite verhalten: Diese erzeugen Schwebungen, wenn sie annähernd richtig gestimmt sind[165]. Ein solcher quantenmechanischer Prozess des Energietransfers wurde auch als „quantum walk" bezeichnet[166]. Es konnten aus einer ganzen Reihe von weiteren Experimenten Hinweise abgeleitet werden, dass das Phänomen quantenphysikalischer kohärenter Anregungszustände nicht ausschließlich auf Tieftemperaturbedingungen begrenzt ist, sondern durchaus auch bei normaler Raumtemperatur beobachtet werden kann. So konnte eine Forschergruppe um Graham Fleming von der University of California, Berkely, bei Photosyntheseexperimenten mit dem Schwefelbakterium Chlorobium tepidum zeigen, dass unter Laserpulsen kohärente Anregungszustände bei einer Umgebungstemperatur von 77° Kelvin zu beobachten waren. 2010 konnte eine Forschergruppe kohärente Anregungszustände bei Meeresalgen unter normalen Raumtemperaturen beobachten[167].

Solche kohärenten Anregungszustände könnten möglicherweise auch eine wichtige Rolle bei der Energiegewinnung im Bereich der Atmungskette auf den Mitochondrien spielen:

Die Atmungskette ist der letzte Schritt des in den Mitochondrien stattfindenden Glucoseabbaus und schließt sich an Glycolyse und Citratzyklus an. Sie ist der gemeinsame Weg, über den alle aus den verschiedensten Nährstoffen der Zelle stammende Elektronen auf Sauerstoff übertragen werden. Aus dem Elektronentransport über die Atmungskette erzielt die Zelle ihren größten Energiegewinn. Denn beim Durchfließen der Atmungskette geben die Elektronen einen Teil ihres hohen Energiegehaltes ab, der durch oxidative Phosphorylierung in Form von ATP gespeichert wird. Der Elektronentransport über die Atmungskette erfolgt vereinfacht in einer Sequenz aufeinanderfolgender Reaktionen, die über Zwischenprodukte miteinander verbunden sind. Die Gesamtreaktion von NADH durch molekularen Sauerstoff ergibt sich aus der Summe der Einzelreaktionen nach folgender Gleichung:

$$NADH, H^+ + \tfrac{1}{2} O_2 \rightarrow NAD^+ + H_2O$$

Für jedes Wasserstoffatompaar, das durch jeden der vier Dehydrierungsschritte im Citratzyklus gewonnen wurde und zu einem Paar

H^+-Ionen wird, fließt ein Elektronenpaar in die Atmungskette und reduziert am Ende ein Atom Sauerstoff zu Wasser.

Elektronentransferreaktionen setzen nämlich große Mengen an Energie frei. Sie stellen damit den größten Teil der von Lebewesen benötigten Energie dar. Elektronentransfers finden vor allem bei oxidativen Prozessen statt. Die chemische Basis der Zellatmung und damit der Energieproduktion des Körpers stellen Redoxreaktionen dar. Eine Elektronentransferreaktion wird als Redoxreaktion bezeichnet. Paare von Verbindungen wie zum Beispiel NADH und NAD^+ werden als Redoxpaare bezeichnet, da NADH durch den Verlust eines Elektrons in NAD^+ umgewandelt wird. NADH ist ein starker Elektronendonator. Weil seine Elektronen in einer energiereichen Verbindung gebunden sind, ist die Veränderung der freien Energie für die Weitergabe seiner Elektronen an viele andere Moleküle energetisch außerordentlich günstig. Organismen erzeugen aus der Nahrung ihre notwendige Energie, indem sie die mit dem Essen aufgenommenen Kohlenhydrate und Fette unter Zuhilfenahme von eingeatmetem Sauerstoff zu H2O, Wasser und CO2, Kohlendioxid, verbrennen. Bei den dabei ablaufenden Prozessen handelt es sich im Wesentlichen um die Oxidation von Wasserstoff mit Sauerstoff zu Wasser. Das hohe Oxidationspotential von eingeatmetem Sauerstoff liefert die Triebkraft für die Oxidation der Nährstoffe.

Die Gesamtreaktion von NADH durch molekularen Sauerstoff ergibt sich aus der Summe der Einzelreaktionen nach folgender Gleichung:

$$NADH, H^+ + \tfrac{1}{2} O_2 \to NAD^+ + H_2O$$

Für jedes Wasserstoffatompaar, das durch jeden der vier Dehydrierungsschritte im Citratzyklus gewonnen wurde und zu einem Paar H^+-Ionen wird, fließt ein Elektronenpaar in die Atmungskette und reduziert am Ende ein Atom Sauerstoff zu Wasser.

Ein Gemisch aus einem Wasserstoffgas und Sauerstoffgas ist bei Raumtemperatur metastabil: Es genügt ein Funke und das Gemisch explodiert, wobei unter Freisetzung von großen Mengen an Wärmeenergie Wasser entsteht, entsprechend folgender Reaktion:

$$2H_2 + O_2 \to 2H_2O$$

Diese Reaktion wird Knallgasexplosion genannt, die uns Studenten in den ersten vorklinischen Semestern gerne um die Faschingszeit demonstriert wurde. Lebende Systeme vertragen aber keine explosiven Knallgasreaktionen. Diese Reaktionsform ist zudem energetisch ausgesprochen ungünstig, weil wegen des gewaltigen Gefälles der freien Energie die gesamte Energie mit gewaltiger Kraft freigesetzt wird, die aber als Wärmeenergie für die zelluläre Energiegewinnung nutzlos ist. Die biochemische Maschinerie der Zellen bevorzugt dagegen eine schrittweise und damit energetisch günstigere Übertragung von Elektronen auf Sauerstoffatome und damit die Freisetzung der Energie in physiologischen, d.h. für die Zelle verträglichen Portionen.

Die Atmungskette in den Mitochondrien, den Kraftwerken der Zelle, ist funktionell aus einer Kette von chemischen Redoxreaktionen aufgebaut, die durch ein Multienzymsystem der inneren Mitochondrienmembran katalysiert werden und in deren Verlauf Elektronen von NADH auf Sauerstoff übertragen werden. Dieser wird mit zwei Protonen (H^+) zu Wasser H_2O reduziert. Dieser Prozess entspricht einer freien Energie von -220 kJ/ mol.

Parallel dazu wird ein Protonengradient über die Membran aufgebaut, der die ATP-Synthese antreibt.

Die Atmungskette ist das Herzstück der Zellatmung bzw. des Energiestoffwechsels, weil die Hauptmenge des Energieträgers ATP (Adenosintriphosphat) durch die so genannte Atmungskettenphosphorylierung gebildet wird.

Wasserstoff, das Reduktionsmittel bei dieser Reaktion, liegt in der Zelle nicht in gasförmigem, sondern in einem chemisch-gebundenen Zustand vor. Wasserstoff ist gebunden an das Coenzym Nicotinamid-Adenin-Dinukleotid (NADH), dessen aktives Zentrum in einer Nicotinamid-Gruppe besteht. Diese Gruppe kann in ihrer oxidierten Form $NADH^+$ aus den Nährstoffen Wasserstoff aufnehmen, woraus jetzt die reduzierte Form des Moleküls entsteht, nämlich NADH. Dieses Molekül stellt die bedeutendste zelluläre

Speicherform von Wasserstoff dar. Der aus den Nährstoffen stammende und an NADH chemisch gebundene Wasserstoff fällt – über Kaskaden von gekoppelt konjugierten Redoxpaaren – von einem hohen Energieausgangsniveau eines $NAD^+/NADH$-Redoxpaares entlang eines Energiegradienten auf das niedrigere Energieniveau des Redoxpaares Sauerstoff-Wasser hinunter. Die dabei frei werdende Energie treibt die chemischen ATP-Turbinen an. ATP stellt die gespeicherte chemische Energie der Zelle dar. Es ist das „Kleingeld" der Zelle, das ununterbrochen synthetisiert wird.

In der Atmungskette sind die Elektronenkerne nach dem zunehmenden Redoxpotential angeordnet. Die Wanderung der Elektronen gleicht einem Hüpfen von Metallion zum nächsten[168].

Die Atmungskette enthält drei große Enzymkomplexe, welche in die innere Mitochondrienmembranen eingebettet sind:
- Komplex I: NADH-Dehydrogenase
- Komplex II: Succinatdehydrogenase
- Komplex III: Cytochrom b/c_1-Komplex
- IV: Cytochrom-Oxidase-Komplex

Zwischen den verschiedenen Atmungsenzymkomplexen reisen die Elektronen mit Molekülen, welche entlang der Lipid-Doppelschicht diffundieren und dabei in geordneter Abfolge Elektronen bei einem Komplex aufnehmen und beim nächsten absetzen.

Im ersten Schritt überträgt NADH Elektronen auf ein Flavoprotein (NADH-Dehydrogenase), welches folgendermaßen reduziert wird:

$$NADH^+H^+ + FP \rightarrow NAD^+ + FPH_2$$

Die H^+-Ionen und Elektronen reduzieren Flavinmononucleotid (FMN), wobei ein Flavinmolekül die Elektronen und H^+-Ionen aus dem NADH aufnimmt.

Der zweite Schritt ist mit der Succinatdehydrogenase gleichzeitig ein Enzym des Citratzyklus. Dieses Enzym katalysiert die Reaktion von Succinat zu Fumarat und reduziert dabei ein Molekül FAD, welches zu $FADH_2$ reagiert. Die beiden Elektronen werden auf Eisen-Schwefel-Komplexe übertragen und von dort auf ein Molekül Ubichinon, das dadurch zu Ubihydrochinon reduziert. Die beiden für diese Reduktion benötigten Protonen stammen vom zuvor oxidierten $FADH_2$.

Ubichinon ist die zentrale Sammelstelle der Elektronen. Es handelt sich um einen Carrier, der Elektronen beim NADH-Dehydrogenase-Komplex aufnimmt und sie beim Cytochrom $b7c_1$-Komplex abliefert.

Im letzten Schritt gelangen die mit Elektronen beladenen Cytochrom-c-Moleküle zum Komplex IV der Atmungskette, der diese wieder oxidiert. Daher der Name Cytochrom-c-Oxidase. An dieser Stelle vollzieht sich der Reduktionsvorgang mit dem höchsten Redoxpotenital. Zwei Elektronen werden auf ein halbes O_2-Molekül übertragen, wobei Wasser entsteht. Als Überträger der Elektronen dienen dem Komplex IV Kupfer- sowie Hämkomplexe. Die freiwerdende Energie wird zum Transport von vier Protonen in den Intermembranraum genutzt.

Die einzelnen Schritte des Elektronentransportes und der Protonenbewegung sind schematisch in der folgenden Abbildung 9 dargestellt.

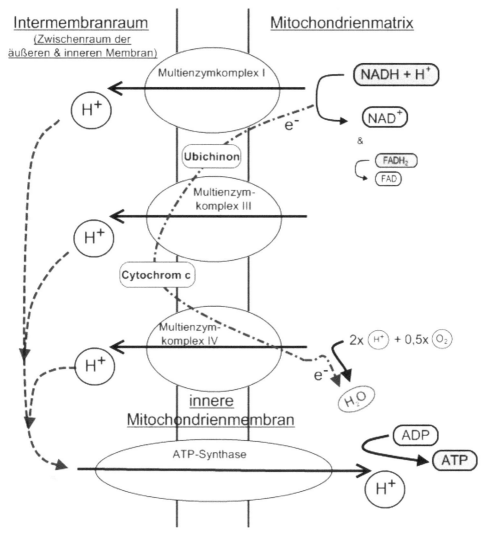

Abb. 9

Die Cytochrome bilden eine Familie farbiger Proteine (griech. Chroma = Farbe). Sie enthalten mehrere Häm-Gruppen, deren Eisenatom bei Übernahme eines Elektrons vom Ferri (Fe III) zum Ferro (Fe II)-Zustand wechselt. Das Redoxpotential wächst entlang der verschiedenen Cytochrome beim Voranschreiten der mitochondrialen Elektronentransportkette in Richtung Sauerstoff. Es konnte experimentell gezeigt werden, dass Protonen durch die Membran gepumpt werden, sobald Elektronen durch einen der drei Atmungsenzymkomplexe fließen. Sauerstoff ist am Ende der Elektronentransportkette das Ziel aller Elektronen, die NADH am Anfang der Kette einspeiste. Sobald Sauerstoff ein Elektron aufnimmt, bildet sich das gefährliche Superoxidradikal O_2^-. Dieses Radikal, das vor allem bei Entzündungen und der Phagozytose eine wichtige Rolle spielt und dort auch erwähnt worden war, ist gefährlich reaktiv und zieht begierig drei weitere Elektronen an. Diese vier Elektronen werden gebraucht, um Sauerstoff in zwei Moleküle Wasser zu verwandeln. Die Cytochrom-Oxidase enthält in ihrem aktiven Zentrum eine bimetallische Anordnung aus einem Eisenatom in einer Häm-Gruppe und dicht daneben einem Kupferatom. Zwischen diesen Metallionen springen die Elektronen hin und her, ein Vorgang, der als Elektronen-Tunneling bezeichnet wird[169].

Dem Elektronentransport innerhalb biologischer Membranen geht also der Transport von Protonen durch die Membran hindurch parallel. Die Protonen des Wassers sind ausgesprochen beweglich: Durch rasche Abspaltung von einem Wassermolekül und in der schnellen Anlagerung an ein benachbartes Molekül bewegen sie sich blitzartig über die durch Wasserstoffbrücken vernetzten Wassermoleküle. Wenn ein Molekül durch Akquisition eines Elektrons reduziert wird, so erhält es eine negative Ladung. Diese negative Ladung wird sehr schnell durch Anlagerung eines Protons (H^+) aus dem Wasser neutralisiert. Wird ein Molekül oxidiert, so kann das Wasserstoffatom in seine Bestandteile dissoziieren und Proton und Elektron können getrennt übertragen werden. Werden also Elektronen innerhalb einer Membran und entlang einer Elektronentransportkette weiter transportiert, so werden Protonen von der einen Seite der Membran auf die andere Seite gepumpt: Der Elektronencarrier in der Membran muss nur so angeordnet sein, dass auf der einen Seite ein Proton aufgenommen werden kann, sobald eine Elektronenübertragung stattfindet. Gleichzeitig muss auf der anderen Seite ein Proton abgegeben werden, wenn das Elektron zum nächsten Carrierprotein weiter wandert. Die Fähigkeit der Atmungskette, Protonen aus der Mitochondrienmatrix nach außen zu transportieren, lässt sich experimentell gut nachweisen: Es entsteht so ein elektrochemischer Protonengradient, der die ATP-Synthese vorantreibt. Die Atmungsenzymkomplexe koppeln also den energetisch günstigen Elektronentransport an eine nach außen gerichtete Protonenpumpe, welche H+ aus der Matrix nach außen pumpt. Der so entstandene elektrochemische Protonengradient wird von einem anderen Transmembran-Proteinkomplex, der ATP-Synthetase dazu verwendet, ATP zu synthetisieren. Hierbei fließen Protonen wieder in die Matrix zurück. Dieser Vorgang hat eine universelle Bedeutung. Die Atmungskette ist Teil eines hochkomplexen ineinandergeschalteten Systems von Rückkopplungskontrollen, das die Umsatzgeschwindigkeiten im Ablauf der Glycolyse oder im Fettsäureabbau, im Zitronensäurezyklus und Elektronentransport koordiniert. Der Umsatz dieser Vorgänge wird jeweils dem ATP/ADP-Verhältnis angepasst.

Die Zellatmung besteht also aus geordneten Elektronenübertragungen durch hintereinander gestaffelte Atmungsenzyme. Jeder Elektronenübergang zwischen einem der genannten Enzymkomplexe spielt sich über einen Zwischenraum hinweg ab, der mehrere Dutzend Ångström weit ist, so dass sich die Frage stellt, wie Elektronen derartig große Lücken zwischen den Molekülen überspringen können. Man vermutete, dass die Moleküle nacheinander rotieren könnten so wie Zahnräder in einem Uhrwerk, so dass weiter entfernte Moleküle auf diese Weise doch noch in eine engere Nachbarschaft gebracht werden könnten. Hier brachte das Jahr 1966 einen der ersten Durchbrüche in der Quantenbiologie, als die amerikanischen Chemiker Don DeVault und Britton Chance mit ihren Experimenten nachweisen konnten, dass die Geschwindigkeit, mit der Elektronen in Atmungsenzymen springen, entgegen allen Erwartungen bei niedrigen Temperaturen nicht absinkt. Dieser Effekt könnte nach Ansicht der Wissenschaftler darauf hindeuten, dass Elektronen durch Tunneleffekte an Atmungsketten entlang wandern[170]. Im Jahre 1974 veröffentlichte John Hopfield einen Artikel mit dem Titel „Electrontransfer between biological molecules by thermally activated tunneling[171]. Seine experimentellen Ergebnisse sprachen dafür, dass bei niedrigen Temperaturen ein durch Tunneleffekte vermittelter Elektronentransfer stattfinden konnte.

Der Tunneleffekt im Geltungsbereich der Quantenmechanik beruht auf der Welle-Teilchen-Komplementarität von Quantenobjekten. Das wellenmechanische Verhalten von Quantenobjekten wird durch die Schrödinger'sche ψ-Wellenfunktion beschrieben. Das Quadrat von ψ bezeichnet nach dem Physiker Max Born die Wahrscheinlichkeit, ein Teilchen irgendwo aufzufinden oder auch die Wahrscheinlichkeit, dass ein Teilchen eine bestimmte Energie aufweist. Die Schrödinger-Funktion gilt für isolierte Teilchen und sie läuft deterministisch ab. Der Indeterminismus kommt erst ins Spiel, wenn nach klassischen Größen gefragt wird, beispielsweise nach Ort und Impuls. Quantenobjekte haben, wie schon vermerkt, nicht nur Teilchen- sondern auch Wellencharakter. Das Superpositionsprinzip stellt einen zentralen Teil der Naturbeschreibung in der Quantenphysik dar, wonach Teilchen in einem Überlagerungszustand von mehreren Möglichkeiten existieren können. In einem System können die Teilchen in einem Verschränkungszustand existieren und durch eine gemeinsame Wellenfunktion beschrieben werden. Eine individuelle Zustandsbeschreibung eines einzelnen Teilchens ist dann nicht mehr möglich. Das Gesamtsystem ist eben mehr als die Summe seiner Teilchen. Derartige Verschränkungszustände existieren im makroskopischen Bereich nicht.

Licht, das in der Maxwell'schen Theorie als Welle beschrieben wird, besitzt auch Teilchencharakter. Umgekehrt besitzen Teilchen auch Wellencharakter, wie Louis de Broglie 1923 in seiner Doktorarbeit festgestellt hatte. Danach besitzt jedes Materieteilchen auch eine spezielle Wellenlänge – die später nach ihm benannte „de Broglie-Wellenlänge". Diese Wellenlänge ist umso größer, je kleiner der Impuls eines Teilchens ist. Eine allgemeine mathematische Formulierung gelang Erwin Schrödinger im Weihnachtsurlaub 1925 auf 1926 in Arosa mit seiner berühmten Wellenfunktion ψ (Psi), welche die Grundgleichung der Quantenmechanik darstellt.

In der wellenmechanischen Beschreibung des Verhaltens von Quantenteilchen besteht immer eine gewisse Wahrscheinlichkeit, Energie-Barrieren zu überwinden, die weitaus höher sein können als das eigene Energieniveau. Teilchen können quasi diese nach klassischem Verständnis als unüberwindbar geltenden Barrieren überwinden. Elementarteilchen, beispielsweise Elektronen, können sich je nach experimentellem Aufbau und damit in Abhängigkeit von der Beobachtungssituation einmal als Welle und einmal als Teilchen präsentieren. Damit sind die Energiegewinnungsreaktionen in den Zellen als Grundlage lebender Systeme überhaupt, im Geltungsbereich der Quantenmechanik angesiedelt[172]. Es sind quantenmechanische Prozesse, welche die Voraussetzungen für Struktur- und Ordnungsbildung in lebenden Systemen und damit für das Verständnis von Funktion und Verhalten dieser Systeme liefern!

Protonen (H^+) sind 2000-mal so schwer wie die Elektronen und für Tunneleffekte sehr groß. Protonen verlagern sich normalerweise ohne Quanteneffekte von einem Molekül in ein anderes. Dennoch sollen bei einigen chemischen Reaktionen von der Temperatur unabhängige Protonen-Tunneleffekte nachgewiesen worden sein. 1989 lieferten Judith Klinman und Kollegen in Berkeley einen ersten direkten Beleg für einen Protonentunneleffekt in Enzymreaktionen[173]. Ihrer Überzeugung nach sollen Protonen-Tunneleffekte sogar eines der am weitesten verbreiteten Mechanismen in der gesamten Biologie sein[174].

Wenn dies zutreffend sein sollte, dann müssten derartige Tunneleffekte auch in der Medizin eine Rolle spielen.

Große Aufmerksamkeit in der Wissenschaftsgemeinde erzielte Klinman mit ihren Untersuchungen an der Alkohol-Dehydrogenase (ADH). Hierbei handelt es sich um ein Hefeenzym mit der Aufgabe, ein Proton von einem Alkoholmolekül auf das Enzym NAD^+ zu übertragen. Daraus entsteht NADH (Nicotinamid-Adenin-Dinucleotid-Hybrid), ein wichtiger Elektronenüberträger in der Zelle, der schon weiter genannt worden war. Das Team um Klinman konnte im Ablauf dieser Enzymreaktion mit Hilfe des kinetischen Isotopeneffektes durchaus stichhaltige Hinweise auf Protonen-Tunneleffekte erhalten. Die Frage, auf welche Weise ein Enzym, wie die Alkohol-Dehydrogenase, den Zustand einer Quantenkohärenz etablieren und damit Tunneleffekte begünstigen könnte, ist allerdings nach wie vor stark umstritten.

Es stellt sich nicht so sehr die Frage, ob es diese Tunneleffekte in der Welt der großen Moleküle auf makroskopischer Ebene gibt, sondern es stellt sich eher die Frage, welche Bedeutung sie für Biologie und Medizin heute schon und noch weitaus mehr in Zukunft aufweisen könnten. Möglicherweise spielen quantenmechanische Effekte bei der Speicherung und Weitergabe der genetischen Information auf der DNA eine wesentliche Rolle. Von dieser Ebene aus könnte ihr Einfluss weit in den makroskopischen Bereich hineinreichen. Hatte Erwin Schrödinger recht mit seiner These, dass Gene quantenmechanische Gebilde seien? Wenn dem so sein sollte, müssten dann nicht besagte quantenmechanische Gebilde bzw. Zustände und deren Abnormitäten Gegenstand medizinischer Forschung auf dieser Ebene sein?

Die komplementären Basenpaarungen zwischen den Basen T und A bzw. von C und G auf der DNA bilden, wie oben beschrieben, die Grundlage der genetischen Information. Die DNA-Spirale besteht aus einem Zucker-Phosphat-Rückgrat mit den vier informationstragenden Nukleinsäurebasen Guanin (G), Cytosin (C), Thymin (T) und Adenin (A). Durch alternierende Verknüpfung von Zucker und Phosphat in einer Kondensationsreaktion unter Abspaltung von Wasser entstehen die Polynukleotide. Nach diesem Schema entsteht aus den Desoxyribose-Abkömmlingen die Desoxyribonukleinsäure (DNA) und aus Ribose-Abkömmlingen die Ribonukleinsäure (RNA): Aus der linearen Abfolge dieser Basen entsteht ein Code-System, welches die genetische Information enthält. Ein DNA-Strang ist die Kopie des anderen. Damit ist die Basensequenz auf einem Strang als komplementäre Kopie auf dem jeweils anderen Strang enthalten: Ein A auf dem einen Strang paart sich immer mit einem T auf dem anderen Strang und G paart sich mit C. Den Grund für die Spezifität dieser Basenpaarungen liefern die zwischen ihnen bestehenden Wasserstoffbrückenbindungen: Dieser Bindungstyp entspricht einem Mischtyp aus einer bipolaren Kraft und einem quantenmechanischen Effekt. Wasserstoffbindungen entstehen dann, wenn sich ein Donor eines Wasserstoffatoms an einen Akzeptor annähert. Sowohl Donor als auch Akzeptor müssen stark elektronegativ sein. Somit tragen beide eine partielle negative Ladung, wohingegen das Wasserstoff-Atom partiell positiv geladen sein kann. Zudem muss der Wasserstoff-Brücken-Akzeptor ein ungebundenes Elektronenpaar enthalten. Die wichtigsten Atome, für welche diese Bedingungen gelten, sind Sauerstoff, Stickstoff, Schwefel und Fluor. Die Besonderheit von Sauerstoff liegt darin, dass dieses Molekül mit zwei ungebundenen Elektronenpaaren gleichzeitig in zwei H-Brücken als Akzeptor auftreten kann. Weil sowohl NH- als auch OH-Gruppen in Proteinen sehr häufig vorkommen, sind H-Brücken sehr wichtig für die Form und Funktion von Biomolekülen. Generell könnte man eine H-Brücke als ein Proton beschreiben, das mit zwei ungebundenen Elektronenpaaren gleichzeitig wechselwirkt. Die Stärke der H-Brückenbindungen variiert von ca. 4 kJ/mol bis 35 kJ/mol, was ca. 1,5 bis 15 thermischen Energien entspricht. Der größte Teil der Bindungsenergie entfällt auf die elektrostatische Anziehung, hinzu kommen noch Energiebeiträge von der Delokalisierung des Wasserstoffatoms (Tunnel-Aufspaltung) sowie durch die Mischung der Orbitale aller beteiligten Atome[175]. Weil die beiden Nukleinsäurenstränge durch diese vergleichsweise schwachen Wasserstoffbrückenbindungen zusammengehalten werden, so können sie sich bei der Replikation entsprechend schnell auftrennen. Jeder Strang dient also als Matrize beim Kopiervorgang für den anderen. Beim Kopieren werden die Stränge auseinandergezogen und das Enzym DNA-Polymerase findet Zugang zu den Einzelsträngen. Dieses Enzym heftet sich an einen Einzelstrang und gleitet so an der Kette der Nukleotide entlang. Es liest dabei jeden Buchstaben ab und baut die jeweils komplementäre Base in den neuen und wachsenden Strang hinein: Wenn es auf A trifft, fügt es ein T hinzu, trifft es auf G, wird ein C eingebaut. Die Paarung dieser Nukleotidbasen wird von Protonen (H$^+$) vermittelt.

Über die Position dieser Protonen innerhalb des Bindungsbereiches bestimmen aber nicht die klassischen, sondern die quantenmechanischen Gesetze. Protonen zeigen sowohl Wellen als auch Teilcheneigenschaften. Die Aufenthaltswahrscheinlichkeit der Protonen zwischen den Basen ist quantenmechanisch demnach nicht genau bestimmt. Ihre Aufenthaltswahrscheinlichkeit wird durch die Schrödinger-Gleichung beschrieben. Der Aufenthaltsort der Protonen ist somit unscharf und gleichsam über den Bereich einer Welle „verschmiert"; d.h. der Aufenthaltsort des Protons ist asymmetrisch und einmal mehr zu der einen oder zu der anderen Seite der Brückenbindung verschoben. Diese Asymmetrie ist für die Bildung von so genannten Tautomeren wichtig: In der AT-Basenpaarung stehen sich in einem Strang ein A und im anderen ein T gegenüber. Beide Partner sind durch zwei Wasserstoffbrücken verbunden, wobei unter wechselnden Abständen jeweils ein Proton einem Stickstoffatom und das andere einem Sauerstoffatom gegenüber steht. Wenn die Protonen sich der Gegenseite aber immer weiter annähern und schließlich ganz auf die Gegenseite springen, so entstehen Alternativformen bzw. Tautomeren der jeweiligen Basen. Jede Base der DNA kann also in einer normalen Form existieren, aber auch in einer tautomeren Form, wobei die Protonen in jeweils neue Positionen verschoben sind. Die beiden möglichen Tautomerformen von Guanin und Thymin werden je nach der Lage der codierenden Protonen als Enol- oder als Ketoform bezeichnet. Die Tautomerformen von Cytosin und Adenin werden als Imino- und Aminoform bezeichnet. Weil die Protonen aber für die spezifische und korrekte Basenpaarung und damit für die codierte Information zuständig sind, wird die genetische Information dann neu geschrieben, wenn die beiden codierenden Protonen in entgegengesetzte Richtung verschoben sind! Befinden sich die Basen bei der Verdopplung aber zufälligerweise in ihrer tautomeren Form, so können unter Umständen in die neu gebildeten Stränge „falsche" Basen eingebaut werden. Denn die tautomere Form von T kann sich nicht mit A, sondern nur mit G paaren. Ähnlich verhält es sich mit der Tautomerform mit A. Dieses paart sich nicht mit T, sondern mit C. In beiden Fällen tragen also die neu gebildeten DNA-Stränge Mutationen, die Krebs erzeugen und an die Nachkommen weiter vererbt werden können[176].

Tautomere mit ihren abweichenden Protonenpositionen können also ein treibendes Momentum für Mutationen – ja möglicherweise für ein evolutives Prinzip selbst sein!

Extrem sensible Quanteneffekte, das Shiften eines Protons und damit eines Quantenobjektes, könnten somit auf diese Weise die genetische Information verändern und über Mutationen zu schweren Erkrankungen führen.

Zwar handelt es sich hierbei um Hypothesen, für deren Richtigkeit aber ernsthafte experimentelle Ergebnisse sprechen könnten: So wurde am Duke University Medical Center, USA, der Nachweis erbracht, dass falsch gepaarte DNA-Basen, deren Protonen sich in der Tautomerposition befinden, in das aktive Zentrum der DNA-Polymerase passen und somit wahrscheinlich auch in die frisch verdoppelte DNA eingebaut werden können. Dort können sie Mutationen verursachen[177]. Möglicherweise sind für solche Protonübertragungen Quantentunneleffekte verantwortlich.

Das Auftreten von Mutationen kann objektiv zufällig entstehen. Mutationen können aber auch durch eine ganze Reihe von Chemikalien verursacht werden, beispielsweise durch UV-Lichteinstrahlung oder Teilchen aus radioaktivem Zerfall. Hierbei ist quantenmechanischen Effekten eine wesentliche Rolle zu unterstellen.

Einschränkend ist zu sagen, dass Tautomerformen vergleichbar selten in der natürlichen DNA auftreten und dort nur 0,01% aller Basen ausmachen.

Nach einem Zitat von Mandelbrot[178] „schwebt um die gesicherten und geordneten Fakten jeder Wissenschaft immer eine Wolke von Ausnahmen, von winzigen oder unregelmäßigen Erscheinungen". Diese tiefe Erkenntnis gilt für alle Wissenschaften, insbesondere auch für die Medizin. So wie jedes Elementarteilchen, ein Elektron beispielsweise, immer von einer Wolke von virtuellen Teilchen umgeben ist, so ist jede empirisch hergeleitete Information in der Medizin gleichfalls von einer Wolke von virtuellen Informationen umgeben und eingehüllt. Diese Informationen entziehen sich der Beobachtung von einem makroskopischen Standpunkt aus und sie werden statistisch nicht fassbar, weil sie weit unterhalb der klinischen Wahrnehmungsschwelle in der Medizin in einer Art von virtueller Realität vorhanden sind und sich in der Art eines Dirac'schen Raumes verbergen. Von dort könnten sie jedoch zufällig und nicht vorhersehbar einen Sprung aus der Virtualität in die Aktualität eines Krankheitsgeschehens hinein vollziehen und Krankheitsverläufen auf eine überraschende und für Ärzte völlig unerklärbare Weise eine neue Richtung weisen.

Zu denken wäre in diesem Zusammenhang an unerklärliche Krankheitsverläufe, die von der wissenschaftlichen Medizin als Ausnahmen, als mehr oder weniger statistische Ausreißer, oder auch mehr oder weniger achselzuckend zur Kenntnis genommen werden. Hinter diesen Ausnahmen und Ausreißern könnte möglicherweise eine große Wahrheit verborgen sein.

Aus einer feinkörnigeren und möglicherweise noch genauer reflektierenden Perspektive heraus, könnte es sich hierbei jedoch vielleicht um solche Singularitäten, um solche Anomalien bzw. Atypien handeln, hinter denen sich raumzeitlich geronnene Muster von nicht trivialen Quanteneffekten verbergen. Ich wage es nicht zu prognostizieren – und trotz aller Bedenken möchte ich es nicht von der Hand weisen, dass es möglicherweise derartige Singularitäten oder Atypien sein könnten, die sich für die Medizin der Zukunft als richtungsweisend und als geradezu bahnbrechend erweisen könnten:

Das heute noch Abnorme als Schlüssel zu einem vertiefteren Verständnis von morgen.

Möglicherweise könnten mentale Einflüsse auf quantenmechanische Prozesse eine Rolle spielen, ohne irgendwelchen obskuren „Geistheilern" das Wort reden zu wollen. Aber es ist nun einmal so, dass hervorragende Quantenphysiker und Naturphilosophen die Bedeutung der Quantenphysik für die Medizin betonen – darunter keine geringeren als beispielsweise Carl Friedrich von Weizsäcker, der sich in Zusammenarbeit mit dem Tübinger Sozialmediziner Friedrich Schmahl in dieser Richtung positionierte. Nach deren gefestigter Überzeugung müsse die alte Trennung zwischen Körper und Geist mit Hilfe der Quantentheorie überwunden werden. Ausgehend von der Heisenberg'schen Unschärferelation muss man zu der Erkenntnis kommen, dass in der modernen Physik keine durchgehende Trennung zwischen Subjekt und Objekt mehr aufrechterhalten werden kann. Die Quantenphysik enthält die klassische Physik als Grenzfall. Es ist nach Ansicht dieser Autoren geboten, die Erkenntnisse der modernen Physik auch in die Denkweise der Medizin miteinzubeziehen.

Es könnte in groben Zügen und Umrissen angedacht werden, einen Versuchsaufbau zu entwerfen, um den möglichen Einfluss des Mentalen auf mutagene Ereignisse im quantenmechanischen Bereich zu überprüfen:

Spezifisch ausgewählte Bakterienstämme werden mutationsauslösenden engenergiereichen Bestrahlungen in unterschiedlichen Dosen ausgesetzt. Der Versuchsaufbau sieht vor, dass nur eine Hälfte des genau gleichen Bakterienstammes während der Strahleneinwirkung intensiv „beobachtet" wird - ohne natürlich den Beobachter einer Strahleneinwirkung auszusetzen. Nach einer bestimmten Anzahl von Versuchen könnten die Muster der entsprechenden Mutationen hinsichtlich Quantität und Qualität ermittelt und statistisch hinsichtlich der Frage aufgearbeitet werden, ob zwischen den beiden Kollektiven „Beobachtung Ja-Nein" Signifikanzen ermittelt werden könnten.

Der erste Schritt in diese Richtung besteht darin, dass in der Medizin derartige Überlegungen nicht weiter brüsk abgewiesen werden, sondern dass ernsthafte Versuche unternommen werden, überhaupt einmal Überlegungen in diese Richtung zuzulassen. Es gibt keine Disziplin, die Wissenschaft, Kunst und menschliches Beziehungsvermögen so eng vereinigt wie die Medizin. Die Medizin macht sich für die Heilung von Krankheiten technische Anwendungen zunutze, die aus empirisch gewonnenen Erkenntnissen auf quantenmechanischer Ebene gewonnen wurden, beispielsweise das MRT. Sie unterlässt es aber, nach empirischen Erkenntnissen auf der gleichen Ebene zu suchen, die in der Entstehung und vor allem im Verlaufe von Krankheiten eine Rolle spielen könnten.

Es kann nicht verwundern, dass sich auf dem Campus der Ulmer Universität um den Professor für theoretische Physik Martin Plenio ein hochkarätiges interdisziplinäres Zentrum für Quantenbiowissenschaften etabliert hat, das an einer Schnittstelle zwischen Quantentechnologien und biomedizinischer Forschung arbeitet.

Es erstaunt mich immer noch sehr, dass viele wissenschaftlich orientierte Ärzte an den Universitätskliniken sich ungemein viel auf ihre –vermeintlich – objektive Reflexion über Krankheiten zugutehalten, aus der sich ihre oft kalte und distanzierte Haltung den Kranken gegenüber ableitet. Worte echten Mitgefühls von Ärzten den Patienten gegenüber sind nicht allzu häufig an Universitätskliniken. Medizin ist eine Wissenschaft der teilnehmenden, partizipierenden Beobachtung und der sich daraus ableitenden

Handlung am Patienten. Eine Medizin ohne Beobachtung, ohne Interaktion zwischen Menschen ist schlechterdings ein Widerspruch in sich selbst.

Das beobachtende, teilnehmende Element beinhaltet eine geradezu konstitutive Eigenschaft der Medizin auf der makroskopischen Ebene. Dieses partizipatorische Element auf der makroskopischen Ebene weist in starker Vereinfachung analoge Züge zum Zentralbegriff des Beobachtereffektes auf der mikroskopischen Ebene auf. Dass die Medizin heute im ökonomisch-kundenorientiert getakteten Arbeitsumfeld in den modernen Krankenhäusern ihr konstitutives Grundelement ein Stückweit vergessen – weil lästig und zeitraubend – hat, erklärt ihre Entfremdung von den Menschen. Wissenschaft ist mächtig durch Beobachtung der Phänomene im Kleinen. Medizin ist mächtig durch partizipierende Beobachtung im Großen.

Quantenphänomene könnten also in der Entstehung und im Ablauf von Krankheiten im Einzelfall möglicherweise eine nicht zu vernachlässigende Rolle spielen. Zu überlegen wäre dann auch, ob der Quanten-Zeno-Effekt, der ja Eingang in die Quantenmechanik erhalten hatte, auch in der Medizin eine Bedeutung spielen könnte: Wir hatten auf die mögliche Rolle des Beobachters in der Medizin schon im Zusammenhang mit Maxwells Dämon hingewiesen. Zenon von Elea (495-430 v. Chr.) war ein Schüler des Parmenides. Er wollte anhand von Paradoxien beweisen, dass sich in der Natur nichts ändert. Anhand eines Paradoxons bewies er scheinbar, dass Achill keine Schildkröte einholen könnte. Am Beispiel des so genannten Pfeilparadoxons wollte er in gleicher Weise demonstrieren, dass es in der Natur keine Veränderungen geben kann: Denn ein abgeschossener Pfeil würde in jedem Augenblick seines Fluges eine bestimmte Position im Raum einnehmen. Im Augenblick der Beobachtung sei er für den Beobachter nicht von einem unbewegten Pfeil zu unterscheiden. Das Paradoxon bestünde darin, dass der Flug eines Pfeils aus der Abfolge von solchen, unteilbaren, quasi eingefrorenen Punkten besteht. Ein solcher Pfeil könne sich zu keinem Zeitpunkt an einem genau definierten Ort befinden, sonst würde er ja nicht fliegen. Dieses Paradox wird durch die Heisenberg'sche Unschärferelation aufgelöst: Denn sie setzt die Genauigkeit, mit der der Ort eines Teilchens bestimmt werden kann, d.h. die Ortsunschärfe und die Genauigkeit, mit welcher der Impuls eines Teilchens, die Impulsunschärfe, bestimmt werden kann, in eine Beziehung. Diese Beziehung besagt, dass das Produkt aus Orts- und Impulsunschärfe einen bestimmten Wert nicht unterschreiten kann. Der Wert dieses Produktes ist durch das Planck'sche Wirkungsquantum festgelegt. Diese Unschärferelation besagt, dass immer nur der Ort oder der Impuls eines Teilchens genau bestimmt werden kann. Wird der Ort genau gemessen, d.h. bestimmt, dann bleibt der Impuls bzw. die Geschwindigkeit unbestimmt. Beide Parameter lassen sich zur gleichen Zeit nicht genau bestimmen. Es ist grundsätzlich nicht möglich, Ort und Impuls gleichzeitig genau festzulegen. Es ist nicht der Fall, dass wir möglicherweise nicht über hinreichend feine und genaue Messapparaturen verfügen würden, sondern es ist vielmehr aus prinzipiellen Gründen nicht möglich. Die Quantentheorie geht sogar noch darüber hinaus und besagt, dass ein Teilchen vor der Messung keine genaueren Eigenschaften besitzt. Wenn wir seinen Ort genau wissen, dann ist seine Geschwindigkeit nicht genau festgelegt. Das Teilchen besitzt dann keine wohl definierte Geschwindigkeit. Das eigentlich Substantielle sind also die Beobachtungsergebnisse.

Der geschilderte Quanten-Zeno-Effekt hat Eingang in die Quantenphysik erhalten. Denn er liefert Erklärungen dafür, wie kontinuierliche Beobachtungen das Eintreten von

Quantenereignissen, beispielsweise den radioaktiven Zerfall, verhindern können. So wiesen texanische Physiker im Jahre 1977 nach, dass radioaktive Atome dann nicht zerfallen, wenn sie beständig beobachtet werden: Der Akt der Beobachtung verändert den Zustand des beobachteten Systems[179].

Die moderne Medizin dringt immer tiefer auf die fundamentalen Ebenen der Moleküle und Atome vor, d.h. in den Geltungsbereich quantenmechanischer Gesetze. Dennoch bleibt sie auf weite Strecken verschlossen gegenüber den Möglichkeiten, unter den dort herrschenden Bedingungen und Gesetzen auf Ereignisse zu treffen, die für die Phänomenologie von Krankheitsbildern auf makroskopischer Ebene von großer Bedeutung sein könnten. Diese schwirige Thematik darf die Medizin nicht weiter Esoterikern und Scharlatanen überlassen. Möglicherweise wird sich das alles, was ich in diesem Kapitel schreibe, einmal als blanker Unsinn herausstellen. Davor sollte allerdings erst eine genaue wissenschaftliche Prüfung stattfinden. Vor allem augenscheinlich atypische und ungewöhnliche Krankheitsverläufe verdienen das besondere sensibilisierte Augenmerk der wissenschaftlichen Medizin, die sich aber bis dato immer noch unbeirrt auf dem Treibsand aus Statistik und kontrollierten Studien fortbewegt. Von Newton bis Einstein wähnte sich die Physik im Irrglauben, dass das Universum, der Umlauf von Planeten durch linear deterministische Gesetze bestimmt würde. Die Erkenntnisse der Kosmologie im großen Maßstab leiteten sich daraus ab. Sie stellten das Fundament eines für alle Zukunft als gesichert geltenden Weltbildes dar. Heute wissen wir, dass diese Gesetze der klassischen Physik nur die Ränder von weitaus umfassenderen, d.h. nichtlinearen Gesetzen besetzen.

Ein ähnlicher Paradigmenwandel könnte vielleicht auch für die moderne Medizin anstehen:

Dieser ist bis zum heutigen Zeitpunkt nur oberflächlich und in groben Umrissen angedacht. Die Medizin ist eine Wissenschaft der intensiven Beobachtung auf den großskalaren Ebenen und im Raum makroskopischer Objekte. Auf diesen Ebenen könnten auch Quantenphänomene eine Rolle spielen, die aus dem mikroskopischen Bereich der Atome in den makroskopischen Bereich quasi „hindurchgetunnelt" werden. Es steht zu vermuten, dass ähnliche Phänomene, wie die beschriebenen, auch im Bereich der Medizin gefunden werden könnten, sofern mit der gebotenen Intensität danach zukünftig geforscht wird. Wenn solche Phänomene tatsächlich auf unserer Welt der Medizin wie in der beschriebenen Welt der Rotkehlchen existieren, dann muss auch dem menschlichen Geist, dem menschlichen Beobachter in der Medizin eine Rolle zukommen, deren Untersuchung, schon wegen der universalen Bedeutung einer solchen Frage, jede Mühe lohnen würde. Bei der Entstehung und im Verlauf von Krankheiten kommt dem Zufall – und hier ist sowohl die subjektive Interpretation des Zufalls als auch der objektive Zufall im Sinne von Werner Heisenberg gemeint – eine bedeutende Rolle zu. Der Verlauf von Krankheiten ist nicht deterministisch, sondern chaotisch-probabilistisch. Möglicherweise spielen hierbei Zustände von Verschränkungen eine Rolle. Möglicherweise gibt es die eine Krankheit bei dem einen Patienten gar nicht. Vielleicht handelt es sich hierbei um Superpositionszustände von einer großen Anzahl an potentiell unterschiedlichen Verlaufsformen einer Erkrankung, die durch Beobachtungs- bzw. Wechselwirkungsprozesse mit ihrer Umgebung, beispielsweise mit den integrierten systemerhaltenden Systemen, durch Dekohärenz in immer neue klassische raumzeitliche dynamische Muster eingefroren werden. Aus diesen Gründen könnte eine der großen Fragen und Herausforderungen für die Medizin der Zukunft darin bestehen, den Einfluss des menschlichen Beobachters, des Arztes und seiner Helfer und damit die Rolle des menschlichen Bewusstseins für den Verlauf von Krankheiten zu untersuchen.

Vielleicht sind es spekulative Verirrungen, vielleicht aber ist zukünftig ein vertieftes Verständnis von Krankheiten ohne die Quantenphysik nicht mehr möglich.

9 Krankheit im Kontext des Lebendigen

9.1 Leben als unverstandene Andersartigkeit

Es sind an die 10^{14} (100 Billionen) Zellen, die das aufbauen, was – von außen betrachtet – als Mensch bezeichnet wird. In jeder Minute sterben im menschlichen Körper ca. 300 Millionen Zellen ab. Ständig werden Zellen neu gebildet und abgebaut. Wir sind abends Andere als diejenigen, die morgens aufstehen. Wir sind nicht, wir geschehen. Die Anzahl der Neurone im menschlichen Gehirn wird auf 10^{11} geschätzt, wobei jedes Neuron selbst wiederum mit Tausenden von weiteren Neuronen in Verbindung steht, so dass die Zahl der Synapsen auf mindestens 10^{14} geschätzt wird.

Diese unfassbar große Anzahl von Zellen in quantitativer Hinsicht gliedert sich auf in zahlreiche, unterschiedlich differenzierte Zelltypen. In einem Wirbeltier sind mehr als 200 verschiedene Zelltypen zu unterscheiden. Diese Vielgestaltigkeit im Verbund mit einer gleichermaßen eindrucksvollen Dynamik der Zellumsatzprozesse benötigen ein sehr hohes Maß an Steuerungs- und Integrationsleistung aller integrierten Systemebenen, angefangen bei den Zellen, über die Organe bis zum gesamten Individuum. Dem Bedarf entsprechend groß müssen deshalb die Ressourcen an genetischer Information sein, um überhaupt ein integriertes Zusammenwirken aller dieser Systeme gewährleisten zu können. Das koordinierte Zusammenspiel der Systeme erfordert, dass auf der Ebene der Gene leistungsfähige Steuerungselemente vorhanden sein müssen, um die benötigten Informationen jederzeit bedarfsgerecht und fehlerfrei abrufen zu können. In unserem Organismus finden pro Sekunde 10^{30} exakt aufeinander abgestimmte chemische Reaktionen statt. Eukaryonten (kernhaltige Lebewesen) verfügen über große und komplexe Arsenale zur Kontrolle der Genexpression, d.h. der fehlerfreien Generierung und Weitergabe der genetischen Information, damit die für den Stoffwechsel und für den Integritätserhalt erforderlichen Proteine punktgenau und bedarfsgerecht gebildet werden können. Derart komplexe Steuerungsaufgaben können aber nicht von einem einzigen Gen geleistet werden, vielmehr müssen zu diesem Zweck verschiedene Gene bzw. ganze Gengruppen in konzertierter Aktivität zusammenwirken. Denn auf der fehlerfreien Erzeugung und Weitergabe von Informationen basieren alle integritätserhaltenden Prozesse und damit das Überleben des Individuums. Gene machen aber nur ca. 2% der DNA aus – der Rest wird als sogenannte Junk-DNA bezeichnet. Ähnliche Größenverhältnisse sind erstaunlicherweise im Universum beim Vergleich von Materie und Energie zu dunkler Materie und Energie zu beobachten. Die Unwissenheit der Molekularbiologen ist damit auch ähnlich groß wie die der Astrophysiker. Möglicherweise ist es aber gerade jene „Dunkle Energie" in den Müllhaufen der so genannten Junk-DNA, welche Elemente einer bis dato noch unbekannten Ordnung und Autonomie enthalten könnte.

Transposons machen beim Menschen fast die Hälfte des Genoms aus. Das Genom eines jeden Menschen enthält ca. 500.000 Kopien von solchen Transposon-Elementen, LINE-Elemente („Long Interspersed Nuclear Elements") genannt. Von diesen ist nur ein kleiner Teil, vielleicht nur Hundert, mobil und verfügt über die Fähigkeit, sich aus den Basensequenzen herauszulösen, an den DNA-Strängen entlang zu wandern und sich an einer anderen Stelle wieder in das Genom einzubauen. Sie kodieren ihr eigenes Schneidewerkzeug, die so genannten Transposasen, mit denen sie sich aus den Basensequenzen herauslösen und ihren eigenen „Kleber" herstellen. Mit Hilfe dieses Klebers sind sie in der Lage, sich an weit entfernten Orten wieder in den DNA-Verband einzufügen, wo sie Mutationen auslösen können. Sie verfügen über die Fähigkeit, Sprünge von Zelle zu Zelle, ja selbst von einer Gattung zu einer anderen vollführen zu können. Sie nomadisieren jedoch keineswegs ziellos und zufällig durch das Genom wie ein steuerungsloses Schiff auf dem Meer. Vielmehr gehen Vermutungen dahin, dass sie möglicherweise ein geheimnisvoller Motor der Evolution sein könnten. Vielleicht wurde ihnen in der Geschichte der Evolution die Aufgabe zuerkannt, über Genmutationen eine bessere Anpassung der Arten an veränderte Umweltbedingungen zu erreichen. Auf der anderen Seite könnten sie aber auch die Ursachen einer ganzen Reihe von Krankheiten sein, beispielsweise der Hämophilie, der Muskeldystrophie nach Duchenne oder von bösartigen Tumoren. Diskutiert werden in diesem Zusammenhang neben anderen auch Speiseröhren-, Brust- und Eierstockkarzinome. Gene sind keine gegeneinander abgegrenzten Informationspakete mit einem klaren und eindeutigen Absender und Adressaten. Von dieser ursprünglichen und eher recht einfachen Auffassung über die Gene ist man zwischenzeitlich weit abgekommen. Gene überlappen sich in weiten Bereichen und entsprechen eher einem Kontinuum, das keine klaren Grenzen kennt. Nach einer modernen Definition sind Gene „eine lokalisierbare Region genomischer DNA-Sequenz, die einer Erbeinheit entspricht und mit regulatorischen, transkribierten und/oder funktionellen Sequenzregionen assoziiert ist[180].

Das zentrale Dogma der Molekularbiologie, nach dem der Informationsfluss von der DNA zur RNA und von dort zu den Proteinen führt, ist ins Wanken gekommen. Eine deterministische lineare Zuordnung, dass ein Gen ein Enzym erzeugt, ist in einer solchen Eindeutigkeit nicht weiter aufrecht zu halten. Es existieren keine Eins-zu-Eins-Entsprechungen zwischen Genen und den kodierten Eigenschaften und außerdem ist der Organismus keine Summe von Merkmalen. Gene können während der Umschrift ihrer Information in mRNA ihre Konfiguration ändern. Dies hat beispielsweise zur Folge, dass ein einziges Gen in der Lage ist, für verschiedene Aminosäuren und Eiweiße zu kodieren. Der Funktion von Genen liegen die Prinzipien von Pleiotropie (Wirkungsvielfalt eines Gens) und Polygenie (Beteiligung vieler Gene an der Ausprägung eines Merkmals) zugrunde. Gene sind auch keine „Ursachen" in einem strengen Sinne – sie entsprechen eher wesentlichen Bedingungen für die Ausprägung von phänotypischen Eigenschaften[181]. Gegen Ende des 20. Jahrhunderts verlor das Gen zunehmend seine Konturen an die Sprache der Postgenomik und Epigenetik[182]. Damit ist das frühere Dogma von der Eindeutigkeit der Zuordnungen erschüttert. Die Genexpression ist auf allen Stufen, von der Primärtranskription bis zur Proteinsynthese, streng geregelt und in Rückkopplungsschleifen auf die jeweiligen Anforderungen abgestimmt. Proteine (Enzyme, Transkriptionsfaktoren, Rezeptoren u. a.) können zwar nur auf der Grundlage der DNA in ihrer spezifischen Form gebildet werden und DNA kann sich nur mit Hilfe von Proteinen replizieren und wirksam werden[183]. Zum anderen ist die mRNA nicht nur ein Bodenmolekül für den Transport von Informationen. Vielmehr ist dieses Molekül selbst Carrier von Informationen, die von Generation zu Generation und ohne die Vermittlung der Zentralstelle der DNA weitergegeben werden. Es ist auch keineswegs gesagt, dass die mit der Boten-mRNA transportierte Information immer ihr Ziel erreicht. Denn die DNA bildet zusätzlich eine Mikro-RNA aus kurzen Segmenten, die sich an die mRNA anheften und so den Informationstransport stoppen können. Auf diese Weise kann die auf der DNA abgelesene und auf ihrem Transportweg versandte Information im Nirgendwo der zellulären Matrix verdampfen.

Diese kleinen RNA-Segmente könnten für die Onkologie der Zukunft durchaus von großem Interesse sein, weil sie die Translation von mRNA zu den Proteinen zu bremsen und damit wichtige Schaltelemente in der Tumorgenese zu blockieren vermögen. Für die Entdeckung der Mikro-RNA erhielten Andrew Z. Fire und Craig C. Mello 2006 den Nobelpreis.

Bei den Genen handelt es sich um komplexe informatorische Netzwerke, wobei die Signale nicht nur von der DNA im Kern in die Peripherie der Zellen transportiert werden. Vielmehr nehmen Signalketten ihren Anfang an der Zelloberfläche bzw. der Zellmembran. Über die Andockstellen der Rezeptoren werden Signale aus der Umgebung aufgenommen und von hier gelangen sie auf ihrem Weg in das Zellinnere bis zum Zellkern. Die Signalketten von innen nach außen und von außen nach innen durchdringen und modulieren sich gegenseitig in einem überaus komplexen Netzwerk. Die interaktiven Netzwerke auf der Ebene der Gene etablieren sich aus Selbstorganisationsprozessen heraus und sie weisen einen hohen Grad an dynamischer Komplexität auf, die sich gleichsam an unsichtbaren geheimnisvollen Fäden durch alle Systeme des Lebens hindurch fortspinnt. Auf allen Ebenen des Lebens präsentiert diese unüberschaubar verdichtete Komplexität eine Schönheit, die sich der begrifflichen Zuordnung entzieht und weit über die Begriffe von Zustand und Form hinausweist – es ist eine Schönheit von der Art, die in sich eine sprachlose Gewissheit trägt.

Die Erforschung der Lebensprozesse auf der molekularbiologischen Ebene ausschließlich mit den Mitteln von Chemie und Physik scheint in ein Paradox einzumünden, weil, wie James A. Shapiro schreibt, ein ausschließlich naturwissenschaftlich-reduktionistischer Ansatz „uns unerbittlich von der mechanischen Sicht des Lebendigen, die sie zu festigen meinte, zu einer informativen führte, was für Crick und viele seiner Gefolgsleute völlig unerwartet kam"[184]. Leben ist eine emergente Erscheinung im evolutiven Ablauf, die sich einer mechanisch-reduktionistischen Analyse entzieht. Das Leben ist mehr als ein Zustand: Es ist eine in sich geschlossene Gewissheit.

Leben ist nicht, es ist Dynamik, es ist Vollzug aus sich selbst heraus, es überschreitet bei weitem die Koordinatensysteme von Physik und Chemie.

Leben zeichnet sich nach Aristoteles durch die Tätigkeit zur Selbstbewegung aus, ohne von außen – d.h. unter Einwirkungen mechanischer Kräfte – angestoßen zu werden. In der aristotelischen Metaphysik existiert alles Seiende in der untrennbaren Einheit zwischen „Stoff" (hyle) und „Form" (eidos, Morphe) nach der Formel:

$$Substanz = Stoff + Form$$

Der Stoff ist Potentialität (Möglichkeit), die Form ist Aktualität (Wirklichkeit). Leben bedeutet in diesem Sinne, eine Seele zu besitzen, die als organisierende Kraft (Entelechie) der Materie zu verstehen ist. Die Selbstorganisation des Lebens wird – in moderner Sprache ausgedrückt – nach dem Verständnis von Aristoteles funktional durch Ziele und Zwecke gesteuert. Eine davon abgeleitete funktionale Einstellung zum Leben wurde von Galen, dem Leibarzt von Kaiser Marc Aurel, übernommen. So lehrte Galen, dass die Organe im Körper vollkommen ihren Funktionen angepasst seien. Dieses ursprüngliche aristotelische Denken wurde im Mittelalter durch Albertus Magnus mit dem Christentum verbunden. Im Mittelpunkt seines Denkens stand eine Auffassung vom Menschen als einer leib-seelischen Ganzheit. Allein die Theorie von einem Organismus, d.h. einem komplexen Ganzen, muss implizieren, dass der „Organismus" als eine „Einheit" bzw. als ein „Ganzes" aufzufassen ist und dies unabhängig von einer möglichen Zerlegbarkeit in seine Einzelkomponenten und Subsysteme[185]. Hierzu schreibt auch Kant in seiner „Kritik der Urteilskraft": „In einem solchen Produkte der Natur wird ein jeder Teil, so, wie er nur durch alle übrigen da ist, auch als um der anderen und des Ganzen willen, d.i. als Werkzeug (Organ) gedacht. ... Als ein die anderen Teile (folglich jeder den anderen wechselseitig) hervorbringendes Organ ..."[186]. Immer stellen Begriffe wie Komplexität, Teleologie, Selbsterhaltung und Selbstreproduktion typische Eigenschaften von lebenden Systemen dar. Eine moderne Definition liefert Maturana in seiner Theorie autopoietischer Systeme. „Diese zirkuläre Organisation stellt ein homöostatisches System dar, dessen Funktion darin besteht, eben diese zirkuläre Organisation selbst zu erzeugen und zu erhalten. Dies geschieht dadurch, dass das System genau jene Bestandteile determiniert, die die zirkuläre Organisation spezifizieren und die ihrerseits wiederum durch die zirkuläre Organisation synthetisiert oder erhalten werden"[187].

Für Erwin Schrödinger erschien der Organismus deshalb so rätselhaft, weil er sich dem raschen Verfall in einen unbewegten Gleichgewichtszustand hinein entzieht[188]. Auch Werner Heisenberg ging dieser Frage zeit seines Lebens nach und er kam schließlich zu der Erkenntnis, „dass die lebendigen Organismen einen Grad der Stabilität zeigen, den allgemeine komplizierte Strukturen, die aus vielen verschiedenen Molekülen zusammengesetzt sind, sicherlich nicht einfach aufgrund der physikalischen und chemischen Gesetze besitzen können[189].

Die Komplexität der biologischen Prozesse kann hohe Grade erreichen, dass Versuche zu deren Beschreibung unmöglich, ja geradezu sinnlos erscheinen mögen. Wir wissen, dass der Komplexitätsgrad von Systemen mit seiner Beschreibbarkeit korreliert ist: Je mehr Parameter zur Beschreibung eines Systems erforderlich sind, umso komplexer ist es seiner Architektonik nach. Komplexität kann als relativer operationaler Begriff, als Logarithmus der Anzahl der Möglichkeiten definiert werden, die ein System zu seiner Realisierung zur Verfügung stehen bzw. als die Anzahl möglicher Zustände eines Systems nach folgender Gleichung:

$$K \log N$$
(K = Komplexität und N = Anzahl der möglichen unterscheidbaren Zustände)

Eine solche Definition von Komplexität lehnt sich an den Informationsbegriff an: Je mehr Informationen ein System tragen kann, umso komplexer ist es auch. Wendete man diese Definition auf das System der Gene und deren mögliche Veränderung durch Mutationen an, so würde daraus ein komplexes Zahlenwerk mit einer Unzahl von Realisierungsmöglichkeiten und möglichen Zuständen entstehen. Die Eigenart biologischer Systeme besteht in der Verschmelzung von einer intrinsischen statischen und dynamischen Komplexität, die sich räumlich und zeitlich rasch verändern kann. Prognoseabschätzungen über das Verhalten von biologischen Systemen sind nur dann möglich, wenn eine anfänglich gegebene Information während eines Systemprozesses auch erhalten bleibt, wenn sich die Komplexität also nicht ändert. Bei selbstorganisatorischen dynamischen Systemen ändert sich aber die Information laufend. Dies hat zur Folge, dass die Prognoseabschätzungen, in welche Richtung sich ein System entwickelt, unscharf werden müssen. Die Prognose bezüglich eines Systemzustandes wird in dem Maße unscharf, wie sich die Information verändert, ob die Information dissipiert oder vermehrt wird. Für biologische Systeme, die ja grundsätzlich dynamisch ausgerichtet sind und die deshalb nur in Gestalt von „Momentaufnahmen" beschrieben werden können, ist es charakteristisch, dass ihre Komplexität mithilfe von Algorithmen kaum reduziert werden kann: der kleinste Algorithmus, der zu ihrer Beschreibung erforderlich ist, kann eine ähnlich große Anzahl an Informations-Bits erfordern, wie sie das zu beschreibende System aufweist. Damit ist in Anlehnung an A. N. Kolmogorov (1965) eine fundamentale Komplexität definiert[190]. Systeme mit einer fundamentalen Komplexität, in denen der Algorithmus annähernd oder gleich umfangreich ist wie die Struktur selbst, sind unbestimmbar.

Unter die Kategorien dieser genannten fundamentalen Komplexität sind also viele komplexen Systeme zu zählen, mit denen es die Medizin zu tun hat: Hierunter fallen beispielsweise die überaus komplexen Systeme des Immunsystems, des Zentralen Nervensystems, aber auch des Gerinnungssystems, sowie etliche weitere Systeme – ganz zu schweigen von den Beobachtungs- und Beziehungsgeflechten zwischen Arzt und Patient, einer Beziehung von fundamentaler Komplexität. Die für den wissenschaftlichen Erkenntniserwerb grundlegenden Axiome basieren auf der Voraussetzung einer strikten Trennung zwischen Beobachter und dem vom Beobachter unabhängigen Objekt. Diese Voraussetzung verliert aber bei der Betrachtung komplexer biologischer Systeme an Bedeutung. Die Subjektivität des Arztes in seiner teilnehmenden Beziehung zu einem schwer kranken Menschen entzieht sich weitgehend der Abstraktion. Die komplexen Beziehungsgeflechte zwischen den raumzeitlichen Krankheitsmustern mit dem erkrankten Organismus sind fundamental komplex und durch Algorithmen nur in groben Näherungen darstellbar.

Dagegen können Systeme im Zustand einer subkritischen Komplexität mit mathematischen Gesetzen vereinfacht dargestellt werden. Auf diese Systeme sind die klassischen physikalischen Gesetzmäßigkeiten anwendbar. Solche Systeme verhalten sich weitgehend deterministisch. Diese Systeme sind aus den genannten Gründen prognostizierbar.

Man kann in der wissenschaftlichen Beschäftigung mit komplexen Systemen des Lebens nur „Stückwerktechnik statt utopischer Technik betreiben", wie es Karl Popper einmal ausdrückte[191]. Dieses Zitat bedeutet in Anwendung auf die Medizin, dass man sowohl in der biologischen als auch in der medizinischen Wissenschaft einzelne Probleme ein Stück weit lösen kann. Es wäre aber eine Utopie, das Ganze des Lebens, in dem wir uns selbst befinden, vollständig mit dem uns derzeit zur Verfügung stehenden Handwerkszeug beschreiben und analysieren zu wollen. Leben und Krankheiten sind viel zu komplex, um sie abschließend beschreiben zu können.

Die Prozesse des Lebens basieren im Zustand der Gesundheit und ähnlich auch in der Krankheit auf dem komplexen Zusammenspiel von biologischen Makromolekülen. Daraus leitet sich die Frage ab, ob diese Makromoleküle imstande sein könnten, sich selbst spontan zu lebenden Systemen zu organisieren, oder anders ausgedrückt, ob diese spezialisierten Makromoleküle sich selbst auf der Basis von Chemie und Physik zu lebenden Systemen entwickeln könnten.

Eine mit komplexen makromolekularen Strukturen angereicherte Ur-Suppe würde eine notwendige, aber keineswegs hinreichende Voraussetzung für die Entstehung lebender Systeme darstellen[192]. E. Wigner versuchte einmal abzuschätzen, wie wahrscheinlich nach den Gesetzen der Quantenmechanik die Existenz einer solchen selbstorganisierenden molekularen Maschinerie wäre. Dabei wurde die Struktur einer quantenmechanischen Zufallsmatrix bestimmt, die den Übergang von einem unbelebten zu einem belebten Materiezustand beschreibt. Wigner konnte zeigen, dass die Anzahl der Gleichungen, die die Transformation beschreiben, sehr viel größer ist, als die Anzahl der Komponenten der Zustandsvektoren, die als Unbekannte in die Gleichungen eingehen[193]. Nach den Gesetzen der Quantenmechanik wäre demgemäß die zufällige Entstehung eines selbstreproduktiven Materiesystems infolge einer gigantischen Fluktuation beliebig unwahrscheinlich.

Eine typische Zelle benötigt Tausende von Proteinen für ihre Existenz. Schon das kleine Bakterium E. Coli enthält ca. 2.500 verschiedene Proteine. Jedes Protein hat eine spezielle Aufgabe als Katalysator-, Speicher- und Transportprotein (Myoglobin, Hämoglobin, Transferrin) oder auch als Stützprotein (Kollagen). Andere Proteine sind für die Bewegungsfunktion zuständig, wie beispielsweise das Myosin für die Muskelkontraktion oder andere übernehmen Transportfunktionen im transmembranösen Informationstransfer. Immunglobuline bzw. die Antikörper, sind für die Abwehr von fremden Viren, Bakterien, Mikroorganismen oder fremden Zellen zuständig. Eine große Zahl von Proteinen wird als Botenstoffe zur Kontrolle von Organfunktionen, von Wachstum und Differenzierung eingesetzt. Proteine bestehen aus einer einzigen oder mehreren unverzweigten Ketten von Untereinheiten, den Aminosäuren. Diese Aminosäuren bilden das „Alphabet", in dem die Baupläne für die Proteine niedergeschrieben sind. In nahezu allen Organismen findet man immer nur diese 20 verschiedenen Aminosäurebausteine. Dabei bleibt die Frage ungeklärt, warum es diese Aminosäuren sein müssen, die in ihrer L-Form die Vielfalt der Proteine aufbauen. Denn die Anzahl möglicher Polypeptidsequenzen für den Aufbau von Proteinen ist ja schier unbegrenzt. Schon in einem mittelgroßen Protein mit 100 Aminosäuren steigt dieser Wert auf 10130 Sequenzalternativen an[194]. Im Rahmen der traditionellen Physik und Chemie stellt die Existenz lebender Systeme somit ein Rätsel dar.

Dennoch sind vielfache Erklärungsversuche für die Existenz von Leben reichlich mit Hypothesen unterlegt worden: J. Monod war beispielsweise der Überzeugung, dass die Existenz von Leben auf einen einzigartigen Zufallsprozess zurückzuführen sei, der sich aufgrund seiner extrem niedrigen a priori-Wahrscheinlichkeit mit an Sicherheit grenzender Wahrscheinlichkeit nicht noch einmal im Universum wiederholt habe bzw. irgendwann noch einmal wiederholen wird[195].

Wäre es davon abgeleitet denkbar, dass die Entstehung eines einzigen zufällig entstandenen informationstragenden Makromoleküls ausgereicht haben könnte, um in der mit komplexen organischen Verbindungen angereicherten Ur-Suppe den Aufbau eines lebenden Systems instruieren zu können? Wäre es also möglich, dass biologische Information zufällig, quasi als Nebenprodukt bei der spontanen Synthese eines DNA-Moleküls entstanden sein könnte?

Im günstigsten Falle hätten in der präbiotischen Ur-Suppe schon DNA-Moleküle mit hinreichend großen Kettenlängen vorhanden sein müssen. Geht man also von der Annahme aus, dass ein solches Molekül Produkt einer Zufallssynthese gewesen war und geht man von einer weiteren Annahme aus, dass bezüglich der Sequenzmuster keinerlei Instruktionen durch irgendwelche einwirkenden Kräfte stattgefunden hatten, so ist die Wahrscheinlichkeit dafür, dass unter den daraus entstehenden Zufallsprodukten eine Nukleinsäure mit einer ganz bestimmten Sequenz entstanden sein könnte, umgekehrt proportional zur Zahl aller kombinatorisch möglichen Sequenzen der betreffenden Kettenlänge[196]. Wenn man also mit diesen Annahmen den einfachsten Bauplan eines Bakteriums mit nur ca. 4 Millionen Nukleotiden zugrunde legen will, so würde die sich daraus ergebende Anzahl möglicher Sequenzalternativen eine unvorstellbare Größe von $10^{2,4\text{ Millionen}}$ erreichen! Die Erwartungswahrscheinlichkeit für die spontane Entstehung eines Bakterienbauplans fällt damit derart niedrig aus, dass nicht einmal die Größe des Universums ausreichen würde, um eine solche Zufallssynthese wahrscheinlich werden zu lassen. Denn die Gesamtmasse des Universums, ausgedrückt in Masseeinheiten des Wasserstoffatoms, liegt in einer Größenordnung von 10^{78}. Selbst wenn die gesamte Materie des Weltalls aus DNA-Molekülen bestehen würde, so befände sich mit an Sicherheit grenzender Wahrscheinlichkeit darunter nicht der Bauplan eines einzigen Bakteriums[197]! Einen solchen Bauplan per Zufall zu erhalten, scheint schlechterdings unmöglich zu sein. Würde man sich ein Rechenprogramm ausdenken, das in jeder Sekunde eine dieser Möglichkeiten an Sequenzalternativen ausprobieren und auf ihre Richtigkeit überprüfen würde, so würde das Alter der Welt seit dem Urknall (= 10^{17} sec) nicht ausreichen. Man bräuchte vielmehr $10^{2\,399\,983}$ Welt-Alter! Das Alter des Universums wäre also verschwindend klein gegenüber der für eine Zufallsordnung benötigten Zeitspanne! Angesichts solcher Zahlendimensionen sah sich Niels Bohr einmal zu der Aussage veranlasst, dass das Leben an sich als Grundtatsache angenommen werden müsse, für die es keine Begründung gäbe. Für das Leben gäbe es nun einmal keine nähere Begründung, wie zum Beispiel das atomare Wirkungsquantum vom Standpunkt der klassischen Mechanik der Physik ein irrationales Element darstellen würde, für das es eben keine Begründung gäbe[198].

Leben ist also kein „Stoff" und kann nicht adäquat aus stofflichen Elementen und Konstituenten definiert werden.

Leben ist ein aus seinen raumzeitlichen Begrenzungen heraus aufgefaltetes panta rhei.

Leben ist eine unverstandene Andersartigkeit und Einzigartigkeit, die sich aus der unverstandenen Einzigartigkeit einer Zelle heraus ergießt.

Omnis cellula e cellula.

Schon Virchow erkannte, dass die Zelle die fundamentale Einheit der Lebewesen darstellt. Die Zelle ist das Atom der Biologie.

Leben ist mehr als Gentransfer und molekularbiologische Dynamik. Unterhalb des Niveaus einer Zelle ist dauerhaft kein selbstständiges Leben möglich. Eine Genobiose, d.h. ein Leben auf dem Niveau von Genen gibt es nicht. Leben geht vielmehr aus der koordinativen Leistung komplexer Systeme mit interner Organisation hervor. Keine dieser Faktoren ist für sich allein das Primum movens. Leben setzt die Existenz bestimmter Substanzen voraus, wird aber nicht von ihnen definiert. Leben ist kein „Ding", kein „Stoff", sondern reine Dynamik, reiner Prozess, reine Koordination – es ist die sich ins Unendliche fortsetzende reine Metamorphose. Leben ist der mystische, von der Erinnerung an Materie gelöste Geist, die Erlösung.

Lösung ist die Katharsis der Materie.

9.2 Grenzen des Reduktionismus in Biologie und Medizin

„Der Ablauf der Lebensvorgänge in einem Organismus zeigt eine bewundernswerte Regelmäßigkeit und Ordnung, die in der unbelebten Natur nicht ihresgleichen findet" (E. Schrödinger)[199]. Für Jaques Monod schien die bloße Existenz von Lebewesen ein Paradoxon darzustellen, weil sie einen zu hohen Ordnungsgrad und ein niedriges Entropieniveau gegen die allgemeine ordnungszerstörende Tendenz aufrecht erhalten[200].

Der Organisationsbegriff repräsentiert auf dem Gebiet der Biologie und damit auch der Medizin seit Aristoteles ein zentrales Konzept. Penzlin weist in diesem Zusammenhang zu Recht darauf hin, dass Begriffe von Organisation bzw. Selbstorganisation von Physikern und Biologen unterschiedlich verstanden werden[201]. Denn der Physiker versteht unter Organisation einen Übergang von einem Zustand niedrigerer Ordnung in einen Zustand höherer Ordnung und geringerer Entropie. Ein solcher Zustand stellt sich nur unter bestimmten äußeren Bedingungen ein, so wie sich die Bénard'schen Konvektionsströme in Flüssigkeiten mit ihren typischen Rollenmustern erst dann einstellen, wenn die Flüssigkeit entsprechend erhitzt worden ist. Die Biologen bezeichnen mit dem Begriff einer Organisation etwas qualitativ anderes, nämlich den selbsttätig aufrecht erhaltenen Zustand einer funktionellen (teleonomen) Ordnung[202]. Die organisierten Systeme des Lebens gehören nach Nicolai Hartmann einer anderen, einer „höheren" Seinsstufe an im Vergleich zu dem Anorganischen. Sie gehören einer Seinsstufe an, die neue Gesetzlichkeiten hervorbringt und die demgemäß auch einer eigenen Terminologie bedarf.

Nach dem Maschinenmodell des Organismus wäre dieser als offenes System konstruiert, das seine Form bei einem ständigen Austausch seiner Bestandteile in einem Fließgleichgewicht wie eine Kerzenflamme erhält.

Lebende Systeme nehmen Veränderungen aus der Umgebung auf und übersetzen die von außen eintreffenden Signale selbstreferentiell nach einem internen Code in Zeichen um, die zu entsprechenden Antworten führen. Jacob stellte hierzu fest: „Die heutige Welt besteht aus Botschaften, Codes, Informationen"[203]. Allen Prozessen des Lebens und darunter vor allem auch den Krankheiten, ist, wie weiter oben dargestellt, ein intrinsisches Element des Indeterminismus eigen. Die komplexen Systeme des Lebens sind nur limitiert prognostizierbar. Der intrinsische Indeterminismus in den biologischen Systemen ist durch die Mendelschen Vererbungsgesetze aber auch durch das Verhulst'sche Wachstumsgesetz und durch viele weitere Untersuchungen belegt. Indeterminismus darf aber nicht mit Gesetzlosigkeit gleichgesetzt werden. Wir kennen nur die dem Indeterminismus zugrunde liegenden Gesetzmäßigkeiten innerhalb der nichtlinearen komplexen Systeme des Lebens noch nicht hinreichend genau. Möglicherweise liegen dem Indeterminismus weitaus strengere Gesetze zugrunde als dem Determinismus. Indes versuchen vielfältige wissenschaftliche systematische Ansätze, sich Zugänge zu den Gesetzmäßigkeiten innerhalb der nicht-linearen chaotischen Systeme der Lebensprozesse zu verschaffen. An dieser Stelle sei nur stellvertretend für viele Disziplinen die Kybernetik zu nennen oder auch die Synergetik, die Chaosmathematik und etliche weitere systemtheoretische Zugänge.

Leben sprengt also den Rahmen des Physikalischen und ist nicht auf die Gesetze von Physik und Chemie reduzierbar. Dafür ist es zu komplex und viel zu besonders. Alfred N. Whitehead hat in zutreffender Weise darauf hingewiesen, dass man „ein Problem nicht beliebig eingrenzen" könne, „nur weil man es mit einer bestimmten Methode in Angriff nehmen will"[204]. Carl Friedrich v. Weizsäcker benannte das Problem der Reduktion biologischer Vorgänge auf Physik und Chemie einmal so in der für ihn kennzeichnenden Schärfe: „Wenn der Physikalismus korrekt ist, so ist eine Brüllaffenfamilie im Urwald „im Prinzip" eine Lösung der Schrödinger-Gleichung. Niemand wird ernsthaft versuchen, sie rechnerisch aus der Gleichung abzuleiten"[205]. Die Physik hat sich in ihrer Geschichte gegenständlich sehr eingeschränkt, um die Stringenz ihrer Aussagen zu erhalten wie wir sie heute kennen. Sie stellt „die höchsten Anforderungen an die Straffheit und Exaktheit der Darstellung der Zusammenhänge, wie sie die Benutzung der mathematischen Sprache verleiht. Aber dafür muss sich die Physik umso mehr bescheiden, indem sie sich damit begnügen muss, die aller einfachsten Vorgänge abzubilden, die unserem Erleben zugänglich gemacht werden können. ... Höchste Reinheit, Klarheit und Sicherheit auf Kosten der Vollständigkeit"[206].

E. Schrödinger bezeichnete die Physik einmal als die bescheidenste der Naturwissenschaften und Carl Friedrich v. Weizsäcker arbeitete die Unterschiede zwischen Physik und Biologie mit Blick auf die Komplexität der Aufgabenstellung einmal so heraus: „Die Physiker haben sich die einfachsten Probleme ausgesucht, die es überhaupt gibt, dagegen die Biologen vielleicht die interessantesten; aber die interessantesten Probleme sind nicht notwendigerweise die einfachsten[207]. Der wissenschaftliche Weg von dem genannten Einfachsten der Physik zum Komplexen der Biologie ist nicht ein Problem größerer Rechenprogramme, sondern das Betreten einer neuen theoretischen Welt[208].

„Wahrheit ist das, was allem Wahren zugrunde liegt, wobei vorausgesetzt wird, dass es letzten Endes nur eine Wahrheit gibt, in der alles ruht und auf der alles beruht." (F. Cramer)[209].

Francis Crick beharrte dagegen darauf, dass das letzte Ziel der modernen Entwicklungen der Biologie darin bestünde, alle Biologie in Begriffen von Physik und Chemie zu erklären. Er plädierte dafür, das Wort „lebendig" aufzugeben und dafür den Begriff „biologisch" zu verwenden[210]. Crick als Vertreter eines Theorien-Reduktionismus, ignorierte die Besonderheiten lebender Systeme, obwohl er explizit im Begriff der Information einen grundlegenden Aspekt lebender Systeme sah. Er ließ allerdings offen, wie er den Informationsbegriff mit dem begrifflichen Handwerkszeug von Physik und Chemie erklären wollte.

Die moderne Naturwissenschaft entwickelt sich mehr und mehr von einer Naturwissenschaft vom Sein zu einer Wissenschaft vom Werden. W. Heisenberg[211] charakterisierte die Geschichte der physikalischen Erkenntnisse als Folge „abgeschlossener, in sich widerspruchsfreier Begriffssysteme von Definitionen und Axiomem", die bereits ihre endgültige Form gefunden hätten: Am Anfang stand demgemäß die Newtonsche Mechanik, im 19. Jahrhundert folgten die Theorien der Wärme und die Theorie elektrischer und magnetischer Erscheinungen. Das nächste geschlossene System lieferte die Quantentheorie. Heisenberg vermutete, dass es „für das Verständnis der Lebensvorgänge notwendig sein wird, über die Quantentheorie hinauszugehen und ein neues abgeschlossenes Begriffssystem zu konstruieren, zu dem Physik und Chemie vielleicht später als Grenzfälle gehören mögen"[212]. Möglicherweise könnte diese genannte Kluft zwischen Anorganik und Organik in einer neuen, zukünftig noch zu schaffenden Naturwissenschaft überwunden werden. Die Welt kennt ja nur eine Wirklichkeit und eine allem zugrunde liegende Gesetzlichkeit. Möglicherweise könnte im Zentrum einer solchen erweiterten und noch umfassenderen Wissenschaft von der Welt, zu der Physik, Chemie, Biologie, Informatik und auch die Medizin gehören würden, das Prinzip der Bewegung stehen, wie es von Weizsäcker einmal vermutete. Damit könnte sich die Wissenschaft über die Natur wieder zu dem alten aristotelischen Begriff von der „Bewegung" (physis=Bewegung) annähern[213].

Der Begriff Reduktionismus ist unklar und in den philosophischen Diskussionen keineswegs unumstritten. Reduktion und Reduktionismus haben durch beigefügte Eigenschaftsworte (axiomatischer, begrifflicher, empirischer, existentieller, nationalistischer, methodischer, metaphysischer Reduktionismus) zum Teil ganz erhebliche unterschiedliche Bedeutungen erhalten. Nach Weinberg ist Wissenschaft immer reduktionistisch[214].

Für die Medizin sind in Anlehnung an Frey drei Grundkonzepte des Reduktionismus von Bedeutung[215].

1. Der ontologische Reduktionismus ist materialistisch ausgelegt und behauptet, dass das Verhalten der Objekte vom subatomaren Bereich bis in den Bereich der organischen und funktionellen Störungen auf physikalische Gesetze reduzierbar sei.
2. Der epistemologische Reduktionismus beschäftigt sich mit Theorien, welche Naturvorgänge erklären und Konsequenzen ermöglichen.
3. Der methodologische Reduktionismus zielt auf methodische Vereinfachung und die Ausschaltung mehrerer Variablen. Diese Form des Reduktionismus ist in der Medizin in Forschung und Praxis unverzichtbar.

Für den Reduktionismus spricht, dass er eine unübersehbare Anzahl von Problemen und Fragen in der Naturwissenschaft, und damit auch in der Medizin, gelöst hat. Kein anderer Ansatz kann auf wissenschaftlicher Basis als gleichermaßen fundiert gelten und es spricht nichts dafür, dass die Medizin diese eingeschlagene Richtung verlassen sollte. Nach Brunak und Lautrup gründen sich alle Formen der Kognition auf Reduktion, denn „sonst würden wir die Welt als Chaos unzusammenhängender Details erfahren"[216]. Gross weist in diesem Zusammenhang darauf hin, dass es an Einwänden gegen den Reduktionismus nie gefehlt hat[217]. Dies gilt in besonderem Maße für den Bereich der Medizin. Denn die alleinige Registrierung und wissenschaftliche Evaluation von atypischen Signalbildungen auf der DNA, der Nachweis von atypischen Musterbildungen auf der Ebene der Enzyme bzw. Proteine sind ungeeignet, daraus ein umfassendes Verständnis von Krankheitsbildern oder gar von Gesundheit und Krankheit abzuleiten. Zwar sind der methodische und der epistemiologische Reduktionismus für die Medizin notwendig, beide sind aber nicht hinreichend. Medizinische Wissenschaft im Labor und am Krankenbett ist ohne Reduktion schlechterdings nicht denkbar und alle Entscheidungen der Medizin basieren letztlich auf der Reduktion von gewaltigen Datensätzen. Das zentrale Nervensystem, unser Gehirn, funktioniert zudem auch auf der Basis von Datenreduktionen, indem es die eintreffenden Signale aus der Umgebung filtert und komprimiert[218]. Angesichts der Komplexität der Lebensprozesse in der Zelle, in den Organen, ja im gesamte Organismus und im Abgleich zwischen dem, was als „gesund" und was als „krank" bezeichnet werden muss, gerät der Reduktionismus in all seinen Spielarten und Konzepten jedoch an seine Grenzen.

Wie wir gezeigt haben, sind Krankheiten aus komplexen Netzwerken mit einem intrinsischen Indeterminismus aufgebaut. Dieser Indeterminismus erschließt sich aus der nicht linearen Dynamik der zellulären Prozesse und entzieht sich somit einem ausschließlich reduktionistischen Ansatz. Netzwerke stellen die Grundlage für die Funktion des zentralen Nervensystems, für das Herz-Kreislauf-System, für die Systeme des Stoffwechsels, des Immunsystems und für alle anderen physiologischen Systeme dar. Innerhalb und im komplexen Zusammenwirken dieser Systeme existieren keine dauerhaft stabilen Zustände wie beispielsweise in der Festkörperphysik. In diesen Bereichen kann jede neue chemische Bindung, jeder einzelne Ablesevorgang eines Gens den funktionellen Status des Systems als Ganzen verändern. Es ist auf der andere Seite aber auch unbestreitbar, dass im Organismus alle physikalischen Gesetze ihre Gültigkeit beibehalten. Den sich von Augenblick zu Augenblick unvorhersehbar ändernden Aktivitätszuständen des Systems kann nicht ein genau definierter Zustand auf der physikalisch-chemischen Ebene zugeordnet werden. Lebende Systeme ändern andauernd ihre Eingangssituationen und ihre Verknüpfungen mit parallelverschalteten Nachbarsystemen. Das Verhalten derartiger Systeme entzieht sich also einem Kausalschema von linearen Ursachen- und Wirkungsbeziehungen. Vielmehr stellt sich die Aufgabe, die wechselnden Systemzustände mit Hilfe von kybernetischen, synergetischen und weiteren systemtheoretischen Ansätzen zu modellieren. Jedoch liefern diese Ansätze oft nur grob skizzenhafte Modelle einer nur bis zu einem gewissen Grade reduzierbaren Wirklichkeit auf dem Grunde dieser komplexen Systeme.

Immer handelt es sich um offene Systeme, die in Rückkopplungsschleifen mit weiteren Systemen verbunden sind – von der Zelle über die Organe – bis zum Organismus und von dort bis weit in die Umwelt hinein. Immer stellt sich hinter diesen offenen komplexen Systemen auch die Frage nach einer Teleonomie, nach einem Zweck, nach einem Sinn, ja, es stellt sich auch die – klammheimliche – Frage einer Teleologie. Wie sagte doch John Haldane, ein materialistisch denkender Biologe: „Die Teleologie ist für den Biologen wie eine Mätresse: Er kann nicht ohne sie leben, aber er will mit ihr nicht in der Öffentlichkeit gesehen werden"[219].

Leben ist nicht nur eine Daseinsweise der Eiweißkörper. Vor Darwin war die Welt statisch und prognostizierbar – danach evolvierend. In der heutigen Biologie und Medizin würde eine reduktionistische Denkweise von einer generellen Prognostizierbarkeit, von einer Linearisierung von Differentialgleichungen für die fundamental komplexen Systeme eine unzulässige Vereinfachung darstellen. Angesichts der Komplexität des Lebendigen zeichnen sich am wissenschaftlichen Horizont grundsätzlich begrenzende Linien unserer Wissensmöglichkeiten ab. In Biologie und Medizin hat man es mit hoch rückgekoppelten Multiparametersystemen zu tun. Angesichts der Komplexität der Systeme entspricht es einer vernünftigen Vorgehensweise, das Augenmerk auf die partikulare Untersuchung der Untersysteme zu richten, deren Funktionsweise Schritt für Schritt zu klären und anschließend Versuche zu unternehmen, die auf diesem Wege gewonnenen Teillösungen, wie in einem Mosaik, zu einem Ganzen zusammenzufügen.

Komplexe Systeme sind jedoch nur in begrenzter Form reduzierbar und ihr Ganzes ist mehr als die Summe der Teile. Lebewesen sind nicht aus Mosaiksteinchen zusammengesetzt – Leben ist vielmehr eine Systemleistung. Dennoch behauptet der radikale Reduktionismus, dass Leben restlos im Rahmen der physikalischen Gesetze verstanden werden könne, wobei sich die Objekte im anorganischen und organischen Bereich nur durch den Grad der Komplexität unterscheiden würden. Der Physikalismus leugnet jede Sondergesetzlichkeit von lebenden Systemen und betrachtet den Übergang von der Anorganik zur Organik als Kontinuum. Der Physikalismus liefert die Basis für den Ontologischen Reduktionismus[220]. Zwar wird kein Materialist bzw. Physikalist unserer Tage behaupten wollen, dass wir derzeit alle Eigenschaften, Zustände von materiellen Körpern, die Personen sind, mit den gleichen Gesetzen beschreiben und erklären könnten, mit denen wir die Eigenschaften und Zustände der anderen materiellen Körper, wie beispielsweise von Steinen, Kaffeetassen, von Autos oder Planeten oder Sonnen beschreiben. Sie behaupten jedoch, dass diese Gesetze zwar derzeit noch nicht gefunden worden seien, dass sie aber dennoch existieren würden, und so unterstellt der ontologische Materialismus die Wissenschaften über lebende Zellen oder über gesunde oder erkrankte Personen dem Sinne nach einem physikalischen Forschungsprogramm. Selbst Bewusstseinszustände seien prinzipiell physikalisch-chemisch lösbar. In ähnlicher Weise drückte sich Bertrand Russell aus[221]: „Für den modernen Wissenschaftler ist der Tierkörper eine äußerst durchdachte Maschine von ungeheuer komplizierter physikalisch-chemischer Struktur; jede neue Entdeckung dient dazu, die sichtliche Kluft zwischen Tier und Maschine zu verringern".

Man muss Penzlin unbedingt beipflichten, dass eher das Gegenteil dessen eingetreten ist: Denn jede Neuentdeckung auf dem Gebiet der Lebenswissenschaften scheint diese Kluft unaufhörlich und immer größer werden zu lassen. Die Position des Physikalismus stellt die Basis für den ontologischen Reduktionismus dar, der alle biologischen Vorgänge auf das Zusammenwirken von physikalischen Einheiten zurückführen will und deshalb für die Medizin nicht grundlegend sein kann. Einer der renommiertesten Vertreter dieser Position ist Richard P. Feynman, der hierzu schrieb, dass „alles was lebendige Dinge tun ... aus dem Zittern und Zappeln der Atome" verstanden werden könne[222]. Auch der bekannte Bestseller-Autor Richard Dawkins verkündete in einer recht reißerischen Art, dass Leben schlicht und einfach aus Bytes bestünde[223].

Der ontologische Reduktionismus mündet zwangsläufig in eine Maschinentheorie des Lebens ein, eine Theorie, die immer noch vehement Anhänger findet, obwohl sie längstens geistig überwunden sein sollte. Nicht zuletzt kam Werner Heisenberg zu der Überzeugung, dass „den physikalischen und chemischen Gesetzmäßigkeiten etwas hinzugefügt werden müsse, bevor man die biologischen Erscheinungen vollständig verstehen könne"[224]. Der radikale Reduktionismus ist vor der Geschichte zum Scheitern verurteilt. Er ist seinem Wesen nach desolat und er erscheint bei genauerem Hinsehen noch bösartiger als alle Großinquisitoren der unheilvollen Kirchengeschichte zusammen. Er ist deshalb noch bösartiger, weil er es eigentlich besser wissen sollte. Seit Jahrhunderten verurteilt er alle und schickt jeden und alle auf die Scheiterhaufen eines pseudowissenschaftlichen Spekulantentums, die der belebten Natur etwas mehr unterstellen wollen als das geistlose Zappeln von Atomen. Ein solcher radikaler Reduktionismus steht der wissenschaftlichen Vernunft diametral entgegen. Er muss zumindest durch seine moderaten Spielarten ersetzt werden, nämlich durch solche Spielarten, die zumindest bereit sind, anzuerkennen, dass im Bereich der Systeme des Lebens Erscheinungen und Zusammenhänge existieren, die sich nicht auf physikalische und chemische Ebenen herabreduzieren lassen, die vielmehr nur von einer höheren Ebene aus erklärt werden können[225].

Im Gegensatz zu den Physikalisten betonen die Vitalisten die besonderen Eigenschaften und Fähigkeiten lebender Systeme, deren Planmäßigkeit sowie deren ganzheitlichen Charakter. Driesch definierte den Vitalismus als Lehre von der Selbstgesetzlichkeit des Lebendigen[226]. Der Vitalismus formuliert Prinzipien, Kräfte, die zu den im Bereich des Anorganischen waltenden Kräften hinzutreten würden, die in der langen Geschichte des Vitalismus viele Namen erhielten, beispielsweise spiritus seminalis, anima, élan vital, Entelechie oder innere Antriebskraft (Teilhard De Chardin).

Allen vitalistischen Theorien werden zwei Kardinalfehler bzw. zwei logische Fehlschlüsse unterstellt[227]: Der Vitalfaktor müsse zum einen mit Eigenschaften ausgestattet sein, um in die physikalischen Gesetze eingreifen zu können und zweitens müsse dem Faktor ein Vermögen zugestanden werden, selbstständig beurteilen zu können, was zweckmäßig sei und was nicht. Dies müsse aber zwangsläufig in einen Panpsychismus einmünden.

Immanuel Kant hatte in der Zweck- und Planmäßigkeit des Organischen nur „ein Prinzip der reflektierenden und nicht der bestimmenden Urteilskraft" gesehen und hatte sie als „regulativ und nicht konstitutiv" eingeordnet[228].

Es gibt gute Gründe für die Annahme, dass sich das Bewusstsein Erklärungsversuchen auf ausschließlich physikalisch-reduktionistischer Ebene entziehen wird. Wir wissen auch, dass Bewusstsein und Beobachtung auf Quantenprozesse einwirken können, ohne dass wir imstande wären, Erklärungen für diese Art von Einwirkungen bzw. Wechselwirkungen zu liefern. Sowohl die Natur des Bewusstseins als auch dessen mögliche Einwirkungen auf materielle Körper – beispielsweise Atome und Elektronen bleiben ungeklärt.

Wenn man also dem Physikalismus bzw. dem ontologischen Reduktionismus folgt, nach denen alles, was existiert, materielle Körper sind, so müssten demnach auch Personen materielle Körper sein. Demzufolge kann es nur eine Entität in der Welt geben, nämlich die Materie. Dann ist aber eine Frage mit einer großen theoretischen Folgelast aufgeworfen: Es wäre in diesem Falle zu belegen, dass der Begriff einer Person durch rein materialistische, physikalische Termini ausgedrückt werden könnte und dass alles, was über Personen in wissenschaftlich zugänglicher Weise, d.h. in Gestalt von wissenschaftlichen Theorien, gesagt werden kann, in gleicher Weise Aussagen über die Materie sind. Der Physikalist, der einen ontologischen Reduktionismus vertritt, muss diejenigen materiellen Körper, die Personen sind, deren Eigenschaften, Zustände und Veränderungen durch Gesetze beschreiben können, die vom selben Typus sind, wie die Gesetze, mit denen wir die Zustände, Veränderungen der anderen Bereiche der materiellen Welt beschreiben. Viele Wissenschaftler, die heute eine solche Form des ontologischen Reduktionismus bzw. ontologischen Materialismus und Physikalismus vertreten, fordern bei näherer Hinsicht eine Legitimation für ihre Behauptung der Alternativlosigkeit ihres Programms ein, ohne diese Legitimation wissenschaftlich widerspruchsfrei auch nur annähernd belegen zu können. Bei genauerem Hinsehen sprechen wir Personen nicht nur Prädikate in einem physikalisch-chemischen Vokabular zu, sondern wir sprechen Personen Prädikate eines davon kategorial unterschiedlichen Vokabulars zu. Beispielsweise sprechen wir Personen Prädikate zu, dass sie nicht nur die Welt in spezifischer Weise wahrnehmen können, wir sprechen ihnen Prädikate zu, dass sie Meinungen, Aussagen über diese Welt bilden, dass sie darüber hinaus ihre Meinungen begründen können, dass sie Theorien über die Welt bilden, dass sie Absichten haben und dass sie mehr oder weniger frei nach gründlicher Abwägung von Argumenten Entscheidungen treffen. Menschen haben ein Bewusstsein ihrer selbst und sind mit sich selbst – jedenfalls im Normalfall, wenn sie vorher nicht in der Kneipe waren oder irgendetwas geraucht haben – identisch. Menschen sind für ihre Handlungen verantwortlich. Menschen werden in den Knast gesteckt, wenn sie etwas auf dem Kerbholz haben. Menschen schreiben sich somit ein Vokabular an Eigenschaften und Verhalten zu, das keine Schnittmengen mit der physikalischen Welt aufweist, weil es sich hierbei um ein „mentalistisches" Vokabular handelt.

9.3 Die gleichermaßen reduktionistische und holistische Natur der Medizin

Die sich auf Hippokrates berufende abendländische Medizin vereinigte schon von ihren frühesten Anfängen an Reduktionismus und Holismus in einer organischen Weise. Beide Sichtweisen stellen komplementäre Aspekte eines grundlegenden Ganzen dar, worauf Gross in zutreffender Weise hinweist[229]. Eine ausschließlich „ganzheitliche holistische Betrachtungsweise" dürfte zwar kaum in der Lage sein, die Ursachen von bösartigen Geschwülsten im Gefolge von genetischen Anomalien auf der DNA zu entschlüsseln und von hier ausgehend individuell angepasste und zielgerichtete Therapien abzuleiten. Andererseits bezieht eine holistische Betrachtung von Krankheiten die Person des Menschen mitsamt seiner Biographie, seinen psychosomatischen Verflechtungen und nicht zuletzt mitsamt seiner Umwelt in das Krankheitsgeschehen mit ein. Eine holistische Betrachtung von Krankheiten war in der aufkommenden Neuzeit und angesichts des Siegeszuges der mechanistisch-reduktionistisch ausgerichteten Medizin zeitweilig nahezu völlig in Vergessenheit geraten, obwohl es eine ungemein fruchtbare Verbindung von Reduktionismus und Holismus in der hippokratischen Medizin gewesen war, die grundlegend für das abendländische Medizinparadigma werden sollte, wie es im Schriftwerk des sog. Corpus Hippokratikum seinen Niederschlag erhalten sollte. Diese Schriftenreihe kann in ihrer Gesamtheit nicht ausschließlich der Person des Hippokrates zugeschrieben werden, spiegelt sie doch zum Teil recht unterschiedliche medizinische Standpunkte wieder. Möglicherweise stammen einige Kernschriften dieses Corpus Hippokratikum aus einer Bibliothek der Ärzteschule auf der Insel Kos, andere Werke könnten der Knidischen Schule entstammen. Wir wissen nicht genau, welche Schriften von Hippokrates persönlich abgefasst wurden. Mit einiger Wahrscheinlichkeit stammen aber Schriften wie „Über die Einlenkung der Gelenke", „Über die Kopfverletzungen", „Über die Behandlungsräume des Arztes", „Das Buch vom Hebel", die „Aphorismen" sowie die Schrift „Über die Epidemien" aus der persönlichen Feder des Hippokrates.

In den sieben Traktaten über die Epidemien wird in äußerst prägnanten Lehrsätzen das Wissen der Schule von Kos zusammengefasst. Dort ist ein Lehrsatz nachzulesen, der der modernen und zunehmend ökonomisierten Medizin einen Spiegel vorhält: „Sei nützlich oder schade nicht. Die ärztliche Kunst spielt sich zwischen drei Größen ab: Der

Krankheit, dem Kranken und dem Arzt. Der Arzt ist Diener seiner Kunst". In die heutige moderne Sprache heißt dies: Heilkunst ist echte Kunst und schon gar nicht ein Job in einem gewinnmaximierenden Dienstleistungsgewerbe. Heilung entfaltet sich im hippokratischen Denken aus einem engen Beziehungsgefüge zwischen Arzt und Patient heraus, auf das auch die moderne Medizin des 21. Jahrhunderts nicht verzichten kann. Die Technik und das technische Know How ändern sich, nicht jedoch die Medizin als Heilkunst und zumal nicht die Menschen. Eine holistische Betrachtungsweise von Krankheiten kommt in den „Epidemien" mit großer Sachkenntnis zum Tragen, wo das gesamte Umfeld der betroffenen Patienten durchmustert und in die diagnostischen Überlegungen des Arztes miteinbezogen wird, ja die gesamte Landschaft und selbst das die Menschen prägende Klima werden in die Beobachtungen des Arztes miteinbezogen. Die damaligen Ärzte, die in der reduktionistisch-detaillierten Beobachtung von diskreten Symptomen und kleinsten Auffälligkeiten geschult waren – diese Ärzte sahen es gleichermaßen als ihre Aufgabe, alle jenen Gesichtspunkte außerhalb des Patienten in ihr Kalkül mit einzubeziehen, was möglicherweise einen direkten oder indirekten Einfluss auf die Krankheit des Patienten ausüben konnte. Auch die moderne Medizin beruft sich mit ihrer bis ins Mikroskopische reichenden reduktionistischen Exploration von Symptomen, Signalen, Zeichen einer Krankheit auf diese hippokratische Kultur des alten Griechenland.

Der heutige Mensch wird bis in das kleinste wahrnehmbare Detail und unter größtem technischem Aufwand beobachtet. Hierbei geht aber allzu oft hinter dem Partikularen das komplementäre, personale Ganze verloren. So gehen der modernen Medizin oft strukturelle Merkmale ihres inneren Wesenskerns verloren. Die moderne Medizin steht in Gefahr, zu einer Mono-Medizin zu werden: Sie erdrosselt sich selbst in einem ausschließlich auf das Partikulare ausgerichteten Reduktionismus, ohne von hier aus den Schwungkreis zu einer holistischen Betrachtungsweise zu vollenden. Sie spricht vom (Mono-)Diabetes, von der (Mono-)obstruktiven Lungenerkrankung, von der (Mono-)koronaren Herzkrankheit und von der (Mono-)Coxarthrose. Und demgemäß wird auch alles nach dem Mono-Schema behandelt, was zudem das weitaus lukrativere ist: Erst wird die koronare Herzkrankheit mit einem Stent versorgt, anschließend wird die Coxarthrose operativ durch einen Gelenkersatz behandelt und schließlich erfolgt die medikamentöse Therapie des Asthmas. In den Arztbriefen stapeln sich die Reihen von Diagnosen turmhoch auf. Für den Patienten wäre es bisweilen aber weitaus besser, wenn ihm der Arzt mitteilen könnte, dass die Vielzahl seiner Krankheiten auf einige wenige oder gar auf einen einzigen Ursachenkontext zurückzuführen ist, nämlich auf seinen ungesunden Lebensstil: So ist es oft der Stress im Beruf, in dessen Gefolge sich durch das Rauchen eine Lungenerkrankung und eine Herzerkrankung eingestellt hat. Oder der berufliche Stress führte zu einem massiven Übergewicht durch Fehlernährung und mangelhafte Bewegung. Dies hatte wiederum einen vorzeitigen Gelenkverschleiß zur Folge. Ein guter Arzt würde sich die Zeit nehmen, sich diesem Patienten als Ganzen im Sinne einer Salutogenese zuzuwenden. Es wäre an der Zeit gewesen, die berufliche und familiäre Situation zu hinterfragen, das gesamte Umfeld des Patienten auszuleuchten und dem Patienten im ersten Schritt Alternativen, d.h. neue Gesundheits- und vor allem Lebensperspektiven aufzuzeigen. Wären solche Gespräche vor Jahr und Tag erfolgt, so hätte man von der späteren ellenlangen Diagnosenliste viele, wenn nicht alle aufgezählten Erkrankungen streichen können: Ein Herzinfarkt und ein Bluthochdruck hätten vermieden werden können und statt dass der Patient nach einem künstlichen Hüft- und Kniegelenksersatz jetzt etliche Wochen außerhalb seines Büros in einer orthopädischen Klinik verbringen muss, könnte der gleiche Mensch 20 kg leichter und wesentlich weniger stressgeplagt seiner Arbeit nachgehen: Der Patient wäre gar kein Patient geworden. Die Dominanz des Reduktionismus in der heutigen Medizin hat zu einer überwältigenden Übermacht des Technisch-Apparativen geführt, in der die erkrankte Person, der Mensch mit seiner individuellen Daseinsverfassung im Nebel der Technokratie verloren zu gehen droht.

Dagegen war hippokratisches Denken analytisch-reduktionistisches und synthetisches Denken zugleich. Dieses Denken fasste alle Stufen von der Diagnose bis zum Ende der Behandlung. Platon nahm in einem seiner Dialoge („Phaidros") Bezug auf diese neue und für die damalige Zeit revolutionäre wissenschaftlich-reduktionistische Denkweise innerhalb der hippokratischen Medizin, die sich von den Relikten eines archaisch-animistischen Aberglaubens gelöst hatte: „… Betrachte also aufmerksam, was uns sowohl Hippokrates als auch die rechte Vernunft über die Erfassung des Wesens einer Sache lehrt. … Wenn der Gegenstand kompliziert ist, muss man dann nicht zuerst seine verschiedenen Teile aufzählen, um dann mit jedem dieser Teile genau das zu machen, das man auch mit dem einfachen Gegenstand gemacht hat? Also die wesenhafte Beschaffenheit jedes dieser Teile prüfen und daraufhin untersuchen, welche Wirkungen dieser Teil auf was ausübt und welchen Einflüssen von welcher Seite diese Seite ausgesetzt ist. … Zumindest würde unsere Methode ohne diese Verfahrensweise dem Gang eines Blinden gleichkommen. …". Hier ist vor zweieinhalbtausend Jahren ein Manifest des methodologischen Reduktionismus abgefasst worden. Hippokratisches Denken hatte verinnerlicht, dass sich partikulares und holistisches Denken keineswegs ausschließen, sondern sich gegenseitig komplementär ergänzen und befruchten müssen. Wie revolutionär war diese Denkweise vor zweieinhalbtausend Jahren und wie viel davon ist heute noch in den modernen Medizinfabriken übrig geblieben? Wie viele nutzlose Antibiotika werden verschrieben, wie viele Untersuchungen, wie viele Operationen an Wirbelsäule und an den Gelenken werden ausschließlich unter dem Diktat des Shareholder Value und aus Gründen der Profitabilität eines Krankenhauses durchgeführt? Wer sich einmal als moderner Arzt die Zeit nimmt und sich etwas intensiver auf das Studium dieser hippokratischen Schriften einlässt, der muss nachdenklich werden. Natürlich waren seinerzeit Krankheitsbilder wie eine akute Appendizitis völlig unbekannt. Und während damals Viele an dieser harmlosen Erkrankung starben, werden die Menschen heute durch einen kleinen operativen Eingriff geheilt, der kaum mehr als 30 Minuten in Anspruch nimmt. Dennoch muss man heute anerkennen, dass damals Krankheitstheorien und Standards der Behandlung etabliert worden waren, die wegweisend für viele nachfolgende Jahrhunderte werden sollten und die auch der heutigen Medizin einen mehr patientenorientierten Weg in das 21. Jahrhundert aufweisen könnten. Auch in Zukunft ist unverzichtbar die wissenschaftlich-reduktionistische Erforschung der Krankheitsbilder bis hinab auf die Ebene der Zellen und von dort aus noch weiter in den molekularen, ja selbst in den atomaren Bereich hinein.

Damit steht zu hoffen, Krankheitsprozesse in ihren Teilbereichen immer besser verstehen zu können. Typisch für Biologie und Medizin sind in den allermeisten Fällen die kausalanalytische Vorgehensweise, wobei man versuchen muss, spezielle Theorien aus den physikalischen oder chemischen Basiswissenschaften auf Probleme in der Medizin anzuwenden, beispielsweise in der Untersuchung der Nervenleitung mit Hilfe der Elektrodynamik. Die eher systemischen Fragestellungen, die Betrachtungen der Funktion der Organe im Rahmen der Physiologie sowie die Beziehungen zwischen den Komplexitätsebenen erhalten jedoch in unserer Forschungslandschaft immer weniger materielle Unterstützungen. Aus einer ausschließlich reduktionistischen Sichtweise heraus wird man nicht zu lernen verstehen, was Krankheiten ihrem Wesen nach darstellen, worin ihre teleonomen Dimensionen bestehen, oder was Krankheiten für den Betroffenen „bedeuten". Schon Hippokrates betonte die wichtige subjektive Dimension in der Entstehung und im Ablauf von Krankheiten. Der kranke Mensch ist nicht beziehungslos ausgeliefertes Objekt, sondern erfahrendes Subjekt in seiner Erkrankung und er ist beobachtender Partner des Arztes. Krankheiten etablieren, wie wir weiter oben zeigen konnten, komplexe autoregulative Netzwerke, die sich, so wie auch die physiologischen Lebensprozesse, einer ausschließlich reduktionistischen Betrachtung entziehen müssen.

Es wird eine Aufgabe der Medizin sein, ihre eigene Systemtheorie zu entwickeln, in welcher Begriffe der Organisation, der Integration und der Spezifität und nicht zuletzt auch der Generierung, Weitergabe und Verarbeitung von Informationen eine wesentliche Rolle spielen müssen.

Die Medizin wird sich zudem mit der Rolle des Bewusstseins in der Entstehung und im Ablauf von Krankheiten sowie der wechselseitigen Beziehung zwischen Arzt und Patient näher beschäftigen müssen.

Zwar werden solche Ansätze immer nur bildhafte Modelle einer nur bis zu einem gewissen Grade reduzierbaren Krankheitswirklichkeit bleiben. Immer handelt es sich ja um offene Systeme, die in Rückkopplungsschleifen mit vielen weiteren Systemen verbunden sind – von der Zelle über die Organe bis zum Organismus und von dort bis weit in die Umwelt hinein. Immer stehen also hinter diesen offenen komplexen Systemen auch Fragen nach dem Zweck und dahinter auch die Frage nach dem Sinn.

In der Medizin werden Fragen gestellt und aufgeworfen, die im Rahmen eines reduktionistischen Ansatzes nicht gelöst werden können, die vielmehr weit darüber hinaus reichen in grundlegende Sinntexturen der menschlichen Existenz hinein.

9.4 Zu Emergenz und Teleonomie in Biologie und Medizin

Lebewesen existieren im Rahmen einer Trias von dynamischer Organisation, Struktur und Information[230]. Krankheiten entwickeln sich in einem Gefüge, das einer solchen Trias wesensähnlich ist: Sie bilden innerhalb der Organisation des Organismus eigene krankheitsspezifische Organisationen, Strukturen und spezifische dynamische Muster heraus. Krankheiten gehen aus neu entstandenen Informationen hervor, sie vernichten Informationen, sie etablieren ihre spezifischen informatorischen Netzwerke und sie knüpfen diese Netzwerke mit den betroffenen Organen oder dem betroffenen Organismus als Ganzes. Bösartige Geschwülste bauen, wie wir zeigen konnten, komplexe kommunikative Netzwerke zum Wirtsorganismus auf. Krankheiten präsentieren teleonom ausgerichtete Organisationsstrukturen, sie zeigen koordiniertes Verhalten, das aus einem krankheitsspezifisch koordinierten Zusammenwirken eines Energie-Stoff-Informationsaustausches hervorgeht. Aus dem koordinativen Zusammenwirken einer Vielzahl von physiologischen Prozessen etablieren sich neue funktionell durchaus höher differenzierte Strukturen des Stoffwechsels, der Blutgerinnung, der Immunabwehr und anderen Systemen. Diese neu etablierten Ordnungs- und Organisationsstrukturen dienen einem Zweck, der teleonom auf die funktionelle Optimierung des Ganzen ausgerichtet ist. Ein Beispiel ist der Aufbau neuer Immunitätsmuster nach einer Infektionskrankheit.

Nach Aristoteles sind Wesen als steuernde und teleonomisch ausgerichtete (Telos = Ziel) Einheiten, die aus dem funktionellen Zusammenwirken der Teile heraus entstehen. Diese organisatorischen Einheiten tragen den Zweck des Ganzen in sich selbst. So schreibt er in seinem Werk „De artibus animalium" in diesem Zusammenhang: „Es ist deutlich, ... dass der Körper irgendwie um der Seele willen ist und die Teile um der Funktion willen, zu denen ein jeder von Natur aus bestimmt ist ..."[231]. Mit diesen Auffassungen kommt Aristoteles modernen Auffassungen vom Lebendigen sehr nahe. Schon der Begriff des Organischen, der sich ja vom Wort „organon, Werkzeug", ableitet, deutet auf eine Funktionalität, Zielgerichtetheit hin. Für Nicolai Hartmann ist das Zweckmäßige eine immanente Eigenschaft des Lebendigen, ein Wesensmerkmal, das den Rang einer Kategorie im Sinne einer ersten Voraussetzung allen Erklärens nach Kant erfüllt. Das Zweckmäßige fehlt den physikalischen Körpern und tritt erst auf der Daseinsebene des Organischen als „Novum" auf[232]. Das Phänomen des Zweckmäßigen ist nicht ein Merkmal des Lebendigen, sondern es ist die zentrale conditio sine qua non schlechthin, worauf Penzlin zu Recht hinweist[233].

In der Biologie und auch in der Medizin stellt sich, anders als in der Physik und Chemie, die Frage nach dem „Wozu?", nach dem Zweck, nach dem Ziel, nach inneren semantischen Strukturen und Vorgängen in besonderer Schärfe. Ganzheiten setzen Rahmen, in denen synthetische Zuordnungen von Einzelphänomenen sinnvoll werden. So geht es in der Medizin immer um synthetische Zuordnungen von Einzeldaten in einen Gesamtzusammenhang von Krankheit und Gesundheit. Erst so gewinnen sie eine Aussagekraft. Für sich genommen sind sie noch potentielle Informationen ohne Träger, Informationen, die noch nicht vernommen, d.h. als aktuelle Informationen registriert sind. Einzeldaten, Phänomene, können nur aus dem Zusammenhang heraus interpretiert werden: Ihre Aussagekraft ist für sich genommen von geringer Bedeutung: Ein im Röntgenbild nachgewiesener Verschleiß eines Hüftgelenkes kann die chronischen Leistenschmerzen einer älteren Patientin zwar erklären. Demzufolge wird das verschlissene Hüftgelenk durch ein Kunstgelenk ersetzt. Nach der Operation bestehen die Leistenschmerzen jedoch weiter, bis schließlich ein Gynäkologe eine chronische Entzündung im Bereich des inneren Genitale der Frau als die eigentliche Ursache der Leistenschmerzen diagnostiziert hatte. Für die allgemeine Betrachtung von Krankheiten gilt das gleiche Prinzip wie auch für die Betrachtung von physiologischen Systemen: Immer nimmt der Systemzusammenhang die höhere Prioritätsstufe ein als das Einzelphänomen bzw. als der Einzelbefund. Weitaus mehr als in anderen Disziplinen beschäftigt sich die Medizin mit sich selbst organisierenden, sich selbst erhaltenden, typischen krankheitsimmanenten und somit auch teleonomisch ausgerichteten Ganzheiten. Es handelt sich in der Tat um das Zusammenwirken von Ganzheiten: Von der Ebene der Gene, deren Zweck auf die Proteinbiosynthese ausgerichtet ist, deren Zweck wiederum auf die Organisation der Zelle ausgerichtet ist, auf ihren strukturellen Aufbau und auf ihren Stoffwechsel. Der Zweck der Zelle ist auf die zellulären Netzwerke ausgerichtet, deren Zweck die Etablierung von Organstrukturen ist, und von dieser Ebene ausgehende über die Etablierung der großen identitätserhaltenden Systeme bis zur letzten integralen Ganzheit, nämlich dem möglichst störungslosen und lautlosen Zusammenwirken aller Organe und Systeme. Alle diese Untersysteme präsentieren demnach organisierte Ganzheiten, deren Funktion sich von der Perspektive der nächst höheren Ebene aus erklärt. Die medizinische Wissenschaft vollzieht sich in einem Zirkelschluss von der kausal-analytischen Betrachtung (bottom up), von Krankheitsphänomenen auf der molekularen und zellulären Ebene, auf die Systemzusammenhänge (top down) und von dort wieder zurück auf die Ausgangspunkte von Krankheiten im mikroskopischen Bereich. Der Zweck des Immunsystems besteht in der Abwehr von potentiellen Schädlingen aus der Umwelt und darüber hinaus in der Schaffung von Abbildern der Welt im Organismus. Der Zweck des Immunsystems erschließt sich aus der Erforschung der verschiedenen Typen von Immunzellen sowie der Vielzahl von molekularen Botenstoffen, welche Netzwerke etablieren, die steuernd wiederum auf die Aktivität der Immunzellen und der Botenstoffe zurückwirken. Einer der Zwecke des Zentralen Nervensystems besteht in der Etablierung von Hypothesen über die Umwelt und darüber hinaus in einer mentalen (Neu-)Konstruktion von Welt. Der Zweckmäßigkeit und der Zielrichtung dieser Systeme stehen die Krankheiten entgegen, die ihrerseits wiederum eigene zweckgerichtete Systeme etablieren.

Krankheiten verzerren die teleonome Ausrichtung der Systeme.

Eine teleonome Dimension eines malignen Tumors besteht beispielsweise in der Etablierung eigener weitgehend autonom agierender Netzwerke an Tumorzellverbänden. Zu diesem Zweck und zu diesem Ziel gehen die Tumorzellen enge Beziehungen mit dem Wirtssystem ein, wobei die Zellen sich der physiologischen informatorischen Netzwerke des Wirtsorganismus bedienen. Von der ersten maligne entarteten Zelle bis zum Stadium eines großen Magenkarzinoms mit stattgehabter lokaler oder Fernmetastasierung ist ein teleonomes Zusammenwirken der Tumorzellverbände nach innen und außen wirksam. Krankheiten sind durch interne und externe Steuerungsvorgänge agierende Systeme, die mit den physiologischen Systemen des Wirtes in Beziehung treten. Das quantitative und qualitative Maß dieses Zusammenwirkens definiert wesentlich die Schwere des Krankheitsbildes. Stuart Kaufman, der mit seiner Arbeitsgruppe in Santa Fe in New Mexiko das Problem der Komplexität erforschte, ist der Überzeugung, dass die Selbstorganisation die wichtigste Quelle für Ordnung im Organismus ist und dass die Darwinsche Selektionstheorie das Entstehen höherer Ordnungen nicht erklären kann: „Ich bin zu der Überzeugung gelangt, dass die Ordnung in der biologischen Welt nicht nur das Ergebnis fortwährenden „Herumbastelns" ist, sondern aufgrund der Prinzipien der Selbstorganisation – der Komplexitätsgesetze, die wir gerade erst aufzudecken und zu verstehen beginnen – geradezu zwangsläufig spontan entsteht"[234].

Ein Mensch mit 10^{14} Zellen und mehr als 200 Zelltypen entwickelt sich aus einer befruchteten Eizelle. Die Embryonalentwicklung ist ein selbsttätiger, eindeutig teleonomer Prozess – oder würde sich in diesem Zusammenhang nicht eher der Begriff einer Teleologie anbieten? Viele Wissenschaftler hegen eine tiefe Abneigung gegen den Teleologiebegriff wegen seiner naturtheologischen Interpretationsmöglichkeiten. Sie sind andererseits nicht in der Lage, auf Formulierungen in der Weise von Teleologie oftmals verzichten zu können. Aus diesen Gründen schlug Colin S. Pittendrigh im Jahre 1958 den neutralen Bergriff „Teleonomie" vor[235]. Pittendrigh wollte seinen Begriff auf „zielgerichtetete Systeme" bezogen wissen. Dieser Begriff erweckte wiederum den Verdacht, dass damit möglicherweise auch eine Art von „Zielgerichtetheit" im Sinne einer Finalität, d.h. im Sinne eines Planes oder einer Absicht in den biologischen Evolutionsvorgängen missverstanden werden könnte. Um derartige Missverständnisse auszuräumen, schlug Mayr vor, dass teleologische Systeme ihre Ausrichtung einem Programm verdanken müssten, das entweder genetisch verankert oder durch Lernen erworben worden sei[236]. Im Gegensatz zu den willentlich gezielten Akten menschlichen Handelns sei das Programm nicht durch das angestrebte Ziel bestimmt, sondern das Ziel sei im Programm schon von vornherein enthalten. Teleonomie bedeutet nach einer reichlich verschwurbelten Begriffsakrobatik „zielgerichtet", aber niemals „zielbeabsichtigt" oder gar „zielintendiert". Penzlin bringt es so auf den Punkt: „Teleonomie ist Zielgerichtetheit ohne Kenntnis des Ziels"[237]. Angesichts der unbestreitbaren Existenz des Zweckmäßigen in organischen Systemen ist die Frage nach dem „wozu" aber nicht nur zulässig, sondern grundsätzlich unverzichtbar. Das Faktum einer gewaltigen autonomen Planmäßigkeit des organischen Geschehens widersetzt sich der Eingliederung in ein ausschließlich physikalisch mechanistisch geprägtes Weltbild. Es ist mehr als das Feynman'sche „Zittern und Zappeln der Atome" und es muss schwer fallen, das Fehlen einer wie auch immer gearteten Finalität in der konkreten Lebenswelt nicht zu akzeptieren. Nach Monod zwingt uns die Objektivität geradezu, „den teleonomen Charakter der Lebewesen anzuerkennen und zuzugeben, dass sie in ihren Strukturen und Leistungen ein Projekt verwirklichen und verfolgen"[238].

Bemerkenswert, ja fast schon entlarvend, erscheinen mir in dieser Passage zwei Begriffe zu sein, nämlich die Bestätigung, dass eine objektiv gesicherte Tatsache zugegeben werden müsse und zum anderen der Begriff eines teleonomen Projektes. Es gibt also ein teleonomes Projekt in den biologischen Systemen, welche das bis heute auch noch weithin propagierte Paradigma einer Maschinentheorie des Lebens überformt, wenn nicht ganz abgelöst hat.

Schon Aristoteles beschäftigte sich mit der Frage, wie es zur Entwicklung von Lebewesen überhaupt kommen kann und er stellte hierzu zwei Thesen auf, wie ein Organismus entstehen könne: Entweder lägen alle Teile des späteren Organismus von Anbeginn vorgebildet, d.h. „präformiert" vor und müssen nur noch „ausgewickelt" (evolviert) werden. Oder diese Strukturen entstünden de novo im Prozess einer „Epigenese". Aristoteles favorisierte die epigenetische Vorstellung[239]. Unter dem Druck der zunehmenden Mechanisierung des Weltbildes nach Descartes schwand der Einfluss epigenetischer Vorstellungen jedoch. Denn mit diesen Vorstellungen waren unklare, mystische bzw. sogar vitalistische Vorstellungen von Lebenskräften verbunden, die nicht in ein mechanistisches Weltbild mit kausalanalytischen Erklärungsmodellen passen wollten[240].

Mit der Einführung der Mikroskopie im 19. Jahrhundert und der Entdeckung der Zelle als Elementarorganismus gewann die epigenetische Therapie wieder an Einfluss. Eine gezielte kausalanalytische Erforschung von Entwicklungsvorgängen setzte dann Ende des 19. Jahrhunderts durch Wilhelm Roux und Hans Driesch ein. H. Driesch hing zunächst auch noch einer mechanistischen „Maschinentheorie" des Lebens im Sinne eines „teleologischen Mechanismus" an, wandelte sich jedoch in seinem späteren Leben zu einem Vitalisten[241]. Er wandte sich einer Lehre von der Autonomie und der Eigengesetzlichkeit des Lebens zu[242].

Mediziner befällt immer ein großes Staunen bei der Beobachtung, mit welcher Sicherheit sich ein Mensch mit 10^{14} Zellen aus einer befruchteten Eizelle entwickelt und wie selten Fehlbildungen eigentlich sind. Die Embryonalentwicklung eines Lebewesens findet in kurzer Zeit und in größter Präzision statt, mit einer solchen Präzision, die selbst bei nüchterner Betrachtung eines solchen planmäßigen Werdens geradezu atemberaubend anmuten muss. In der Biologie, in der Anthropologie und vor allem in der Medizin kann man das Faktum der Zweckmäßigkeit nicht wegleugnen, worauf schon Nicolai Hartmann hingewiesen hatte. Die biologischen Objekte tragen deutlich den Stempel des Zweckmäßigen und dies vom Bakterium bis zum Menschen. Für Nicolai Hartmann besitzt die Zweckmäßigkeit den Rang einer Kategorie im Kant'schen Sinne, die als Novum in der Daseinsschicht des Organischen auftritt. In jedem Organismus beobachten wir eine Hierarchie der Zwecke. Alles ist zweckmäßig in einem bestimmten Kontext. Für sich selbst, d.h. an sich, haben die Strukturen keinen Zweck, sondern nur in einem bestimmten Kontext[243]. Diese Zweckmäßigkeit findet nach Darwin aber nicht mehr in einem göttlichen Prinzip, in einer göttlichen Zweckbestimmung ihren Ursprung, sie wird als eine im Evolutionsprozess neu entstandene Eigenschaft betrachtet. Die Zweckbestimmtheit ist nach Darwin nicht weiter eine ursprüngliche und absolute, sondern eine historisch entstandene, eine gewordene und nicht gewollte Eigenschaft.

Hatte Darwin aber damit wirklich das Rätsel gelöst, wie zweckmäßiges Verhalten ohne zwecktätige Ursachen entstehen können? Hatte Darwin, wie Karl Marx seinerseits jubelte, der Teleologie der Naturwissenschaft wirklich den Todesstoß gegeben?[244]. Nach Darwin ist Zweckmäßigkeit das Produkt langer Optimierungsprozesse durch Mutation, Rekombination und Selektion. Auf Schritt und Tritt begegnen der Biologie auch Irrtümer der Evolution und die Zweckmäßigkeit reicht nach Darwin immer nur so weit als notwendig, aber nie darüber hinaus. Die Darwin'sche Evolutionstheorie wurde und wird bis heute als ein Kausalschema vom Urknall bis zum heutigen Homo sapiens aufgefasst und interpretiert. Sie liefert eine plausible und in sich geschlossene Erklärung für die Vielfalt der Arten. Sie ist aber dennoch keine Kausaltheorie. Sie ist weder mathematisch noch physikalisch beweisbar.

Nach Jacques Monod stellt neben der Teleonomie und der genetischen Invarianz vor allem auch die autonome Morphogenese eine charakteristische Eigenschaft von Lebewesen dar[245]. Äußere Bedingungen können den Verlauf der Ontogenese wohl beeinträchtigen oder sogar verhindern, sie können ihn aber nicht organisieren. „Aus einem Froschei entsteht immer wieder ein Frosch und nichts anderes. Da ist nichts dem Zufall überlassen"[246].

Ist also der Begriff der Teleonomie oder gar der Teleologie, wenn man diesen Begriff streng im Sinne einer Zielgerichtetheit verwenden will, wirklich derart veraltet? Stehen sich die Begriffe von Teleonomie oder Teleologie in einem oben bezeichneten strengen Sinne auf der einen Seite und das Prinzip der Selbstorganisation in einem offenen Evolutionsprozess auf der anderen Seite entgegen? Oder könnte es sich hierbei möglicherweise um komplementäre Begriffe handeln? Muss sich bei der Betrachtung der Ontogenese eines Lebewesens nicht der Eindruck einer Teleologie bzw. einer Finalität geradezu aufdrängen? Spaemann und Loew sind zu der Überzeugung gelangt: „Ohne Telos gibt es keine Ursache"[247]. Gross weist darauf hin, dass in der Biologie und in der Medizin der Begriff der Teleologie erlaubt, ja geradezu notwendig sei[248].

Selbst im Bereich der Physik haben als sicher kausal geltende Gesetze oft einen Anschein von Teleologie, z.B. die Prinzipien der kleinsten Masse oder der kleinsten Energie. Allerdings lehrt uns die Quantenmechanik auf der anderen Seite, dass der Zufall bei der Beschreibung der Natur eine fundamentale Rolle spielt[249]. Gemeint ist hier aber nicht nur der subjektive Zufall, der sich auf unser unvollständiges Wissen bezieht, gemeint ist vielmehr der objektive Zufall in dem Sinne, dass für bestimmte Phänomene im Quantenbereich prinzipiell keine Ursache existiert. Nach N. Hartmann entspricht die Kausalität einer Realkategorie und die Begriffe von Finalität und Teleologie fallen in den Bereich einer Bewusstseinskategorie. Kant bejahte die Finalität bzw. Teleologie in den Naturgesetzen wegen ihres heuristischen Wertes bei der Suche nach Kausalsystemen und zur organisierten Ordnung des empirischen Wissens[250].

Es fällt heute immer noch vielen materialistisch-reduktionistisch denkenden Physikern, Biologen und keineswegs wenigen Medizinern schwer, das Phänomen des Plan- und Zweckmäßigen in der Biologie und auch in der Medizin anzuerkennen. Wie sollen Ärzte imstande sein, hinter einem ausgebrochenen und metastasierten Dickdarmkarzinom noch irgendetwas Planbares, Heuristisches, Vitalistisches entdecken zu können? An diesem Punkt scheint sich die Teleonomie in ihr Gegenteil verkehren zu wollen. Und dennoch bleibt die Tatsache bestehen, dass sich die lebenden Systeme aus einem dynamischen organischen Faszinosum heraus entfalten, das erstaunt, das zu erschüttern vermag.

Indes tut sich das aktuell noch vorherrschende mechanistische Denkschema der Wissenschaft schwer, überhaupt eine teleonomische Ausrichtung der Lebensprozesse anzuerkennen, weil sie sich etwas Zweckmäßiges nicht ohne einen Zwecksetzer und etwas Planmäßiges nicht ohne einen Planenden vorstellen kann und will. Die heutige Wissenschaft befindet sich in einem ähnlichen Dilemma wie die Quantenphysiker zu Beginn des 21. Jahrhunderts, die sich mit dem Messproblem im Bereich der Quantenmechanik und mit der Stellung des Beobachters bzw. eines beobachtenden Bewusstseins konfrontiert sahen – ein bis heute ungelöstes Problem. Über den mathematischen Formalismus hinaus hat die Quantenmechanik noch nicht die „richtige" Sprache gefunden, in welcher sie ihre beobachteten Phänomene beschreiben kann und will. In einer durchaus vergleichbaren Situation befinden sich also die Lebenswissenschaften heute. Die Lebenswissenschaften haben, wie auch die Quantenmechanik, noch nicht die richtige Sprache dafür gefunden, wie sie die offensichtliche grundlegende und gestalterische Kraft in den biologischen Systemen beschreiben will.

Wie roh und ohne sinnstiftenden Zirkelschluss zum Ganzen, wie unfertig muss aber eine ausschließlich reduktionistische medizinische Wissenschaft gestaltet sein, deren Welt nur aus rohen und objektiv messbaren Daten besteht? Die Antwort darauf kann nur lauten: Eine solche Medizin hat ihre große Zeit hinter sich. Diese Ära ist heute schon Vergangenheit. Die reduktionistische Wissenschaft der Biologie und Medizin war zu ihrer Zeit eine erfolgreiche Wissenschaft, die sich von einem mechanistischen Weltbild her verstand, deren Denkmittel jedoch noch aus dem 17. Jahrhundert stammten. Dieses Weltbild wäre aber schon in der Welt der hoch entwickelten griechischen Wissenschaft sowie der Mehrzahl der asiatischen Kulturen keineswegs plausibel gewesen, worauf Carl Friedrich von Weizsäcker verweist: „Wie kann man eigentlich die unmittelbaren Wirklichkeiten der Seele und des Geistes zurückstellen und stattdessen etwas Niederes, nur roh Organisiertes und im Grunde Ungewisses wie die mechanischen Eigenschaften der Dinge zugrunde legen? Von den meisten asiatischen Traditionen her gesehen eine Torheit"[251]. In seinem lesenswerten Buch „Der Teil und das Ganze" schildert Werner Heisenberg ein Gespräch mit Niels Bohr, das anlässlich einer seiner Ferienzeiten zwischen den Jahren 1930 und 1932 in Kopenhagen stattgefunden hatte. Anlässlich eines solchen Gespräches hatte Bohr festgestellt, dass der Organismus einen Charakter an Ganzheit aufweist, wie ihn ein System der klassischen Physik niemals besitzen könne. Der Vergleich eines Organismus mit einer Flamme mache deutlich, dass die lebenden Organismen eine Form sind, durch die die Materie gewissermaßen hindurchströmt. Damit könne es sicherlich nicht möglich sein, durch Messungen zu bestimmen, welche Atome zu einem Lebewesen dazugehörten und welche nicht. Und Bohr stellte die bis heute im Raume stehende und letztendlich ungelöste Frage: „Kann die Tendenz solche Gestalten bilden, durch die eine Materie mit sehr bestimmten komplizierten Eigenschaften für eine begrenzte Zeit „hindurchströmt", aus der Quantenmechanik heraus verstanden werden?"

Hierzu, so ein Einwand eines anderen Gesprächsteilnehmers, brauche sich der Mediziner um die Beantwortung einer solchen Frage nicht zu kümmern. Denn der Mediziner würde annehmen, dass der Organismus die Tendenz habe, normale Verhältnisse wiederherzustellen, wenn sie gestört waren. Der Mediziner sei gleichzeitig überzeugt, dass die Vorgänge kausal ablaufen. Dies würde bedeuten, dass auf einen mechanischen oder chemischen Eingriff hin das erfolgen würde, was nach Physik und Chemie erfolgen sollte. Aber dennoch würden die beiden Betrachtungsweisen nicht zusammenpassen, weil sie sich komplementär zueinander verhalten. „Wir können entweder über den Organismus mit den Begriffen sprechen, die sich im Laufe der menschlichen Geschichte aus dem Umgang mit lebendigen Wesen gebildet haben. Dann reden wir von „lebendig", „Funktion eines Organs", „Stoffwechsel", „Heilungsprozess". Oder wir können nach dem kausalen Ablauf fragen. Dann benützen wir die Sprache der Physik und Chemie. ... Die beiden Betrachtungsweisen widersprechen einander. Denn in einem Fall setzen wir voraus, dass das Geschehen durch einen Zweck bestimmt ist, dem es dient, durch das Ziel, auf das es gerichtet ist, im anderen glauben wir, dass es durch das unmittelbar vorhergehende Geschehen, die unmittelbar vorausgegangene Situation festgelegt ist. ... Dass beide Forderungen sozusagen zufällig das gleiche ergeben, erscheint doch als äußert fraglich. ..."[252].

Es gibt somit eine klare Abgrenzung der biologischen Gesetzmäßigkeiten von den physikalisch-chemischen und die Trennlinie verläuft über das Grundprinzip der Komplementarität. Den Begriff der Tendenz verwendet auch Hans Peter Dürr als ein allen Naturvorgängen, ob anorganisch oder organisch, durchgehend inhärentes und bewegendes Moment. Nach seiner Auffassung ist Wirklichkeit begrifflich als ein sich ständig neu schöpfender Prozess ohne materielle Korrelate zu verstehen. Der Begriff der Tendenz bezieht sich auf den Begriff der Wahrscheinlichkeit, d.h. der Wahrscheinlichkeit des Überganges von einem Zustand auf einen anderen. Damit ist eine Zeitrichtung vorgegeben. Diese Zeitrichtung entspricht dem Geltungsbereich des 2. Hauptsatzes der Thermodynamik und er findet in den lebenden Systemen Eingang in das Prinzip „Ordnung aus Ordnung". Die Begriffe von Tendenz oder Teleonomie beziehen sich somit genau genommen auf das physikalische Grundprinzip der Bewegung und damit auf die Grundstruktur der Zeit, was meiner Ansicht nach am tiefsinnigsten von Carl Friedrich von Weizsäcker auf seine Weise ausgeleuchtet wurde: „Alles was ist, ist letzten Endes Zeit. Um Zeit sein zu können, muss es Änderung, d.h. Bewegung sein (das „d.h." ist hier formal eine Verbaldefinition von Bewegung; erst eine Theorie, die den Raum herleitet, kann ihren Charakter als räumliche Bewegung begründen). Bewegung ist nur Bewegung, insofern sie sich selbst nicht gleich bleibt"[253].

Es ist Max Hartmann beizupflichten, dass für die Herausarbeitung kausaler Beziehungen in der Biologie und zumal in der Medizin auch teleologische Gesichtspunkte wie Zweckmäßigkeit, Ganzheitsbetrachtungen eine außerordentliche Rolle spielen müssen, was sich auch bei noch so erfolgreicher Kausalforschung nicht ändern wird. Und Loew spricht in diesem Zusammenhang im Hinblick auf die Ablehnung der Teleologie durch die meisten Wissenschaftler von einem „wankenden Dogma"[254]. Die Ergebnisse der Kybernetik, die Autopoiese, die Chaostheorien, die Erkenntnisse über die Autoregulationsmechanismen in lebenden Systemen haben die lange diskutierte Antithese zwischen Kausalität und Finalität zwischenzeitlich wenn nicht ganz aufgehoben, so doch entschärft[255]. Krankheitsverläufe sind somit nicht ausschließlich von einem reduktionistischen und kausalanalytischen Zugang her verständlich. Kein Laplace-Dämon ermöglicht selbst bei genauer Kenntnis der Ausgangsbedingungen die richtigen Voraussagen bezüglich ihres Verlaufes. Jede ärztliche Entscheidung, jede Diagnose und jede Handlung vollzieht sich – mehr oder weniger unausgesprochen – auch vor einem teleonomischen, wenn nicht teleologischem Hintergrund. Es erscheint mir selbstevident zu sein, dass die Medizin im Ganzen gesehen eine Disziplin mit einer zutiefst teleonomen, ja einer teleologische Ausrichtung ist und sein muss. In der Medizin geht es um das Ziel von Heilung. Es geht um die Umsetzung des empirisch bzw. kausal-analytisch als richtig Erkannten in die in der Krankheit verzerrte Ganzheit eines Menschen hinein. Es geht darüber hinaus auch um die Einbeziehung von mentalen und seelischen Kategorien, die Bewältigung von Krisen, Lebenskrisen und Lebensangst. Die Medizin reicht weit über den Rahmen der bloßen Umsetzung einer vorgegebenen molekularbiologischen Programmatik hinaus.

Der Medizin ist die Frage nach einer Semantik implizit.

Diese Frage ist geradezu konstitutiv für die Medizin, sie stellt quasi eine Realkategorie dar.

9.5 Krankheit und Emergenz

Teleonomie und Emergenz schließen sich nicht aus, beides sind Eigenschaften lebender Systeme.

Das Emergenzkonzept wurde 1874 von G. H. Lewes in die Biologie eingeführt[256]. Dieses Konzept ist in den Lebenswissenschaften zu einer zentralen Metapher aufgestiegen. Es beruht auf der Erkenntnis, dass das Ganze mehr ist als die Summe der Teile. Die biologischen Strukturen können nicht aus den materiellen Eigenschaften ihrer Komponenten heraus erklärt werden und auch nicht aus den Gesetzen, die sich diese Strukturen zunutze machen. Nach Polanyi[257] könnte man biologische Strukturen als Randbedingungen auffassen, welche die Gesetze der anorganischen Natur in bestimmte Richtungen zu „zwingen" vermögen, so dass daraus am Ende die „gewünschte" physiologische Funktion resultiere. Strukturbildung wäre somit ohne Randbedingungen nicht möglich und gleichermaßen ohne Information keine Struktur. Die Randbedingungen schränken nach Polanyi die Kompetenz der für die niedrigeren Stufen geltenden Gesetze ein. Die Randbedingungen üben somit eine Kontrollfunktion aus, so dass höhere Prinzipien der

Ordnung realisiert werden können, die nicht aus den physikochemischen Gesetzen ableitbar sind. Diese würden im Sinne von Nicolai Hartmann die Gesetze der Physik und Chemie quasi „überformen".

Wir wissen, dass die Evolution des Lebens über Phasenübergänge fortschreitet – vom Einzeller zu den primitiven Mehrzellern, von dort über die Entwicklung von Amphibien bis zu den Säugetieren und hinauf bis zum modernen Menschen. Neuere wissenschaftliche Daten und Theorien deuten darauf hin, dass die Etablierung von dynamischen Ordnungsstrukturen in den selbstorganisierenden Prozessen des Lebens durch die autokatalytische Aktivität von Molekülverbänden geleistet wird. Gene, die sich in ihrer Aktivität gegenseitig regulieren oder auch die katalytisch agierenden Polymere im Bereich der Atmungskette bringen in ihren komplexen parallel verschalteten Netzwerken kollektive dynamische Ordnungsstrukturen hervor. Wie vielfach beschrieben, handelt es sich um thermodynamisch offene Systeme, in deren Phasenräumen multiple Trajektorien auf die Zentren von Attraktoren zu konvergieren[258]. Die kollektive autokatalytische Aktivität von Molekülverbänden soll nach Kauffman die Systeme in den Bereich von Phasenübergängen überleiten, aus denen neue Strukturen entstehen können[259]. In abgeschlossenen Systemen wird keine Information verworfen. Das Verhalten dieser Systeme ist letztlich reversibel. Die Phasenvolumina bleiben erhalten. In offenen Systemen geht dagegen Information an die Umwelt verloren und das Verhalten der Teilsysteme ist demnach nicht reversibel. Physiker sprechen in dieser Situation davon, dass das Phasenvolumen eines Systems auch abnehmen kann.

Daraus könnten mögliche Hinweise auf eine teleologische Ausrichtung der Welt abgeleitet werden.

In einem abgeschlossenen Behälter mit Gas ist jede Bewegung und Anordnung der Moleküle gleich wahrscheinlich. Die Bewegungen der Moleküle folgen dem Newtonschen Gesetz. Sie sind mikroskopisch reversibel. Die Gesamtenergie des Systems bleibt gleich. Das Gesamtsystem nimmt alle möglichen Mikrozustände der zusammenstoßenden Moleküle gleich oft an. D.h.: Der Makrozustand des Systems entspricht exakt dem Prozentsatz der zu diesem Makrozustand gehörigen Mikrozustände. Ordnung im System entsteht dann, wenn die Möglichkeiten der Moleküle, sich zu bewegen, oder miteinander in Wechselwirkung zu treten, eingeschränkt werden. Dies ist nur in thermodynamisch offenen Systemen möglich. Mit dem Verlust von Freiheitsgraden der Bewegung und der Wechselwirkung zwischen den Molekülen gehen Informationen an die Umgebung verloren. Solche Systeme, die von Prigogine als dissipative Strukturen beschrieben wurden, sind thermodynamisch offen für den Austausch von Materie und Energie. Einige dieser Systeme hatten wir weiter oben dargestellt, beispielsweise die Entwicklung von Benardzellen in Flüssigkeiten bei zunehmender Erhitzung. Die Entfernung vom thermodynamischen Gleichgewicht ist eine notwendige, aber noch nicht hinreichende Bedingung für die Entstehung einer emergent neuen und höher geordneten Dynamik. Kauffman und Mitarbeiter konnten in mehreren Arbeiten den Nachweis erbringen, dass in ausreichend komplexen chemischen Reaktionssystemen die Diversität der Molekülarten einen kritischen Wert überschreitet. Jenseits dieses Wertes geht die Wahrscheinlichkeit für die Existenz eines kollektiv autokatalytischen Teilsystems gegen 1,0[260]. Kauffman konnte auch zeigen, dass mit der Vielfalt von Molekülen in einem System von Polymeren auch das Verhältnis von Reaktionen zu Molekülen zunimmt. Wenn Polymere, die chemische Reaktionen katalysieren, selbst Produkte von katalysierten Reaktionen sind, wird das

System von selbst autokatalytisch. Es kommt zur Selbstreproduktion des Reaktionssystems. Ab einem bestimmten Punkt entsteht plötzlich ein zusammenhängendes Netz aus katalysierten Reaktionen: Emergenz entsteht. Derartige Systeme, die in jeder Zelle zu Millionen vorkommen, sind somit durch die Fähigkeit zu emergenten Musterbildungen gekennzeichnet.

Solche kollektiven autokatalytischen Systeme sind holistisch ihrem Wesen nach.

Nach Kauffman ist die Entstehung und die Evolution des Lebens nicht die alleinige Folge der Matrizeneigenschaften von DNA, RNA oder ähnlichen Polymeren. Stattdessen liegen die Wurzeln des Lebens in der Kombinatorik von solchen beschriebenen kollektiv autokatalytischen chemischen Reaktionen. Die Entstehung und Evolution von Leben wäre demnach nicht die seltene Folge von zufälligen Mutationen, sondern vielmehr ein Geschehen, das sich aus der Wahrscheinlichkeitsverteilung von chemischen Reaktionen ableiten ließe. Anhand von so genannten Booleschen Netzwerken konnte die Arbeitsgruppe um Kauffman zeigen, dass durch die Einstellung von sehr einfachen allgemeinen Parametern eines Systems ein kollektives Verhalten einer großen Anzahl von miteinander verknüpften Variablen erzielt werden konnte. Ein Großteil der dynamischen Ordnung in Lebewesen könnte dann entstehen, wenn einfache Parameter in ihren Netzwerken beschränkt werden. Boolsche Netzwerke zeigen auch die Eigenschaft der Konvergenz: Der Zustand eines Systems konvergiert auf den Bereich eines Attraktors zu, der wenig störanfällig ist. Stabilität dieser Attraktoren bedeutet Hömostase. Schwankungen des Systems werde also durch Konvergenz auf einen Attraktor hin ausgeglichen. Boolsche Netzwerke können nach Kauffman spontan einen Grad an Ordnung erreichen[261].

Die Erforschung von systeminhärenten Ordnungsstrukturen, die Erkenntnis, dass die informatorischen Netzwerke innerhalb der Lebenssysteme hohe und vor dem Hintergrund der gesamten Evolution auch neuartige Organisationsstrukturen herausbilden können, dies muss zwingend zu dem Schluss führen, dass diese Systeme funktionell zielgerichtet und zumindest teleonomisch ausgerichtet sind.

Die Maschinentheorie des Lebens hatte ihre Zeit und hat auch heute noch viele Anhänger. Einer ihrer Hauptvertreter ist Richard Dawkins, der Tiere sogar als Maschinen titulierte. Solche Vergleiche erscheinen mir als Rufe aus einer längst überholten Vergangenheit. Auch Krankheiten lassen sich nicht einzig aus einem Rahmen von Energie und Stoff, aus einem Rahmen von Physik und Chemie heraus als mechanistisch funktionierende und kausal-deterministische Abläufe verstehen.

In vielen Krankheiten spielen kollektive autokatalytische Netzwerke eine Rolle. Diese Netzwerke etablieren emergent ihre Ordnungsstrukturen. Krankheiten sind emergente Lebensprozesse eigener Art, die sich
- aus einer spezifischen genetischen Programmierung herleiten,
- die in den epigenetischen Wechselspielen spezifische informatorische Netzwerke etablieren,
- die spezifische Form- und Musterbildungen kreieren,
- deren intrinsische Dynamik sich aus dem System als Ganzem speist und somit nicht durch das Verhalten der Teile oder durch physikalische, chemische, molekularbiologische Gesetze und Prinzipien hinreichend erklärbar sind,
- deren Verhalten nicht durch das Verhalten ihrer physikalischen, chemischen molekularbiologischen Komponenten hinreichend beschrieben werden kann,
- deren Identität von eigener Substanz (hyle), von eigener Form (eidos) ist,

- die eine eigene teleonome Ausrichtung aufweisen,
- die in ihrer spezifischen Identität registriert, wahrgenommen, entschlüsselt, repräsentiert und in Form von krankheitsspezifischen Symbolen im System der Medizin kodiert werden,
- die eine spezifische eigene Semantik für das betroffene Individuum, ja für die Kulturgeschichte der Gesellschaft sowie für die Evolution als Ganzes aufweisen.

10 Welt als Information: Versuch einer objektiven Semantik der Krankheit

10.1 Der Schichtenaufbau der Welt

Nicolai Hartmann unterscheidet insgesamt vier Schichten beim Aufbau der Welt[262]: Die Schichten des Anorganischen und Organischen, die Schichten des Seelischen und schließlich die Schichten des Geistigen. Jede höhere Schicht überformt dabei die niedrigere. Der Mensch vereinigt alle vier Schichten in sich. Der Mensch stellt somit die Gesamtheit einer geschichteten physisch-bio-psychomentalen Einheit dar[263].

Jede „höhere Schicht" setzt die Verhältnisse und Gesetzlichkeiten der unteren Schichten voraus, existiert somit in der „Bedingtheit von unten"[264], sie zeigt aber gleichzeitig auch eine Selbstständigkeit in Gestalt einer „Eigengeformtheit" und „Eigengesetzlichkeit"[265]. Bei den Übergängen von den unteren zu den höheren Schichten geht keine vorherige Kategorie, wie Raum, Zeit, Energie oder Kausalität, verloren. Diese wirken in der nächsthöheren Schicht immer weiter fort. Hinzu kommen aber neue Kategorien, die von Hartmann mit einem etwas sperrig anmutenden Begriff als „Novum" bezeichnet wurden. Diese „Noven" sind es nach Hartmann, die das besondere Wesen organischer Entitäten gegenüber nichtorganischen physischen Körpern ausmachen sollen. Im Bereich des Organischen sind die Kategorien des Stoffwechsels, der Selbstregulierung, der Selbstreproduktion und der Ontogenese wesentlich, die ja mehr sind als nur dissipative Strukturbildungen. Es sind also die Noven, welche die alten, vorher bestimmenden Kategorien überformen. Dürr spricht in einem ähnlichen Zusammenhang annähernd analog von „Wirks" oder „Passierchen"[266]. Jede Schicht hat ihre eigenen konstanten Gesetzmäßigkeiten und benötigt damit eigene adäquate Terminologien.

Schwierig stellt sich der Übergang von der organischen zur seelischen und von der seelischen zur geistigen Schicht dar. Dieser Übergang wird als „psychophysische Grenzscheide" bezeichnet. Werner Heisenberg wies in ähnlichem Zusammenhang darauf hin, dass sich die Entwicklung der Physik in aufeinanderfolgenden „abgeschlossenen" Systemen vollzieht, von denen jeweils die späteren die früheren als Grenzfälle enthalten. Dabei verknüpft das umfassendere System Phänomene, die im engeren System noch unverbunden nebeneinander standen. Das umfassendere System ist so dem Ideal der Einheit der Physik näher. Der erste Versuch einer Einheit der Physik wurde durch die klassische Mechanik geleitet. Die nächsten abgeschlossenen Systeme und Theorien bestanden in den klassischen Feldtheorien, deren spezifische Probleme von Einstein in der allgemeinen Relativitätstheorie durchdacht wurden[267]. Aktuell finden Versuche statt, die Einheit der Physik auf die Atomphysik auf der Basis einer einheitlichen Theorie der Elementarteilchen zu gründen. Dieser Versuch ist noch nicht abgeschlossen, weil eine Quantentheorie der Gravitation noch nicht formuliert wurde. Die nächste Stufe wäre dann in Anlehnung an Nicolai Hartmann eine Theorie der organischen Wesen und in noch weiterer Ferne wären dann Versuche einer Theorie von Seele und Geist zu positionieren.

Der Aufbau der Welt folgt also einer Schichtung, wobei die Schichten entlang einer Zeitrichtung sedimentiert werden: Von den ersten Quantenfluktuationen des Urknalls zur Entstehung erster Atome und Moleküle und von dort zu den ersten großräumigen Zusammenballungen der Materie zu Sonnen, Sonnensystemen und Galaxien. Die nächste Schicht beinhaltete den Sprung aus der anorganischen Schichtung der Welt auf die Ebene des belebten Organischen mit der Entwicklung von Pflanzen und den ersten einfachen tierischen Organismen und dort über die Stufe der Seele bei höheren Tieren bis zur Ebene des Bewusstseins beim Menschen.

Die Welt von res cogitans ist von anderer Art und Kategorie als die Welt von res extensa.

Der Emergenzbegriff zur Kennzeichnung biologischer Systeme bleibt nach wie vor im Dunkel. Er kennzeichnet nur den Sachverhalt, dass neue Strukturen, Konzepte, Eigenschaften und Gesetzmäßigkeiten auftreten, die nicht aus den Eigenschaften ihrer Komponenten heraus erklärt werden können. Die Erforschung der diesen Systemen inhärenten Ordnungsstrukturen, die Erkenntnis, dass die informatorischen Netzwerke innerhalb dieser Lebenssysteme hohe und vor dem Untergrund der gesamten Evolution neuartige und komplexe Organisationsstrukturen herausbilden können, müssen zwingend zu dem Schluss führen, dass diese Systeme funktionell zielgerichtet und somit auch teleologisch ausgerichtet sind. Das Fehlen jeglicher Finalität im Sinne einer Zweckgerichtetheit der Welt zu akzeptieren, fällt nach wie vor schwer. Diese bestehende Leere kann auch nicht durch den Begriff der Teleonomie überbrückt werden. Denn dieser Begriff besagt ja, dass das Verhalten lebender Systeme und damit das Verhalten des Menschen nicht durch ein angestrebtes Ziel bestimmt würden. Vielmehr sei das Ziel im Programm bereits von vorn herein enthalten. Teleonomisches Verhalten sei deswegen zielgerichtet aber niemals „zielbeabsichtigt" oder „zielintendiert". Teleonomie ist demnach Zielgerichtetheit ohne Kenntnis des Ziels. Damit wird, wie Nicolai Hartmann analysierte, die „Erklärung" des Zweckmäßigen zur Tautologie. „Man erklärt die Wirkung aus der Vorwegnahme des Bewirkten"[268].

Der Dynamik lebender Systeme ist ein thermodynamischer Zeitpfeil inhärent, der vom Zustand einer Ordnung aus in Richtung einer immer höheren Ordnung und somit auch in Richtung einer größeren Informationsreichhaltigkeit weist. Entsprechend ihrer inneren Reichhaltigkeit an Informationen überformt eine Schicht jeweils die andere.

10.2 Über Fehler zur Entwicklung

Das Janusgesicht von Krankheiten: Die Bildung von neuen Informationen im Prozess der Evolution wäre ohne eine Mutagenese, d.h. ohne eine Änderung der strukturbildenden Symbolseqeunzen auf den Genen, nicht denkbar.

Im Stoffwechsel der Lebewesen wäre potentiell eine ungeheuer große Zahl an chemischen Reaktionen möglich: Ein Protein mit einer Polypeptidkette von 100 Aminosäuren könnte in ungefähr 20^{100} bis 20^{130} Sequenzvarianten auftreten, eine Menge, die die Anzahl der Baryonen (Protonen/Neutronen) im gesamten Universum um das 10^{50}-fache übertrifft. Die potentielle und tatsächliche Vielfalt der lebendigen Systeme ist schlichtweg überwältigend. Wir hatten diese Vielfalt weiter oben etwas ausführlicher dargestellt.

Der Informationsgehalt eines Lebewesens sowie die Baupläne für seine Entstehung und Entwicklung sind zum größten Teil auf seiner DNA, bei einigen Viren auf der RNA gelagert. DNA-Moleküle sind, wie oben dargestellt, lange und unverzweigte Ketten. Die genetische Information ist mit einem „Alphabet" aus „vier" Buchstaben, den Basen, auf den Lagen und unverzweigten Ketten der DNA aufgetragen. Selbst bei den kleinsten Mikroorganismen ist diese Kette sehr lang und enthält ca. 10^6 Buchstaben. Ein wesentliches und für die Funktion der Doppelhelix grundlegendes Prinzip besteht in der Selbstkomplementarität. Die Vererbung muss in der möglichst fehlerfreien Weitergabe der Information erfolgen. Das DNA-Molekül ist aber permanent mechanischen Schäden ausgesetzt, die allein im Gefolge von thermischen Zusammenstößen der Moleküle auftreten können. Schätzungen besagen, dass in menschlichen Zellen auf mechanische Weise täglich ca. 5000 Purinbasen (Adenin/Guanin) aus ihren Molekülverbänden herausgelöst werden. Zudem werden etwa 100 Cytosin-Moleküle spontan desaminiert. Das DNA-Molekül ist darüber hinaus einem andauernden oxidativen Stress durch Sauerstoffradikale ausgesetzt, die als Nebenprodukte des oxidativen Stoffwechsels anfallen. Die Base Guanin kann beispielsweise durch Sauerstoffradikale in Oxoguanin (OxoG) umgewandelt werden. Dieses Molekül kann sich nicht nur – wie Guanin – mit Cytosin, sondern auch mit Adenin paaren. Tritt eine solche Paarung auf, so muss dieser Schaden repariert werden. Ansonsten kann es zu einer G-C→A-T-Transition, d.h. zu einer Mutation, kommen, wobei an die Stelle einer Guanin-Cytosin-Paarung eine Adenin-Thymin-Paarung getreten ist. Eine derartige Mutation kann aber letale Folgen nach sich ziehen.

Auf der anderen Seite darf die Information aber keineswegs vollkommen fehlerfrei abgelesen und weitergegeben werden. Denn sonst verbleibt möglicherweise kein Raum mehr für den Einbau bzw. den Aufbau von neuem genetischem Material und für Korrekturen des genetischen Programms im Hinblick auf eine bessere Anpassung an veränderte Umweltbedingungen. Wie oben beschrieben, bleibt die Informationsmenge nur in abgeschlossenen Systemen gleich. Thermodynamisch offene, evolvierende Systeme verlieren Informationen an die Umgebung – sie sind deswegen auf die Aufnahme von Stoff, Energie und von Informationen aus der Umgebung angewiesen und bauen damit neue Muster an Ordnung auf und erweitern den Gehalt an Informationen in den Systemen.

Das Spiel der Evolution ist immer auch ein Spiel mit und um Fehler.

Was keine Fehler hat, evolviert nicht weiter.

Nur das Unvollkommene evolviert. Das Prinzip der Unvollkommenheit ist der Blankoscheck für ein Überleben im Umkehrschluss. Die Evolution schreitet über Fehler voran.

Lebende Systeme befinden sich in einem Zustand eines thermodynamischen Nichtgleichgewichtes, die Systemzustände sind nicht starr und rigide durch auf der DNA festgeschriebene deterministische Gesetze festgelegt – vielmehr fluktuieren die Systemzustände um Mittel- bzw. Schwellenwerte herum. Diese sich laufend ändernden dynamisch-fluktuierenden Zustände erlauben unter Inkaufnahme von abnormen Zustandsänderungen, d.h. auch unter Inkaufnahme von Fehlern und Fehlerkatastrophen, eine flexible und abgestimmte Reagibilität auf veränderte äußere Bedingungen und Einflüsse. Darauf hatte schon Erwin Schrödinger in seinem epochemachenden Buch „Was ist Leben?" hingewiesen und er hatte aus diesen Überlegungen heraus einen aperiodischen

Kristall als Träger des Miniaturcodes des Lebens postuliert. Ganz im Zentrum seiner Überlegungen stand der Begriff der Information. Mit dem Begriff einer Kristallstruktur wollte Schrödinger darauf verweisen, dass in einem geordneten kristallinen Verband alle Atome in einem regelmäßigen dreidimensionalen Gitter angeordnet sind. Ist die Lage der Atome in einem kleinen Bezirk eines solchen Gitters bekannt, so besitzt man gleichzeitig Kenntnis über die Lage aller anderen Atome im Kristallgitter. Schrödinger wollte damit anschaulich erklären, dass ein regelmäßig aufgebauter Kristall keine größeren Mengen an Informationen zu speichern in der Lage ist. Eine Änderung der Kristallstruktur im Sinne von Selbstorganisation oder Weiterentwicklung wäre unter solchen Bedingungen nicht möglich. Denn alle Teile des Kristalls, seine informationstragenden materiellen Entitäten, sagen alle immer nur das Gleiche aus. Daher forderte Schrödinger einen aperiodischen Kristall. Mit der Eigenschaft der Aperiodizität sollten die Voraussetzungen für Fortentwicklung vorhanden sein.

Das geordnete Verhalten lebender Systeme kann nicht durch das statistische Verhalten von einer großen Anzahl von Molekülen in ihrem Inneren erklärt werden. Alle Systeme des Lebens sind auf die optimale Anpassung an wechselnde Umweltbedingungen angelegt – von den Molekülstrukturen auf der Zellebene, auf der Ebene der Zellen und der Organe und nicht zuletzt auch im Bereich des Menschen in seiner Gesamtheit.

Fehler, abnorme genetische Fehlprogrammierungen, können oft funktionelle Defizite zur Folge haben oder sogar zum Zusammenbruch des gesamten Systems führen. Umgekehrt kann aus Mutationen eine verbesserte Adaptation des Systems an veränderte Umweltbedingungen resultieren. Mutationen können somit wichtige Optimierungsmomente in der Entwicklungsgeschichte eines Individuums oder einer ganzen Art sein. Punktmutationen haben oft mehr oder weniger ausgeprägte strukturelle Veränderungen und funktionelle Defizite in den betroffenen Proteinen zur Folge. Ein daraus resultierender Enzymdefekt kann beispielsweise zur Anhäufung von potentiell toxischen Produkten oder zur Herabsetzung der Konzentration von Substraten führen, die für den Zellstoffwechsel wichtig sind.

Die Molekulargenetik beschäftigt sich mit den molekularen Grundlagen erblicher Merkmale und Erkrankungen. Schätzungen zufolge haben ca. 6000 Erkrankungen genetische Ursachen. Für mehr als 3000 von solchen genetischen Erkrankungen beim Menschen konnten entsprechende molekulare Defekte identifiziert werden. Bei den so genannten monogenen Erkrankungen handelt es sich um die klassischen Erbkrankheiten, deren Entstehung auf jeweils einer Veränderung in einem einzelnen Gen beruht. Diese monogenen Erkrankungen sind zwar selten, sie zeigen aber in ihrer Gesamtheit eine weite Verbreitung. Man vermutet, dass immerhin bei 3-7% der Bevölkerung Erbkrankheiten vorliegen, die mit unterschiedlich ausgeprägten gesundheitlichen Störungen einhergehen können. Bei vielen dieser Erkrankungen liegt die Penetranz, d.h. die Wahrscheinlichkeit zu erkranken, recht hoch. Bei einer Frühform der Alzheimererkrankung geht die Penetranz in die Nähe von 10%. Ähnlich hohe Prozentzahlen gelten für die Cystische Fibrose (Mucoviszidose) oder für die Chorea Huntington, eine neurologische Erkrankung.

Die meisten Erkrankungen mit einer genetischen Komponente sind jedoch komplexer Natur und multifaktoriell bedingt, d.h. sie werden durch ein Wechselspiel zwischen genetischen Varianten und nicht-genetischen Faktoren (Umwelt-Ernährungs-Faktoren etc.) hervorgerufen. So haben Träger einer bestimmten Genvariante des Apolipoproteins (APOE4) ein leicht erhöhtes Risiko, an Morbus Alzheimer zu erkranken. Das Risiko liegt dagegen bei annähernd 100%, wenn Mutationen in den Genen APP, PSEN1 oder PSEN2 vorliegen. Es sind mittlerweile zahlreiche Polymorphismen mit einem erhöhten genetischen Risiko für Herzinfarkt, Osteoporose oder auch Thrombosen beschrieben worden. Ein in der klinischen Praxis keineswegs selten vorkommender Risikofaktor für eine Thrombophilie (Thromboseneigung) stellt eine Punktmutation im Faktor-V-Gen dar. Dieser Faktor wird normalerweise durch ein gerinnungshemmendes Protein C(APC) gespalten und inaktiviert. Im Gefolge der Mutation ist dieser Faktor-V-Leiden resistent gegenüber der APC-Spaltung geworden. Die Blutgerinnung ist im Gefolge gesteigert und das Thromboserisiko um den Faktor 5-10 erhöht. Oft handelt es sich um Patienten, deren genetische Störung bis dato unbekannt war und die sich einer routinemäßigen Operation unterziehen müssen. Trotz einer fachgerechten Lagerung auf dem OP-Tisch und trotz einer fachgerechten perioperativen Thromboseprophylaxe kann es bei den betroffenen Patienten zu unerwarteten, gehäuft auftretenden thromboembolischen Komplikationen kommen. Erst eine postoperativ durchgeführte ausführliche Gerinnungsanalyse deckt dann in vielen Fällen die Genmutation auf.

Genetische Variationen können sich unter bestimmten Bedingungen dagegen als vorteilhaft erweisen. Unterschiedliche Individuen sind beispielsweise unterschiedlich empfänglich gegenüber Infektionen mit bestimmten Krankheitserregern: Träger einer bestimmten Genvariante des CCR5-Gens (CCR5 δ 32 bp) sind beispielsweise vor einer Infektion durch das HI-Virus weitgehend geschützt. Genetische Faktoren können auch den Verlauf einer Erkrankung mitbestimmen. So ist bei Hepatitis C-infizierten Patienten die spontane Ausheilungsrate signifikant besser, wenn sie den Genotyp IL28B aufweisen. Zusätzlich weisen diese Patienten oftmals ein weitaus besseres Ansprechen auf eine antivirale Therapie auf.

Spezifische Erkrankungen des Hämoglobinmoleküls (des roten Farbstoffs auf den Blutkörperchen), d.h. so genannte Hämoglobinkrankheiten, fallen unter die monogenetischen Erkrankungen. Weltweit sind etwa 5% der Bevölkerung Träger einer so genanten Thalassämie- oder einer Hämoglobinopathiemutation[269]. Diese Erkrankungen sind deshalb so häufig, weil die Trägerschaft einen selektiven Vorteil gegen Malaria bietet[27]. Thalassämien sind Störungen der Globinkettensynthese des Hämoglobinmoleküls. Je nach betroffener Kette sprechen wir von einer α, ß, γ oder δ-Thalassämie. Es gibt mehr als 250 verschiedene Mutationen im ß-Globin-Locus auf Chromosom 11. So genannte ß++ bzw. ß+-Mutationen führen beispielsweise zur eingeschränkten ß-Kettenproduktion. Es kommt zu Ungleichgewichten zwischen α- und ß-Ketten unterschiedlichen Schweregrades, ohne auf weitere Feinheiten einzugehen. Die von der schweren Form betroffenen Menschen sind von einer ineffizienten Produktion von roten Blutkörperchen betroffen. Sie leiden unter einer Blutarmut und sind transfusionspflichtig vom ersten Lebensjahr an. Eine Stammzelltransplantation sollte möglichst frühzeitig durchgeführt werden[271]. Bei vielen betroffenen Kindern bestehen darüber hinaus ein Wachstumsstillstand, eine Milzvergrößerung, die monströse Ausmaße annehmen kann, sowie Deformierungen des Skelettsystems.

Bei den so genannten Sichelzellkrankheiten (HbS) steht statt Glutamat ein Valin an der sechsten Stelle der ß-Kette. Dieses deoxygenierte Hämoglobinmolekül HbS polymerisiert zu langen Strängen, die dem roten Blutkörperchen eine lange Spitze und sichelartige Form aufzwingen. Bedingt durch die atypische Form der Erythrozyten, kann es, neben einer ganzen Anzahl von Sekundärkrankheiten, gehäuft zu Gefäßverschlüssen kommen.

Eine ganze Palette von weiteren Punktmutationen kann zu Störungen der Blutgerinnung, beispielsweise zu den verschiedenen klinischen Krankheitsbildern der Hämophilien, führen.

Genvariationen sind auch dafür verantwortlich, dass Menschen unterschiedlich auf Antibiotika oder auf Zytostatika ansprechen.

Änderungen der genetischen Programmierung sind die Hauptursachen für die Resistenzentwicklung von Bakterien gegen Antibiotika.

Die Antibiotikatherapie und die Resistenzentwicklung von Bakterien stellen vor dem Hintergrund der Darwinschen Evolutionslehre exzellente Beispiele für ein survival of the fittest dar, für Selektion und Anpassung. Die unter dem Selektionsdruck von Antibiotika entstehenden Mutationen erzwingen eine Selektion von neuen, an die veränderten Milieubedingungen besser angepassten, d.h. antibiotikaresistenten Bakterienstämmen. Penicillin G, ein heute immer noch verwendetes natürliches Penicillin, gehört zu den ältesten verwendeten Antibiotika. Die Penicilline gehören zur Gruppe der ß-Lactam-Antibiotika. Sie zerstören Bakterien bei der Zellteilung, indem sie die inneren Vernetzungen bei der Synthese der Zellwände verhindern. Das Grundgerüst der Penicilline wird durch einen so genannten ß-Lactam-Ring gebildet. Beim Aufbau der neuen Zellwände von sich teilenden Bakterien wird dieser ß-Lactamring von einem bakteriellen Enzym gebunden, nämlich dem Enzym D-Alanin-Transpeptidase. Dieses Enzym ist für die Etablierung von Quervernetzungen von Proteinen in der Zellwand, den Peptidoglycanen, zuständig. Durch die Bindung dieses Enzyms an den ß-Lactamring des Penicillins ist der Aufbau einer mechanisch stabilen Zellwand blockiert, das Bakterium verliert somit seine Schutzhülle und stirbt ab. Die Wirkung der Penicilline betrifft also nur die sich vermehrenden Bakterien. Mit der Zeit sind aber viele Bakterien resistent gegen die ß-Lactam-Antibiotika geworden. Die Bildung von penicillinresistenten Stämmen gilt als einer der ersten experimentellen Beweise für beobachtete Mechanismen der Resistenzentwicklung im Verlauf einer Mikroevolution.

Viele pathogene Mikroorganismen besitzen eine kurze Generationszeit und unter günstigen Bedingungen kann sich ihre Biomasse sogar innerhalb von 20-30 Minuten verdoppeln. Vor dem Hintergrund solcher beeindruckender Zahlen sind auch Laien imstande, sich einen Eindruck über schwere Infektionskrankheiten zu verschaffen, die sich mit rasender Geschwindigkeit ausbreiten. Unbehandelt gehen solche dramatische Infektionen, beispielsweise der Gasbrand, in das tödliche Stadium einer kollektiven Autokatalyse über. Denn mit der Vielfalt der sich rasend schnell verdoppelnden Bakterien oder Viren nimmt in solchen kollektiv autokatalytischen Systemen das Verhältnis von Reaktionen zu der Anzahl der Pathogene immer weiter zu. Dies hat zur Folge, dass das System als solches immer mehr auf den Zustand eines großen katalytischen Verbandes zusteuert, wie es Stuart Kauffman für autokatalytische Komplexe chemischer Reaktionssysteme nachweisen konnte[272]. Angesichts der beschriebenen kurzen Generationszeiten im Maßstab von 20/30/50/ Minuten können Mutationen schnell entstehen. Mutationen im Genom finden normalerweise in einer Größenordnung von 10^{-7} statt. Die Mutationsrate kann jedoch sprunghaft erhöht werden, wenn durch spezifische Faktoren das Korrekturlesen („proofreading") der DNA-Polymerase deaktiviert wird. Die Folge davon sind deutlich erhöhte Mutationen im Genom, unter denen sich resistente Vertreter herausbilden, welche somit Selektionsvorteile unter einer Antibiotikatherapie erworben haben.

Die Tendenz zur Resistenzentwicklung kann durch eine Reihe von so genannten „mobilen Elementen" auf der DNA verstärkt werden. Hier handelt es sich um DNA-Abschnitte, die im Chromosom der Bakterien und auch außerhalb als so genannte Plasmide, Integrone oder Transposonen vorkommen, mobile DNA-Elemente, die rasch über einen horizontalen Gentransfer übertragen werden können.

Neue Informationen in den resistent gewordenen Bakterienstämmen werden über Selektionsmechanismen gebildet. Das Infektionsgeschehen schreitet somit über Änderungen und Neugenerierung von Informationen fort. Die Evolution schreitet über schrittweise Änderungen der Erbanlagen fort, wobei ein Einzelschritt in einer Mutation bestehen kann, beispielsweise in einer chemischen Veränderung einer einzigen Base in der Kette der Nukleinsäuren. Als ein Elementarereignis der Evolution kann also die Mutation angesehen werden.

Auf derartige Elementarereignisse greift die Evolution zurück, um geeignete Mutanten im Rahmen von Selektionsprozessen herauszufiltern und die Ungeeigneten zu entfernen. Evolution besteht also in einer Ausfilterung von vorteilhaften Eigenschaften. Was auf der einen Seite als Fehler im Gefolge einer Instabilität, beispielsweise einer Tautomerenbildung in einer Nukleinsäure registriert worden war, kann sich auf längere Sicht und letzten Endes als ein Gewinn an Flexibilität und Anpassungsfähigkeit erweisen.

Infektion und ihr Ablauf im klinischen Alltag, die oft raschen Änderungen ihrer Erregerspektren und die entsprechenden therapeutischen Antworten repräsentieren Systeme von gegenseitig einwirkenden informationserzeugenden Prozessen. Während nichtresistente Bakterienstämme absterben, unterhalten die resistenten Vertreter in der Folgezeit das Infektionsgeschehen weiter. Die behandelnden Ärzte müssen daraufhin ihr Antibiotikaregime umstellen. Antibiotikatherapie bzw. medizinische Therapie fungiert insgesamt als Prozess der Informationsverarbeitung und der Erzeugung neuer Informationen. Und der Kreislauf beginnt aufs Neue: Ein zirkulärer Prozess zwischen Vernichtung und Erzeugung von biologischer Information, bis einer der Partner schließlich die Oberhand behält. Nach einer ganzen Anzahl von bakteriellen oder viralen Infektionen hat der Organismus Informationen über die Merkmale dieser pathogenen Mikroorganismen gespeichert und ein darauf abgestimmtes Gedächtnis entwickelt. Der betroffene Organismus hat neue Informationen hinzugewonnen und damit einen Zustand höherer Ordnung erreicht. Unter einer erfolgreichen Therapie klingt die Infektion ab.

Am Ende stehen neue resistent gewordene Bakterienstämme mit einer neuen Ausstattung an Informationen auf der einen Seite und auf der anderen Seite stehen neue bzw. fortentwickelte Antibiotikaprinzipien und ein gewaltiger Zuwachs an Wissen.

Wenn Ordnungen zerfallen, entsteht normalerweise Chaos. Komplexe evolvierende Systeme durchschreiten Phasenübergänge von chaotischen Zuständen, die sich anschließend zu neuen Ordnungsstrukturen stabilisieren können. Chaos und Ordnung stehen somit in biologischen Systemen in einem inneren Zusammenhang, wie auch Krankheit und Gesundheit in einem inneren Zusammenhang stehen. Die optimale Funktion von evolutiven Systemen ist essentiell mit einer bestimmten Fehlerrate in ihren Prozessstrukturen verknüpft. Aus dem Pool einer begrenzten Anzahl von Fehlermöglichkeiten bzw. Mutationen erschließt sich die Fähigkeit zu Änderungen der Systemzustände im

Hinblick auf Optimierung und Gewinn an Informationen. Überschreitet die Fehlerhäufigkeit jedoch einen bestimmten Schwellenwert, so kann daraus die Gefahr einer Fehlerkatastrophe mit einem Zusammenbruch des Systems als Ganzem resultieren. Lebende Systeme evolvieren also über die Generierung von fehlerhaften Informationen, die als Startpunkt zur Optimierung, gleichfalls aber auch als Startpunkt zur Fehlfunktion des Systems als Ganzes fungieren können. Ein von einer Infektion oder allgemein von einer Krankheit betroffener Mensch kann schwer erkranken oder sogar sterben. Mit jeder Krankheit werden Informationen vernichtet, mit jeder Krankheit kommen auch neue Informationen in die Welt. Krankheiten sind somit aus komplexen evolvierenden Systemen des Lebens nicht hinweg zu denken: Sie sind vielmehr für deren dynamische Funktion von grundlegender Bedeutung.

Krankheiten fungieren als Scharniere zu neuen und reicheren Informationen in der Ontogenese des Individuums und darüber hinaus im Kontext der evolutiven Informationsbildung überhaupt. Aus ihrem Schwingkreis heraus kann ein größer gewordener Informationspool des Individuums, ja einer gesamten Art resultieren.

Krankheiten etablieren ihre spezifischen Netzwerke im Netzwerk des Organismus. Diese Netzwerke treten in Überlagerungszustände ein, in deren Gefolge Rückkopplungskatastrophen zum Zusammenbruch des gesamten Systems führen können. Lebensprozesse verlaufen unstetig und in hemmenden und aktivierenden Rückkopplungsschleifen ab. Die Geometrie der raumzeitlichen Muster dieser Prozesse ist fraktal, wie ich weiter oben gezeigt habe.

Lebensstiftendes und lebensvernichtendes Chaos im Ablauf und im Gefolge einer Krankheit: Der Normalfall von Gesundheit entspricht einem Überlagerungszustand von Ordnung und Chaos zu einem um einen Mittelwert mehr oder weniger fluktuierenden Nichtgleichgewichtszustand, der sich im Falle einer Erkrankung weiter in Richtung zum Chaos verschiebt. Klingt die Krankheit ab und erholt sich der Mensch rasch, so driftet das System wieder in seinen vorherigen Nichtgleichgewichtszustand zurück.

Beides ist im jeweils anderen enthalten. In der Krankheit wirft Dionysos die Maske des Apolls ab. Es ist das gleiche Schauspiel vor der gleichen Kulisse mit den gleichen Schauspielern, welche nur ihre Monologe ausgetauscht haben. Krankheit ist das Janusgesicht, das vexierende Fraktal von Gesundheit.

Krankheiten sind Masken, sind Symbole und Abstraktionen.

Konkret ist der Patient.

10.3 Krankheiten zwischen Linearität und Nichtlinearität

Die Existenz einer jeden Zelle geht in jedem Augenblick aus einem Überlagerungszustand zwischen Sein und Werden hervor. Ein allgemeines Gesetz der Biologie hat zum Inhalt: Lebende Systeme sind niemals im Gleichgewicht und leisten auf Kosten ihrer freien Energie ständig Arbeit gegen ein sich einstellendes Gleichgewicht.

Im thermodynamischen Gleichgewichtszustand geschlossener Systeme zeigen alle intensiven Zustandsvariablen zeitunabhängige feste Werte[273]. Werden die geschlossenen Systeme sich selbst überlassen, so stellen sich diese Gleichgewichtswerte spontan; diese werden ohne äußere Einflüsse auch nicht mehr verlassen. Arbeitsfähig ist ein System nur so lange, als es sich nicht im Gleichgewichtszustand befindet. Lebewesen sind in der

Lage, ständig Arbeit zu leisten. Sie benötigen aber auch ständig zugeführte Energie. Um den ständigen Zerfall und Wiederaufbau mit der notwendigen Geschwindigkeit gewährleisten zu können, sind unzählige Katalysatoren erforderlich. Für die Steigerung von Reaktionsgeschwindigkeiten sorgen die Enzyme. Die Steigerungsraten zu nicht katalysierten spontanen Reaktionen liegen zwischen 108 und 1020 (!).

Das Leben spielt sich also zwischen Linearität und Nichtlinearität, zwischen Berechenbarkeit und völliger Nichtberechenbarkeit ab. Den äußeren physiologisch ungemein geordnet erscheinenden Prozessen und Strukturen in unseren Zellen und Organen ist immer auch das Chaos beigemischt. Im Zustand völliger Gesundheit stellt das Chaos nur ein leises und kaum vernehmliches Hintergrundrauschen in einer im Vordergrund fein abgestimmten und harmonisch regulierten Orchestrierung der Lebensprozesse dar.

Im Stadium einer Erkrankung und in Abhängigkeit von ihrer inneren Dynamik und ihrem Schweregrad tritt dieses Hintergrundrauschen immer mehr in den Vordergrund, um im schlimmsten Falle den Klangkörper des Lebensorchesters vollständig zu übertönen. So wie sich die Newton'sche Mathematik als klassischer linear-deterministischer Grenzfall einer umfassenderen nichtlinearen Mathematik zur Beschreibung des Verhaltens der Himmelskörper im Alltag bewährt hat, so muss für die Biologie und noch mehr für die Medizin gelten, dass die im physiologischen Normalzustand annähernd linear ablaufenden Prozesse von einer solchen intrinsischen Dynamik unterlegt sind, die bei genauerem Hinsehen eher dem asymptotischen Grenzfall einer chaotischen Dynamik entspricht.

Wie wir gezeigt haben, wird die Homöostase einer gesunden Zelle durch Stoffwechselprozesse gewährleistet, die grob vereinfacht annähernd linear und zeitsymmetrisch ablaufen. So erfolgt die Verstoffwechselung von Glucose im so genannten Krebszyklus mit der Gewinnung von energiereichen Phosphaten in oszillatorischen Kreisprozessen, in denen die Reaktionspartner in genau gegliederter Kaskadenabfolge hintereinander geschaltet sind. Das Produkt einer enzymatischen Reaktion geht hierbei als Ausgangsprodukt in die nächste Stufe der Verstoffwechselung ein. Diese in straffer Verbindung hintereinander geschalteten Enzymkaskaden werden mathematisch nach linearen Differentialgleichungen dargestellt. Die physiologischen Prozesse innerhalb dieser Kaskaden oszillieren normalerweise um Mittelwerte mit geringen, sich selbst begrenzenden Abweichungen. Prozesse, denen derartige zeitliche oszillierende Muster zugrunde liegen, sind teleonomisch gesehen, relativ robust gegenüber Störungen. Stabile energie- und informationsliefernde Zyklen sind für das Überleben der Zelle oder des Zellverbandes von allergrößter Bedeutung. Sie stellen damit einen Archetypus von entwicklungsgeschichtlich ursprünglichen fundamentalen physiologischen Mechanismen im Inneren der Zelle dar.

Krankheiten etablieren spezifische Zustände im Zustandsraum des Organismus. Sie bilden spezifische raumzeitliche Muster aus, die mit den Mustern des Organismus wechselwirken: auf allen Stufen, von der molekularen Ebene, der Ebene der Zellen und der Organe bis zum Gesamtsystem des Menschen in seine psychophysischen Kontexte hinein. Entzündungen, Infektionen, vor allem auch die Prozesse im Verlaufe der Onkogenese maligner Tumoren können bisweilen in kritische und oft auch in fundamentalkritische Systemzustände einmünden. Im Zustand von Gesundheit und Krankheit sind aber im Prinzip die gleichen molekularbiologischen Effektoren aktiv. Gesundheit und

Krankheit bedienen sich in der Regel an dem gleichen Arsenal an Nukleinsäuren, Proteinen und Signalstoffen. Unterschiede bestehen jedoch in der Art des Zusammenwirkens.

10.4 Vom Informationsbegriff zu einer Semantik von Krankheit im evolutiven Kontext

Atome und Moleküle sind für sich genommen in Biologie und Medizin wenig interessant. Sie gewinnen erst ihre Bedeutung in der auf gegenseitiger Erkennung beruhenden Wechselwirkung. Die Wechselwirkung führt mit der Freisetzung von freier Enthalpie zu einem energetisch günstigen Zustand. Gehen wechselwirkungsfreie Partner in den Zustand einer Wechselwirkung, so gehen sie in einen Zustand einer reicheren inneren Struktur, d.h. einen reicheren Schatz formal möglicher Eigenschaften ein[274].

Hierin ist die Semantik der molekularbiologischen Netzwerke zu vermuten.

Das Gegensatzpaar Enthalpie und Entropie setzt die Form-Stoff-Komplementarität in die molekularkinetische Theorie der Wärme fort. Dissipative Systeme sind durch zeitliche Symmetriebrüche gekennzeichnet. Es gibt ein Vorher und es gibt ein Nachher. Ihre zeitlichen Strukturen sind, wie wir gezeigt haben, irreversibel. Der „Verwandlungsinhalt" (nach Clausius), d.h. die Entropie, erschließt sich aus dem Zustand eines Systems. Das Verhältnis von Enthalpie zu Entropie steht in einem reziproken Zusammenhang. In den stationären Nichtgleichgewichtszuständen der biologischen Systeme durchdringen sich beide mit der Folge, dass Ereignisse entstehen. Ereignisse bekommen – wie der Wurf beim Würfelspiel – ihren Sinn durch den Akt des Ablesens. Auf der Ebene der Zellen und der zellulären Verbände wird der Ablesevorgang, d.h. der Vorgang des Erkennens innerhalb der Molekülverbände durch die internen Zusammenhänge, durch die Korrelation bzw. Kohärenz von Teilen bzw. Systemkomponenten geleistet. Es ist also das Prinzip der Korrelation, das zur Entstehung neuer Muster beiträgt. Die Korrelation bestimmt nach Prigogine das charakteristische Verhältnis des Ganzen zu seinen Teilen. Im Rahmen solcher Korrelationen können Faktoren eine Bedeutung gewinnen, die sonst keine Bedeutung aufweisen, die jedoch in Systemen, fernab vom Gleichgewicht, nachhaltige Wirkungen anstoßen können. Solche Auslösemechanismen leiten sich in ihrer Bedeutung aus dem Aktivitätszustand des Ganzen ab und sie können das System dementsprechend in die Reichweite von Phasenübergängen und zur Bildung von neuen Strukturen und Differenzierungen führen.

In einer Analogie dazu gewinnen Krankheiten Bedeutung aus einem eher umfassenderen Kontext heraus: Krankheiten sind neben anderen Faktoren durch atypische Wechselwirkungsprozesse auf der Ebene von Nukleinsäuren, Aminosäuren, Proteinen, Enzymen, Signalträgern gekennzeichnet, welche krankheitstypische Netzwerke unterschiedlicher dynamischer Musterbildungen etablieren. Deren Bedeutung leitet sich vom Aktivitätszustand des Systems als Ganzem ab. Damit können von außen gesehen unscheinbar erscheinende Ereignisse in einem Krankheitsverlauf zu abrupten Phasenübergängen des Systems als Ganzem führen.

Antigene reagieren beispielsweise in gewaltiger Anzahl mit Antikörpern oder T-Zellrezeptoren. Hierbei finden molekularbiologische Reaktionen auf den Grundlagen von Affinität, Komplementarität und Spezifität statt. Leukozyten schütten in Massen Signalstoffe aus, die an anderen Zellen und an den Zellen von Nachbarsystemen andocken und dort Antworten und weitere Reaktionen vermitteln. Im Verbund dieser nicht-linear strukturierten Netzwerke können im Gefolge von Korrelationseffekten Faktoren eine Bedeutung erlangen, die normalerweise keine größere Bedeutung für das System haben. Nichtlineare Systeme sind „empfindlich" gegenüber Veränderungen ihrer Ausgangsbedingungen. Jedes Teil ist für das andere empfindlich, sowohl die Teile untereinander als auch das System hinsichtlich Veränderungen seiner Teile. Im Gefolge einer zunehmenden Durchdringung von Entropie und Enthalpie, driftet ein erkrankter Organismus mehr und mehr in die Nähe eines deterministischen Chaos von hoher fraktaler Dimensionalität. Solche zunehmend chaotischen Systemzustände sind dadurch gekennzeichnet, dass die miteinander reagierenden Polymere, d.h. Nukleinsäuren, Proteine, Enzyme und selbst die zellulären Elemente enge iterative Rückkopplungsbeziehungen eingehen[275]. Die Wechselwirkungen zwischen den Polymeren, d.h. die Prozesse eines gegenseitigen molekularen Erkennens steigen mit zunehmender kollektiver Autokatalyse exponentiell an und damit steigt die Anzahl der umgesetzten Informationen an: Es entstehen neue raumzeitliche Muster und neue Mannigfaltigkeiten an Informationen. Die Systeme sind in diesem Zustand durch eine hohe Spontaneität und damit auch Kreativität gekennzeichnet.

Ausgehend von der Betrachtung der Musterbildungen lebender Systeme ist darin ihre objektive Semantik zu vermuten.

In analoger Weise ist, ausgehend von der Bildung von raumzeitlichen Mustern auf molekularbiologischer und zellulärer Ebene, die objektive Semantik von Krankheiten zu vermuten.

Krankheiten können nach ihrer Beendigung spurenlos verschwinden, sie können sich aber auch als Erinnerung und neues Wissen im Gedächtnis des Organismus eingravieren.

Diese Musterbildungen können der individuellen Entwicklung einer Person neue Richtungen aufzeigen und selbst im semantischen Kontext der biologischen Evolution in ihrer Gesamtheit neue informatorische Muster und neue semantische Entitäten etablieren.

Erkennen auf der Ebene der molekularen Netzwerke geht aus Wechselwirkungsprozessen auf der Basis von Komplementarität und Spezifität mit dem Gewinn von Enthalpie hervor.

- Das Komplementäre wird erkannt.
- Mit dem Erkennen auf molekularer Basis geht die Senkung der Entropie einher.
- Erkennen und Energiegewinn sind komplementäre Aspekte von Wechselwirkung auf molekularer Ebene.
- Erkennen ist Vermehrung von formal möglichen Eigenschaften.
- Erkennen ist Alternativenbildung.
- Erkennen ist potentia, ist Vermögen, zu bewegen.
- Energie ist Möglichkeit für Form und Struktur.
- Krankheit ist potentia, ist Vermögen, zu bewegen.
- Krankheit ist Vermögen, Alternativen zu bilden.
- Krankheit ist Vermögen zu Form und Struktur.
- Krankheit ist in Anlehnung an C. F. von Weizsäcker eine begriffliche Form von Energie und Materie.

- Krankheit ist ein spezifischer Zustand von biologischen Materien mit dem Vermögen, Materie zu bewegen.
- Das Vermögen von Krankheit ist demzufolge von Anfang an in der Materie angelegt.
- Materie und das Vermögen, Materie zu bewegen, ist eins.
- Materie und Krankheit sind deshalb eins.

Krankheit ist dynamis, potentiell vernichtende und potentiell schöpferische Kraft im Rahmen der Ontogenese eines jeden Individuums und eine weit darüber hinausgreifende dynamis in der informatorischen Mannigfaltigkeit der Evolution der biologischen Systeme und in der Kulturgeschichte der Menschheit in ihrer Gesamtheit.

Um bewegen zu können, ist eine Kraft erforderlich.

Kraft ist zu verstehen als Bewegung, als ein Vermögen gegen einen Widerstand, z.B. gegen die Trägheit der Masse. Kraft bzw. Energie ist erforderlich, um Leben zu erhalten. Alles was lebt, verwandelt unter Energieaufwand Unordnung in Ordnung. Was stirbt, fällt der Unordnung anheim. Das Leben in lebenden Systemen wird durch komplexe Wechselwirkungen unter Generierung von Energie stabilisiert. Leben ist Widerstand gegen die Unordnung und Anwachsen von Entropie. Krankheit ist eine Form von Unordnung. Krankheit ist gleichermaßen Vermögen zu neuer Form.

Krankheit und Gesundheit sind Metaphern von Schöpfung und Vergehen. Leben ist Fluktuation in der Zeit, in einer dynamischen Balance zwischen Ordnung und Unordnung. Auf diese Zusammenhänge wollen wir in den nächsten Kapiteln noch etwas näher eingehen. Krankheit ist ihrem Wesen nach nicht ein parasitäres Regelsystem im Organismus, wie es einmal von C. F. v. Weizsäcker so beschrieben wurde: „.... Krankheit erscheint wie ein parasitäres Regelsystem innerhalb eines größeren Regelsystems, das wir Organismus nennen. ... Nicht-letale Störungen eines komplizierten Regelsystems müssen sich in der Form eines parasitären Regelsystems darstellen ..."[276]. Krankheit und Gesundheit sind vielmehr im Grunde genommen wesenseins. Leben, Gesundheit und Krankheit sind Vermögen. Sie sind energeia, Form von Energie. Sie sind Substanz der Evolution des Lebens und sie sind gleichzeitig auch deren Vermögen, sie zu bewegen. Das Vermögen, Materie zu bewegen, wird durch den Satz von der Erhaltung der Energie substantiiert. Gesundheit und Krankheit sind so gesehen zueinander komplementäre Begrifflichkeiten, die in letzter Konsequenz durch die großen Erhaltungssätze substantiiert sind.

Für beide, Gesundheit und Krankheit, ist noch ein weiteres Naturprinzip grundlegend, nämlich der Satz von der prinzipiellen Offenheit der Zukunft. Dieses Prinzip in seinem engeren Bezug zur Krankheit soll im nächsten Kapitel etwas genauer untersucht werden.

Ganz am Ende stellt sich die Frage, warum sich die Substanz bewegt und warum sie gleichzeitig ihr Vermögen ist, sich zu bewegen. Natur ist „Physis". Hinter diesem griechischen Begriff steht der Begriff der Bewegung. Natur ist Bewegung. Die Frage nach der Ursache, dem Wesen der Bewegung bleibt aber im Dunkeln verborgen. Nach von Weizsäcker ist alles, was ist, letzten Endes Zeit. „Um Zeit sein zu können, muss es Änderung, d.h. Bewegung sein"[277].

Krankheit und Gesundheit sind letzten Endes Formen von Zeit.

10.5 Zur Semantik von Krankheit im evolutiven Kontext

Der Begriff der Alternative beinhaltet eine Auswahl zwischen verschiedenen Möglichkeiten. Dieser Begriff markiert einen Übergang von Möglichem zu Realem, er markiert eine Entscheidung oder er markiert den Umschlag aus einem potentiellen in einen realen Zustand. Im Begriff der Alternative ist, so gesehen, eine zeitliche Dimension und auch ein Begriff von Dynamik inhärent enthalten. Eine einzige Alternative besagt zunächst noch nichts. Die Semantik erschließt sich erst aus der Verknüpfung von Alternativen. Der Begriff der Alternative verweist damit auf ein fundamentales intrinsisches Bewegungsmoment des Universums. So besehen hält das Genom eines jeden Menschen eine Welt an virtueller Information über die Welt als Ganzes vor.

Das Genom ist ein Spiegel der Welt. Es hat Kenntnisse über die Welt und Umwelt und es „weiß" um die Welt als Ganzes. Das Genom und somit jede einzelne Zelle ist in diesem Sinnzusammenhang als ein Raum an formal möglichen und entschiedenen Alternativen über die Welt zu verstehen, als eine komprimierte Formel, als ein Algorithmus des Weltganzen auf einer abstrakteren Betrachtungsstufe.

Das Universum erzählt im Genom mannigfaltige Geschichten über sich.

Carl Friedrich v. Weizsäcker stellte die Theorie auf, dass sich alle Wirklichkeit des Universums aus zwei letzten und einfachen Uralternativen in das mannigfaltig Mögliche hinein aufgefaltet hatte. Alles, was ist, sei aus den Wechselwirkungen dieser Urobjekte und ihrer Alternativen hervorgegangen. Die Wirklichkeit wurde somit aus Uralternativen heraus aufgespannt. In enger Analogie hierzu kommt Anton Zeilinger[278] zu der Erkenntnis: „Wirklichkeit und Information sind dasselbe".

Die Welt ist demnach der Repräsentant unserer Aussagen. Die Quantisierung der Welt, erkenntlich an der bis dato grundlegendsten Beschreibung der Welt in der Quantentheorie, ist Folge der Quantisierung von Information. Diese muss deshalb unvermeidlich sein, weil sie sich aus Ja-Nein-Entscheidungen heraus erschließt. Jedes Leben bedeutet dauernde Entscheidungen auf allen Ebenen, die in Gestalt von Informationen getroffen werden.

Information ist demnach in der Tat der Urstoff der Welt.

Hier stellt sich erneut die Frage nach der Rolle eines Bewusstseins bzw. eines bewussten Beobachters. Diese Frage stand ganz im Mittelpunkt der so genannten Kopenhagener Deutung und diese Frage ist, soweit ich das zu überblicken vermag, bis zum heutigen Tag nicht abschließend geklärt. Ich maße mir nicht die Kompetenz an, hierzu Stellung nehmen zu wollen – verweise an dieser Stelle auf v. Weizsäcker, der in der für ihn kennzeichnenden Schärfe in diesem Zusammenhang festgestellt hatte: „Materie und Bewusstsein sind eins"[279].

In der Quantenphysik kommt der Rolle des beobachtenden Subjekts bzw. einer beobachtenden Instanz eine zentrale Bedeutung zu: Ob im Doppelspaltexperiment ein Photon als Welle oder als Teilchen registriert wird, hängt vom experimentellen Aufbau, d.h. von der Beobachtungssituation des Systemaufbaus insgesamt ab.

Für uns ist die Welt das, was wahrgenommen wird. Die Welt ist der Repräsentant unserer Aussagen. Über eine Welt außerhalb unserer bewussten Wahrnehmung können wir keine Aussagen machen. Wir können nur Fragen an die Natur und damit auch an die Natur von Krankheiten stellen und alle unserer Fragen in der Medizin lassen sich in letzter Konsequenz immer nur auf Ja-Nein-Antworten reduzieren. Über die innere Natur der Dinge können wir keine Aussagen machen. Die Welt, die Materie, die Welt der Lebewesen und die Welt der Krankheiten tritt in unser Bewusstsein in Raum und Zeit und unter der Herrschaft der Gesetze der klassischen Physik, ihren Erweiterungen entsprechend der Gesetze der Quantenphysik und entsprechend der für die lebenden Systeme formulierten Gesetze der Nichtlinearität, Chaosdynamik und Selbstorganisation. Eine Welt ohne Bewusstsein hat kein Dasein. D.h. die Welt wird ins Dasein im Geltungsbereich einer Beobachtung entlassen, verkürzt gesagt im bewussten Akt.

Bewusstsein und Materie sind eins. Davon ausgehend erschließt sich der Gedanke, dass besagte Ur-Alternative eine erste Körnung einer ursprünglichen noch formlosen Geschlossenheit gewesen war. Alle großen Religionen sprechen, passend dazu, davon, dass in diesem Zustand die Welt noch nicht in ihren materiellen raumzeitlichen Manifestationen bestanden hatte. Nahezu alle großen Religionen und spirituellen Traditionen sprechen übereinstimmend davon, dass vor der uns bekannten Welt eine Welt des „reinen Geistes" existiert habe. Dieser Geist hatte nur das Bewusstsein seiner selbst. Zum Dasein benötigte der Geist die Anschauung seiner selbst. Denn das Seiende ist immer auch ein Seiendes „für". Damit also ein Gott Gott sein konnte, habe er diese Welt erschaffen. Aus dieser Überlegung heraus wäre die Existenz einer einzigen Alternative gleichermaßen undenkbar. Denn eine Alternative benötigt ja, um Alternative zu sein, eine Gegenalternative. Damit die Welt eine Welt der Alternativen, eine Welt der Information sein konnte, konnte sie nicht ein Einziges sein. Viele Religionen sprechen davon, dass Gott die Welt notwendig habe. Die Welt wäre demnach sein Spiegel, sie wäre sein Dasein. Die Welt ist Stoff und Gott wäre demnach ihre Form.

Die Welt ist somit ihrem Wesen nach eine Welt der Alternativen. Und wie sich auch die Phänomene im Quantenbereich in quantisierten raumzeitlichen Formen präsentieren, so sind auch die Informationen über Krankheiten quantisiert, abgezählt und gekörnt. Alle Wirklichkeit, alle Wirklichkeit des Lebens präsentiert sich quantisiert und sprunghaft, weil sie eine Wirklichkeit der Alternativen ist.

Das ganze Universum ist Information, in Form gebrachte kodierte Information. Das ganze Universum ist Wechselwirkung von Alternativen, Schwingung aus einer erfüllten Leere heraus. Das Universum der Information ist eine große immaterielle Wirklichkeit, in welche das Sichtbare, das Fühlbare, das Tastbare, das Beobachtbare, das scheinbar raumzeitlich begrenzte, quantisierte, gekörnte Materielle geheimnisvoll eingewoben ist.

Die Kernaufgabe der Wissenschaft und damit auch der medizinischen Wissenschaft, besteht darin, eine sich in der schier unbegrenzten Mannigfaltigkeit ihrer Phänomene präsentierende physikalische und biologische Wirklichkeit in sprachlich verständliche und mathematisch begriffliche Rohdaten zu fassen. Damit entgleitet ihr aber im selben Moment die Komplexität der Wirklichkeit, die jenseits des raumzeitlich Fassbaren liegt. Eine leise Ahnung von dieser unendlich komplex vernetzten, komplex überlagerten und dynamischen Wirklichkeit erschließt sich aus den inneren Symmetrien der uns bekannten Naturgesetze. Als De Broglie seine Arbeit über die wellenmechanischen Eigenschaften von Materieteilchen zu Einstein sandte, soll dieser sich zu folgender Bewertung veranlasst gesehen haben: „Er hat einen Schleier über dem Geheimnis gelüftet". Die Welt ist in der Tat in ein großes Geheimnis eingehüllt.

Alles, was die Physiker in den Blasenkammern der Linearbeschleuniger oder was Mediziner und Biologen mit ihren Elektronenmikroskopien und der Auflösung von Strukturen jenseits der Ebene der Moleküle, ja selbst jenseits der Ebene der Atome als

Phänomene beobachten, ist Konservat, ist fixiertes Kondensat einer Wirklichkeit, die unendlich unteilbar ist. Diese grundlegende Wirklichkeit ist ein Feld möglicher Alternativen, ein Feld möglichen Wissens.

Die Schrödinger'sche Wellenfunktion entspricht einem Katalog möglichen Wissens. Im Wahrscheinlichkeitsbegriff ist der Informationsbegriff enthalten. Im Vakuumfeld der Physik liegen Energie und Information als kodierte Wellenfunktionen frei von Raum und Zeit vor. Information ist kodierte Energie, die auf Nachfrage verstanden wird. Energie und Information sind demnach wesensgleich. Kräfte werden an Massen durch gepulste, gequantelte Energien aufgebaut. Jede gequantelte Energie dient der Information. In den Mustern dieser gepulsten Energie steckt die Information. Auch Sprache ist demnach eine Form von gepulster Energie. Alle Wirklichkeit ist Information und somit ist das Universum dem Wesen nach ein Wissensfeld. Am 5. Januar 1999 reichte Anton Zeilinger[280] einen Artikel in einer physikalischen Fachzeitschrift ein mit dem Titel, in welchem er das grundlegende vereinigte Prinzip der Wirklichkeit auf eine prägnante Weise so benannte: „Ein elementares System trägt ein Bit an Information". Darin verweist Zeilinger nochmals auf eine der Grundannahmen Bohrs, dass die Physik bzw. alle Wissenschaft, die Welt an sich nicht beschreiben kann, sondern immer nur das, was wir über sie sagen können. Bohr pflegte in diesem Zusammenhang zu sagen: „Keiner von uns hat je einen Stuhl gesehen"[281]. Die Naturwissenschaft sieht oder misst Atome oder Teilchen. Sie sammelt nur Daten und Informationen über das Atom oder über das Molekül und verschlüsselt diese Daten zu einem mathematischen Konstrukt, das im Bereich der Quantenphysik als Wellenfunktion, im Bereich der Physik der festen Körper als Gleichung oder Algorithmus verschlüsselt wird. In der Medizin werden die gesammelten Beobachtungsdaten im Begriff der Diagnose verschlüsselt. Es sind also immer die Informationen, welche die Rolle von Mittlern zwischen uns und der Welt spielen. Die fundamentalen Bausteine der Information sind nach Zeilinger die Propositionen. Wheeler spricht in diesem Zusammenhang von Antworten auf Fragen. Und die einfachsten Propositionen sind die genannten Ja- oder Nein-Fragen. Damit können wir uns keine geringere Informationsmenge als ein Bit vorstellen und die einfachste physikalische Einheit, die wir verstehen können, wird durch ein Bit beschrieben. Diese einfache Irreduzibilität entspricht dem, was Zeilinger mit einem „elementaren System" meint. Zeilinger und Mitarbeiter haben in Abweichung vom Shannonschen Informationsbegriff auch neue Messvorschriften für das Informationsmaß herausgegeben, das sie als „totale Information" bezeichneten. John Wheeler wagte die Vorhersage: „Morgen werden wir gelernt haben, die gesamte Physik in der Sprache der Information zu verstehen und auszudrücken"[282]. Diese Prophezeiung entstammt einem Vortrag, den John Wheeler 1989 mit dem Titel „It from Bit" gehalten hatte. „It from Bit" steht für die Idee, dass jeder Gegenstand der physikalischen Welt an seiner Basis eine nicht materielle Quelle und Erklärung besitzt.

Legendär und durchaus mit einigem Recht als prophetisch zu bezeichnen sind die von ihm in prägnanter Schärfe formulierten großen Fragen („Really Big Questions"):
- How Come Existence? Wie kommt es zu Existierendem?
- Why the Quantum? Warum Quantum?
- A Participatory Universe? Ein partizipatorisches Universum?
- What Makes Meaning? Was gibt den Dingen Bedeutung?
- It From Bit? Ist alles Information?

Diese Fragen eines hochrangigen Physikers tragen metaphysische Züge, weil sie weit über das „Wie" der Naturwissenschaften hinausgehen und die Frage nach dem „Warum" stellen. Nach Wheeler existiert das Universum nicht einfach „da draußen", sondern es nimmt Gestalt an durch unsere Fragen und durch unsere Antworten in den zugehörigen Antworten und er geht so weit, um festzustellen: „Alles-jedes Teilchen, jedes Feld bzw. jede Kraft, sogar das Raumzeitkontinuum selbst – erhält (wenn auch manchmal eher indirekt) seine Funktion, seine Bedeutung, ja überhaupt seine gesamte Existenz aus den Antworten der Detektoren auf unsere Ja- oder Nein-Fragen, die binären Möglichkeiten, die Bits"[283]. Wheeler hat der Physik die Metaphysik zurückgegeben[284].

Ist es nicht hohe Zeit, dass die Medizin gleichfalls nach Hause zurückkehrt? Ist es nicht hohe Zeit, dass wir der modernen Medizin des 21. Jahrhunderts wieder ihr Subjekt und die ihr seit alters her angestammte Metaphysik zurückgeben? Die diktatorische Dominanz des ontologischen Reduktionismus in der Medizin erweist sich heute als „Cybership", ein Schiff ohne menschlichen Steuermann, das auf Ozeanen von Informationen hin- und hertreibt. Wenn schon die physikalische Welt untrennbar und in einem ganz grundlegenden Sinne mit dem Menschen, dem menschlichen Beobachter, mit dem menschlichen Subjekt verknüpft sein sollte[285], wie viel mehr muss diese untrennbare Einheit für die komplementären Partner Patient/Arzt oder Medizin/Krankheit gelten?

Die Informationen entströmen den Krankheitsprozessen. Sie werden registriert und sie etablieren auf diese Weise die Welten der Medizin, die im Zirkulärschluss wieder auf die Krankheiten zurückwirken.

Die Welt der Krankheiten und der Medizin ist eine Welt der Information, in welcher der Mensch bzw. das menschliche Bewusstsein den Informationen Bedeutungen zuweist. Die Welt der Krankheiten ist eine Welt der materiellen Objekte, der materiell organisierten Systeme, die in Beziehung treten mit dem Bewusstsein und von dort her ihre pragmatische bzw. semantische Bewertung und Bedeutung erhalten und auf diese Weise in einer geistigen Welt verwurzelt werden. Die Messdaten, welche Informationen liefern, vermitteln also zwischen dem materiell Reellen und dem semantisch Ideellen auf eine geheimnisvolle Weise.

Das gesamte System der Evolution ist ein System der Generierung und Verdichtung von Wolken von Informationen, die zu einer Welt des Geistes konfluieren. Evolution ist damit Evolution des Geistigen.

Das Universum der Informationen expandiert expotentiell vom Einfach zum Komplexen in einem sich selbst verstärkenden Dreischritt:

$$\text{Form (eidos)} \rightarrow \text{(hyle)} \rightarrow \text{Form.}$$

Das expotentielle Wachstum in einer mathematischen Reihe ist dadurch gekennzeichnet, dass der letzte Eintrag größer ist als die Summe der vorherigen Einträge. Dieser Dynamik liegt die Generierung von Informationen zugrunde. Vor einigen Jahren sagten Forscher der University of California voraus, dass die Menschen und ihre Maschinen innerhalb von drei Jahren mehr Informationen erzeugen würden, als in den vorangegangenen 300.000 Jahren. Damit wird anschaulich das expotentielle Wachstum an Informationen dokumentiert[286].

Auf dem Gebiet der Medizin können wir heute bestätigen, dass aus der inneren Dynamik der komplexen Beziehungsstrukturen zwischen Krankheit und Medizin heraus sich ein exponentiell anwachsender Strom an Informationen in eine Welt nicht-materieller Erfahrungen hinein ergießt.

Die Krankheiten und Medizin gleichermaßen treiben wirkmächtige Schwungräder sowohl in der Ontogenese des einzelnen Individuums als auch im Gesamtrahmen der Natur- und Geistesgeschichte der Menschheit an. In der Kulturgeschichte der Menschheit nimmt die geistige Auseinandersetzung des Menschen mit der Krankheit, mit der zeitlichen Begrenztheit seines Lebens im Gefolge von Krankheit und Tod eine zentrale Rolle ein. Krankheit und Gesundheit stellen wirkmächtige Metaphern von Schöpfung und Vergehen dar. In der Geschichte der Krankheiten, welche die Medizin erzählt, durchdringt der menschliche Geist die Gerüste seiner materiell begrenzenden Systeme und transzendiert sich selbst in bedeutungserfüllte geistige Räume hinein.

Nicht das Vollkommene, sondern vielmehr das Gebrochene, fragt nach seinem Ganzen.

In den Bugwellen der Krankheiten werden die Fragen nach Bedeutung und Sinn des eigenen Lebens aufgeworfen.

Das Geistige durchdringt das Materielle und weist ihm Bedeutung zu.

Evolution ist Transzendenz der Materie zu Geist.

In der Sprache der Quantenphysik hat mittlerweile der Begriff des „Qantenbit" oder „Qubit" als Erweiterung des Begriffes „Bit" einen festen Stellenwert. Dieser Begriff wurde von dem amerikanischen Physiker Ben Schumacher vorgeschlagen, um die Zustände von Verschränkung und Superposition in einem Quantensystem besser beschreiben zu können. Denn einfache Quantensysteme existieren nicht nur nach den klasssichen Bitwerten „0" und „1" entsprechend von „Ja"-"Nein"-Entscheidungen, sondern sie existieren in komplexen Überlagerungsmodi zwischen diesen Zuständen. Derartige Überlagerungszustände konnten mit den konventionellen Computern nicht dargestellt werden, die ja nach dem „Ja"-"Nein"-Prinzip der klassischen Bits arbeiten. Ein nach klassischen Bits funktionierender Computer kann nur vier Zustände definieren, beispielsweise „00", „01", „11" bzw. „10". Ein Qubit kann sich dagegen in einem beliebigen Superpositionszustand befinden, in welchem potentiell unendlich viele Möglichkeiten zwischen „0" und „1" möglich sind. Somit ergeben sich unendlich viele Möglichkeiten der Kombination mit einem weiteren Qubit. Auf der Basis derartiger Verschränkungszustände werden die Quantencomputer der Zukunft funktionieren und das Informationswesen revolutionieren. Das „Qubit" ist also ein Werkzeug der Quantenphysik, es entspricht Anton Zeilingers Begriff von einem „elementaren System". Als der irreduzible Baustein des Nichtmateriellen ist es mit dem Bit, dem fundamentalen Quantum menschlichen Wissens, auf eine in bodenlose Tiefe reichende Weise verknüpft.

Was wir Realität nennen, entsteht letztlich aus Ja-oder-Nein-Fragen und der Registrierung der entsprechenden Antworten. Implizit ist darin aber immer die Frage enthalten, wer oder was die Fragen stellt. Damit sind alle physikalischen Objekte und umso mehr die Objekte des Lebens ihrem Ursprung nach informationstheoretisch – und das in einem partizipatorischen Universum.

Daraus drängt sich mit Macht die Vermutung auf, dass die Wirklichkeit bzw. das Universum eine partizipatorische Wirklichkeit sind und dass das Universum seinem Wesen nach ein partizipatorisches Universum sein muss.

Im universellen Prinzip der Bildung von Alternativen, im Prinzip der Konstanz von Alternativen ist ein Hauch von *Teleologie und implizit die Frage nach einem Bewusstsein enthalten.*

Krankheiten sind Zustände, Anschauungsformen lebender Systeme, die sich aus diesem Feld potentieller Alternativen heraus in die Realität der Raumzeit hinein entwerfen. Sie unterscheiden sich von anderen biologischen Systemen weniger aufgrund der Spezifität ihrer Objekte, sondern aufgrund der Spezifität ihrer internen Wechselwirkungsprozesse. Darauf aufbauend etablieren sie ihre spezifischen dynamischen Muster unter Bildung von realen Alternativen aus den virtuellen Alternativen der grundlegenden Wissensfelder heraus.

In der Generierung von – wertvollen – Alternativen in einer Welt der Alternativen ist die objektive Semantik von Krankheiten somit begründet.

Die semantischen Aspekte von Krankheiten gehen im molekularen Bereich aus der Komplementarität und Spezifität wechselwirkender molekularbiologischer und zellulärer Prozesse hervor, die mit einer Erhöhung oder Senkung der Entropie, der Bildung und Vernichtung Alternativen im Zusammenwirken der verschiedenen molekularen Netzwerke auf allen Ebenen einhergehen und die schließlich beobachtet, registriert und bezüglich ihrer Bedeutungsinhalte bewertet werden. Damit gelangt neues Wissen, neue Bedeutung in die Welt.

Die Mechanismen der Bildung von semantischer Information sollen am Beispiel von Kinderkrankheiten folgendermaßen verdeutlicht werden:

Der junge Mensch bzw. sein Immunsystem werden mit Pathogenen aus der Umwelt, d.h. mit Viren, Bakterien oder Mykoplasmen konfrontiert. Masern-, Windpocken- und Mumpsinfektionen stellen typische Kinderkrankheiten dar. Das Kind hat Fieber, es ist schwach, es ist matt, es ist krank. Sein Immunsystem wird aktiviert und produziert massenhaft Antikörper und Abwehrzellen. Schließlich gelingt es, die Infektion zum Abklingen zu bringen. Informationen über die speziellen Erreger werden im Immunsystem gespeichert: Das Kind ist immun gegen diesen Erregertyp geworden. Es hat die informatorische Reichhaltigkeit dieses Virus in sich aufgenommen.

Das HI-Virus, ein Retrovirus, ist in der Lage, sein Genom in die infizierte Wirtszelle einzuschleusen und dort zu speichern. Eine typische Eigenschaft dieses Virus besteht in seiner Fähigkeit von hohen Mutationsraten aus einem großen Mutantenspektrum heraus. Dies versetzt es in die Lage, in kurzen Zeitspannen seine Eigenschaften zu ändern. Das Virus evolviert somit ständig unter dem Selektionsdruck des Immunsystems. Zwischen Organismus und Virus besteht eine Selektionsbeziehung, die zwischen Adaptation und Zerstörung hin- und herschwingt. So genannte Fluchtmutanten selektionieren sich heraus, denen es in der Folgezeit immer wieder gelingt, sich dem Zugriff des Immunsystems zu entziehen. Aufgrund seiner großen Fähigkeit zur Adaptation ist dieses Virus in der Lage, die Abwehrmechanismen des Immunsystems immer wieder zu unterlaufen. Das Virus befällt schließlich die Steuerzentrale des Immunsystems und führt so zu einer progredienten Erschöpfung des Systems. Moderne antivirale Strategien verfolgen das Ziel, spezifische Oberflächenmarker das Virus zu isolieren, um dort antivirale Substanzen anzudocken und auf diese Weise die Vermehrung des Virus stoppen zu können.

Das Immunsystem ist also eine Antwort auf Informationen aus der Umwelt, die es registriert, bewertet und auf die es eine Antwort gibt.

Im Verlaufe des Infektionsgeschehens werden neue und für den Organismus wertvolle, d.h. für sein weiteres Überleben wichtige Informationen gebildet und gespeichert.

Die Reichhaltigkeit an semantischer Information ist größer als vorher.

Infektionen stellen also klassische Beispiele für die Generierung von neuen und wertvollen Alternativen dar, wobei der Begriff „wertvoll" sich auf eine reichhaltigere innere Ausstattung an Alternativen in evolvierenden Systemen bezieht.

Sowohl im Bereich der Individuen als auch im Bereich der Arten gibt es keine über die Zeit stabile Informations- bzw. Parameterkombinationen. Alle Wesen erwerben und speichern immer wieder neue Erfahrungen.

Ein evolutiver Fortschritt im Gefolge von Krankheiten besteht in den Veränderungen des Gehaltes an semantischer Information. Dies ist ohne Inkaufnahme von Fehlern und Informationsverlusten nicht denkbar.

In der Beziehung von Krankheit zum Organismus manifestiert sich das grundlegende Prinzip der Komplementarität: Makromoleküle gehen, wie weiter oben schon dargestellt, nur dann chemische Bindungen ein, wenn die aktiven Zentren der Reaktionspartner komplementäre Formen bzw. ein komplementäres strukturelles Design aufweisen. Gegen Milliarden an potentiell von außen einwirkenden physikalischen, chemischen und biologischen spezifischen Strukturen und damit auch Informationen muss der Organismus Antworten parat haben, indem er ein zu diesen von außen präsentierten Strukturinformationen ein passendes komplementäres Strukturdesign vorhält. Nur so sind Wechselwirkungsbeziehungen möglich. Seine Palette möglicher Antworten muss demgemäß nahezu unendlich groß, nahezu unendlich spezifisch und unendlich anpassungsfähig sein. Rigide Systeme von konstanter Form sind außerstande, derartige Funktionen zu erfüllen – selbst harmlose Infektionen würden den materiellen Bestand dieser Organismen vital gefährden.

Die zukunftsgerichtete Offenheit von komplexen evolutiven Systemen gegenüber aktuellen und potentiell zukünftigen Ereignissen stellt die Grundlage ihrer dynamischen Stabilität und ihrer Fähigkeit zu einer dauerhaften Optimierung ihrer Funktion dar. Sie sind ihrer Natur nach nicht deterministisch. Determinismus leugnet die Offenheit der Zukunft[287].

Offenheit muss Fehler in Kauf nehmen. Damit gehen dem System zunächst einmal formal mögliche Alternativen verloren. Dieser Verlust von Alternativen ist vergleichbar mit der Aktivierungsenergie im Verlauf von enzymatischen Prozessen. Diese Energie muss von Makromolekülen im ersten Schritt aufgebracht werden, um nach Vollendung einer chemischen Bindung unter Gewinnung von freier Enthalpie einen energetisch günstigeren Zustand einnehmen zu können.

Das Fundamentprinzip der Offenheit der Natur gewährleistet demnach Konstanz und Wachstum von Form und Alternativen über die Einbeziehung von Fehlern und Mutationen.

Fehler sind das Alter Ego von Offenheit.

Krankheit ist das Alter Ego von Offenheit.

Krankheit und Medizin stehen in einer Selektionsbeziehung zueinander, welche die Dynamik der Evolution lebender Systeme beschleunigt:

Solange es Leben gibt, muss es aufgrund des Gesagten auch Krankheiten geben. Deren Ursachen werden auf allen Ebenen bis auf die Ebene der Moleküle, selbst der Atome, geklärt. Die Klärung der Ursachen ist der Schlüssel zur Heilung. Diagnose und

Behandlung sind komplementäre Begriffe. Im Gefolge von Erforschung und Behandlung von Krankheiten gelangt somit ein unabsehbar großes und exponentiell zunehmendes Wissen in die Welt:

Krankheiten und Medizin stehen in einer Selektionsbeziehung zueinander. Diese Selektionsbeziehung Krankheit/Medizin ist möglicherweise eine der wirkmächtigsten informationserzeugenden Dynamos in der Evolution des Menschen und der Lebewesen überhaupt.

Krankheit als Motor und Beschleuniger der Alternativenbildung.

Krankheit als Symbol und Sprache, die von der Medizin registriert, verstanden und in neue semantische Kontexte umgesetzt wird.

Krankheiten als form- und strukturbildende Systeme in der Welt.

Ob auf atomarem, ob auf molekuargenetischem Bereich, ob auf der Ebene des Immunsystems, ob auf der Ebene der Zelle und den komplexen zellulären Netzwerken – überall folgt die Natur ihren gleichen grundlegenden Prinzipien der Informationsbildung. Überall spielt die Natur ihr großes Spiel der Alternativenbildung aus der unendlichen Mannigfaltigkeit von potentiell möglichen Alternativen heraus in das real Entschiedene hinein. Oft ist der Zufall das Tor, durch welches sie in die Räume der großen Zukunfts-Offenheit der noch nicht entschiedenen Alternativen fortschreitet.

„Gott würfelt nicht", sagte Einstein und er wollte damit zum Ausdruck bringen, dass allem Geschehen in der Natur bestimmende Gesetzmäßigkeiten zugrunde liegen müssten. Es ist aber jener nicht weiter hinterfragbare, weil jenseits allen möglichen Wissens existierende Zufall, der erst das Tor zu Offenheit und damit zu den höchsten Freiheitsgraden mit aller Macht aufstößt.

Der Zufall und das Schöpferische umschließen sich.

In der Entstehung und Entwicklung von Krankheiten spielt, wie wir dargestellt haben, der Zufall eine wesentliche Rolle. Für den betroffenen Einzelnen zeichnet der Zufall oft das Menetekel der Vernichtung an seine Lebenswand, für die Menschheit als Ganzes stößt der gleiche Zufall das Tor zu neuen Räumen an semantisch Erfahrenem auf.

Möglicherweise ist es dieser objektive Zufall, der das größte Geschenk eines Gottes an die Welt in seiner Hand trägt: Ein Gott legt die Würfel in die Hand der Natur, um sie ihr grandioses Spiel spielen zu lassen. Der Zufall macht die Evolution nicht blind. Die Evolution ist nicht blind. Die Evolution ist vielmehr grandios offen für jedes Spiel, für jede Frage, für jede Alternative und damit auch für jede Antwort.

Größe fesselt nicht. Größe legt keine Binde vor die Augen. Größe reißt alle Begrenzungen von den Horizonten herunter. Wahre Größe kennt keine Grenzen, wie auch wahre Freiheit keiner Grenzen bedarf.

Das Bewusstsein erschafft immer neue Alternativen und vermindert die Entropie. Der Mensch und sein Bewusstsein sind mitgestaltender Teil eines großen Ganzen. Wir speichern in unserer Erbsubstanz das Erbe und das Wissen von 3,5 Milliarden Jahren an Evolution. Dieses in unserer Software gespeicherte Wissen repräsentiert ein großes Ganzes. Das Wissen ist nicht lokal eingeschlossen, es ist seinem Wesen nach universell, weil es dem Gesetz und dem logischen Verständnis nach universell sein muss. So ist es Gesetz, dass ein Zeitpfeil vom Einfachen zum Komplexen existiert. Dieser weist die Richtung für die Zunahme von Menge und Reichhaltigkeit der Informationen. Diese Richtung weist gleichermaßen in die Richtung einer verminderten Entropie. Die unablässige Generierung neuer, semantischer Informationen, die immer komplexere, semantische Ausgestaltung der Wirklichkeit durch den menschlichen Geist bzw. menschliches Bewusstsein läuft der Düsternis des zweiten Hauptsatzes entgegen. Von Stufe zu Stufe erreicht die Evolution einen neuen und immer höheren Grad an Komplexität:

Im menschlichen Bewusstsein wird sich die Evolution ihrer selbst bewusst. In jedem Augenblick geht sie Verschränkungszustände mit dem beobachtenden Bewusstsein ein und so entsteht emergent das Neue. Dieses Neue ist nicht allein aus der Struktur der Vergangenheit heraus zu erklären, obwohl es die Spuren, die Erinnerung an die Vergangenheit in sich trägt. So kommt die Sprache in die Welt. Die Sprache der Evolution wird verstanden und beantwortet und verhallt nicht weiter in ewig lautlosen Räumen. Auf einmal ist die Welt erfüllt von Klang und Sprache. Und so steigen neue Alternativen aus dem Urgrund auf, sie formen sich wieder zu Klang, zu Sprache und zu Geschichten. Immer mehr und immer neue Geschichten durchdringen alle Räume der Wirklichkeit, unendlich viele Geschichten hallen durch die unendlich leeren Räume, bis am Ende aller Zeiten alle Geschichten erzählt sind – Geschichten über das Wunder aller Existenz, aber auch alle Dramen, die von Krankheiten handeln, und alle Geschichten über das Zerbrechen des Lebens unter den Greifarmen der Zeit.

Alle ungeschriebenen Akte dieses universellen Dramas müssen aufgeführt und gespielt werden, bis zum Schluss, wo schließlich alle Geschichten auf der Bühne des Lebens dargestellt worden sind. Alle Geschichten werden auf der Bühne der Evolution gespielt und aufgeführt, bis alle Wirklichkeit zu einer letzten, großen und final gewaltigen Erzählung vereinigt ist. Die Evolution ist in jedem Moment zukunftsoffen, sie ist neu, sie ist kreativ, sie entsteht in jedem Augenblick aus der Erinnerung an das vergangene Alte neu. Die Welt erschafft sich in den menschlichen Bewusstseinsakten immer wieder neu, bis in alle fernsten Zeiten hinein, bis zum jüngsten Tag der großen Hochzeit. Das Universum erlebt somit nicht einen Wärmetod auf einer thermodynamischen Nulllinie, das Universum transzendiert sich in die Vollendung seines Grundprinzips hinein: Von der ersten Kräuselung einer Ur-Alternative auf einem ruhenden See von potentiellen Alternativen hin zu einem das ganze Universum vollkommen durchdringenden und transzendierenden Bewusstsein.

Der Mensch ist in eine große Wirklichkeit eingebunden, in der das Materielle nur ein komplementäres, raumzeitlich begrenztes Gerinnsel einer grenzenlos umgreifenden immateriellen Wirklichkeit darstellt. Diese Wirklichkeit ist reines Vermögen für alles Werden, unendliche Potentialität. Sie ist grenzlose Offenheit, grenzenloses Gebären.

Es gibt in unserer Sprache einen wunderbaren Begriff für das Ereignis einer menschlichen Geburt: Ein Mensch ist ins Leben gerufen worden. Ein Rufen, ein Lautwerden des Bewusstseins, das Worte von Bedeutung in die Welt hineingebärt. Das Wort wird Leben. Leben ist nicht per – blinden – Zufall entstanden, es ist aus einer unfassbar schöpferischen Offenheit heraus gewollt und gerufen worden, jedes Lebensquant ist von aller Zeit her unendlich gewollt. Keines davon ist sinnlos, wertlos, ungerufen.

Die Welt hat ihrem inneren Wesenskern nach weder Ort noch Zeit. Ort, Raum, Zeit sind Konstrukte der Menschen im Rahmen von Theoriebildungen. Warum sollte das Universum nicht in einer Nussschale Platz finden? Reine Potentialität hat weder Ort noch Ränder, sie ist immateriell und nicht den Begrenzungen von Raum und Zeit unterworfen.

Die Welt ist das große Eine.

Dieses Eine ist reine Potentialität zu allem Potentiellen, dieses Eine ist das Vermögen, alle Energie, alles zu bewegen, sie ist reine Form, in ihr ist Anfang und Ende gleich und alles ist gewusst, bevor es beobachtet und erzählt wurde. Das Eine ist das große Wort, das nicht aus Buchstaben besteht, das dennoch alle Geschichten erzählt, die schon zu Wirklichkeit geworden sind, bevor sie erzählt und vernommen wurden. Das Eine ist das eine große Jetzt, in dem die Vergangenheit gleichzeitig Zukunft ist, so wie das Licht weder Vergangenheit noch Zukunft und somit auch kein Verrinnen einer Zeit kennt, obwohl es sich mit Lichtgeschwindigkeit ausbreitet. Licht ist immer es selbst. Das Licht ist deshalb eine der großen Geschichten und Erzählungen von dem großen Einen, das immer es selbst ist, obwohl alle Vielheit aus ihm hervorgeht und in ihm zusammenfließt.

Der Lichtstrahl ist Dir immer eine Lichtlänge voraus, niemals erreichbar. Das Licht breitet sich ohne materiellen Träger über den Raum aus, es ist Form ohne festen Ort, es ist zeitlose Form der Zeit.

Alternativen sind gleichermaßen zeitlose Formen jenseits von Materie und Energie. Das Rätsel der Existenz von Alternativen reflektiert ein grundlegendes Prinzip des Universums, das im unablässigen Erschaffen besteht, das die Formen des Lebens erschafft. Mit der Entwicklung des Lebens und dem Aufkommen des menschlichen Geistes schuf das Universum seine eigenen internen Repräsentanten dieser Welt. Es schuf seine Antwort auf sich selbst.

So erhielt die Welt ihre Innenansicht.

Daraus versteht sich die selbstreflexive Fähigkeit des Universums. Das Universum lenkt sich selbst in Richtung seines Schicksals. Es wird sich selbst bewusst und gelangt auf diese Weise in sein Dasein, das es aber immer schon ist. Nur das, was wahrgenommen wird, hat ein Dasein. Eine Welt ohne Bewusstsein hat kein Dasein. Die Bildung und Beobachtung von Alternativen ist demzufolge nicht nur das grundlegende Prinzip des Daseins der gesamten Welt, sondern es ist grundlegend auch für die Welt der lebendigen Wesen und allen voran grundlegend im Menschen und dort in einer besonders bedeutungsvollen Form, nämlich die Wahrnehmung der zeitlichen Modellierung und damit der Heilung von Krankheiten.

10.6 Krankheit und Medizin im Zentrum der Kulturgeschichte der Menschheit

Die Erforschung der Ursachen und möglicher Therapien von Krankheiten hat die Kulturgeschichte des Menschen von seinen frühesten Anfängen an begleitet und wesentlich geprägt. In den frühesten archaischen Perioden in den Jäger- und Sammlerkulturen wurden Krankheiten mythisch im Zusammenhang mit Naturerschienungen gedeutet. Wir wissen heute, dass die Menschen des Neolithikums neben den Folgen von schweren Verletzungen unter einer Vielzahl von Infektionskrankheiten gelitten haben, z.B. der Tuberkulose und bösartigen Tumoren. Versuche der Krankheitsbewältigung durch Magie und Zauberspruch gehörten zu den Urfertigkeiten des frühen Menschen. Krankheiten wurden von der Perspektive des „Warum" aus ihrer Bedeutung für den Einzelnen und die Sippe heraus zu deuten versucht. Heute erschließen sich dagegen die Zugänge zur Krankheit ausschließlich aus der Perspektive des „Wie" heraus.

Schon früh in der Menschheitsgeschichte wurden Krankheiten als symbolisch verschlüsselte Botschaften aus einem geisterhaften Natur- und Tierreich heraus zu deuten versucht. Heilung wurde gleichfalls in symbolisch verschlüsselte magische Kulthandlungen eingekleidet. Heilung fand im Bezug auf den Daseinsraum der Menschen statt, der von Mustern an Bedeutung erfüllt war. Die Heilkunst stellte somit eine der frühesten kulturellen Techniken der Menschheit überhaupt dar. Die buchstäbliche Lebenswichtigkeit ihrer Kunst verlieh den frühen Heilern die Aura des Magischen und das Ansehen des Wissenden.

Damals wie heute ist es eine auf ihre Art besondere Kunst, die in der Medizin geübt wird. Dieser Kunstbegriff im Zusammenhang mit der Medizin stimmt nicht in allen Punkten mit dem überein, was von den Griechen als „techne" bezeichnet wurde. Der griechische Begriff von „techne" bezeichnet nicht nur die praktische Anwendung von theoretischem Wissen, sondern er zielt auf eine besondere Form eines praktischen Wissens ab, nämlich auf ein Wissen, das sich seines Könnens sicher weiß. Dieses Wissen weiß von vornherein, dass ein Ergon, ein Werk, herauskommen wird, wie Gadamer das Exzeptionelle in der Heilkunst von seinen Anfängen bis heute herausgearbeitet hat[288]. In den ersten Hochkulturen und allen voran im antiken Griechenland erlebte die Medizin eine erste Blüte. Krankheitsverläufe wurden jetzt empirisch genau beobachtet, dokumentiert und entsprechend registriert. Auf der Basis erster durch empirische Beobachtung gewonnener Erkenntnisse erfolgten Prognoseabschätzungen sowie empirisch begründete Therapieversuche. Medizin, Krankheiten und Heilung waren schon immer eng mit der Religion verbunden. Das Aufkommen der großen Hochkulturen der Menschheit im 5. Vorchristlichen Jahrhundert markierte eine kulturelle Achsenzeit, wie sie von Karl Jaspers bezeichnet wurde. Diese Achsenzeit war begleitet von einem Aufschwung der medizinischen Wissenschaften mit einer sich erstmals beschleunigenden Zunahme von Wissen und Erkenntnis über die Entstehung und mögliche Behandlungsformen von Krankheiten. Viele frühe schriftliche Zeugnisse aus der Geschichte der Medizin reichen vom Codex Hammurapi über die Veden in Indien, über die Gespräche über Gesundheit des Kaisers Huang Ti mit seinem Minister Ch'i Po 2500 vor Christus zu der frühen ägyptischen Medizin, die vor allem durch den Arzt und Baumeister Imhotep und eine große Anzahl von Papyri als Zeugen einer hochentwickelten ägyptischen Medizin geprägt war. Die Geschichte der Medizin fand später in Griechenland in der Gestalt des Hippokrates einen ihrer Höhepunkte, der ein Wegbereiter der modernen Medizin wurde. Später folgten Celsius und Galen als große geschichtliche Figuren und von hier nahm die Medizin ihren Weg durch das Mittelalter, bis sie zu dem gewaltigen Baum der modernen Medizin der Neuzeit heranwuchs. Aus dem reichhaltigen Wurzelwerk dieses Baumes und aus vielen verschwisterten Fachdisziplinen schöpfte die moderne Medizin ihre Kraft und Macht. Die Geschichte der Medizin ist vor allem auch ein Spiegel der Kultur- und Geistesgeschichte der Menschheit. Die Etappen, welche diese Medizin über die Jahrtausende durchlief, zeichnen Wegmarken eines schier an das Unendliche grenzenden Erwerbs an Wissen und Erkenntnis über den Menschen und seine Umwelt. Der Mensch lernte, sich den Bedrohungen durch die großen Seuchen durch sein Wissen zu widersetzen. Es gelang ihm, die Bakterien und Viren als Ursachen von vielen Infektionen nachzuweisen, den Stoffwechsel und die Signalketten dieser Erreger zu erforschen und aus den daraus gewonnenen Erkenntnissen neue Medikamente bzw. Antibiotika zu entwickeln. Mit der Erforschung und Behandlung dieser Krankheiten gelangte eine ungeheure Menge an Informationen, ein ungeheures Wissen in die Welt. Allein im Gefolge der Entdeckung des HI-Virus gelangten ganze Bibliotheken an Wissen über die Formen, das Design, die molekularbiologische Systematik von Viren in die Welt, die in einer positiven Rückkopplungsdynamik zur Entwicklung von immer neuen Medikamentenprinzipien führten. Ähnliche Feststellungen gelten für die Onkologie und für die riesige Zahl der übrigen Erkrankungen. Mit den Krankheiten gelangten somit gewaltige und reichhaltige Mengen an Informationen in die Welt, die von der Medizin hinsichtlich ihrer Bedeutung entschlüsselt und in Therapie umgesetzt werden, so dass in quasi-zirkulären und selbstverstärkenden Prozessen immer neue und exponentiell entlang einer Zeitachse zunehmende Informationen gebildet werden.

Die wissenschaftlich-technischen Fortschritte und die Fortschritte in der Medizin standen zu allen Zeiten somit in engen Wechselbeziehungen und in engen Informationskreisläufen zueinander. Mit dem Aufkommen des mechanisch-rationalen Weltbildes in Europa zu Beginn der Neuzeit und parallel zu dem begleitenden rasanten wissenschaftlich-technischen Fortschritt hob die Medizin zu ihrem grandiosen Siegeszug über bis dahin als unheilbar geltende Krankheiten an, ein Siegeszug, der bis heute ungebrochen anhält. Die moderne Medizin stieg zu einem der führenden globalen Player im Bereich der Wissenserzeugung und Wissensverdichtung auf, wobei die Medizin die Geburtsstätten der Wissensgenerierung von ihren ursprünglich am Krankenbett angestammten Standorten aus jetzt weit in die Peripherie und in die physikalisch-chemische Welt hinein ausweitete, nämlich in die Denkfabriken der Gentechnik, der Molekularbiologie, der Biochemie, der Immunologie und vieler weiterer Fachgebiete hinein.

Der Aufschwung medizinischer Erkenntnisse wurde von spezifischen kulturell geprägten Theoriebildungen begleitet. Als Beispiel für eine prähistorische Theoriebildung bei Naturvölkern wäre der Einfluss von Mondphasen oder Kometen auf Episoden von schweren Infektionskrankheiten zu nennen. Die Interpretation, die semantische Deutung derartiger Ereignisse forderte in vielen Kulturen der damaligen Zeit das Opfern von Tieren oder gar von Menschen ein. Im Mittelalter wurden Seuchen oft als Strafe Gottes gewertet, die durch Umkehr zur Buße abgewendet werde konnten.

Heute befinden wir uns im wissenschaftsgeschichtlichen Stadium der formalanalytischen Methode in Gestalt der Deduktion. Die empirische Erkenntnis konnte beispielsweise aufzeigen, dass die weltweit grassierenden Grippeepidemien durch spezielle und hochpathogene Virenstämme ausgelöst werden. Deren wissenschaftlicher, experimenteller Nachweis führte zur Theorie der viralen Genese der Grippeerkrankung. Auf den empirisch gesicherten Grundlagen dieser Theorie konnten anschließend im zweiten Schritt Impfstoffe entwickelt werden, welche sich als wirksam erwiesen und welche somit die Theorie der viralen Genese von Grippeerkrankungen in der Praxis eindrucksvoll bestätigten. Wissenschaftliche Theorie, empirische Erkenntnis und praktisches Handeln stehen somit in engen Rückkopplungsbeziehungen. Damit belegt sich die über jeden Zweifel erhabene selbstorganisatorische Dynamik der wissenschaftlichen Methode. Die Anwendung der wissenschaftlich-empirischen Methode in der Medizin bedeutet, deduktiv gewonnene Informationen zu verdichten. Hierzu werden Begriffe durch Abstraktion auf einer allgemeineren Ebene formuliert und davon ausgehend werden induktiv neue und in die Zukunft hineingerichtete Hypothesen und Prognosen gebildet. Die so erstellten Prognosen werden nach Eingang der neu hinzugewonnenen Daten reduktiv abgeglichen. Die Prozesse der Generierung von Informationen in der Medizin finden somit kein Ende – sie weiten sich vielmehr immer weiter aus und etablieren sich zu großen Informationssystemen im evolutionären Maßstab. Theorien sind Verdichtungen, Abkürzungen, Kodierungen und Kompaktifizierungen der empirischen Erfahrung im Sinne einer algorithmischen Informationstheorie. Das grundlegende Prinzip eines Algorithmus besteht ja gerade in der Rückkopplung eines mathematischen Prozesses auf sich selbst, um sich auf diese Weise zu erweitern.

Theoriebildungen in der Medizin sind mit einer Erhöhung und Verdichtung von Informationsgehalten und einer Verringerung der Redundanz verbunden. Die moderne Medizin steht heute im Zentrum einer sich immer weiter verdichtenden und vernetzenden Wissenswelt, die rasant anschwellende Zuflüsse aus allen Naturwissenschaften und insbesondere auch aus allen Lebenswissenschaften erhält. Die Medizin ist zu einem Hotspot einer Wissensverdichtung im evolutiven Gesamtmaßstab aufgestiegen, der in der Dynamik einer zirkulären Kausalität auf die sich beschleunigende Informationsbildung im evolutionären Maßstab zurückwirkt. Von allem Anfang an waren es die Auseinandersetzungen mit den Krankheiten und ihren in das Dunkel persönlicher Vernichtung weisender Bedrohungen, gegen die sich die Menschheit zu allen Zeiten auflehnte. Es war die Magie der Krankheiten, die der Mensch zu Urzeiten mit Magie zu bannen versuchte. Die Magie der Moderne ist die auf Beobachtungen gestützte Empirie, die von der Aura einer universalen Allmacht umgeben ist. Die Medizin ist zu einem bestimmenden Repräsentanten, zu einem wirkmächtigen informationsgenerierenden Attraktor im evolutionären Wissensfluss aufgestiegen, auf dessen Zentrum hin zahlreiche Trajektorien aus benachbarten Fachgebieten hin konvergieren. Alternierend kann das System der Medizin durchaus auch als komplexes Attraktorgebilde verstanden werden, in dessen Zentrum die Welt der Krankheiten angesiedelt ist. Wie um das ruhende Zentrum eines Wirbels, so können in ähnlicher Weise auch um das gedachte Zentrum eines solchen Attraktors in sich beschleunigenden Grenzzyklen die unzählbaren epochalen Fortschritte in der Wissenschafts- und Geistesgeschichte der Menschheit kreisen – und das in immer schnellerem Umlauf und sich immer mehr verdichtend.

Der Krankheit würde demnach ein bewegendes Moment innerhalb der evolutiven Informationsbildung zukommen. Die Medizin ist ein machtvolles Instrumentarium der Selbstermächtigung des Menschen über sein Schicksal, über seine Begrenzungen in der Krankheit, über die Begrenzungen seiner Zeitlichkeit in der Krankheit. Krankheit und Medizin haben es zustande gebracht, eines der gewaltigsten Ordnungssysteme aufzubauen, zu dem die Menschheit überhaupt imstande gewesen ist.

11 Krankheit und Zeit

11.1 Fraktale Zeitstrukturen der Krankheit

Zwischen den Standpunkten, Zeit als ein ausschließlich subjektives Phänomen zu deuten, und der Theorie einer objektiven Zeit in der klassischen Physik hat sich die Mannigfaltigkeit der Zeitinterpretationen in den verschiedensten naturwissenschaftlichen und philosophischen Systemen entfaltet. In den Systemen des Lebens und nicht zuletzt auch in der unterschiedlichen Systematik der Krankheitsbilder spielt der Zeitbegriff eine fundamentale Rolle. Im klassischen physikalischen Sinne entfaltet sich die Zeit in Form eines Kontinuums ohne eine ausgezeichnete Richtung. Zeit ist symmetrisch und reversibel. Die Zeit in der Newton-Physik läuft und schreitet unabhängig von Ereignissen voran. Die Objekte der klassischen Physik weisen keine inneren Zeitdimensionen auf, sie sind vielmehr auf die drei Raumdimensionen begrenzt. Sie nehmen einerseits zwar Raum ein, sie verändern jedoch nicht die sie umgebenden Raumstrukturen. Lebende Individuen sind dagegen durch zeitliche Veränderungen ihrer Form und ihrer inneren Reichhaltigkeit an Informationen ausgezeichnet. Sie verändern die Raumzeitstruktur im nichtlinearen Fortgang der Zeit.

Die Quantentheorie hat die absolute Zeit von Newton übernommen. Dort ist Zeit ein äußerer Parameter, der vom physikalischen Geschehen nicht beeinflusst wird. Die Wellenfunktionen analog der Schrödinger-Gleichung laufen zwar in der Zeit ab, die in ihnen kodifizierten Wahrscheinlichkeitswerte sind dagegen zeitunabhängig.

Die Naturwissenschaft kennt mindestens drei verschiedene Richtungen der Zeit[289]:
1. Den thermodynamischen Zeitpfeil, d.h. die Richtung der Zeit, in der die Unordnung bzw. Entropie zunimmt.
2. Den psychologischen Zeitpfeil, der die Richtung markiert, in welcher unserem Gefühl nach die Zeit fortschreitet bzw. die Richtung, in der wir uns an die Vergangenheit, aber nicht an die Zukunft erinnern.
3. Schließlich den kosmologischen Zeitpfeil, nach dem sich das Universum ausdehnt und nicht zusammenzieht.

Alle drei Zeitpfeile weisen erstaunlicherweise in die gleiche Richtung. Die Entdeckung, dass die Lichtgeschwindigkeit jedem Beobachter unabhängig von seiner Geschwindigkeit gleich erscheint, führte schließlich zur Formulierung der Relativitätstheorie und demzufolge zu einem Verzicht auf ein absolutes Zeitmaß. Nach der Relativitätstheorie hat jeder Beobachter sein eigenes Zeitmaß: Uhren, die verschiedene Beobachter mit sich führen, können die Zeit unterschiedlich messen und müssen nicht übereinstimmen. Beim Versuch, die Gravitation mit der Quantenmechanik zu vereinen, musste sogar das Konzept einer „imaginären" Zeit eingeführt werden. Entlang einer solchen „imaginären" Zeit kann es – im Gegensatz zu unserer „realen" Zeit – keinen Unterschied in einer Vorwärts- und Rückwärtsbewegung geben. Ein gleiches Zeitmaß für alles existiert nicht und die Zeit des Umlaufs der Planeten hat ein anderes Maß als die Zeit für Geburt, Leben und Sterben - obwohl doch alles zusammen in einem großen Zeitstrom dahinschwimmt.

Einen überraschend modernen Zeitbegriff entwickelte Aristoteles in seiner „Physik": „Denn genau dies ist die Zeit, die Zahl der Bewegung in Bezug auf „vorher und „nachher"[290]. Augustinus wirft die Frage auf, wie die verschiedenen Zeiten miteinander zusammenhängen: „Was also ist Zeit? Wenn mich niemand darüber fragt, so weiß ich es; wenn ich es aber jemandem auf seine Frage erklären möchte, so weiß ich es nicht. Das jedoch kann ich zuversichtlich sagen: Ich weiß, dass es keine vergangene Zeit gäbe, wenn nicht vorüberginge, keine zukünftige, wenn nichts da wäre. Wie sind aber nun jene beiden Zeiten Vergangenheit und Zukunft, da jedoch die Gegenwart nicht mehr ist, und die Zukunft noch nicht ist?"[291]

Augustinus unterscheidet drei Arten von Zeit, nämlich die Gegenwart der Vergangenheit, die Gegenwart der Gegenwart sowie die Gegenwart der Zukunft. Innerhalb der verschiedenen Zeitfenster gibt es demnach keine gerichtete Zeit. Ein Vorher-Nachher existiert erst dann, wenn diese Zeitfenster aktiviert worden sind. Das Erleben von Zeit geschieht als Erinnerung, Erwartung und als Erlebnis[292]. Nach Kant ist Zeit eine „apriorische Anschauungsform des inneren Sinnes"[293]. Während die Naturgesetze der klassischen Physik zeitinvariant sind, gibt der 2. Hauptsatz der Thermodynamik eine Zeitrichtung vor: Wir messen die Zeit in einer Richtung, in der das Universum expandiert und in der die Unordnung wächst. Eine von vielen Hypothesen über den Anfangszustand der Welt, nämlich die so genannte „keine-Grenzen-Bedingung" nach Steven Hawking besagt, dass das Universum sich ursprünglich in einem Anfangszustand einer maximalen Homogenität und Ordnung befunden hatte und sich anschließend inflationär ausgedehnt habe. Diese inflationäre Ausdehnung habe zu den eindeutig definierten thermodynamischen und kosmologischen Zeitpfeilen geführt. Die Gravitationswirkung soll anschließend zur Zusammenballung von Materie geführt haben, wobei erste Strukturen entstanden. Durch Einwirkung der Gravitation entwickelten sich also Zustände höherer Entropie. Die Entropie ist demnach ein Maß für den Fortgang der Zeit. Diesen Theorien zufolge müssten wir uns heute in einem Stadium zwischen Urknall und dem prognostizierten Wärmetod des Universums befinden, einem Zustand, der Leben ermöglicht. An diesem Punkt setzen die verschiedenen Ausformulierungen des anthropischen Prinzips ein: Nach Barrow und Tipler besagt das schwache anthropische Prinzip (WAP = weak anthropic principle), dass die beobachteten Werte aller physikalischen und kosmologischen Größen solche Werte aufweisen, die für die Evolution des Lebens notwendig sind, beispielsweise die Beziehungen zwischen verschiedenen Universalkonstanten, wie der Gravitationskonstante, der Protonenmasse und dem Alter des Universums. Das starke anthropische Prinzip (FAP = final anthropic principle) fordert, dass das Universum zu einem bestimmten Zeitpunkt seiner Entwicklung solche Bedingungen hervorbringen musste, welche die Entwicklung des Lebens gestatten. Nach diesem Prinzip muss „intelligente Informationsverarbeitung ... irgendwann im Universum in Erscheinung treten, und nachdem sie in Erscheinung getreten ist, kann sie niemals wieder aussterben"[294]. Die Expansion des Universums wäre demnach eine Begründung für die irreversible Zeit. Die Gravitation führte das frühe Universum von einem wahrscheinlicheren in einen unwahrscheinlicheren Zustand über, d.h. in einen Zustand höherer Entropie. Denn unwahrscheinlich ist der extrem kalte Raum mit seinen extrem heißen Sternen.

Der Determinismus der klassischen Physik hat, wenn die Gegenwart bekannt ist, eine Fixierung der Zukunft ebenso wie der Vergangenheit zur Folge. Nach den statistischen Aussagen der Quantenmechanik ist der Schluss vom Gegenwärtigen auf das Vergangene formal ebenso unbestimmt wie der Schluss auf das Zukünftige. Die Unschärferelation bereitete dem Laplace'schen Traum von einem deterministischen Modell des Universums ein Ende: Nach der Unschärferelation ist es ja prinzipiell nicht möglich, den gegenwärtigen Zustand eines Systems genau zu messen, geschweige denn, künftige Ereignisse exakt vorherzusagen. Demgemäß sagt die Quantenmechanik auch nicht ein bestimmtes Ereignis einer Beobachtung voraus, sondern sie gibt nur an, mit welcher Wahrscheinlichkeit jedes von ihnen eintreffen wird. Der Zeitpunkt Null der Gegenwart existiert in der Quantenmechanik nicht. Vielmehr ist der „Zeitpunkt" der Gegenwart in jedem dynamischen System infolge der Unschärferelation nicht genau, sondern nur probabilistisch bestimmbar und in gleicher Weise können mögliche zukünftige Ereignisse nur probabilistisch aus der Gegenwart abgeleitet werden. Von Weizsäcker leuchtete den zweiten Hauptsatz tiefergehend aus, indem er feststellt, dass das Wahrscheinliche das Gestaltlose ist. Wir aber fragen nach der Gestalt[295].

Lebende Systeme entwickeln sich entlang diskontinuierlicher Trajektorien. Ihre interne Zeitstruktur ist durch Asymmetrie, Undirektionalität und Irreversibilität gekennzeichnet. Das Weltgeschehen läuft also in einem Doppelmodus von reversibeln und irreversiblen Zeitstrukturen ab. Die Übergänge zwischen diesen unterschiedlichen Zeitstrukturen markieren das Chaos. Das Verhältnis von Chaos zu Ordnung hängt eng mit der Struktur der Zeit zusammen. Wir haben weiter oben gesehen, dass zeitreversible, zyklische Vorgänge bei häufiger Iteration über einen irreversiblen Zeitsprung ins Chaos umschlagen können. Irreversible Zeitverläufe kommen nur in dissipativen Systemen vor, die weit vom Gleichgewichtszustand entfernt sind. Mandelbrot spricht in diesem Zusammenhang von fraktaler Zeit und definierte diese folgendermaßen: „Die Anzahl $M(r)$ von Fehlern zwischen den Zeitpunkten 0 und r misst die Zeit, indem sie solche Zeitpunkte zählt, in denen etwas Bemerkenswertes passiert. Sie ist ein Beispiel für eine „fraktale" Zeit"[296].

Die Strukturen lebender Systeme sind fraktal. Kennzeichen von Krankheiten sind deren oft hochfraktale Zeitmuster. Was könnten solche Zeitpunkte im Verlaufe von Krankheiten sein, an denen das von Mandelbrot zitierte spezifische „Bemerkenswerte" geschieht? Welchen Einfluss könnten „bemerkenswerte" Ereignisse auf den Verlauf einer Krankheit ausüben? Worin bzw. wodurch wären sie erkennbar? Wie wären sie messbar?

Solche bemerkenswerten Zeitpunkte wären nur aus dem Zusammenhang einer Erkrankung als Ganzem abzuleiten, möglicherweise durch ein krankheitsspezifisches Zusammenwirken von Funktion und Struktur, durch ein Zusammenwirken von Turbulenz und Kohärenz oder von Chaos und Stabilität. Als solche genannte „bemerkenswerte" Ereignisse im Ablauf einer Erkrankung könnten sprunghafte, nicht vorhersehbare Änderungen des Verlaufes gelten, beispielsweise ein plötzlicher Fieberschub bei einem bis dato völlig unauffälligen postoperativen Verlauf, der trotz intensiver Fokussuche nicht erklärt werden kann. Als ein solches „bemerkenswertes" Ereignis könnte auch ein plötzlicher und unvorhersehbarer Stillstand eines Metastasierungsprozesses dienen. Möglicherweise befinden sich die Systeme zu den Zeitpunkten der „bemerkenswerten" Ereignisse in einem Zustand von höchster Empfindlichkeit („Schmetterlingseffekt"), in welchem ihre Systemtrajektorien schon gegen kleinste Veränderungen der Ausgangsbedingungen empfindsam sein könnten.

Jeder Organismus ist ein fließendes dynamisches System. In diesen Systemen werden laufend neue Enzyme, Strukturproteine, Lipide und Zellen neu synthetisiert und wieder abgebaut. Die genetische Information wird zunächst in die richtige Proteinsequenz umgelesen (Translation). Werden solche Gene alteriert, die das Wachstum und das Teilungsverhalten von Zellen kontrollieren, so kann sich daraus ein bösartiger Tumor entwickeln. Ein unkontrolliertes Wachstums- und Teilungsverhalten dieser entarteten Zellen ist die Folge. Einerseits weisen bösartige Tumoren die wesentlichen Eigenschaften der Evolution auf, nämlich die Eigenschaften der Reproduktion, Vererbung und der genetischen Vielfalt. Die zeitliche Dynamik einer wachsenden Krebsgeschwulst ist durch den Wegfall von regulierenden und prozessstabilisierenden Rückkopplungsmechanismen und damit durch den Wegfall von Gedächtnisfunktionen gekennzeichnet.

Krebszellen und gesunde Zellen unterscheiden sich durch ihre intrinsischen Zeitstrukturen.

Unter dem Mikroskop sind bezüglich der Morphologie von Krebszellen Verluste an Differenzierungseigenschaften typisch: Sie verfügen über eine geringere Reichhaltigkeit an Informationen und damit auch an Form. Nach von Weizsäcker ist das Formlose das Wahrscheinliche. Die Proliferationsdynamik von Krebszellen entlang einer Zeitachse ist auf einen Zustand höherer Entropie und niedriger Ordnung hin ausgerichtet und läuft damit dem für lebende Systeme grundlegenden Schrödinger-Prinzip „Ordnung aus Ordnung" entgegen.

Krebszellen sind somit durch eine Umkehr des Zeitpfeils von der Reichhaltigkeit der Form zum Verlust an Form gekennzeichnet. Ihre malignen Eigenschaften gehen aus veränderten inneren Zeitstrukturen hervor.

In einer für ihn kennzeichnenden und tiefreichenden Ausleuchtung des Formbegriffes stellt von Weizsäcker folgende Gleichung auf:

Energie ist Information. Bewegung ist Form.

In diesem Satz tritt der Flusscharakter der Form hervor. Die Welt erscheint als der Inbegriff der Formen. Form wird nur durch die von ihr erzeugte Form verstanden. Information ist Form. Das Verstehen geht somit aus der zeitlichen Entwicklung der Systeme in der Welt hervor. Nach von Weizsäcker geht die Entwicklung der Welt also letztlich aus dem Zusammenwirken von gebildeter Information (Masse/Energie) und einer objektivierten Semantik hervor. Hierbei ist ein die Semantik entscheidendes Subjekt vorausgesetzt. Dieses Subjekt, das im früheren mechanischen Weltbild keinen Platz hatte, ist selbst Teil der Welt: Es ist demnach die Semantik, welche die Informationsmenge eines Objektes bzw. eines Systems bestimmt[297]. Dass Materie denken könne, so von Weizsäcker, sei im mechanischen Weltbild ein leeres Postulat gewesen. Materie ist Vermögen, Materie ist die Möglichkeit der empirischen Entscheidung von Alternativen. Hier muss ein sie entscheidendes Subjekt vorausgesetzt werden. Damit ist es ein subjektbezogener, geistiger Prozess, ein Prozess des Erkennens und Beobachtens, der als grundlegendes bewegendes Moment die Entwicklung der Welt von der Gegenwart in die Zukunft vorantreibt. Zeit ist Änderung der Form. Die Struktur der Zeit geht aus der Entscheidung von Alternativen hervor. Zeit ist Information. Die Form, eidos, umfasst den

Katalog möglicher Alternativen eines Objektes, die durch Registrierung, Beobachtung, Wechselwirkung entschieden werden.

In der Form der DNA sind neben der Mannigfaltigkeit von potentiellen phänotypischen Eigenschaften eines Menschen auch Kataloge für die Wahrscheinlichkeit möglicher Krankheitsereignisse enthalten. Dies verweist auf innere, auf die Zukunft gerichtete, Zeitstrukturen im Bereich der DNA.
Bezüglich ihrer Ursachen können Krankheiten in drei Gruppen eingeteilt werden:
1. Genetisch bedingte.
2. Umweltbedingte.
3. Krankheiten, bei denen beide Gruppen eine Rolle spielen.

Häufige Erkrankungen, wie die arterielle Hypertonie oder der Diabetes mellitus zählen zu den Krankheiten mit einer multifaktoriellen, polygenen Vererbung. Dies bedeutet, dass hier sowohl genetische als auch Umweltfaktoren zur Manifestation einer Krankheit beitragen. Infektionskrankheiten schienen zunächst für die zweite Kategorie repräsentativ zu sein. Mittlerweile wissen wir aber mit zunehmender Erkenntnis über die Rolle von Regulatorgenen für die Immunkompetenz, dass der Verlauf von Infektionskrankheiten auch wesentlich vom Genotyp beeinflusst ist. Wir haben weiter oben besprochen, dass die Wissenschaft mittlerweile eine Vielzahl von genetischen Anomalien identifiziert hat, die ein nach Wahrscheinlichkeiten gegliedertes potentielles Erkrankungsrisiko aufweisen. Einige genetische Anomalien führen in 100% später zu Krankheitsmanifestationen, bei den meisten liegt das Erkrankungsrisiko dagegen zwischen 0% und 100%. Einige monogen bedingte Erkrankungen führen schon sehr früh, d.h. bald nach der Geburt oder im Kindes- und Jugendalter zu Erkrankungen – andere erst im späteren Leben.

Die Entwicklung eines Krebses setzt Veränderungen des Erbgutes voraus. Mutationen von Genen bzw. Gengruppen, spezifische Umlagerungen innerhalb des Erbgutes, oder auch der Einbau von viraler DNS, setzen Ketten von Ereignissen in Gang, die schließlich zur Invasion und Metastasierung führen können. In grober Vereinfachung sind in der Form der DNA Kataloge von Wahrscheinlichkeiten möglicher Erkrankungen im Verlaufe des Lebens enthalten, somit die potentiellen Alternativen bzw. potentiellen Ereignisse, die im Verlauf des Lebens als reale Alternativen bzw. Ereignisse definitiv entschieden werden. Die virtuell auf der DNA enthaltene Information muss also registriert, verstanden und beantwortet werden, um reale Information zu sein, d.h. um Bewegung zu sein. Die auf der DNA und in den Netzwerken der Proteine gespeicherten Konzepte über mögliche Krankheitsereignisse werden gelesen, verstanden und schließlich in reale Krankheiten umgesetzt. Krankheiten entwickeln sich dann, wenn auf der DNA gespeicherte spezifische Informationen gelesen und registriert worden sind.

Die Dynamik der unterschiedlichen Krankheitsbilder geht aus der Mannigfaltigkeit unterschiedlicher interner Zeitstrukturen hervor, die von annähernd zirkulären Zeitstrukturen bei chronisch- wiederkehrenden bis zu nichtlinear progredienten Zeitstrukturen bei akuten oder chronisch aggressiven Krankheiten reichen. Die zeitlichen Muster einer Krankheit werden durch Trajektorien von enzymatischen Reaktionen, durch rückgekoppelte Zeitschleifen, durch in Kaskadenform gekoppelte Reaktionsketten von Polymeren aufgebaut. Diese Schleifen und Linien und zeitlichen Muster durchdringen sich gegenseitig und entwerfen so hoch komplexe fraktale Gebilde an Zeit, in deren Strukturen die Mannigfaltigkeit aller potentiellen Informationen bzw. aller potentiell möglichen

Ereignisse enthalten sind, die schließlich im Ablauf eines Krankheitsprozesses abgelesen und in reale Ereignisse umgesetzt werden.

Krankheit als Form von fraktaler Zeit.

11.2 Krankheit als Form möglichen Wissens

Krankheiten sind Ensembles spezifischer zeitlicher Ereignisse in der Offenheit der Welt.

Krankheiten sind Repräsentanten eines möglichen Wissens. An einer Sichelzellanämie kann nur ein Patient erkranken, der die entsprechenden genetischen Alterationen aufweist. Eine Allergie kann nur ein Patient erleiden, der die entsprechende genetische Signatur gegen ein spezifisches Allergen trägt.

Nach der antiken Philosophie ist Form (eidos) das, was man wissen kann. Damit ist Krankheit Form.

Bei der Betrachtung der das Begreifen überschreitenden Komplexität der Systeme des Lebens, ihrer Sensibilität gegenüber Veränderungen und ihrer inhärenten Dynamik stellt sich die Frage nach der inhärenten Kraft, welche die dynamische Entwicklung dieser Systeme vom Einfachen zum Komplexen unterhält. Diese in der Zeit evolvierenden selbstorganisatorischen Systeme entfalten sich mit einer überwältigend filigranen Präzision in die Raumzeit hinein, die auf einem inhärenten Wissen beruht, einer Art von Selbsttranszendierung, die von Carl Friedrich von Weizsäcker als ein „Verstehen" bezeichnet wurde: Systeme proliferieren, sie expandieren und wechselwirken aus einem inneren Verständnis ihrer selbst heraus, einem Verstehen, das Flusscharakter aufweist und das letztlich der Form der Zeit entspricht. Dieses Verstehen geht semantisch weit über den weithin verwendeten Begriff des Zweckmäßigen hinaus, weil er indirekt ein denkendes Subjekt miteinbezieht. Biologische Systeme entwickeln sich in der Weise einer ihnen von jeher inhärenten Form, einer Form, die Vermögen, einer Form, die Energie ist. Das Wachstum einer Krebsgeschwulst wird durch abnorme innere Zeitstrukturen vermittelt und aus einem solchen Systemzusammenhang heraus kann es auch verstanden werden. Diesem abnormen inneren Wachstum ist das eigene „Verstehen" nach Carl Friedrich von Weizsäcker abhanden gekommen. In der Sprache der Kybernetik wäre dem System das Verstehen der eigenen Regel-Sollwerte abhanden gekommen. Dieser Gedanke könnte auf eine Vielzahl von Krankheiten ausgeweitet werden: Krankheiten hätten demgemäß mit einer Form eines defizitären Verstehens (von wahr und falsch) zu tun. In diesem Zusammenhang könnte Nietzsche zitiert werden, welcher die Wahrheit als diejenige Art von Irrtum bezeichnete, ohne welche eine bestimmte Art von Lebewesen nicht leben könnte[298]. Diesen schockierenden Satz dreht von Weizsäcker so um: „Irrtum ist diejenige Wahrheit, ohne die ein Lebewesen nicht mehr leben könnte". Dieser Satz findet seien Bestätigung in der Bedeutung von Mutationen im Rahmen von Selektionsprozessen im Ablauf der Evolution. Zeit misst sich nach Mandelbrot mit der Anzahl von Fehlern $M(r)$ zwischen den Zeitpunkten 0 und r, wobei die Zeitpunkte durch bemerkenswerte Ereignisse markiert werden. Fehler messen die Zeit. Wahrheit ist hinreichend angepasster Irrtum. Eine Krebserkrankung könnte so näherungsweise als nicht hinreichend angepasster Irrtum der Evolution des Einzelnen sowie möglicherweise auch Evolution als Ganzes bezeichnet werden[299]. Krebs als in biologische Form gegossene Entropie.

Andere Forscher vergleichen die Evolution maligner Tumoren mit der Entstehung neuer Arten während der Evolution und sie finden Gemeinsamkeiten, die ich weiter oben schon kurz skizziert hatte, nämlich gemeinsame Eigenschaften von Vererbung, Variabilität und Selektion. Der Molekular- und Zellbiologe Peter Duesberg von der University of California, Berkely, bezweifelt das vorherrschende Paradigma der Mutation in der Entstehung von Malignomen insgesamt und bezeichnet maligne Tumoren als parasitäre Organismen, wobei jeder einzelne Tumor eine neue Spezies darstellen würde, die zur Ernährung zwar auf den Wirt angewiesen sei, die ansonsten jedoch autonom agieren würde. So seien maligne Tumoren durch ihre reproduktive Autonomie und ihre hohe Flexibilität gekennzeichnet: Im Gefolge einer einzigen Mitose (Zellteilung) können 50% aller Tumorzellen ihren Chromosomenbestand ändern. Dadurch entstehen ständig neue Karyo- und Phänotypen. Neue Mutationen seien in Krebszellen ähnlich selten wie in gesunden Zellen (10^6 pro Gen und Generation).

Eine kennzeichnende Eigenschaft maligner Zellen besteht in ihrer potentiellen Immortalität. Die Zellen verfügen über die erstaunliche Eigenschaft, sich in der Zellkultur potentiell unendlich zu teilen. Die in zeitlichen Kreisläufen organisierten Stoffwechselprozesse innerhalb einer normalen Zelle, aber auch die Kreisläufe vom Werden und Vergehen unterliegen zyklisch geordneten Zeitstrukturen. Maligne entarteten Zellen liegen dagegen potentiell ins Unendliche reichende Zeitstrukturen zugrunde.

Es muss an das Paradoxe grenzen, dass die Existenz eines bösartigen und für den Wirtsorganismus vorzeitig zum Tode führenden parasitären Tumororganismus aus solchen dynamischen Musterbildungen heraus entsteht, die selbst keine zeitlichen Begrenzungen entlang eines Zeitpfeils mehr aufweisen.

Die modernen Disziplinen der Biotechnologie sind heute in der Lage, ausgereifte, d.h. ausdifferenzierte Körperzellen wieder in potentiell unsterbliche toti- bzw. pluripotente Stammzellen zu reprogrammieren. Damit ist man heute schon – und in Zukunft noch weitaus mehr – in der Lage, durch Krankheiten oder Unfälle zerstörtes Gewebe, ja ganze Organe mit reprogrammierten körpereigenen Stammzellen ersetzen zu können. Abstoßungsreaktionen wären unter diesen Bedingungen nicht mehr zu befürchten. Diese Techniken haben der Wissenschaft ein Instrumentarium an die Hand gegeben, mit dem der für die Entwicklung von Lebewesen bis dato als grundlegend geltende Zeitpfeil von einer ursprünglichen embryonalen totipotenten Stammzelle zu der ausdifferenzierten Herz-Leber-Nerven- oder Muskelzelle umgedreht werden könnte. Biologische Chronometer zeigen eine andere Zeit an als die Uhren auf den Kirchtürmen. Der Zeiger der biologischen Uhr würde angehalten und an seinen Ausgangspunkt rückgedreht werden. Die klassischen physikalisch-relevanten Konzepte von Raum und Zeit und der sich daraus ableitende Reduktionismus haben in den modernen Wissenschaften der Biologie und Medizin ihren gestalterischen Alleinvertretungsanspruch verloren. Sie können die hier zutage tretenden Konzepte von Ganzheit, Gestalt, Teleonomie, Synchronizität und zeitlicher Komplexität, und in der Medizin schon gar nicht von Krankheit, Altern, Leiden und Tod nicht erklären. Die hierfür maßgeblichen Prozesse spielen sich eher in depolaren bzw. komplementären Beziehungsgeflechten von Dauer und Wechsel, von Form und Gestalt ab.

Die asymmetrischen Zeitstrukturen von lebenden Systemen präsentieren in den verschiedenen Krankheitsbildern sich davon unterscheidende diskontinuierliche, unstetige und komplexe fraktale Verformungen, die in einer Korrelation zur inneren Dynamik der verschiedenen Krankheitsbilder stehen.

11.3 Lebenszeit

In das Selbstverständnis der modernen Medizin ist immer noch die Newtonsche Zeitauffassung eines gleichförmig und objektiv fließenden Zeitstroms eingraviert.

Aristoteles wies darauf hin, dass Zeit sich aus einer Abfolge von Jetzten konstituiert. Diese Jetzte verknüpfen sich zu einem komplexen zeitlichen Netzwerk, aus dem heraus sich der Strom der Zeit in die raumzeitliche Mannigfaltigkeit der Wirklichkeit hinein ergießt. Dieser Strom wird durch eine Vielzahl der unterschiedlichsten Strömungsmodi gespeist – von einem stetigen und nahezu vollkommen gleichförmigen Fließen bis zu Turbulenzen und chaotischen Wirbelbildungen. Die in den Innenräumen eines Menschen ablaufende Zeit hat mit Beobachtung und Wahrnehmung zu tun, mit der Verknüpfung von Informationen zu Bewusstseinsinhalten und mit der Generierung und Repräsentation von inneren Erfahrungszuständen. Diese innere Zeit des Menschen spannt Räume an Zeit auf, komplexe Zeitgebilde, grenzenlose Zeitlandschaften. Mentale Objekte tauchen aus den Tiefen jener inneren Zeit in das Bewusstsein auf. Die Zeit steht in den Innenräumen des Menschen still, wenn keine Alternativen mehr entschieden und keine Informationen mehr generiert werden.

Zeit ist eine komplementäre Anschauungsform von Information. Mentale Konstrukte, innere Erlebnisse sind raumlose Zeitstrukturen, reine Zeitstrukturen ohne raumähnliche Kondensate.

Das Leben eines einzelnen Menschen entfaltet sich aus der Potentialität seiner in einer Ursprungszelle eingeprägten Form in die Dynamik seiner individuellen Lebensprozesse hinein. Der Mensch entwickelt sich über die Embryogenese und Fetogenese zum Kind und zum erwachsenen Menschen, um nach 70, 80, 90 oder mehr Jahren in eine Zeit- und Formlosigkeit zurückzuschwingen. Das Leben durchläuft seine ihm eigene zirkuläre Bahn, um schließlich, wie ein Planet um die Sonne, am Ende wieder zu seinem Ausgangspunkt zurückzuschwingen.

Eine gedachte Ideale, in jedem Punkt stetige und glatt in sich zurücklaufende Lebenslinie bliebe sich an jedem Punkt und in jedem Augenblick ihres Ablaufes immer gleich. Eine solche Lebenskurve entspricht in etwa dem, was sich die meisten Menschen für den Ablauf ihres Lebens wünschen: In einer solchen stetigen Wiederkehr des Gleichen steht die Zeit aber still. Neues kann nicht entstehen. Die Menge an Information zu Beginn und am Ende einer gedachten annähernd zirkulär und stetig in sich zurücklaufenden Lebensbahn bliebe sich im Prinzip gleich. Krankheiten verzerren die idealisierten Kreisbahnen des Lebens, sie falten die Linien an Zeit, sie zerknäulen sie zu Wirbeln und das Gewirr der Linien wächst an zu einer Peano-Fläche mit komplexen geometrischen Verzerrungen. In der Turbulenz und den Unstetigkeiten der eintretenden Ereignisse entstehen komplexe fraktale und mehrdimensionale Muster an Zeit. Jedes individuelle Leben ist Repräsentant eines spezifischen Musters an Zeit. Die Mannigfaltigkeit der im Leben entschiedenen Alternativen, die Mannigfaltigkeit an Informationen entwirft sich in die Komplexität der zeitlichen Muster des Lebens hinein. Aus den Symmetriebrüchen, den Verwerfungen, den Ausbuchtungen dieser Lebenslinien und damit aus ihren Abgründen heraus, erschließt sich die Komplexität und – oft im Verbund dazu – auch die Werthaltigkeit der im Verlaufe eines Lebens gebildeten Informationen. Was gefüllt werden soll, muss erst leer sein. Die Leere ermöglicht die Fülle. In einem mechanischen Weltbild, in welchem viele unserer Wissenschaftler noch verwurzelt sind, stellen Krankheiten dramatische Akte eines dem Grunde nach sinnlosen Lebensspektakels dar.

Wie wir schon dargestellt hatten, scheint es möglich zu sein, Krankheiten eine objektive Semantik im Bezug zur Evolution des Lebens zuzuschreiben. Ihre Semantik erschließt sich aus ihrer Wesensart als potentiell in neue Entwicklungsrichtungen weisende Randbedingungen. Dies gilt für den Bereich der Individualentwicklung eines Individuums und gleichermaßen für die Entwicklung lebender Systeme insgesamt. Und noch weit darüber hinausweisend eröffnen Krankheiten innerhalb der Kulturgeschichte der Menschheit zudem großräumige semantische Bezüge, weil der Mensch von seinen ersten kulturgeschichtlichen Anfängen an bis heute den Krankheiten Bedeutungen innerhalb seiner kulturellen Kontexte zuweist.

Menschheit und Krankheit stehen in einer selektiven Beziehung zueinander. Der Mensch beobachtet, registriert Krankheiten. Der Mensch weist Krankheiten ein Dasein innerhalb seines eigenen kulturellen Raumes zu. Der Mensch greift in den Ablauf von Krankheiten ein und er verändert damit deren raumzeitliche Muster. Krankheiten evolvieren unter dem Einfluss der Medizin. Krankheiten wirken in ähnlicher Weise aber auch wieder auf den Menschen und seine Medizin zurück. Die Medizin ist eine Beziehungswissenschaft. Der Arzt, der die Krankheiten beobachtet und behandelt, befindet sich einem engen Beziehungsgefüge, in einem Verschränkungszustand mit der Krankheit und dem Patienten. Aus diesen Verschränkungszuständen gehen beide, der Arzt und der Patient, als Andere hervor. Es handelt sich nämlich nicht um eine kurzfristige Beziehung, die von beiden eingegangen wird und aus der beide unverändert hervorgehen. Aus diesen Verschränkungszuständen kann neues Wissen entstehen. Im Beziehungsgefüge zwischen Medizin und Krankheit entstehen Mannigfaltigkeiten an neuen Informationen, Mannigfaltigkeiten eines gewaltigen Wissens. Dieses Wissen lädt ein zu einem besseren Verständnis der Welt. Dieses Wissen schafft immer neues Wissen in der Wissensumwelt der Menschen. Dieses Wissen konstituiert Kultur und Dasein des Menschen in der Welt. Medizin ist Möglichkeit des Daseins des Menschen in der Welt. Das, was in der Medizin wahrgenommen und in Handlung umgesetzt wird, schafft Dasein und wird selbst zum Dasein. Wissen generiert Wissen in Wissenskaskaden. In diesem Wissen wird die Welt in der Art eines Hologramms gespeichert. Jedes neu gewonnene Wissen ist Wissen über die Welt, erzählt über die Welt. Wissen ist immer auch Sprache, in der die Welt zu uns spricht.

Krankheit und Medizin als Sprache. Alle Welt ist eine große Erzählung, das Universum ein großes Epos und der Mensch, die Vielfalt seines Lebens – auch seiner Krankheiten – darin eine große, vielleicht sogar die gewaltigste und wirkmächtigste Geschichte in diesem Epos. Das Leben ist Ordnung, ist Form von Ordnung, die Krankheit ist Form von Chaos. Beides gehört zusammen. Das eine unterlegt das andere. Auf diese Weise entsteht Komplexität. Das Universum, der Kosmos ist Sprache, die vernommen und verstanden wird. Was sollte das für eine Sprache sein, die weder gesprochen, noch verstanden wird?

Ein hypothetisch unterstelltes, vollkommen krankheits- und leidensloses Leben würde stetig und gleichförmig in der Zeit ablaufen wie eine Schrödinger-Funktion. Es würde keine Verwerfungen kennen und würde sich im – vermeintlich – paradiesischen Zustand eines fortwährenden Gleichmaßes abspielen. Zeitmodul würde sich an Zeitmodul entlang einer geraden Zeitachse reihen, ein Zeitmodul wie das andere. Ein solches Leben würde einen idealen Kreis beschreiben und am Ende wieder in sich zurücklaufen. Entlang einer solchen idealisierten Kreisbahn werden aber keine neuen Informationen gebildet. Deshalb wurden die Menschen aus dem Paradies vertrieben, weil dies kein Ort für Menschen ist. Die Menschen sind Wesen der Zeit, sie entstehen aus der Zeitlosigkeit, sie leben aus ihrer Zeit heraus und sie wirken in die Zeit hinein, sie leiden an ihrer Zeit und sie gehen in die Zeitlosigkeit zurück, nachdem sie die Zeit mannigfaltiger gestaltet haben. Das Paradies ist ein leerer Wahn, weil es keine Zeit kennt. Das ewige Gleichmaß ist der Tod. Die Menschen sind zum Leben berufen, sie haften an der Zeit, die ihnen die bittersüße Fülle, Krankheit und Tod schenkt. Menschenzeit kennt kein Gleichmaß, sonst wäre sie keine Zeit. Menschenzeit ist Größe und Vernichtung, beides zugleich, beides komplementär wie die aktiven Zentren von miteinander reagierenden Polymeren. Menschenzeit ist die Fülle und Fülle ist nur dann Fülle, wenn sie in die Leere gegossen wird. Denn die gleiche Anzahl an neu gebildeten Informationen wird entlang einer solchen Linie gleichermaßen wieder vernichtet. Eine derartige idealisierte Lebensbahn würde sich in der ewigen Wiederkehr von Zeitschleifen verlieren und eine Evolution, eine Fortbewegung der Zeit mit der Kreation von Neuem fände nicht statt.

In Gestalt der Krankheiten finden leidvolle unstetige und chaotische Verformungen der zeitlichen Trajektorien des Lebens statt, wobei auf der einen Seite Informationen, Lebens-Formen, Lebensentwürfe zerstört werden. Oft schwenken jene zeitlichen Trajektorien auch auf die Zentren von Attraktoren von einer höheren Komplexität mit einer größeren Reichhaltigkeit an Informationen zu.

Das ewige Gleichmaß verliert die Erinnerung an das Neue. Im vollkommen Gleichgewicht werden keine Informationen mehr gebildet. Das Leben im Gleichmaß ist ein Leben im Stillstand einer geronnenen Zeit, es spricht keine Sprache. Es wird nicht verstanden. Es hat kein Dasein. Es altert nicht, es wächst nicht heran, es bleibt sich immer gleich, es ist dauernde formlose Gegenwart. Es hat weder Ort noch Zeit.

Krankheiten und Tod sind aber notwendige Bedingungen einer Evolution des Lebens. Das Leben will sich vom Einfachen zum Komplexen in die ihm eigenen Räume an Zeit hinein entwerfen. Ein Fortschreiten der Zeit ist nicht ohne Symmetriebrüche der inneren Zeitstrukturen des individuellen Lebens sowie des Lebens in seiner Gesamtheit möglich. Darin liegt seine leise Traurigkeit, die sich um die Erde legt. Aus dieser Traurigkeit entsteht die Sehnsucht. Das Leben ist Sehnsucht. Aus dieser Sehnsucht heraus ist es sich selbst immer vorweg, es ist dauerndes Werden aus der ihm von allem Anfang an eingeschriebenen Sehnsucht nach Reichhaltigkeit heraus. Kraft, Energie, Vermögen sind Weisen dieser Sehnsucht. Diese Sehnsucht über die Horizonte des Einen hinaus, kondensierte zum Urstoff der immateriellen Wesensstruktur des ersten Urobjektes und aus dieser Sehnsucht heraus entfaltete sich die Kraft des Universums in seine lebendige Zukunft hinein. Im Schwingungsmodus eines Quarks im Atomkern und hinter der nur in Spuren fassbaren materiellen Existenz der Atome ist das Leben als unausgesprochene Sehnsucht, als vorweggenommenes Wissen eingeprägt. Das Leben ist ein von allem Anfang gewusstes. Das Universum ist die in materielle Form gegossene Sehnsucht in eine unendlich mannigfaltige Offenheit des Lebens hinein. Der Strom dieser unendlichen Offenheit ergießt sich immer wieder über das jeweils Einfache hinaus, über die

Aufbrüche des Symmetrischen in das Mannigfaltige, in das Höhere hinein. Leben kann seinem Wesen nach nicht gleichförmig sein. Leben bricht in jedem Zeitquant immer neu aus sich heraus. In den Zentren der Verwirbelungen kreisen die Krankheiten und sie ergießen sich aus den Turbulenzen in die Ströme der Lebenszeit hinein, die Zeitquanten des Lebens in jäher Beschleunigung nach vorne treibend oder auch die Strömung der Lebenszeit auf einen großen Wirbel hinlenkend, in dem das Leben in kreisender Bewegung zum Stillstand kommt. Es sind die chaotischen Zeitmuster, aus denen sich die Dynamik der Evolution des Lebens speist, die in gleicher Weise damit aber auch Bedingungen der Möglichkeit der Entwicklung des Geistes sind. Der Mensch erkennt sich selbst in der Erkenntnis seiner Zeitlichkeit. Der Mensch erkennt sich schmerzvoll im Bewusstsein der Vorläufigkeit seiner Existenz in der Zeit. Der Mensch ist eine das Begreifen übersteigende reichhaltige Mannigfaltigkeit von Zeit. Zeit ist Bewegung. Zeit ist Potentia. Zeit ist Vermögen. Zeit ist Energie. Die Welt steigt in die Wirklichkeit ihres Daseins im Bewusstsein auf. Im Menschen wird die Welt wirklich. Die Welt, wie sie die mechanische Wissenschaft eines Newton definiert hatte, war eine vom Menschen unabhängig existierende Leere und sich ewig selbst gleichende Welt, durchdrungen vom Linearität von dem stetigen Umlauf eines ewig gleichen kosmischen Uhrwerkes.

Der französische Physiker La Place stellte die Theorie auf, dass die Wissenschaft eines Tages imstande sein könnte, mit einer einzigen mathematischen Gleichung den gesamten Ablauf des Universums vorhersagen zu können, wenn sie dessen Ausgangsbedingungen erforscht hätte. Eine solche Vorstellung von der Welt lässt nur noch den Blick frei in die Abgründe der Ewigkeit eines Immergleichen, ein Erschauern angesichts einer ins Unendliche fortgesetzten mathematischen Reihe an Redundanz.

Tria haec in omni morbo gravia sunt: Metus mortis, dolor corporis, intermissio voluptatum" („drei Dinge sind bei der Krankheit belastend: Todesfurcht, Schmerz, Erlöschen der Begierden")[300]. So hat Seneca das Wesen der Krankheit, damals und heute und für alle Zeiten mit großer Schärfe skizziert. Furcht und Schmerz sind die Begleiter der Krankheit in der heutigen technisch ausgereiften Medizin geblieben.

Der Mensch ist das einzige Wesen, das sich seiner schmerzvollen zeitlichen Begrenzung in der Krankheit leidvoll gewahr wird. Uns treibt der Wahn nach dem schmerzlosen Unendlichen. Wären wir unsterblich, dann gäbe es auch keine Krankheiten. Unsterblichkeit kennt keine zeitlichen Begrenzungen und damit keine Zeit. Die Wirklichkeit der Zeit vollzieht sich dagegen im Bewusstsein. Der Begriff Wirklichkeit kommt von Wirken und verweist somit auf ein implizites dynamisches Moment, auf einen Fortgang der Zeit. Der Fortgang der Zeit ist die Bedingung der Möglichkeit von Bewusstsein. Der Mensch ist der Mensch in der Weise seines Bewusstseins. Leben, das sich seiner selbst nicht bewusst ist, ist noch kein Dasein im Sinne eines Seins in der Wirklichkeit der Welt. Das Dasein des Menschen vollzieht sich auch im Bewusstsein eigener Erkrankung, in der Erkenntnis der Brüchigkeit der eigenen Existenz, in der Kenntnis seines Ausgeliefertseins an Vergänglichkeit, an Alterung, an Absterben, Herausfallen aus dem Strom der Zeit. Der Mensch wird sich seiner Zeitlichkeit und damit seiner Existenz in der Zeit schmerzhaft bewusst. Es ist die in seinem Bewusstsein angstvoll vorweggenommene Endlichkeit, welche die Menschen antreibt, Dinge in die Welt hineinzutragen, die die eigene Zeitlichkeit überdauern könnten. Im Zustand der Gesundheit verharren nach Gadamer die Organe des Menschen im Schweigen. Dieses Schweigen dringt nicht in das Bewusstsein der Menschen vor. Im Bewusstsein ist deshalb oft das Bewusstsein der eigenen Zeit nicht gewärtig, bis es durch Krankheiten aus einer unbewussten Zeitlosigkeit hinein in die Bruchlinien einer ab jetzt fortschreitenden Zeit hinein aufgebrochen wird. Krankheiten sind Repräsentationen der Zeitlichkeit von Lebewesen.

Krankheiten sind Repräsentationen von Zeitstrukturen der Wirklichkeit. Aus der Erfahrung des eigenen Lebens in der Krankheit heraus nimmt der Mensch Krankheit und Leiden bei seinen Mitmenschen schmerzhaft wahr. In der gemeinsamen Leidenserfahrung sind die Menschen auf eine geheimnisvolle Weise miteinander verbunden. Der Mensch erfährt sich selbst im Schmerz des Anderen.

In der Wahrnehmung von Krankheit und Leiden im Anderen überschreitet der Mensch die Grenzen der individuellen Existenz und geht in einen in der bisherigen Evolution des Lebens einmaligen Kontext mit dem Anderen, ja der gesamten Menschheit ein.

Aus diesen Kontexten rinnt neues Wissen, neue Bewusstheit in das Gefüge der Wirklichkeit ein.

Menschliches Leben begegnet seiner objektiven Semantik im bewussten Bezug zum Anderen. Nirgendwo wird die Bedeutung dieser Bezüge klarer als im Wahrnehmen, als im Erleben von Krankheit und Leid bei anderen und damit bei sich selbst.

Krankheiten reichen somit weit über den schmerzvoll und leidbehafteten Bereich des betroffenen Individuums hinaus, Krankheiten sind nicht lokale Phänomene – sie sind durch transpersonelle, soziale, gesellschaftliche und kulturelle Kontexte geprägt.

Nichts existiert für sich – nicht einmal das kleinste Elementarteilchen existiert im Bezug auf sich selbst, alles entfaltet seine Existenz in Beziehung auf Anderes, alle Existenz ist Existenz über sich hinaus, alle Existenz ist immer Existenz „zu".

Für das individuelle Leben kann Krankheit schmerzvolle Vernichtung und Tod bedeuten. Krankheit ist in gleichem Maße aber auch ein Aspekt der Bewusstwerdung des Menschen in seiner Wirklichkeit im Kontext des Ganzen der Wirklichkeit. Der Sinn von Krankheiten erschließt sich somit aus der Perspektive einer Gesamtschau heraus, aus der Gesamtperspektive des einzelnen Lebens, aus der Gesamtperspektive des Lebens selbst und weniger aus der Betrachtung von lokalen Parametern. Die Kräfte, die in jedem Lebewesen, in jedem persönlichen menschlichen Leben, ein mehr oder weniger reichhaltiges Maß an Ordnung etablieren, diese Kräfte weisen vom Horizont der gesamten Welt auf jedes einzelne menschliche Leben hinab. Diese Kräfte sind universell, sie durchdringen jede Existenz auf allen ihren inneren Ebenen, angefangen von den Atomen und Molekülen auf der DNA, über die zellulären Netzwerke, über die Organsysteme bis zu jeder individuellen menschlichen Ganzheit, ihrem somatischen und geistigen Gehalt und sie dringen weiter und tiefer in das Beziehungsgefüge zur Umwelt und sie etablieren in jedem Menschen somit ein Ensemble an Wirklichkeit, das weit über die Körpergrenzen hinausreicht und von dort tief in den gesamten kulturellen Raum der Menschheit hinein. Menschliches bewusstes Leben ist seinem Wesen, seinem Herkommen, seiner Bedeutung nach prinzipiell nicht lokal begrenzt. Das Leben ist immer auch ein „wir", das auf grundlegenden tieferen Bedeutungsebenen gegründet ist.

Menschliches Leben erklärt sich grundsätzlich aus der Perspektive der Gesamtheit „Mensch" heraus. Jedes menschliche Leben ist somit prinzipiell ein universelles und daraus leiten sich auch seine besondere Würde und seine besondere Stellung ab. Es ist Repräsentant des Universums und das universelle Gesetz durchdringt das menschliche Leben und nimmt in ihm eine besondere raumzeitliche Form an. Diese Erkenntnis liegt allen spirituellen Erfahrungen in allen Kulturen zugrunde und sie sollte grundlegend werden, allem voran für das Selbstverständnis der Medizin. Nur der Mensch ist tief in ein bewusstes Beziehungsgefüge mit dem Universum einverwoben. Nur der Mensch ist Adressat eines universellen Gesetzes. Daraus erschließt sich seine Verantwortung seiner Mitmenschen und seiner Mitwelt gegenüber. Besondere Bedeutung gewinnt dieses Gesetz im Miteinander mit den Kranken, den Schwachen und Behinderten. Hier findet die Nagelprobe statt. Am Maßstab der Mitmenschlichkeit versagt jedoch die moderne Medizin allzu oft. Hier versagen wir allesamt und allzu oft, weil uns der Blick auf unsere Herkunft und somit auf unser inneres Gesetz durch die Technokratie unserer Zivilisation mehr und mehr verstellt zu werden droht. Und aus den Faltenwürfen der Kulissen unseres Lebenstheaters heraus schaut starr ein bleiches Gesicht auf die lärmende Manege der Zuschauer hinunter.

11.4 Medizin und Tod

Im Gedanken an den Tod wird die Menschheit zu einer großen Familie. Gemessen am Faktum des Todes verlieren nahezu alle anderen Gedanken an Bedeutung. Der Tod ist maßlos, weil er keine Dimensionen, keine Zeit und keinen Raum kennt. Der Tod ist ein geheimnisvolles Engramm des Lebens, ein archaischer Monolith, eine Sphinx, die das Leben mit ihrem unergründlichen Lächeln betrachtet. Tod ist Bedingung des Lebens und Leben ist immer auch vorweggenommener Tod. Tod ist das unbegrenzte Gefäß, welches das Leben aufnimmt, sich in ihm spiegelt und am Schluss an das Universum oder an einen Gott zurückgegeben wird. Der Tod ist Form des Lebens, der Tod ist Leben.

Wir leben alle im Vorfeld des Todes, der größer ist als wir, der sich deshalb unserem Begreifen entzieht, weil er keine Zeit und keinen Raum kennt, weil er keine Alternativen, keine Worte, keine Sprache bildet und kennt und somit für uns nicht zu entziffern ist. Der Tod überreicht uns das große Gesetz des Lebens. Er ist es, der zu Beginn das Gefäß jedem Einzelnen überreicht, um es mit Leben zu füllen – jeder auf seine Weise. Der Tod ist unser großer fremder Vertrauter. Er ist unser Spiegel und er tritt uns in vollkommener Reinheit dann entgegen, wenn wir unser Leben nach dem uns zuerkannten Maß erfüllt haben. In diesem Augenblick erlischt der Tod in das erfüllte Leben hinein.

Die Moderne hat den Tod auf den letzten Augenblick des Lebens reduziert. Darüber ist ihm das Leben, die ihm eigene Form des Lebens, abhanden gekommen. Der Tod ist seines ehrfurchtgebietenden Mysteriums beraubt worden. Da er dem Leben abhanden gekommen ist, so kann es auch nicht verwundern, dass in der technischen Vollkommenheit unserer Kliniken sich das Sterben oft würdelos und abgeschoben in Abstellkammern vollzieht. Es kann nicht verwundern, dass der Tod dort oft als ein betriebswirtschaftlicher Saldo verstanden wird. Tote werden bevorzugt nächtens und klammheimlich über die Hintertür und durch die unterirdischen Gänge von Bestattungsunternehmen entsorgt und die Toten tauchen erst wieder auf und präsentabel für das allgemeine Bewusstsein, wenn sie als lebensecht Schlafende geschminkt aufgebahrt worden sind. Die Moderne ist dem Äußeren verfallen. Sie hat den Tod auf weite Strecken aus ihrem Bewusstsein verbannt. Darüber ist die Gewissheit der eigenen Sterblichkeit bis in die allerletzte morbide Selbstverleugnung hinein verloschen. Der Tod ist immer der Tod der anderen, nicht der Tod und das Verlöschen des eigenen Egos. Damit gehen wir der Erinnerung an die Ursprünge unserer Existenz verlustig. Wir werden heimatlos in der unüberschaubaren Vielfalt unserer äußeren Lebensentwürfe, deren innere Reichhaltigkeit zunehmend verarmt. Unser Leben vollzieht sich oft nur noch im mechanischen Uhrwerkgetriebe eines äußeren Lebens und es vollzieht sich nicht mehr aus der Tiefe seiner inneren Räume heraus.

Auf diese Weise kommen wir niemals mit dem Tod ins Reine.

In den Zeiten eines ausschließlich reduktionistischen Weltverstehens laufen wir Gefahr, das Bewusstsein für die Fülle des Lebens zu verlieren, das sich aus dem Ursprungsgefüge einer ihrem Grunde nach geistigen Wirklichkeit heraus vollzieht. Der Reduktionismus leugnet das Faktum der prinzipiellen Unerklärlichkeit der Welt und das Geheimnis des Lebens. Er erklärt die Welt als Zufall und ist deshalb düster und menschenfeindlich. Unsere Zeit hat die Kraft für eine grundlegende Entscheidung, für ein existentielles Wagnis verloren, nämlich das Leben auszurichten auf die bloße Möglichkeit hin, dass jedes Atom des Universums, jede Zelle in unserem Körper von etwas getragen und umfangen sein könnte, das weit über unser Begreifen hinausreicht, das keine Zeit und keinen Raum kennt, das von den Schlacken des Materiellen gelöst und somit von aller Zeit her erlöst ist, das zeitlos ist und das aus einer unsagbaren Einheit in Zeit und Raum in das Wunder eines jeden Lebens hinabgebrochen ist.

Der Tod verliert dort seinen Schrecken, wo das Leben für sich selbst durchsichtig geworden ist. Tod und Geburt existieren auf den großen Skalen des Universums und brechen von dort in die individuelle Lebenswirklichkeit hinunter. Dort liegen sie als großes Geheimnis vor, dessen Schleier sich in der Begegnung mit dem eigenen tiefen Selbst ein Stück weit enthüllen. Wir müssen wieder Geborgenheit finden im Angesicht der Gegenwart dieses Geheimnisses.

Vergewisserung ist nur dort zu finden, wo Mut zum Aufbruch ist, hin zu diesem Geheimnis, das immer auch das Geheimnis des eigenen, d.h. des eigentlichen Selbst ist. Man kann sich nicht gegen den Tod wappnen, man kann ihm nur achtungsvoll entgegensehen und vor der Zeit begegnen, wenn das eigene Leben mit Ehrfurcht und Achtung vollzogen wird. Dann kann das Leben zum großen Fest aufsteigen. Das Sterben und der Tod können freilich grausam sein. Das Leben kann grausame Erniedrigungen bereithalten bis hinab auf die untersten Ebenen von letztem kreatürlichem Schmerz und Schmach. In der Krankheit sind Patient und Arzt gleichermaßen mit dieser dunklen, oft grotesken und bizarren Seite des Lebens konfrontiert. Solche Geschichten über Schmerz und Trauer, die das Leben der Menschen schon immer durchwoben haben, von Anfang an, diese Geschichten sind so zahlreich wie die Sterne am Nachthimmel. Und trotzdem entspricht es den tiefen und ursprünglichen Erfahrungen der Menschheit, dass aus der Dunkelheit dieser Abgründe eine geheimnisvolle lebensspendende Gewissheit aufsteigen kann. „Ich bin mir selbst zur Frage geworden" – so der heilige Augustinus und er gab auf diese Weise ein Zeugnis über ein Leben ab, das sich auch vor jenen Abgründen vollzog. Vielleicht ist es die Weisheit des Universums, vielleicht ist es ein Gott, der die Scherben jeden Lebens aufsammelt und sie in Fülle verwandelt.

Nur dem Menschen bleibt diese eine und größte Wahl, nämlich sich über die offenbaren Abgründe hinweg sich für die letzte Dreingabe zu entscheiden, zu der nur der Mensch fähig ist. Es gibt nämlich gute Gründe dafür, eine letzte Karte zu spielen, wenn alle Karten scheinbar gespielt sind und wenn das Spiel schon verloren scheint: Die Karte des Vertrauens.

Ein Vertrauen aus dem Wissen um die eigene Existenz heraus.

Ohnmacht ohne Vertrauen ist Vernichtung.

Vertrauen ist ein wirkmächtiges Symbol für das Leben, Vertrauen ist eine Form von Sprache, einer Sprache, die zu Leben werden kann.

Die moderne Medizin will jene das Bewusstsein des Menschen kennzeichnende Ohnmacht nicht mehr kennen. Sie denkt und wirkt zwischen Skepsis und Hybris. Die Ohnmacht sollte die dauernde Wunde der Ärzte sein, nicht die Hybris einer technischen Vervollkommnung. Eine Medizin ohne die Erkenntnis eigener Ohnmacht dem Leben und dem Schicksal gegenüber wird zum Moloch, der sich an Krankheit und Leiden gütlich tut und die Würde und Wirkmächtigkeit des Todes auf eine bizarre Weise verleugnet. Das Mysterium des Lebens vollzieht sich nicht zuletzt auch im Sterben, im Hinübergleiten in das große Schweigen – in diesem Übergang kann jedes, auch das am erbärmlichsten gelebte Leben, noch zur großen Fülle gelangen: Leben, das im Moment des Sterbens zur Fülle wird. Die Allgegenwärtigkeit des Sterbens in jedem Augenblick trägt die Allgegenwärtigkeit des Lebens wie einen nach innen zu leuchtenden Kristall in sich. Die Wahrheit des Lebens ist im Innenraum eines jeden Augenblicks zeitlos eingerollt. Dorthin zielt die Sehnsucht des Menschen, jene Wahrheit zu entziffern, eine Wahrheit von zeitloser Einfachheit und Schönheit. Von dort her, nämlich von dieser zeitlosen Schönheit ausgehend, fließt dem Menschen eine geheimnisvolle Kraft zu, die ihn über die Abgründe Trauer und Schmerz tragen kann. Tod ist Verlöschen der Zeitquanten der äußeren Lebens-Zeit, der Zeit der Kaskaden wechselwirkender Molekülverbände, der Zeit der Substrate, der Zeit von Bildung und Verbrauch von energiereichen Phosphaten, der Zeit der Zitronensäurezyklen und der symbiotischen zellulären Netzwerke. Was am Ende bleibt, wenn die Uhrwerke der Enzymkaskaden und der Zyklen zum Stillstand gekommen sind, ist die innere Zeit, die eine Zeit ohne Zeitmaß ist, eine Zeit, die nur Zeit und ewiger Augenblick ist. Dort ist der Urgrund, die Ewigkeit, aus der alles Zeitliche hervorgeht. Dort ist das große Eine für den Atheisten und dort ist für den Gläubigen Gott.

Nichts geht verloren, alles kommt aus dem Dasein und alles geht in das Dasein zurück. Jeder Augenblick ist Dasein, jeder Gedanke ist Dasein, jedes Bit ist Dasein, ohne ein Hier zu kennen, unzerstörbar, unwandelbar, zeitlos, unfassbar gewaltig. Der Umlauf der Zeiger auf der Lebensuhr ist nur der äußerlich sichtbare Schattenwurf auf die Wände eines grenzenlosen Raumes von Ewigkeit. Und von dieser Ewigkeit her kommt jedes Leben, in dieser Ewigkeit bleibt jedes Leben, auch denn, wenn die Zeiger seiner materiellen Uhrwerke zum Stehen gekommen sind. Vor der Gegenwärtigkeit dieser Ewigkeit existieren wir. Diese Gegenwärtigkeit erfüllt jeden Augenblick, diese Gegenwärtigkeit kennt keine Grenzen, keinen Anfang und kein Ende, wie auch die Gegenwärtigkeit eines Tropfens im Meer keine Grenzen kennt.

Das schmerzhafte Drama des Menschseins beruht auf der Trennung zwischen äußerer und innerer Zeit. Die äußere Zeit ist gestaltloser Tanz der Neurone, sie ist von sichtbarer Gestalt und sie ist Gegenstand seiner begrifflichen Erkenntnis. Die innere, die verborgene Zeit, sein inneres Wesen, offenbart sich nur der reinen Schau. Das äußere Leben ist das der Zeitlichkeit preisgegeben und damit das schmerzhafte Leben. Das innere Leben ist im Geheimnis des Daseins verhüllt und nur der körper- und sprachlosen Erfahrung jenseits begrifflicher Zuordnungen zugänglich. Das innere Leben ist Geburt und Tod zugleich.

12 Krankheit: Von der Information zur Sprache

12.1 Krankheit und semantische Information

Die theoretischen Naturbeschreibungen verfolgen das Ziel einer mathematischen Verknüpfung von Messgrößen, die eine Vorhersage von Messergebnissen ermöglichen. Die Physik und die Chemie fragen nicht nach dem Sinn, nach dem Sinn einer Wirklichkeit, die jenen Messgrößen zugrunde liegen könnte.

Dem großen Umsturz des physikalischen Weltbildes zu Beginn des 20. Jahrhunderts lag die Einsicht zugrunde, dass die Erkenntnis der Grenzen möglicher Informationsgenerierung über die Natur bisweilen tiefste Einsichten zu vermitteln vermag. Auf der Grundlage dieser Erkenntnis entwickelten sich die für die Physik des 20. Jahrhunderts grundlegenden Theorien der Relativitätstheorie und der Quantentheorie.

Biologische Prozesse lassen sich in drei nicht-organischen Aspekten betrachten, nämlich dem chemischen, physikalischen und den mathematischen Aspekt. Auf der chemischen Ebene werden die in einen Prozess eingehenden Substanzen umgesetzt, wobei sie am Ende des Prozesses als veränderte Ausgangssubstanzen erscheinen. Auf der physikalischen Ebene wird die aufgenommene Energie umgesetzt und sie erscheint in veränderter Form am Ausgang des Prozesses. Dies ist beispielsweise nach einer Umsetzung von Wärmeenergie in mechanische Energie der Fall. Der dritte Aspekt beinhaltet die mathematische Beschreibung dieser Prozesse. Diese Dreiheit der Aspekte liegt jedem biologischen Prozess in unterschiedlicher Gewichtung zugrunde. Darüber hinaus sind in lebenden Organisationen jedoch Instanzen nachweisbar, die keinem der drei Aspekte zuzuordnen sind, die weder auf stoffliche noch auf energetische Leistungen zugeschnitten sind, die vielmehr auf Begriffen von Signalübertragung, Datenverarbeitung, auf Steuerung und Regelung beruhen.

Lebewesen sind ihrem Wesen nach irreduzible Systeme. Versuche einer Interpretation der Lebensvorgänge ausschließlich auf physikalisch-chemischer Ebene müssen über kurz oder lang in eine erkenntnistheoretische Sackgasse einmünden.[301]. Polanyi brachte es so auf den Punkt: „All objects conveying information are irreducible to the terms of physics and chemistry"[302]. Im Zentrum der Lebenswissenschaften steht der Begriff der biologischen Information. Denn die Etablierung biologischer Ordnungsstrukturen fernab von einem Gleichgewichtszustand und die Plan- und Zweckmäßigkeit des Verhaltens sind informationsgesteuert. Eine Theorie des Lebens muss aus diesen Gründen eine Theorie der Entstehung und Verarbeitung von semantischer Information sein. Die empirischen Wissenschaften der Physik, der Chemie, aber auch der Biologie und unverständlicherweise auch der Medizin als einer auf empirischer Kenntnis gegründeten Handlungswissenschaft am kranken Menschen schließen in ihrer traditionellen Form jedoch Aspekte der Semantik in ihren intendierten Anwendungsbereichen aus.

Eine Theorie der Medizin muss eine Theorie der Generierung, der Weitergabe und Verarbeitung von semantischer Information im Zustand von Gesundheit und Krankheit sowie im Verlauf der Heilungsprozesse sein. Damit ist die Medizin eine Theorie der Information in der Krankheit. Wie wir zu zeigen versuchten, stellen Krankheiten atypische Randbedingungen in selbstorganisatorischen Systemen dar. Informationen werden durch Nachrichten transportiert und dargestellt. Der Begriff Information und Nachricht werden jedoch meist synonym verwendet. Nachrichten sind physikalische Phänomene der realen Welt. Sie sind Zustände von Nachrichtenträgern. Der Begriff der Information hat dagegen keine Dimension wie Materie oder Energie. Der Informationsbegriff (informare = in eine Form bringen) enthält, wie ich weiter oben ausführte, eine dynamische zeitliche Dimension. Die Information steht beispielsweise am Anfang und Ende von Verarbeitungsvorgängen, an denen ein Bewusstsein, d.h. der menschliche Geist, beteiligt ist. Die Information hat eine transzendente Dimension, die sich der reduktionistischen Beschreibung entzieht. Die Information ist ein Phänomen höherer Ordnung als formale Logik, Mathematik und Naturwissenschaft. Auch Norbert Wiener betonte diesen immateriellen Aspekt der Information so: „Information is information, not matter or energy"[303]. Information bedarf jedoch eines materiellen Trägers, um sich auszuprägen und um materielles Geschehen steuern zu können. Eine Informationsstruktur besteht aus einer Menge von konkreten Repräsentationen, einer Menge von abstrakten Informationen sowie deren Interpretation. Eine Information zusammen mit ihrer Repräsentation wird in der Nachrichtentechnik als Objekt oder als Datum bezeichnet. Zu einem Informationszusammenhang gehören folgende Funktionsglieder:
- Der Inhalt der Information,
- dessen Übersetzung in Symbole, Zeichen, Signale,
- deren Übertragung vom Sender zu einem Empfänger,
- die Übermittlung des Inhalts der empfangenen Signale und
- das dementsprechende sinnvolle Reagieren des Empfängers.

Informationen lassen sich auch nicht unmittelbar aufschreiben, sondern nur deren Repräsentationen. Ein Verkehrszeichen ist die Repräsentation einer Information: Diese muss nämlich zuerst vom Autofahrer in ihrer Funktion oder ihrer Bedeutung für den Verkehrsablauf interpretiert werden. Repräsentationen sind konkrete Phänomene der physikalischen Welt, Informationen sind eher mit abstrakten Ideen vergleichbar. Genau genommen ist auch die DNA eine Repräsentation der „genetischen Information", nicht aber die Information selber, die erst registriert und verstanden werden muss, um überhaupt Information zu sein. Auf diese Zusammenhänge wurde wiederholt hingewiesen. Um Informationen strukturell fixieren zu können, bedarf es einer Klasse von Symbolen, beispielsweise den Buchstaben des Alphabetes oder der binären Symbole der Computersprache oder auch elektrochemischen Signalen in der Physiologie. Vor allem bedarf es Regeln, wie diese Symbole zu Wörtern aufgebaut werden. Es braucht zudem syntaktische Regeln, wie diese Wörter zu sinnvollen Sätzen verbunden werden können. Nicht zuletzt sind Apparate, Vorrichtungen, erforderlich zum Lesen und Verstehen dieser Symbolsequenzen, beispielsweise ein zentrales Nervensystem.

In der Biologie und Medizin sprechen wir von Information, wenn die Bedingungen für einen Informationszusammenhang erfüllt sind. Die in der Buchstabenfolge auf der DNA verschlüsselte Information lässt sich leicht in die Sprache der Informationstheorie übertragen: Die Nukleinsäure wird aus vier Grundbausteinen aufgebaut. Diese Bausteine, die Nukleotide, wirken wie die Schriftsymbole einer Sprache. Das Alphabet dieser genetischen Molekularsprache besteht aus den vier verschiedenen Symbolen A T G C.

Die lineare Abfolge dieser vier Bausteine verschlüsselt die gesamte Information für den Aufbau eines lebenden Organismus!

Es ist also die Symbolfolge, die die Information trägt.

Von dieser Symbolfolge werden Matrizen und Kopien hergestellt. Leben ist ein Wechselspiel zwischen Information und Funktion.

Die genetische Information ist in einem kommafreien Code festgelegt, d.h. zwischen den Code-Wörtern gibt es keine „Pausenzeichen" (wie beim Morse-Code). Jedes Codon, Code-Wort, besteht aus drei Symbolen, d.h. einem Triplett aus Nukleotiden. Alle Reaktionen in den belebten Systemen erfolgen in kontrollierter Weise nach einem Programm, das von einer Informationszentrale instruiert und gesteuert wird. Ziel dieses Programms ist die Selbstreproduktion. Selektion ist somit eine inhärente Form der Selbstorganisation und eine Konsequenz von mutagener Selbstreproduktion fernab vom Gleichgewicht. Evolution bedeutet Erzeugung von Information[304].

Damit wird noch einmal die teleologische Dimension der Lebensprozesse unterstrichen.

„Ziel" ist die Selbstreproduktion aller Bestandteile des Systems einschließlich der Duplizität des Programms und seines materiellen Trägers. Jede Reproduktion ist mit einer mehr oder weniger großen Veränderung, Modifizierung des Programms verbunden. Das konkurrierende Wachstum aller modifizierten Systeme ermöglicht eine selektive Bewertung ihrer Effizienz hinsichtlich der Frage: „To be oder not to be, that is the question?"

Lebende Systeme sind durch die drei essentiellen Eigenschaften von Selbstreproduktion, Mutagenese und Metabolismus ausgezeichnet. Ohne die Eigenschaft der Selbstreproduktion gingen die Informationen nach jeder Generation verloren. Ohne die Eigenschaft der Mutagenese könnten keine neuen Informationen generiert werden, wie wir am Beispiel der Krankheiten zu zeigen versuchten. Ohne Stoffwechsel würden die Systeme in einen Gleichgewichtszustand hineinfallen, in dem keine Veränderungen mehr möglich sind. Durch Energiezufuhr von außen und deren Umsetzung in den Stoffwechselprozessen sind lebende Systeme in der Lage, Informationen zu erzeugen, zu speichern und weiterzugeben. Eine Informationsspeicherung bei Molekülen setzt voraus, dass diese Information auch „lesbar" und „bewertbar" ist. Erst mit den Nukleinsäuren lernten die Moleküle das Lesen.[305] Grundlage des Lebensvorgangs ist die Komplementarität, die komplementäre Wechselwirkung zwischen jeweils zwei Nukleinsäurebausteinen. Das von Watson und Crick ermittelte Prinzip der Basenpaarung auf der Grundlage von Komplementarität bildet die Grundlage der Informationsverarbeitung in biologischen Systemen. Dieser grundlegende Mechanismus des Verstehens einer Information beruht somit auf dem Fundamentalprinzip der Komplementarität.

Die chemischen Bausteine der Nukleinsäuren funktionieren als Informationssymbole. Die Evolution selektiert nicht nach rein chemischen Gesichtspunkten, sondern nach den Kriterien einer funktionskodierenden Informationsbildung. Der Mensch unterscheidet sich vom Coli-Bakterium nicht durch eine effizientere Chemie, sondern durch mehr Information, welche für komplexeres Verhalten kodiert[306]. Die maßgeblichen Organe für die Fernsteuerung und Signalübertragung sind das zentrale Nervensystem und das Hormonsystem. Nerven sind Vermittler zwischen allen Sinnesorganen und dem Gehirn sowie zwischen dem Gehirn und Rückenmark und den Muskeln. Sowohl die Sinnesmeldungen als auch die Befehle erfolgen über die gleiche Zeichensprache, nämlich über elektrische Signale. Diese elektrischen Signale sind monoton und bestehen aus kurzen, oft nur ca. 1/1000 sec. langen Einzelimpulsen von gleicher Dauer und Intensität, jedoch von wechselnder Frequenz. Die unfassbare Buntheit der Welt ist also in einer einfachen und monotonen Zeichenfolge kodiert.

Moderne Auffassungen über die Evolution nehmen Abschied von einer kausalistisch-mechanistischen Naturauffassung und sie leiten über zu einer sich unablässig verändernden und zu einer zukunftsoffenen Naturauffassung. Dieser Paradigmenwandel wurde mit der Entwicklung der Quantenphysik eingeleitet und gilt in gleichem Maße, wenn nicht noch mehr, in der Biologie und vor allem in den medizinischen Lebenswissenschaften.

Das Leben muss in der Lage sein, zwischen sinnvollen und sinnlosen Sequenzen unterscheiden zu können. Um eine Optimierung des Gehaltes von Informationen zu erreichen, ist jedoch eine bestimmte Fehlerrate bei der Verarbeitung von Informationen in Kauf zu nehmen. Für Mutationen existieren Schwellen, unterhalb derer eine optimale evolutive Anpassung am besten gelingt. Oft handelt es sich um Ensembles von Mutationen, die sich um die bestangepasste Mutation scharen. Wird eine solche Schwelle einmal überschritten, so kann eine Fehlerkatastrophe in Gang gesetzt werden. Wird die für die Erhaltung des Individuums erforderliche Anzahl von wertvollen Informationen unterschritten, so stirbt der Organismus schließlich ab.

Wir hatten auf die Bedeutung von Mutationen für die Entwicklung von Krankheiten im evolutionären Kontext verwiesen.

Viele Krankheiten finden ihre Ursache in Abnormitäten, Veränderungen, Mutationen auf der Ebene der genetischen Informationssysteme. In deren Gefolge wird eine „fehlerhafte" Information abgelesen und die fehlerhaften Sequenzen können in die Netzwerke der Zellen und Organe hinein vermittelt werden. Unter physiologischen Bedingungen werden fehlerhafte Informationen durch zelluläre Reparaturenzyme rechtzeitig ausgemerzt und wieder in die physiologisch korrekte Information umgeschrieben. Gelingt dies nicht, so wird die fehlerhafte Information in Krankheit umgesetzt.

In das Voranschreiten einer ernsthaften Krankheit werden oft alle Organisationsebenen eines Individuums einbezogen. Schwere Krankheiten schreiten von Ebene zu Ebene fort. Von der molekularen Organisationsebene der Gene und Proteine über die zelluläre Ebene und von den Zellverbänden der Organe bis zur seelisch-geistigen Ebene der Person als Ganzes. Krankheiten entwickeln sich unter einer spezifischen evolutiven Dynamik, indem sie ein eigenes Mutantenspektrum etablieren. Diese unter dem Selektionsdruck des Immunsystems neu herausgebildeten genetischen Sequenzen können in günstigen Fällen eine noch effizientere Reproduktion ermöglichen. Solche Mechanismen können auch bei großen Grippeepidemien oder beispielsweise bei der Infektion mit dem HI-Virus eine wichtige Rolle spielen: Die hohe Pathogenität des Virus beruht auf seiner Fähigkeit, auf der Basis von hohen Mutationsraten ein großes Spektrum an Mutanten aufzubauen, die es dem Virus ermöglichen, ständig weiter zu evolvieren und sich so dem Selektionsdruck des Wirtes zu entziehen. Als Retrovirus ist es zudem in der Lage, sein Genom in das genetische Programm der Wirtszelle zu integrieren und so die genetische Programmatik zu überschreiben. Ein einmal Infizierter kann diese in das Genom integrierte Information anschließend nicht mehr loswerden. Dieses Virus zielt auf das Immunsystem, also auf die Steuerungszentrale, von wo aus die Abwehrfunktionen normalerweise koordiniert werden. Die Störungswellen breiten sich auf diese Weise von Ebene zu Ebene aus. Sie entwickeln durch Emergenzprozesse sprunghaft neue Eigenschaften. Bei Malignomen können Genmutationen zur Aktivierung von Onkogenen führen. Dies hat dann zur Folge, dass sich die entartete Zelle der Steuerung durch die kontrollierenden Signalgeber entzieht. Ein Verlust an Rückkopplung kann eine Überschreitung der Grenzen dieser Subsysteme zur Folge haben und schließlich das Gesamtsystem zum Zusammensturz bringen. In den Übergängen von einer Systemebene zur nächsthöheren Ebene werden sprunghaft neue Eigenschaften kreiert, die sich aus der nächstunteren Ebene nicht ableiten lassen.

Das Leben vollzieht sich also in der Schaffung von Informationen, der Zuweisung von Bedeutung und der Generierung von Netzwerken von Bedeutungen. Krankheiten entstehen und entwickeln sich aus veränderten Bedeutungszusammenhängen heraus. Die Medizin zielt darauf ab, diese Änderungen zu erkennen und hinsichtlich ihrer Bedeutungen für den Gesamtzusammenhang des Organismus zu klären. Daraus leitet sich schließlich das therapeutische Vorgehen ab. Alle Wachstumsprozesse der Lebewesen sind Prozesse der Schaffung neuer semantischer Kontexte. Jeder Augenblick im Leben eines jeden Menschen hält neue Bedeutungen, neue semantische Kontexte bereit. Jeder Mensch entwirft neue Bedeutungen in die Welt hinein. Evolution als Prozess der Schaffung von neuen Bedeutungen.

Somit schaffen auch Krankheiten in einer zukunftsoffenen Welt immer auch neue Bedeutungen.

12.2 Krankheiten als Symbol und Sprache

Um eine Information übertragen zu können, ist die Übersetzung ihres Inhaltes in die Form von Zeichen bzw. Symbolen erforderlich. Die ärztliche Diagnose basiert auch unter den Bedingungen höchster technischer Standards ihrem Wesen nach auf Zeichendeutung oder einer Zeichenlesung. Von der Antike bis zur Neuzeit im 18. Jahrhundert spielte die Semiotik, die Zeichenlehre, eine wichtige Rolle in der Ausbildung der Ärzte. Im „Prognostikon" schreibt Hippokrates hierzu: „Der Arzt braucht den Namen keiner Krankheit zu vermissen, er wird sie alle an demselben Zeichen erkennen". Damit ist gemeint, dass sich die speziellen Krankheitsbilder, quasi autopoietisch von selbst, aus der Kollektion der klinischen Zeichen heraus offenbaren würden. Mit dem von Galen ca. 150 n. Ch. eingeführten Begriff des „Symptoms" wandelte sich der Begriff des Zeichens zu einem „Hinweis auf". Mitte des 16. Jahrhunderts erschien Versal's „Fabrica" mit einer ersten ausführlichen Beschreibung der Anatomie des Menschen. Jetzt konnten erstmals die äußeren Zeichen einer Erkrankung mit spezifischen Veränderungen der inneren Organe in Beziehung gesetzt werden. Die Semiotik war nun nicht länger syntaktisches Zeichenlesen, sondern das Zeichen stieg zu einem Schlüsselbegriff auf, der Zugang bot zu den jeweils bekannten Krankheitsbildern. Heute ist die Semiotik durch die überwältigende Dominanz technischer Daten in der Medizin nahezu vollständig in Vergessenheit geraten. Semiotik wird oft synonym verwendet mit dem Begriff der Semiose, also der Kommunikation mittels Zeichen. Gross weist in diesem Zusammenhang darauf hin, dass in der Medizin alle Informationen über die Kranken, d.h. die klinischen Symptome, Laborbefunde, Röntgenbefunde etc., Semiose sind oder Designate bzw. Signifikate[307]. Diese Zeichen müssen vom Arzt hinsichtlich ihrer Bedeutung als physiologische Abweichungen von einer Norm und somit als mögliche Hinweiszeichen einer echten Krankheit entschlüsselt, überprüft und gedeutet werden. Seit mehr als 30 Jahren sind die Neurophysiologen in der Lage, die Aktivität von einzelnen Nervenzellen im Gehirn direkt zu messen. Sie sind in der Lage, die Aktionspotentiale und damit die Signale bzw. Nachrichten der kleinsten integrierten Bausteine des Gehirns, d.h. der Neurone abzuleiten, wenn sie durch Sinnesreize aktiviert werden. Die dabei registrierten Signale können dem Ort, der Stärke und Qualität eines Reizes zugeordnet werden. Die Bewegungen der Extremitäten sind durch spezifische Signalmuster in den jeweils entsprechenden Hirnregionen repräsentiert. Ein bestimmtes elektrisches Erregungsmuster entspricht einem bestimmten Wahrnehmungsinhalt. Im Gehirn erfahren wir die über Raum und Zeit verteilten Erregungsmuster als Schatten der Wirklichkeit in einer rätselhaften Einheit.

Ohne mir zu erlauben, auf das Gehirn-Geist-Problem näher einzugehen, ist festzuhalten, dass Vernunft und Geist eine neue Ebene der Evolution repräsentieren, deren Entschlüsselung nicht vollständig gelingen kann und dies aus prinzipiellen Gründen: So besagt der Satz von Goedel zweifelsfrei, dass Aussagen eines Systems über sich selbst zu unentscheidbaren Aussagen führen müssen. Damit ist das Gehirn-Geist-Problem für uns prinzipiell nicht vollständig lösbar. Kant wies auf dieses Problem in seiner Vorrede zur Kritik der reinen Vernunft hin: Die menschliche Vernunft würde durch Fragen belästigt, die sie nicht abweisen könne. Denn das Fragen sei ihr von Natur aus aufgegeben. Sie könne die aufgeworfenen Fragen jedoch nicht beantworten, weil sie das Vermögen der Vernunft überschreiten würden. Somit wurden von Kant prinzipielle und unüberschreitbare Grenzen der Erkenntnis abgesteckt, „Grenzen, die der spekulativen Vernunft in diesem Feld gesetzt sind, einerseits um sich nicht dem seelenlosen Materialismus in den Schoß zu werfen, andererseits sich nicht in dem für uns im Leben grundlosen Spiritualismus herumschwärmend zu verlieren"[308]. Diese prinzipiellen Grenzen unserer wissenschaftlichen Erkenntnis werden auf den tieferen Schichten der Realität im Geltungsbereich der Quantenmechanik, beispielsweise in Gestalt der Unschärferelation, nachgerade und überwältigend bestätigt.

Über diese unüberbrückbare Kluft zwischen Wirklichkeit und empirisch menschlichem Erkenntnisvermögen schlagen Symbole und Metaphern einen gedanklichen Bogen. Die Ebene des Geistes ist eine Welt der Ideen, der mentalen Objekte und der Symbole. Diese Symbole werfen reflektive Schleifen aus der für uns unzugänglichen Wirklichkeit heraus und herüber zu uns. Symbole ermöglichen auf indirekte Weise Zugänge in das Innere der Welt und damit auch in das Innere der Welt der lebenden Systeme. In der Entzifferung von Symbolen tauchen Schattenwürfe aus einer unsagbar komplexen und dynamischen Wirklichkeit auf den Wänden unserer raumzeitlichen Begrenzungen auf: Symbole als Ziffern einer Schrift, als Laute einer Sprache.

Die Ebene des Geistes ist eine Welt der Symbole. Die Fähigkeit des Menschen, sich selbst und die Welt zu erfahren und diese Erfahrungen anderen mitzuteilen, Vorstellungen zu Begriffen zu ordnen und über diese zu urteilen, lässt sich als Symbolkompetenz zusammenfassen. Die Symbolkompetenz befähigt den Menschen, die Schatten der Wirklichkeit, wie sie sich seinem Gehirn darstellen, d.h. die neuronale Repräsentation seiner Lebenswelt in Symbolen darzustellen und dies in Sprache umzusetzen. Diese reflektive Schleife mittels der Symbole konstituiert Bewusstsein[309].

Penzlin verweist auf die missbräuchliche Anwendung des Begriffes von Sprache im Zusammenhang mit dem Begriff der Information. So habe sich der Philosoph Bernd-Olaf Küppers gar zu der Aussage verstiegen, „dass trotz aller Komplexitätsunterschiede sowohl die genetische Molekülsprache als auch die menschliche Sprache Ausdruck ein- und desselben universellen Informationsprinzips sind, das für den Aufbau, den Erhalt und die Evolution komplexer Systeme unabdingbar ist"[310]. So sei der Informationsbegriff bei manchen Autoren geradezu zum Dreh- und Angelpunkt ganzer Weltanschauungen avanciert[311]. Die Metapher von der Sprache im Zusammenhang mit dem DNA-Code suggeriert nach Penzlin „falsche Bezüge". Die im Kern niedergelegte genetische Information hat streng genommen keine Merkmale einer Sprache. Sie ist aber in dem Sinne eine Art von Sprache, als ihr Inhalt eine Anweisung ist. Sie ist deshalb eine Art Information „für", sie ist intentional und auf die Reaktion eines Empfängers im Gesamtgefüge des Organismus ausgerichtet. Sie enthält somit eine kommunikative, auf einen Empfänger ausgerichtete Dimension. Insofern ist der Gebrauch der Metapher einer Sprache für eine Information oder der Gebrauch eines Symbols der Anschaulichkeit und Verständlichkeit wegen keineswegs grundsätzlich zu verwerfen.

Das Informationskonzept drang ursprünglich über die Kybernetik in die Biologie ein[312]. Im Kontext der Kybernetik wird Information gewöhnlich operational als Metapher, d. h. in qualitativ-funktionellem Sinne verstanden, d. h. in dem, was Information bewirkt[313]. Die Verwendung von Metaphern hat sich in der Beschreibung biologischer Funktionen und von Zusammenhängen als „ungeheuer nützlich" erwiesen[314].

Information ohne Beobachter kann es nicht geben. Sie tritt nur dann aktuell als wirkliche Information auf, wenn sie von einem Objekt abgelöst werden kann und als freie Form ohne Materie vom Erkenntnissubjekt aufgenommen wird. „Der Stein ist nicht in der Seele", so sagt Aristoteles, „sondern nur seine Form"[315]. Auf der Ebene des menschlichen Geistes zeigt sich die freie Information in ihrem Sprach- bzw. Zeichencharakter, wie ihn die Semiotik mit ihren Teildisziplinen der Syntaktik, der Semantik und Pragmatik herausgearbeitet hat. Dieser Zeichencharakter der Information ist bereits auch auf der organischen Ebene der genetischen und neuralen Information vorhanden und nach Oeser ist die Anwendung eines semiotisch interpretierten Informationsbegriffes in der Genetik und in der Evolutionstheorie keineswegs bloß eine heuristische Metapher[316]. Die genetische Information verfügt in der Tat auch über eine verobjektierte Semantik und Pragmatik, worauf nicht zuletzt auch Carl Friedrich v. Weizsäcker hinweist[317], so „versteht" nach v. Weizsäcker der Proteinerzeugungsmechanismus die auf dem materiellen Träger der DNA gespeicherte Information, indem er sie in Proteingestalten umsetzt und neue Informationen erzeugt. Nach v. Weizsäcker ist die Sprache „Träger der Information"[318]. Wenn also der Träger der Information die Sprache ist und wenn in letzter Konsequenz Information nicht nur eine subjektive, sondern auch eine sprachliche Dimension aufweist, so kann auch gesagt werden: „Information ist Formgebung durch Sprache"[319]. Denn es ist ja die Sprache, die menschlichem Denken eine bestimmte Gestalt verleiht. So gesehen kann es nicht verwerflich sein, den genetischen Code als Träger der Information in diesem Zusammenhang als eine Art von Sprache zu bezeichnen und so gesehen kann es auch nicht verwerflich sein, das Besondere einer Krankheit in ihrer Abgrenzung zum Schweigen der Organe gleichfalls als eine besondere Art von

Sprache zu bezeichnen. Der Informationsbegriff bezieht sich immer auch auf ein Begreifen der Information durch ein Subjekt. Das Gehirn entspricht einem Symbolverarbeitungsorgan, indem es Ereignisse aus dem Kontinuum der Sinneseingänge herauslöst und sie mit besonderen Symbolen der Gehirnaktivität belegt, d.h. in die innere „Sprache" des Gehirns übersetzt. Krankheiten sind informatorische Systeme. Wie der Begriff der Information, so umfasst auch der Krankheitsbegriff eine syntaktische, pragmatische und semantische Ebene. Die syntaktische Ebene wird beispielsweise durch die lineare Abfolge der auf den Genen gespeicherten Informationen bzw. durch die biochemischen und molekularbiologischen Prozesse repräsentiert. Die Semantik von Krankheiten präsentiert sich dagegen weitaus vielschichtiger in Bezug auf die Existenz und Entwicklung eines Individuums und darüber hinaus der Gesellschaft, ja der Menschheit insgesamt. Eine Krankheit, nehmen wir eine AIDS-Erkrankung in einem nicht mehr behandelbaren Endstadium, bedeutet für den Betroffenen die Vernichtung, den Sturz ins Nichts. In seinem Blut haben die Forscher jedoch einen bislang unbekannten Antikörper gegen neue Virusmutanten entdeckt. Für die Medizin und damit für die übrigen AIDS-Kranken, kann aus der persönlichen Katastrophe dieses individuellen Menschen ein ungeheurer Gewinn an Heilungschancen erwachsen. Die Bedeutung einer Krankheit wird also, wie die Bedeutung einer Information allgemein, im Empfänger festgelegt, wobei die gleiche Krankheit für unterschiedliche Empfänger d.h. für verschiedene betroffene Individuen teilweise völlig konträre Bedeutungen aufweisen kann. Ein Arzt wird darüber hinaus einer Erkrankung eine ganz andere Bedeutung zumessen als der betroffene Patient, ja als die menschliche Gesellschaft insgesamt: Ein Patient, der sich als der Nächste nach 20 Patienten am Vormittag beim überlasteten Orthopäden mit einer Kniegelenksarthrose vorstellt, wird mit Gewissheit seiner Erkrankung eine ganz andere Bedeutung zuweisen, als sein im Gefolge von 20 immer gleichen Litaneien an Klagen unaufmerksam gewordener Arzt. Was der Arzt auf dem Röntgenbild vielleicht als normalen alterstypischen Verschleiß abtut, der weder einer Operation, noch einer besonderen medikamentösen Therapie bedarf, kann für den Patienten eine völlig unzumutbare und leidvolle Einschränkung seiner Mobilität bedeuten. Beide, der Arzt und der Patient, orientieren sich somit an unterschiedlichen Zeichen und Sätzen von Symbolen: Der Arzt an den Zeichen eines milden Verschleißes auf dem Röntgenbild, der vormals ungemein sportliche Patient an seinem leichten Humpeln beim Laufen, das ihm in Zukunft seine geliebten Marathonläufe verbietet. Da Arzt und Patient sich jedoch an unterschiedlichen Zeichen und Symbolen orientieren, wird sich die Krankheit gleichermaßen in einer für beide unterschiedlichen sprachlichen Symbolik präsentieren. Dies hat zur Folge, dass beide in verschiedenen Sprachen miteinander kommunizieren. Beide reden möglicherweise aneinander vorbei und der Patient verlässt frustriert die Praxis des Arztes. Die Symbole, in welchen sich die Lebenswelt der Krankheiten in verschlüsselter Form präsentieren, konstituieren in der genannten reflektiven Schleife neue Erkenntnisse in der Medizin im Allgemeinen sowie Kontexte an Erfahrungen bei Ärzten und Patienten gleichermaßen. Die Welt der Symbole ist konsistent, komplementär zu unserer eigenen inneren und äußeren Lebenswelt. Symbole sind für unsere Gehirne real wie die wirkliche Welt – sie haben eine ontologische Realität[320].

Symbolen ist keine absolute Semantik zu Eigen, sondern immer nur eine relative Semantik, so wie ja auch die Nukleotidsequenzen auf der DNA immer nur eine relative Semantik bezogen auf ihre zelluläre Umwelt bzw. Stoffwechselstatus aufweisen.

So wie bei einem Gedicht, das nur von der Semantik des Ganzen her verstanden werden kann, so erschließt sich die Semantik des Lebens am nachdrücklichsten von der Perspektive des evolutionären Ganzen aus. Die Semantik des Lebens erschließt sich aus dem Faktum der teleonomen Ausrichtung einer Welt in die Offenheit ihrer Zukunft hinein. Sie könnte sich auch von einer aus der Zukunft heraus zu uns hinweisenden Perspektive her erschließen. Die Wissenschaft ist eine Macht der Wahrheit und den Schlüssel zum Verständnis der Wirklichkeit hat die Mathematik in der Hand. Das Wesen der Mathematik ist zeitlos. Thales von Milet und Pythagoras von Samos legten den Grundstein für ein mathematisches-wissenschaftliches Verstehen der Welt in Gestalt des mathematischen Beweises. Pythagoras konnte mit seinem Satz eine enge Beziehung zwischen Arithmetik der Zahlen und der Geometrie herleiten. In den komplexen dynamischen Strukturen von Krankheiten können die einzelnen Prozesse und das Verhalten von Untersystemen zueinander mathematisch durchaus befriedigend analysiert werden. Zum Verstehen der Systeme als Ganzes reicht die Mathematik jedoch nicht aus, was den fragmentarischen Charakter der wissenschaftlichen Erkenntnis unterstreicht.

In der theoretischen Physik spielt die Rolle des Bewusstseins implizit und explizit eine wichtige Rolle[321]. Ungeklärt sind freilich die Definition von Bewusstsein und vor allem die Definition eines beobachtenden Bewusstseins. Gell-Mann und Hartle haben hierzu den Begriff IGUSI (Information Gathering and Utilizing System, wörtlich „Informationssammelndes und nutzendes System") vorgeschlagen[322].

Die Ebene des Geistes ist die Welt der Ideen, der mentalen Objekte und damit auch der Symbole. Es ist die Symbolkompetenz, die den Menschen auszeichnet, d.h. sich selbst und die Welt zu erfahren, sich selbst in der Welt zu erfahren, diese Erfahrungen und Vorstellungen zu Begriffen zu ordnen und diese Begriffe schließlich zu Urteilen zu verbinden.

Diese Symbolkompetenz befähigt den Menschen, die neuronalen Repräsentationen der Welt in seinem Gehirn in Symbole umzuwandeln und sich selbst reflexiv diesen Symbolen gegenüber zu stellen. Es versteht sich von selbst, dass die Entwicklung der Symbolkompetenz eng mit der Entwicklung der Sprache verknüpft ist, also mit der linguistischen Kompetenz.

Mit Symbolen beschreiben wir unsere Erfahrungen mit der Welt. Die Welt der Symbole muss deswegen konsistent mit der inneren und äußeren Lebenswelt sein, wie sie sich durch Vermittlung unseres Gehirns darstellt. Das Gehirn hat sich in der Weise entwickelt, dass es Symbole der Welt zu Vorstellungen verknüpfen kann. Symbole sind also Repräsentanten der Lebenswelt. Über sein Denken, seine Urteilsbildung, über seine Symbolkompetenz hat der Mensch eine Welt des Geistes geschaffen und gleichermaßen hat er durch die symbolische Kompetenz des Gehirns Zugang zur Welt des Geistes erhalten. Symbole sind für unser Gehirn so real wie die wirkliche Welt. Beide konstituieren in unserem Gehirn Bewusstsein oder sie erfahren eine Repräsentation als Bewusstsein[323]. Mit den Symbolen überschreitet oder transzendiert das Gehirn seine Funktionen als biologisches Kontrollsystem und beginnt über die Welt und über sich selbst als Subjekt in dieser Welt nachzudenken. Die Symbole etablieren eine Welt des Geistes. Innerhalb dieser Welt kommuniziert der Mensch mit anderen und die Welt wirkt wieder bestimmend auf den Menschen zurück. In dieser Weise können auch die naturwissenschaftlichen Theorien als wirkmächtige Symbole der Welt verstanden werden und in einem erweiterten Verständnis sind selbst die philosophischen, sozialen Weltmodelle symbolhafte Repräsentanten dieser Welt. Denn sie fassen ja quasi in algorithmischer Kompression komplexe Erfahrungen zu Begriffen wie Geist, Seele, Bewusstsein zusammen. Symbole sind semantische Verdichtungen. Auch aus diesen Gründen sind sie real. „Die Grenzen meiner Sprache bedeuten die Grenzen meiner Welt" (Wittgenstein). Symbole können Systeme aufbauen, die dem Menschen Räume für Vergewisserungen seiner selbst offen halten, Räume in denen er nach Sinntexturen sucht. Sie können dem Menschen die Fähigkeit verleihen, die Systeme seiner empirischen Erfahrungen in größere semantische Zusammenhänge einzufügen.

Die Naturwissenschaften beschreiben ihre empirisch gewonnenen Erkenntnisse in der Sprache der Mathematik, d.h. symbolhaft in Zahlen und Buchstaben. Naturgesetze sind Symbole, welche die empirischen Erfahrungen zu größeren Zusammenhängen vereinigen. Flugzeuge fliegen, weil wir die Gesetze über die Beschleunigung von physikalischen Körpern entdeckt haben und weil wir gelernt haben, diese Gesetze in konkrete Handlungen umzusetzen. Diese Gesetze sind Symbole, sie sind eine Art von Sprache, weil sie Wissen über die Realität vermitteln und sie definieren nach Wittgenstein die Grenzen unserer empirisch erfahrbaren Welt. Symbole eröffnen uns also einen Zugang zur Welt. Die Welt und ihre Symbole sind bis zu einem gewissen Grade ineinander übersetzbar.

Die Welt ist ein einziges großes Symbol. Alle Objekte sind Symbole. Das Leben selbst ist Symbol. Krankheiten sind Symbole. Sie sind eine oft aus geheimnisvollen Zeichen und Hieroglyphen bestehende Sprache.

In der Ergänzung zur analytisch-logischen Beurteilung naturwissenschaftlich ermittelter Befunde in der klassischen Medizin könnten – in wohl verstandenem Sinne – hermeneutische Deutungsversuche der Sprachsymbolik von Krankheiten durchaus für die Medizin von Bedeutung sein:

Es war Aristoteles, der in seiner Schrift „Peri hermeneias" („Über die Auslegung") die Hermeneutik in die Philosophie eingeführt hatte. Dieser Begriff geht zurück auf den griechischen Gott Hermes, den Götterboten, der die Beschlüsse der Götter den Menschen mitteilte. Das griechische Wort „hermeneuein" bedeutet „auslegen". Später begann mit Spinoza eine etwa 300 Jahre dauernde Periode in der Geschichte der Hermeneutik, die geprägt wurde durch Namen wie Dilthey, Droysen, Heidegger, Ricoeur und andere. Ein Grundgedanke der Hermeneutik besteht darin, dass das Besondere nur aus dem Allgemeinen, dessen Teil es ist, verstanden werden kann – eine durchaus moderne Vorstellung, die im Einklang mit modernen Systemtheorien besteht. Der namhafteste Vertreter der Hermeneutik ist Hans-Georg Gadamer, der die prägnanteste Definition von Hermeneutik lieferte: „Man versteht unter Hermeneutik die Theorie oder die Kunst der Auslegung …"[324]. Der Prozess der Auslegung erfolgt über die Sprache. Nach Heidegger legt die Sprache den Menschen aus[325]. Der Mensch ist seinem Wesen nach hermeneutisch[326]. Nach Gadamer durchdringt die hermeneutische Methode nicht nur die Geisteswissenschaften, sondern alle Wissenschaften. So wie sie Gadamer in seinem Werk „Wahrheit und Methodik" entwickelt hatte[327], so könnte diese Methode auch die wissenschaftliche Medizin durchdringen[328]. Man muss nur ihre Grenzen und Probleme erkennen und beachten. Auf der Ebene der wissenschaftlich-empirischen Generierung von Daten, der Erstellung einer Diagnose und der Entwicklung von Handlungsschemata auf der Basis der empirisch gewonnenen Befunde käme der Hermeneutik allerdings nur eine Bedeutung am Rande zu. In einem eher umfassenderen Verständnis einer Erkrankung aus der konkreten Lebenssituation eines angstvoll-erlebenden, fragenden und zweifelnden Individuums heraus, könnte eine Hermeneutik der Medizin jedoch eine weitaus bedeutsamere Rolle in der Zukunft zugewiesen werden.

Krankheiten manifestieren sich nicht nur in physikalisch-chemisch raumzeitlich fassbaren Mustern, sie gründen in tiefreichenden Bedeutungszusammenhängen, die weit über den Rahmen des empirisch Begrifflichen hinausreichen und die oft nur über eine sprachliche Symbolik fassbar und somit indirekt zugänglich werden. Wenn ich von der Sprache von Krankheiten rede, so ist damit nicht gemeint, dass Krankheiten, zumal Krebskrankheiten „Sprache der Seele" seien, die „auf der Bühne des Körpers" verdeutlichen würden, „dass hier jemand von seinem Lebensweg abgewichen ist (wie auch die Krebszelle) und legt ihm nahe, zurückzufinden zu seinem Sinn". Ein solcher gefährlicher Unsinn eines populär wissenschaftlich sehr auflagenstarken Autors macht die Runde im Lande. Demgemäß würde die Krebskrankheit für Kinder, die im Alter von fünf oder sechs Jahren oder noch früher an Krebs erkranken, ein „Abweichen vom Lebensweg" nahelegen. Wahrlich ein gefährlicher Unsinn. Ich rede auch nicht von den Überfrachtungen von Krankheiten durch Metaphern und die sich daraus ergebenden populären Mythologien, welche Susan Sontag mit Recht angeprangert hat[329].

Die Heilkunst ist auch unter den Bedingungen der modernen High-Tech-Medizin keine ausschließlich auf naturwissenschaftlich-empirisch gewonnen Daten beruhende, „exakte" Naturwissenschaft. Vielmehr hat das ausleuchtende, verstehen wollende, metaphorische Element die Medizin seit ihren Anfängen begleitet. Das Fehlen dieses Elementes macht den Mangel der modernen Medizin aus. Das innere Wesen der Medizin jenseits von wissenschaftlicher Empirie liegt in der Hinwendung zum bedürftigen Menschen. Aus dieser Hinwendung ergibt sich zwangsläufig eine Beziehung, die auf gegenseitigem Verstehen beruht. Damit ist ärztliches Tun im erweiterten Sinne ein „Verstehen", ein Verstehen im Sinne der semantischen Bewertung von objektiven Daten und darüber hinaus vor allem auch ein Verstehen im Sinne von „hermeneuein", im Auslegen der Bedürftigkeit des Menschen in seiner konkret durch Schmerz, Trauer und Angst geprägten Lebenssituation. Jedes Leben vollzieht sich entlang einer Kette von in der Lebenszeit ablaufenden Ereignissen. Jedes Leben ist damit eine gelebte, ist eine in das Leben übersetzte Geschichte, die von sich selbst erzählt. Jeder Patient ist eine Geschichte eigener Art, die sich in der Anamneseerhebung, oft auch in den so genannten objektiven physikalisch-chemischen Befunden mitteilt und selbst erzählt[330].

Das Bild vom Patienten als einem Text wurde in den 80er Jahren entworfen und es hat zum Inhalt, dass der Körper mehr ist als die Summe der Untersuchungen und Befunde, dass vielmehr der Körper auch als erzählendes Subjekt auftritt und vom Arzt interpretiert werden muss[331]. Es wäre wünschenswert, dass in der Ärzteschaft neben der normalen „evidence based medicine" der Alltagsroutine wieder ein wachsendes Interesse an einer „narrative based medicine", d.h. einer dialogbasierten Medizin entstehen könnte. Jede Sprache und zumal die Sprache der Medizin ist von Methaphorik durchsetzt. Jede Wirklichkeit schafft ihre Sprache und Sprache schafft ihre Wirklichkeit. Schon der Begriff der „Theorie" ist von einer Metapher durchsetzt. Denn Theorie leitet sich von „theoreia" bzw. vom altgriechischen Wort „horos" (sehen) bzw. „theorein" (zuschauen) ab. Theorien können infolgedessen als abstrakte Gedankengebilde oder eher metaphorisch als Anschauungen klassifiziert werden.

Insofern sind Krankheiten Symbol und Sprache zugleich. Als Beispiel für eine metaphorische Verdichtung und für eine hermeneutische Auslegung möchte ich die Geschichte einer einzigen symbolischen Geste erzählen, die mich seit Jahrzehnten schmerzhaft begleitet, die heute noch so präsent ist wie vor mehr als 30 Jahren zu Beginn meiner ärztlichen Tätigkeit. In einer einzigen Geste ist die gesamte Medizin eingehüllt:

12.3 Das Taschentuch

Ich war noch ein ganz junger Assistenzarzt in der Chirurgischen Uniklinik. Ich war damals in der großen Ambulanz dieser Klinik tätig, lernte die Erstversorgung von Verletzungen, das Einrenken von Knochenbrüchen, die klinischen Untersuchungsmethoden bei Verdacht auf eine akute Appendizitis. Eines Tages betrat ein Patient meine Untersuchungskabine. Er war ca. 55 Jahre alt, er stammte aus der Region meiner Spessartheimat. Er war von kleiner, eher schmächtiger Statur, leicht vorgealtert, aber durch die Fürsorge seiner Frau sichtlich gepflegt mit einem schmalen grauen Haarkranz und dem Ansatz von Hängebacken, ein unauffälliger kleiner Mann also. Er war Schneider gewesen, ein häufiger Beruf damals im Spessart. Er trug einen grauen Anzug mit einem weißen Hemd, denn er wusste, was sich gehörte, wenn man sich zur Untersuchung in die große Uniklinik einfand. Was mir damals in Auge fiel, waren die seinem Beruf geschuldeten sorgfältig gebügelten Hosen mit einer messerscharfen Bügelfalte. In seiner braunen Aktentasche hatte er einen Packen von Röntgenbildern bei sich. Wegen Schluckbeschwerden war er von seinem Internisten untersucht und endoskopiert worden. Hierbei war ein großes Ösophaguskarzinom festgestellt worden. Das hatte die beiden, seine Frau und ihn zu uns geführt. So standen sie beide vor mir und als noch ganz junger Assistenzart wusste ich nicht, was ich mit den beiden Menschen anfangen sollte. Mir war damals die Bedeutung und Tragweite eines Speiseröhrenkrebses noch ziemlich unklar. Der zuständige Oberarzt wurde also herbeigerufen, ein massiver großer Mann, immer mit einer Packung Camel-Zigaretten in der Brusttasche seines Kittels und von einer deutlichen Nikotinfahne umweht. Der Oberarzt besah lange die Bilder auf dem Röntgenschirm, sehr lange, und zwischendurch schaute er von den Bildern auf und richtete wortlos den Blick auf den in gehörigem Abstand neben ihm wartenden Mann. Schließlich ließ er verlauten, ohne den Blick von den Bildern zu wenden, dass eine Operation erforderlich sei, eine Operation mit einem durchaus nicht unbeträchtlichen Risiko. Der Bauchraum, der Halsbereich und auch der Brustkorb müssen eröffnet werden und die Speiseröhre müsste komplett entfernt werden. Man käme um diese Operation nicht herum. Der Oberarzt stand groß und massiv vor dem Mann, der nicht begreifen konnte oder wollte, was ihm bevorstand. Mit einem Blick auf seine besorgte Frau meinte er, dass er doch recht viel an Gewicht abgenommen habe und ob es nicht besser sei, es erst einmal mit einer aufbauenden Diät zu versuchen – seine Frau könnte ihm kräftigende Suppen kochen, sie sei eine sehr gute Köchin und sie wüsste, wie er wieder zu Kräften kommen könnte. Der Oberarzt war in Eile, sein Piepser klingelte unaufhörlich und auf ein Neues versuchte er dem Patienten zu erklären, dass dieser Krankheit nicht mit einer Diät beizukommen sei. Es sei vielmehr Eile geboten. Ratlos schaute der Mann seine Frau an. Er trat von einem Fuß auf den anderen und bat um Bedenkzeit. Er sei überzeugt davon, dass er sich diese Krankheit vielleicht doch geholt haben könnte, als er im letzten Spätherbst in der Kälte und Nässe Holz gehackt hätte. Dabei habe er sich eine chronische Erkältung mit einer hartnäckigen Heiserkeit zugezogen, die nicht mehr vergehen wollte. Für den Oberarzt war es jetzt genug, eine dringliche Operation stand an, der Patient war längst vorbereitet und das OP-Team wartete auf ihn. Es war die Eile, die ihn jetzt herausbrechen ließ: „Wenn Sie sich nicht operieren lassen wollen, dann müssen Sie zum Sterben gehen", und er war schon im Umdrehen begriffen, als die 9. Stunde des kleinen Mannes anbrach. Dieser zog sein akkurat gefaltetes Taschentuch aus seiner Hose, entfaltete es langsam und legte es bedächtig wieder zusammen. Dann sagte er sehr leise: „Aber ich möchte bitte vorher noch einmal mit meiner Frau sprechen".

Damit ist die Geschichte zu Ende.

Ich sehe diesen Mann heute noch vor mir, wie er sein Taschentuch langsam und behutsam wieder zusammenfaltete in einer letzten hilflosen Geste seiner Ohnmacht. Ich weiß, dass in dieser letzten behutsamen Geste, in dieser Ohnmacht eines einzigen Augenblicks im Leben eines Menschen, etwas weit darüber hinaus Reichendes zum Vorschein gekommen war.

13 Welt- und Menschenbild der Medizin im 21. Jahrhundert

13.1 Verlust an Gewissheit im naturwissenschaftlichen Weltbild

Wir leben im Zeitalter der Erschöpfung und uns ist die Verankerung im Transzendenten, dem Einen, verloren gegangen[332].

Am Ende des wissenschafts- und kulturgeschichtlichen Weges des Westens vom Beginn der Neuzeit bis zum Beginn des 21. Jahrhunderts beschrieb Viktor E. Frankl, ehemals Neurologe und Psychiater an der Universität Wien, in seinem Buch „Der Wille zum Sinn" den Zustand der westlichen Zivilisation so: „Wir leben im Zeitalter eines um sich greifenden Sinnlosigkeitsgefühls. Die Fälle häufen sich, in denen die Patienten weniger an greifbaren Symptomen leiden, als vielmehr an dem Mangel an Lebensinhalt. Anscheinend breitet sich das „existentielle Vakuum", das Sinnlosigkeitsgefühl, immer weiter aus"[333]. Diese Analyse von Frankl zu Beginn des 20. Jahrhunderts kann durch jeden Arzt des 21. Jahrhunderts bestätigt werden. Die Ursache des modernen Nihilismus, dieses von ihm so bezeichneten existentiellen Vakuums, machte Frankl am geistesgeschichtlichen Reduktionismus des Abendlandes fest. Mit dem Aufkommen der Wissenschaften zu Beginn der Neuzeit wurde das bis dahin beherrschende mittelalterliche Weltbild zertrümmert, das dem Menschen über Jahrtausende hinweg seinen Platz im Zentrum eines harmonisch geordneten Universums zugewiesen hatte. Es war der wissenschaftliche Aufbruch zu Beginn der Neuzeit gewesen, der dem Menschen machtvolle Instrumentarien an die Hand gab, um die großen Rätsel der Natur zu entwirren. Der moderne Wissenschaftsgedanke einer Verknüpfung von Theorie und Experiment begann mit Galilei. Vorher war Wissenschaft kaum über das Stadium von scharfsinnigen Spekulationen hinausgekommen. Jetzt wurde die Geburtsstunde der mechanistischen Naturwissenschaft eingeläutet. Die aufkommende Naturwissenschaft ermöglichte es, die vorher schier unüberschaubare Vielfalt der Naturerscheinungen auf eine geringe Anzahl von Naturgesetzen zurückzuführen. Auf der Grundlage von empirisch-wissenschaftlicher Beobachtung gelang es, die Bahnkurven von Planeten und die wie in einem mechanischen Uhrwerk zwischen den Himmelskörpern wirkenden Kräfte in das Rahmenwerk eines mathematischen Formalismus einzufügen und auf diese Weise zu erklären. Auf einmal schienen alle großen Rätsel der Welt erklärbar und dem menschlichen Geist zugänglich zu werden. Dies bedeutete aber auch, dass der Mensch fortan nicht weiter der blinden Willkür der Natur ausgesetzt sein sollte. Vielmehr galt es, jener geist- und seelenlosen Maschinerie der Natur ihre Geheimnisse zu entreißen und nichts sollte vor dem menschlichen Geist verborgen bleiben. Und so verlor die Natur ihr Geheimnis und ihre vormalige Macht und Würde und sie stieg zu einer seelenlosen Maschinerie ab. Diesem Aufstieg des wissenschaftlich-mechanistischen Weltbildes ging die für die weitere geistesgeschichtliche Entwicklung des Abendlandes grundlegende cartesianische Trennung zwischen Geist und Natur, zwischen res cogitans und res extensa parallel. Zu der fortschreitenden Entfremdung des Menschen von der Welt hatte die abendländische Spaltung zwischen Geist und Körper, zwischen Subjekt und Objekt, einen zusätzlich und überaus schmerzvollen Beitrag geleistet. Der Kartesianische Dualismus hatte eine Entseelung der Natur zur Folge, welcher der reine Geist entgegengestellt wurde. Nur durch Geist und Denken wurde der Mensch frei. Die Natur wurde somit zu einem bloßen Instrumentarium in der Verfügungsgewalt des Geistes degradiert. Damit wurde ein Prozess einer fortschreitenden Entzauberung der Welt eingeläutet, der bis heute andauert.

Vom Beginn der Neuzeit bis heute ging es Schlag auf Schlag: Zuerst wurde die Sonne in den Mittelpunkt des Alls gerückt und die Erde musste ihre Degradierung zu deren Trabanten hinnehmen. Schon bald richteten Galilei, Keppler und andere Forscher ihre Fernrohre immer weiter in die Tiefen des Alls hinein. Die Jupitermonde wurden entdeckt und man gelangte zu der Erkenntnis, dass es hinter der mit bloßem Auge sichtbare Welt noch andere unergründliche tiefe Welten gab, mit fremden Himmelskörpern – und eine erste Ahnung gewann Raum, dass diese Welt unendlich sein könnte und dass der suchende Blick des Menschen immer tiefer in den Kosmos hinein sich in dessen unendlichen Weiten verlieren könnte. Wo hatte in den Wüsten dieser Unendlichkeit der Mensch noch seinen Platz? Und wo blieb jener vormals alles beherrschende strafende und richtende Gott des Mittelalters? Es sollte einsam um den Menschen werden, der die in die Lautlosigkeit dieser unermesslichen Räume hineinhorchte, in denen die Stimme eines Schöpfers für alle Zeiten verstummt schien. „Das ewige Schweigen dieser Räume erschreckt mich"[334].

So fasste Blaise Pascal ein unbestimmtes Gefühl von Vereinsamung und Verlorenheit des Menschen in der aufkommenden Moderne zusammen: „Ein Nichts gegenüber dem Unendlichen, ein All gegenüber dem Nichts, eine Mitte zwischen Nichts und All. Unendlich entfernt vom Begreifen der äußeren Grenzen, sind ihm das Ziel aller Dinge und ihr Ursprung unüberwindbar verborgen in einem undurchdringlichen Geheimnis: Gleich unfähig, das Nichts zu fassen, aus dem er gehoben, wie das Unendliche, in das hinein er verschlungen ist … Alle Dinge entstammen dem Nichts und reichen ins Unendliche. Wer kann diesen erstaunlichen Schritten folgen? Der Urheber dieser Wunder begreift sie. Kein anderer vermag es"[335]. Wenn aber die Welt unermesslich war, so musste auch das Wissen über die Welt unermesslich sein. Damit konnte es fortan aber auch keine Gewissheiten über diese Welt mehr geben, weil Erkenntnis ja nie mehr endgültig und vollständig sein konnte.

Die erkenntnistheoretischen Konsequenzen aus den aufkommenden Naturwissenschaften mussten zu der Schlussfolgerung führen, dass die Naturwissenschaft zwar über Instrumentarien verfügt, die Natur immer besser zu beherrschen, dass sich andererseits auf den naturwissenschaftlichen Erkenntnissen fortan kein konsistentes Weltbild aus Gewissheiten mehr begründen ließ.

Während im Mittelalter die Existenz des Menschen auf eine Gottesgewissheit im Zentrum eines harmonisch geordneten Kosmos gegründet war, so entzog der wissenschaftlich technische Siegeszug der Neuzeit dem Menschen gewissermaßen den Boden unter den Füßen. Auf diese grundlegende defizitäre Verfasstheit des modernen Menschen ging Pascal so überraschend modern ein: „Wir brennen vor Verlagen, einen festen Boden zu finden und einen letzten beständigen Grund, um darauf einen Turm zu bauen, der sich zu unendlichem erhebt; aber unser ganzes Fundament bricht zusammen und die Erde öffnet sich bis zu den Abgründen – suchen wir also nicht Sicherheit und Festigkeit.

Unsere Vernunft wird ständig getäuscht durch die Unbeständigkeit der Erscheinungen ...".[336]

Pascal ahnte somit das voraus, was im 20. Jahrhundert in Gestalt von Relativitätstheorie, Quantentheorie und der Theorien von Chaos und Komplexität in die Form eines neuen wissenschaftlichen Paradigmas gegossen werden sollte, das besagt, dass unsere Möglichkeiten des Erkenntnisgewinns über die Welt und damit auch über uns prinzipiellen Einschränkungen unterliegen. Wissenschaft kann nur das „Wie" von Naturerscheinungen, nicht jedoch das „Was" bzw. das „Warum" erklären. Worauf wissenschaftliche Erkenntnis basiert, sind Kataloge von Bedingungen, unter denen Wahrscheinlichkeitsaussagen möglich sind. Selbst die Deutungshoheit der mit größter Objektivität agierenden Wissenschaft, nämlich der Physik, wurde von Carl Friedrich von Weizsäcker einmal so hinterfragt: „Die gefährlichste Wahnsysteme sind diejenigen, die ein Stückchen Wahrheit enthalten und deshalb nicht sofort scheitern. Ist die Physik vielleicht ein solches Wahnsystem? Aber selbst wie solche Wahnsysteme mit einem Fetzen Wahrheit möglich sind, ist eine ungeklärte Frage, oder ist die Physik vielleicht wirkliche Wahrheit? Aber was meint man dann mit Wahrheit?"[337]

Mit dem systematischen Aufbau der wissenschaftlichen Erkenntnis hatte sich vor allem auch Werner Heisenberg beschäftigt. In seinem Büchlein „Der Teil und das Ganze" wird ein Gespräch aus dem so genannten Leipziger Kreis zwischen Grethe Hermann und dem damals noch jungen Carl F. v. Weizsäcker über die Quantenmechanik und die Kant'sche Philosophie geschildert. Hierbei herrschte Einigkeit zwischen den Teilnehmern darüber, dass sich alle wissenschaftliche Wahrnehmung und Erkenntnis ausschließlich auf spezifische Beobachtungssituationen bezieht, die angegeben werden müssen, wenn aus Wahrnehmung auch Erfahrung folgen sollte. Wissenschaftliche Erkenntnis ist somit vor allem Theoriebildung, die laufend durch das Experiment überprüft wird und die nur so lange Bestand hat, bis sie durch eine andere, neue Theorie ersetzt wird. Die Ergebnisse so gewonnener wissenschaftlicher Wahrnehmung lassen sich aber nicht mehr in der gleichen Weise objektivieren, wie das im Paradigma der klassischen Physik noch unterstellt worden war. Im Geltungsbereich quantenphysikalischer Phänomene können Vorgänge in Raum und Zeit nicht mehr, wie in der klassischen Physik, gesetzmäßig miteinander verknüpft werden, sondern es können immer nur Beobachtungssituationen miteinander verknüpft werden. Die mathematischen Symbole, mit denen diese Beobachtungssituationen unterlegt werden, reflektieren eher das Mögliche als das Faktische. In einem wegweisenden Experiment der Quantenmechanik, dem so genannten Doppelspaltexperiment, erscheinen Photonen, Lichtteilchen, in Abhängigkeit von der Beobachtungssituation auf dem Beleuchtungsschirm einmal als Welle oder als Teilchen. Von Werner Heisenberg wurde mit der so genannten Unschärferelation ein Grundprinzip der Quantenmechanik formuliert. Das Prinzip der Unschärferelation besagt, dass an einem Teilchen Ort und Impuls nicht gleichzeitig gemessen werden können und dies aus prinzipiellen Gründen: Hat eine Messung das Ziel, den Impuls eines Teilchens mit maximaler Genauigkeit zu ermitteln, so liefern die Messdaten bezüglich des Ortes eines Teilchens ungenaue Daten. Das Prinzip der Unschärferelation gilt noch für eine ganze Reihe weiterer Messparameter im quantenphysikalischen Bereich. Diese Unschärferelation gewährleistet aber die Stabilität der Atome und sie reflektiert damit eines der fundamentalsten Naturprinzipien überhaupt. Sie weist auf, dass die Welt, besser das, was wir als wirklich erachten, für uns nur unter den Einschränkungen einer prinzipiellen Unschärfe zugänglich ist Das Wesen der Realität hinter den raumzeitlichen Phänomenen bleibt uns prinzipiell verborgen.

Ein knappes Jahrzehnt nach der Formulierung dieser Unschärferelation wurde von Kurt Gödel das nach ihm benannte Theorem formuliert, welches besagt, dass der mathematisch-logischen Entscheidbarkeit prinzipielle Grenzen gesetzt sind. Seine Entdeckung beruhte auf einer Analyse der Voraussetzung wissenschaftlicher Erkenntnis mit den Mitteln der Wissenschaft selbst: Die Anwendung des logischen Denkens auf formale Systeme zeigte nach Gödel die prinzipiellen Grenzen der Formalisierbarkeit des Denkens überhaupt auf. Davon leitet sich folgende Feststellung ab: In einem formalen System ist es möglich, allgemeine Behauptungen zu formulieren, die mit Mitteln des Systems weder zu beweisen noch zu widerlegen sind. Die Widerspruchsfreiheit eines Systems lässt sich also mit den Mitteln des Systems nicht beweisen! In der Konsequenz hat dies zur Folge, dass es also nie ein abgeschlossenes System von Regeln des Denkens geben kann, das sich selbst vollständig absichert. Das Denken hört somit nie auf[338].

Die Relativitätstheorie hat unsere Vorstellungen von Raum und Zeit grundlegend verändert. Die Gravitation, d.h. die Kraft, mit der sich die Himmelskörper gegenseitig anziehen, entspricht in dieser Theorie einer Verzerrung der Geometrie der vierdimensionalen Raumzeit in Anwesenheit von Materie. Im Februar 2016 wurden diese Verzerrungen der Raumzeit als Gravitationswelle zum ersten Mal nachgewiesen und damit wurden die Vorhersagen von Einstein eindrucksvoll bestätigt. In der klassischen Newton'schen Physik lief die Zeit noch unabhängig von der Bewegung der Objekte auf einer absoluten Skala ab. Dagegen verschmolz in der Relativitätstheorie die Zeit mit dem Raum zu einer vierdimensionalen Raumzeit: Wie schnell sich die Zeiger einer fiktiven Uhr in dieser Raumzeit bewegen, hängt von der Geschwindigkeit ab, mit der die Uhren durch die Raumzeit bewegt werden. In der Nähe der Lichtgeschwindigkeit von ca. 300.000 km/s kommt die Zeit vollends zum Stillstand. In der Quantentheorie verlieren aus der klassischen Physik überkommene Begriffe von „Teilchen", „Orten" und „Bahnen" streng genommen ihren Sinn, weil diese Begriffe suggerieren, dass ein Teilchen im unbeobachteten Zustand einer bestimmten „Bahn" durch die Raumzeit folgen würde. In Wirklichkeit stehen uns keine Aussagen über das Verhalten eines Teilchens, beispielsweise eines Elektrons oder Photons im unbeobachteten Zustand zu und der Begriff von Bahnen bezieht sich ausschließlich auf die nach der Schrödinger Funktion ermittelten Aufenthaltswahrscheinlichkeiten in einem bestimmten Raumbereich. Aufenthaltswahrscheinlichkeiten eines Teilchens werden durch Wellenfunktionen ermittelt. Die Quantenmechanik kennt auch eine Unbestimmtheitsrelation zwischen Energie und Zeit. Diese Unschärfe hat damit zu tun, dass der Begriff der Zeit aus der klassischen Physik in Newtons Quantenphysik übernommen wurde. Denn in der klassischen Physik stellte ja die Zeit einen absoluten Parameter dar. Die Wirklichkeit von Quantenphänomenen tritt in komplementären Weisen in Erscheinung und sie verhüllt sich hinter Paradoxien:

Klassische Objekte können keine Energiebarrieren größer als der eigene Energiegehalt überwinden. Im Geltungsbereich der Quantenmechanik sind Teilchen jedoch in der Lage, Energiebarrieren weit über der eigenen Energie zu überwinden. Quantenobjekte verfügen sowohl über eine Wellen-, als auch über Teilchennatur. Ihr Verhalten kann also durch Wellenfunktion beschrieben werden. Wenn ein klassisches Teilchen von einer hohen Energiebarriere immer reflektiert würde, so besteht für Wellen immer eine, wenn auch geringe Wahrscheinlichkeit, derart hohe Energiebarrieren doch noch überwinden zu können. Eine ganze Reihe von physikalischen Prozessen wäre ohne diese so genannten Tunneleffekte nicht möglich, beispielsweise Kernfusionsprozesse mit ihren Verschmelzungen von Wasserstoffkernen zu Heliumkernen. Hierbei spielen die geschilderten Tunneleffekte eine entscheidende Rolle, ohne die es auch die Sterne und somit uns nicht gäbe.

Die moderne Wissenschaft liefert somit Resultate, die durchaus paradox und irrational erscheinen können, ein Phänomen, das von C. F. von Weizsäcker einmal als das „Paradox der irrationalen Dynamik der Rationalität" bezeichnet worden war[339]. So paradox auf den ersten Blick solche Aspekte der Quantenmechanik auch erscheinen mögen, so stellen sie doch die gefestigten Grundlagen der modernen Physik dar und ohne sie gäbe es keine Atomkraftwerke, keine Lasertechnologie, keine moderne Chemie und auch keine Molekularbiologie und vom Ablesen und Verstehen der auf der DNA gespeicherten Information und der sich daraus ableitenden Gentechnik könnte auch keine Rede sein. Auf den fundamentalen Stufen der Wirklichkeit und dem Geltungsbereich der Quantenmechanik verlieren die klassischen Begriffe an Bedeutung zugunsten von Wahrscheinlichkeiten, Superpositionen, verschränkten Zuständen und nichtlokalen Quanteneffekten. Die moderne Physik und ihre erstaunlichen, unserer Alltagserfahrung oft krass widersprechenden Phänomene haben die Frage aufgeworfen, die niemals beantwortet werden kann: Was ist Realität?

13.2 Naturwissenschaft und moderne Medizin

Indes setzten wissenschaftlich-technischer Fortschritt und die Industrialisierung zu einem atemberaubenden Siegeszug von Beginn der Neuzeit bis heute an. Auch die Medizin der aufkommenden Neuzeit richtete ihr Augenmerk auf diese so genannten exakten Naturwissenschaften, nämlich auf die Mathematik und Physik. So hatte schon Shakespeare den Arzt, der Lady Macbeth untersuchte, Doctor of Physics genannt und in vielen Teilen Europas trugen Ärzte den Titel eines „Physicus". Galilei war auch ein geistiger Vater von neuen naturwissenschaftlichen Studien in der Medizin des 17. und 18. Jahrhunderts, die sich nach dem griechischen Begriff iatros für Arzt als Iatromechanik oder Iatromathematik bezeichneten. In Italien beispielsweise konstruierte der Arzt Santorio Santoro nicht nur Fieberthermometer, Pulsometer, also mechanische Pulsmessgeräte, sondern er entwickelte gleich so große Waagen, in denen er selbst mitsamt Schreibtisch und Bett wohnte. Mit dieser Waage wurde alles gewogen und gemessen. Seine Ideen und Messungen führten schließlich zu der Lehre der Stoffwechselprozesse im Körper. Schüler von ihm beschäftigten sich mit der Mechanik und verglichen das System der Blutbahnen mit hydraulischen Maschinen und sie glaubten, dass Nerven dünne Röhrchen seien, in welchen die Körpersäfte fließen würden. Den physikalisch-technischen Errungenschaften gingen rasante Erkenntnisfortschritte in der Medizin parallel, beispielsweise in der Physiologie, Anatomie und nicht zuletzt auch in der Chirurgie. Der Blutkreislauf wurde durch Harvey entdeckt. Robert Koch entdeckte die Tuberkelbazillen und die Chirurgie erlebte durch die Erkenntnisse der Asepsis und durch die Fortschritte der Anästhesie einen rasanten Aufschwung, der bis heute noch andauert. Alles schien zu Beginn der Neuzeit möglich, alles schien machbar und alle Krankheiten sollten in absehbarer Zeit heilbar sein.

Damit fing also alles an, d.h. mit der Suche nach universalen Gesetzen in der Natur und gleichermaßen auch in der Medizin. Heute werden in der Medizin Universitätslehrstühle für Medizin-Physiker, Medizin-Mathematiker, Informatiker und Biologen vergeben und die Medizin dringt immer tiefer in die Geheimnisse, bis auf die fundamentalen Strukturen des Lebens und der Krankheiten vor und ihre Sehnsucht ist groß, auf diesen fundamentalen biologischen Ebenen des Menschen eine allumfassende Theorie entwickeln zu können, in der sich die Gesamtheit aller grundlegenden Gesetze vereinige ließe. Es ist der ewige Traum von einer Weltformel des Lebens, der niemals ausgeträumt werden kann.

Vom Beginn der Neuzeit an bis heute wird der Traum geträumt, dass irgendwann alle Krankheiten einmal heilbar sein sollten. Warum dies aus der Perspektive der Evolution aber niemals möglich sein kann, versuchte ich weiter oben zu erläutern. Mit dem endgültigen Sieg über die Krankheiten als Randbedingungen der Evolution von komplexen biologischen Systemen müsste in einem solchen Fall der evolutive Impuls in diesen Systemen zunehmend zum Stillstand kommen. Dessen ungeachtet glaubt mancher sich aber nach wie vor auf dem Weg in eine Welt universaler Machbarkeit ohne Krankheit, Gebrechen und Leiden. Dies ist nichts weiter als rauschhaftes Denken.

Schon Bertrand Russel wies darauf hin, dass es hohe Zeit und eine dringliche Aufgabe sei, diesem „Rausch des Menschen" in seiner nahezu unbegrenzten Macht entgegen zu wirken. Ein Hauptkriterium für die Katastrophe der Moderne stellt nach Russel der Bedeutungsverlust von Wahrheit dar. Dieser Bedeutungsverlust von Wahrheit ist gekennzeichnet für die Situation zu Beginn des 21. Jahrhunderts[340].

13.3 Wertewandel und Nihilismus der Moderne

Ein rauschhafter Machbarkeitswahn hat die Medizin ergriffen mit seinen Verheißungen eines alters- und krankheitslosen Lebens, es sind wirkmächtige Allmachtsphantasien, die unsensibel und immun machen gegen ethische und moralische Bedenken. Angesprochen ist also der Wertewandel, möglicherweise auch der Werteverfall und der aufziehende Nihilismus der Moderne, der auch zunehmend in der Medizin Raum zu greifen beginnt. Das Heraufziehen des europäischen Nihilismus, der immer tiefer alle Bereiche unserer technisierten und ökonomisierten Biosphäre metastatisch zu durchsetzen droht, wurde einst von Friedrich Nietzsche (1844-1900) in geradezu seherischer Weise prophezeit: Nachdem die Menschen Gott getötet hatten, brach sich ein neues Zeitalter Bahn. In diesem neuen Zeitalter der Moderne blieb für die Menschen nur der Sturz ins Nichts, in die Leere eines totalen Zusammenbruchs: „Wohin bewegen wir uns? Fort von allen Sonnen? Stürzen wir nicht fortwährend? Und rückwärts, seitwärts, vorwärts, nach allen Seiten? ... Gibt es noch ein oben und unten? Irren wir nicht wie durch ein unendliches Nichts? Haucht uns nicht der leere Raum an? Ist es nicht kälter geworden? Kommt nicht immerfort die Nacht und mehr Nacht?"[341].

An anderer Stelle entwirft Nietzsche in überaus moderner Sprache ein Bild von der Natur als sinnlosem, unbegreiflichem Konglomerat aus chaotischen Fragmenten: „Der Gesamtcharakter der Welt ist dagegen in alle Ewigkeit Chaos, nicht im Sinne der fehlenden Notwendigkeit, sonder der fehlenden Ordnung, Gliederung, Form, Schönheit, Weisheit und wie alle unseren ästhetischen Menschlichkeiten heißen"[342].

Der neuzeitliche Mensch war zum „Thier" herabgestuft: „Ach, der Glaube an seine Würde, Einzigartigkeit, Unersetzlichkeit in der Rangfolge der Wesen ist dahin – er ist Thier geworden, Thier, ohne Gleichnis, Abzug und Vorbehalt ... seit Kopernikus scheint der Mensch auf eine schiefe Ebene geraten – er rollt immer schneller nunmehr aus dem Mittelpunkt – wohin? In's Nichts? ... Alle Wissenschaft ... ist heute darauf aus, dem Menschen seine bisherige Achtung vor sich auszureden, wie als ob dieselbe nichts als ein bizarrer Eigendünkel gewesen sei ..."[343]. Auf dieser schiefen Ebene scheint der moderne Mensch immer weiter hinab zu rollen.

Ein im Gefolge dieses abendländischen Nihilismus um sich greifender Werteverfall ist nicht länger zu leugnen. In unseren modernen säkularen und weltanschaulich zerklüfteten westlichen Gesellschaften ist vielerorts das Gefühl für das Verbindende, das Ursprüngliche, für eine Re-Ligio verloren gegangen und nicht wenige Menschen nomadisieren durch Wüsten von Unverbindlichkeiten. Wir leben in einer Wendezeit, einer Achsenzeit, wie es der Philosoph und Arzt Karl Jaspers in seinem Werk „Die großen Philosophen" bezeichnet hatte. Über Jahrtausende hinweg vermochten der abendländische Humanismus und die christlichen Religionen, den Menschen in unserer westlichen Kultursphäre sinnstiftende und gegen die Bedrohungen und Brüche des täglichen Lebens absichernde Fundamente an praktischer als auch an metaphysischer Lebenssicherheit und Geborgenheit anzubieten. Das Christentum war Hort und Zufluchtsort für die Mühseligen und Beladenen der Zeit. Gott ist tot, beklagte Nietzsche, wobei er auf die Idee eines Gottes abziele. All das ist in seiner berühmten Klage zusammengefasst: „Gott ist tot! Gott bleibt tot! Und wir haben ihn getötet! Wie trösten wir uns, die Mörder aller Mörder? Das Heiligste und Mächtigste, was die Welt bisher besaß, es ist unter unseren Messern verblutet – wer wischt dieses Blut von uns ab? Mit welchem Wasser können wir uns reinigen?"

Die modernen Menschen sind Diesseitige geworden, sie kennen keine Ideenreiche mehr und es ist nicht zu verkennen, dass viele Zeitgenossen unter den Verlusten an sinnstiftenden Tröstungen einer Transzendenz leiden. Im Kanonendonner der Aufklärung waren mittelalterliche Gewissheiten eines göttlichen Wirkens zerborsten und mit ihnen die Gewissheit einer über die Wechselfälle aller Zeitläufte erhabenen dauerhaften Wahrheit und heute ist unter der Wucht von massenhaften neurobiologischen und biotechnologischen Publikationen selbst die Idee vom Menschen als vernunftbegabtem und zur Freiheit geborenen Wesen auf dem Rückzug. Wir sind blankes Fleisch, blankes Zittern und Zappeln von Atomen, defizitäre Wesen eines kosmischen Zufalls – wir sind nichts von Bedeutung. Die Moderne hat Welt- und Menschenbilder einer zersplitterten und fraktalen Wirklichkeit entworfen, die sich in Paradoxien und Widersprüchen verzetteln. Wir sind Hinausgeworfene, so wie man Hunde aus dem Haus verjagt, hinausgeworfen aus paradiesischen Wahnvorstellungen einer letztendlich sinnerfüllten und anthropozentrischen Welt und wir erleben heute überaus schmerzhaft unsere zweite Genesis einer Vertreibung aus dem Paradies. Wir haben keinen festen Boden mehr unter unseren Füßen und wir finden uns erschrocken wieder in Räumen, deren Schweigen uns erschreckt. „Wir haben auf dem Felde der Imperative keine Orientierung mehr. Das ist die Not unserer Zeit", wie es der große Naturphilosoph Carl F. v. Weizsäcker in seinen Vorlesungen „Zur Geschichte der Natur" auf eine ungemein eindringliche Art und Weise formuliert hatte. Der Mensch des Mittelalters litt unter der Angst vor Schuld und Verdammnis. Der Mensch heute leidet möglicherweise noch mehr unter der Angst vor der

Leere, unter der Angst vor der Sinnlosigkeit seines Daseins. Die Grundfragen der Menschen heute könnte lauten: Worauf kann ich mich noch verlassen, wo mir alle Gewissheiten genommen sind?

Mit dem Aufkommen der Naturwissenschaft verloren die Religionen ihre seit Jahrtausenden angestammte Deutungshoheit über grundlegende Sinnzusammenhänge des Lebens. Dazu hat das zum Teil groteske Fehlverhalten der Religion ihren Gutteil beigetragen. Die Natur wurde jetzt zur geist- und seelenlosen Maschinerie verdinglicht und gleichermaßen weit ist auch der Mensch auf dem Wege seiner Verdinglichung fortgeschritten. Außerhalb der Wissenschaften ist für Wert- und Sinnurteile kein Platz mehr. Es gibt keine Weltanschauungen mehr, die unserem Dasein Richtung, Wert und Sinn verleihen könnten. Wir sind Treibholz auf hoher See geworden. Nachdem der religiöse Glaube in großen Teilen Europas rückläufig ist, macht sich immer weiter ein weltanschauliches Vakuum breit, mit dessen Auffüllung die Menschen überfordert sind. So kann es nicht verwundern, dass immer mehr Menschen Halt in fragwürdigen weltanschaulichen und pseudoreligiösen Gruppierungen suchen. „Der Mensch will nicht nur Erkenntnis und Macht, er will auch eine Richtschnur für sein Handeln, einen Maßstab für das Wertvolle und Wertlose, er will eine Weltanschauung, die ihm das höchste Gut auf Erden, den inneren Seelenfrieden, verbürgt." So Max Planck anlässlich eines Vortrages im Jahre 1941 im Goethe-Saal des Harnack-Hauses der Kaiser-Wilhelm-Gesellschaft in Berlin[344].

Die moderne Krise einer von Seele und Geist entleerten Welt wurde in den berühmten Worten des angelsächsischen Philosophen Whiteheads einmal so zum Ausdruck gebracht: „... eine fade Sache, ohne Klang, ohne Duft, ohne Farbe, nur noch das endlose, sinnlose Hasten von Material ...". Unsere Welt ist deshalb so fade und klanglos geworden, weil wir seit der Aufklärung das Rationale und Beweisbare mit der Wahrheit selbst verwechseln. Selbst unsere Religion unterwarf sich dem Diktat der Rationalität.

Die Moderne ist also gekennzeichnet durch die Zersplitterung der Lebenswelt, den Verlust an Sinn und Wert, die Verdinglichung des Lebens und in deren Gefolge durch einen hemmungslosen und vulgären Materialismus. Dies findet durch einen Blick auf unsere Medienwelt auf drastische Weise seine Bestätigung. Dort bricht sich das Gemeine, das Ordinäre immer weitere Bahn und eine übersättigte Kulturschickeria gefällt sich in immer neuen Tabubrüchen.

Das Leben der Menschen erfährt eine Herabstufung auf das rein Materielle, wo alle um das goldene Kalb tanzen und längst wird die Frage gestellt, wie viel wir uns das Leben eines alten und demenzkranken Menschen im Krankenhaus oder Pflegeheim noch kosten lassen wollen. Wann sind wir endlich so konsequent, dass wir solchen Randexistenzen beizeiten ihre Dosis an erlösender Chemie zukommen lassen? Hier erfährt der morbide Zeitgeist seine terminale und diabolische Vergötzung. Da in unseren weltanschaulich zerklüfteten Gesellschaften das Verbindende im Schwinden begriffen ist, so ist auf der anderen Seite alles möglich geworden.

Was ist das für ein Welt- und Menschenbild, das einem von Natur aus defizitär verfassten Menschen nur eine zufällige und letztendlich sinnlose Existenz zuweisen will? Schon 1962 war auf einer Tagung der Ciba-Foundation von angelsächsischen Biologen wie Huxley, Crick und Haldan im Rahmen des Projektes „Mensch" ein Zuchtwahlprinzip mit dem Ziel gefordert worden, die menschliche Intelligenz zu erhöhen. Die Wissenschaft habe die Natur zum Objekt degradiert und unterworfen. Somit sei es folgerichtig, dass der Mensch selbst Objekt der Wissenschaft und als Sache produziert würde. Der Mensch als Sache! Es sei die Selbstoptimierung des Menschen durch den Menschen geboten. Erst dann sei der Mensch wirklich das Maß aller Dinge. In diesen Raum einer inhumanen Entgrenzung hinein hielt der Philosoph Sloterdijk im Jahre 1999 auf Schloss Elmau einen Vortrag unter dem Titel „Regeln für den Menschenpark. Ein Antwortschreiben zum Brief über den Humanismus". Sloterdijk wollte, wie er sagte, ein „antropotechnisches Zeitalter" einläuten, weil der abendländische Humanismus es nicht zuwege gebracht habe, den Menschen zu zähmen. Der abendländische Humanismus habe die „Entwilderung" des Menschen durch die Grundwerte Gleichheit, Mitmenschlichkeit und Befriedung angestrebt. Diese Werte seien in modernen Gesellschaften aber nicht mehr haltbar. Deshalb müsse über Selektion und Menschenzüchtung nachgedacht werden, um den wahren und wirklichen Menschen für die Zukunft zu optimieren.

Hier haben wir de Kreis durchschritten und sind wieder bei Nietzsche angelangt. Hier hätte der von ihm prophezeite heraufziehende abendländische Nihilismus seine terminale Realisierung erfahren.

Der Mensch der Moderne stuft sich selbst zu einem von Nietzsche bezeichneten „Thier" herab: „Ach, der Glaube an seine Würde, Einzigartigkeit, Unersetzlichkeit in der Rangfolge der Wesen ist dahin – er ist Thier geworden, Thier, ohne Gleichnis, Abzug und Vorbehalt ...". Klingen diese Sätze nicht erschütternd modern? Die nicht weiter zu verleugnende Sinnkrise unserer Zeit strahlt auch in die moderne Medizin aus, die ja in zunehmendem Maße durch ökonomische und kommerzielle Gesichtspunkte dominiert wird, eine Medizin, in der sich viele Patienten nicht mehr wiederfinden können. Die diese Medizin traditionell tragenden ethischen Fundamente von Fürsorge und Empathie sind brüchig geworden angesichts zunehmender ökonomischer Zwänge; selbst unser überkommenes humanistisches Menschenbild von einem autonomen und sittlich handelnden Subjekt gerät in Gefahr, unter den Greifarmen von gentechnologischen und biotechnologische Zugriffsmöglichkeiten zermalmt zu werden. Die Forschung an embryonalen Stammzellen hat beispielsweise die Frage aufgeworfen, wann menschliches Leben beginnt, ab welchem Zeitpunkt menschliches Leben in Zukunft als schutzbedürftig gelten soll oder wie menschliches Leben überhaupt definiert werden könnte. Ähnliche Fragestellungen werden am Ende des Lebens aufgeworfen, nicht zuletzt in der Konfrontation mit Patienten, die an einer fortschreitenden Demenzerkrankung leiden. Wenn das autonome Subjekt in den Endstadien einer Alzheimer Erkrankung zunehmend verdämmert, verliert dann der Mensch mit dem Verlust seiner Autonomie gleichzeitig auch seine Würde und Schutzbedürftigkeit? Darf menschliches Leben im Zustand des Wachkomas nach Kassenlage beendet werden, wie es beispielsweise der Ethiker Singer fordert? Was macht den Menschen also in seinem inneren Wesenskern letztendlich aus? Worin liegt seine Würde und Schutzbedürftigkeit begründet? Hat ein demenzkranker alter Mensch, der seit Jahren im Wachkoma liegt, seine Teilhabe an jener allen Menschen gemeinsamen Würde verloren? Beunruhigende Fragen, die heute immer unverhohlener gestellt werden.

Hans Jonas nahm in seinem Buch „Das Prinzip Verantwortung" und in einem Großteil seiner Werke eine beklemmende realistische kulturelle Synopse derjenigen soziokulturellen Prozesse voraus, mit denen wir uns heute zu Beginn des 21. Jahrhunderts konfrontiert sehen, nämlich einer zunehmenden Verselbständigung und Vergötzung der technischen und biotechnologischen Möglichkeiten. Diese lassen die Gefahr einer

Instrumentalisierung und Verzweckung des Menschen selbst immer größer und realistischer erscheinen. Die durch den technologischen Fortschrittsoptimismus zu Beginn der Neuzeit befeuerte Hoffnung auf den finalen Sieg der Menschen über die Natur, über Krankheit und Tod, hat zu einer Hybris geführt, die den Menschen in eine Hölle führen könnte, die er selbst geschaffen hat. Es ist die gleiche Hybris, die der Welt ihren ursprünglichen Zauber nahm und der Natur ihre Würde, die zu einer seelenlosen anonymisierten Weltmaschinerie zu erstarren drohte, in der das Transzendente keinen Platz und keinen Wert mehr hat.

Der 11. September 2001 war ein Fanal dafür, wie brüchig und unterhöhlt die scheinbar so betonharten Fundamente unserer Zivilisation sind. Es waren nicht nur zwei Türme, die eingestürzt waren, es war viel mehr, was ins Wanken geriet, nämlich die Grundfesten unserer Ökonomie, die Grundfesten unserer Wohlstandsgesellschaften, die Illusion einer immer währenden Sicherheit. Was ins Wanken kam und was hinter den Rauchschwaden der einstürzenden Türme ans Licht kam, war die Krise unserer Kultur überhaupt. Der 11. September zeigte uns, wie brüchig und verletzlich unsere Existenz überhaupt ist. New York ist überall, vor allem auch in unseren Herzen und in unserer Seele. Wir erleben heute ein neues Fin de siécle und die Luft in unseren Städten schmeckt herbstlich nach Arthur Schnitzler.

Die Postmoderne ist gekennzeichnet durch den von Nietzsche prophezeiten Nihilismus und einen immer exzessiveren Narzissmus. Dieser Narzissmus blüht dort auf, wo Evidenz ihre Wurzeln verloren hat. Es kann nicht verwundern, dass derzeit eine Unzahl von Pseudophilosophien auf dem Markt existieren – aber alle diese Philosophien, Weltbilder aus zweiter Hand und alle Ersatzreligionen haben keine Verankerungen in Tatsachen, in Evidenz oder in einer lebendigen, d.h. ursprünglichen Spiritualität. Das moderne Paradigma einer obsessiven Selbstbewusstheit schafft sich seine eigenen Kunstwelten seine eigenen Wirklichkeiten, die ebenso unecht sind wie die Scheinwirklichkeiten auf den Hochglanzbroschüren der Schönheits- und Wellnessindustrie. Es existieren keine Wahrheiten mehr – nur noch pluralistisch gleichgestellte Interpretationen von Wahrheit. Jede Wahrheit ist erlaubt, auch wenn sie keine Wahrheit ist.

Wo das Verbindende fehlt, wo die Menschen durch moderne Wüsten von Unverbindlichkeiten nomadisieren, da wächst die Angst.

Angst wird zu einem der Merkmale unserer Zeit.

Angst, keinen Anschluss an das Leben zu gewinnen. Angst, den Arbeitsplatz zu verlieren. Immer mehr Zeitgenossen erleiden einen Burn out. Angst zu versagen, ihren Status zu verlieren. Immer mehr Menschen werden heimatlos in einer technisierten und kommerzialisierten Welt, wo sich der Albtraum eines Zivilisationshomunkulus abzuzeichnen beginnt. Mächtige Triebfedern der modernen Gesellschaften sind also Angst und Gier, welche die Menschen immer weiter antreiben. Angst ist aber auch ein anderer Begriff für einen Verlust an Autonomie. Obwohl ihm die Regierungen die Freiheit versprechen und im gleichen Atemzug seine Freiheit über seine Lebensgestaltung einschränken, so ist der moderne Mensch seines Daseins immer weniger mächtig. So benötigt er beispielsweise für immer mehr Lebensfragen Hilfestellungen von außen, er benötigt Hilfe von so genannten Coaches gegen den drohenden Burn out, er benötigt ein Coaching für ein besseres Zeitmanagement, für eine Optimierung seiner Freizeitgestaltung, er benötigt ein Coaching für die optimale Gestaltung seiner Hochzeit, seines Büroalltages usw. Der moderne Mensch verliert seine Autonomie und er ist in eine Warteschleife des Lebens geraten, in Endlosschleifen des Wartens auf sein ihm immer wieder versprochenes eigenes und selbstbestimmtes Leben, das ihm jedoch immer weiter vorenthalten wird. Mit der Aufklärung und der Etablierung eines wissenschaftlich-rationalen Weltbildes wurde der Verstand, die Ratio, zum Maß aller Erkenntnis. Auf der Strecke geblieben ist „Nous", nämlich die begrenzende und verstehende Vernunft, die innere integrative Schau. Durch den Primat einer ausschließlich auf die rationale Ebene beschränkten Erfahrungswelt sind wir in unserem inneren Wesen verarmt, weil wir ursprüngliche und spirituelle Zugänge zum Urgrund unseres Daseins verloren haben. Die Erfahrung des Geheimnisses unserer Existenz hat sich in die Verborgenheit jenseits der Verstandeshorizonte verflüchtigt. So werden die Felder der wissenschaftlichen Erkenntnis unverdrossen bebaut und fruchtbar gemacht. Wir ernten den Weizen der Erkenntnis und essen das daraus gebackene Brot. Unser Hunger ist aber dadurch nicht gestillt, weil jenes Brot uns für die Erfahrung der Fülle des Lebens nicht zu sättigen vermag. Wir haben Hunger nach dem Brot, das aus dem Staunen über das Geheimnis unserer Existenz in unserem Inneren heranwächst. Wir operieren ungemein erfolgreich mit mathematischen Formeln und begreifen nicht, dass jede Formel nur Spiegel und Verweis ist. Worin sind wir heute noch verortet? Unser technisch-rational durchdachter und durchdrungener Lebensraum hat seine innersten Sinnstrukturen verloren, weil der Sinn des Lebens jenseits von Mathematik und Algorithmus verortet ist. Der wissenschaftlich-technische Fortschritt hat uns Wohlstand und Sattheit beschert. Wir sitzen in unseren hellen Wohnungen und unser Blick schweift nach draußen über die Wüsten an Beton hinweg und wir verbieten uns im Stillen die Sehnsucht nach den unermesslichen Horizonten jenseits von Beton, Stahl und Geld. Unsere Sehnsucht ist im Beton vergraben. Wir sind mobil über den Erdball hinweg wie noch keine Generation vor uns. Die Welt ist indessen klein geworden und bietet uns keine dauerhafte Bleibe mehr. Wir müssen unterwegs sein, weil wir es bei uns nicht aushalten können. Wir nennen uns modern und autonom, wir haben unsere Karrieren fest im Griff und Blick, wir sind erfolgreich und sonnen uns in der Bewunderung unserer Leistungen, während die mit Chemie und Drogen angefüllten Abwässerkanäle unserer Zivilisation eine ganz andere Sprache sprechen. Wir sind modern und merken nicht, dass wir im Zeitgefüge der Weltuhr schon längstens „post" sind, post-modern, in einem namenslosen Niemandsland angelangt, wo wir jede Orientierung verloren haben. Wir haben in einem modernen materiellen Monismus das Gewahrwerden der geisterfüllten Tiefe unserer Existenz verloren. Wir haben die Natur besiegt und uns selbst in kokaingeschwängerte Illusionen von Siegesgewissheiten hinein verloren. Es ist uns aber nichts geblieben als eine fast schon verlorene schmerzhafte Erinnerung an uns selbst. Über diese unsere Sehnsucht sprechen wir nur noch nachts in den Träumen. Aus dieser schmerzhaften Erinnerung heraus treibt es Viele aufzubrechen, aus der Leere des veräußerten Daseins heraus, es treibt sie oft zur Flucht in das Nicht-Rationale, das Irrationale, das ein anderes Wort für Leere ist. Die äußeren Bilder und Erscheinungsformen dieser Flucht werden in obskuren Strömungen des Zeitgeistes sichtbar, wo ein Strom von Menschen sich aufgemacht hat, zu Obskurantismus, Schamanismus, einem naiven Frömmeln in Engelskulten und Naturvergötterungen oder zu einem platten Zynismus, der alles leugnet – dies sind Menetekel und Merkmale einer sich selbst entwurzelnden Zeit.

Der postmoderne Mensch und die Verheißungen von Biophysik, Genengineering und anderen Techniken lassen ein Humanfragmentarium zurück, aus dem die archetypischen Engramme von Sorge, Empathie, möglicherweise für immer verschwunden sein könnten. Zurück bliebe dann ein chemisch und biotechnologisch optimierter Menschentorso, der zum Zerrbild seiner Selbst mutiert ist. Den Baalsgötzen unserer Tage werden nicht, wie zu früheren Zeiten, die Menschenleiber, vielmehr werden ihnen heute die Seelen geopfert. Unser moderner Lebensraum hat seine inneren Sinngefüge verloren und die Sehnsucht nach einer auf Wahrheit, auf das Gute und Schöne gegründeten Kultur ist in der ausschließlichen Beziehung auf das eigene Ich verdurstet und verkümmert. Wir waren so stolz auf unseren wissenschaftlichen Fortschritt, mit dem wir die Welt bezwingen wollten, tatsächlich haben wir damit die Welt entzaubert. Das ist der Preis, den wir für unsere Siege bezahlt haben. Wir haben jener um das Feuer tanzenden Märchenfigur ihren Namen und ihre Macht entrissen und nehmen nicht wahr, dass wir es sind, die um fas Feuer tanzen.

13.4 Neues im Entstehen begriffenes naturwissenschaftliches Weltbild und seine Auswirkungen auf die Medizin

Das traditionelle naturwissenschaftliche Weltbild kannte die Fülle der sinnlichen, emotionalen und auch existentiellen Erfahrungen nicht. Nach wie vor im Dunkeln bleibt das Wesen des Bewusstseins. Dieses, das Bewusstsein, wie auch der Geist, existiert nur im Singular. Es gibt keinen Plural des Bewusstseins bzw. des Geistes. Die Erkenntnisse der modernen Wissenschaften werfen uns immer wieder auf ein grundlegendes Mysterium zurück, nämlich auf das Mysterium unseres Selbst und unseres bewussten Geistes. Unser persönliches Selbst spiegelt das ewige Selbst wieder. Wir sind keine objektiven Beobachter des Weltganzen. Vielmehr weist uns die Wissenschaft die Rolle von teilnehmenden Akteuren in einem grandiosen Welttheater zu. Die Quantenmechanik und die Interpretation ihrer Ergebnisse haben Belege für den Einfluss des beobachtenden Bewusstseins auf fundamentale Prozesse erbracht. So verharren Quantensysteme unter Beobachtung in ihrem Zustand und sie verändern sich nicht. Auf die Welle-Teilchen-Komplementarität von Elementarteilchen im Doppelspaltexperiment wurde an verschiedenen Stellen hingewiesen. Es gibt kein Experiment, das belegen könnte, dass sich ein Elektron gleichzeitig wie eine Welle oder ein Teilchen verhält. Die aus diesen Experimenten gewonnenen Beobachtungen wiesen überraschenderweise dem menschlichen Geist eine zentrale Rolle zu und sie gaben Anlass zu jahrelangen und intensiven Diskussionen über die Interpretationen dieser Ergebnisse, an denen u. a. Niels Bohr und Albert Einstein beteiligt waren. Die sich daraus ableitenden Schlussfolgerungen für das moderne Weltbild sind in ihren grundlegenden Bedeutungszusammenhängen bis heute bei weitem noch nicht vollständig ausgeleuchtet. Jedes Experiment hat zum Inhalt, dass wir Fragen an die Natur stellen. Diese Fragen sind stark von unserer Erfahrung geprägt, indem wir den Fragen klassische Begriffe unterlegen. Es ist auch sinnlos, zu fragen, wie sich Atome verhalten, wenn wir sie nicht betrachten. Die mit dem Aufkommen der Quantenmechanik verwendeten Begriffe von Unbestimmtheit, Komplementarität, Wahrscheinlichkeit oder Störung eines beobachteten Systems wurden grundlegend für die so genannte „Kopenhagener Deutung" der Quantenmechanik, deren Konzept Bohr 1927 auf einer Konferenz in Como erstmals öffentlich vortrug. Damit war die widerspruchsfreie Theorie der Quantenmechanik in einer für den Physiker benutzbaren Form abgeschlossen[345]. Mit dieser so genannten „Kopenhagener Deutung" wurde dem menschlichen Geist eine fundamentale Bedeutung nicht nur im Prozess des wissenschaftlichen Erkenntniserwerbes, sondern darüber hinaus im Kontext der Wirklichkeit als Ganzes zugewiesen. Die daraus resultierenden wegweisenden Erkenntnisse für das neue Weltbild wurden von dem Nobelpreisträger Erwin Schrödinger in einem einzigen bedeutungsvollen Satz zusammenfasst: „Das Ich bewegt die Atome" und von C. F. v. Weizsäcker stammt der Satz: „Die Welt ist geistig".

Dieses noch in seiner Entwicklung begriffene neue naturwissenschaftliche Weltbild verfügt über die Kraft und die Dynamik, um dem Menschen wieder einen Ort in der Welt zuzuweisen. Eingebunden in diese seine Welt ist der Mensch mitgestaltend tätig. Das Weltgetriebe läuft nicht weiter ziel- und interesselos am Zufallsobjekt Mensch ab. Der Mensch zu Beginn des 21. Jahrhunderts scheint wieder Boden unter den Füßen zu bekommen. Er sieht nicht länger in die unendlichen Räume eines lautlosen Universums hinein, das keine Notiz von ihm nimmt und er sieht sich nicht länger beziehungslos einem geist- und seelenlosen Weltenuhrwerk gegenüber, das keine Notiz vom Menschen und seinem Schicksal nehmen will. Das neue wissenschaftliche Weltbild bezeugt vielmehr eine große universelle Einheit, die ihrem Grunde nach eine geistige ist und die deshalb mit Fug und Recht als spirituell bezeichnet werden darf, eine Einheit, in der alles mit allem zusammenhängt. Moderne Materiekonzeptionen, wie sie unter anderem von Anton Zeilinger oder auch von Dürr vorgetragen werden, verzichten weitgehend auf Begriffe wie „Objekte". Auf den fundamentalen Strukturen der Wirklichkeit bleibt nichts mehr übrig, was an unsere überkommenen Vorstellungen von Materie erinnern würde. Was von dort heraufleuchtet, ist reine Form, ist Idee, ist reine Gestalt, ist eine Symmetrie, reine Beziehung, reine Potentialität.

Das, was wir umgangssprachlich unter Materie verstehen, sind bei näherer Betrachtung somit raumzeitliche Muster einer grundlegenden inhärenten, nicht materiellen, sondern vielmehr geistigen Dynamik. Es handelt sich um Muster, die auf etwas Unzerlegbares, Ganzheitliches, seinem Wesen nach Immaterielles verweisen. Diese Welt, eine Welt der Energie, eines nie erschöpfenden Vermögens, einer grenzenlosen Potentialität, ist auf allen ihren Stufen kreativ und schafft sich immer wieder neu nach vorne. In ihrer dynamischen Richtung ist sie aber nicht blind, sondern sie ist sinnerfüllt und gleichzeitig unendlich offen. Sie ist unendliches Werden, sie gestaltet ihren Zeitpfeil vom Einfachen zum Komplexen, von der Einfachheit einer allerersten Urinformation zu einer immer komplexeren informatorischen Mannigfaltigkeit. Damit ist ihr das Moment der Teleonomie und wie ich meine, auch der Teleologie inhärent: Es ist ein grundlegendes Vermögen, vielleicht auch eine nicht mit Worten zu beschreibende große geisterfüllte Sehnsucht der Materie, sich aus dem ungeteilten Einen nach vorne in eine mannigfaltige immaterielle Offenheit hinein zu entwerfen. Gegenwart bedeutet die Konstanz der Mannigfaltigkeit von Alternativen. Zukunft bedeutet Erwartung einer größeren Mannigfaltigkeit von Alternativen.

Sollte ein solches entlang eines Zeitpfeils ausgerichtetes, immer komplexer werdendes und durch einige wenige Universalkonstanten extrem fein abgestimmtes Universum tatsächlich nur zufällig und somit seinem Wesen nach sinnlos sein?

Könnte ein solches sinnloses Universum ein geordnetes, ein anscheinend doch so sinnvolles, d.h. nach mathematischen Gesetzen funktionierendes Universum nur vortäuschen? Man kann es drehen und wenden wie man will. Man wird um die Feststellung nicht herumkommen: Die uns zugängliche Wirklichkeit spiegelt ein geisterfülltes Mysterium wieder. Ich wage zu prognostizieren, dass die oben zitierten von J. Wheeler gestellten großen Fragen niemals alle beantwortet werden, solange es Menschen gibt. Denn die Frage nach dem, was den Dingen ihre Bedeutung verleihen könnte oder auch die Frage nach der Information als Ursprung der Welt überschreiten das Begrifflich-Materielle und weisen in die Bereiche der Transzendenz hinein.

Alles ist Information[346].

Wenn alles Information ist, dann stellt sich für Zeilinger die Frage, warum diese Information nicht willkürlich ist. Es gibt eine Welt der Information. Es gibt eine Wirklichkeit und diese Wirklichkeit und Information sind dasselbe[347]. Es gibt eine von uns unabhängige Wirklichkeit, es gibt ein Wissen, das der Urstoff des Universums ist. Ein solches Universum kann somit nicht sinnlos sein. Das Universum ist Wissen und wir sind Wissen. Das Universum ist immateriell und wir sind unserem Wesen nach immateriell. Mit unserem Wissen sind wir Teilhaber am Wissen des Universums. Da Wissen nur im Singular existiert, können wir in Anlehnung an Zeilinger, Wheeler und viele andere sagen:

Wir sind das Universum. Wir und das Universum sind dasselbe.

Man kann recht genau abschätzen, dass die Menge der Atome im Universum die unvorstellbar große Zahl von 10^{80} Atomen beträgt. Man hat auch errechnet, wie schwer das Universum ist, nämlich 10^{50} Tonnen. Die gesamte Informationsmenge des Universums wurde auf 10^{120} Bits geschätzt.

Damit ist das Universum ein Universum der Mannigfaltigkeit an Informationen.

Wir Menschen tragen das Wissen von 3,5 Milliardenjahren der Evolution in uns. In der Entwicklungsgeschichte des Lebens bildeten sich aus den frühen Einzellern die so genannten höher entwickelten Lebewesen bis zum heutigen Menschen heraus. In unseren Zellkernen ist das Wissen der Evolution in drei Milliarden Basenpaaren gespeichert. Unsere Gene, unsere Gehirne und unsere Immunsysteme stellen interne Repräsentationen und Rekonstruktionen dieser äußeren Welt dar. D.h. die Außenwelt wird in der Software unseres Inneren abgespeichert und reflektiert. Das Universum wird in uns, in unserem Leben, in unserem Bewusstsein, selbstreflexiv.

Die Milliarden von Basenpaaren schließen sich zu so genannten Codons zusammen, also zu Informations- und damit auch zu bedeutungstragenden Einheiten, die man umgangssprachlich durchaus auch als Wörter bezeichnen könnte. In ihnen sind die Anweisungen gespeichert, nach denen die Aminosäuren, die Bausteine der Eiweiße, gebildet werden. Diese könnte man als Satzbausteine in der Sprache des Lebens bezeichnen. Schließlich fügen sich die Sätze zu einer Geschichte des Lebens zusammen. Dieses ist für jeden von uns einmalig. Alle Lebewesen haben einen gemeinsamen genetischen Code und sind durch dieses Band aneinander gebunden. In diesem Code ist die Sprache einer grundlegenden Realität verschlüsselt. In diesem Sinne können auch Krankheiten als wirkmächtige Symbole des Lebens verstanden werden. Ich habe darzustellen versucht, auf welche Weise das Immunsystem auf den zellulären und molekularbiologischen Ebenen die aus der Außenwelt eintreffenden Signale aufnimmt, beantwortet und so die Außenwelt in uns abbildet. Wir beginnen, zu verstehen, dass es für uns keine Welt da „draußen" gibt, vielmehr gelangen wir zu der Erkenntnis, dass die Welt, das gesamte Universum auf eine ehrfurchtgebietende Weise in uns abgebildet ist, dass es sich in uns entfaltet. In den Basensequenzen der DNA, in den Netzwerken der Zellverbände ist unser Leben kodiert, unsere Vergangenheit, unsere Gegenwart und unsere potentielle Zukunft. Die Sprache und die Symbolik der Lebensprozesse in uns sind ein Wunder in der Leere der uns umgebenden Räume.

Das Leben ist Sinn und Zweck an sich.

Das Leben und damit der Mensch sind in ein großes Sinngefüge eingebunden.

So gesehen ist die ganze Welt Manifestation und Form einer Sprache. Ihr Ursprung ist die Information, ein immaterielles Ganzes jenseits von Materie und Energie, ein Ganzes außerhalb von raumzeitlichen Begrenzungen. Das Leben ist eine besondere Form von Sprache, die in den Molekularen und zellulären Lebensstrukturen niedergeschrieben ist, einer Sprache, die uns ins Leben hineinruft und einer Sprache, die immer zu uns spricht. Der erste Laut dieser Sprache wurde am Anfang in die Welt hineingesprochen. Und so besehen und ohne falsche esoterische Untermalung spricht sie in der Tat aus jedem Atom, aus jeder Zelle und noch weiter aus jedem Wesen zu uns.

Es muss paradox anmuten, dass eine Wissenschaft, die sich so viel auf ihre Exaktheit und Objektivität zugute hält, nämlich die Physik, der Rolle eines menschlichen Beobachters, des menschlichen Geistes eine so herausragende Rolle mit der Beschreibung grundlegender Phänomene der Physik zugeschrieben hatte, um überhaupt Phänomene auf den fundamentalen Ebenen der Wirklichkeit erklären und in einen mathematischen Formelkatalog einfügen zu können.

Es muss als geradezu paradox anmuten, dass auf der anderen Seite die weitaus weniger exakten Biowissenschaften und allen voran die Medizin, immer noch von einer reduktionistischen Basis aus operieren. Schon das Erwähnen der möglichen Rolle eines Beobachters in der wissenschaftlichen Empirie der Medizin ruft ein missbilligendes Stirnrunzeln hervor. Der methodische Reduktionismus muss selbstverständlich ein wichtiges Element in den Naturwissenschaften der Biologie und damit auch in der Medizin bleiben. Es stellt sich allerdings die Frage, ob das klassische analytisch-summative Forschungsprogramm eines Denkens in linearen Kausalabhängigkeiten ausreichen kann, die Phänomene des Lebens, das Phänomen des Menschen und die Phänomene der Krankheiten hinreichend zu beschreiben. Dagegen stellte einer der bedeutendsten und hellsichtigsten Physiker des 20. Jahrhunderts, John Archibald Wheeler, die These auf, das Universum bzw. umgangssprachlich die Welt, sei ein einziges Quantensystem und damit müsse auch der menschliche Körper als ein solches Quantensystem betrachtet werden.

Die Medizin ist technisch hypermodern hochgerüstet. Ihre geistigen Horizonte sind jedoch nach wie vor auf klassische Newton'sche Weltmodelle verengt und verarmt. Dagegen kam schon vor Jahrzehnten Werner Heisenberg zu der Erkenntnis: „Es kann kaum daran gezweifelt werden, dass das einseitige naturwissenschaftliche Weltbild des 20. Jahrhunderts durch andere Denkformen abgelöst wird"[348].

Neue Denkformen sind demgemäß auch in der Medizin längst überfällig. Wir benötigen neue und innovative systemtheoretische Zugänge zu einem vertieften Krankheitsverständnis auf der Basis von Komplexität und Nichtlinearität. So wie in der Meteorologie seit Jahrzehnten dynamische Musterbildungen des Wetters, darunter unter Modellierungen von Attraktoren, mit großer Vorhersagekraft etabliert sind, so muss die Medizin gleichermaßen ihre Blicke in diese Richtung lenken.

Es wird für das Selbstverständnis der Medizin entscheidend, dass sich ärztliches Denken auf die inhärente Dynamik und Komplexität der verschiedenen Krankheiten und ihrer raumzeitlichen Muster richtet. Vor allem muss der menschliche Beobachter in den Focus der wissenschaftlichen Betrachtung treten: Im Februar 2016 wurden nach Jahrzehnten intensiven Suchens Gravitationswellen auf den kleinsten Skalen entdeckt, die für unsere Alltagsrealität offensichtlich keinerlei Bedeutung haben. Dennoch sind diese ungemein schwachen und diskreten Kräfte mit unmerklichen Verformungen der Raumzeit in der Lage, Plancten auf ihren Bahnen zu halten. Könnten für die Medizin des 21. Jahrhunderts möglicherweise ähnliche Entdeckungen ins Haus stehen?

Wenn die Welt, worauf Zeilinger, v. Weizsäcker, wie Wheeler und viele andere verweisen, eine Welt der Alternativen, eine Welt des Wissens ist – welchen Einfluss könnte davon abgeleitet das Wissen der Medizin auf die Welt der Krankheiten ausüben? Welt ist das, was wir wahrnehmen, was wir beobachten. Das, was wir beobachten, offenbart sich uns in Form von Alternativen. Wie könnten also Krankheiten möglicherweise auf unsere Beobachtungen antworten?

Die Welt ist eine Welt der Information. Medizin ist eine Welt der Information. Die Welt ist eine geistige. Die Welt ist eine Schöpfung eines jedes Begreifen übersteigenden absoluten Selbst, aus dem wir in das Dasein emporsteigen und in das wir am Ende wieder eingehen. Diesem Urgrund haben sich die Quantenmechanik und die sich daraus ableitende Quantenphilosophie ein Stück weit und voller spiritueller Kraft und Ehrfurcht genähert. Eine ähnliche spirituelle Ehrfurcht vermisse ich in der modernen Medizin, vor allem vermisse ich die Ehrfurcht vor dem durch Krankheit versehrten Leben in der modernen Medizin, die rational, ungemein professionell aber auch ungemein profitorientiert agiert. Unter der erdrückenden Last von Cost-Benefit-Management, Prozess- und Qualitätsmanagement hat der moderne Arzt die Ehrfurcht vor dem verloren, was ihm in der Krankheit begegnet: Nämlich das Leben in seiner ganzen gewaltigen und versehrten Kraft, die sich in die Wucht einer Krankheit wie in einen Dammbruch hinein ergießt.

Von welchem Punkt aus nahm Medizin ihren Anfang? Medizin entstand aus einem ursprünglichen Gewahrwerden der Versehrtheit des Anderen und demzufolge auch aus der Erkenntnis eigener Versehrtheit. Daraus leiteten sich selbst Wunsch und Drang nach Hilfe und Heilung ab. Medizin ist ihrem Wesen nach niemals schicksalsergeben gewesen, sondern immer schon Auflehnung und Empörung gegen das Schicksal. Die Gründungsurkunde der Medizin wurde nie in die Form einer Schrift gebracht. Die Gründungsurkunde der Medizin ist nicht stofflich. Sie ist die monolithische Erfahrung von Schmerz und Versehrtheit, sie ist die Erfahrung eines existentiellen Fallens und sie ist eine weltumspannende und nicht in Worte zu kleidende Sehnsucht, die über die Ohnmacht hinausgreifen will. Diese Sehnsucht muss in der modernen Medizin wieder Raum greifen und sich dort zu einer unsichtbaren und doch lebendigen Struktur formen.

In der Quantenmechanik wird der Urgrund allen Seins nach Dirac bildhaft als Quantensee/Quantenmeer potentieller Teilchen beschrieben, aus dessen Fluktuation materielle Teilchen entstanden sein sollen. Quantenphysiker beschreiben voller Staunen die Ergebnisse ihrer Experimente in einer kraftvollen und kreativen Sprache, die der heutigen nüchternen Medizin jedoch völlig abhanden gekommen scheint.

Zu Erstaunen gibt auch folgende Überlegung Anlass: Das Größte findet sich im Kleinsten. Diese Erkenntnis gilt für die Physik und sie gilt gleichermaßen auch für die Medizin: Die Entdeckung der kosmischen Hintergrundstrahlung lehrt uns, dass das Licht die Entwicklung des Kosmos von seinem frühesten Ursprung aus gestaltete und umgekehrt. Im frühen Universum war Strahlung die dominierende Form von Energie. Bis heute enthält die Hintergrundstrahlung als Echo des Urknalls mehr Energie als das Licht sämtlicher Sterne zusammen. Wenn wir die strukturellen Inhomogenitäten innerhalb dieser Hintergrundstrahlung beobachten, so werden Muster erkennbar, die dem Kosmos offensichtlich in seinen frühesten Anfängen aufgeprägt wurden. Es sind Licht- bzw. Energiequanten, somit die kleinsten Pakete von Strahlung und Materie, aus denen diese Muster bestehen. Wenn wir diese Hintergrundstrahlung auf den großen Skalen, also in kosmischen Maßstäben, untersuchen, beobachten wir nichts anderes als die Aktivität von Quanten: Das Kleinste spiegelt sich in wunderbarer Weise im Größten.

Nach einer bis heute als etabliert geltenden Theorie waren es solche so genannten primordialen Quanten, winzige Fluktuationen, am Anfang des Universums also, welche die ursprünglichen Ordnungsprinzipien des Universums etablierten. Diese Fluktuationen sollen der Standardtheorie zufolge durch die kosmische Inflation und die Gravitation verstärkt worden sein, wodurch es zur Bildung von Materie, Galaxien, Sonnen und Planeten gekommen sein soll. Die ungeheure Komplexität des Universums, angefangen bei den gesagten primordialen Quantenfluktuationen bis zur Entwicklung des Bewusstseins im heutigen Menschen entfaltete sich also aus jenen einfachsten strukturlosen gequantelten Wesenheiten heraus. Die Physik des Allerkleinsten prägt also das Verhalten des Kosmos im Ganzen. Jenes primordiale Quantenfeld war von Anfang an aber nicht vollkommen glatt und ebenmäßig. Denn Quantenfelder können der Theorie zufolge sich niemals in einem vollkommen Ruhezustand befinden: vielmehr ist das Vakuum angefüllt von Fluktuationen von virtuellen Teilchen, welche entstehen und sofort wieder verschwinden. Solche ursprünglichen Fluktuationen sollen gleichsam in die Raumstruktur eingefroren worden sein. Unser gesamtes riesiges Universum könnte also seinen Beginn von derartigen singulären strukturlosen gequantelten Elementarwesenheiten genommen haben.

In Analogie dazu nehmen auch in der Medizin viele Krankheiten ihren Ausgang von kleinsten Veränderungen in den informatorischen Netzwerken der Gene. Die auf den Genen gespeicherte Information ist dort jedoch nicht statisch und unveränderlich verankert, vielmehr unterliegt sie dauernden Veränderungen und Umgruppierungen. Manche Wissenschaftler bezeichnen die DNA aus diesen Gründen als selbstorganisatorisches System. Die auf der DNA gespeicherten Informationen sind ähnlich strukturlos wie jene genannten primordialen Quanten in der Physik. Die auf der DNA gespeicherte Information ist in grober Analogie zur Hintergrundstrahlung in die raumzeitlichen Muster von Erkrankungen eingraviert, die sich erst Jahre und oft sogar Jahrzehnte später manifestieren. Schon die Umgruppierung eines einzigen Atoms, eine räumliche Umgruppierung einer schwachen Wasserstoffbrückenbildung kann die informatorischen Kontexte derart verändern, dass Krankheiten die Folge sind: Die wechselnden Sequenzen von Alternativen auf der DNA mit den sich daraus organisierenden dynamischen Musterbildungen auf der Ebene der Proteine und der Zellen prägen schließlich die raumzeitlichen Muster von Tumoren auf den großen Skalen der Organe und des Organismus.

Heute stellt sich die Frage nach dem „Davor", nach einem Etwas vor jener ersten Ur-Alternative, vor der ersten Alternative, vor der ersten Fluktuation und Kräuselung auf der Oberfläche des besagten , was vor der ersten Alternative, vor der ersten Information bestanden haben könnte.

Existierte davor das reine Nichts? Die Leere? Ist eine Frage nach einem „Davor" wirklich sinnlos? Modernen Theorien zufolge ist das Nichts im physikalischen Sinn etwas ganz anderes als das, was man umgangssprachlich damit verbindet, nämlich dass im Nichts buchstäblich nichts „ist". Nach physikalischem Verständnis ist dieses Nichts vielmehr von Energie erfüllt. Diese nach Casimir benannte Energieform ist zwischenzeitlich im Experiment bestätigt und auch gemessen worden. Nach der sogenannten Quantenfeldtheorie kann man dem Vakuum diese Energie, die auch als Vakuumenergie oder Nullpunktenergie bezeichnet wird, nicht entziehen, weil das Vakuum ja schon der Zustand der niedrigsten Energie ist. Nach dieser Theorie präsentiert sich das Vakuum als dynamisches Medium, in welchem ständig Teilchen-Antiteilchen-Paare entstehen und wieder verschwinden. Denn gemäß der Äquivalenz von Masse und Energie können Teilchen spontan entstehen. Wegen ihrer kurzen Lebensdauer werden diese Teilchen auch als virtuelle Teilchen bezeichnet. In diesen modernen Theorien ist – soweit ich das überblicken kann – der klassische Gegensatz zwischen festen Teilchen und dem umgebenden Raum überwunden: Photonen, Licht-„Teilchen" verhalten sich wie elektromagnetische Wellen. Photonen stellen damit manifeste elektromagnetische Felder dar. Der Begriff „Quantenfeld" soll, soweit ich das verstanden habe, zum Ausdruck bringen, dass ein Feld die Form von Quanten, also Teilchen, annehmen kann. Diese Felder werden als fundamentale physikalische Einheiten betrachtet. Teilchen würden demnach örtlichen Verdichtungen von Energie entsprechen. Diese Verdichtungen können der Theorie zufolge raumzeitliche Formen annehmen, um anschließend wieder in das Feld zurückzuschwingen. Einstein formuliert es so: „Wir können daher Materie als den Bereich des Raumes betrachten, in dem das Feld extrem dicht ist … in unserer neuen Physik ist kein Platz für beides, Feld und Materie, denn das Feld ist die einzige Realität"[349].

Diese Theorien aus der Physik vermag ich mit größter Bewunderung für den dort herrschenden Geist nur zu zitieren. Leider fehlt mir als Mediziner ein besseres Verständnis für die gedankliche Tiefe dieser Theorien, die ja einen Schleier vor dem Geheimnis aller Existenz und damit auch unserer Existenz enthüllen. Lässt man sich auf die Aussagen ein, welche die theoretischen Physiker über die Natur treffen, so ist für die Medizin und für jeden von uns von grundlegender Bedeutung, dass es das Nichts in unserem umgangssprachlichen Verständnis als die Totalität der Abwesenheit von jedweder Existenz nicht gibt. Diese Erkenntnis könnte für das moderne Weltbild von grundlegender Bedeutung sein. Das, was uns hervorragende Denker aus dem Bereich der exakten Naturwissenschaften als grundlegende Wirklichkeit anbieten, ist eine reine unfassbare dynamische Potentialität im Vorfeld möglicher raumzeitlicher Manifestationen, es ist reines Vermögen, reiner Ursprung, reine Möglichkeit zu Öffnung zu Existenz, ein weder räumlich noch zeitlich fassbares Selbst, ein ungewordenes Werdendes. In diesem Selbst ist alles reine Potentialität, Energia, reine Schaffenskraft, reine Öffnung, reine Offenbarung, Vermögen.

Das sind die Ecksteine im Fundament des modernen Weltbildes.

Auf solchen Ecksteinen kann kein als absurd bezeichnetes Universum beruhen.

Die moderne Wissenschaft konnte nicht anders, konnte um ihrer existentiellen Grundlagen willen nicht anders, als den zu Beginn der Neuzeit aus ihrem Weltbild vertriebenen Geist wieder zurückzuholen. Viele Vordenker, darunter Heisenberg, von Weizsäcker, Wheeler entwerfen ein helles, von Geist durchflutetes und von einer unfassbaren Kreativität durchdrungenes Weltbild. Mit dem modernen Weltbild einer ihrem Wesen nach geistigen Realität verhält es sich ähnlich wie mit dem Begriff der Teleologie: Man kann es nicht weiter als Unsinn von sich weisen, viel zu eindrucksvoll ist die wissenschaftliche Evidenz, man will sich damit aber auch nicht auf der Straße sehen lassen. Man kann es drehen und wenden wie man will: Das neue Weltbild ist von einer nicht weiter zu leugnenden impliziten Spiritualität durchdrungen.

Die Naturwissenschaft operiert mit Begriffen, die auf etwas verweisen, das jenseits des Stofflichen, Energetischen liegt, die vielmehr in den Bereich des Platonischen-Ideellen hineinreichen. Auf den fundamentalen Ebenen von Realität und Wirklichkeit vollzieht sich ein Übergang vom materiell und raumzeitlich Fassbaren in das Ideelle-Geistige hinein, als ob die ganze Welt einen Schleier von ihrem Angesicht lüften wollte. Hierzu Werner Heisenberg: „Die Elementarteilchen können mit den regulären Körpern in Platons „Timaios" verglichen werden. Sie sind Urbilder, die Ideen der Materie. Die Nukleinsäure ist die Idee des Lebewesens. Diese Urbilder bestimmen das ganze weitere Geschehen. Sie sind die Repräsentanten der zentralen Ordnung. Und wenn auch in der Entwicklung der Fülle der Gebilde später der Zufall eine wichtige Rolle spielt, so könnte es sein, dass auch dieser Zufall irgendwie auf die zentrale Ordnung bezogen ist"[350]. Es mutet merkwürdig und geradezu paradox an, dass es hervorragende Vertreter einer in besonderem Maße der Objektivität verpflichteten Naturwissenschaft waren, welche der als ausgemerzt geltenden Transzendenz wieder eine Tür in die Welt der Wissenschaft öffneten. Das alte Weltbild war ein Weltbild des düsteren Reduktionismus gewesen, ein sinnloses Spektakel, in dem das Weltganze vom sinnlosen Gezitter der Atome bis zu der zufälligen Lotterie von Mutation und Selektion der Evolution, seine bizarren Grotesken spielte. Und wehe, es wagte ein Forscher in irgendeiner Nische dieses Welttheaters einen Sinn oder eine irgendwie geartete zugrundeliegende Absicht zu vermuten. Heute drängt sich selbst die Vermutung auf, dass sogar dem so genannten objektiven Zufall subtile und uns noch unbekannte Gesetzmäßigkeiten zugrunde liegen könnten. Denn der Zufall genügt ja den Häufigkeitsgesetzen der Quantenmechanik und es ist jener Zufall, der in der Entwicklung zu der zu beobachtenden und immer größeren Mannigfaltigkeit und Fülle der Dinge und Objekte in der Welt eine wichtige Rolle spielt.

Im 19. Jahrhundert wurde mit der Formulierung des zweiten Hauptsatzes der Thermodynamik der Wärmetod des Universums durch den unaufhaltsamen Anstieg der Entropie vorhergesagt. Diese Prognose ließ keinen Raum für Sinn und Hoffnung mehr. Alles, was existierte, war sinnlos vorweggenommenes Gezappel von Entropie. Der Blick in die ungeheure Leere dieser von Sinn, Geborgenheit und Ziel entleerten Räume erstickte jede Sehnsucht in den Menschen nach Wahrheit und Gewissheit und in die Verlorenheit des modernen Menschen nistete sich der Wahn ein. Vielleicht nahm aus einem solchen Wahn heraus die Urkatastrophe von zwei Weltkriegen ihren Anfang.

Indes ist eine neue Zeit angebrochen, eine Ära eines schöpferischen Weltbildes, das dem Menschen wieder Ort und Raum bietet und wo selbst der Zufall nicht ins sinnlos Bodenlose hinabgleitet, sondern sich auf subtileren Naturgesetzen gegründet weiß. Das Einfachste entstand am Anfang aus einer vollkommenen Symmetrie heraus mit einer ersten Uralternative, einem ersten Ja-Nein, Sein oder Nichtsein. Es gibt aber nicht nur dieses Ja-Nein und immer wieder nur das sich wiederholende Ja-Nein, sondern aus der Quantenmechanik lässt sich zwingend ableiten, dass es eine komplementäre Antwort zu einem Ja-Nein geben muss. Zudem kennt die Quantenmechanik Zustände von Interferenzen zwischen einem besagten Ja und Nein: Sie arbeitet mit Möglichkeitsfeldern alternativer Antworten zwischen dem definitiven Ja-Nein, somit einem Kontinuum möglicher Antworten. „Mathematisch handelt es sich dabei um die kontinuierliche Gruppe der linearen Transformation von zwei komplexen Variablen"[351]. Wenn ich es recht verstehe, bedeutet dies: Die Antworten innerhalb dieser Gruppen können zwar rein zufällig sein, dennoch folgt das Kontinuum dieser Gruppe mathematischen Gesetzen. Als mathematischer und physikalischer Laie erahne ich in dieser Komplementarität von Zufall und Gesetzmäßigkeit eine große und grundlegende Schönheit, aus der sich die ungeheure Kreativität der Wirklichkeit erschließt, einer Wirklichkeit, deren Teil und deren mitgestaltender Beobachter wir sind.

„Am Anfang war das Teilchen. Die Elementarteilchen verkörpern die Symmetrien, sie sind ihre einfachste Darstellung, sie sind erst Folge der Symmetrien"[352]. Das Universum entfaltete sich über Symmetrieminderungen und spannte in den Übergängen vom Einfachen zum Komplexen Raum und Zeit, die Naturgesetze und alle Formen von Materie und Energie auf. Auch die biologische Evolution schreitet vom Einfachen zum Komplexen über eine Art Dreischritt von Zufall, Gesetzmäßigkeit, Komplementarität fort. Zufall und Zielrichtung sind aber zwei komplementäre Aspekte des Gleichen. In der Evolution des Lebens werden unzählige Formen in die Raumzeit entworfen und auch wieder verworfen. Unter Selektionsmechanismen verschwinden Lebensformen, die an die Umgebungsbedingungen nicht oder nicht mehr ausreichend angepasst sind. Dass diese Formen entstehen und wieder verschwinden, wurde immer wieder als Argument für eine „blinde" und damit ziel- und zwecklose Evolution vorgetragen. Hierbei handelt es sich meines Erachtens aber schon deshalb nicht um blinde Mechanismen, weil es sich ja um ursächliche gesetzmäßige Mechanismen von Selektion und Anpassung handelt. Die Evolution schreitet über Ja-Nein-Entscheidungen fort. Innerhalb der Gruppen möglicher Ja-Nein-Entscheidungen mögen einzelne Entscheidungen zufällig erfolgen, dennoch ist das Kontinuum dieser Gruppen durch Gesetze ausgeformt. „Spontan" auftretende Mutationen sind deshalb keineswegs ein Beleg für das Fehlen einer Zielorientierung in den evolutiven Prozessen! Sie können vielmehr – vereinfachend gesagt – als spontane Ereignisse innerhalb der Partituren eines auf das Feinsinnigste orchestrierten evolutiven Ganzen bezeichnet werden. Iterative, sich starr wiederholende Ja-Nein-Entscheidungen könnten kaum vorstellbar zu einer annähernd mannigfaltigen Generierung von Alternativen führen, wie wir sie in der Tat in der Evolution lebender Systeme beobachten dürfen. Das Geheimnis der Evolution ist somit nicht durch das bloße Maßnehmen an starren Darwinschen Gesetzen zu lösen – im Gegenteil – hier an dieser Stelle, nimmt die eigentliche schöpferische Dynamik erst ihren Anfang und weist in die Tiefen ihres Geheimnisses hinab. Das Geheimnis der Evolution widersetzt sich auch nicht dem Gedanken eines irgendwie gearteten göttlichen Prinzips. Demzufolge ist auch der Mensch nicht einem anonymen Würfelspiel des Zufalls ausgeliefert und die Welt der Atome und gleichermaßen die Welt der lebenden Organismen mit dem Menschen an ihrer Spitze sind nicht bloßes, sinnloses Hin- und Hergezappel, wie es uns eine düstere reduktionistische Naturwissenschaft weismachen wollte. Der blinde, sinnlose Zufall hat seinen düsteren Mantel abgeworfen. Er tritt in einer neuen Schönheit auf, wie der Moses von Michelangelo, und lässig schüttelt er alles Enge von sich ab. Die Hoffnung auf ein sinnerfülltes Universum, auf ein sinnerfülltes Dasein ist heute wieder denkbar und zulässig.

Heute scheint die Vernunft, der wache Geist, wieder zu einem Akt eines wie auch immer zu bezeichnenden Glaubens einzuladen, wie es sich ja mit der berühmten Wette von Pascal verhält: Wenn Du gewinnst, gewinnst Du alles. Wenn Du verlierst, verlierst Du nichts.

13.5 Moderne Medizin auf der Suche nach sich selbst

Die moderne Medizin agiert ausschließlich auf der Grundlage des Rationalen und Beweisbaren und ist deshalb eindimensional verkümmert. Hier liegt nach meinem Dafürhalten einer der Gründe für das zunehmende Unbehagen vieler Menschen an dieser Medizin, die, zumindest was die akuten und Tumorerkrankungen angeht, erwiesenermaßen immer erfolgreicher agiert.

Diese Medizin hält sich viel darauf zugute, mit einer klaren Begrifflichkeit und ausgerichtet ausschließlich auf scharfe wissenschaftliche Evidenz Krankheiten verstehen und somit heilen zu können. Damit erschließt sie sich nur die unteren Bedeutungsebenen von Krankheiten. Wie wir zeigen konnten, sind Krankheiten komplexe Zustände des Organismus, in welchen zahlreiche Bedeutungsebenen zusammenwirken. Die sprachlichen und gedanklichen Zugänge zu Krankheiten umfahren somit einen großen Bereich, angefangen von den mathematisch-statistischen Zugängen bis zu einer metaphorischen Sprache, die auf das Wesen von Krankheiten jenseits ihrer begrifflich fassbaren Wirklichkeit abzielen. So verweist ja der Begriff der „Metapher", „metaphora" auf etwas Hinaustragendes, auf etwas Hinübertragendes und somit auf etwas, das verschiedene Bedeutungsebenen zusammenzuführen vermag.

In esoterischen Gesundheitsbüchern wird seit Jahren ein neues Paradigma in der Medizin beschworen, deren Kerngehalt eine „ganzheitliche" Sichtweise des erkrankten Menschen sein soll. So wird getönt, dass das rationale mechanistische Paradigma der Medizin ausgedient habe, ein neues Paradigma sei im Entstehen. Mit dem Allerweltsbegriff eines Paradigmenwandels tut man sich mittlerweile sehr schwer, weil es ein von der Esoterik okkupierter und missbrauchter Begriff ist, der gar nichts mehr mit dem Paradigmenbegriff eines Thomas Kuhn zu tun hat. Hinter dieser Art von Paradigmenwandel verbergen sich allzu oft ganz handfeste pekuniäre Interessen geldgieriger Dilettanten. Zudem sagt mir der Blick aus meinem Fenster hinüber auf die andere Seite der Stadt und auf die dort von Jahr zu Jahr anwachsenden Klinikkomplexe, dass dort auch von Jahr zu Jahr immer mehr Patienten behandelt werden mit Krankheiten und Gebrechen, die sie niemals erlebt hätten, wenn sie mit Hilfe dieser Medizin nicht so alt geworden wären. Dort drüben werden künstliche Hüft- und Kniegelenke und Koronarstents nicht nur wie am Fließband, sondern definitiv am Fließband eingesetzt. Dort feiert die rationale-mechanistische Medizin unbestreitbar grandiose Erfolge. Und ein Strom von Patienten setzt sich Tag für Tag diesen Fließbändern aus, um nach wenigen Tagen weitaus mobiler als vorher wieder in ihr Leben zurückzukehren. Fließbandmedizin: Fürs erst ja bitte!

Maßhalten im Denken und in der Kritik ist also geboten, denn wenn man die Rationalität nur plump verunglimpft, ist der Schritt zur Irrationalität nicht mehr weit. Man kann sich kaum ein Bild davon machen, welche ungeheuren Massen an Geld mit diesem neuen postmodernen Irrationalismus in der Medizin umgesetzt werden können. Dieser neue Gesundheitsmarkt verbindet Irrationalität mit einer Pseudospiritualität, die noch schaler ist als das Bier vom Vortag.

Die moderne Medizin ist ungemein erfolgreich, sie wird jedoch fortschreitend durch eine Verbindung von Technik und Ökonomie dominiert. Hierin liegen die Gründe für das Unbehagen vieler Menschen, weil der Mensch hinter den krankheitstypischen Befunden mehr und mehr aus dem Blickfeld dieser Medizin zu verschwinden droht.

Die moderne Medizin ist auf der Suche nach ihrer Identität.

Dabei hatte die Medizin seit Jahrtausenden nirgendwo in der Geistes- und Kulturgeschichte der Menschheit einen festen Ort. Vielmehr nomadisierte sie seit alters her immer zwischen den Geistes- und Naturwissenschaften und einer religiösen Mythologie und Magie hin und her und nahm dort Anleihen, wo es ihr immer beliebte. Und in der Tat scheint das Herumschweifen bis heute noch nicht zum Ende gekommen zu sein. Denn die Medizin ist keine Wissenschaft mit einem klaren, wissenschaftlichen Gefüge, wie beispielsweise die Biologie und schon gar nicht eine exakte Naturwissenschaft wie Physik und Chemie. Dessen ungeachtet greift sie auf die Erkenntnisse und technischen Errungenschaften dieser Naturwissenschaften zurück, ohne die eine moderne technisch hochgerüstete Medizin nicht dankbar wäre. Auf der anderen Seite ist die Medizin auch nicht den Geisteswissenschaften zugehörig, dafür ist sie ihrer Natur nach viel zu praxisbezogen ausgelegt. Wo ist Medizin also verortet? Ist sie eine Lebensphilosophie, ist sie eine Kunst, ist sie Gewerbe, ist sie „nur" Handwerk? Ganz offensichtlich enthält sie von allem etwas und ist dennoch keines von allen.

Angesichts der Machtfülle über das Leben und Schicksal der Menschen muss sich die Frage nach der Identität dieser Medizin, ihrem geistigen Herkommen und ihrem mit dem Menschen gemeinsamen Weg in die Zukunft immer drängender stellen. Die Machtfülle der Medizin ist in der Tat gewaltig: Die prädiktive Medizin ist beispielsweise in der Lage, frühzeitig Wahrscheinlichkeitsaussagen bezüglich in Zukunft möglicherweise auftretender Krankheiten aufzustellen, über Krankheiten, die sich erst nach Ablauf von Jahren oder manchmal Jahrzehnten einstellen können. Die Gentechnik ist heute schon in der Lage, für bestimmte Erkrankungen ursächliche Gene auszuschalten. Krankheiten sind also nicht mehr länger ausschließlich Folgen von blindem Zufall oder der Wille eines höheren Wesens. Vielmehr sind ursprünglich mit der Geburt festgelegte Anlagen für potentielle Krankheiten mittlerweile Gegenstand eines medizinischen Risikomanagements geworden. Gesundheit scheint machbar geworden zu sein. Auch der Tod ist nicht mehr jenes monolithische unabwendbare Nichts am Ende eines Lebens. Der Tod tritt in der modernen Medizin im Plural und in verschiedenen Modifikationen auf, beispielsweise unter dem Begriff von Hirntod, Herztod etc. In der modernen Medizin sind Krankheiten oft Gegenstand von Managementprogrammen und damit verlieren Krankheiten ihre existentiellen Bedeutungsebenen. Diese Bedeutungsebenen sind aber für die Menschen wesentlich – weniger das Magenkarzinom als solches, sondern eher die bewusste Erfahrung, dem unbegreiflichen potentiell vernichtenden Zugriff einer solchen Erkrankung ausgeliefert zu sein.

Auf diesen Bedeutungsebenen ist das implizite spirituelle Moment der Medizin verortet: Die existentiellen Bedrohungen der Menschen durch Krankheit, Leiden und Todesfurcht reichen über die Horizonte rationalen Denkens und rationaler Erfahrung hinaus. Die Krise der modernen Medizin ist Folge einer überhöhten und sich verselbständigenden Rationalität. Mit dieser Rationalität verband sich die Hoffnung, Krankheiten durch die Anwendung mechanischer Gesetze beherrschen zu können. Es ist noch gar nicht allzu lange her, dass die Intensivmedizin dem Irrglauben anhing, durch das technisch-maschinelle Management der Lebenserhaltungssysteme nahezu jedes menschliche Leben retten, bzw. erhalten zu können – was sich in der Folgezeit jedoch als furchtbare Hybris herausgestellt hat.

Medizin ist ihrem Wesen nach mehr als reine Rationalität, das Geheimnis der Krankheitserfahrung ist das Komplementäre zur Vernunft, Medizin ist mehr als angewandter Algorithmus, – sie ist Empathie, sie ist intuitives Schauen über die Horizonte der Rationalität hinaus. Das Leben ist etwas Empfangenes, Verdanktes. Das Leben ist nichts Lokales. Krankheiten verweisen auf die Vulnerabilität dieses Lebens. Hier steht die Medizin und öffnet die Türe vom versehrten Leben zum vollen Leben. Damit ist Medizin keine bloße Begegnung, sondern Teilhabe, sie ist empfindendes Mit-Sein. Medizin ist Sprache und sie ist Wohlwollen von Menschen für Menschen. Physik, Chemie und Mathematik mögen wertfrei und frei von Spiritualität sein. Medizin dagegen nicht.

Mit den Erfolgen der technisierten Medizin ist die Lebenserwartung der Menschen gestiegen, aber auf der anderen Seite gilt ein Wort von Sporken: „Man stirbt heute länger"[353].

Mitte bis Ende des 19. Jahrhunderts hatte sich das Paradigma der rückhaltlosen Übertragung physikalischer Gesetze auf den menschlichen Organismus gegen die vitalistischen Kräfte durchgesetzt, dass es in der belebten Natur keine anderen Kräfte gäbe als in der unbelebten Natur. Damit hatte sich das Paradigma der Medizin als Naturwissenschaft durchgesetzt. Kennzeichnend für diese Entwicklung ist ein Satz von Naunyn: „Medizin wird Wissenschaft sein oder sie wird nicht sein"[354]. Anschütz zitiert in diesem Zusammenhang einen Aufsatz von Naunyn 1902 unter dem Titel „Moderne Kliniken und Krankenhäuser", die Naunyn mit einem Bekenntnis zur Naturwissenschaft in der Medizin verfasste: „Unsere Heilkunde ist das, was sie geworden, seit sie sich der Führung der Naturwissenschaften anvertrauen konnte. ... Ununterbrochen, sicher und erstaunlich groß war bisher der Fortschritt und er wird es auch ferner bleiben, solange wir unserer Fahne, der Fahne der Naturwissenschaften treu bleiben". Der berühmte Naturwissenschaftler Helmholtz sah aber auch schon frühzeitig die Grenzen dieser Denkweise, die er in einer Berliner Vorlesung so formulierte: „Ich bitte Sie, nicht zu vergessen, dass auch der Materialismus eine metaphysische Hypothese ist, eine Hypothese, die sich in dem Gebiet der Naturwissenschaft allerdings als sehr fruchtbar erwiesen hat, aber doch immer eine Hypothese bliebt. Und wenn man diese seine Natur vergisst, so wird er ein Dogma und kann dem Fortschritt der Wissenschaften ebenso hinderlich werden und zu leidenschaftlicher Intoleranz treiben wie andere Dogmen ..."[355].

Diese Konzeption einer ausschließlich naturwissenschaftlichen Denkweise in der Medizin wurde, wie schon vermerkt, als iatrotechnisches Konzept bezeichnet, das als naturwissenschaftliches Paradigma für die moderne Medizin bis ins 21. Jahrhundert hinein maßgeblich werde sollte, das jedoch heute an seine Grenzen gelangt ist. Erst langsam begreift die moderne Medizin heute die Begrenztheit dieser ihrer naturwissenschaftlichen Denkweise am Krankenbett. Hierzu kommen Schlagworte im Zusammenhang mit „über", wie zum Beispiel Übertechnisierung, Überdiagnostik, Übertherapie. Die jungen Ärzte in der Ausbildung lernen die Allmacht der Naturwissenschaften kennen, sie lernen jedoch von Methodenkritik nichts. Die Qualifikation von Ärzten an einer Universitätsklinik für spätere Chefarztposten in den umliegenden Krankenhäusern wird maßgeblich bestimmt durch die Dicke ihrer Mappen an wissenschaftlichen Veröffentlichungen: „Die Faszination wissenschaftlicher Forschung trübt Manchem den Blick für die unveränderliche Substanz der Heilkunst"[356]. Und der Nobelpreisträger Eccles machte dem wissenschaftlichen Medizinbetrieb in seinem Buch „Wahrheit" und „Wirklichkeit" unter anderem Unduldsamkeit, Verleugnung anderen Wissens und anderer Erkenntnismöglichkeiten, aber auch vor allem Arroganz und Dogmatismus zum Vorwurf. Der medizinischen Wissenschaft sei ein Positivismus immanent, in dessen Gefolge alle kritischen Fragen als Scheinprobleme abgetan würden. Oft und allzu oft ist der moderne Arzt auch Gefangener der Technik, wobei die eingehende klinische Beschäftigung mit einem Patienten auf der Strecke bleibt. Oft fehlt der Mut, sich aus der Umklammerung der Technik zu befreien. Und so kann es zu Verhaltensweisen kommen, die mit Wertvorstellungen nur schwer in Einklang zu bringen sind und nicht selten einzig und allein das Ziel der Absicherung gegen juristische Anfeindungen haben. Eine rückhaltlose und extrem ausgedehnte Diagnostik und seelenlose Therapie ist mit einer humanen und das Leiden berücksichtigenden Vorgehensweise nicht vereinbar. Überdiagnostik darf auch kein Feigenblatt für mangelnde ärztliche Professionalität sein.

Wir benötigen deshalb eine integrative Betrachtungsweise in der Medizin, die sowohl kausal-analytisch agiert und die gewonnenen Befunde in die versehrte Integrität des Menschen hineinprojiziert. Wir brauchen eine Medizin, die die Ursachen von Krankheiten auf der Ebene der Moleküle untersucht und gleichzeitig weit geöffnet ist für die semantischen Dimensionen und Implikationen dieser Prozesse auf allen Seinsschichten. Nur so kann sie menschenbezogen, menschlich-wohlwollend bleiben. Die Symptome einer Krankheit weisen nicht nur syntaktische und pragmatische Aspekte auf, sie haben vielmehr über ihre semantischen Aspekte appellativen Charakter. Symptome sind Appelle.

Der modernen Medizin gelingt es immer öfter, schwere akute Krankheitsbilder oder Verletzungen zu behandeln. Nicht immer gelingt eine Heilung im Sinne einer restitutio ad integrum. Manchmal hinterlässt sie mehr oder weniger stark behinderte Menschen. In der Onkologie gelingt es immer öfter, durch Einsatz moderner Krebsmedikamente das akute Stadium einer Tumorerkrankung in das Stadium einer Remission oder auch in einen dauerhaft behandlungsbedürftigen Zustand überzuführen. In diesem Zustand einer mittlerweile in eine chronische Verlaufsform übergegangenen Tumorerkrankung kommen immer weitere und neue Zytostatika zum Einsatz. Mag der Arzt noch so einfühlsam und schonend auf die Erfolglosigkeit seiner Therapie verweisen, so lesen viele Patienten aus den vorsichtigen Andeutungen des Arztes immer noch ein Quantum an Hoffnung heraus und drängen auf weitere Behandlungen und nehmen dafür im Gegenzug schwere Beeinträchtigungen ihrer Lebensqualität in Kauf. Die letzte Lebensspanne von Menschen wird auf diese Weise um der Hoffnung willen in ein prolongiertes und qualvolles Sterben hinein verlängert.

Hilft diesen Patienten die Medizin wirklich?

13.6 Spiritualität und die Medizin des 21. Jahrhunderts?

Im modernen naturwissenschaftlichen Weltbild ist der frühere cartesianische Gegensatz zwischen Geist und Materie überwunden. Hier entfaltet sich die Wirklichkeit aus einer Geschlossenheit höchster Symmetrie, aus einer Totalität heraus in eine unablässige kreative Evolution hinein. Allem Anfang ist etwas Ideelles implizit, das sich in der Vielfältigkeit der raumzeitlichen Phänomene widerspiegelt. Die Totalität der Welt, ihr inneres ideelles geistiges Sein entzieht sich ausschließlich rationalen Versuchen eines Zugangs. Der Urgrund und das dynamische Gefüge der Wirklichkeit sind mit materiellen Begriffen nicht fassbar, sie sind eine transzendentale unteilbare und damit im Wortsinn „heilige" Wirklichkeit. Diese transzendente Totalität der Welt ist das Umgreifende nach Jaspers, sie ist das Heilige schlechthin. Die Gewissheit einer ursprünglichen geistigen Einheit eines Jeden mit diesem umgreifenden Einen begründet letztlich unsere Identität. Jeder Mensch ist die Inkarnation dieses Geheimnisses, das sich in jedem Menschen, in jedem Wesen, ja in jedem Atom unendlich spiegelt, was Heisenberg in folgendem Koan ausdrückte: Warum spiegelt sich das Eine im Vielen, was ist das Spiegelnde und das Gespiegelte, warum ist das Eine nicht allein geblieben?

Dieses unzerstörbare heilige Ganze nimmt Platz und Raum in der Zeitlichkeit des Menschen ein. Jeder Mensch ist damit Teil dieses Ganzen, das manche auch das Göttliche nennen. Davon erzählen alle Religionen. Es gibt kein unwertes Leben, kein verlorenes Leben. Sehr wohl gibt es das im Getriebe der Zeitlichkeit versehrte Leben, das der Sorge bedarf, an dem wir nicht achtlos vorbeigehen können. Eine der gewaltigsten Botschaften einer Religion besagt, dass im Angesicht eines jeden Menschen, und sei es noch so erbärmlich, mich ein Gott anblicken würde.

Der Mensch ist der Versehrte und der Leidende. Die Krankheit trägt das Antlitz des Menschen. Wir sind Versehrte, weil wir Zeitliche sind. Wir sind Spiegelungen des Zeitlosen in die Zeitlichkeit hinein, aus denen unablässig das Neue hervorgeht. Wir nehmen die aus dem Unendlichen in unser Dasein hinabgebrochene und fortstürzende Zeit schmerzhaft wahr und diese Erkenntnis ist unsere Wunde. Unsere Wunde ist das Erkennen unserer Zeit und das Erleben ihrer Geschichten. Unsere Wirklichkeit ist in die Kelche unseres Lebens gebrochene Zeit, aus der heraus alle Geschichten des Lebens erzählt werden. Geschichten sind die zeitliche Form gegossener Potentialität. Jede Geschichte im Universum und hier in unserer Welt und in unserem Leben muss erzählt sein. Es sind Geschichten von Gesundheit und Krankheit, Geschichten des Gelingens und Scheiterns, jeder Kelch muss geleert werden und für nicht wenige von uns hat der Kelch nur das Bittere zum Inhalt.

Dort, wo oft die bitteren Geschichten erzählt werden müssen, dort war schon immer die Medizin. Auch im stilvollsten und luxuriösesten Krankenhaus mit höchstem technischem Standard müssen Wunden heilen, fressen sich Tumorgeschwülste durch Organe und Gewebe, reißt das Gedärm auf und dort wird jenseits von aller Rationalität und wissenschaftlicher Evidenz wie zu allen Zeiten angstvoll und einsam gestorben. Nicht das Leben, sondern das Sterben macht die Menschen gleich.

Die in uns hineingebrochene Zeit ist unsere Versehrtheit. Diese Versehrtheit erkennen wir in uns selbst und gleichermaßen im Blick in das Antlitz des Anderen, ein Erkennen, das ein Sehen ist, ein sehendes Hinabtauchen in die Versehrtheit des Anderen, das Liebe ist. Das Auge sieht sich selbst nicht. Der Scheinwerfer selbst liegt im Dunkeln.

Wenn es eine Schuld gibt, dann ist Schuld das Nicht-Sehen, ist Schuld Mangel an Liebe. Der Mensch wird schuldig, weil er Mangel an Sehen hat. Darum kreist das gesamte Geheimnis unserer menschlichen Existenz. Der Mensch kann nicht zurück zu der Unschuld des Tieres. Der Mensch muss vorwärts in seine neue Unschuld hinein – oder untergehen. Es geht schon immer um die Verwandlung des Menschen in eine neue Gestalt hinein, eine sehende Gestalt, ein sehendes Verstehen. Das ist von allem Anfang an in den Menschen hineingelegt: Die sehende Gestalt. Jenes Sehen wird am Beispiel des Samariters konkret: Er sah die Lage des Verletzten, des Versehrten, alles lag in diesem Sehen, alles, aber auch alles hing von diesem einzigen Augenblick des Sehens ab. Vielleicht entschied sich das Schicksal des Universums in diesem einzigen Augenblick. Hilfe war in dieses Sehen hineingelegt und verstand sich deshalb auch von selbst. Liebe ist Sehen! Die Medizin ist die in Form gebrachte Gegenwart der in den Menschen gebrochenen Zeit. Ihre Aufgabe besteht darin, selbst wieder das Sehen zu lernen und das Sehen nicht den Apparaten zu überlassen, die Medizin muss wieder nach ihrer Unschuld suchen. Die Schuld der Medizin liegt darin, dass sie zu allen Zeiten um das Leiden der Krankheit wusste, dieses Leiden aber hinter ihrer technischen Allmacht nicht mehr „wahr" – genommen hatte. Sie war blind geworden und hatte ihren Zauber verloren. Diese Blindheit, der Verlust des Sehens ist ihre Schuld. Sie richtete nur den Blick auf die Außenwelt der Krankheiten, die Außenwelt der mathematisch-formalisierbaren Krankheitsobjekte und so ging ihr der Blick in das Auge der Patienten und in ihre Innenwelt verloren.

Eine Medizin, die nur auf der Suche nach mathematischen Operatoren ist, um so die erhobenen Befunde in ein anonymisiertes Regelwerk von Diagnostik und Behandlung einzufügen, eine Medizin, die Krankheit und Heilung als mathematischen Formalismus begreift, ist dem für das 20. Jahrhundert kennzeichnenden Sinnlosigkeitsgefühl verfallen. Wir leben heute in einem modernen Babylon, einem Zeitgeist eines sich verabsolutierenden Narzissmus und Selbstvergötzung. Wir erleben heute den von Nietzsche prophezeiten „großen Mittag", wo sich der Mensch in der Mitte seiner Bahn zwischen Tier und dem Übermenschen befindet und wo kein Gott des Mittelalters mehr das Ziel der Menschwerdung des Menschen vereiteln könnte. Aus der von Nietzsche ersehnten Menschwerdung des Menschen durch den Menschen droht eine Selbstvergötzung des Menschen zu werden, der folgende drei Insignien seiner Macht bei sich trägt: Nihilismus, Narzissmus, Gleichgültigkeit.

Einer solchen Selbstvergötzung ist die Medizin unserer Tage ein Stück weit verfallen. Auch sie ist unterwegs zu ihrem „großen Mittag". Sie hat Kathedralen von Wissen, von empirischen Daten und Fakten geschaffen und versäumt, die Fragen nach Sinn, Wert und Ziel zu stellen. Das sind die Fragen nach dem, wovon die Menschen leben. So besteht die Gefahr, dass diese Medizin zu einem wert- und sinnfreien Skelett mumifiziert, das den Zauber des Lebendigen verloren hat. Ihr immanenter wissenschaftlicher Materialismus verleumdet andere Wertsphären für unwissenschaftlich und somit wertlos. Sehr wohl kann eine solche Medizin erfolgreich sein, wenn sie arthrotische Gelenke ersetzt, wenn sie komplikationslos entzündete Därme entfernt und wachsende Tumoren zerstört. Das Übermaß ihrer Erfolge in der Außenwelt hat sie aber blind werden lassen für die sprachlose Stille und Leere in ihrer Innenwelt. Der moderne Arzt ist ein Macher von Gesundheit, ein Homo faber, aber nicht mehr länger ein Homo sapiens, ein Suchender, Fragender, Weiser. Die Glückverheißungen dieser rein rational-geschäftsmäßig handelnden Medizin haben sich bis heute nicht erfüllt. Unsere Welt scheint eher noch heilloser geworden zu sein, obwohl immer mehr Krankheiten immer besser geheilt werden können. Die Menschen haben Hunger nach Deutungen ihres in den Krankheiten bedrohten und heil-losen Daseins. Diesen Hunger vermag der Materialismus aber nicht zu stillen. Die Menschen hungern nach dem Brot, dem eigentlichen Brot des Lebens, dem Brot, das aus dem Wort gebacken wird. Eine Medizin, die keine Fragen über die ausschließlich technischen Abfolgen hinaus mehr stellt, welche indifferent gegen das Leiden, seine Herkunft und sein Wirken in der Innenwelt des Menschen geworden ist, hat die Erinnerung an den Menschen verloren. Die Sinnfrage ist dem Menschen aber von Anfang an implizit und Krankheiten werfen die Frage nach dem Sinn auf. Tiere leiden nicht wie Menschen und Tiere stellen keine Frage nach dem Sinn. An der Sinnfrage entschied sich ganz am Anfang das Schicksal der Menschheit. Es stand die Entscheidung, ob der Mensch im Paradies der unwissenden Unschuld verbleiben wollte wo es keine Fragen gab. Der Mensch entschied sich für die Schuld, indem er begann, Fragen nach sich selbst aufzuwerfen. Damit hatte sich der Mensch aufgemacht auf den Weg zu seinem großen Mittag. Der Mensch nahm sein Sterben und seinen Untergang vorweg und gewann damit seine göttliche Größe, weil er bereit war, nur um einer Wahrheit willen, Tod und zerbrechende Zeit in Kauf zu nehmen. Es gibt mehr als eine Antwort auf die Frage nach dem Sinn von Krankheiten. Es hängt davon ab, von welcher Ebene, von welcher Perspektive aus diese Frage gestellt wurde. Das neue naturwissenschaftliche Paradigma lässt aber die Schlussfolgerung zu, dass die tieferen Schichten der Materie des Universums und des menschlichen Bewusstseins sich auf eine geheimnisvolle Weise gleichen und sich aufeinander beziehen.

Das Bewusstsein bestimmt das Sein. Die Wirklichkeit ist eine geistige. An diesem Punkt begegnen sich Wissenschaft und Religion. Niels Bohr trug, so wird berichtet, das Yin-Yang-Symbol in seinem Wappen und Heisenberg dichtete Koans.

Wo begegnen sich also moderne Medizin und Spiritualität? In der grundlegenden wissenschaftlichen Erkenntnis, dass Patient und Arzt eine Einheit darstellen, die ihrem Wesen nach etwas Neues und Größeres ist. Jeder Mensch ist eingebunden in die geistige Universalität eines sich raumzeitlich selbst organisierenden Kosmos. Echte und ursprüngliche Religiosität gründet in einem Vermögen des menschlichen Geistes und trägt deshalb Sinn und Wert in sich selbst. Eine solche Spiritualität verweist auf eine Wirklichkeit, die in sich vielschichtig und ungeheuer kreativ ist. Wirklichkeit ist schöpferisch. Entsprechend der verschiedenen Ebenen dieser Vielschichtigkeit sind verschiedene Zugangswege möglich, von einem wissenschaftlich-rationalen Zugang bis zu den verschiedenen Formen spiritueller Erfahrungen so wie Denken und Glauben verschiedene Betrachtungsweisen sind[357]. Der Geist baut, wie es Erwin Schrödinger einmal ausdrückt, die Außenwelt der Naturphilosophie aus seinem eigenen Stoff auf und in diesem Aufbau nimmt er sich in der wissenschaftlichen Erfahrung wieder zurück. Es ist wie die Hand eines Künstlers, der ein Bild malt und im Erschaffen seine Hand zurücknimmt. In diesem Sinne schafft Geist Platz und Leere für die von ihm geschaffenen Objekte. Diese Leere ist das Gefäß der Spiritualität. Der Begriff der Potentialität ist einer der Zentralbegriffe in der modernen Naturwissenschaft und ist in Analogie dazu ein zentraler Begriff in der Philosophie und Theologie des Westens wie des Ostens. In der Genesis bzw. im Ersten Buch Mose heißt es hierzu: „Im Anfang schuf Gott Himmel und Erde. Die Erde war wüst und leer und Finsternis lag über der Urflut und der Geist Gottes schwebte über den Wassern". Der Begriff der „Leerheit" nimmt eine zentrale Position in der östlichen Spiritualität ein. Nach der östlichen Spiritualität wird das Wesen der Realität als formlos bezeichnet, weil sie sich jenseits aller Formen befindet und sich der Beschreibung entzieht. Diese Leerheit ist aber die Quelle der Formen, wie es in den Upanischaden heißt: „Brahman ist Leben ... Brahman ist Leere ... die Leere ist das gleiche wie Freude ..."[358]. Der Mensch muss formlos leer werden, um die Fülle zu erfahren. Eine formlose Leere, in welche alle Möglichkeiten zur Form begründet sind. Die kosmische Evolution ist demgemäß ein Prozess, in welchem das ursprünglich Zeitlose und Potentielle sich in die Form von Gestalt, von Raum und Zeit hinein entfaltet.

Die Mannigfaltigkeit dieser evolutiven Ausfaltungen findet in den unbegrenzten Mustern der Lebensprozesse und damit auch in den Krankheiten statt, die ja auch Randbedingungen für neue Musterbildungen darstellen. Eine grenzenlose Kreativität muss, um grenzenlos zu sein, alle raumzeitlichen Formen und Muster entwerfen, von stetigen glatten bis zu fraktalen, gebrochenzahligen Mustern eines inhärenten schöpferischen Chaos. Wir nehmen Gesundheit nicht wahr - der Zustand Gesundheit ist nicht messbar. Gesundheit ist nach Gadamer das Schweigen der Organe. Gesundheit ist die in der Windstille glatt begrenzte Oberfläche eines Bergsees und Krankheit ist die aus der Tiefe aufsteigende Kräuselung der Oberfläche, die sich über größer werdende Kreise über die Oberfläche des Sees fortsetzt, um schließlich wieder in lautlose Ruhe und Stille überzugehen. Bisweilen werden die Wellen aber größer, unbeständiger und schlagen mit Wucht an das Ufer. Alles dies sind raumzeitliche Muster von Krankheitsentwürfen in die Wirklichkeit hinein und selbst der Widerhall eines grenzenlosen schöpferischen Prozesses, der kein Ende finden wird. Krankheiten sind dynamische Musterbildungen des Lebens. Sie sind Leben. Sie können deshalb nicht sinnlos sein, weil sie Schattenwürfe eines grandiosen schöpferischen Ganzen in unsere Daseinsverfassung hinein sind, Schattenwürfe, die auf den Grund und Ursprung aller Erscheinungen verweisen können.

Sehr wohl können aber unsere Wahrnehmung von Krankheiten und unser Umgang mit ihnen unmenschlich und wider die Weisheit des Universums sein. Dies geschieht beispielsweise dann, wenn Eingriffe aus rein kommerziellen Gründen und zudem noch unter einem Risiko für die Patienten durchgeführt werden.

Das grenzenlose evolutive Verströmen der Lebensprozesse in die Mannigfaltigkeit ihrer zeitlichen Gestalten hinein bildet mit den Krankheiten notwendigerweise auch solche zeitlichen Muster heraus, welche Richtung und Form dieser Dynamik ändern, beschleunigen oder aber auch ganz zum Stillstand bringen können – wie ein kreisförmiger Strudel am Grunde eines Wasserfalls, der einen hineingeworfenen Gegenstand nicht mehr freigibt. Die Evolution, oder wer will, das schöpferische Ganze, entwirft sich also in unendlichen Musterbildungen in die Mannigfaltigkeit der raumzeitlichen Formen, darunter notwendigerweise auch in die Krankheiten hinein. Dies gilt von harmlosen Erkältungskrankheiten bis zu den Krankheiten, welche die betroffenen Menschen unter größtem Leiden schließlich niederringen können.

Ärzte sehen sich im Laufe ihres Berufslebens nicht nur einmal, sondern zahlreiche Male mit der Frage konfrontiert: „Warum lässt dies ein Gott zu?"

Eine Antwort darauf könnte lauten: Wenn es einen Gott der Freiheit gibt, wenn es einen grenzenlosen schöpferischen Gott gibt, dann muss er alle Geschichten, auch die Geschichten über Brüche und Zerstörungen, zulassen, denn das Grenzenlose kennt keine Begrenzung.

Wenn es diese göttliche All-Einheit gibt, dann ist sie allen Dingen inhärent und tritt auch in der furchtbarsten Krankheit und im furchtbarsten Leiden vor uns hin und wird deshalb – um des Lebens willen! – für uns zur Aufgabe. Krankheit und Leiden haben in der konkreten Wirklichkeit der Medizin dann einen Sinn, wenn sie vom Anderen, allen voran vom Arzt, teilnehmend wahrgenommen werden, wenn sie die in der Krankheit gebrochene Zeit begradigen, eine verdüsterte Wirklichkeit erhellen, Hoffnung spenden, Schmerzen lindern und in der Teilhabe des Einen mit dem Anderen einen Mehrwert von Mensch schaffen.

Atheisten, Agnostiker mögen die nächsten Sätze überlesen: Würde ein Gott Krankheit und Leiden abschaffen, so hätte auch die Evolution des Lebens im gleichen Moment ein Ende. Das Leben hätte keine Zukunft mehr und Gott hätte sich im gleichen Augenblick als schöpferischen Gott abgeschafft und dieser unendlich freie und offene Gott würde zu einem wortlosen und regungslos über alle Menschen hinweg in eine bodenlose Ferne starrenden Baalsgötzen mutieren.

Es gibt eine Religion, in deren Zentrum diese Hilflosigkeit Gottes verortet ist, der unendlich schöpferisch ist und deswegen unendlich arm. Diese seine Armut machte ihn zum Teilhaber des verletzten, versehrten Menschen.

Medizin ist also Teilhabe an der Krankheit, am Schicksal des Anderen. „Die Krankheit liegt jetzt zwischen den Menschen, ist eines ihrer Verhältnisse und ihrer Begegnungsarte. Hier beginnt die anthropologische Medizin"[359]. Jedes Ich ist auf den Anderen angewiesen. Die Not der Krankheit trennt den Menschen nach v. Weizsäcker vom eigenen Ich. Die „Notphänomene" sind Beziehungstatsachen von Mensch zu Mensch"[360]. Aber aus dieser Teilhabe heraus kann sich Schicksal verwandeln und in neue Formen und Gestalten eintreten, die vom Leben des individuellen Menschen bis in die großen geistes- und kulturgeschichtlichen Räume hineinreichen.

Menschen leben im Bewusstsein, dass sie jederzeit krank werden können und im Bewusstsein, dann auf die Hilfe von anderen angewiesen sein zu müssen. Das Wissen um die schicksalhafte Begrenztheit eigener Existenz begründet das Bewusstsein einer die Welt umspannenden Gemeinschaft aller Menschen. Wir sitzen alle in einem Boot, dies gilt vor allem bei rauem Seegang. So lässt Albert Camus in seinem Buch „Die Pest" während einer Pestepidemie den Rentner Cottard sagen: „Sicher, es geht nicht besser. Aber wenigstens sitzen wir alle im selben Boot. ... Die einzige Art, die Menschen zusammenzubringen, besteht immer noch darin, ihnen die Pest zu schicken ..."[361].

Nach Teilhard de Chardin ist der Mensch die zum Bewusstsein ihrer selbst gelangte Evolution[362]. Materie enthüllt sich uns in einem dauernden Zustand des Werdens aus einem einzigen Urgrund heraus. Alles Existierende weist die Spuren einer allen Formen gemeinsamen und ursprünglichen Imprägnierung in sich. Diese ursprüngliche Gemeinsamkeit tritt zunehmend in den Focus der modernen Wissenschaften, beispielsweise der Systembiologie, der Komplexitätstheorie und anderen. So schreibt Richard Feynman: „Die richtige Antwort muss meines Erachtens natürlich lauten, dass wir die ganze Struktur mit sämtlichen verbindenden Teilen betrachten müssen, dass alle Wissenschaften danach trachten müssen, die Verbindungen zwischen den Hierarchien oder Ebenen herauszufinden; Schönheit mit Geschichte zu verbinden, Geschichte mit der menschlichen Psychologie, die Psychologie wieder mit der Wirkungsweise des Gehirns, das Gehirn mit den Nervenimpulsen ... und so weiter und so fort, von oben nach unten und umgekehrt. Bis jetzt sind wir außerstande ... von einem Ende zum anderen eine durchgehende Linie zu ziehen, denn wir haben diese relative Hierarchie erst seit kurzem in den Blick bekommen ..."[363].

Der Mensch kann sich nicht selbst begründen. Er sucht nach einem Grund, auf dem er seine Existenz verankern kann. Damit sein Leben Bestand haben kann, muss er auf einen Grund vertrauen. Die Wissenschaft kann ihm einen solchen Grund nicht benennen. Sie verweist jedoch auf eine grundlegende Einheit der Wirklichkeit, die ihrem Wesen nach immateriell ist. Das Vertrauen auf einen Grund ist also der geleistete Vorschuss des Menschen, um leben zu können. Dieses Vertrauen erfährt in Krankheit, Versehrtheit und Verfall seine äußerste Bewährung. Es geht um ein Ja des Menschen – vielleicht wider alle Hoffnung und besseres Wissen, ein Ja, das als ursprüngliches Wissen aus dem Urgrund der Existenz eines Menschen aufsteigt oder es geht um ein Nein, das keine Zuflucht mehr lässt. Ein guter Arzt wird seinen Patienten im Endstadium einer bösartigen Erkrankung nicht einer trügerischen Hoffnung auf Heilung überlassen. Ein guter Arzt ist der, dem sein Patient bis zum Schluss vertrauen kann, der für eine unausgesprochene Grundgewissheit steht und diese auf seinen Patienten überträgt. Menschen können nicht als Menschen im Bewusstsein vollkommener Sinnlosigkeit sterben. Medizin kann nur Vertrauen begründen, wenn sie selbst in einer Gewissheit begründet ist, dass jedes Leben seinen eigenen Sinn in sich trägt, einen Sinn, der sich aus dem Sinn des gesamten Universums herleitet. Der Sinn reicht immer weit über jedes Leben hinaus. Dort ist die spirituelle Basis der Medizin begründet.

Der Mensch stellt Fragen an das Dasein und erhält niemals endgültige Antworten. Dies macht die Frag-Würdigkeit menschlicher Existenz aus. Fragwürdigkeit ist aber eine Form der Würdigkeit. Unsere Würde beruht auf der Fähigkeit des Menschen, Fragen stellen zu können, Fragen stellen zu dürfen. Jede Antwort, die wir erhalten, eröffnet neue Räume von neuen Fragen, die auf Antworten warten. Darin liegt unsere Daseinsverlorenheit und gleichzeitig unsere Daseinsgewissheit begründet, weil ohne Fragen keine Vergewisserung entstehen kann. Nur das Vorläufige, das Zeitliche kann wachsen. Das Vollkommene ist zeitlos. Es fragt nicht, es wächst nicht, es muss weder vertrauen, noch hoffen, noch lieben. Das Vollkommene kennt keine Zeit. Krankheiten und das mit ihnen verschwisterte Leiden sind Epiphänomene unserer Zeitlichkeit. In ihrem Durchschreiten erfüllt sich die uns zugemessene Zeit, erzählt das Leben immer neu seine Geschichte. In den Begrenzungen unserer Zeitlichkeit wendet sich der Blick hoch nach dem Unbegrenzten. Diese Sehnsucht ist jedem von uns eingepflanzt. Jede Krankheit und jedes Leiden ist eine Frage an das Unbegrenzte und nicht jede Frage erhält eine Antwort. Die Medizin kann oft keine Antworten geben, aber sie bleibt auch dort anwesend, wo keine Antwort mehr möglich ist. Ihr Beisein ist dann Antwort. Das Christentum sagt, dass alle unsere Fragen nicht in einer sinnlosen Leere verhallen, dass ein Gott sie zu seiner Sache machen würde und dass unsere Wirklichkeit, unsere Angst, unsere Versehrtheit, unser Leiden, auch das Leiden eines Gottes sei. Das Leiden Gottes als letzte Gewissheit des Menschen.

Das, wonach sich der Mensch sehnt, ist die Teilhabe an einer unversehrten Wirklichkeit, die größer ist als er selbst, es ist die Sehnsucht, sein ursprüngliches Selbst über die Brüche seines Lebens hinweg dort zu finden, unabhängig ob ein Mensch Atheist, Agnostiker, Angehöriger einer Religion oder ob er einfach ein Wissenschaftler auf der Suche nach einer einheitlichen Weltformel ist, wo das Größte und das Kleinste vereinigt ist. Es geht um die ewige Suche nach einer für alle Zeiten geltenden Wahrheit als Bezugspunkt für das menschliche Leben, ob es der Kerngehalt einer Religion ist oder die Suche nach der GUT (Grand Unifying Theory), die mit ähnlicher verzehrender Sehnsucht und Inbrunst gesucht wird, wie sie Gläubige in den Klöstern und Bethäusern dieser Welt zur spirituellen Erleuchtung suchen.

Die Sehnsucht des Menschen über die schöpferische Vielheit hinweg zum großen Einen und Umgreifenden vorzudringen vereinigt so genannte gläubige religiöse Menschen mit Agnostikern in Form einer ewigen Philosophie, die von Leibniz als Philosophia Perennis bezeichnet wurde. Diese Philosophia Perennis vereinigte immer eine große Zahl von Geistesgrößen: Von Plato, Spinoza, Schopenhauer, C. G. Jung, William James, A. Huxley bis Einstein[364]. Eine kritische Beurteilung dieser Philosophie steht mir mangels Kompetenz nicht zu.

Für die Medizin einzufordern ist aber die Verbindung von wissenschaftlicher Empirie und einer von religiösem Dogmatismus gereinigten Spiritualität und Religiosität, so wie sie von Albert Einstein bezeichnet wurde: „Das tiefste und erhabenste Gefühl, dessen wir fähig sind, ist das Erlebnis des Mystischen. Aus ihm keimt alle wahre Wissenschaft. Wem dieses Gefühl fremd ist, wer sich nicht mehr wundern und in Ehrfurcht verlieren kann, der ist bereits tot. Das Wissen darum, dass das Unerforschliche wirklich existiert und dass es sich als höchste Wahrheit und strahlendste Schönheit offenbart, wovon wir nur eine dumpfe Ahnung haben können – dieses Wissen und diese Ahnung sind der Kern aller wahren Religiosität. In diesem Sinne und in diesem allein, zähle ich mich zu den echt religiösen Menschen"[365].

Die moderne Medizin muss sich aus dem Gefängnis einer distanzierten ausschließlich objektivierenden Betrachtung von Krankheiten, aus einer Distanz zum Patienten befreien. Es gilt, nicht weiter dieser optischen Täuschung verfallen zu sein, es gilt vielmehr, der Täuschung des Getrenntseins zu entkommen, wie es Albert Einstein für den Bereich der Naturwissenschaft so kennzeichnete: „Ein menschliches Wesen ist Teil des Ganzen, das wir „Universum" nennen, ein in Raum und Zeit begrenzter Teil. Es erfährt sich selbst, seine Gedanken und Gefühle als etwas von allem anderen Getrenntes – eine Art optische Täuschung seines Bewusstseins. Diese Täuschung ist für uns eine Art von Gefängnis, das uns auf unser persönliches Verlangen und unsere Zuneigung für einige wenige uns nahestehende Personen beschränkt. Unsere Aufgabe muss es sein, uns aus diesem Gefängnis zu befreien"[366].

Wenn das Absolute also wirklich eine integrale Ganzheit, wenn es zugleich Teil und Gesamtheit von allem ist, dann ist es auch in allen Menschen vollständig enthalten. Menschen haben die Fähigkeit, diese Ganzheit zu erkennen[367].

Die moderne Medizin ist also auf der Suche nach sich selbst. „Tat Tvam Asi" (Sanskrit). Du bist, was Du suchst[368].

Leben ist ein in eine temporäre raumzeitliche Form gebrachter Prozess, ein Prozess dauernder Entwicklung, immer unvollständig, immer unfertig und gerade deswegen grandios. Das menschliche Leben weiß um seine Verletzlichkeit und Vorläufigkeit. Menschliches Leben ist Unterwegs-Sein in andauernder Menschwerdung. Somit ist die Geschichte der Menschheit auch eine Geschichte der Mühsal, des Scheiterns und der Sehnsucht nach Heilung und auch ein Schrei nach einem Gott, nirgendwo besser dargestellt als im biblischen Sündenfall und die Vertreibung des Menschen in seine Zeitlichkeit hinein. Diese Vertreibung apostrophierte Kafka in seinen Notizen zwischen den Jahren 1917 und 1918 gar als ein „Wüten Gottes gegen die Menschenfamilie". Zeitlichkeit bedeutet Endlichkeit, bedeutet Krankheit, bedeutet Schuld. Und so essen die Menschen seit allen Zeiten ein bitteres Brot. Das Sterben von Kindern im Krankenhaus an einem bösartigen Tumor ist unerträglich, es ist bodenlos, ich habe es erlebt und es ist kein Wort. Und deshalb lässt Camus in seinem Roman „Die Pest" an einer Stelle den Arzt Dr. Rieux zu Pater Panelox sagen: „Ich habe eine andere Vorstellung von der Liebe und ich werde mich bis in den Tod weigern, diese Schöpfung zu lieben, in der Kinder gemartert werden". Diese Vorstellung ist für Menschen nur dann erträglich, wenn ein Gott, der diese Schöpfung erschuf, den gleichen Tod stirbt, wie jenes Kind von sechs Jahren, dem der Würgeengel das Gliom brachte.

Man muss dann schweigen, wenn die aufkommende Nacht die Vorhänge zuzieht. Der Humanist Settembrini sagte es so in Thomas Manns „Zauberberg". „Sprechen Sie mir nicht von der „Vergeistigung" die durch die Krankheit hervorgebracht werden kann, um Gottes willen, tun Sie es nicht! Eine Seele ohne Körper ist so unmenschlich und entsetzlich wie ein Körper ohne Seele. ... In der Regel ist es der Körper, der überwuchert, der alle Wichtigkeit, alles Leben an sich reißt und aufs Widerwärtigste emanzipiert. Ein Mensch, der als Kranker lebt, ist nur Körper, das ist das Widermenschlichste und Erniedrigste"[369].

Wir Menschen zahlen für unsere Erkenntnisfähigkeit einen Preis, der vielleicht so hoch ist wie der Preis des gesamten Universums.

Vielleicht ist das Zulassen eines Geistes des Universums die größte Klage, aber auch die größte Freiheit der Menschheit.

Der Zauber beginnt im Wissen. Das Wissen bestimmt die Welt.

„Wir sitzen alle in einem Boot".

Literatur

1. Prigogine, I.: What ist Entropy? Naturwissenschaften 1989, 76:1-8.
2. Cramer, F.: Chaos und Ordnung. Insel 1993, S. 31.
3. Harrison, E. R.: Kosmologie. Die Wissenschaft vom Universum. Darmstadt 1983.
4. Harrison, E. R., zit. nach F. Cramer, F.: Der Zeitbaum. Insel-Verlag 1993, S. 54.
5. Prigogine, I., Stengers, I: Dialog mit der Natur. Neue Wege naturwissenschaftlichen Denkens. Piper-Verlag München, 1986, 5. Auflage, S. 311. Prigogine, I.: Vom Sein zum Werden. Zeit und Komplexität in den Naturwissenschaften. Piper-Verlag München, 1980, 2. Aufl..
6. Penzlin, H.: Das Phänomen Leben. Grundfragen der Theoretischen Biologie. Springer Spektrum 2014, S. 160.
7. Penzlin, H., a.a.O., S. 160.
8. Ebeling, W., Freistel, R.: Physik der Selbstorganisation und Evolution. Akademie-Verlag Berlin 1982, S. 82.
9. Penzlin, H., a.a.O., S. 164.
10. Ebeling, W.: Chaos-Ordnung-Information. Deutsch Taschenbücher-Verlag Harry Deutsch Thun, Frankfurt am Main 1991; S. 16.
11. Zitiert nach Penzlin, H., a.a.O., S. 161.
12. Callois, R.: La dissymètrie. In: Cohèrences adventuresses. Paris 1973, S. 198.
13. Ebeling, W.: Chaos-Ordnung-Information, a.a.O., S. 17.
14. Ebeling, W., a.a.O., S. 42-43.
15. Cramer, F.: Chaos und Ordnung. Insel-Verlag 1993, S. 229.
16. Jantsch, E.: Die Selbstorganisation des Universums. München 1982, S. 34f.
17. Prigogine, I. zitiert nach Penzlin, H., 1947, S. 165.
18. Cramer, F.: Chaos und Ordnung, Insel Verlag (1993), S. 158.
19. Poincaré, H.: Les méthodes nouvelles de la mécanique céleste. Paris (1892). Zitiert nach Cramer, F.: Chaos und Ordnung, Insel-Verlag 1993, S. 159.
20. Lorenz, E. N.: Deterministic Nonperiodic Flow. J. Atmos. Sci 20 (1963), S. 130.
21. Mandelbrot, B. B.: Towards a Second Stage of Indeterminism in Science. Interdisc. Science Rev. 12, 1987, S. 117-127. Mandelbrot, B. B.: Les Objects Fractals. Paris (1975), Mandelbrot, B. B.: The Fractal Geometry of Nature. San Francisco 1982.
22. Dörner, Zellproliferation und Tumorwachstum. In: Wilmanns, W., Huhn, D., Wilms, K.: Internistische Onkologie. Thieme-Verlag (2000), S. 93-100.
23. Wagener, Ch.: Molekulare Onkologie: Entstehung und Progression maligner Tumoren. Thieme-Verlag Stuttgart (1999), 2. Aufl., S. 117.
24. Lemmer, B.: Zirkadiane Rhythmen und klinische Pharmakologie. Internist (2004), 45:1006-1020.
25. Lemmer, B., Bjarnason, G. A., Jordan, R. C., Wood, P. A. et al.: Circadian expression of clock genes in human oral mucosa and skin: Association with specific cell-cycle phases. Am J Pathol (2001): 158:1793-1801.
26. Aschoff, J.: Gesetzmäßigkeiten der biologischen Tagesperiodik. Dtsch Med Wochenschr (1963): 88:1939. Aschoff, J.: Circadian clocks. North-Holland Publ Comp, Amsterdam (1965): Lit Gross, S. 28, S. 50-53.
27. Schultes, H., Fehm, H. L.: Zirkadiane Rhythmen in der Endokrinologie. Internist (2004), 45:983-993.
28. Schultes, B., Fehm, H. K.: Zirkadiane Rhythmen in der Endokrinologie. Internist (2004), 45:983-993.
29. Seeman, T. E., McEwen, B. S., Singer, B. H., Albert, M. S.: Increase in urinary cortisol excretion a memory declines. McArthur Studies of successful aging. J Clin Endocrinol Etab (1979), 82:2458-2465.
30. Schultes, et al., a.a.O.
31. Schrader, J., Gödecke, A., Kelm, M.: Das Herz. In: Pape, H.-Ch., Kurtz, A., Silbernagl, S.: Physiologie. Thieme-Verlag (2014), S. 171-212.
32. Pape, H.-Ch., Kurtz, A., Silbernagl, S.: Physiologie. Thieme-Verlag (2014), S. 171-212.
33. Ehmke, H.: Das Kreislaufsystem: In: Pape, H-Ch., Kurtz, A., Silbernagl, S.: Physiologie. Thieme-Verlag (2014), S. 214-265.

34 Haken, H.: Erfolgsgeheimnisse der Natur. Synergetik: Die Lehre vom Zusammenwirken. Rowohlt-Verlag (1995). Haken, H., Haken-Krell, M.: Entstehung von biologischer Information und Ordnung. Wissenschaftliche Buchgesellschaft (1989).
35 Cannon, W.: Organization for Physiological Homeostasis. Physiological Review (1929): 9:399-443.
36 Burckhardt, G.: Säure-Basenhaushalt. In: Pape, H. et al. (2014), S. 366-378.
37 Geckle, M., Singer, D.: Wärmehaushalt und Temperaturregulation. In: Pape, H. et al. (2014), S. 567-582.
38 Oser, E.: Der Informationsbegriff in der Philosophie und in der Wissenschaftstheorie. In: Folberth, G., Hackl, C.: Der Informationsbegriff in Technik und Wissenschaft. R. Oldenbourg-Verlag München-Wien (1986), S. 231-256.
39 Penzlin, H.: Das Phänomen Leben. Springer Spektrum-Verlag Heidelberg (2014), S. 273.
40 Weizsäcker v., Carl Friedrich: Die Einheit der Natur. Dt. Taschenbuch-Verlag (1981), 4. Auflage, S. 184.
41 Zit. Nach: Cattermole, Kenneth W.: Statistische Analyse und Struktur von Information. VCB-Verlagsgesellschaft (1988), S. 195-200.
42 Schrödinger, E.: Was ist Leben? Piper Verlag München Zürich (1989) S. 120-133.
43 Schrödinger, E.: Was ist Leben? Piper-Verlag München-Zürich (1989), S. 130.
44 Folberth, G., Hackl, C.: Der Informationsbegriff in Technik und Wissenschaft. R. Oldenbourg-Verlag München-Wien (1986), S. 101.
45 Zitiert nach Ganshorn, K.: Information, Strukturen und Ordnungsprinzipien. In: Folberth, a.a.O., S. 105-125.
46 Penzlin, H.: Das Phänomen Leben. Springer Spektrum-Verlag Heidelberg (2014), S. 278.
47 Shannon, C. E., Weaver, W.: The mathematical theory of communication. Univ. Illinois Press (1949) Urbana. Shannon, C. E., Weaver, W.: Mathematische Grundlagen der Informationstheorie. Oldenbourg-Verlag München (1976), S. 8, 18.
48 Folberth, O. G., Hackl, C., Zemanek, H.: Information und Ingenieurwissenschaft, S. 40.
49 Folberth, O. G., Hackl, C., a.a.O., S. 40.
50 Folberth, O. G., Hackl, C., a.a.O., S. 40.
51 Folberth, O. G., Hackl, C., a.a.O., S. 42.
52 Folberth, O. G., Hackl, C., a.a.O., S. 42.
53 Folberth, O. G., Hackl, C., a.a.O., S. 44.
54 Weizsäcker, v., C. F.: Die Einheit der Natur. Dtv Wissenschaft (1995), S. 347.
55 Weizsäcker, v., C. F.: Die Einheit der Natur. Dtv Wissenschaft (1995), S. 348.
56 Weizsäcker, v., C. F.: Die Einheit der Natur. Dtv Wissenschaft (1995), S. 348.
57 Brillouin, L.: Maxwell's Demon cannot operate: Information and Entropy. I. J Appl Phys (1951): 22.334-337 (Science and information theory. 2nd ed. Academic Press Inc. New York (1971).
58 Demers, P.: Les dèmons de Maxwell et le second principle de la thermodynamique. Cand J Research (1944): A 22:27.
59 Wiener, N.: Cybernetics of control and communication in the animal and the machine. Massachusetts Institute of Technology, Cambridge (1948).
60 Weizsäcker, v., C. F.: Die Einheit der Natur. Dtv Wissenschaft (1995), S. 348.
61 Weizsäcker, v., C. F.: Die Einheit der Natur. Dtv Wissenschaft (1995), S. 348.
62 Folberth, O. G., Hackl, C., a.a.O., S. 98.
63 Gierer, A.: Die gedachte Natur. Rororo (1998), S. 21-23.
64 Küppers, B. O.: Molekulare Selbstorganisation um die Entstehung biologischer Information. In: Folberth, O. G., Hackl, C., a.a.O., S. 181. Eigen, M.: Self-organization of matter and the evolution of biological macromolecules. Naturwissenschaften 58 (1971): S. 465. Eigen, M., Schuster, P.: The Hypercycle. Heidelberg, Springer (1979). Küppers, B. O.: Molecular Theory of Evolution. 2nd ed. Heidelberg, Springer (1985).
65 Küppers, B. O.: Molecular Theory of Evolution. 2nd ed Heidelberg, Springer (1985): S. 82.
66 Polanyi, M.: Life transcending physics and chemistry. Chemical Engineering News (1967), S. 45, 56. Küppers, B. O.: Molekulare Selbstorganisation und die Entstehung von biologischer Information. In: Folberth, O. G., Hackl, C., a.a.O., S. 181-203.
67 Küppers, B. O.: Molekulare Selbstorganisation und die Entstehung von biologischer Information. In: Folberth, O. G., Hackl, C., a.a.O., S. 193.
68 Küppers, B. O.: Molekulare Selbstorganisation und die Entstehung von biologischer Information. In: Folberth, O. G., Hackl, C., a.a.O., S. 193.

69 Oeser, E.: Der Informationsbegriff in der Philosophie und der Wissenschaftstheorie. In: Folberth, O. G., Hackl, C., a.a.O., S. 231.
70 Oeser, E.: Der Informationsbegriff in der Philosophie und der Wissenschaftstheorie. In: Folberth, O. G., Hackl, C., a.a.O., S. 234.
71 Oeser, E.: Begriff und Systematik der Abstraktion. Wien-München, Oldenbourg-Verlag (1969), S. 134.
72 Oeser, E.: Der Informationsbegriff in der Philosophie und der Wissenschaftstheorie. In: Folberth, O. G., Hackl, C., a.a.O., S. 236.
73 Eigen, M.: Evolution und Zeitlichkeit. In: Die Zeit. München-Wien-Oldenbourg (1983), S. 35 ff.
74 Baer von, C. E.: Welche Auffassung der lebenden Natur ist die richtige? (1837). Neudruck u.a. in Loerke, O. und Suhrkamp, P- (Hrsg.): Deutscher Geist. Ein Lesebuch aus zwei Jahrhunderten. Berlin, Frankfurt, Suhrkamp-Verlag (1959).
75 Oeser, E.: Der Informationsbegriff in der Philosophie und der Wissenschaftstheorie. In: Folberth, O. G., Hackl, C., a.a.O., S. 238.
76 Weizsäcker, v., C. F.: Die Einheit der Natur. Dtv Wissenschaft (1995), S. 351.
77 Oeser, E.: Der Informationsbegriff in der Philosophie und der Wissenschaftstheorie. In: Folberth, O. G., Hackl, C., a.a.O., S. 240.
78 Oeser, E.: Der Informationsbegriff in der Philosophie und der Wissenschaftstheorie. In: Folberth, O. G., Hackl, C., a.a.O., S. 243.
79 Penzlin, H.: Das Phänomen Leben. Grundfragen der Theoretischen Biologie. Springer Spektrum 2014, S. 244-245.
80 Zitiert nach: Ernst, H.: Grundlagen und Konzepte der Informatik. Vieweg Verlag (2000), S. 58.
81 Pfützner, H.: Angewandte Biophysik. 2. Aufl., Springer-Verlag, Wien-New York (2012), S. 36-37.
82 Saenger, W.: Erkennen in der Biologie. In: Erkennen als geistiger molekularer Prozess. VCH-Verlag Weinheim (1991), S. 137.
83 Jablonka, E.: Information: Its Interpretation, its inheritance, and is sharing. Philosophy of Science (2002): 69:578-606.
84 Penzlin, S.: Das Phänomen Leben. Springer Spektrum-Verlag Heidelberg (2014), S. 286.
85 Penzlin, S.: Das Phänomen Leben. Springer Spektrum-Verlag Heidelberg (2014), S. 289.
86 Pierce, K. L., Premont, R. T., Lefkowitz, R. J.: Seven transmembrane receptors. Nat Rev Mol Cell Biol (2002): 3:639-650.
87 Schlesinger, J.: Cell signaling by receptor tyrosine kinases. (2000): Cell 103:211-225.
88 Penzlin, S.: Das Phänomen Leben. Springer Spektrum-Verlag Heidelberg (2014), S. 292.
89 Schrödinger, E.: Was ist Leben? Die lebende Zeit mit den Augen des Physikers betrachtet. Leo Lehnen Verlag München, 2. Aufl., (1952), Piper Verlag München Zürich (1989) S.120-130.
90 Hanahan, D., Weinberg, R. A.: The hallmarks of cancer. Cell (2000). 100:57-70.
91 Wagener, Ch., Müller, O.: Molekulare Onkologie. Thieme Verlag (2010).
92 Moore, K. A., Lemischka, I. R.: Stem cells and their niches. Science: 311:1880-1885.
93 Wagener, Ch., Müller, O.: Molekulare Onkologie. Thieme Verlag (2010).
94 Al-Hajj, M., Wicha, M. S., Benito-Hernandez, A. et al.: Prospective identification of tumorigenic breast cancer cells. Proc Nati Acad Sci USA (2003), 100:3983-3988.
95 Hausen zur, H.: Infections causing human cancer. Weinheim (2006a), Wiley-VCH.
96 Wagener, Ch., Müller, O.: Molekulare Onkologie. Thieme Verlag (2010).
97 Wagener, Ch.: Molekulare Onkologie. Thieme Verlag (1999), Seite 89.
98 Wilmanns, W., Huhn, D., Wilms, K.: Internistische Onkologie. Thieme-Verlag (2000), S. 335-339.
99 Dörner, P.: Zellproliferation und Tumorwachstum. In: Wilmanns, W., Huhn, D., Wilms, K.: Internistische Onkologie. Thieme Verlag (2000), S. 93-101.
100 Nowell, P. C.: The clonal evolution of tumor cell populations. Science (1976), 194:23-28.
101 Fearon, E. R., Vogelstein, B.: A genetic model for colorectal tumorigenesis. Cell 61 (1990): S. 759. Fearon, E. R., Hamilton, S. R., Vogelstein, B.: Clonal analysis of colorectal tumors. Science 238 (1987), S. 193.
102 Petrides, P. E.: Molekulare Grundlagen in der Onkologie. In: Wilmanns, W. et al. Internistische Onkologie. Thieme-Verlag (2000), S. 86-88.
103 Hanahan, D. et al.: Hallmarks of cancer. Cell (2011). 144(5):646-74.
104 Hatina, J., Kripnerova, M., Sramek, J., Dvorak, P. et al.: Tumor-Stroma-Interaktionen beim Harnblasenkarzinom. Urologe (2015), 54:516-525.
105 Bhowmick, N. A., Moses, H. L.: Tumor-Stroma-Interactions. Curr Opin Genet Dev (2005), 15:97-101.

106 Dvorac, H. F.: Rous-Whipple Award Lecture. How tumors make bad blood vessels and stroma. Am J Pathol (2003): 162(6):1747-57.
107 Dvorac, H. G.: Tumors: Wounds that do not heal. Similarities between tumor stroma generation and wound healing. N Engl J Med (1986), 315(26): 1650-9.
108 Carswell, E. A., Old, L. J., Kassel, R. L. et al.: An endotoxin-induced serum factor that causes necrosis of tumors. Proc Nat Acad Sci USA (1975): 72:366-370.
109 Bastian, H., Burmester, G.-R.: Spielt TNF in der Pathogenese von soliden Tumoren eine Rolle? Z Rheumatol (2010), 69:483-485.
110 Balwill, F. et al.: Tumor necrosis factor and cancer. Nat Rev Caner (2009), 9:361-371.
111 Erez, N., Truitt, M., Olsen, P. et al.: Cancer associated fibroblasts are activated in incipient neoplasia to orchestrate tumor promoting inflammation in a NF-kappa-dependent manner. Cancer Cell (2010), 17:135-147.
112 Wilmanns, W., Huhn, D., Wilms, K.: Internistische Onkologie. Thieme-Verlag (2000), S. 311.
113 Wilmanns, W., Huhn, D., Wilms, K.: Internistische Onkologie. Thieme-Verlag (2000), S. 315-318.
114 Petrides, P. E.: Molekulare Grundlagen in der Onkologie. In: Wilmanns, W. et al. Internistische Onkologie. Thieme-Verlag (2000), S. 90.
115 Wilmanns, W., Huhn, D., Wilms, K.: Internistische Onkologie. Thieme-Verlag (2000), S. 300.
116 Wilmanns, W., Huhn, D., Wilms, K.: Internistische Onkologie. Thieme-Verlag (2000), S. 301.
117 Wilmanns, W., Huhn, D., Wilms, K.: Internistische Onkologie. Thieme-Verlag (2000), S. 303.
118 Wilmanns, W., Huhn, D., Wilms, K.: Internistische Onkologie. Thieme-Verlag (2000), S. 302.
119 Riede, U.-N., Werner, M., Eckhardt, H., Schäfer, H. E.: Allgemeine und spezielle Pathologie. Georg Thieme Verlag, Stuttgart (2004), S. 200.
120 Riede, U.-N., Werner, M., Eckhardt, H., Schäfer, H. E.: Allgemeine und spezielle Pathologie. Georg Thieme Verlag, Stuttgart (2004), S. 200.
121 Riede, U.-N., Werner, M., Eckhardt, H., Schäfer, H. E.: Allgemeine und spezielle Pathologie. Georg Thieme Verlag, Stuttgart (2004), S. 200.
122 Medzithov, R.: Orgin and physiological roles of inflammation. (2008). Nature 454:428-435.
123 Serhan, C. N., Savill, J.: Resolution of inflammation: the beginning programs the end. (2005), Nat Immunol 6:1191-1197.
124 Holzinger, D., Föll, D.: Biomarker für chronisch-entzündliche Erkrankungen. (2015). Monatsschr Kinderheilkd., S. 381-391.
125 Barton, G. M.: A calculated response control of inflammation by the innate immune system. (2008). J Clin Invest 118:413-420.
126 Oberholzer, M. J.: Pathologie verstehen. Molekulare Grundlagen der allgemeinen Pathologie. Thieme-Verlag Stuttgart-New York (2000), S. 39-40.
127 Oberholzer, M. J.: Pathologie verstehen. Molekulare Grundlagen der allgemeinen Pathologie. Thieme-Verlag Stuttgart-New York (2000), S. 43.
128 Luscinskas, F. W., Ma, S., Nustdrat, A. et al.: Leukocyte transendothelial migration: a junctional affair. (2002). Semin Immunol 14:105-113; Hauck, C. R.: Cell adhesion receptors-signaling capacity and exploitation by bacterial pathogens. (2002). Med Microbiol Immuno 191:55-62.
129 Antigenpräsentierende Zellen, antigen presenting cells, APC, sind darauf spezialisiert, mikrobielle Strukturen aufzunehmen und Abbaufragmente von mikrobiellen Strukturen zusammen mit speziellen MHC-II-Molekülen auf ihrer Zelloberfläche so zu präsentieren, dass sie vom Rezeptor der T-Zellen erkannt werden können.
130 Griechisch: phagein = fressen). Ein energieabhängiger Prozess der Aufnahme von Partikeln > 250 nm in die Zelle. Die aufgenommenen Partikel gelangten in die Phagosomen, in denen sie durch Hydrolasen verdaut werden.
131 Neumann, J.: Immunologie. Springer (2008), S. 25.
132 Schütt, C., Bröcker, B.: Grundwissen Immunologie. Spektrum (2009), S. 3.
133 Nach der Entdeckung von Antikörpern durch Emil von Behring (1854-1917) wurden Substanzen, die von Antikörpern gebunden werden konnten, als Antigene bezeichnet. Antigene sind also Substanzen, die eine Immunantwort auslösen können.
134 Erkennen wird nach naturwissenschaftlicher Auffassung als die Bindung von zwei Partnern nach dem Schlüssel-Schloss-Prinzip verstanden.
135 Kirchner, H., Kruse, A., Neustock, P., Rink, L.: Cytokine und Interferone. Spektrum Heidelberg-Berlin-Oxford (1994): S. 13-14.

136 Penn, D. J.: Major Histocompatibility Complex (MHC). Nature encyclopedia of life sciences. (2005), p. 1-8.
137 Dentritische Zellen sind ein System von antigenpräsentierenden Zellen. Typisch für diesen Zelltyp sind zahlreiche Ausläufer bzw. Verzweigungen des Zellleibes, worauf der Begriff Dentriten aus dem Lateinischen von „dendricus, verzweigt" hinweist.
138 Neumann, J.: Immunologie. Springer-Verlag (2008), S. 29.
139 Lanzavecchia, A., Sallusto, F.: Toll-like receptors and innate immunity in B-cell activation and antibody responses. (2007). Curr Opin Immunol 19:268-274. O'Neill, L. A., Bowie, A. G.: The family of five: TIR-domain-containing adaptors in Toll-like receptor signaling. (2007). Nat Rev Immunol 7:353-364.
140 Neumann, J.: Immunologie. Springer-Verlag (2008), S. 39.
141 Schütt, Ch., Bröker, B.: Grundwissen Immunologie. Springer-Verlag (2009), S. 34.
142 Neumann, J.: Immunologie. Springer-Verlag (2008), S. 36.
143 Schütt, Ch., Bröker, B.: Grundwissen Immunologie. Springer-Verlag (2009), S. 13.
144 Silverthorn, D. U.: Physiologie (2009), 4. Aufl., Verlag Pearson Studium München, Boston, San Francisco, Harlow, Ontario, Sydney, Madrid, Amsterdam, S. 24.
145 Neumann, J.: Immunologie. Springer-Verlag (2008), S. 51. Sager, W.: Erkennen in der Biologie. In: Cramer, F.: Erkennen als geistiger und molekularer Prozess. VCH Verlagsgesellschaft Weinheim (1991), S. 49-51.
146 Cramer, F.: Erkennen als geistiger und molekularer Prozess. VCH Verlagsgesellschaft Weinheim (1991), S. 151-152.
147 Lat. „humor" = Feuchtigkeit, humorale Immunreaktion bedeutet eine über die nicht zellulären Bestandteile vermittelte Immunreaktion.
148 Silverthorn, D. U.: Physiologie (2009), 4. Aufl., Verlag Pearson Studium München, Boston, San Francisco, Harlow, Ontario, Sydney, Madrid, Amsterdam, S. 1125.
149 Neumann, J.: Immunologie. Springer-Verlag (2008), S. 60.
150 Neumann, J.: Immunologie. Springer-Verlag (2008), S. 138.
151 Neumann, J.: Immunologie. Springer-Verlag (2008), S. 138-142.
152 Kauffman, S. A.: „Was ist Leben?" – Hatte Schrödinger recht? In: Murphy, M. P. et al.: Was ist leben? Die Zukunft der Biologie. Spektrum (1999), S. 99-133.
153 Kauffman, S. A.: Cellular Homeostasis, Epigenesis and Replication in Randomly Aggregated Macromolecular Systems. In: Journal of Cybernetics 1 (1971), S. 71. Kauffman, S. A.: Emergent Properties in Random Complex Automata. In: Physica 10D (1984), S. 145-156. Kauffman, S. A.: The Origins of Order: Self Organisation and Selection in Evolution. New York (1993.
154 Cramer, F.: Erkennen als geistiger und molekularer Prozess. VCH Verlagsgesellschaft Weinheim (1991), S. 147-159.
155 In Wirklichkeit kann man bei Elementarteilchen nicht von „Bahnen" im umgangssprachlichen Sinne sprechen. Im mathematischen Formalismus der Quantenphysik handelt es sich um „Aufenthaltswahrscheinlichkeiten".
156 Al-Khalili, J., McFadden, J.: Der Quantenbeat des Lebens. Ullstein-Verlag (2015), S. 9.
157 Jordan, P.: Die Quantenmechanik und die Grundprobleme der Biologie und Psychologie. Die Naturwissenschaften (1932), Bd. 20, S. 815-821.
158 Al-Khalili, J., McFadden, J.: Der Quantenbeat des Lebens. Ullstein-Verlag (2015), S. 70.
159 Emlen, S. T., Wiltschko, W., Demong, N. J., Wiltschko, R., Bergman, S.: Magnetic direction finding evidence for its use in migratory indigo buntings. Science (1976), Bd. 133, S. 505-508.
160 Ritz, T., Adem, S, Schulte, K.: A model for photoreceptor-based magnetoreception in birds. Biophysical Journal (2000), Bd. 78:2, S. 707-718.
161 Ritz, T., Thalau, P., Philips, J., Wiltschko, R, Wiltschko, W.: Resonance effects indicate a radical-pair mechanism for avian magnetic compass. Nature (2004), Bd. 429, S. 177-180.
162 Al-Khalili, J., McFadden, J.: Der Quantenbeat des Lebens. Ullstein-Verlag (2015), S. 238.
163 Joos, E., Zehn, H. D., Kiefer, C., Giulini, S. et al.: Decoherence and the Appearance of a Classical World in Quantum Theory. Springer-Verlag, Berlin (2003), 2. Aufl.
164 Gauger, E. M., Rieper, E., Morton, J. J., Benjamin, S. C., Vedral, V.: Sustained quantum coherence and entanglement in the avian compass. Physical Review Letters (2011), 106, 040503.
165 Al-Khalili, J., McFadden, J.: Der Quantenbeat des Lebens. Ullstein-Verlag (2015), S. 153.
166 Engel, G. S., Calhoun, T. R., Read, E. L., Ahn, T. K., Cheng, Y. C., Blankenship, R. E., Fleming, G. R.: Evidence for wavelike energy transfer through quantum coherence in photosynthetic systems. Nature (2007), Bd. 446, S. 782-786.

167 Collini, E., Collini, C., Wong, C., Wilk, K. E., Scholes, G. D.: Coherently wired light-harvesting in photosynthetic marine algae at ambient temperature (2010), Bd. 4463, S. 644-647.
168 Alberts, B., Bray, D., Johnson, A. et al.: Lehrbuch der Molekularen Zellbiologie. (2001), 2. Aufl., Wiley-VCH Weinheim-New York, S. 453-455.
169 Alberts, B., Bray, D., Johnson, A. et al.: Lehrbuch der Molekularen Zellbiologie. (2001), 2. Aufl., Wiley-VCH Weinheim-New York, S. 458.
170 DeVault, D., Chance, B.: Studies of photosynthesis using a pulsed laser: I. Temperature dependence of cytochrome oxidation rate in chromatium. Evidence for tunneling. BioPhysics (1966), Bd. 6, S. 825.
171 Hopfield, J. J.: Electron transfer between biological molecules by thermally activated tunneling. Proceedings of the National Academy of Sciences. (1964), Bd. 71, S. 3640-3644.
172 Al-Khalili, J., McFadden, J.: Der Quantenbeat des Lebens. Ullstein-Verlag (2015), S. 112.
173 Cha, Y., Murray, C. J., Klinman, J.: Hydrogen tunneling in enzyme reactions. Science (1989), Bd: 243 3896, S. 1325-1330.
174 Al-Khalili, J., McFadden, J.: Der Quantenbeat des Lebens. Ullstein-Verlag (2015), S. 114.
175 Sackmann, E., Merkel, R.: Lehrbuch der Biophysik. Wiley VCH-Verlag (2010), S. 131-132.
176 Al-Khalili, J., McFadden, J.: Der Quantenbeat des Lebens. Ullstein-Verlag (2015), S. 265-266.
177 Wang, W., Hellinga, H. W., Beese, L. S.: Structural evidence for the rare tautomer hypothesis of spontaneous mutagenesis, Proceeding of the National Academy of Sciences, (2011), Bd. 108.43, S. 17644-17648.
178 Mandelbrot, B.: The fractal Geometry of Nature. San Francisco, Freeman (1982), dt. bei Birkhäuser, Basel.
179 Misra, B., Sudarshan, G.: The Zeno paradox in quantum theory. Journal of Mathematical Physics. (1977), Bd. 18, S. 746.
180 Pearson, H.: Genetics. What is a Gene?" Nature (2006), Bd. 441, S. 399.
181 Sober, E., Lewontin, R. C.: Antifact, cause and genetic selection. Philosophy of Science (1982), 49:157-180. Walton, D.: The units of selection and the bases of selection. Philosophy of Science (1991). 58:417-435.
182 Rheinberger, H. J., Müller-Wille, S.: Vererbung und Kultur eines biologischen Konzepts. Fischer Taschenbuch Verlag Frankfurt (2009), S. 259.
183 Penzlin, H.: Das Phänomen Leben. Grundfragen der Theoretischen Biologie. Springer Spektrum 2014, S. 334-335.
184 Shapiro, J. A.: Revisting the central dogma in den 21st century. Ann NY Acad Sci (2009). 1178:6-28.
185 Deppert, W., Kliemt, H., Lohoff, B., Schaefer, J.: Wissenschaftstheorien in der Medizin. Walter de Gruyter Verlag Berlin (1992), S. 68-70.
186 Kant, I.: Werke, Bd. 10: Kritik der Urteilskraft, Frankfurt a. M. (1969). S. 485.
187 Maturana, H. L.: Erkennen: Die Organisation und Verkörperung von Wirklichkeit. Braunschweig/Wiesbaden (1974), S. 35.
188 Schrödinger, E.: Was ist leben? Die lebende Zelle mit den Augen des Physikers betrachtet. Leo Lehen Verlag München (1952), 2. Aufl., S. 99.
189 Heisenberg, W.: Physik und Philosophie. Hirzel-Verlag Stuttgart (1959). S. 90.
190 Chaitin, G. J.: Randomness and Mathematical Proof. Scientific American (19975), S. 47+52. Cramer, F.: Chaos und Ordnung. Insel-Taschenbuch 1496 (1993). S. 275-281.
191 Popper, K.: Das Elend des Historzismus. Tübingen (1974).
192 Küppers, B. O.: Molekulare Selbstorganisation und die Entstehung biologischer Information. In: O. G. Folberth und C. Hackl: Der Informationsbegriff in Technik und Wissenschaft. Oldenbourg-Verlag München-Wien (1986). S. 185.
193 Wigner, E.: The Probability of the Existence of a Self-Reproducing Unit. In: The Logic of Personal Knowledge: Essays in Honor of Michael Polanyi. London: Routledge ad Kegan Paul (1961).
194 Penzlin, H.: Das Phänomen Leben. Grundfragen der Theoretischen Biologie. Springer Spektrum 2014, S. 236.
195 Monod, J.: Zufall und Notwendigkeit. Piper-Verlag München (1971).
196 Küppers, B. O.: Molekulare Selbstorganisation um die Entstehung biologischer Information. In: Folberth, O. G., Hackl, C., a.a.O., S. 181. Eigen, M.: Self-organization of matter and the evolution of biological macromolecules. Naturwissenschaften 58 (1971): S. 187.

197 Küppers, B. O.: Molekulare Selbstorganisation um die Entstehung biologischer Information. In: Folberth, O. G., Hackl, C., a.a.O., S. 181. Eigen, M.: Self-organization of matter and the evolution of biological macromolecules. Naturwissenschaften 58 (1971): S. 187.

198 Küppers, B. O.: Molekulare Selbstorganisation um die Entstehung biologischer Information. In: Folberth, O. G., Hackl, C., a.a.O., S. 181. Eigen, M.: Self-organization of matter and the evolution of biological macromolecules. Naturwissenschaften 58 (1971): S. 187.

199 Schrödinger, E.: Was ist leben? Die lebende Zelle mit den Augen des Physikers betrachtet. Leo Lehen Verlag München (1952), 2. Aufl., S. 109. Zitiert nach Penzlin, H.: Das Phänomen Leben. Grundfragen der Theoretischen Biologie. Springer Spektrum 2014, S. 159.

200 Monod, J.: Zufall und Notwendigkeit. Philosophische Fragen der modernen Biologie. Dt. Taschenbuch-Verlag (1975), 2. Aufl., S. 109.

201 Penzlin, H.: Das Phänomen Leben. Grundfragen der Theoretischen Biologie. Springer Spektrum 2014, S. 242.

202 Penzlin, H.: Das Phänomen Leben. Grundfragen der Theoretischen Biologie. Springer Spektrum 2014, S. 242.

203 Jacob, F.: Die Logik des Lebenden. Von der Urzeugung zum genetischen Code. S. Fischer Verlag Frankfurt (1972), S. 343.

204 Whitehead, A. N.: Die Funktion der Vernunft. Philipp Reclam Stuttgart (1974), S. 26.

205 Penzlin, H.: Das Phänomen Leben. Grundfragen der Theoretischen Biologie. Springer Spektrum 2014, S. 406.

206 Einstein, A.: Prinzipien der Forschung. Rede zum 60. Geburtstag von Max Planck (1918). In: Mein Weltbild, Ullstein Verlag Berlin (1977), S. 225-226.

207 Weizsäcker v., C. F.: Gedanken über das Verhältnis der Biologie zur Physik. Nova Acta Leopoldina (1966), NF 41 (77): 237-251.

208 Rosen: Theoretical Biology and Complexity. Academic Press Inc., New York, London (1985), S. 202.

209 Cramer, F.: Erkennen als geistiger und molekularer Prozess. VCH Verlag Weinheim (1991), S. 2.

210 Crick, F.: Die Natur des Vitalismus. In: Küppers, H.-O. (Hrsg.): „Leben=Physik+Chemie? Das Lebendige aus der Sicht bedeutender Physiker. Piper Verlag München (1987), S. 126.

211 Heisenberg, W.: Physik und Philosophie. S. Hirzel-Verlag Stuttgart (1959), S. 80.

212 Heisenberg, W. (1959, zitiert nach Penzlin, H.: Das Phänomen Leben. Grundfragen der Theoretischen Biologie. Springer Spektrum 2014, S. 408.

213 Weizsäcker v., Carl F.: Die Einheit der Natur. Deutscher Taschenbuch Verlag München (1984), 4. Auflage, S. 184.

214 Weinberg, G. M.: An introduction to general systems thinking. New York, John Wiley (1975).

215 Frey, G.: Die Erkenntnis der Wirklichkeit. Kohlhammer Verlag Stuttgart (1967).

216 Brunat, S., Lautrup, B.: Neuronale Netze: Die nächste Computer Revolution, dt. bei Hanser Verlag München (1993).

217 Gross, R., Löffler, M.: Prinzipien der Mcdizin. Springer Verlag Berlin-Heidelberg-New York (1997), S. 123.

218 Gross, R., Löffler, M.: Prinzipien der Medizin. Springer Verlag Berlin-Heidelberg-New York (1997), S. 124.

219 Zit. Nach Cramer, F.: Chaos und Ordnung. Insel-Verlag Frankfurt (1993), S. 221.

220 Ayala, F.: Introduction. In: Ayala, F., Dobzhansky, T. (Hrsg.): Studies in the philosophy of biology, reduction and related problems. Univ. California Press, Berkely (1974).

221 Russel, B.: Philosophie des Abendlandes. Europa-Verlag Zürich (2007), S. 225.

222 Feynman, Richard P.: Leighton RB, Sands, M.: Mechanik, Strahlung, Wärme. Vorlesungen Bd. 1. Oldenbourg Verlag München-Wien (1987), S. 53.

223 Dawkins, R.: Und es entsprang ein Fluss in Eden. Bertelmann-Verlag (1997), S. 31.

224 Heisenberg, W. (1959, zitiert nach Penzlin, H.: Das Phänomen Leben. Grundfragen der Theoretischen Biologie. Springer Spektrum 2014, S. 38.

225 Heisenberg, W. (1959, zitiert nach Penzlin, H.: Das Phänomen Leben. Grundfragen der Theoretischen Biologie. Springer Spektrum 2014, S. 40.

226 Driesch, H.: Der Mensch und die Welt. Reinicke Verlag Leipzig (1928), S. 46.

227 Zit. nach Penzlin, S. 44.

228 Kant, I.: Kritik der Urteilskraft. § 67 und § 68. Reclam-Verlag Leipzig (1968).

229 Gross, R., Löffler, M.: Prinzipien der Medizin. Springer Verlag Berlin-Heidelberg-New York (1997), S. 125.

230 Zit. nach Penzlin, S. 242.
231 Aristoteles: Über die Seele (De anima). Griechisch-deutsche Philosophische Bibliothek, Bd. 476, Felix Meiner Verlag Hamburg (1995), S. 14 ff..
232 Hartmann, N.: Teleologisches Denken. Walter de Gruyter Verlag Berlin (1966), 2. Aufl., S. 23 ff., 103.
233 Zit. nach Penzlin, S. 22.
234 Zit. Nach v. Uexküll, T., Wesiack, W.: Theorie der Humanmedizin. Urban & Schwarzenberg Verlag (1998), 3. Aufl., S. 81.
235 Pittendrigh, C. S.: Adaptation, natural selection, and behaviour. In: Roe, A., Simpson, G.: Behaviour and evolution. Yale Univ. Pres, New Haven (1968), S. 390-416.
236 Mayr, E.: Evolution und die Vielfalt des Lebens. Springer-Verlag Berlin-Heidelberg-New York (1979), S. 207-217.
237 Zit. nach Penzlin, S. 27.
238 Monod, J.: Zufall und Notwendigkeit. Philosophische Fragen der modernen Biologie. DTV München (1975), zitiert nach Penzlin, S. 30.
239 Zit. nach Penzlin, S. 342.
240 Zit. nach Penzlin, S. 342..
241 Zit. nach Penzlin, S. 345.
242 Driesch, H.: Der Vitalismus als Geschichte und Lehre. Joh. Ambrosius Barth-Verlag (1905). Driesch, H.: Philosophie des Organischen. Wilhelm Engelmann Leipzig (1909), Bd. 2.
243 Zit. nach Penzlin, S. 24.
244 Marx-Engels-Werke (1957), Bd. 30, S. 578.
245 Monod, J.: Zufall und Notwendigkeit. Philosophische Fragen der modernen Biologie. DTV München (1975), zitiert nach Penzlin, S. 32.
246 Zitiert nach Penzlin, S. 348.
247 Spaemann, R., Loew, R.: Die Frage Wozu? Piper-Verlag München (1981).
248 Gross, R., Löffler, M.: Prinzipien der Medizin. Springer-Verlag Berlin-Heidelberg-New York (1977), S. 108.
249 Gell-Mann, M.: Das Quark und der Jaguar. Piper-Verlag München (1995), 3. Auflage.
250 Sandvoss, E. R.: Immanuel Kant. Kohlhammer-Verlag Stuttgart (1983).
251 Weizsäcker v., Carl Friedrich: Die Einheit der Natur. DTV-Verlag (1995), S. 117.
252 Heisenberg, W.: Der Teil und das Ganze. DTV-Verlag (1973), S. 125-140.
253 Weizsäcker v., Carl Friedrich: Die Einheit der Natur. DTV-Verlag (1995), S. 346.
254 Loew, R.: Ein Dogma wankt. Dt. Ärztebl. (1986), 83:2475.
255 Gross, R., Löffler, M.: Prinzipien der Medizin. Springer-Verlag Berlin-Heidelberg-New York (1977), S. 108.
256 Lewes, G. H.: Problems of Life and Mind. Longmans, Green London (1874/75), 2 Vol. Zitiert nach Penzlin, S. 402.
257 Polanyi, M.: Life's irreducible structure. Science (1968), 160:1308-1312.
258 Kauffman, S.: Was ist Leben? Hatte Schrödinger recht?" In: Murphey, M. P., O'Neil, A.J. (Ed.): Was ist Leben? Die Zukunft der Biologie. Spektrum-Verlag Berlin-Heidelberg-Oxford (1997), S. 102.
259 Kauffman, S.: Was ist Leben? – Hatte Schrödinger recht?". In: Murphey, M. P., O'Neil, A.J. (Ed.): Was ist Leben? Die Zukunft der Biologie. Spektrum-Verlag Berlin-Heidelberg-Oxford (1997), S. 102-103.
260 Kauffman, S.: Was ist Leben? – Hatte Schrödinger recht?". In: Murphey, M. P., O'Neil, A.J. (Ed.): Was ist Leben? Die Zukunft der Biologie. Spektrum-Verlag Berlin-Heidelberg-Oxford (1997), S. 107.
261 Kauffman, S.: Was ist Leben? – Hatte Schrödinger recht?". In: Murphey, M. P., O'Neil, A.J. (Ed.): Was ist Leben? Die Zukunft der Biologie. Spektrum-Verlag Berlin-Heidelberg-Oxford (1997), S. 124.
262 Hartmann, N.: Der Aufbau der realen Welt. Grundriss der allgemeinen Kategorienlehre. De Gruyter Verlag Berlin, 1964,
263 Penzlin, H.: Das Phänomen Leben. Springer Spektrum Verlag Berlin-Heidelberg (2014), S. 399-400.
264 Hartmann, N.: a.a.O., S. 2.
265 Hartmann, N.: a.a.O., S. 182.
266 Dürr, H. P.: Das Lebendige lebendiger werden lassen 2011, Oekom Verlag, S.26-32.
267 Weizsäcker v., Carl F.: Die Einheit der Natur. Deutscher Taschenbuch Verlag München (1984), 4. Auflage, S. 134.
268 Hartmann, N.: Teleologisches Denken. Walter de Gruyter Verlag Berlin (1966), 2. Aufl., S. 103. Penzlin, H.: Das Phänomen Leben. Springer Spektrum Verlag Berlin-Heidelberg (2014), S. 18..

269 Darlison, M.: Modell B. Global epidemiology of haemoglobin disorders and derived service indicators. Bull World Health Organ (2008), 86:480-487.
270 Williams, T. N., Weatherall, D. J.: World distribution, population genetics, and healthburden of the hemoglobinpathies. Cold Spring Harb Perspect (2012). Med 2:011692.
271 Dickerhoff, R.: Hömoglobinkrankheiten. Internist (2015). 56:1009-1018.
272 Kauffman, S. A.: "Was ist kl- Hatte Schrödinger recht? In: Murphy, M. P., O'Neill, L: Was ist Leben? Die Zukunft der Biologie. Spektrum-Verlag Heidelberg-Berlin-Oxford (1997), S. 108-1129.
273 Penzlin, H.: Das Phänomen Leben. Grundfragen der Theoretischen Biologie. Springer Spektrum 2014, S. 152.
274 Weizsäcker v., Carl F.: Die Einheit der Natur. Deutscher Taschenbuch Verlag München (1984), 4. Auflage, S. 203.
275 Becker, V., Schipperges, H. (Hrsg.): Entropie und Pathogenese. Springer-Verlag Berlin-Heidelberg (1993), S. 18.
276 Weizsäcker v., Carl Friedrich: Die Einheit der Natur. DTV München (1984), S. 328, 329.
277 Weizsäcker v., Carl Friedrich: Die Einheit der Natur. DTV München (1984), S. 346.
278 Zeilinger, A.: Einsteins Schleier. Die Neue Welt der Quantenphysik. C. H. Beck-Verlag (2005). S. 225-230.
279 Weizsäcker v., Carl Friedrich: Die Einheit der Natur. DTV München (1984), S. 318.
280 Zeilinger, A.: Ein Grundlagenprinzip der Quantenmechanik. Foundation of Physics. (1999). Bd. 29, Nr. 4, S. 631.
281 Baeyer von, H. Ch.: Das informative Universum. C. H. Beck-Verlag (2005).
282 Baeyer von, H. Ch.: Das informative Universum. C. H. Beck-Verlag (2005), S. 261.
283 Wheeler, J. A.: At home in the Universe. Springer-Verlag (1992), S. 296.
284 Baeyer von, H. Ch.: Das informative Universum. Das neue Weltbild der Physik. C. H. Beck-Verlag (2005), S. 12.
285 Wheeler, J. A.: At home in the Universe Zit. Nach H. Ch. von Baeyer. Springer-Verlag (1992), S. 29.
286 Genz, H.: Wie die Zeit in die Welt kam. Carl Hanser Verlag (1996), S. 274.
287 Weizsäcker v., Carl Friedrich: Die Einheit der Natur. DTV München (1984), S. 203.
288 Gadamer, H. G.: Über die Verborgenheit der Gesundheit. Suhrkamp-Verlag (2010), S. 50-52.
289 Hawking, St. W.: Eine kurze Geschichte der Zeit. Rowohlt Taschenbuch-Verlag (1993), S. 185.
290 Aristoteles: Physik. Buch 4-219B.
291 Aurelius Augustinus: Confessiones. 11. Buch. In: Bibliothek der Kirchenväter, hrsg. v. Franz Xaver Reithmayr, Kempten (1884), S. 380.
292 Aurelius Augustinus: Confessiones. 11. Buch. In: Bibliothek der Kirchenväter, hrsg. v. Franz Xaver Reithmayr, Kempten (1884), S. 380.
293 Vgl. dazu Heinrich Lange: Die transzendentale Logik als Grundform aller Wissenschaftslehre. Duncker & Humblot Berlin (1973), S. 75 ff. Gemeint ist damit, dass die Zeit in ihrer subjektiven und objektiven Bedeutung des „vorher" und „nachher" eine Leistung ist, die sich erst in der menschlichen Entwicklung des Kindes vollzieht.
294 Barrow, J. D., Tipler, F. J.: The anthropic cosmological principle. Oxford (1988).
295 Weizsäcker v., Carl Friedrich: Die Einheit der Natur, S. 178.
296 Mandelbrot, B.: Die fraktale Geometrie der Natur. Basel (1987), S. 90 zit. nach F. Cramer: Der Zeitbaum. Insel-Verlag (1983), S. 105-106.
297 Weizsäcker v., Carl Friedrich: Die Einheit der Natur, S. 3251.
298 Nietzsche, F.: Werke in drei Bänden, hrsg. von Karl Schlechta, München (1956), Bd. 3, S. 844.
299 Weizsäcker v., Carl Friedrich: Die Einheit der Natur, S. 339.
300 Seneca. Epist mor. LXXVIII.
301 Küppers, B.-O.: Molekulare Selbstorganisation und die Entstehung von biologischer Information. In: O. G. Folberth, C. Hackl: Der Informationsbegriff in Technik und Wissenschaft. Oldenbourg-Verlag München-Wien (1986), S. 1983.
302 Polanyi, M.: Life transcending physics and chemistry. Chemical and Engineering News (1967), p. 45, 56.
303 Wiener, N.: Cybernetics. J. Wiley, New York (1949), S. 194.
304 Eigen, M.: Was bleibt von der Biologie des 20. Jahrhundert? In: M. P. Murphy, K. A. J. O'Neil (Hrsg.): Was ist Leben? Die Zukunft der Biologie. Spektrum Verlag Heidelberg-Berlin-Oxford (1997), S. 15-17. Murphy et al.: Spektrum, S. 20.

[305] Eigen, M.: Was bleibt von der Biologie des 20. Jahrhundert? In: M. P. Murphy, K. A. J. O'Neil (Hrsg.): Was ist Leben? Die Zukunft der Biologie. Spektrum Verlag Heidelberg-Berlin-Oxford (1997), S. 15-17. Murphy et al.: Spektrum, S. 21.

[306] Eigen, M.: Was bleibt von der Biologie des 20. Jahrhundert? In: M. P. Murphy, K. A. J. O'Neil (Hrsg.): Was ist Leben? Die Zukunft der Biologie. Spektrum Verlag Heidelberg-Berlin-Oxford (1997), S. 15-17. Murphy et al.: Spektrum, S. 21.

[307] Gross, R., Löffler, M.: Prinzipien der Medizin. Springer-Verlag (1997), S. 38.

[308] Kant, I.: Zit. n. O. D. Creutzfeldt: Modelle des Gehirns-Modelle des Geistes?. In: F. Cramer: Erkennen als geistiger und molekularer Prozess. VCH Verlag Weinheim New York Basel Cambridge (1991), S. 113.

[309] Creutzfeldt, O. D.: Modelle des Gehirns – Modelle des Geistes? In: F. Cramer: Erkennen als geistiger und molekularer Prozess. VCH Verlag Weinheim-New York-Basel-Cambridge (1991), S. 114.

[310] Küppers, B. O.: Der semantische Aspekt der Information und seine evolutionsbiologische Bedeutung. Nova Acta Leopoldina NF 294, (1996), S. 195-219.

[311] Penzlin, H.: Das Phänomen Leben. Grundfragen der Theoretischen Biologie. Springer Spektrum 2014, S. 272.

[312] Wiener, N.: Cybernetics or control and communication in the animal and the machine. Massachusetts Institute of Technology, Cambridge (1949).

[313] Penzlin, H.: Das Phänomen Leben. Grundfragen der Theoretischen Biologie. Springer Spektrum 2014, S. 270. Sarkar, S.: Information in genetics and developmental biology. Philosophy of Science (2000), 67:208-213.

[314] Medawar, P. B.: Die Kunst des Lösbaren. Reflexionen eines Biologen. Vandenhoeck Göttingen (1972), S. 51.

[315] Oeser, E.: Der Informationsbegriff in der Philosophie und Wissenschaftstheorie. In: O. G. Folberth, C. Hackl: Der Informationsbegriff in Technik und Wissenschaft. Oldenbourg-Verlag München-Wien (1986), S. 234.

[316] Oeser, E.: Der Informationsbegriff in der Philosophie und Wissenschaftstheorie. In: O. G. Folberth, C. Hackl: Der Informationsbegriff in Technik und Wissenschaft. Oldenbourg-Verlag München-Wien (1986), S. 240.

[317] Weizsäcker v., Carl Friedrich: Die Einheit der Natur, S. 351.

[318] Weizsäcker, v., Carl Friedrich: Sprache als Information. In. Bayer. Akademie der Schönen Künste (Hrsg.), Die Sprache. Fünfte Folge des Jahrbuchs Gestalt und Gedanke. München, Oldenbourg-Verlag (1959), S. 45-76.

[319] Gipper, H.: Sprache als In-Formation. (Geistige Prägung). In: O. G. Folberth, C. Hackl: Der Informationsbegriff in Technik und Wissenschaft. Oldenbourg-Verlag München-Wien (1986), S. 258.

[320] Creutzfeldt, O. D.: Modelle des Gehirns – Modelle des Geistes? In: F. Cramer: Erkennen als geistiger und molekularer Prozess. VCH Verlag Weinheim-New York-Basel-Cambridge (1991). S. 116.

[321] Penrose, R.: Der Weg zur Wirklichkeit. Spektrum Akademischer Verlag (2004), S. 190.

[322] Gell-Mann, M.: The Quark and the Jaguar. Adventures in den Simple and the Complex. W. H. Freeman, New York. Hartle, J. B.: The Physics of "Now", (2004) [gr-gc/0403001].

[323] Creutzfeldt, O. D.: Modelle des Gehirns – Modelle des Geistes? In: F. Cramer: Erkennen als geistiger und molekularer Prozess. VCH Verlag Weinheim-New York-Basel-Cambridge (1991). S. 116.

[324] Gadamer, H.-G.: Hermeneutik als praktische Philosophie. Freiburg, Rombach (1973). Gadamer, H.-G., Vogler, P. (Hrsg.): Neue Anthropologie. Thieme Verlag Stuttgart, DTV (1972-1975), Band 1-7.

[325] Zit. nach Gross, R., Löffler, M.: Prinzipien der Medizin. Springer-Verlag (1997), S. 140-141.

[326] Zit. nach Gross, R., Löffler, M.: Prinzipien der Medizin. Springer-Verlag (1997), S. 140-141.

[327] Gadamer, H.-G.: Wahrheit und Methodik. Mohr-Siebeck Verlag, Tübingen (1975), 4. Aufl.).

[328] Zit. nach Gross, R., Löffler, M.: Prinzipien der Medizin. Springer-Verlag (1997), S. 140-141.

[329] Sontag, S.: Krankheit als Metapher. Carl Hansen-Verlag München (1978).

[330] Kamps, H.: Der Patient als Text. Z Allg Med (2004), 80:438-442.

[331] Daniel, S. L.: The patient as text: A model of clinical hermeneutics. Theor Med (1986), 7:195-210.

[332] Dürr, H.-P.: Warum es ums Ganze geht. Fischer Taschenbuch-Verlag (2011).

[333] Frankl, V. E.: Der Wille zum Sinn. Piper-Verlag München (1991), Vorwort.

[334] Pascal, B.: „Pensées 76. Zitat aus: H. Küng: Existiert Gott? Piper Verlag München-Zürich (1995).

[335] Pascal, B.: Pensées = Ch 84. Zitat aus: H. Küng: Existiert Gott? a.a.O., (1995), S. 75.

[336] Pascal, B.: Pensées = Ch 84. Zitat aus: H. Küng: Existiert Gott? a.a.O., (1995), S. 347.

[337] Weizsäcker v., Carl F.: Die Einheit der Natur, München (1995), St. 113, dtv.

338 Gierer, A.: Die gedachte Natur. Ursprünge der modernen Wissenschaft. Reinbek/Hamburg (1998), S. 34.
339 Zitiert nach: Zahmt, H.: Gotteswende. Piper-Verlag München-Zürich (1992), S. 75.
340 Russel, B.: Philosophie des Abendlandes. Europa-Verlag München-Wien (2002), S. 636.
341 Nietzsche, F.: Antichrist 8, in: Werke II, 1169.
342 Strauß, D. F.: Der alte und der neue Glaube. Ein Bekenntnis. Leipzig, 872.
343 Nietzsche, F.: Zur Genealogie der Moral. Kritische Studienausgabe Band 5, München (1988), S. 404.
344 Penzlin, H.: Das Phänomen Leben. Springer Spektrum Verlag (2014), S. 416-417.
345 Gribbin, J.: Auf der Suche nach Schrödingers Katze. Piper-Verlag München-Zürich (1993), S. 136.
346 Zeilinger, A.: Einsteins Schleier. Die neue Welt der Quantenphysik. C. H. Beck-Verlag (2005), S. 228.
347 Zeilinger, A.: Einsteins Schleier. Die neue Welt der Quantenphysik. C. H. Beck-Verlag (2005), S. 229.
348 Heisenberg, W.: Der Teil und das Ganze. Piper-Verlag München (1969).
349 Zit. nach Capej, M.: The Philosophical Impact of Contemporary Physics. D. van Norstrand, Princeton, New Jersey (1961), S. 319.
350 Heisenberg, W.: Der Teil und das Ganze. Piper-Verlag München (1969), S. 281.
351 Heisenberg, W.: Der Teil und das Ganze. Piper-Verlag München (1969), S. 285.
352 Heisenberg, W.: Der Teil und das Ganze. Piper-Verlag München (1969), S. 280.
353 Anschütz, F.: Ärztliches Handeln. Wissenschaftliche Buchgesellschaft, Darmstadt (1987), S. 13.
354 Anschütz, F.: Ärztliches Handeln. Wissenschaftliche Buchgesellschaft, Darmstadt (1987), S. 30.
355 Anschütz, F.: Ärztliches Handeln. Wissenschaftliche Buchgesellschaft, Darmstadt (1987), S. 31.
356 Anschütz, F.: Ärztliches Handeln. Wissenschaftliche Buchgesellschaft, Darmstadt (1987), S. 182.
357 Zahmt, H.: Gotteswende. Piper-Verlag München-Zürich (1992), S. 70.
358 Chandrogya-Upanischade, 4.10.4.
359 Weizsäcker v., C. F.: Gesammelte Schriften. Suhrkamp-Verlag Frankfurt (1986 ff.), Bd. 7, S. 315.
360 Weizsäcker v., C. F.: Gesammelte Schriften. Suhrkamp-Verlag Frankfurt (1987), Bd. 5, S. 241.
361 Camus, A.: Die Pest. Reinbek b. Hamburg (2007).
362 Chardin, de, T.: Mensch im Kosmos. Beck-Verlag (1963), S. 225.
363 Zit. nach Edelman, G. M.: Göttliche Luft, vernichtendes Feuer. Piper-Verlag München (1992), Vorwort.
364 Huxley, A.: The Perennial Philosophy. New York (1970). Smith, H.: Forgotten Truth. New York (1976). Wilber, K.: Psychologia Perennis. In: Journal of Transpersonal Psychology. (1975), Bd. 7.
365 Zit. n. Wilber, K.: Eye to eye. In: Re-Vision (1979), Bd. 2.
366 Gowan, J.: Trance, Art, and Creativity. Northridge, California (1975).
367 Wilbert, K.: Halbzeit der Evolution. Fischer-Taschenbuch (1966), S. 20.
368 Rohr, R.: Das Wahre Selbst. Herder-Verlag, Freiburg-Basel-Wien (2013), S. 106.
369 Mann, T.: Der Zauberberg. Frankfurt/Main (1989), S. 106.

*Thomas Fuchs,
Kai Vogeley,
Martin Heinze
(Hrsg.)*

Subjektivität und Gehirn

302 Seiten, ISBN 978-3-89967-433-0,
Preis: 25,- €

PABST SCIENCE PUBLISHERS
Eichengrund 28
D-49525 Lengerich
Tel. + + 49 (0) 5484-308
Fax + + 49 (0) 5484-550
pabst.publishers@t-online.de
www.psychologie-aktuell.com
www.pabst-publishers.de

Philosophie

K. Brücher: Eine sehr kurze Geschichte der Subjektivität

M. Frank: Lässt sich Subjektivität naturalisieren?

T. Fuchs: Verkörperte Subjektivität

H. M. Emrich: Philosophie der Berührung: Spontaneität als Konstituens von Subjektivität

H.-P. Krüger: Die Entdeckung und das Missverständnis der neurobiologischen Hirnforschung

Neurowissenschaften

K. Vogeley: Neurale Grundlagen der sozialen Kognition

D. Leube, T. Kircher: Phänomenologie und Neurobiologie des gestörten Ich-Erlebens

F. M. Reischies: Selbst im Gehirn? Neurowissenschaftliche Modelle des sensomotorischen Bewusstseins

G. Schiepek: Die neuronale Selbstorganisation des Selbst. Ein Beitrag zum Verhältnis von neuronalen und mentalen Prozessen aus Sicht der Synergetik

S. Schleim, H. Walter: Gedankenlesen – eine Herausforderung für die Neuroethik?

A. Heinz, A. Beck: Sucht als Störung der Selbstkontrolle

Psychopathologie

P. Hoff: Über die zukünftige Rolle der Psychopathologie: Grundlagen- oder Hilfswissenschaft?

W. Gaebel, J. Zielasek: Die Subjektivität in der modularen Psychiatrie

C. Mundt: Das Selbst als soziales Organ

C. Kupke: Subjekt und Individuum in philosophischer und psychiatrischer Perspektive

M. Heinze: Aspekte von Subjektivität: Sichverhaltenkönnen, Anerkennung und Assoziativität

U. Gonther, J. E. Schlimme: Die Begründung der Subjektivität im Gegebenen – Göttlicher Wahnsinn und Psychose bei Hölderlin

Felix Tretter

Systemtheorie im klinischen Kontext

Grundlagen – Anwendungen

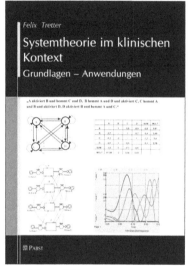

556 Seiten, ISBN 978-3-89967-182-7,
Preis: 50,- €

PABST SCIENCE PUBLISHERS
Eichengrund 28
D-49525 Lengerich
Tel. + + 49 (0) 5484-308
Fax + + 49 (0) 5484-550
pabst.publishers@t-online.de
www.psychologie-aktuell.com
www.pabst-publishers.de

„Systemisches Denken" bedeutet, einen Gegenstand als „System", also als Gefüge von miteinander funktionell verbundenen Elementen, zu begreifen. Das ist im Bereich der Forschung ebenso wie im Bereich des Managements oder im klinischen Kontext, insbesondere im Rahmen von Therapie, möglich.

Untersucht man die Anwendbarkeit des systemischen Modellierens im klinischen Bereich, ist es günstig, zunächst ein systemisches Konzept von Gesundheit und Krankheit zu entwickeln. Dies erfolgt in diesem Buch.

Der Autor erörtert das ökologische Problem der Gegenwartsgesellschaft im Rahmen der „Weltmodelle", die der Ursprung systemischen Modellierens sind. Anhand dieser anschaulichen Beispiele betrachtet der Autor systemisch

- die Epidemiologie des Konsums von Heroin und Tabak,
- die Versorgung von Alkoholikern,
- die Funktionsweise von Krankenhäusern und Familiendynamiken.

Die systemische Modellierung psychischer Störungen nimmt einen breiten Raum ein; das Gehirn wird als biologisches System betrachtet.

Abschließend stellt der Autor ein mathematisches Modell der Suchtentwicklung dar.

Das Buch soll Psychologen, Medizinern, Wirtschaftswissenschaftlern, Pädagogen, Soziologen und anderen an der klinischen Systemforschung interessierten Lesern mit einem Minimum an Mathematik einen Einstieg in die systemische Modellierung bieten.

204 Seiten, ISBN 978-3-89967-519-1,
Preis: 20,- €

PABST SCIENCE PUBLISHERS
Eichengrund 28
D-49525 Lengerich
Tel. + + 49 (0) 5484-308
Fax + + 49 (0) 5484-550
pabst.publishers@t-online.de
www.psychologie-aktuell.com
www.pabst-publishers.de

Kai Vogeley, Thomas Fuchs, Martin Heinze (Hrsg.)

Psyche zwischen Natur und Kultur

Ch. Kupke: Psyche zwischen Natur und Kultur. Eine dialektische Analyse

H. M. Emrich: Mimesis: die Psyche als Mediateur zwischen Kultur und Natur

A. Heinz, K. Leferink, Y. Bühman, M. Heinze: „Autismus und Konkretismus" - widersprüchliche Konzepte schizophrener Denkstörungen?

T. Fuchs: Sind psychische Krankheiten Gehirnkrankheiten?

P. Hoff: Psychiatrische Diagnostik zwischen Naturalismus und Hermeneutik

J. E. Schlimme: Über die Verständnislosigkeit

O. Müller: Wie die Gefangenen in Platons Höhle. Ernst Cassirer und Kurt Goldstein: Die Psychopathologie in der philosophisch-anthropologischen Grundlegung

M. Brand, H. J. Markowitsch: Das autobiographische Gedächtnis: Ein biokulturelles Relais zwischen Individuum und Umwelt

K. Vogeley: Zum Begriff der Metapathologie von Psychopathologie und Neuropathologie

G. Vosgerau, T. Schlicht, A. Springer, K. G. Volz: Kulturabhängigkeit in einer Stufen-Theorie der Selbst-Repräsentationen